I0247908

www.ingramcontent.com/pod-product-compliance
Lightning Source LLC
Chambersburg PA
CBHW081201170426
43197CB00018B/2885
9781939123411

سال‌های زخمی

روایت انتقادی جنگ‌های ایران و روسیه
براساس اسناد و مدارک دست اول تاریخی

سفید

چهار

سال‌های زخمی

روایت انتقادی جنگ‌های ایران و روسیه

براساس اسناد و مدارک دست اول تاریخی

نوشته و تحقیق:
علی مرادی مراغه‌ای
amoradym@yahoo.com

نشر اوحدی
۱۳۹۲

نشر اوحدی
فروشگاه و مرکز پخش: تهران، بین خیابان فروردین و اردیبهشت، خیابان روانمهر، پلاک ۱۳۶، واحد ۳، فاکس: ۶۶۴۰۵۰۱۸، تلفن ۶۶۹۷۷۳۸۶ تلفن همراه ۰۹۱۲۱۰۹۹۴۰۹

سال‌های زخمی ـ روایت انتقادی جنگ‌های ایران و روسیه براساس اسناد و مدارک تاریخی

- **نویسنده:** علی مرادی مراغه‌ای
- **حروفچینی و صفحه‌آرایی:** شهیر
- **لیتوگرافی:** نگین
- **صحافی:** سیاره
- **چاپ:** فراین

- **نوبت چاپ:** اول، پاییز ۱۳۹۲
- **تیراژ:** ۲۰۰۰ نسخه
- **قیمت:** ؟؟؟ تومان
- **شابک:** ۳ـ۰۸ـ۶۵۴۴ـ۶۰۰ـ۹۷۸

سرشناسه: مرادی مراغه‌ای، علی، ۱۳۴۶ -
عنوان و نام پدیدآور: سال‌های زخمی: روایت انتقادی جنگ‌های ایران و روسیه براساس اسناد و... / نوشته و تحقیق علی مرادی مراغه‌ای
مشخصات نشر: تهران: اوحدی، ۱۳۹۱.
مشخصات ظاهری: ۵۸۱ ص.
شابک: 3 - 08 - 6544 - 600 - 978
وضعیت فهرست‌نویسی: فیپا
موضوع: ایران ـ ـ تاریخ ـ ـ قاجاریان، ۱۱۹۳ ـ ۱۳۴۴ ق. ـ ـ جنگ با روسیه، ۱۲۱۸ ـ ۱۲۲۸ ق.
موضوع: ایران ـ ـ تاریخ ـ ـ قاجاریان، ۱۱۹۳ ـ ۱۳۴۴ ق. ـ ـ جنگ با روسیه، ۱۲۲۸ ـ ۱۲۴۳ ق.
موضوع: ایران ـ ـ تاریخ ـ ـ قاجاریان، ۱۱۹۳ ـ ۱۳۴۴ ق. ـ ـ اسناد و مدارک
رده‌بندی کنگره: ۱۳۹۱ ۲ س ۴ م / DSR ۱۳۵۴
رده‌بندی دیویی: ۹۵۵/۰۷۴
شماره کتابشناسی ملی: ۳۰۷۷۹۱۹

فهرست مطالب

عنوان	صفحه
مقدمه	۱
بخش اول ـ دوران آقامحمدخان	۹
فصل اول ـ ظهور خواجه‌ای زشت‌صورت و زشت‌سیرت در افق سیاسی ایران	۱۱
فصل دوم ـ صعود بر اریکه قدرت	۳۹
حرکت به سوی آذربایجان	۴۱
فصل سوم ـ تاریخچه خان‌نشین‌های آذربایجان	۴۷
مناسبات اداری و اقتصادی خان‌نشین‌ها	۵۷
فصل چهارم ـ نخستین لشکرکشی آقامحمدخان به خان‌نشین‌های آذربایجان	۶۷
ایروان اولین خان‌نشین مورد هجوم آقامحمدخان	۷۶
حرکت آقامحمدخان به سوی قلعه شوشی	۷۹
دستور آقامحمدخان به مصطفی خان قاجار برای تصرف شیروان (شکی)	۹۵
حمله آقامحمدخان به شاماخی	۹۸
فصل پنجم ـ بازگشت آقامحمدخان به تهران و مراسم تاج‌گذاری	۱۰۳
فصل ششم ـ لشکرکشی روسیه به خان‌نشین‌های آذربایجان	۱۰۷
فصل هفتم ـ دومین حمله آقامحمدخان به قفقاز و بدرود زندگی	۱۲۹
نخجوان	۱۳۲
ایروان	۱۳۳
شاماخی	۱۳۴
باکو	۱۳۴
مرگ فجیع پایان یک زندگی فجیع	۱۳۵
پی‌نوشت بخش اول	۱۴۵

عنوان	صفحه

بخش دوم ـ دوران فتحعلی‌شاه **۱۵۷**

فصل اول ـ آغاز تجاوز و لشکرکشی روسها به مناطق قفقاز ۱۵۹

فصل دوم ـ تصرف گنجه ۱۶۵

فصل سوم ـ محاصره بی‌حاصل ایروان ۱۸۱

فصل چهارم ـ تصرف بدون خونریزی قراباغ ۱۹۹

تصرف شاماخی ۲۰۲

حوادث نخجوان ۲۰۵

مرگ فجیع ابراهیم خلیل‌خان و خانواده‌اش ۲۰۹

تصرف شکی ۲۱۲

فصل پنجم ـ تلاش‌های روسها برای تصرف باکو و قتل سردار سفّاک روسی ۲۱۵

فصل ششم ـ آغاز مناسبات ایران با فرانسه ۲۲۵

فصل هفتم ـ عصیان قوبا به رهبری شیخعلی‌خان بر علیه روسها ۲۴۳

تلاش‌های روسها در تسخیر قلعه نخجوان و ایروان ۲۴۶

مناسبات ایران با انگلستان ۲۵۲

فصل هشتم ـ زخم عمیق و شکست ایران در جنگ اصلاندوز ۲۵۵

فصل نهم ـ عهدنامه گلستان ۲۶۱

دوران فترت ۲۶۳

فصل دهم ـ آغاز دور دوم جنگ‌ها: مخالفان و موافقان جنگ ۲۷۹

فصل یازدهم ـ آغاز دور دوم جنگ‌های ایران و روس: پیروزی‌های اولیه ۲۹۵

فصل دوازدهم ـ شکست ایرانیان در گنجه ۳۰۱

فصل سیزدهم ـ پیروزی‌های پی‌درپی روسها: فتح نخجوان و قلعه عباس آباد ۳۱۳

فصل چهاردهم ـ تلاش‌های ناموفق برای صلح ۳۱۹

فصل پانزدهم ـ فتح قلعه ایروان توسط روسها ۳۲۷

اشغال تبریز ۳۲۹

فصل شانزدهم ـ عهدنامه ترکمنچای ۳۴۳

فصل هفدهم ـ آثار و تبعات بعدی عهدنامه ترکمنچای ۳۵۵

فصل هجدهم ـ داستان درازنای پرداخت غرامت ۳۷۷

هشت

عنوان	صفحه
فصل نوزدهم ـ علل و عوامل شکست‌های ایران	۳۹۱
سخن پایانی	۴۲۳
پی‌نوشت بخش دوم	۴۴۹
پیوست اول ـ تاریخچه خان‌نشین‌های آذربایجان	۴۷۱
پیوست دوم	۴۸۵
پیوست سوم	۴۸۹
پیوست چهارم	۴۹۹
پیوست پنجم ـ متن وصیت نامه مجعول عباس میرزا	۵۰۳
پیوست ششم ـ متن کامل عهدنامه ترکمنچای	۵۰۷
پیوست هفتم ـ فرمان سلطان عبدالحمید به حاکمین خان‌نشین‌های قفقاز در قبال الحاق گرجستان به روسیه	۵۲۱
پیوست هشتم ـ نامه فتحعلی‌شاه به امپراطور روسیه در قضیهٔ قتل سفیر روس	۵۲۷
منابع فارسی	۵۳۱
منابع لاتین	۵۴۱
نمایه	۵۴۵
تصاویر	۵۵۴

همیشه از ما می‌پرسند: چرا زخمهای بسته شده را دوباره باز می‌کنید؟ می‌گوییم: برای اینکه آن زخمها، بد بسته شده‌اند. اول باید عفونت را معالجه کرد و بعد زخم را بست. وگرنه زخمها خودشان دوباره سرباز می‌کنند.

هوراکیوس وربیستکی، روزنامه‌نگار آرژانتینی

مقدمه

«این خرس قطبی (روسیه) نمی‌تواند از جای خود بجنبد هر وقت از جا بجنبد یا همسایه‌اش را لگدمال می‌کند یا خودش تکه پاره می‌شود...»

(اکتاویو پاز)

سال‌های زخمی حکایت سال‌هایی است «پر آب چشم». ضرب‌المثل معروفی وجود دارد که گویند «فلانی هنوز باد به زخمش نخورده!» باد وقتی به زخم می‌خورد در اثر خنکای آن موجب کاهش درد می‌شود اما در همان حال موجب به یاد آوردن درد و زخم کهنه نیز می‌گردد بنابراین دردناک نیز هست زیرا زخمی که گذر زمان خاک فراموشی و خاموشی بر آن پاشیده اما به یاد آوری‌اش دوباره در عمق جان ما بیدار می‌گردد و عمق زخمی که بر این دیار و بر پدران ما رفته است بار دیگر در مقابل دیدگانمان هویدا و تازه می‌گردد. اگر آن زخم، موجب عبرت و بلوغ تاریخی ما گردد باید با آغوش باز با آن روبرو شد. بقول کانت که می‌گفت: «جرأت دانستن داشته باش.» به تأسی از آن باید گفت جرأت روبرو شدن با هر زخم تاریخی را باید داشته باشیم! چراکه همین تجربه‌های تاریخی هست که ما را گامی به بلوغ تاریخی نزدیک‌تر می‌سازد.

ورق پاره‌هایی چون «عهدنامه‌ی گلستان» یا «ترکمان‌چای» که در سال‌های زخمی بر این ملک و ملت تحمیل گشت تمامت زخم نیستند بلکه تنها بخش پیدا و ناچیز زخم و تومور آن سال‌هاست. به عبارتی آنها تنها نوک قله یخی و بخش پیدایی است از زخم هولناک و عمیقی که در سطح زیرین لایه‌های سیاسی، اجتماعی، اقتصادی و

فرهنگی آن دوران وجود داشت.

اگرچه قراردادهای «گلستان» و «ترکمانچای» محصول شکست‌های سهمناک ایرانیان از روس‌هاست اما با این حال نباید تلاش‌ها و فداکاری‌های بخش اعظم ایرانیان در آن سال‌ها را نادیده انگاشت. مورخانی که به شرح جنگ‌های ایران و روس پرداخته‌اند و بلافاصله پس از شرح جنگ‌ها به عهدنامه‌های گلستان و ترکمانچای می‌رسند و دنبال مقصرّان می‌گردند و به تخفیف و تحقیر قوای ایرانی می‌پردازند نه تنها دست آوردهای عظیم و فداکاری‌های بزرگ آنان را نادیده می‌گیرند بلکه فراموش می‌کنند که آنان با دست‌های خالی و تجهیزات جنگی ابتدایی و کهنه به جنگ بزرگ‌ترین ارتش دنیای آن زمان رفتند. درست است که آنان به سرنوشت محتوم شکست تن دادند اما شکست‌شان نه حقارت بار بلکّه عبرت‌آمیز بود.

عظمت کار برخی از آنان وقتی روشن می‌گردد که در نظر بگیریم آنان به جنگ ارتشی رفتند که به آسانی در عرض چند ماه امپراطوری عثمانی را شکست سختی داده آن را از کریمه و قفقاز بیرون رانده بود و همزمان در جنگ‌های متعدد، شمال اروپا را درنوردیده تا پاریس پیش رفته و ناپلئون را شکست سختی داده بود. حال چگونه قوای عباس میرزا توانست با تجهیزات ابتدایی، فاقد هزینه و مواجب، فاقد تاکتیک‌های مدرن و فاقد پشتوانه‌ی لازم مالی که خست ولئامت فتحعلی شاه زنباره هرگونه امکانات را از آنان دریغ می‌داشت سال‌های مدیدی مقاومت کند و دوام آورد.

جدایی بخشی از کشور و تحمیل عهدنامه‌ی گلستان و ترکمانچای دردناک بود اما نباید فراموش کرد که قوای ایرانی با امکانات بدوی، دهسال جنگیدند و مقاومت کردند و پس از مقاومت دهساله بدان قراردادها تن دادند.

متأسفانه در اکثر نوشته‌های ایرانی بجای نقد و تحلیل علت شکست، تحقیر نشسته است و البته بلافاصله پس از تحقیر نوبت نفی رسیده است. فساد دربار حاکم، سره سره بازی‌های ابلهانه و عیاشی‌های شاه و سرسپردگی‌های درباریان و بلافاصله تحمیل قراردادهای گلستان و ترکمانچای پرده ساتری بر عظمت جانفشانی سربازان ایرانی کشیده است که به دنبال فتوای جهاد نام «جانباز» بر خود نهاده و در مقابله با

دشمن سر از تن نمی‌شناختند و در واقع آنان با سلاح‌های چوبین به جنگ آسیاب می‌رفتند! برترین ستایش را از آنان خود خصم یعنی سردار روسی کرده است او گفته است «سربازان ایرانی با شمشیر و تفنگ از سر اجبار تا بالای سر توپ‌های روسی پیش می‌رفتند...» اما این جنگ‌ها قبل از اینکه جنگ آدم‌ها و زور و بازوها باشد جنگ سلاح‌های مدرن و تاکتیک‌های نظامی جدید در برابر سلاح‌های کهنه و تاکتیک‌های پیش پا افتاده بود. برخی از سرداران ایرانی با تمام تلاش‌ها، وقتی در مقابل دشمن شکست می‌خوردند و تمام اطرافیان به ناچار فرار می‌کردند همچنان یکه و تنها مقاومت می‌کردند تا کشته شوند و داغ حقارت بار فرار از مقابل دشمن بر دلش تا ابد ننشیند اگرچه کتاب تاریخ درازنای استبداد، از آنان به طول و تفصیل سخن نرانده است اما گاه‌گداری در گوشه و کنار، اشاره‌ای گذرا شده که باید حدیث‌هایی مفصل از آن مجمل‌ها خواند. پس همانند جوادخان گنجه‌ای کم و انگشت شمار نبودند که علی‌رغم اینکه می‌دانستند شکست‌شان حتمی است اما با این حال تا توان آخر به مصاف می‌پرداختند و کشته می‌شدند.

امیرخان سردار، دائی عباس میرزا یکی دیگر از این نمونه‌هاست او در اواسط تابستان ۱۲۴۲ ه به همراهی محمد میرزا با هشت هزار لشکر مأمور دفاع از گنجه شد. در جنگی که در ۱۴ صفر ۱۲۴۲ ه در صحرای زکم میان سپاهیان روس و نیروی او رخ داد سپاهیان ایران شکست خورده، کشته شده و یا مجبور به فرار شدند. اما او به تنهایی ماند و بقول نویسنده‌ی روضة الصفا در «نتیجه تهور و از خودگذشتگی" جان سپرد و «سردار هدف گلوله توپ قرار گرفت. روایات محلی که سینه به سینه رسیده است حاکی است که او را روی توپ قطعه قطعه کردند.» جهانگیر میرزا که خود در لشکرگاه عباس میرزا حضور داشته می‌نویسد «بعد از فرار سربازان، سردار ننگ فرار بر خود نپسندید. تن به قضا داده در صحنه‌ی جنگ ایستاده بود. دو قزاق روسی به او رسیدند و طپانچه بر پهلوی او زدند». عباس میرزا به میرزا تقی مستوفی آشتیانی می‌نویسد: «.. البته قدغن عزاداری در خوی و تبریز به جهت سردار بکن که خلاف رأی ما می‌شود. آب و آتش و طعام عیب ندارد و به جهت اینکه میانه‌ی شهید و

رختخواب مرده تفاوتی داشته باشد.»

اکثر ایرانیان مقاومت کردند توده‌های مردم هزینه‌های سنگین جنگ‌های طولانی را متقبل شدند و علی‌رغم همه فداکاری‌ها شکست خوردند و حاصلی جز روحی زخمگین نصیب‌شان نشد. در واقع آنان تقاص عقب ماندگی تاریخی خودشان را می‌پرداختند. عقب ماندگی اقتصادی، سیاسی و فرهنگی در زمانه‌ای که بشدت رو به تحول بود و بخشی از جهان توانسته بود تجربیات غنی و دوران سازی چون، رنسانس، انقلاب صنعتی، نهضت رمانتیسم، عصر روشنگری، عقلگرایی و تجربه گرایی را پشت سر بگذارد.

متأسفانه تاریخنگاری درباری تاریخنگاری جنگ است و شرح فتوحات قبله عالم است در تاریخ نگاری جنگ، از فتوحات شاه آغاز می‌گردد و در پایان نیز به او ختم می‌گردد. تاریخ‌نویسی یکی از مشاغل درباری بوده و بیشتر مورخین در خدمت سلطان و جیره‌خوار او بودند. سلطان همچنانکه طبیب، نقاش و منجّم در اختیار داشت تاریخ نویس و کاتبی نیز در خدمتش بود تا شرح حال و فتوحاتش را بنویسد و نوشته‌اش نیز باید مورد پسند و باعث ترضیه خاطر سلطان واقع می‌بود. در این نوشته‌ها هیچ زشتی از سلطان به چشم نمی‌خورد و جنایات و کشتارهایش عین شجاعت و تهور قلمداد می‌گردد البته در سفرنامه‌هایی که مستشرقین و اروپائیان نوشته‌اند گاه گداری به دنائت و پلشتی‌های آنان اشاره‌هایی شده است که در نوشته‌های درباریان اصلاً دیده نمی‌شود. جیمز فریزر در سفرنامه‌اش ضمن اشاره به آن دوران می‌نویسد:

«درآمد کشور بیهوده به هدر می‌رفت، وضع کشاورزی خراب، بازرگانی آشفته و راه‌ها پر از راهزن بود. امنیت جانی و مالی از میان رفته بود... همه اینها صورت می‌گرفت براینکه شرارت و نفس پرستی طایفه بیکاران و تن‌پروران خاندان سلطنتی را ارضا کند. کسانی که هرزه‌ترین، ولخرج‌ترین، فاسدترین اشخاص کشورشان‌اند. افرادی که مانند آنها در هیچ سرزمینی و در هیچ عهدی به بار نیامده است.»

از طرفی، نانوشته‌های منابع درباری بیشتر از نوشته‌هایشان است. شاهدوستی آنها

مقدمه / ۵

که خود جزیی از اقمار آن به شمار می‌آمدند همچنین ایران‌دوستی آنها همیشه پرده ساتری بر کاستی‌ها و ضعف‌های هیئت حاکمه کشیده است از نمونه‌های بارز و دست اول آنها مانند: «مآثر سلطانیه» نوشته عبدالرزاق مفتون دنبلی، مورخ دربار فتحعلی شاه و منشی دیوان عباس میرزا، کتاب «آهنگ سروش» اثر میرزا محمد صادق وقایع‌نگار منشی قائم‌مقام فراهانی و از نزدیکان عباس میرزا، «ناسخ التواریخ» نوشته‌ی میرزا محمدتقی سپهر، کتاب «تاریخ نو» نوشته‌ی جهانگیر میرزا، کتاب «تاریخ منتظم ناصری» نوشته‌ی محمدحسن‌خان اعتمادالسلطنه، «روضه الصّفای ناصری» تألیف رضاقلی‌خان هدایت و «فارسنامه‌ی ناصری» تألیف میرزا حسن فسایی را می‌توان نام برد که در این کتاب از آنها بهره برده‌ام، اگرچه ایرادات عدیده‌ای بر آن کتاب‌ها مترتب است.

مردم در این گونه کتاب‌ها غایب هستند به قول اخوان ثالث در شعر «پوستینی کهنه...» دبیر تاریخ از آنان هرگز یاد نمی‌کند در حالی که خرابی‌های حاصله را آنان با رنج‌هایشان و کار طاقت فرسایشان آباد می‌کنند. مالیات‌ها را می‌پردازند و تمام هزینه‌های عیاشی‌ها و فسق و فجورشان را تأمین می‌کنند اما دبیر تاریخ هرگز از کاخ سلطانی پا به بیرون نمی‌گذارد تا ببیند در کوخ‌های دهقانان چه خبر بوده است:

این دبیر گیج و گول و کور دل: تاریخ،
تا مذّهب دفترش را گاه گه می‌خواست
با پریشان سرگذشتی از نیاکانم بیالاید،
رعشه می‌افتادش اندر دست...
زانکه فریاد امیر عادلی چون رعد بر می‌خاست:
هان کجایی، ای عموی مهربان! بنویس.
ماه نو را دوش ما، با چاکران، در نیمه شب دیدیم.
مادیان سرخ یالِ ما سه کرّت تا سحر زایید
در کدامین عهد بوده‌ست این چنین، یا آن چنان، بنویس.

از طرف دیگر، به علت فقدان بایگانی‌های منظم و فقدان گزارش‌های جنگی از

میدان جنگ به مقامات بالا آن چنان که در طرف مقابل یعنی در اردوی روسی دیده می‌شود موجب شده اطلاعات دست اول و بی‌غرضانه از حوادث جنگی در آثار مذکور کمتر دیده شود آنچه در لابلای آنها مشحون است لفاظی‌ها و عبارت پردازی‌های منشیانه و اغراق‌آمیز در شرح فتوحات ارباب قدرت است و تنها اشارات کلی و مبهم به حوادث و مسائل مهم دارند.

در این میان اگرچه بر کتاب‌های «سرگذشت حاجی بابای اصفهانی» نوشته جیمز موریه و «رستم التواریخ» نوشته میرزا محمدهاشم رستم الحکماء نقدهای زیادی شده است و اگرچه از خواندن هر کدام از آنها، انسان ایرانی چهره دوگانه ژانوسی به خود می‌گیرد هم می‌خندد و هم در عین حال، دچار خشم و گریه می‌گردد اما با این حال حقایق زیادی در آنها هست که آنها را خواندنی می‌کند زیرا هر دو کتاب، شخصیت‌هایشان نه معرّف مردم ایرانی بلکه معرّف بخشی از ایرانیان یعنی درباریان فاسد ایرانی هستند. چون موریه در میان درباریان و مأموران فاسد زمان فتحعلی‌شاه زیسته بود قهرمانان خود را نیز از میان آنان برگزیده است. البته نباید از نظر دور داشت که در درون هر ایرانی مخصوصاً آن دوره، بالقوه یک حاجی بابا نهفته بود که آماده بود به محض به قدرت رسیدن همان نقش او را ایفا کند. کسانی که با تاریخ و درباریان آن دوره آشنا هستند بخوبی می‌توانند کاراکترهای «سرگذشت حاجی بابای اصفهانی» را تشخیص بدهند که قهرمان کتاب چقدر شبیه درباریان فاسد قاجاری مخصوصاً شاه هستند. مقصود از شاه همانا فتحعلی‌شاه است که با نصب جواهرات در سینه و بازوی خود خودنمایی می‌کند شهوت‌پرستی و طمع پول و ثروت‌اندوزی و در همان حال خسّت بی‌پایانی دارد و به شنیدن تملق‌های بی‌جا و دروغ درباریانش معتاد شده است!

در «انستیتوی نسخ خطی آکادمی علوم جمهوری آذربایجان» ده‌ها اثر و منبع تاریخی مربوط به زمان جنگ‌های ایران و روس وجود دارند، که نگهداری می‌شود در سال‌های اخیر اکثر آنها به زبان ترکی لاتین منتشر شده‌اند اما در ایران به علت عدم دسترسی مورخان ایرانی به منابع روسی و قفقازی چندان مورد توجه قرار نگرفته، و این آثار ارزشمند متأسفانه هنوز مورد استفاده تاریخ نویسی ایرانی مربوط به دوره

جنگ‌های ایران و روس قرار نگرفته است در حالی‌که برخی از نویسندگان آثار مذکور حتی در خود آن جنگ‌ها و اتفاقات حضور داشتند و از نزدیک جریانات را دنبال می‌کردند از طرف دیگر، به لحاظ عقلایی نیز ارزشمند بودن آنها قابل درک است چرا که اتفاقات و رخدادهای جنگی در خود آن مناطق اتفاق افتاده است بنابراین می‌توان بخوبی جزئیات رخدادهای جنگی را در آن منابع مشاهده کرد.

در این پژوهش کوشیده‌ام در حد توان خود همه‌ی آنها را تا آنجا که مقدور بوده از نظر بگذرانم و نزدیک به هشتاد منبع از منابع مذکور را در نوشتن این کتاب استفاده کرده‌ام.

از برجسته‌ترین این منابع می‌توان به دوره هفت جلدی تاریخ آذربایجان اشاره کرد که توسط گروه اساتید و مؤلفان آکادمی علوم آذربایجان نوشته شده همچنین باید به مجموعه غنی و اسناد دست اول تاریخی تحت عنوان «مجموعه اسناد تاریخی قفقاز» (آ.ک. آ.ک.) اشاره کرد که مورد استفاده اینجانب بوده است این مجموعه عظیم، ذیقیمت و منحصر به فرد که حدود ۱۵ هزار صفحه است بصورت سیزده جلدی (جلد ششم شامل دو جلدی) هم اکنون در کتابخانه دولتی آخوندوف در باکو نگهداری می‌شود البته این مجموعه عظیم یک بار به زبان روسی در طول سالهای ۱۹۰۴ ـ ۱۸۶۶ در تفلیس در ۱۳ جلد به چاپ رسیده است که کوشش کرده آنها را نیز بدست آوردم. در اینجا لازم هست از آقای دکتر رضایی که مرا در دستیابی به این اسناد ۱۳ جلدی چاپ تفلیس کمک کردند قدردانی نمایم. بدون شک هرگونه تحقیق و پژوهش در خصوص تاریخ جنگ‌های ایران و روسیه بدون استفاده از این مجموعه ۱۳ جلدی (آ.ک. آ.ک.) کاری ناقص و حتی عبث خواهد بود.

اما مسئله‌ی مهمی که باید بدان توجه کرد این است که آن منابع با تمام ارزش و اهمیت‌شان خالی از اشکالات، سمپاتی‌ها و یکسونگری نویسندگانش نبوده است چرا که برخی از آنان خود وابسته و جزیی از طبقه‌ی فئودالی بوده و همچنین به مانند تمام منابع نوشته شده مورخین کشور خودمان در آن زمان به شیوه‌ی تاریخنگاری سنتی و نقلی بوده است. به عبارتی تنها مواد خام را بدون کوچک‌ترین تحلیل علیّ و

معلولی و علمی در اختیار ما می‌گذارند. همچنین برخی از آنها مانند اکثر «قراباغ نامه‌ها» مخصوصاً نوشته‌های عباسقلی باکیخانوف و یا میرزا آدی گوزل بیک که بشدت گرایش به روسها داشته‌اند و یا در زمان تسلط روسها نوشته شده‌اند خالی از جهت‌گیری نیستند. بنابراین، منابع مذکور را باید در آیینه منابع ایرانی و سفرنامه‌های خارجی خواند و به قضاوت نشست.

در این کتاب تلاش کرده‌ام برخی از نوشته‌ها را که به نظرم اشتباه بوده و به کرات در کتابهای فارسی تکرار شده‌اند مورد انتقاد و تجزیه و تحلیل قرار دهم و در کنار کتبِ فوق‌الذکر از مقالات کثیری که در طول یکصد سال اخیر در مجلات معتبر درج شده استفاده نمایم. در هر صورت آن چه تقدیم خوانندگان می‌گردد محصول پنج سال کار بی‌وقفه بر روی منابع کتابخانه‌های ایران، جمهوری آذربایجان و ترکیه بوده است که کم و کیف و نکات ضعف و قوت آن را به قضاوت خوانندگان محترم می‌گذارم و هیچگونه ادعایی ندارم.

علی مرادی مراغه‌ای

تابستان ۱۳۹۱

بخش اول
دوران آقامحمدخان

سفید

نمونه پنجم

فصل اول

ظهور خواجه‌ای زشت‌صورت و زشت‌سیرت در افق سیاسی ایران

«تاریخ نویسان ما را اعتمادی نیست، این نوشته‌اند که پادشاه را خوش آید»

(نادر میرزا)

طایفه قاجار در زمان حکمرانی سلطان حسن آق قویونلو (۱۴۷۸ ـ ۱۴۵۳) از منطقه دیاربکر به آذربایجان کوچ کردند. این طایفه ریشه و اصل و نسب خود را به قاآن پسر چنگیزخان منتسب می‌کنند. یکی از اجداد قاجار، دختر قاآن را به پسر خود تزویج کرده بوده و به همین خاطر پس از این ازدواج این نسل به قوانلو شهرت می‌یابند و در مقابل نسل دیگر طایفه به دوانلو مشهور می‌گردند.

طایفه قاجاری در قرن سیزدهم میلادی در ترکیب قشون هولاکوخان (۱۲۵۶ م) نوه چنگیزخان بودند. آنان پس از سقوط حکومت ایلخانان به سوریه مهاجرت کردند و در زمان تیمورلنگ در مناطق قراباغ، گنجه و ایروان دیده می‌شوند. در زمان سلسله صفویان، قاجاریان قدرتمندتر می‌گردند و شاه اسماعیل سند مالکیت نواحی که در آن مسکن گزیده بودند به آنها اعطا می‌کند حتی تویقون لنگ قاجاری به عنوان اولین حاکم صفوی در شکی منصوب می‌گردد و مقارن با همین دوران در ۱۵۴۷ م کمال‌الدین شاهوردی‌خان زیاد اوغلی قاجار با رتبه سلطانی از سوی شاه صفوی به حکومت قراباغ و گنجه تعیین می‌شود همچنین اولین حکمران ولایت ایروان،

قلی‌خان قاجاری بوده و بانی خان‌نشین ایروان، حسن‌علی‌خان زیاد اوغلی قاجار (وفات =۱۷۸۳) بود.

شاه عباس برای تضعیف قدرت رو به رشد قاجارها و همچنین تحکیم سرحدات ایران، آنها را از مناطق قفقاز به نواحی سرحدات کشور کوچاند، بدین ترتیب بخشی از قاجاریان در سرحدات شمال شرقی دشت گرگان (استرآباد) فرستاده شدند تا برای دفاع از ایران در برابر هجوم اوزبکان در آنجا مستقر گردند و بخش دیگر آنها در سرحدات گرجستان ماندند. این رویداد اگرچه موقتاً مایه تضعیف قاجاریان شد، اما هرگز نتوانست راه نفوذ به تاریخ ایران را بر روی آنها ببندد زیرا دوباره آنان در دستگاه صفوی نفوذ کردند بار دیگر نیروهای پراکنده خود را گرد آوردند. از میان سه گروه قاجاریان، آنان که در پیرامون گنجه حکم می‌راندند مردمی تابع حکومت مرکزی بودند اگرچه در دستگاه صفوی مقام‌های بلندی را کسب کردند اما اطاعت‌شان از صفویان آنها را از نظر توان تاریخ‌سازی عقیم کرد گروهی که به مرو رفته بودند اثری از آنان در دست نیست اما گروه سوم که به استرآباد و گرگان رفته بودند سرانجام پس از مناقشات فراوان تاج و تخت شاهی را همین گروه به دست آوردند.[1]

قاجارها در دشت گرگان (استرآباد) دو دسته می‌گردند: بخشی در بالا و قسمت علیای رود گرگان مستقر می‌گردد که به آنها یوخاری‌باش می‌گفتند و بخشی دیگر در قسمت پایین و سفلای رود گرگان ساکن می‌گردند که به آنها اشاقه‌باش و قویونلو می‌گفتند.[2] آنان در دشت گرگان با کلیه احشام و گوسفندان خود می‌زیستند و دو دسته برای کسب زمین‌ها و چراگاه‌های نواحی گرگان مدام با همدیگر در جنگ و جدال بودند اما اکثراً غلبه با دسته «یوخاری باش» یعنی قوانلو بود. اولین رهبر و شخصیت برجسته از دسته اشاقه‌باش فتحعلی‌خان قاجار بود. او فرزند شاهقلی‌خان بود و در ۱۱۰۴ هـ ۱۶۹۲/م اواخر سلطنت شاه سلیمان صفوی در استراباد متولد شد و وقتی شاه سلطان حسین به سلطنت رسید دو سال داشت.[3]

فتحعلی‌خان قاجار وقتی بزرگ شد حاکم استرآباد (گرگان) گشت و از سوی شاه

طهماسب دوم (۱۷۳۲ـ ۱۷۲۲م) به فرماندهی ارتش منصوب شد. او پس از انتظام امور استراباد، دشت و سبزوار، کم‌کم دامنه نفوذ خود را تا حوالی سمنان و دامغان گسترش داد و در آستانه سقوط صفویان، به صورت چهره قدرتمند منطقه درآمد.[۴] او در مبارزه با افغان‌ها، رشادت‌های زیادی از خود نشان داد و از پیشروی سپاه اشرف افغان به طرف شمال جلوگیری نمود.

وقتی شاه طهماسب، نادر را برای فتح خراسان به اردوی خود فرا خواند رقابت و درگیری دو سردار بزرگ یعنی فتحعلی خان قاجار و نادرقلی آغاز شد اما سرانجام فتحعلی خان قاجار در این رقابت شکست خورده و توسط نادر دستگیر و در (۱۱۳۹ ق/۱۱۰۵ ش/۱۲۲۶م) در ۳۵ سالگی به دستور شاه صفوی کشته می‌شود و جنازه‌اش در خواجه ربیع مشهد دفن می‌شود.[۵] پس از مرگ شخصیت برجسته قاجاری‌ها، بیشتر افراد ایل «اشاقه باش» خلع سلاح و دستگیر می‌گردند و پس از اخذ غرامت آزاد گشته به گرگان فرستاده می‌شوند.[۶]

وقتی نادرقلی به قدرت و پادشاهی می‌رسد در طایفه قاجاری نیز شخصیت برجسته‌ای چون محمدحسن‌خان قاجار پسر فتحعلی خان مقتول ظهور می‌کند. او در زمان قتل پدر ۱۲ سال بیشتر نداشت و از ترس نادر به دشت قبچاق گریخته به ترکمانان یموت پناه برده بود.[۷] بعدها محمدحسن‌خان قاجار حاکمیت استرآباد را بدست می‌گیرد و عوامل نادرشاه را که قاتلین پدرش بودند از آنجا می‌راند. برطبق کتاب «عالم آرای نادری» «محمدحسن‌خان قاجار در زمان کشته شدن پدرش پنج سال بیشتر نداشت وقتی بزرگ شد همیشه در پی خونخواهی پدر بود.»[۸] نادرشاه برای دفع او قشونی بدانجا اعزام کرد. محمدحسن‌خان قاجار مجبور به فرار شد و به ترکمانان پناه برد به گواهی کتاب «روضةالصفا» «در ایام دولت و استقلال نادرشاه دو بار خروج فرمود و کاری از پیش نرفت و جمعی قاجار در این میانه به هلاکت رسیدند.»[۹]

محمدحسن‌خان قاجار تنها پس از قتل نادرشاه در ۲۰ رجب ۱۱۶۰ هـ/ ۲۸ ژوئیه ۱۷۴۷م موفق می‌شود به استرآباد (گرگان) بازگردد.[۱۰]

نادرشاه در طول حکومت خود همواره سعی می‌کرد برای تضعیف محمدحسن‌خان و جلوگیری از قوی شدن او «دسته یوخاری باش» را تقویت کند همچنین کوشش می‌کرد با ایجاد اختلاف و دامن زدن به کشمکش‌های طایفه‌ای از خطرات قاجاری‌ها آسوده‌خاطر باشد.

پس از مرگ نادرشاه، خلف او علیقلی‌خان افشار (عادل شاه) برای اینکه ازحمایت طایفه قاجار برخوردار باشد محمدحسن‌خان قاجار را به حکومت استرآباد و مازندران منصوب کرد اما او که سری پرشور داشت همچنین با سعایت دیگران پیش عادلشاه، روابط او با عادلشاه به زودی تیره گردید، در نتیجه محمدحسن‌خان از آنجا فرار کرده بار دیگر به ترکمانان و دشت قبچاق که خانواده پدرش در آنجا بود، پناه برد. عوامل عادلشاه به تعقیب وی پرداختند اما از دستگیری محمدحسن‌خان قاجار ناکام مانده و بر دو پسر خردسال او دست یافتند. آقامحمدخان قاجار که پسر بزرگ بود به نوشته اکثر منابع، در همین زمان توسط عادلشاه مقطوع‌النسل و خصی گردید.[۱۱]

اگرچه مدت زمامداری عادلشاه چندان دیر نپایید اما در تمام دوران او محمدحسن‌خان قاجار متواری بود. پس از عادلشاه، شاهرخ میرزا نوه نادرشاه به قدرت می‌رسد و از آنجاکه محمدحسن‌خان قاجار در به تخت نشستن شاهرخ میرزا بدو کمک کرده بود در ازای خدماتش از سوی شاهرخ به سمت ایشیک آغاسی در مشهد منصوب می‌شود.

وقتی شاهرخ میرزا توسط شاه سلیمان ثانی از قدرت برکنار و کور می‌گردد. محمدحسن‌خان قاجار در حکومت شاه سلیمان ثانی به سمت سردار نظامی استرآباد منصوب می‌گردد.[۱۲] اما با استفاده از قدرتی که بدستش افتاده بود شاه سلیمان ثانی را برکنار و خود برای کسب قدرت خیز برمی‌دارد. برطبق گواهی «روضه الصفای ناصری» محمدحسن‌خان قاجار «بعد از خلع شاه سلیمان در کمال جلال خروج و بر مسند کشورستانی عروج فرمود و بر ولایت مازندران استیلا یافت و با سپاهی کران از سواحل بحر خزر به جانب گیلان گذر کرد و بر حاجی جمال فومنی حاکم رشت مسلط گشت و بعد از اخذ منال و قبض مال حکومت گیلان را کمافی‌السابق به حاجی

جمال واگذاشت.» مبارزه و رقابت او با کریم‌خان‌زند بر سر کسب قدرت و سلطنت از همین زمان آغاز می‌شود به طوری که محمدحسن‌قاجار در این مبارزه طولانی سرانجام موفق می‌شود بخش‌های مرکزی ایران و آذربایجان را بدست گرفته و به عنوان شاه بی‌تاج و تخت ایران قلمداد گردد که حتی بنام‌اش سکه نیز زده شد.

او در ۱۱۶۹ هـ/۱۷۵۶ م پس از گرفتن اصفهان خبردار شد که آزادخان افغان از آذربایجان آمده قم را تصرف کرده است مرکز قدرت آزادخان ارومیه بود. به‌همین خاطر، محمدحسن‌خان قاجار پس از اتحاد با خان‌های تبریز، شیروان و گنجه در مقابل آزادخان افغان، آماده حمله به ارومیه شد در نتیجه نبردی که در ۱۱۷۱ هـ/۱۷۵۸ م میان قوای قاجاری و آزادخان افغان واقع شد آزادخان شکست خورده، به سلدوز عقب نشست.[۱۳]

در این زمان که فتحعلی‌خان افشار نیز به محمدحسن‌خان قاجار پیوسته بود ارومیه به تسخیرخان قاجار درآمد در اینجا او تصمیم گرفت پناه‌خان حاکم قره باغ را به اطاعت خود در آورد به همین منظور به قراباغ لشکر کشید و در حدود ۲۰ کیلومتری (چهار فرسنگی) قلعه شوشی در محلی بنام خاتون آرخ مستقر شد.

پناه‌خان حاکم قراباغ یکسال قبل به این قلعه منتقل شده بود. محمدحسن‌خان به مدت یک ماه در آنجا اتراق کرد[۱۴] و در جنگ‌های متعدد نه تنها نتوانست کاری از پیش برد بلکه سربازان و افراد پناه‌خان شبانه به اردوی او شبیخون می‌زدند و تمام اسب‌ها، قاطرها و آذوقه قشونش را می‌دزدیدند. در همین زمان شیخ علی‌خان‌زند از سوی کریم‌خان، اصفهان را تصرف می‌کند و همین خبر باعث می‌شود محمدحسن‌خان قاجار با عجله از فتح قلعه شوشی صرف‌نظر کرده و به اصفهان بازگردد. به نوشته برخی منابع غیرایرانی، او و یارانش در ترک قراباغ چنان عجله داشتند که حتی قادر نبودند دو تا توپ سنگین را که برای کوبیدن قلعه شوشی آورده بودند با خود ببرند. پس از رفتن قوای محمدحسن‌خان قاجار، پناه‌خان دستور داد توپ‌ها را به درون قلعه شوشی بکشند.

از عجایب روزگار اینکه آن توپ‌ها همچنان سال‌ها در قلعه ماندند و هفتاد و پنج

سال بعد وقتی در ۱۸۲۶ هـ سربازان ایرانی به فرماندهی عباس میرزا در زمان فتحعلی شاه قلعه را به محاصره خود در آورد توپ‌ها برای مدافعه از مهاجمین مورد استفاده قرار گرفتند.[۱۵] محمدحسن‌خان در بازگشت به اصفهان ابتدا به تبریز آمد، پسرش آقامحمدخان را که اکنون ۱۸ سال داشت به حکومت آذربایجان منصوب کرد و خود در ۱۱۷۱ هـ ۱۷۵۷/م برای تصرف اصفهان عازم آنجا شد.[۱۶] آقامحمدخان پس از یکسال اقامت در تبریز در ۱۱۷۱ هـ ۱۷۵۸/م در شیراز به پدرش پیوست.

اندکی قبل از کشته شدن محمدحسن‌خان قاجار، متحد او فتحعلی‌خان افشار، چون شکست او را احساس کرد از او جدا شده به طرف آذربایجان و تبریز بازگشت و در طول چهار ماه حکومتش بر شهر، شهر را از وجود پانصد نفر از افاغنه طرفدار آزادخان که به آزار و اذیت مردم شهر می‌پرداختند پاک ساخت. تعدادی از افاغنه توانستند از مهلکه بگریزند اما توسط قوای نجفقلی‌خان متحد فتحعلی‌خان افشار دستگیر و کشته شدند.[۱۷]

آزادخان که اینک در بغداد بود در ۱۱۷۲ هـ/۱۷۵۹ م با مساعدت پادشاهی بغداد قوایی را آماده ساخته برای تسخیر آذربایجان و تنبیه فتحعلی‌خان افشار عازم آذربایجان شد. فتحعلی‌خان و متحد او شهبازخان به مقابله با آزادخان افغانی پرداخته و در جنگی که در مراغه در گرفت قوای آزادخان افغانی شکست خورده و متواری شدند.[۱۸]

کریم‌خان زند در فروردین ۱۱۳۹ ش/آوریل ۱۷۶۰ م جهت تصرف تبریز و تنبیه فتحعلی‌خان افشار با لشکری عازم تبریز شد او دو روز در زنجان توقف کرد. سپس از طریق میانه به طرف تبریز حرکت کرد. پس از توقف یک‌روزه در جلال‌آباد در ۲ رمضان ۱۱۷۳ هـ/۲۹ فروردین ۱۱۳۹ ش/۱۷ آوریل ۱۷۶۰ م به دو فرسنگی تبریز رسید و در آنجا مستقر شد فتحعلی‌خان افشار و متحدانش چون در خود یارای مقابله با خان زند نمی‌دیدند به قلعه تبریز پناه بردند کریم‌خان، میرزا علی اکبر ملاباشی را فرستاد تا فتحعلی‌خان را وادار به تسلیم کند اما نتیجه‌ای در پی نداشت.[۱۹] چون محاصره فایده‌ای نداشت کریم‌خان رهسپار مراغه شد حاجی قاسم‌خان مراغه‌ای

فرمانروای شهر به کمک برادرش حاجی علی محمد، سپاهی از طایفه مقدم و ایلات اطراف آماده ساخته به مقابله پرداخت اما آنان شکست خورده و در ۱۶ رمضان ۱۱۷۳ م/۱۲ اردیبهشت ۱۱۳۹ ش با هدایایی پیش خان زند آمده خود را تسلیم کردند. کریم‌خان آنان را در مقام‌های‌شان ابقاء کرد.[۲۰] از آنجا عازم سراب و هشتپر شد تا به سرکوب ایلات شاهسون و قشقاقی‌ها بپردازد پس از سرکوب آنها که سه روز طول کشید در ۲۹ رمضان ۲۵/۱۱۷۳ اردیبهشت ۱۴/۱۱۳۹ می ۱۷۶۰ دوباره به تهران بازگشت.[۲۱]

فتحعلی‌خان افشار اکنون هم تبریز و هم ارومیه را در دست داشت و برادر خودش علی مرادخان افشار را حاکم ارومیه کرده بود.[۲۲] در همین زمان فتحعلی‌خان افشار به فکر حمله به قراباغ افتاد تا پناه‌خان حاکم آنجا را به اطاعت خود درآورد برخی منابع فارسی می‌نویسند «پناه‌خان گونه سازشی کرده، پسر خود ابراهیم خلیل آقا را گرو داد...»[۲۳] اما منابع غیرفارسی به شکلی متفاوت به این مسئله اشاره می‌کنند برطبق این منابع، این اتفاق حدود یکسال بعد از حمله ناکام محمدحسن‌خان قاجار به قراباغ و قلعه شوشی می‌افتد. براساس منابع غیرایرانی، فتحعلی‌خان افشار در ۱۷۶۲ م به فکر تسخیر تمام آذربایجان می‌افتد او پس از تسخیر تبریز و ارومیه به فکر تسخیر بخش‌های قفقاز افتاد، ابتدا ایلچی‌هایی بسوی پناه‌خان حاکم قراباغ برای اطاعت روان ساخت اما پناه‌خان جواب منفی داد در نتیجه یورش به قراباغ آغاز شد او به مدت ۷ الی ۸ ماه تلاش کرد به قلعه نفوذ کند ولی هر دفعه شکست خورده عقب می‌نشست.[۲۴] فصل زمستان نزدیک می‌شد و همچنان قلعه شوشی مقاومت می‌کرد حتی تعدادی از افراد خان افشار توسط قوای پناه‌خان اسیر شده بودند فتحعلی‌خان افشار در آنجا سنگرهایی درست کرده که آثارشان همچنان باقی مانده و مردم امروزه به آن «سنگرهای فتحعلی‌خان» می‌گویند.[۲۵]

در این زمان فتحعلی‌خان افشار به فکر خدعه‌ای می‌افتد او ایلچی‌های ماهری به سوی پناه‌خان فرستاده و به او پیشنهاد صلح می‌دهد که «اگر پناه‌خان اسیران را آزاد کند و با من پیمان صلح و مودت ببندد دخترم را به عقد پسر بزرگ او ابراهیم‌خان در

خواهم آورد در این صورت بین ما دوستی ابدی و عمیقی برقرار خواهد شد. به همین خاطر برای تحقق امر ازدواج بهتر است ابراهیم خلیل‌خان پسر حاکم قراباغ دو سه روزی به میان ما آمده تا مراحل ازدواج طی شود براینکه حاکم قراباغ به سوءنیت او پی نبرد فتحعلی‌خان افشار حتی سه نفر از اقوام و سرکردگان خود را به عنوان گرو پیش قراباغ فرستاد.

پناه‌خان باور کرده پسرش ابراهیم خلیل‌خان را به همراه چند نفر کدخدا به مقر خان افشار فرستاد. فتحعلی‌خان افشار، ابراهیم خلیل‌خان را به بهانه اینکه فعلاً «ساعت خوش» برای ازدواج نیست دو روز پیش خود نگهداشت و در این مدت از طرف ایلچی‌های خود هدایایی بسوی قلعه شوشی می‌فرستاد. در مدت دو روز او موفق شد تمام اسرای خود را که در قلعه شوشی بودند آزاد کند. اما در روز سوم فتحعلی‌خان افشار، ابراهیم خلیل‌خان و کدخداها را با خود برداشته و به همراه لشکر خود به طرف ارومیه عقب کشید.[۲۶]

وقتی این خبر به پناه‌خان و اهالی قراباغ رسید بسیار پریشان و درمانده شدند.[۲۷] طبق نوشته میرزا جمال جوانشیر، اهالی به دنبال راههای متعددی افتادند تا ابراهیم خلیل‌خانِ ولیعهد را آزاد کنند اما فکری به نظرشان نمی‌رسید.[۲۸] احمدبیگ جوانشیر در خصوص اوضاع شهر پس از این حادثه می‌نویسد: بزرگان و اعیان شهر دیگر از استقلال قراباغ ناامید شده بودند و از پیری پناه‌خان نیز استفاده کرده کم‌کم اداره شهر را در دست گرفته به دو دسته شده بودند یک دسته طرفدار روسها شده بودند و نمی‌خواستند تابع ایران باشند اما دسته دوم متمایل به ایران بودند.[۲۹]

اما به نظر می‌رسد اینها افسانه‌پردازی‌هایی بیش نیست. چرا که مقاومت قراباغ همیشه بسته به اتحاد حاکم قراباغ با ملیک‌های ارمنی بوده و اکثر ملیک‌ها در این حمله، حاکم قراباغ را یاری نکردند. هاکوپ ملیک هاکوپیان این واقعه را دقیق‌تر می‌نویسد برخی از ملیک‌ها از جمله ملیک یوسف گلستان و ملیک آتام جرابوت به فتحعلی‌خان افشار حاکم ارومیه ملحق شدند «او با کمک ملیک‌ها قلعه شوشی را به محاصره در آورد. پناه‌خان و ملیک شاه نظر مدتی با شجاعت از قلعه دفاع کردند ولی

ظهور خواجه‌ای زشت‌صورت و زشت‌سیرت در افق سیاسی ایران / ۱۹

سرانجام ناچار تسلیم گردیدند. فتحعلی‌خان افشار وعده کرده بود که پس از تسخیر قلعه، کلیه مایملک پناه‌خان متعلق به او باشد و در مقابل پناه‌خان را به ملیک آتام و ملیک یوسف تحویل دهد. ولی فتحعلی‌خان با دریافت ده هزار تومان خون بها، پناه‌خان را آزاد کرد و با گروگان گرفتن پسر او، ابراهیم‌خان، به ایران بازگشت. با این شکستی که در اثر همکاری ارامنه قراباغ با دشمن به پناه‌خان وارد شد وی به ریشه کن کردن دودمان ملیک‌ها مصمم تر شد، چون معتقد بود خان ایران در صورت عدم کمک ملیک‌ها امکان تصرف قلعه و به گروگان گرفتن پسر او را نداشت.»[۳۰]

در ایران فتحعلی‌خان افشار با عسگرخان (برادر کریم‌خان‌زند) از در دشمنی درآمد و در جنگی که بین آنها درگرفت عسگرخان توسط فتحعلی‌خان افشار به قتل رسید. وقتی کریم‌خان قدرت را بدست گرفت به فکر انتقام خون برادر افتاد و از شیراز رهسپار اورمیه شد.

این دومین بار بود که کریم‌خان‌زند برای تسلط بر آذربایجان و شکست فتحعلی‌خان افشار به سوی آذربایجان لشکر می‌کشید. کریم‌خان و قشونش در ۲ ذیقعده ۱۱۷۴، ۱۵ خرداد ۵/۱۱۴۰ ژوئن ۱۷۶۱ از تهران حرکت کردند. در ۱ ذیحجه ۱۲/۱۱۷۴ تیر ۱۳/۱۱۴۰ ژوئیه ۱۷۶۱ در قره‌چمن نزدیک تبریز به هم رسیدند، اگرچه ابتدا نیروهای فتحعلی‌خان ضربات سختی به سپاهیان زند وارد ساختند اما سرانجام شکست خورده به طرف ارومیه فرار کردند.[۳۱]

در ۱۵ ذیحجه ۲۶/۱۱۷۴ تیر ۱۷/۱۱۴۰ ژوئیه ۱۷۶۱ قوای کریم‌خان به تبریز رسیدند به نوشته برخی منابع، در این زمان کریم‌خان‌زند نامه‌ای به پناه‌خان حاکم قراباغ می‌فرستد و او را به دوستی و مودت دعوت می‌کند کریم‌خان در نامه خود نوشته بود:

«فتحعلی‌خان افشار نه تنها در این زمان دشمن مشترک ماست بلکه دشمن خونی ما می‌باشد. او قاتل برادرم اسکندرخان است و پسر شما را نیز به وسیله حیله‌ای از شما گرفته است، پس تا آنجا که نیرو دارید برای کمک بفرستید چرا که اگر او را شکست بدهیم فرزندت آزاد می‌شود و ما نیز به آرزوی خود می‌رسیم.»

به نوشته برخی منابع، پیک کریم‌خان که حامل نامه بود در تاریخ ۲۱ ذی‌حجه ۱/۱۱۷۴ مرداد ۲۳/۱۱۴۰ ژوئیه ۱۷۶۱ از قراباغ بازگشت و خان زند را از حمایت پناه‌خان حاکم قراباغ مطمئن ساخت.[۳۲] برخی منابع خارجی معتقدند که کریم‌خان قبل از حرکت بسوی ارومیه با پناه‌خان دیدار داشته و پناه‌خان در رأس قشونی جهت حمله به دشمن مشترکشان یعنی فتحعلی خان افشار به کریم‌خان‌زند پیوسته بود.[۳۳] اما اشکالی که بر این قول وارد است اینکه ابراهیم خلیل‌خان فرزند پناه‌خان در این زمان در بند فتحعلی خان افشار بود و پناه‌خان از ترس جان فرزندش نمی‌توانسته آشکارا به کریم‌خان بپیوندد.

قوای کریم‌خان در ۷ مرداد ۲۰/۱۱۴۰ ژوئیه ۱۷۶۱ تبریز را به قصد تسخیر ارومیه ترک کرد و پس از رسیدن به یک فرسنگی ارومیه از آنجا به فتحعلی خان افشار پیام فرستاد که تسلیم گردد اما او امتناع کرد. محاصره ارومیه توسط کریم‌خان بنا به نوشته برخی منابع بیش از هفت ماه طول کشید اما بالاخره در ۱۱ اسفند ۲۰/۱۱۴۱ فوریه ۱۷۶۳ م فتحعلی خان افشار تسلیم شد.[۳۴]

کریم‌خان‌زند پس از تسخیر ارومیه اسرای زیادی گرفت که ابراهیم خلیل‌خان نیز جزو اسرا بود منابع ترکی در این مورد می‌نویسند، کریم‌خان‌زند پس از تسخیر ارومیه، ابراهیم خلیل‌خان را که زندانی فتحعلی خان افشار بود، آزاد ساخت و به او خلعت و شمشیری هدیه داده به عنوان حاکم قراباغ روانه آنجا کرد اما از پدرش پناه‌خان دعوت کرد که به همراه او به شیراز برود. به عبارتی او را با احترام به عنوان گرو نزد خود به شیراز برد.[۳۵] پناه‌خان بارها از او اجازه بازگشت به قراباغ را خواسته بود اما کریم‌خان اجازه نمی‌داد تا اینکه در همان شیراز وفات می‌یابد و نعش او را به قراباغ آورده در ملک خود آغدام دفن می‌کنند.[۳۶]

برخی منابع کمی متفاوت به این مسأله اشاره می‌کنند، رافی در این مورد می‌نویسد:

«پناه‌خان به محض اطلاع از اسارت پسرش با هدایایی گران‌قیمت به خدمت کریم‌خان رسید تا فرزند خود را آزاد کند لیکن پس از دو سال اقامت در شیراز نه تنها

پسرش را رها نمی‌کنند بلکه به او نیز اجازه بازگشت داده نمی‌شود... او تظاهر به مرگ کرده آنچنان که او را در تابوت گذاشتند. افراد او به کریم‌خان گفتند پناه‌خان وصیت کرده است که او را در سرزمین خود دفن کنند و تقاضا کردند جسد پناه‌خان را به قراباغ انتقال دهند. کریم‌خان که متوجه نیرنگ پناه‌خان گردیده، بدو گفت لازم است جنازه با تشریفات خاص حمل کرده و چون جسد در راه متعفن خواهد شد بهتر است مومیائی شود. به فرمان کریم‌خان پناه‌خان را زنده زنده طبق روش معمول مومیائی کردند، سپس جسد او را تحویل افراد او دادند و جنازه به قراباغ حمل گردید. به این ترتیب پناه‌خان در ۱۷۶۳ م دارفانی را وداع گفت. کریم‌خان به تصور اینکه پسر اطاعت بیشتری نشان خواهد داد با اعطای لقب خانی او را رهسپار قراباغ کرد و ابراهیم آقا به ابراهیم‌خان تغییر نام داده، جانشین پدر گردید.»[۳۷]

البته واضح است که مومیایی کردن پناه‌خان و غیره نمی‌تواند صحیح باشد و او نمی‌توانسته چنین مراحلی را تحمل و یا بمیرد ولی دم نزند!

ابراهیم خلیل‌خان وقتی به قراباغ بازگشت او ابتدا در مقابل ملیک‌های ارمنی ضعیف بود اما از طریق نزدیکی با ملیک شاه نظر وارانداو ازدواج با دختر او؛ حوری‌زاد قدرتمند شد هر چند این ازدواج خشم بقیه ملیک‌های ارمنی را بر علیه ملیک شاه‌نظر برانگیخت.[۳۸]

شاید پناه‌خان وقتی که در شیراز در دربار کریم‌خان بود، بارها با آقامحمدخان جوان روبرو شده باشد اما هرگز تصور نمی‌کرد که در آینده پسرش ابراهیم خلیل‌خان و آقامحمدخان دشمن خونی همدیگر شده و پایان تلخ سرنوشت این خواجه قاجاری در پای قلعه شوشی که او بنا کرده رقم خواهد خورد.

آقامحمدخان سیزده سال بیش‌تر نداشت که اولین بار مشارکت در جنگ در رکاب پدرش محمدحسن‌خان قاجار را تجربه کرد از آن پس تقریباً در تمامی جنگ‌های پدر، پیشاپیش لشکر حرکت می‌کرد و حضور داشت. وقتی آذربایجان در مقطعی کوتاه به دست پدرش فتح گردید امر رتق و فتق آذربایجان و استراباد به عهده آقامحمدخان جوان گذاشته شد اما این زمان زیاد نپایید و دوباره به پدر ملحق شد.

محمدحسن‌خان قاجار اگرچه در جنگ‌های متعددش با کریم‌خان به پیروزی‌هایی دست یافته بود اما قتل عام‌های بی‌شمارش بسیاری را به خونش تشنه کرده بود به طوریکه در یک مجلس تقریباً تمام بزرگان طایفه یوخاری‌باش را قتل عام کرد و به خاطر همین رقابت‌های درونی ایل قاجار، سرانجام به دست محمدعلی‌خان، یکی از سران تیره دولوی قاجار که از دسته یوخاری باش بود در ۲۵ بهمن ۱۵/۱۱۳۷ جمادی الاخر ۱۵/۱۱۷۲ فوریه ۱۷۵ م پس از هشت سال کشمکش برای کسب قدرت در حوالی بهشهر و کلباد کشته شد، سرش را نزد شیخ علی‌خان سردار زند فرستادند.[۳۹] وی نیز آن سر را به نزد کریم‌خان فرستاد.

سری که در طول ۸ سال مبارزه برای کسب قدرت، سرهای بی‌شماری را قطع کرده بود:

«طفل قدرت در جستجوی رشد خود به دنبال خون بود، برای نوشیدن خون نه زمان می‌شناخت و نه مکان و نه ظرف. زمان، تمام برش‌های طول تاریخ بود. مکان نیز گاه میدان جنگ بود، زمان هم سر سفره غذا با ظرف نیز، گاه تیغه شمشیر بود و هنگامی هم کاسه سر حریف!»[۴۰]

کریم‌خان زند اگرچه از شر یکی از سمج‌ترین رقبای دعوی قدرت آسوده خاطر گشت اما رفتارش با سر بریده دشمن، انسانی بود. خان زند دستور داد سر دشمن را با گلاب بشویند و با احترام فراوان در همان سال در زاویه حضرت عبدالعظیم به خاک سپارند. اما این انسان بزرگوار و شریف که شگفتا در میان انبوهی از حاکمان درنده‌خو و جنایتکار «خلق و خوی انسانیت داشت.» غافل از این بود که سرانجام روزی خواهد رسید که آقامحمدخان فرزند محمدحسن‌خان قاجار پس از بدست گرفتن قدرت، حتی از استخوان‌های او نیز نخواهد گذشت!

بدین ترتیب با مرگ پدر، آقامحمدخان جوان ۱۷ ساله با دنیایی از مخاطرات و سرنوشتی نامعلوم مواجه گشت.

آقامحمدخان قاجار در ۷ محرم ۲۳/۱۱۵۵ اسفند ۱۴/۱۱۲۰ مارس ۱۷۴۲ متولد شد. صاحب روضه الصفای ناصری می‌نویسد که محمدحسن‌خان قاجار ۹ فرزند داشت و آقامحمدخان قاجار ارشد و از همه بزرگتر بود.[۴۱] مادر آقامحمدخان جیران

خانم از زنان متشخص و برجسته و خواهر محمدخان دولو و دختر اسکندرخان قوانلو بود.[۴۲] جیران خانم زنی زیبا، جسور و عاقل بود چون خودش باسواد بود، کوشید فرزندش آقامحمدخان را با قرآن و سواد آشنا سازد. او در اداره امور استرآباد به شوهرش محمدحسن‌خان قاجار کمک می‌کرد و چون سوارکار خوبی بود در اکثر جنگ‌ها نیز دوشادوش شوهر بود.

پس از مرگ پدر، آقامحمدخان به همراه برخی از برادرانش به میان ترکمانان یموت فرار می‌کند[۴۳] و از میان طایفه خود جوانانی را به دور خود جمع کرده به جنگ‌های پارتیزانی با زندیان می‌پردازد و حتی می‌کوشد استرآباد را فتح کند در این زمان حسین‌خان قاجار دولو دست نشانده کریم‌خان‌زند بر آنجا حکومت می‌کرد. در ۱۷ آذر ۱۱۴۰ ش/۸ دسامبر ۱۷۶۱ قشون چهار هزار نفری حاکم استرآباد دسته کوچک آقامحمدخان را در محاصره می‌گیرد. دسته ۵۰۰ نفری آقامحمدخان می‌کوشند از محاصره بگریزند اما پس از یک جنگ شدید، سرانجام آقامحمدخان موفق می‌شود تنها به اتفاق ۱۰ نفر از محاصره نجات یابد در حالی که زخم‌های متعدد در پیکرش بود آنان خسته و کوفته و زخمی به نزدیکی‌های اشرف (بهشهر) رسیده به خواب و استراحت می‌پردازند اما قشون حاکم مازندران، محمدخان سوادکوهی با اطلاع از محل اختفای آنان، سر می‌رسند و دست و پای آقامحمدخان و همراهانش را بسته به تهران نزد کریم‌خان‌زند می‌فرستند.[۴۴] کریم‌خان سپس خانواده او را نیز از استرآباد به دامغان کوچ داده و او را به مدت ۱۶ سال با احترام کامل در پیش خود نگه می‌دارد.

در اینجا برای مورخان، همواره یک رازی ناگشوده باقی مانده است زیرا در آن زمان برحسب عادت وقتی حاکمان بر رقیب دست می‌یافتند، او را می‌کشتند و یا کور می‌کردند. اما کریم‌خان هیچ کدام از اینها را انجام نداد. چرا؟

کریم‌خان وقتی از اخته بودن آقامحمدخان آگاه می‌شود به او دیگر به عنوان یک رقیب نمی‌نگرد. آقامحمدخان نیز در ظاهر به کریم‌خان می‌فهماند که دیگر سیاست را بوسیده و کنار گذاشته است. اما چگونگی اخته شدن آقامحمدخان کاملاً مشخص

نشده است، آیا او در هفت سالگی بدست عادلشاه اخته شده کسی که تمام خاندان خود را از دم تیغ گذرانده و در دنیا تنها مانده بود؟ و می‌خواست «با اخته کردن مهتر خردسال ایل قاجار، بلندپروازی‌های آتی او را در هم شکند.»[۴۵]

منابع متعدد ضمن اشاره به این مطلب می‌نویسند: چون عادلشاه نتوانست بر پدر دست یابد دو طفل او را گرفته حبس کرد و «پسر بزرگتر را یعنی نواب آقامحمدخان را که در آن وقت میانه پنج سالگی و شش سالگی بود، مقطوع‌النسل نمود.»[۴۶]

اما اگر آقامحمدخان توسط عادلشاه اخته شده است، پس چرا عادلشاه با برادر دیگر او حسینقلی‌خان چنین معامله‌ای نکرده در حالی که هر دو اسیر عادلشاه بودند؟ علاوه بر آن، این ایراد وارد است که چرا ظاهر آقامحمدخان در آن زمان تغییر پیدا نمی‌کرده است و تغییرات حاصل از اختگی‌اش بعدها در سیمای وی نمایان شده؟ آیا این ظن به حقیقت نزدیک‌تر نیست که اخته شدن او در اثر ضربات و زخم‌های متعددش در زمان محاصره و قبل از دستگیری بوده که به نوشته برخی منابع در زمان دستگیری ۹ زخم در پیکرش بوده؟

البته فرض دیگری نیز وجود دارد و آن اینکه آقامحمدخان عاشق دختر زیبای زکی‌خان‌زند بوده و بخاطر ارتباطی که با هم داشتند چنین گناه وحشتناکی در آن زمان، زکی‌خان را به تنبیه واداشته است براساس این فرض، در جنگی که منجر به کشته شدن پدرش، محمدحسن‌خان قاجار شد هم آقامحمدخان و هم مادرش جیران خانم شرکت داشتند و هر دو به دست زکی‌خان زند می‌افتند، زکی‌خان در انتقام ناموس دخترش، بدون توجه به التماس‌های جیران خانم بر او تجاوز نموده و آقامحمدخان شانزده ساله را نیز اخته کرده و هر دو را سپس آزاد می‌نماید. به همین خاطر آقامحمدخان در تمام دوران زندگیش در آتش انتقام و قصاص از طایفه زندیه می‌سوخته است. بخصوص اگر در نظر داشته باشیم که زکی‌خان خودش یک درنده‌خوی تمام عیار بود و به قساوت قلب معروف بود.[۴۷]

ژان گور در خصوص سیمای وی در سیزده سالگی می‌نویسد:

«آغا محمدخان باریک اندام و متوسط القامه بود و چشم‌های زیبا و جذاب و

دهانی کوچک داشت. هر کس دهان کوچک و چشمان زیبای پسرک را می‌دید، تصور می‌کرد بر روح وی هوی و هوس غلبه دارد، اما وقتی آن پسر سیزده ساله کلاه را از سر برمی‌داشت و چشم بیننده بر پیشانی بلند وی می‌افتاد، تغییر نظر می‌داد و می‌فهمید کسی که دارای آن پیشانی بلند است، مقهور هوی و هوس نمی‌شود.[۴۸]

بدیهی است تصویری که ژان گور از آقامحمدخان در سیزده سالگی‌اش می‌دهد، نمی‌تواند تصویر یک پسرک اخته شده در ۵ سالگی باشد، بنابراین به احتمال قریب به یقین این حادثه شوم برعکس ادعای برخی از منابع در کودکی اتفاق نیفتاده است.

به هر حال کریم‌خان‌زند نه تنها از گناه آنان درمی‌گذرد بلکه آنان را با عزت و احترام پذیرفته و به مدت ۲ سال در دامغان زیر نظر نگه میدارد. حسینقلی‌خان قاجار برادر کوچکتر را به همراه گروهی از قاجاریان به قزوین تبعید کرده و آقامحمدخان را به اتفاق گروهی دیگر از قاجاریان با خود به شیراز می‌برد. کریم‌خان‌زند حتی با خدیجه بیگم خواهر محمدحسن‌خان قاجار ازدواج می‌کند.[۴۹] و در ۸ اسفند ۲۶/۱۱۴۷ فوریه ۱۷۶۹ حسینقلی‌خان برادر کهتر را که در آن زمان ۱۸ سال داشت به حکومت دامغان منصوب می‌کند.

این انتصاب به مشورت آقامحمدخان بوده[۵۰] حسینقلی‌خان در آنجا ازدواج کرده[۵۱] و پسرش باباخان که که بعدها فتحعلی شاه سست عنصر و وارث تخت و تاج ایران خواهد شد در ۳ بهمن ۲۳/۱۱۵۰ ژانویه ۱۷۷۲ متولد می‌گردد.[۵۲]

حسینقلی‌خان اندکی بعد به کریم‌خان‌زند خیانت ورزیده و به مازندران و استرآباد رفته دعوی سلطنت کرد و خود را جهانسوز شاه نامید او بار فروش (بابل) را مرکز حکومت خویش ساخت. به نوشته برخی منابع، در این زمان آقامحمدخان که بخاطر تحرکات برادرش از جان خویش در دربار کریم‌خان بیمناک بود نامه‌های متعددی به برادرش می‌نوشته و او را از کارهای ضد حکومت کریم‌خانی برحذر می‌داشته.[۵۳]

اما سرانجام قدرت‌طلبی‌های حسینقلی‌خان سرش را بر باد داد و در ۲۶ سالگی در اول فروردین ۲۱/۱۱۵۶ مارس ۱۷۷۷ م پس از جنگ بسطام در حالیکه از خستگی مفرط در محلی به خواب و استراحت می‌پردازد در حین خواب توسط یکی از

ترکمانان کوکلان بنام آرتق کشته می‌شود و جنازه‌اش را به استرآباد برده در کنار قبر پدرش دفن می‌کنند.۵۴

به هر حال هیچ‌کدام از رفتارهای انسان‌دوستانه کریم‌خان نتوانست آتش انتقام درونی خواجه قاجار را فرو بنشاند.۵۵ آقامحمدخان آنی از کینه‌توزی و ناسپاسی نسبت به خاندان زند فرو نمی‌گذاشت به گواهی تاریخ عضدی:

«گویند هر وقت در اتاق‌های سلطنتی تنها می‌ماند فرش‌ها را با چاقوی خود پاره می‌کرد و می‌گفت حالا همین‌قدر از دستم برمی‌آید و می‌کنم تا وقتی که خداوند برایم بخواهد و بدانم با این طایفه چکنم.»۵۶

عجیب اینکه کریم‌خان از این ناسپاسی آقامحمدخان اطلاع پیدا می‌کرد اما از آن می‌گذشت. مولف فارسنامه ناصری از قول نواب جلال‌الدین میرزای قاجار (یکی از پسران فتحعلی شاه) می‌نویسد: فتحعلی شاه برای فرزندان خود تعریف می‌کرد که چون آقامحمدخان، کریم‌خان را کشنده پدر خود می‌دانست از خشمی که در دل داشت و کاری از او برنمی‌آمد، شب‌ها بر سر خوان کریم‌خان می‌نشست با خنجر زیرانداز را ریزریز می‌کرد و بامداد که سرایداران، آن داستان را به پادشاه می‌گفتند، پاسخ می‌داد که هیچ به روی او نیاورید که دل شکسته و پدر کشته است و هر شب زیرانداز دیگری بیندازید.»

کریم‌خان در اکثر اوقات حتی در امور مهم با وی مشورت می‌کرد و اعتمادش نسبت به وی تا بدان حد بود که او را «پیران ویسه» یعنی وزیر افراسیاب خطاب می‌کرد وکیل به او اجازه می‌داد با دو برادرش جعفرقلی یا مهدیقلی به شکار رود آقامحمدخان نیز با تمرینات و ورزش‌های سخت، بدنش را همیشه ورزیده نگه می‌داشت. در طول ۱۶ سالی که در دربار کریم‌خان بود لحظه‌ای را به بطالت نگذراند، به تحصیل نجوم، الهیات و فلسفه نزد شیخ علی تجریمی و همچنین حفظ قرآن پرداخت و صاحب شهرتی شد. از بین فیلسوفان بیشتر از همه ابن طفیل، فیلسوف قرن سیزدهم اندلسی را دوست می‌داشت. کتاب «حی بن یقضان» ابن طفیل جزو کتاب بالینی‌اش بود و در سفر و حضر همیشه همراه داشت. آیا از خواندن این

سرگذشت و داستان عرفانی که سیر از «حضیض قوه تا اوج فعلیت تامه» را به تصویر کشیده است در او لذت سیر مادی کسب قدرت و حکومت را تداعی و تشویق می‌کرد؟

تیزهوشی و نبوغ نظامی‌اش چنان بود که بدون شک می‌توانست ناپلئون ایران قلمداد گردد. پایبندی شدیدش به فرایض دینی و از طرفی قساوت قلب و حس انتقام‌گیری، همگی دست به دست هم داده یک شخصیت بسیار پیچیده و نادر به بار آورده بود که اجتماعی از اضداد بود. همین تضاد شخصیتی‌اش موجب شد بهترین خدمت‌ها و در عین حال بدترین ضربات را بر پیکر ایران وارد کند.

اما علیرغم نبوغ نظامی و علاقه‌اش به فلسفه به شدت احساساتی باقی ماند شاید بدبختی‌های بی‌شمار زندگیش که از کودکی بر سرش آوار گشته و مرگ تلخ پدر، مادر و برادرانش و بالاتر از همه نقص بدنی‌اش، چراغ عقلانیت را در وجودش به نفع احساسات و رفتارهای افراط و تفریط کم‌سو ساخته بود.

وقتی با شاهین به شکار روباه می‌رفت مثل دیگر مردمان در آن زمان معتقد بود که شکار روباه خوش‌یمنی و خوش‌اقبالی می‌آورد. از اوضاع درونی دربار توسط عمه‌اش خدیجه بیگم باخبر می‌شد در ۱۱۹۳ ق/۱۷۷۹ م. توسط او از بیماری سل کریم‌خان اطلاع یافت با شتاب به همراه چهار برادر و چند تن از یاران هم طایفه‌ای که تعدادشان به ۱۷ نفر می‌رسید در ۱۳ صفر ۲/۱۱۹۳ مارس ۱۷۷۹ م به بهانه شکار از شیراز بیرون زدند. در ۳ مارس ۱۳/۱۷۷۹ صفر سال ۱۱۹۳ هـ‌ق. همین که از مرگ کریم‌خان آگاه شدند، خودشان را از طریق اصفهان به تهران و از آنجا به مازندران رسانده و با مصادره محموله‌های «مالیاتی» حکومت، فقر و تنگدستی را تا حدی برطرف کردند.[57]

به نوشته برخی منابع، وقتی به کاشان رسیدند خزانه کریم‌خان‌زند را که جمعاً ۱۵ هزار تومان پول نقد و جنس بود و از رشت به شیراز منتقل می‌شد به یغما بردند. به نوشته برخی منابع آقامحمدخان در این زمان ۳۶ یا ۳۸ سال داشت.[58] او مراسم نوروزی سال ۱۱۵۸ ش/۲۱ مارس ۱۷۷۹ را در حضرت عبدالعظیم سپری کرد.[59] دو

روز بعد، از ری به دولاب تهران حرکت کرد.

مرتضی‌قلی‌خان که قبل از این در استرآباد می‌زیست و به محض اطلاع از مرگ کریم‌خان، استرآباد و مازندران را گرفته خود را پادشاه نامیده بود به تهران رفت تا برادر بزرگتر را که ۱۶ سال او را ندیده بود ملاقات کند، اما در ملاقات به محض اینکه از مکنونات قلبی آقامحمدخان باخبر شد و پی برد که نقشه‌های بزرگی در سر دارد به مخالفت‌اش پرداخت و پس از بازگشت به گرگان کوشید از ورود آقامحمدخان به گرگان ممانعت کند.[۶۰]

در این زمان یکی از برادرها بنام رضاقلی‌خان که همراه آقامحمدخان در تهران بود از تهران گریخته به برادر دیگرش مرتضی‌قلی‌خان پیوست.[۶۱]

در ورامین آقامحمدخان لشکری فراهم ساخت و چند روز بعد به سوادکوه رسید، سپاه مرتضی‌قلی‌خان نیز برای مقابله با برادر به همین منطقه وارد شد. فرماندهی این سپاه را رضاقلی که اندکی پیش، از تهران گریخته بود، برعهده داشت. آقامحمدخان برادرش جعفر قلی‌خان را به پیش مرتضی‌قلی‌خان در بارفروش فرستاد تا او را نصیحت کرده ترک مخاصمه کند، اما سودی نبخشید. جنگ بین طرفین آغاز شد اما نیروهای آقامحمدخان پیروز شدند و رضاقلی‌خان به همراه باقیمانده لشکر فرار کرده و به اتفاق برادرش مرتضی‌قلی‌خان از بارفروش به استرآباد عقب نشستند.[۶۲]

جنگ بین دو برادر بر سر قدرت و رهبری طایفه به مدت چهار سال همچنان ادامه داشت و اکثر برادران از آقامحمدخان حمایت می‌کردند. مرتضی‌قلی‌خان مجبور شد به مناطق آن سوی ارس رفته تا بلکه بتواند با مساعدت خان‌نشین‌های آن سوی ارس بر برادر غلبه کند. یک بار به کمک مصطفی‌خان حاکم طالش و فتحعلی‌خان حاکم قوبا و شیخ علی‌خان والی بادکوبه برای غارت گیلان آمد بار دیگر «با موافقت مصطفی‌خان طالشی و متابعت هفت هزار نفر در اوایل شهر ذیحجه الحرام به تسخیر گیلان» آمد اما نتوانست گیلان را تصرف کند.[۶۳] سرانجام پس از کشمکش‌های زیاد مرتضی‌قلی‌خان شکست خورده به روسیه پناهنده شد تا در آنجا بخاطر حسن جمالش مورد پسند کاترین دوم عشرت طلب قرار گیرد. نویسنده تاریخ جنگ‌های

ایران و روس به اشتباه می‌نویسد: «آقامحمدخان در ایام سلطنت کاترین دوم برادر خود مرتضی‌قلی‌خان را به دربار او اعزام داشته» که صحیح نیست زیرا مرتضی‌قلی‌خان پس از شکست، از ترس جان خود بدان جا فرار کرد.

آقامحمدخان تا سال ۱۱۷۰ ش/۱۷۹۱ م بر بیشتر ایالت‌های ایران چیره شد اما اصلی‌ترین رقیب‌اش یعنی لطفعلی‌خان‌زند هنوز باقی مانده بود جوانی ۲۰ ساله، شجاع ولی کم سیاست و خام بود. قبل از این، یک بار در ۴ تیر ۲۴/۱۱۶۸ ژوئن ۱۷۸۹ که به عنوان اولین نبرد و رویارویی آقامحمدخان و لطفعلی‌خان زند محسوب می‌شود در هزاربیضا (۳۰ کیلومتری شیراز) رویاروی هم قرار گرفته بودند و در این جنگ لطفعلی‌خان زند شکست خورده به جانب شیراز عقب‌نشینی کرده بود. آقامحمدخان در تعقیب او به محاصره شیراز پرداخته اما نتوانسته بود به درون آن راه یابد.[۶۴]

محاصره به مدت چهل روز ادامه داشته و در این مدت نبردهای متعددی بین طرفین رخ می‌دهد. لطفعلی‌خان زند با قوای خود از شیراز بیرون می‌زد به جنگ و گریز می‌پرداخت و دوباره به سوی شیراز باز می‌گشت. در مرداد ماه ۱۱۶۸/ژوئیه ۱۷۸۹ خان زند با قوای خود بیرون شد و در حدود بیست کیلومتری قلعه شیراز جنگی بین طرفین درگرفت اما در نهایت قوای زند شکست خورده به درون قلعه باز گشتند.[۶۵]

آقامحمدخان به تهران بازگشت و در ۲ فروردین ۲۲/۱۱۶۹ ارس ۱۷۹۰ در ضمن جشن‌های نوروزی برادرزاده خود باباخان را که فتحعلی شاه بعدی خواهد شد به ولیعهدی خود انتخاب کرد. سپس برای بار دوم نیرو آماده کرد. به قول نویسنده ماثر سلطانیه «عراده‌های توپ گردن آشوب گردش چرخ توانتر و تولی گرفت...»[۶۶] برطبق فارسنامه ناصری در سوم ماه رمضان ۲۷/۱۲۰۴ اردیبهشت ۱۷/۱۱۶۹ ص ۱۷۹۰ «برای تسخیر مملکت فارس از دارالسطنه طهران نهضت فرموده، در چمن گندمان نزول اجلال نمود.»[۶۷]

لطفعلی‌خان‌زند حکومت شیراز را به خسروخان برادر خود که طفلی خردسال

بود واگذاشت و جناب حاجی ابراهیم کلانتر را به وزارتش مأمور داشت... و در ماه صفر از راه نیریز به جانب شهر کرمان نهضت نمود...»[۶۸] اهل شهر در پس حصار شهر نشسته به درون شهر نتوانست راه یابد. برف آمده راه‌ها را بسته بود به ناچار به سوی شهر شیراز بازگشت.[۶۹]

این مقارن با زمانی بود که در غیبت لطفعلی‌خان زند، حاج ابراهیم کلانتر شیرازی با سران زندیه اختلاف پیدا کرده و با آقامحمدخان تماس‌های محرمانه برقرار ساخته بود. وقتی لطفعلی‌خان زند از کودتای حاج ابراهیم کلانتر شیرازی باخبر شد به طرف شیراز رفت اما دروازه‌های شهر را به روی خود بسته یافت. پیامی برای کلانتر شیرازی فرستاد و علت خیانت را پرسید: «حاجی کلانتر شیرازی» در جواب گفت، به لطفعلی‌خان بگو من بر ارادهٔ تو مطلع شدم و جز این تدبیر برای سلامتی خود ندیدم که ترا از ملک آواره کنم و هم به او بگو که امید از شیراز قطع کند و اگر جان خود را خواهی، روی به دیگر ممالک آور، و لطعفلی خان از این سخن خندید. گفت این مرد خائن است و هر چه باشد شهری است و اتباع او چند نفری از اهل بازار و کاسب پیشه‌اند و هرگز تاب مقاومت با سپاه ظفر پناه که جز تفنگ و شمشیر نشناخته‌اند، نیاورند و در این میانه نزدیک دو هزار نفر از لشکر پراکنده سمیرم بر گرد او جمع شدند.»[۷۰]

روز دوم ماه محرم ۱۲۰۶/۹ شهریور ۱۱۷۰/اول سپتامبر ۱۷۹۱ به محاصره شیراز پرداخت. کلانتر شیرازی به لشکریان لطفعلی‌خان پیغام فرستاد که هر کس قبیله و عیال در شیراز دارد باید از لطفعلی‌خان گذشته، فوراً به خانه‌های خود در شیراز باز گردند و الاّ افراد و خانواده‌شان و اموالشان هلاک و غارت خواهد شد. بزودی در عرض دو سه ساعت تقریباً همهٔ لشکریان او که خانواده‌هایشان در شیراز بودند از اطراف خان زند گریخته خود را به شهر شیراز رساندند.[۷۱] شهریار زند که در این زمان کاملاً مستأصل شده بود با یاران معدودش روی به بنادر نهاد تا در آنجا سپاهی تهیه کند. سرانجام در بندر ریگ امیرعلی‌خان از او استقبال کرده به جمع‌آوری قشون و مساعدت خان زند پرداخت.[۷۲] لطفعلی‌خان زند عازم شیراز شد و در سوم آذر

۲۴/۱۱۷۰ نوامبر ۱۷۹۱ م به نزدیکی‌های شیراز یعنی قریه زرقان رسید کلانتر شیرازی، نیرویی جهت شبیخون بر لطفعلی‌خان فرستاد اما این نیرو با پایداری شهریار زند در هم شکسته شد.[۷۳]

لطفعلی‌خان از آنجا پیغامی برای کلانتر شیرازی فرستاد و از او خواست دروازه شهر را بگشاید و در عوض سوگند خورد که گذشته را فراموش خواهد کرد اما حاجی کلانتر شیرازی هیچ‌کدام از درخواست‌ها را اجابت ننمود.[۷۴] در ۵ خرداد ۱۱۷۱ ش/۲۵ می ۱۷۹۲ آقامحمدخان با لشکر ۴۰ هزار نفری خود عازم شیراز گردید.[۷۵]

لطفعلی‌خان پس از اطلاع از حرکت آقامحمدخان به سوی مرودشت رفت.[۷۶] سپاه آقامحمدخان وارد چهارده فرسنگی شیراز شد و در آنجا شروع به ساختن سنگر و تحکیم مواضع پرداختند تا توسط خان زند مورد شبیخون قرار نگیرند آقامحمدخان با استقبال حاج ابراهیم کلانتر وارد شیراز شد و در باغ وکیل مستقر شد. میرزا ابراهیم کلانتر را به عنوان بیگلربیگی شیراز برگزید. در مدت سه ماهی که در شیراز ماند دست به برخی جنایت‌های ننگین زد «در باغ وکیل نزول اجلال نمود و در عمارت کلاه فرنگی بر سر قبر مغفرت پناه کریم‌خان وکیل نشست و سلام عام را گذرانید و چون برخاست، میرزا محمدخان لاریجانی را مأمور نبش قبر آن مغفرت توامان داشت و جنازه وکیلی را در آورده روانه طهران فرموده»[۷۷]

هر چه از کریم‌خان مانده بود به همراه اولاد کریم‌خان که قبلاً توسط علی‌مرادخان کور شده بودند روانه مازندران ساخت. حتی به آئینه‌ها و سنگ‌های مرمر نیز رحم نکرد. آن‌گاه سراغ بقال شیرازی را گرفت که در زمانی که آقامحمدخان در شیراز در گرو کریم‌خان‌زند بود به او توهین کرده بود. بقال در آن زمان به آقامحمدخان گفته بود که هر موقع پادشاه شدی می توانی فرمان بدهی شکم مرا پاره کنند. اینک خواجه قاجاری پادشاه شده بود پس دستور داد «شکم او را بدریدند و از حضور بیرون بردند، مدفون کردند.»[۷۸]

میرزا فتح‌اله اردلانی‌خان اردلان نیز به دست وی افتاد «مقطوع‌اللسان و مقطوع‌العیون شد».[۷۹] سه ماه بعد از توقف در شیراز به تهران بازگشت. لطفعلی خان با

معدود افرادش به کرمان رفت اما چون به شهر راه ندادند به طبس رفته با کمک امیرحسین‌خان زنگویی، ۳۰ سوار گرد آورد روانه شیراز گشت اما در شیراز بار دیگر از قوای قاجاری به سرکردگی حاج ابراهیم کلانتر و محمدحسین‌خان قوانلو شکست خورد. سرانجام پس از سرگردانی‌ها در آبان ۱۱۷۲/نوامبر ۱۷۹۳ به وسیله پانصد سوار افغانی که محمدخان پسر اعظم‌خان در اختیار وی گذاشت شهر بم را تسخیر کرد. سپس در بهمن ماه ۱۱۷۲/فوریه ۱۷۹۴ به جوپا نزدیک کرمان رسید.[۸۰] کرمان را به آسانی تسخیر کرده «روز دیگر نام پادشاهی یافته، خطبه و سکه به اسم او زدند خوش درخشید ولی دولت مستعجل بود»[۸۱] چرا که آقامحمدخان به محض اطلاع ابتدا باباخان را با ۵۰۰۰ سوار به سوی کرمان راهی ساخت و خودش نیز با لشکری در حدود ۶۰ هزار تن به دنبال او روان شد. در ۲۵ خرداد ۱۵/۱۱۷۳ ژوئن ۱۷۹۴ به حوالی کرمان رسید و به مانند بلایی خانمان‌سوز بر سر مردم کرمان آوار شد.[۸۲] شهر به محاصره کامل قوای آقامحمدخان در آمد. لطفعلی‌خان‌زند، تنها با ۳۰۰ مرد جنگی تا آخرین توان، شجاعانه در مقابل انبوه سربازان خواجه قاجاری جنگید و به کمک مردم کرمان بیش از ۵ ماه و به قولی ۴ ماه در مقابل قشون جرّار آقامحمدخان پایداری کرد.[۸۳] در زیر فشارهای نظامی آقامحمدخان و قحطی و گرسنگی که عنان مردم را بریده بود آخرین روز مقاومت شهر نگون‌بخت در ۲۹ ربیع‌الاول ۱۲۰۹/اول آبان ۲۳/۱۱۷۳ اکتبر ۱۷۹۴ م در رسید. نجفقلی خان خراسانی که از سوی خان زند با پانصد نفر حفاظت ارگ قلعه کرمان را در دست داشت مغلوب شد.[۸۴] و یا بنا به نوشته برخی منابع، خیانت کرده ارگ را به دست آقامحمدخان قاجار و قشونش سپرد. حدود ۱۲ هزار نفر از قشون سپاه قاجار از این منفذ وارد کرمان شدند.[۸۵]

به قول نویسنده رستم‌التواریخ، آخرالامر قلعه کرمان را به ضرب و زور و قهر و غلبه مفتوح و مسخر نمودند و «حسب الامر آن سلطان دادگستر حق‌پرست با تمیز قهار اموال اهل کرمان را به غارت و تاراج و اهل و عیالشان را باسیری بردند و شهر کرمان را خراب و بی آب و تاب نمودند.»[۸۶]

لطفعلی‌خان توانست با استفاده از اسب خود از خندق کنار شهر به آن سوی رساند

و با شتاب روانه بم گردد. محمدعلی خان سیستانی در بم از او استقبال کرد اما همین که گمان برد برادرش در کرمان توسط آقامحمدخان دستگیر شده، نقشه‌ای کشید تا لطفعلی خان زند را دستگیر کرده جهت آزادی برادرش تحویل آقامحمدخان دهد همین که لطفعلی خان از نقشه آگاه شد در پی فرار برآمد اما در حین گریز اسبش توسط سیستانی‌ها پی شد و دستگیر گشت و تحویل محمدولی خان قاجار گردید. او با هزار و پانصد سوار، شهریار نگونبخت زند را به کرمان نزد آقامحمدخان برد. آقامحمدخان جواهراتی چون دریای نور و تاج ماه را که همواره با لطفعلی خان بود از او گرفته با دستان خودش او را کور کرد، سپس او را روانه تهران کرد و در ۵ دی ۲۶/۱۱۷۳ دسامبر ۱۷۹۴ به حاکم تهران، میرزا محمدخان قاجار دولو دستور داد او را به قتل رساند، پس از اجرای دستور، جنازه لطفعلی خان زند در امام زاده زید دفن گردید.[۸۷]

نخستین ترانه اعتراضی و متعهدانه در تاریخ ایران در خصوص شوربختی لطفعلی خان زند سروده شده ترانه‌ایی که از شجاعت‌ها و بی‌باکی‌های شهریار زند و از بی‌رحمی خواجه قاجار و فریبکاری «حاج ابراهیم کلانتر» سخن می‌گوید:

«... چون باد و چون آب روان
بازم صدای نی می‌آد
لطفعلی خانم کی می‌آد
روح و روانم کی می‌آد»

سرجان ملکم در خصوص کشتن مردم کرمان می‌نویسد:

«... قریب هشت هزار از عورات [=زنان] و اطفال مردم را به سپاهیان خود [به عنوان] غلام و کنیز بخشید و جمع مردان بلد را به حکم وی یا کشتند و یا کور کردند. منقولست که عدد کسانی که از چشم نابینا شدند، به هفت هزار رسید و عدد قتل نیز از این متجاوز بود. کسانی که در این بلیه شامل نشدند، نه به سبب رحم کسی یا گریز خود بود، بلکه بدین جهت بود که دست جلادان، از کثرت عمل، از کار باز ماند... حکم کرد که وزن مخصوصی - یعنی چند من - چشم از برای او ببرند، و هیچ استعباد

ندارد بسیاری از این مردم هنوز زنده‌اند و بعضی در اطراف به سؤال [=گدایی] روزگار می‌گذراندند».[۸۸]

اما در همان حال «شب زنده دار بوده و در نماز شب زیاد گریه می‌کرد... با آنکه عضو مردی نداشت زن‌های متعدد در حرمخانه او بودند. هر زنی را که به خلوت می‌خواست از شدت شوق او را با دست و دندان زیاد اذیت می‌کرد...»[۸۹]

در حالی که مورخین دربار قاجاری از ذکر جنایات او خودداری کرده‌اند برخی از نویسندگان خارجی از جمله هنری پاتینجر می‌نویسد:

«.. تصمیم گرفت که در محلی که لطفعلی خان دستگیر شده است. مناره‌یی از کله‌ی مقتولین بر پا سازد و لذا ششصد نفر اسراء را سر بریده، و سر آنها را به وسیله سیصد نفر اسیر دیگر ـ که هر یک حامل دو سر از رفقای خود بودند ـ به بم فرستاد. در آنجا، این بیچاره‌ها دچار همان سرنوشت رفقای خود شده، به محض ورود ـ طبق حکم آقامحمدخان ـ به قتل رسیدند و هرمی از سرهای آنان بر پا شد که در سال ۱۸۱۰ که من به آن شهر رفتم، هنوز وجود داشت.»[۹۰]

تصنیف زیر از تصنیف‌های مردم کرمان در خصوص آقامحمدخان یادگاری از آن دوران تلخ است:

آقامحمدخان اخته

بیا نخوری به تخته

تاکی زنی شلخته

این هفته نه، اون هفته

آقامحمدخان در اواخر دی ماه ۱۷۷۴ ش/ژانویه ۱۷۹۵ م به تهران رسید. فتحعلی‌خان قاجار را با حفظ سمت نیابت سلطنت به حکمرانی فارس، یزد و کرمان گماشت.[۹۱] و میرزا ابراهیم کلانتر فارس را نیز با لقب اعتمادالدوله به عنوان صدراعظم برگزید. بدین ترتیب او پاداش خیانت به شهریار زند را دریافت کرد. در تهران دستور داد به نامش به ضرب سکه اقدام کنند اما چنان خسیس بود که کمتر دیده شده سکه‌ای به کسی بخشیده باشد.

دناعت و حرص پایان‌ناپذیرش که برای سکه‌ای سر می‌برید موجب شده بود که «بنا به سنت در هر عید و سلام و مناسبتی باید قصیده‌ای در مدیحه شاه سروده عرض حضور بکنند و شعرا در هر نوبت به جای صله و تشریف جز چوب و کتک و پس گردنی نمی‌خورده‌اند.» عاقبت کار مدح و ثنا معطل مانده ناچار، شعرا متوسل به شیر یا خط می‌شدند وقتی قرعهٔ فال به نام پیرمردی افتاد در میان تعجب همگان این رباعی هجو را در مورد وی سرود:

نه عقل ترا که وصف عالیت کنم　　　نه فهم ترا که حرف حالیت کنم
نه ریش ترا که ریشخندت سازم　　　نه خایه ترا که خایه مالیت کنم

در حالی که ترس و دلهره همه حاضران را میخکوب کرده بود اما برعکس انتظار، لبخندی بر لبانش نقش می‌بندد و انعامی به گوینده شعر می‌دهد.[۹۲] شاید این تنها لبخند زندگیش باشد و این حکایت تا چه حد می‌تواند صحت داشته باشد کسی نمی‌داند..

چهره‌ای کریه داشت، کسی نمی‌توانست به صورتش مستقیم نگاه کند، کسی نمی‌توانست منکر شجاعت و جسارت و پشتکارش باشد، اما صفات خوبش را ستمگری، حق‌ناشناسی، کینه‌توزی، سوءظن، لئامت و سفاکی تحت‌الشعاع قرار می‌داد وقتی شعله‌های خشم، عقل‌اش را زایل می‌کرد احدی از مردم، حتی نزدیکترین کسانش نیز در امان نبودند. بخش اعظم موفقیت‌هایش را مرهون دو برادر خود بود و به آنها «قول جدی داده بود حکومت اصفهان و قزوین هر کدام را به یکی از ایشان بدهد ولی وقتی به هدف خود رسید دو چشم یکی را کور کرد و دیگری را به قتل رسانید.»[۹۳]

شرح سفاکی‌هایش موجب آزردگی خاطر می‌گردد و همین سفاکی‌ها همچنان که خواهیم دید یکی از عوامل اصلی انفکاک و جدایی بخش اعظمی از خاک ایران گردید. تصمیم برای حمله به خان‌نشین‌های آن سوی ارس در اواخر اسفند ۱۱۷۳ ش/مارس ۱۷۹۵ گرفته شد اما اجرای آن را موکول به بهار سال آینده کرد.

نواحی قفقاز از زمان صفویان همواره محل منازعه و کشمکش بین سه کشور

ایران، روسیه و عثمانی بوده است. در دوره صفویه، گرجستان تا سواحل شرقی دریای سیاه جزو خاک ایران بود و هر وقت سلاطین عثمانی نیرومند می‌شدند و آنجا را تصرف می‌کردند پادشاهان صفوی به جنگشان رفته و آن سرزمین را پس می‌گرفتند.[۹۴]

اما هر وقت دربار ایران رو به ضعف و سستی می‌نهاد نواحی قفقاز نیز از تسلط حکومت ایران خارج می‌شد. پس از مرگ نادرشاه در کل دوران جانشینان او و دوران پنجاه ساله حکومت کریم‌خان و جانشینانش نواحی قفقاز از تسلط و سیطره حکومت ایران خارج بودند.

اوج تسلط و قدرتمندی ایران بر این نواحی در زمان نادرشاه رخ داد. در این زمان گرجستان، دربند، بادکوبه و حتی داغستان نیز به تصرف ایران درآمد. «قسمت خاوری آن سرزمین که واقع است بین رشته‌های بلند جبال قفقاز و کوههای اقامتگاه لزگی‌ها و ارمنستان شرقی... از تصرف ایران خارج شده به دست روسیه افتاده بود مجدداً به ایران مسترد گردید. نواحی غربی و مرکزی این قسمت جهان تابع شهریاران کم اهمیت بود که در دوره‌های مختلف گاهی از این همسایه و زمانی از همسایه نیرومند دیگر خود فرمانبرداری می‌کردند.[۹۵]

نادرشاه پس از تصرف ولایات قراباغ، گنجه، تفلیس و شیروان، اشخاص شجاع و کاردان را که در هر روستا و ایلی سراغ می‌گرفت پیش خود خوانده و جزو ملازمان نزدیک خود می‌نمود و او را با احترام، منصب و مواجب می‌بخشید در مقابل، مردم و اشخاص برگمارده نیز به حمایت‌اش می‌پرداختند به عنوان مثال در وقتی که جنگ نادرشاه با عثمانی‌ها اتفاق افتاد پناه‌خان حاکم قراباغ به طرفداری از نادرشاه در مقابل عثمانی با تمام شجاعت جنگید.[۹۶]

به محض اینکه نادر کشته شد خبر آن در همه جا پیچیده، طوایف جوانشیر، کبیرلی، اوتوزایکی و برخی مردم گرجستان که توسط نادرشاه به خراسان تبعید شده بودند از خراسان به موطن اصلی خودشان باز گشتند.

شاهرخ میرزا نوه نادرشاه به جای پدر بزرگ به تخت سلطنت نشست اما نتوانست

اوضاع را به مانند دوره نادرشاه تثبیت کند. در این اوضاع هرج و مرج که جنگ بین آقامحمدخان و خاندان زند ادامه داشت ایراکلی دوازدهم پادشاه مسیحی گرجستان، خود را تحت حمایت دولت روسیه قرار داد. همچنین پس از مرگ پناه‌خان، ابراهیم خلیل‌خان جوانشیر پسر بزرگ پناه‌خان نیز در ۱۱۷۳ هـ در شوشی زمان امور را بدست گرفت و حاکم قراباغ شد اگرچه عنوان پادشاهی به خود نداده اما جاه‌طلبی‌اش چنان بود که دست کمی از پادشاهی ایران نداشت. او به کارهای عمرانی گسترده در منطقه قراباغ دست زد با خان‌نشین‌های دیگر مناطق ارتباط برقرار ساخت، نویسندگان و شعرا به دربارش سرازیر شدند[۹۷] که از برجسته‌ترین آنها می‌توان به ملاّ پناه واقف، شاعر و متفکر مشهور آذربایجانی اشاره کرد ابراهیم خلیل‌خان نخست او را به سمت اشیک آغاسی [وزیر تشریفات] و سپس به مقام صدراعظمی منصوب نمود. با این حال از قتل نادرشاه تا ظهور آقامحمدخان در ایران قدرت مرکزی قوی وجود نداشت تا بتواند انسجام آن را حفظ کند. در نتیجه، آذربایجان به خانات بزرگ و کوچکی تقسیم شد که شامل: شکی، قراباغ، قوبا، شاماخی، باکو، ایروان، نخجوان،گنجه، تبریز، سراب، اردبیل، خوی، ارومیه، قاراداغ، طالش، مراغه، ماکو، جواد و خلخال بودند.[۹۸]

اکنون بهترین زمان برای لشکرکشی آقامحمدخان فراهم شده بود. انعقاد قرارداد بین دو کشور روسیه و عثمانی در ۱۷۹۲ م موجب کوتاه شدن نفوذ عثمانی در این مناطق گشته بود و از طرف دیگر دولت روسیه نیز بیشترین توجه خود را مصروف مبارزه با تبعات انقلاب بورژوازی فرانسه کرده بود در نتیجه نمی‌توانست نقش قدرتمندی در قفقاز بازی کند. در چنین خلاء قدرتی در قفقاز، قدرت جدیدی در ایران برای تسلط دوباره بر آن مناطق متولد شده بود. این قدرت همانا آقامحمدخان قاجار بود. در ۱۷۹۳ م حاکمیت خود را بر کل ایران جاری ساخته و تنها بلاد قفقاز و خانات آذربایجان شمالی باقی مانده بود. باتوجه به سنت تاریخی در ایران هنوز تاج بر سر خود نگذاشته و آنرا منوط به بازگرداندن تمامی مرزهای سابق دوره نادرشاه کرده بود.[۹۹]

سفید

نمونه پنجم

فصل دوم

صعود بر اریکه قدرت

«رعیت چون آسوده گردد در فکر عزل رئیس و ضابط افتد چون عموم اهالی ملک را فراغت روی دهد به عمال و حکام تمکین نکنند این گروه فرومایه را باید به خود مشغول کردن که از کار رعیتی و گرفتاری فارغ نگردد ارباب زراعت و فلاحت باید چنان باشد که هر ده (۱۰) خانه را یک دیگ نباشد تا به جهت طبخ آش یک روز به عطلت و انتظار بسر برند والا رعیتی نکنند و نقصان در ملک روی کند»

(آقامحمدخان)

پس از تسلط بر اکثر نقاط کشور در اول جمادی الاول ۱۱۹۹/۱۲ مارس ۱۷۸۵ برای اولین بار تهران را که در آن زمان تعریف چندانی نداشت به عنوان پایتخت برگزید[۱۰۰] یک سیاح فرانسوی که تهران را در دوره پادشاهی آقامحمدخان دیده در خصوص وضعیت ظاهری شهر می‌نویسد که بازارها و مساجد و همچنین خانه‌های افراد و کاخ پادشاهی همگی نو بودند. به نظر می‌رسد که شهر کمی قبل از آن توسط افغان‌ها کاملاً ویران شده بود و آقامحمدخان پس از انتخاب تهران به عنوان پایتخت به منظور آسایش مسافران و بازرگانان، در آنجا کاروانسراها و بازارها برای داد و ستد احداث کرده اما جمعیت شهر در آن زمان از پانزده هزار نفر بیشتر نبود و از این جمعیت سه هزار تن درباریان و سربازان شاهی به شمار می‌رفتند.

ملکم می‌نویسد انتخاب تهران به عنوان پایتخت به جهت نزدیکی به مازندران و مراتع ایل بوده[۱۰۱] آقامحمدخان آنجا را دارالخلافه نامید.[۱۰۲] بی‌آنکه تاج پادشاهی بر

سر نهد بر تخت نشست.

این شهر در ۷ فروردین ۲۷/۱۱۶۴ مارس ۱۷۸۵ توسط قوای قاجاری فتح شده بود. پس از فتح شهر آقامحمدخان دستور داده بود تا اعیان شهر را که با زندیه همکاری داشتند کور و مثله نمایند.[۱۰۳] در شهریور [۱۱۶۴/سپتامبر ۱۷۸۵] آقامحمدخان، خاندان قاجار را از مازندران به تهران انتقال داد.[۱۰۴]

برای این تخت، خون‌های زیادی ریخته شده بود. سه نسل این خانواده قاجاری پی در پی برای کسب قدرت مبارزه کرده و در جوانی کشته شده بودند. ابتدا فتحعلی‌خان قاجار، سپس فرزندش محمدحسن‌خان قاجار و پس از او فرزندش حسینقلی‌خان قاجار هر سه برای رسیدن به قدرت، ناکام و در خون خویش غلطیده بودند. اما گویی جامعه ایران بر این طایفه مخصوصاً بر این خانواده، حکومتی بدهکار بود و اکنون این آرزوی دیرینه خانوادگی و سرکشی‌های مداوم به ثمر می‌نشست و بدست این خواجه قاجار جامه عمل پوشانده می‌شد.

پس از مرگ کریم‌خان، مبارزه برای کسب قدرت در کل ایران آغاز شد. در حالی که در درون طایفه قاجاری مبارزه آقامحمدخان با برادران ادامه داشت نبرد لطفعلی‌خان پسر ۲۰ ساله کریم‌خان نیز با مدعیان سلطنت در بین طایفه زندیه بلافاصله پس از مرگ کریم‌خان شروع شد بطوریکه جنازه کریم‌خان سه روز همچنان بر زمین ماند.

آقامحمدخان پس از تسخیر گیلان، مازندران و زنجان در سال ۱۲۰۰ ق/۱۷۸۵ به تسخیر کردستان و یزد پرداخت و به ترتیب در سال ۱۲۰۰ ق/۱۷۸۵ م گیلان، مازندران و زنجان را تسخیر کرد و در سال ۱۲۰۱ ق/۱۷۹۰ م کردستان و یزد و در سال ۱۲۰۵ ق/۱۷۹۰ م آذربایجان را از وجود افشارها پاک کرد.[۱۰۵]

بلافاصله پس از جلوس بر تخت برای ایالات تصرف شده حاکم تعیین نمود. محمدحسین‌خان قوینلو را به حکومت مازندران، قاسم‌خان دولوی قاجار را به دارالسلطنه تهران نصب کرد چرا که هنوز تبریز دارالسلطنه نبود و میرزا محمدخان قاجار را به حکومت قزوین منصوب کرد.[۱۰۶] و جعفرقلی‌خان قاجار را نیز به حکومت اصفهان برگزید.

حرکت به سوی آذربایجان

آقامحمدخان در ۴ خرداد ۳۵/۱۱۷۰ می ۱۷۹۱ برای سرکوبی خوانین عاصی روانه آذربایجان شد. ابتدا برای سرکوبی صادق‌خان شقاقی با قشون ۱۲ هزار نفری از طریق خلخال وارد سراب شد. صادق‌خان شقاقی که در خود یارای مقاومت نمی‌دید پس از اندکی مقاومت اولیه فرار کرد و به ابراهیم خلیل‌خان حاکم قراباغ پناه برد.[۱۰۷] در نتیجه شهر سراب نزدیک اردبیل طعمه تجاوز و غارت آقامحمدخان گشت. طبق نوشته مفتون دنبلی «در سنه‌ی هزار و دویست و چهار هجری قمری [۱۲۰۵ هجری قمری درست می‌باشد] عزم تسخیر آذربایجان نمود. آخر سال بود که صادق‌خان شقاقی را عزم مقابلت با خاقان بلند جناب به خاطر نقش بست. خاقان مغفور در یک شب، بیست و چهار فرسنگ ایلغار [= حمله ناگهانی و سریع] کرده، به یک تاختن «سراب» را خراب و آتش غارت و تاراج در آن حدود برافروخت و خانه‌های آنجا را بسوخت.»[۱۰۸]

منابع دیگری نیز اشاره کرده‌اند که صادق‌خان شقاقی پسر علی بیک که از دوستداران کریم‌خان‌زند بود در سال ۱۲۰۵ هجری قمری در ناحیه سراب با آقامحمدخان سخت جنگید اما عاقبت شکست خورده به قراباغ رفت. سپس در همان سال با افراد خود به آقامحمدخان پیوسته «هنگام لشکرکشی آقامحمدخان به آذربایجان در دستگاه او وارد شد و به تدریج ترقی کرد. تا اینکه یکی از سرداران بزرگ و مورد اعتماد او گردید.»[۱۰۹]

به هر حال آقامحمدخان و جلاداناش پس از فتح شهر سراب جنایت‌های بی‌شماری در آن کردند. شهر را کلاً آتش زدند و به قول نویسنده فارسنامه ناصری:

«سراب را به آتش قهر خراب و مانند سراب کرده. هر آنچه باارزش بود به غارت برد. زنان و دختران و پسرانش را به عنوان کنیزی و غلامی به اسارت برد.»[۱۱۰]

شاید این بایاتی آذربایجانی یادگار دوران وحشی‌گری آقامحمدخان باشد:

«آپاردی قاجار منی

قول ایلر ساتار منی

سوگیمین گولی اولسا

آختارار تاپار منی

آقامحمدخان پس از شکست صادق‌خان شقاقی در مورخه ۱۴ خرداد ۴/۱۱۷۰ ژوئن ۱۷۹۱ از سراب خارج شده از طرف اردبیل به زوند وارد شد اما مصطفی‌خان قرجه‌داغی حاکم زوند که وصف حال سرنوشت سراب را شنیده بود اطاعت خود را با پیشکش‌هایی اعلام داشت.[۱۱۱] آقامحمدخان عازم تبریز شد و محمدخان دولو را برای تنبیه مصطفی‌خان طالش کسی که بارها از برادر و رقیب آقامحمدخان یعنی مرتضی‌قلی‌خان حمایت کرده بود به لنکران و آستارا فرستاد اما این اردو نتوانست کاری از پیش ببرد.[۱۱۲]

در تیر ماه ۱۱۷۰/ژوئن ۱۷۹۱ م به طرف تبریز حرکت کرد. در سر راه خود در سیدآباد اندکی توقف کرده و از آنجا به خان‌های متعدد ولایت‌های آذربایجان پیغام فرستاد که تسلیم گشته زن‌ها و بچه‌های خودشان را به عنوان گرو نزد وی بفرستند.[۱۱۳] خان نخجوان برادرش را به عنوان گرو پیش آقا محمدخان فرستاد. حسین‌خان دنبلی (حاکم خوی) برادر و یکی از زنانش را، خان تبریز ۱۵ تن از اعیان و ثروتمندان شهر را، خان اردبیل زن و پسرش، خان قره‌داغ (مصطفی قلی‌خان) زن و پسرش، بیگلربیگی مراغه (احمدخان مقدم) زن و فرزندانش، محمدخان حاکم ایروان نیز برادرش را با هدایای زیاد پیش آقامحمدخان فرستادند. آقامحمدخان نیز در مقابل، برای هر کدام از خان‌های مذکور خراج یک ساله‌ای تعیین کرد.[۱۱۴]

در ۲ تیر ۲۳/۱۱۷۰ ژوئن ۱۷۹۱ بسوی ارومیه حرکت کرد. حاکم ارومیه محمدقلی‌خان که در خود یارای مقابله نمی‌دید از شهر فرار کرده و در قلعه اشنو که در منطقه کوهستانی ارومیه واقع شده، پناه گرفت. اما قبل از فرار، برادرش قاسم‌خان را به اتفاق رحیم‌خان قاسملو و علیرضاخان و کلبعلی‌خان بیک خلج به همراه هدایا به پیش آقامحمدخان فرستاده بود.[۱۱۵] از آنجا که شهر ارومیه بدون کوچک‌ترین مقاومتی به تسخیر قشون در آمده بود آقامحمدخان با اهالی به نرمی رفتار کرد و حاکم نیز از قلعه بیرون آمد و به حضورش شتافت.[۱۱۶]

آقامحمدخان حکومت ارومیه را به قاسم‌خان برادر محمدقلی‌خان افشار واگذار کرد و محمدقلی‌خان افشار حاکم سابق را زندانی ساخت و محمدخان عزالدینلو را نیز به جرم توطئه برای قتل آقامحمدخان «چشم‌اش را در آورد.»[۱۱۷]

در همین زمان ابراهیم خلیل‌خان حاکم قراباغ از صادق‌خان شقاقی که به علت سرکشی از سراب فرار کرده به قراباغ پناه برده بود شفاعت کرد و آقامحمدخان او را عفو کرد. صادق‌خان نیز ابتدا برادران خود، ساروخان و جعفرخان را با هدایا و عریضه به نزد آقامحمدخان فرستاد و آقامحمدخان خلعتی به صادق‌خان فرستاد و او با افراد خود به حضور آقامحمدخان آمد.[۱۱۸] آقامحمدخان سپس در ۱۴ مرداد ۵/۱۱۷ اوت ۱۷۹۱ به تهران بازگشت.

برخی منابع ذکر می‌کنند که: «وقتی از این سوی ارس فارغ شد با قشون خویش به آن سوی ارس قدم گذشت و کوشید ولایت طالش، لنکران و ایروان را بگیرد اما موفق نشد.» این به نظر صحیح نمی‌آید زیرا آقامحمدخان تنها پیک‌هایی به سوی برخی از خان‌نشین‌های آن سوی ارس فرستاد از جمله هدایایی نیز که شامل خلعت و شمشیر بود به سوی ابراهیم خلیل‌خان حاکم قدرتمند قراباغ فرستاد و از او خواست که مطیعش شود.[۱۱۹]

مورخین ایرانی به این مسأله و همچنین جواب ابراهیم خلیل‌خان حاکم قدرتمند قراباغ اشاره نکرده‌اند اما به نظر می‌رسد که در این زمان بین آقامحمدخان و او همکاری وجود داشته چرا که بدون تفاهم، ابراهیم خلیل‌خان نمی‌توانست از صادق‌خان شقاقی شفاعت کند. همچنین بعداً نیز می‌بینیم وقتی آقامحمدخان در ۳ شهریور ۲۴/۱۱۷۲ اوت ۱۷۹۳ م سلیمان‌خان قاجار را با فوجی جهت اطاعت و انقیاد حکام به آذربایجان می‌فرستد ابراهیم‌خان با فرستاده آقامحمدخان همکاری می‌کند.[۱۲۰] نویسنده احسن التواریخ اشاره می‌کند که سلیمان‌خان قاجار در ۱۵ شهریور ۵/۱۱۷۲ سپتامبر ۱۷۹۳ به همراه شش هزار سپاهی و به اتفاق عبدالله‌خان اوصانلو (حاکم خمسه) و علی‌همت‌خان کولیایی و عسکرخان افشار ارومی، به تبریز رسید، صادق‌خان شقاقی، نصیرخان شاهسون، کلبعلی‌خان نخجوانی، محمدخان

ایروانی، جوادخان گنجه‌ای، احمدخان مراغه‌ای و اسحاق پادشاه حاکم بایزید به حضور وی رسیدند و اظهار اطاعت و تمکین کردند.

در همین زمان ۳۱ شهریور ۲۱/۱۱۷۲ سپتامبر ۱۷۹۳ که سلیمان‌خان قاجار نماینده آقامحمدخان در تبریز بود ابراهیم خلیل‌خان نیز دو نفر جهت اظهار اطاعت به نزد او فرستاد.[۱۲۱]

منابع غیر ایرانی در این مورد می‌نویسند که ظاهراً در این زمان بین ابراهیم خلیل‌خان و آقامحمدخان حرمت و احترام وجود داشت به همین خاطر وقتی از سوی آقامحمدخان خلعت، شمشیر و زین طلا برای ابراهیم خلیل‌خان فرستاده شد در مقابل، ابراهیم خلیل‌خان نیز شخص برجسته و خوش سخنی چون میرزا ولی بهارلی را به همراه پسر عمویش عبدالصمد بیک به عنوان گرو به دربار آقامحمدخان فرستاد و عذرخواهی کرد که به خاطر مریضی خودش نمی‌تواند به حضور بیاید و آن‌را به بعد موکول کرد.[۱۲۲] اما اندکی بعد متأسفانه اتفاقاتی می‌افتد که رابطه بین آقامحمدخان و ابراهیم خلیل‌خان را به کل برهم می‌زند. در جریان مبارزه بین آقامحمدخان و لطفعلی‌خان که منجر به شکست لطفعلی‌خان و فتح کرمان و کشتار مردم توسط آقامحمدخان پیش می‌آید، فرستادگان ابراهیم خلیل‌خان از فرصت استفاده کرده در ۲۴ آذر ۱۵/۱۱۷۳ دسامبر ۱۷۹۴ از کرمان فرار می‌کنند. عبدالصمد بیگ، میرزا ولی بهارلی و چند نفر از نوکرانشان تلاش می‌کنند خود را به آذربایجان و قراباغ برسانند. برای دستگیری آنها سوارانی فرستاده می‌شود. سواران شبانه روز تاخته از فراریان جلو زده و به اهالی روستای سرجم خبر می‌دهند آنها بصورت سواره و پیاده در کنار رودخانه قزل اوزون مستقر شده منتظر فراریان می‌گردند. در زمان دستگیری عبدالصمد بیگ مقاومت می‌کند و از ناحیه زانو گلوله می‌خورد. شاهسون‌ها سر رسیده سر او را می‌برند و بقیه را دستگیر می‌کنند. سر بریده به همراه میرزا ولی بهارلی و بقیه فراریان به تهران برده می‌شود. از سوی آقامحمدخان فراریان محبوس می‌گردند. اما یک سال بعد وقتی آقامحمدخان به قراباغ لشکرکشی می‌کند در پای قلعه شوشی به خاطر شکست‌هایش از ابراهیم خلیل‌خان، عصبانی شده از

همان‌جا به عوامل خود دستور می‌دهد فرستادگان محبوس ابراهیم خلیل‌خان را اعدام کنند. به دستور او در تهران میرزا ولی بهارلی را جلوی توپ می‌گذارند و ده نفر همراهش را نیز به قتل می‌رسانند.[۱۲۳] کشته شدن پسر عموی ابراهیم خلیل باعث اختلاف او با آقامحمدخان می‌گردد اما اندکی بعد، این اختلاف وقتی عمیق‌تر می‌گردد که ابراهیم خلیل با ایراکلی دوم حاکم گرجستان که ارتباط تنگاتنگ با روسیه داشت پیمان همکاری می‌بندند.[۱۲۴]

سفید

نمونه پنجم

فصل سوم

تاریخچه خان‌نشین‌های آذربایجان

وقتی نادرشاه افشار در نهم می ۱۷۴۷م در چادر خویش به قتل رسید حکومتی که او به نیروی سلاح بوجود آورده بود، ضعیف گردیده و تکه پاره شدند بطوری‌که از نیمه دوم قرن هیجدهم به بعد در آذربایجان حدود بیست خان‌نشین کوچک و بزرگ، ضعیف و قوی بوجود می‌آیند و هرکدام دعوی استقلال می‌کنند این خان‌نشین‌ها عبارت بودند از:

۱ـ در جنوب آذربایجان: تبریز، ارومیه، خوی، قراداغ، اردبیل، سراب، مراغه، ماکو.

۲ـ در شمال آذربایجان: قراباغ، گنجه، شاماخی، باکو، دربند، قوبا، شکی، نوکران، ایروان و نخجوان.

۳ـ سلطان‌نشین‌های کوچک: ارش، ایلی‌سو، کازاخ، کرتکاشین، قبله و شمشادیل که تابع شکی و قراباغ بودند.

س.د بورناشو وضعیت جغرافیایی این خانات را چنین به تصویر می‌کشد: این خانات از شمال به گرجستان، از شرق به دریای خزر، از جنوب به گیلان و از غرب به ترکیه محدود می‌شوند. نامبرده در ادامه می‌نویسد که بعضی از این خانات مستقل یا وابسته و بعضی ضعیف و یا قوی بودند.[۱۲۵]

در بین این خانات، شکی و قوبا مستثنی بودند چرا که خان‌نشین شکی در زمان خود نادر در پی استقلال برآمده بود اما خانات دیگر پس از مرگ نادر با استفاده از ضعف حکومت مرکزی ایران دعوی استقلال کردند و هر کدام از زمینداران و

فئودال‌های بزرگ برای خود صاحب حکومتی گشتند بطوری که از اواسط قرن هیجدهم تا اوایل قرن نوزدهم در بین خانات مذکور برای کسب قدرت، جنگ‌های متعدد و خونین خانگی و همسایگی شروع می‌شود و تا عقد قرارداد گلستان و ترکمنچای که بین ایران و روسیه تقسیم می‌گردند به مدت بیش از نیم قرن ادامه پیدا می‌کند.

در جنگی که بین روسیه و دولت عثمانی در سال‌های ۱۷۹۱ـ ۱۷۸۷ م اتفاق افتاد پیروزی روسیه بر عثمانی باعث نفوذ و فعالیت بیشتر این کشور در قفقاز گشت و دست ترکیه از این مناطق کاملاً قطع گردید به نوشته منابع زیادی، در این برهه امپراطوری عثمانی برای ضربه زدن بر سیاست روسیه در منطقه قفقاز از حمله آقامحمدخان قاجار به خان‌نشین‌های آذربایجان مخصوصاً از حمله به گرجستان استقبال می‌کرد.[۱۲۶]

براساس آرشیوهای اسناد خارجی روسیه، برطبق قرارداد ۱۷۹۱ م که بین روسیه و عثمانی بسته شد دولت عثمانی دستاش از قفقاز جنوبی قطع گردیده و در نتیجه برای جلوگیری از نفوذ بیشتر روسیه در این مناطق به عامل سوم یعنی ایران چشم دوخته بود.

اسناد آرشیوی روسیه نشان می‌دهد تاجرانی که از ترکیه به خان‌نشین‌های آذربایجان رفت و آمد می‌کردند گزارش داده‌اند که سربازان عثمانی در بایزید، قارص و ارضروم جمع شده و در فکر کمک به آقامحمدخان هستند.[۱۲۷]

اما تعداد زیادی از مورخین ترکیه‌ای از جمله گ. گوگجه در خصوص عکس‌العمل دولت عثمانی در زمان حمله آقامحمدخان به آذربایجان معتقدند که دولت عثمانی بیشتر سیاست بی‌طرفی را در پیش گرفته بود.[۱۲۸]

البته نباید از نظر دور داشت که دولت عثمانی در نیمه دوم قرن هیجدهم هرچند اراضی زیادی احاطه کرده بود اما با وجود پهناوری وسعت آن، از جنبه نظامی و اقتصادی خیلی ضعیف گشته بود این نیز از عواملی بود که به آن کشور اجازه فعالیت در منطقه قفقاز را نمی‌داد همچنین کشمکش و مقابلهٔ نظامی با کشورهای اروپایی نیز

در تضعیف امپراطوری عثمانی سهم به سزایی داشت، تصادفی نیست که وقتی از سال ۱۷۶۸ م الی ۱۷۷۴ م جنگ بین روسیه و عثمانی در می‌گیرد دولت‌های اروپایی بدرستی پیش‌بینی می‌کردند که این جنگ باعث ضعیف‌تر شدن سیاست این دو کشور در حوزه قفقاز خواهد شد.[۱۲۹]

پس از اتمام دور دوم جنگ‌های روسیه و عثمانی در حوالی سال‌های ۱۷۹۲ م در حالی‌که جنگ قدرت بین آقامحمدخان و مدعیان سلطنت در داخل ایران درگرفته بود در همین زمان امپراطوری روسیه برای به اطاعت واداشتن خان‌نشین‌های قفقاز سیاست فعالی را در پیش می‌گیرد. در همین راستا، براساس فرمانی که کاترین دوم به ژنرال گودویچ در ۸ می ۱۷۹۲ م و آوریل ۱۷۹۳ م داده خان‌نشین‌هایی که نمی‌خواهند از روسیه اطاعت کنند مورد تهدید قرار می‌گیرند. روسیه در این زمان چشم طمع به منافع غنی حاصل از نفت خام، نمک، پنبه، مس، نقره و منابع غنی استخراجی آذربایجان دوخته بود و همچنین کوشش می‌کرد از طریق تسلط بر خان‌نشین‌ها مخصوصاً بر باکو، راه کاروان‌های تجاری را که از مناطق قفقاز جنوبی به استرآباد می‌رفتند هموار سازد. براساس اطلاعاتی که بوتکف از این سال‌ها بدست می‌دهد وقتی در باکو حسینقلی‌خان برای کسب قدرت با میرزا محمدخان مبارزه می‌کرد حسینقلی‌خان چون از قبل با روسها ارتباط برقرار کرده و اطاعت روسها را پذیرفته بود با حمایت روسها بر رقیب‌اش پیشی می‌گیرد به همین خاطر جای تعجب نیست که در ۱۹ آوریل ۱۷۹۳ «فرمان عالی» از طرف روسیه در خصوص اطاعت بی چون و چرای حسینقلی‌خان باکو صادر می‌گردد و تنها سوگند وفاداری حاکم باکو به روسیه باقی مانده بود[۱۳۰] که حادثه‌ای این نقشه را نقش برآب می‌کند و آن لشکرکشی شیخ علی‌خان حاکم دربند به باکوست. شیخ علی‌خان در همین زمان جهت اطاعت از روسها ایلچی خود را با عریضه‌ای به نزد ژنرال گودویچ می‌فرستد و در ۱۹ اکتبر ۱۷۹۳ م ژنرال گودویچ ضمن قبول تابعیت شیخ علی‌خان، ایلچی خود را جهت امضای قرارداد به نزد شیخ علی‌خان می‌فرستد اما از آنجا که شیخ علی‌خان، باکو را جزو قلمرو خود می‌دانسته از امضای قرارداد خودداری می‌کند چرا که نمی‌توانست تسلط

۵۰ / سال‌های زخمی

کسی دیگر، چون حسینقلی‌خان بر باکو را با حمایت روسها تحمل کند. به همین خاطر در اواسط ۱۷۹۴ م برای تسلط بر باکو بدانجا لشکرکشی می‌کند.[۱۳۱] حسینقلی‌خان حاکم باکو از طریق ارسال پیکی به ژنرال گودویچ ضمن یادآوری «اطاعت ابدی» خود به امپراطوری روسیه نسبت به تحرکات شیخ علی خان شکایت می‌کند. ژنرال گودویچ با نوشتن نامه‌ای به شیخ علی خان، از او می‌خواهد از تعرض به باکو که جزو ترکیب روسیه است پرهیز کند و بهتر است با حاکم آنجا یعنی حسینقلی‌خان راه صلح را در پیش گیرد.

براساس «فرمان عالی» که مبتنی بر تابعیت حسینقلی‌خان حاکم باکو از روسیه صادر شده در بعضی از بندهای آن چنین آمده:

اول: حاکمیت خان و وارثین او بر باکو تحت حمایت روسیه از سوی اعلیحضرت امپراطور روسیه تصدیق می‌گردد.

دوم: خان باکو با هیچ‌کدام از همسایگانی که تابعیت روسیه را نپذیرفته‌اند بدون رضایت فرمانده روسی (ژنرال گودویچ) در خط قفقاز حق برقراری هیچ ارتباطی ندارد.

سوم: ملزم به دادن امتیازهای وسیع به تاجران روسی است که در آن منطقه تردد می‌کنند.

چهارم: حق دخالت در امور کشتی‌هایی که در ساحل باکو بارگیری می‌کنند ندارد و صاحبان کشتی‌ها مصون از هرگونه تعرض می‌باشند.

پنجم: یکی از کشتی‌های روسی همیشه در قرارگاه روسها در باکو آماده باشد.

ششم: در امور مربوط به رابطه تاجران روسی با تاجران فارسی و بقیه تاجران، حاکم باکو به تنهایی نباید تصمیم‌گیری کند بلکه دخالت و مشارکت کنسول روسیه در باکو الزامی است.

هفتم: در ارتباط با حق حاکمیت شیخ علی خان حاکم دربند بر باکو، لازم است مقدار معینی خراج با رضایت حاکم باکو هر ساله بدو پرداخت شود چراکه شیخ علی خان بر ضد روسها نیست.[۱۳۲]

اما ورود آقامحمدخان به صحنه سیاسی ایران و همچنین قفقاز، این قرار و مدارها را بـر هـم زد روسـیه، خشـمگین از لشکـرکشی آقـامحمدخان بـه خـان‌نشین‌های آذربایجان، قبل از این اعلام کرده بود که حمله به خان‌نشین‌های متفق روسیه به منزله حمله به خود روسیه است.

به طور کلی مطالعه رفتار سیاسی حاکمان خان‌نشین‌ها بیانگر این مطلب است که اکثر آنها در گرایش به یکی از کشورهای قدرتمند منطقه هرگز صداقت قلبی نداشتند بلکه آنها به خاطر واهمه و یا مصلحت‌های سیاسی و نظامی خود به ایران، روسیه و یا دولت عثمانی متوسل می‌شدند و یا از روی ترس تحت حمایت آن قرار مـی‌گرفتند آنچه بر اکثر آنها در این زمان مهم بوده حفظ استقلال خودشان بود حتی در بـعضی مواقع، همزمان با دو قدرت منطقه به صورت پنهانی رابطه برقرار می‌کردند، به عنوان مثال در همان زمان که شیخ علی‌خان حاکم دربند و حسینقلی‌خان حاکم باکو بـرای تابعیت روسیه تلاش می‌کردند و ایلچی‌هایشان هنوز در پتروگراد به سر می‌بردند. در همین زمان، ایلچی‌های آقامحمدخان وارد این خان‌نشین‌ها شده از سوی حاکمان این خان‌نشین‌ها با احترام کامل پذیرفته شده و با هدایـای نـفیس بسـوی ایـران رهسـپار می‌شدند. همچنین براساس اسناد آرشیو نخست وزیری ترکیه «مصطفی‌خان حاکم شاماخی همزمان برای حفظ استقلال خود هم با روسیه و هم با امپراطوری عـثمانی وارد مذاکره شده بود.»[۱۳۳] در واقع رویکرد این خان‌نشین به هر کدام از سه قـدرت مذکور، بسته به میزان قدرت و حـضور نـظامی ایـن سـه کشـور در مـنطقه داشت و عواملی چون مذهب، نژاد، قومیت و عامل جغرافیایی در مرتبه بعدی الویت داشت. چنان‌چه وقتی آقامحمدخان با قدرت وارد منطقه شد و شـیخعلی‌خان را بـه عـنوان نائب خود بر تمامی شیروان برگزید بزودی شیخ علی‌خان از روسها کنده به طرف او میل کرد.

البته در مرتبه بعدی فاکتور مذهبی نیز خیلی دخـیل بـود. ایـراکـلی دوم حـاکـم گرجستان کـاملاً تـابعیت روسـی را پـذیرفته و بـارها در مکـتوبات خـود بـه دربـار امپراطوری، اشتراک در مذهب مسیحیت را یادآوری کرده بود در اسفند ۱۱۶۶/مارس

۱۷۸۸ ایراکلی در نامه‌ای به ژنرال تکلی می‌نویسد:

«برطبق معاهده گیورکیوسک که میان روسیه و گرجستان منعقد شده، قوای روسیه باید از گرجستان حمایت کنند... باب عالی عثمانی، با مشاهده سرسپردگی تام ما به روسیه و در هراس از نابود شدن نفوذش در منطقه، تلاش‌های خود را بر ضد ما متمرکز کرده است. عثمانی پول برای سلیمان پاشا، خان‌های آذربایجان... برای حمله به ما فرستاده است. بنابراین زمانی برای من فرا رسیده که اجرای معاهده پیش‌گفته را بخواهم و خواستار یاری مستقیم شما شوم...»[۱۳۴]

البته ایراکلی دوم حاکم گرجستان علاوه بر پذیرفتن تابعیت روسیه به اختلاف‌افکنی در بین خان‌نشین‌های مسلمان منطقه و جذب آن‌ها به امپراطوری روسیه نیز تلاش می‌کرد ایراکلی خان در نامه‌ای به شاهزاده گریگوری پوتمکین، ضمن گزارش از وضعیت خان‌نشین‌های آذربایجان به او پیشنهاد می‌کند که باید حاکمان دو خان‌نشین قدرتمند یعنی ابراهیم خلیل خان و فتحعلی خان را از همدیگر جدا کنیم:

«...آن هنگام که من خود را تحت حمایت روسیه قرار دادم به او [ابراهیم خان حاکم قراباغ] گفتم که نماینده‌ای برای طلب حمایتی مشابه طلب حمایت من، به حضور علیاحضرت بفرستد... اکنون ابراهیم خلیل دشمن ماست و می‌کوشد تا گنجه و ایروان را برعلیه من بشوراند... سودمند است اگر بتوانید فتحعلی خان قوبا را از ابراهیم خلیل خان جدا کنی و او را تبدیل به متحد روسیه نمایی. من هم اکنون نماینده‌ای برای جلب اتحاد فتحعلی خان با خودم برای وی فرستاده‌ام. درخواست می‌کنم که جناب‌عالی نیز نامه‌هایی برای فتحعلی خان بفرستید و از او بخواهید که رابطه خود را با ابراهیم خان قطع کند...»[۱۳۵]

جای شگفتی نیست که وقتی آقامحمدخان و قوایش در ۱۲ سپتامبر ۱۷۹۵ م تفلیس را غارت و ویران کرد و دست به کشتار مردم آنجا زد خان‌نشین‌های باکو و دربند این کشتار را مانند عید، جشن گرفته و در نامه‌هایی که به آقامحمدخان فرستادند ضمن اظهار تابعیت خودشان، ویرانی شهر تفلیس را به وی تبریک گفتند.[۱۳۶]

همین عامل مذهبی است که باعث می‌شود مقارن با همین دوران، برخی از خان‌نشین‌های مسلمان مخصوصاً حاکم قدرتمند قراباغ در مقابل گرایش والی

گرجستان به روسیه، به کشور مسلمان عثمانی روی بیاورند. وقتی خبر لشکرکشی آقامحمدخان به قفقاز می‌رسد نامه‌های متعددی از خان‌نشین‌های مسلمان به سلطان عثمانی جهت کمک و مساعدت ارسال می‌گردد.

ابراهیم خلیل خان در آستانه حمله آقامحمدخان به خان‌نشین‌های قفقاز در نامه‌ای به سلطان سلیم سوم ضمن ابراز ارادت و دوستی نسبت به امپراطوری یادآوری می‌کند که چندین مرتبه خان‌نشین‌های مسلمان با همدیگر متحد شده می‌خواستند به گرجستان حمله کرده کار ایراکلی دوم را یکسره کنند اما هیچ کمکی از جانب سلطان عثمانی نرسیده و آنان به ناچار مأیوس و پراکنده گشته‌اند حتی تا جایی که بعضاً مجبور شده‌اند به ایراکلی دوم بپیوندند و اگر اقدامی از سوی سلطان عثمانی نگردد حاکم گرجستان بر تمام منطقه مسلط خواهد شد.[۱۳۷]

وقتی قشون آقامحمدخان شیروان را ضبط کرد ژنرال گودویچ به دستور کاترین دوم برای تسلط بر دربند اقدام کرد او ژنرال مایور ساولیوین را به همراه ۶۱ نفر به دربند فرستاد اما شیخ علی‌خان ورود قشون را قبول نکرد و در این زمان حسینقلی‌خان حاکم باکو نیز جهت کمک به شیخ علی‌خان دو تا توپ فرستاد. دسته ۶۱ نفری ژنرال مایور ساولیوین مجبور به عقب نشینی شد. این دقیقاً مقارن با زمانی بود که آقامحمدخان در دور اول حمله خود به قفقاز تفلیس را ویران کرده جهت حرکت به ایران از جنوب آذربایجان گذشته وارد مغان شده بود.[۱۳۸]

قبل از ظهور آقامحمدخان و ایجاد قدرت یکپارچه در ایران، تقریباً اکثر خان‌نشین‌های مسلمان مانند قراباغ، شاماخی، شکی، باکو، سلطان‌نشین ایل‌سو، قوبا، گنجه و طالش (لنکران) با حفظ استقلال خود در پی تماس با امپراطوری عثمانی و رفتن زیر چتر حمایت آن بودند.[۱۳۹] حتی برخی از آنها از همان ابتدای مرگ نادرشاه درصدد برقراری ارتباط تنگاتنگ با امپراطوری عثمانی برآمده بودند.[۱۴۰]

بررسی‌هایی که پروفسور توفیق مصطفی زاده با استفاده از اسناد آرشیو وزارت خارجه روسیه در خصوص روابط شاماخی با امپراطوری عثمانی به عمل آورده مشخص می‌کند که در ۱۵۶۰ م محمدخان حاکم شیروان در نامه‌ای به سلیمان پاشا

والی چلدر، توافق و معاهده جدید گرجستان با روسیه را به اطلاع وی رسانده و ناراحتی شدید خود را از این اتحاد بیان می‌دارد و برای مقابله با خطرات حاصل از پیامدهای آن، از امپراطوری عثمانی مدد می‌جوید.[۱۴۱]

حتی براساس منابع روسی، وقتی ایراکلی دوم هم‌پیمان امپراطوری روسیه تلاش می‌کند محمدسعیدخان شاماخی را به زیر حمایت امپراطوری روسیه تشویق کند حاکم سنی مذهب شاماخی نه‌تنها امتناع می‌کند بلکه از او رنجیده خاطر می‌شود.[۱۴۲]

در ژوئن ۱۷۸۱ م وقتی امپراطوری روسیه از حاجی طرخان دسته‌های نظامی به فرماندهی گراف اینویچ به استرآباد می‌فرستد خان شاماخی ضمن اطلاع دادن آن به امپراطوری عثمانی از او درخواست پول و کمک نظامی می‌کند.[۱۴۳]

بطور کلی در طول جنگ‌های روسیه و ترکیه بین سال‌های ۱۷۶۸ الی ۱۷۷۴ هر دو کشور سعی داشتند خان‌نشین‌های قفقاز را بسوی خود بکشند.[۱۴۴] همچنین امپراطوری عثمانی پس از شکست از روسیه در تلاش بوده اتحاد بین خان‌نشین‌های مسلمان در مقابل روسیه بوجود بیاورد اما درگیری‌ها و جنگ‌های تجاوزکارانه و کوته‌فکرانه خان‌نشین‌های کوچک با همدیگر غالباً تلاش‌های امپراطوری عثمانی را نقش برآب می‌کرده.[۱۴۵]

همچنین پس از جنگ‌های ترکیه و روسیه در خلال سال‌های ۱۷۹۱ ـ ۱۷۸۷ و ۱۷۷۴ ـ ۱۷۶۸ م که منجر به شکست دولت عثمانی و تضعیف حضور زنده آن در حوزه قفقاز گردید. امپراطوری عثمانی با اتخاذ سیاست جذب خان‌نشین‌ها به سوی خود درصدد ضربه زدن به سیاست روسیه در قفقاز بود. براین اساس فرمان‌های به حاکمان گنجه، تبریز، دربند، ایروان و شاماخی ارسال کرده بود.[۱۴۶]

البته در این میان، باید به نقش ارامنه اشاره کرد که به منظور ایجاد یک «دولت مسیحی» بصورت مخفی، خدمات شایانی به امپراطوری روسیه می‌کردند.[۱۴۷]

شایان ذکر است در نیمه دوم قرن هیجدهم وضعیت خان‌نشین قوبا متفاوت با دیگر خان‌نشین‌های مسلمان بود در رأس آن، حسینعلی‌خان قرار داشت که برعکس خان‌نشین‌های مسلمان دیگر، روابطی نزدیک با روسیه برقرار کرده بود در ۱۷۵۸ م

تاریخچه خان‌نشین‌های آذربایجان / ۵۵

وقتی بـجای وی فـرزند کـوچک‌اش فـتحعلی‌خان بـه قـدرت رسـید وسـعت ایـن خان‌نشین با ضبط سالیان و دربند در کنار دریای خزر وسیع‌تر شد.[۱۴۸]

در سیمای فتحعلی‌خان، کاترین دوم نفوذ و تسلط خود بر آذربایجان را می‌دید وقتی امیرحمزه با قشونی در ۱۷۷۵ م به جنگ فتحعلی‌خان می‌پردازد و دربند را در محاصره می‌گیرد کاترین دوم برای حمایت از متفق خود به مایور مدمین دستور می‌دهد در راس قشونی به کمک فتحعلی‌خان بشتابد فتحعلی‌خان به کمک قوای روسی شهر دربند را از محاصره نجات می‌دهد و محاصره‌کنندگان شکست‌خورده فرار می‌کنند. فتحعلی‌خان پس از آن، آچارهای شهر دربند را به کاترین دوم تقدیم می‌کند.[۱۴۹]

وقـتی زمـزمه‌های لشکرکشی آقـامحمدخان بـه شمال آذربـایجان بـه گـوش خان‌نشین‌ها می‌رسد بـرخی از آنـان بـرای اخـذ کـمک بـه دولت عـثمانی مـتوسل می‌گردند.[۱۵۰] براساس اسناد آرشیو نخست وزیری ترکیه، در همین زمان ابراهیم خلیل حاکم قراباغ در مکتوبی که بوسیله سیدعبدالله چلبی به سلطان عثمانی ارسال کرده به نمایندگی از طرف جوادخان (حاکم گنجه)، محمدحسن‌خان (حاکم شکی)، امه‌خان (حاکم داغستان)، ایراکلی دوم (حاکم گرجستان) و مصطفی خان (حاکم شاماخی) از سلطان عثمانی کمک خواسته است.[۱۵۱]

آنچه در این سند، عجیب است آمدن نام ایراکلی دوم حاکم گرجستان است که با وجود تحت‌الحمایگی روسیه به سلطان عثمانی متوسل شده. ایراکلی دوم در همین زمان، نامه‌های متعددی نیز جهت جلب کمک و حمایت به دربار روسیه ارسال کرده اما به نظر می‌رسد که وجود خطر قریب‌الوقوع آقـامحمدخان، دشـمنان و رقیبان دیروزی را این‌چنین به همدیگر جوش داده است به همین خاطر در آستانه حمله آقامحمدخان اکثر خان‌نشین‌ها به یک اتفاق ضعیف و ناکام دست می‌زنند این اتحاد که برای مقابله با خطر آقامحمدخان بـود بـین ایـراکـلی دوم (حاکـم گـرجستان) محمدخان (حاکم ایروان) میرمصطفی‌خان (حاکم طالش) و ابراهیم خلیل (حاکم قراباغ) بوجود آمد آنان سوگند خوردند که از آقامحمدخان اطاعت نکرده و از همدیگر

در مقابل او حمایت کنند اما چون دیر شده بود این اتحاد نتوانست کارساز باشد.۱۵۲

عجیب است که وقتی آقامحمدخان در ۱۷۹۱ م با قوه قهریه جنوب آذربایجان را تابع خود می‌کرد و پس از آن به تهیه قشون برای حمله به خان‌نشین‌های آن‌سوی ارس مشغول بود اگرچه خان‌نشین‌های قفقاز از این اخبار اطلاع داشتند اما همچنان به جنگ و جدال با همدیگر مشغول بودند و در پی اتحاد و چاره‌جویی اساسی برای مقابله برنمی‌آمدند چراکه در همین زمان (۱۷۹۲م) ابراهیم خلیل حاکم قراباغ در فکر تسخیر نخجوان بود او به اتفاق امه‌خان حاکم داغستان با قشون ۱۱ هزار نفری به نخجوان حمله برد اما محاصره آن به درازا کشید چراکه خان خوی و ایروان به کمک نخجوان شتافتند جنگ شدیدی درگرفت و مهاجمین با دادن کشته‌های زیادی شکست خوردند آنها وقتی نخجوان را ترک می‌کردند قاصدهای آقامحمدخان به آذربایجان وارد شدند قاصدهایی که از خانات آذربایجان می‌خواستند جهت اطاعت از آقامحمدخان زنان و فرزندان خود را به عنوان گرو نزد آقامحمدخان بفرستند برخی فرامین آقامحمدخان هم‌اکنون در آرشیو سیاست خارجی روسیه نگه‌داری می‌شود.۱۵۳

در نیمه دوم قرن ۱۸ اکثر خانات آذربایجان بیشتر اوقات در جنگ و مبارزه با همدیگر و جنگ خانوادگی بودند بطوریکه در خشونت و کشتار حتی کودکان رقیب، دست کمی از آقامحمدخان نداشتند. چنین جنگ‌های داخلی، آنان را از هرگونه خطر مهاجمین قدرتمند خارجی غافل می‌ساخت. به عنوان مثال تاریخ شناس روسی ن. دوبروین نشان می‌دهد که وقتی آقامحمدخان به شمال آذربایجان یورش برد در این زمان، خان‌های شکی و باکو در تردید بسر می‌بردند در نهایت آنها به این نتیجه رسیدند که برای خلاصی اموال و ملکشان از قشون قاجار، اطاعت خود را از آقامحمدخان اعلام کنند شیخ علی خان حاکم قوبا نیز اطاعت از آقامحمدخان را پذیرفت.۱۵۴

در همین زمان محمدحسن خان حاکم شکی بجای اینکه مانند حاکم قراباغ یا شاماخی در مقابل آقامحمدخان مقاومت کند به قشون آقامحمدخان پیوست که برای حمله به شاماخی در حرکت بودند همچنین حاکم شکی برای اینکه منصب و منافع

خود را حفظ کند برای انتقام از برخی از خان‌ها به حمایت از آقامحمدخان پرداخت او به قشون آقامحمدخان پیوست که برای تسخیر شیروان می‌رفتند![۱۵۵]

وقتی آقامحمدخان در جنگ و گریز با لطفعلی‌خان زند در شیراز و کرمان به سر می‌برد ابراهیم خلیل‌خان حاکم قراباغ مشغول توسعه‌طلبی‌های خود بود او پس از ضبط نخجوان بفکر تسخیر خوی افتاد با قشون زیادی وارد مرند شده و جعفرقلی‌خان حاکم خوی نیز با قوای خود برای مقابله حرکت کرد هر دو قشون در مرند به هم رسیدند. ابراهیم خلیل‌خان شکست سختی خورده بعد از دادن تلفات زیاد مجبور به بازگشت از خوی گردید.[۱۵۶]

مناسبات اداری و اقتصادی خان‌نشین‌ها

در تقسیم‌بندی اداری، محال‌ها به ناحیه‌ها و ناحیه‌ها به روستاها تقسیم می‌شدند در رأس هر محال یک نائب قرار داشت که از سوی خان تعیین می‌شد. نایب‌ها از بین فئودال‌های بزرگ و امرای جنگی تعیین می‌شدند.[۱۵۷] نایب در محال خود قدرت مطلق داشت بهره مالکانه را در وقت معین از رعایا جمع‌آوری می‌کرد و در مقابل خان جوابگو بود. در رأس چند محال یک مالک قرار داشت. مالک‌ها بصورت ارثی به قدرت می‌رسیدند و قدرت زیادی داشتند اما اگر لازم می‌شد خان‌ها می‌توانستند مالکان را عوض کنند.

هر کدام از ناحیه‌ها نیز به روستاهای متعددی تقسیم می‌شد و روستاها نیز توسط کدخداها اداره می‌شد در کنار کدخداها یک اون‌باشی (دهباشی) قرار داشت که به او کمک می‌کرد.

در رأس خان‌نشین، خان قرار داشت که قدرت نامحدودی داشت و بصورت ارثی قدرتش به پسر اول منتقل می‌شد.

بریوزین یکی از قفقازشناسان می‌نویسد:

«خان استقلال کامل داشت و به احدی جوابگو نبود قدرتش چنان بود که می‌توانست هرکسی را ببخشد، اعدام کند و یا مجبور به جلای وطن کند.»[۱۵۸]

سیستم اداری خان‌نشین‌ها
خان
دیوان‌خانه توسط دیوان بیک اداره می‌شد و در نظارت بر کارهای جنایی به خان کمک می‌کرد.
فرماندهان جنگی مین‌باشی‌ها (رئیس دسته هزار نفری)
نایبان محلی
وزیر به عنوان دستیار خان که سیاست خارجی و کارهای مالی را نظارت می‌کرد.
محاکم شرعی که توسط شیخ‌الاسلام یا قاضی‌ها اداره می‌شد
یوزباشی
اون‌باشی
معاف‌ها
نوکرها
چریکچی‌ها
یوزباشی‌ها
کدخداها
یساول‌ها
ایشیک آغاسی اداره امور اقتصادی را بر عهده داشت
رئیس خزانه‌داری
صندوقدار
منشی‌ها

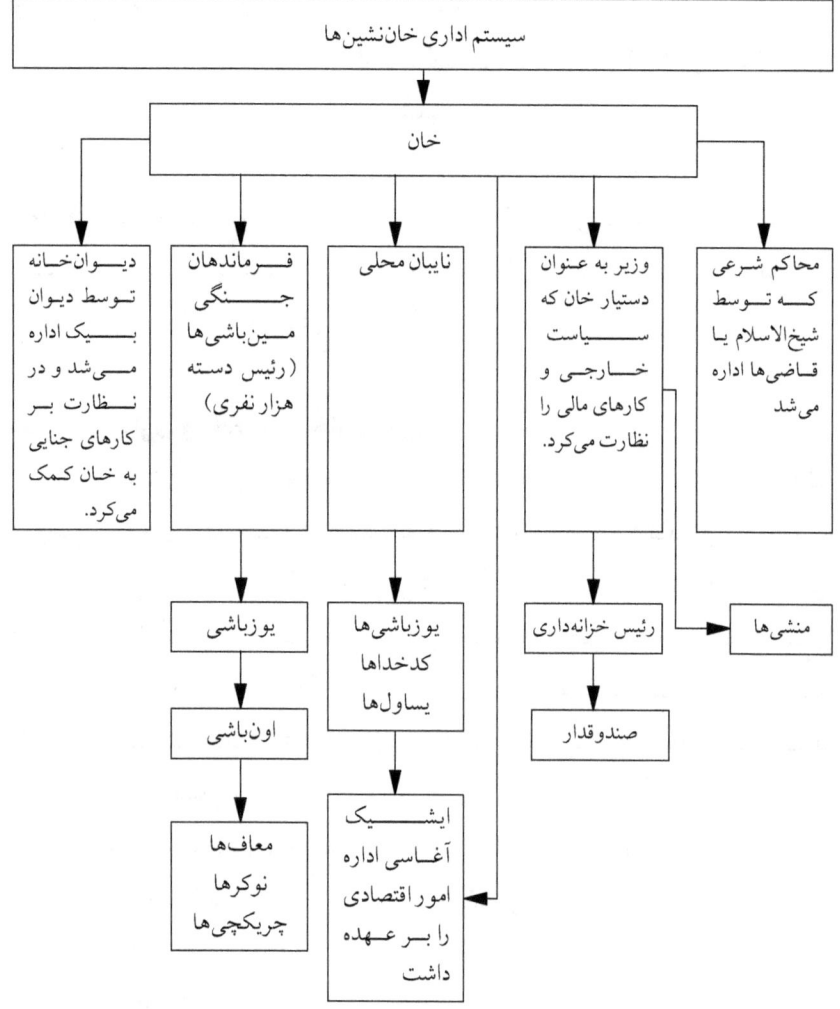

عباسقلی آقا باکیخانف ذکر می‌کند که «خان هم در رأس سیاست خارجی و هم سیاست داخلی قرار داشت و هم فئودال‌ها از او اطاعت می‌کردند.» خان می‌توانست به هر کسی که می‌خواست زمینی بدهد یا بهره مالکانه را ببخشد. اگر خان زمین را با شرایطی به یک نفر می‌داد آن شخص در عوض اخذ زمین، مجبور به خدمت در اردوی جنگی خان بود. در این صورت بدان «تیول» گفته می‌شد در اکثر موارد وقتی صاحب تیول می‌مرد به دستور خان «تیول» به وارث‌اش می‌رسید.[۱۵۹]

روستاها و زمین‌هایی که جزو تیول بودند و همچنین رعایایی که در آنجاها مسکن داشتند بدون اطلاع خان، حق فروش یا بخشودن به کسی دیگر وجود نداشت چرا که جزو مالکیت خان به حساب می‌آمدند.

به همین خاطر وقتی صاحب تیول می‌مرد برای انتقال تیول به فرزند و یا کسی دیگر فرمان دوباره خان لازم بود.

زارعین و رعایا در پرداخت بهره مالکانه دو قسمت می‌شدند برخی از آنها بهره مالکانه را به صاحب تیول می‌پرداختند برخی مستقیماً به خان می‌پرداختند.[۱۶۰]

پس از خان در مرتبه بعدی، جایگاه نخست وزیری (باش وزیر) بود. او در رأس دیوانخانه قرار داشت. دیوانخانه به مانند «شورای مصلحت» وظایف معینی داشت. م بیبرشتین در خصوص کارکرد دیوانخانه می‌نویسد:

«دیوان در خصوص مسایل قانونی و مخصوصاً امور جنایی حق مشورت داشت. اگر خان می‌خواست یک نفر را جزا کند این از کانال دیوانخانه صورت می‌گرفت که براساس امور شریعت تحقق می‌یافت.»

تمام خرج و مخارج خان‌نشین با نظارت «باش وزیر» عملی می‌شد، همچنین جمع‌آوری بهره مالکانه از رعایا با نظارت «باش وزیر» صورت می‌گرفت. رسیدگی به امور مربوط به دیپلماسی و سیاست خارجی در دست «باش وزیر» بود. نوشتن و خواندن اسناد، جواب‌دهی به آنها در حوزه مسئولیت او بود، همچنین نظارت بر کارهای دولتی و نظارت تمام امور را برعهده داشت او به عنوان مشاور اول خان تلقی می‌شد. در ابتدای نام نخست وزیر «باش وزیر» ملا و یا میرزا حمل می‌شد چنانچه

نخست وزیر ابراهیم خلیل‌خان حاکم قراباغ، ملا پناه واقفی شاعر و ادیب معروف بود و پس از کشته شدن او نیز میرزا جمال این وظیفه را برعهده داشت.[۱۶۱]

در کنار نخست وزیر [باش وزیر] در دیوانخانه چند وزیر وجود داشت. این وزرا کارهای مربوط به مشورت و ایلچی‌گری یا بردن پیک‌ها را برعهده داشتند. در حاکمیت ابراهیم خلیل یکی از این وزرا ملاحسن بود همان کسی که در ۱۷۷۶ م ابراهیم خلیل‌خان او را به دربار عثمانی فرستاد.

مناصب دیگری که در دیوانخانه وجود داشت و از «باش وزیر» اطاعت می‌کردند «منشی‌گری» و «کاتب» بودند. منشی به منزله وزیر امور خارجه بود و نامه‌های خارجی را می‌نوشت و «کاتب‌ها» مسائل مربوط به امور داخلی مانند فرامین خان را می‌نوشتند.

از مناصب دیگر دیوانخانه می‌توان به «ناظرین» (مسئول خزانه‌دار و جمع آوری بهره مالکانه...) مهره‌دار (مسئول مهرهای دیوانخانه)، مهماندران (مسئول مهمانان خان) و غیره... بودند.

جنگ‌های مکرر که بین خانات رخ می‌داد باعث ضعف سیاسی بعضی از آنها شده و نواحی قلمرو آنها به کرات تغییر می‌یافت به همین خاطر وضعیت سیاسی، اقتصادی و قلمرو حاکمیت آنها هرگز ثابت نمی‌ماند و تغییر می‌یافت.

خان‌ها در محدوده قلمرو حاکمیت خود کاملاً همه کاره بودند و از اخذ هر گونه قانون مواجب تا تعیین سیاست خارجی و روابط با همسایگان در دست حاکم و تحت اراده آنها بود البته به خاطر مصلحت شخصی، شورایی به وجود آمده بود که به آن دیوان می‌گفتند دیوان کلیه امور را رتق و فتق می‌کرد و در رأس آن خان قرار داشت در واقع، افراد دیوان به او کمک می‌کردند در دیوان، امور مهم خان‌نشین مذاکره می‌شد و تعیین جنگ، صلح، جمع‌آوری مواجب، حل فصل مسائل قضایی... را بر عهده داشت.[۱۶۲] هر چند خان‌ها امور را به صورت مطلق اداره می‌کردند اما شورای مصلحت یا دیوان در بعضی خان‌نشین‌ها حاکمیت آنها را محدود می‌کرد به عنوان مثال حاکمیت فتحعلی‌خان در قوبا و ابراهیم خلیل‌خان در قراباغ کاملاً مطلق بود اما وضعیت در خان‌نشین شاماخی فرق می‌کرد در این خان‌نشین قدرت فئودال‌ها بیشتر بود و خان شاماخی نمی‌توانست در مسائل مهم به صورت دیکتاتورانه عمل کند.

ترکیب اجتماعی اهالی در خان‌نشین‌ها
طبقه فئودال‌ها
طبقه دهقانی
رعایا
رنجبر
نوکرها
معاف‌ها
ایلات
خالصه
فئودال‌های دنیوی
فئودال‌های روحانی
سلاطین و پادشاهان
بیگ‌ها
روحانیون بالا
شیخ‌الاسلام
قاضی‌ها
روحانیون مسیحی
بیگ‌هایی که از نسل حاکم متولد شده بودند
بیگ‌هایی که به صورت ارثی دریافت داشتند
بعدها عنوان بیگ را کسب کرده بودند
روحانیون پایین رتبه:
ملاها
سیدها
کشیش‌ها
و غیره

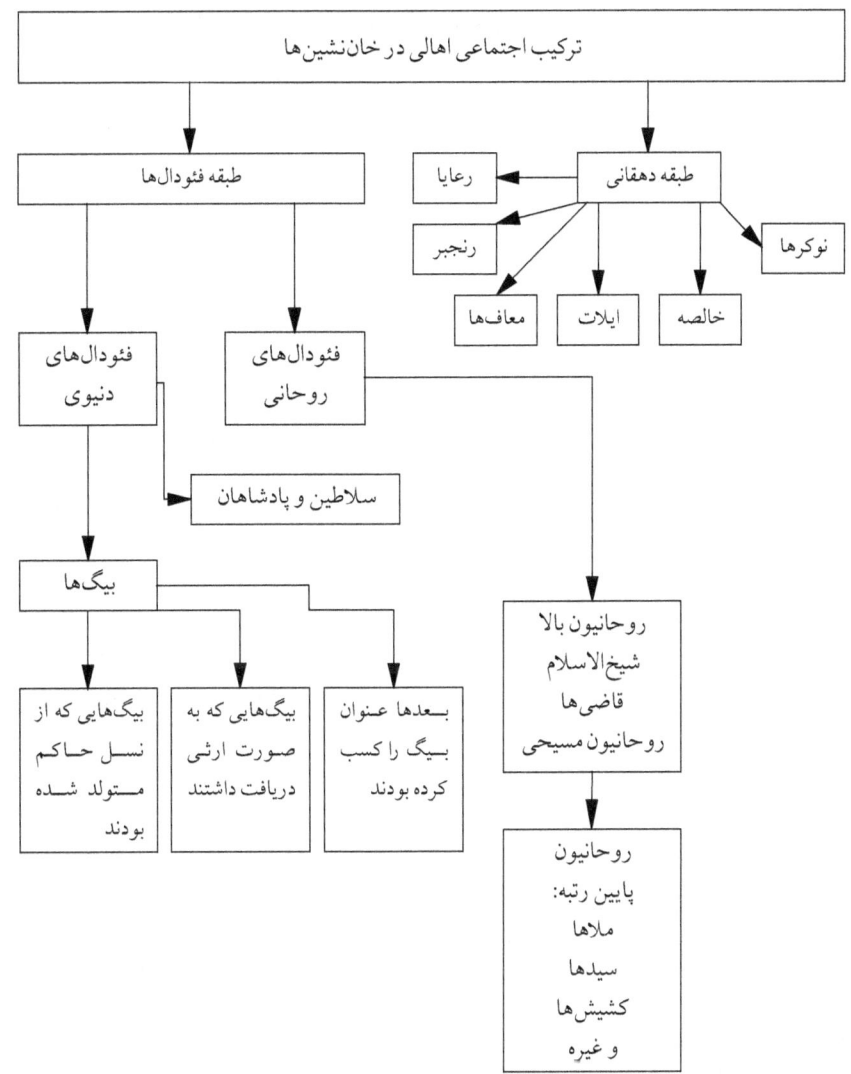

نمونه پنجم

م. بیبرشتین می‌نویسد: «*اگرچه در شرق، استبداد مطلق حکومت می‌کرد اما در عین حال باید گفت که در منطقه آذربایجان حاکمان کوچک از رفتار مستبدانه به صورت مطلق مانع می‌شدند درست است که در شیروان، فئودال‌ها و خان‌ها در بین توده‌های رعیت به صورت مستبد عمل می‌کردند اما آنها نمی‌توانستند بدون رضایت خان‌ها و سرداران مشهور جنگی که در دیوان حضور داشتند عملی انجام دهند*[۱۶۳] *دیوان یا شورای مصلحت وظایف مشخصی داشت به عنوان مثال یکی از وظایف دیوان رسیدگی به جنایات و حق قضاوت بین مردم بود اگر حاکم کسی را بدون دلیل تنبیه و جزا می‌داد که مخالف شریعت اسلام بود بدون شک این برای حاکم گران تمام می‌شد.*»

با این حال وضعیت داخلی خان‌نشین‌ها نسبت به همدیگر متفاوت بود در میان بعضی از خان‌نشین‌ها، فئودال‌های قدرتمند وجود داشتند که حتی بدون دیوان عمل می‌کردند و تمام کارهای دولتی را بدون نظر دیوان خودسرانه انجام می‌دادند حتی اگر حقوق فئودال‌ها نیز توسط دیوان محدود می‌شد باز خواسته فئودال‌ها سرانجام عملی می‌شد چرا که اعضای دیوان، خود جزو افراد و اقربای خود خان بودند به خاطر همین.م. بیبرشتین می‌نویسد حتی اگر دیوان موفق می‌شد اراده حاکم خودسر را محدود کند باز در نهایت این محدودیت کوچک‌ترین سودی در حق طبقه فقیر و دهقان‌ها نداشت چرا که آنان در بالا با هم می‌ساختند و در ستم به طبقه رعیت مخصوصاً مسیحی‌ها و یهودی‌ها و غارت و چپاول همسایگان، فرقی با همدیگر نداشتند و به صورت یکپارچه عمل می‌کردند.[۱۶۴]

نیروی نظامی خان‌ها شامل سواره و پیاده می‌شد و علاوه بر آن، خان‌های نیرومند از نیروها و دسته‌های مزدور نیز در صورت نیاز استفاده می‌کردند خان‌ها برای به اطاعت واداشتن رعایا، دسته‌های خصوصی که از پرداخت بهره مالکانه معاف بودند نگه می‌داشتند.[۱۶۵]

همزمان با ظهور آقامحمدخان بر اریکه قدرت، کاترین دوم امپراطور روسیه نیز در پی گسترش نفوذ خود بر قفقاز جنوبی از جمله آذربایجان بود و دیپلمات‌ها و جاسوسان روسیه تمام اتفاقات این خطه را به امپراطوری گزارش می‌کردند. وقتی آقامحمدخان درصدد الحاق مناطق جدا شده برآمد در کشمکش بین ایران، روسیه و

موقعیت اجتماعی اهالی شهری خان‌نشین‌ها
طبقات محروم از امتیاز
طبقات دارای امتیاز
قایقرانان حمالان و کارگران دستی
زارعین
خرده تاجرها
تاجرها
صنعت‌کاران
روحانیون سیدها و دیگر خادمین مذهبی
نوکرها
بیگ‌ها

اقتصاد روستایی خان‌نشین‌ها
زنبورداری
باغداری انگورداری
دامداری
زارعین
گیاهانی که به صورت فنی به عمل می‌آمد
گیاهان دانه‌ای

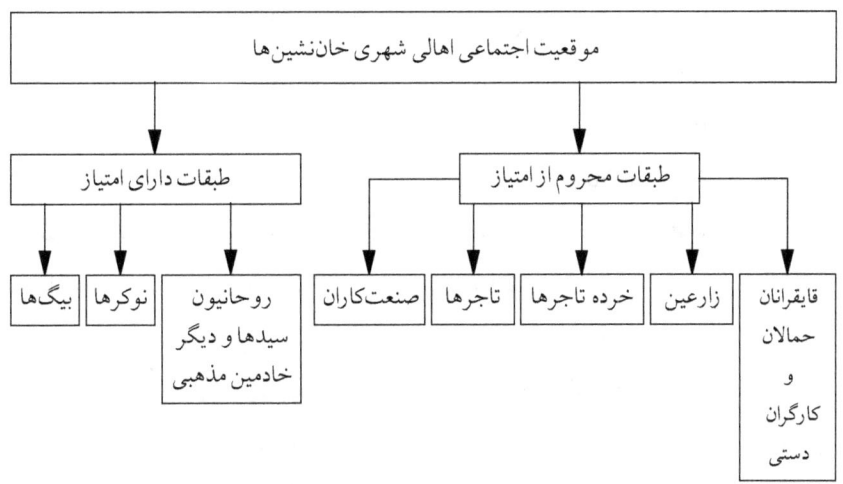

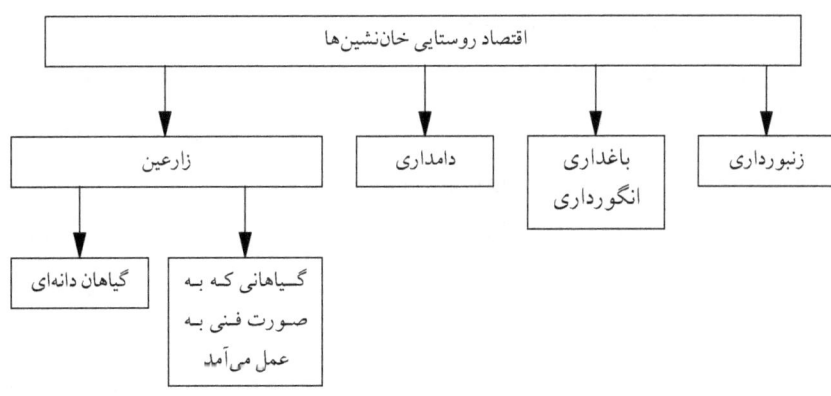

دولت عثمانی هر کدام از خان‌نشین‌ها جانب یکی از آنها را گرفتند و از یکی از آنها کمک طلبیدند اما در این میان، اکثر آنها از امپراطوری روسیه احتیاط می‌کردند و به آن اعتماد نمی‌کردند. البته برخلاف اکثر نوشته‌های فارسی، عدم اعتماد خان‌نشین‌ها نسبت به روسیه از حس ایران‌دوستی آنان سرچشمه نمی‌گرفت بلکه همچنان‌که س.د. بورناشو نشان می‌دهد خان‌نشین‌های مستقلِ آذربایجان اولاً می‌ترسیدند که توسط امپراطوری روسیه بلعیده شوند ثانیاً گرایش روسیه به قوانین و سیستم اداری اروپا که مخالف مناسبات زمین‌داری خان‌نشین‌ها بود آنان را به شدت می‌ترساند. هم‌چنین عامل مهم دیگر در عدم اقبال خان‌نشین‌ها به کشور روسیه وجود اسلام بود چرا که خان‌نشین‌های آذربایجان می‌ترسیدند که با ورود امپراطوری روسیه به این مناطق دین اسلام لغو شود شایعه‌ای که نه تنها از سوی ایران بلکه به شدت از سوی ترکیه عثمانی دامن زده می‌شد که با ورود مسیحیان، از بین رفتن مناسبات زمین‌داری و دین اسلام قطعی خواهد بود.[۱۶۶]

همه اینها ثابت می‌کند که خان‌نشین‌های آذربایجان هیچ‌وقت گرایش قلبی به امپراطوری روسیه نداشتند نیت قلبی آنها این بود که استقلال خود را از طریق اتحاد با یکی از کشورهای بزرگ نگهدارند اما از آنجا که هر کدام از این کشورها در پی الحاق خان‌نشین‌ها به کشور خود بودند در نتیجه هرگز نیات و اهداف قلبی خان‌نشین‌ها در عمل صورت تحقق نمی‌یافت. دولت عثمانی نیز اتفاق و رخدادهای خان‌نشین‌ها را به شدت و دقیق رصد می‌کرد اما بحران درونی دولت عثمانی در این زمان از یک طرف و احتیاط آن از روسیه باعث شده بود که نتواند نقش فعال و ارگانیکی در این منطقه بازی کند.

آقامحمدخان و دولت ایران به خان‌نشین‌های آذربایجان به عنوان اراضی همیشگی خود می‌نگریست به همین خاطر به محض اینکه او در ایران پایه‌های حکومت خود را استوار ساخت در ۱۷۹۳ م نامه‌های متعددی به خان‌نشین‌ها نوشت و در پی الحاق آنها به ایران برآمد آقامحمدخان به خوبی می‌دانست که هیچ‌گونه وحدت و یکپارچگی جهت مقابله با قشون او در بین خان‌نشین‌ها وجود ندارد زیرا

درگیری‌ها و تعرضات آنان نسبت به اراضی همدیگر آنان را مجرد و منفک از همدیگر ساخته بود. حتی عجیب اینکه وقتی با تهدید لشکرکشی آقامحمدخان روبرو شدند باز هر کدام در فکر نگه‌داشتن کلاه خود بودند و در پی اتحاد با همدیگر به صورت گسترده برنیامدند.

خان‌نشین قوبا، گنجه و باکو برای نگه‌داشتن حاکمیت شخصی خودشان به دعوت آقامحمدخان جواب مثبت دادند اما در همین زمان شیخعلی خان حاکم قوبا سیاست دوگانه را بازی می‌کرد او برای نگه‌داشتن حاکمیت خود، گاه با ایران و گاه با روسیه وارد گفتگو می‌شد وقتی در ماه می ۱۷۹۵ م ایلچی آقامحمدخان به دربند و نزد او آمد او با ایلچی آقامحمدخان با احترام برخورد کرد و اطاعت خود را از آقامحمدخان اعلام داشت اما درست در آن دم، شیخعلی خان با روسیه نیز گفتگو و مذاکره می‌کرد. و.ی. باکونینا در این مورد می‌نویسد:

«در پاییز ۱۷۹۵ شیخعلی خان حاکم قوبا برای مقابله با قشون آقامحمدخان دست یاری به سوی روسیه درازکرد و سفیر خود را به سوی امپراطوری روسیه فرستاد. گودویچ در ماه اکتبر دستور داد قشون روسی به شهر دربند فرستاده شود. به نظر من ژنرال قشون کمی بدان جا فرستاده آنها در آستانه فصل زمستان و با سرمای آزارنده به دربند می‌رسند. شیخعلی خان که با اندک قشون خود، مقابله با آقامحمدخان را بی‌فایده می‌دانست از ترس غضب آقامحمدخان دستور داد دروازه‌های شهر را بر روسها ببندند». [۱۶۷]

سفید

نمونه پنجم

فصل چهارم

نخستین لشکرکشی آقامحمدخان
به خان‌نشین‌های آذربایجان

در زمستان ۱۱۷۳ ش/۱۷۹۴ م آقامحمدخان پس از شکست زندیان دو کار مهم انجام داد. ابتدا فتحعلی‌خان قاجار را به نیابت سلطنت برگزید و او را با حفظ سمت ولیعهدی، به عنوان حکمران فارس به آنجا فرستاد، سپس حاج ابراهیم کلانتر شیرازی را به عنوان صدراعظم خویش برگزید و پس از ضرب سکه در تهران در نوروز ۱۱۷۴ ش/آوریل ۱۷۹۵ م خود را آماده لشکرکشی به خان‌نشین‌های آذربایجان کرد.

او فرمان داد که امرای سپاه هر کدام با لشکر خود در بهار سال ۱۲۰۹ هـ ق/۱۱۷۳ ش/۱۷۹۴ م در نواحی تهران حاضر باشند بدین ترتیب سپاهی عظیم که تعداد آن را شصت هزار تن سواره و پیاده نوشته‌اند در تهران حاضر شدند، هیچکس غیر از خودش و اعتمادالدوله از هدف این تجمع اطلاعی نداشت.

برطبق روضه الصفای ناصری، پنجاه و سه روز از نوروز گذشته بود که لشکر را به سه قسمت تقسیم کرد:

«بخشی را به جانب مغان و شیروان و داغستان فرستاد، بخش دیگر که شامل افواج میسره بود به جانب ایروان مأمور کرد و خود با قلب سپاه به طرف قلعه شوشی که از قلاع معتبر قراباغ بود، حرکت کرد.»۱۶۸

به نظر می‌رسد در این زمان ابراهیم خلیل‌خان حاکم قراباغ هنوز اطلاعی از این

لشکرکشی نداشت چراکه در این زمان او همچنان به فکر تضعیف قدرت ایراکلی دوم حاکم گرجستان بود و او در نامه‌ای که در همین زمان به دربار سلطان سلیم سوم، امپراطوری عثمانی نوشته هنوز سخنی از خطر آقامحمدخان نیست:

«...که چون من بندهٔ اخلاص شعار چند سال است که دست به دامن دولت علیّه عالیه زده‌ام و اطاعت می‌کنم، در آن تاریخ خوانین آذربایجان و داغستان را به مرحمت بی‌پایان و احسان فراوان دولت علیّه عالیه حیص و امیدوار ساخته، همگی را متفّق خود نموده در طریقه خدمتگزاری قائم شد و با ایراکلی خان تفلیس عداوت نموده‌ام لوازم غزوات را به تقدیم رسانیده بودیم. نهایت از جمله خوانین آذربایجان سه نفر خان یکی فتحعلی‌خان [حاکم دربند و قوبا] و یکی محمدحسن‌خان شکی لو [حاکم شکی] و یکی محمدخان ایروانی [حاکم ایروان] با ایراکلی خان [حاکم گرجستان] متفق بوده به‌کفرهٔ اطاعت می‌کردند... و از علامات و قرائن چنین مفهوم می‌شود که اگر این اخلال شعار سه سال است که در راه اخلاص ثابت قدم هستم و در راه غزوات نشستم، اما چه سود که این ولایت که متعلق به دولت علیه دارد تا حال خراب شده است و بعد از این هم خواهد شد...» [۱۶۹]

اما همچنان‌که خواهیم دید به محض اینکه ابراهیم خلیل‌خان حاکم قراباغ از لشکرکشی آقامحمدخان آگاه می‌شود دشمنی‌ها با حاکم گرجستان را کنار گذاشته جهت مقابله با آقامحمدخان دست اتحاد بسوی او دراز می‌کند.

در گزارشی که در ۱۸ شوال ۱۷/۱۲۰۹ اردیبهشت ۷/۱۱۷۴ می ۱۷۹۵ ژنرال گودویچ به کاترین کبیر ارسال کرده نشان می‌دهد که دولت روسیه دقیقاً تحرکات آقامحمدخان را زیرنظر داشت:

«براساس اطلاعات موثقی که از مناطق مختلف ایران رسیده، آقامحمدخان لطفعلی‌خان زند را شکست داده است... آقامحمدخان درصدد است تا سلطنت ایران را به دست گیرد. او به تهران آمده و در حال جمع‌آوری نیرو برای حرکت به سوی اردبیل است. پیام‌هایی برای تبریز و اردبیل و نیز خان‌های ایروان و مناطق اطراف فرستاده و خواسته است تا تدارکات لازم را جهت ارتش او فراهم آورند. او همچنین پیام‌هایی به‌گرجستان فرستاده و از ایراکلی خواسته است تا تسلیم وی گردد. آقامحمدخان درنظر دارد تا ارتش خود را به دو قسمت تقسیم کرده، قسمتی را روانه ایروان و

قسمتی دیگر را به دشت مغان، جایی که شاهان ایران در آنجا تاجگذاری کرده‌اند، اعزام کند. آقامحمدخان برآن است تا پس از مطیع ساختن خانات شماخی، شکی، شوشی و طالش از سمت قراباغ به گرجستان حمله کند.گزارش‌های غیر موثقی دریافت داشته‌ام مبنی بر اینکه آقامحمدخان پیکی به دربند فرستاده و از شیخ علی‌خان خواسته است تا تسلیم وی گردد. من هم فوراً یکی از افسران ستاد خود راکه در ایران خدمت کرده است به دربند اعزام داشتم تا در این باره تحقیق کند...»

آقامحمدخان پیکی با عنوان نماینده شاه در شیروان، نزد شیخ علی‌خان دربندی فرستاد. بنا به توصیه ابراهیم خلیل‌خان جوانشیر، خان شماخی به این پیک اجازه نداد تا به طرف دربند روانه شود. در عوض خان شوشی [ابراهیم خلیل‌خان] پیکی مورد اعتماد نزد ایراکلی فرستاد.[۱۷۰]

منابع غیرایرانی نیز در این مورد می‌نویسند:

«آقامحمدخان قشون خودش را به سه دسته تقسیم کرد. برادران خود جعفرقلی و علی‌قلی را در رأس قشونی به ایروان فرستاده و بخش دیگر قشون را به مغان فرستاد. آنها باید خانات لنکران، شاماخی و شکی را به اطاعت وادار می‌کردند و سپس به طرف گرجستان حرکت می‌کردند. خود آقامحمدخان نیز با قسمت سوم قشون به طرف قراباغ حرکت کرد. جرم ابراهیم‌خان تنها در امتناع از اطاعت از آقامحمدخان خلاصه نمی‌شد بلکه او جسارت کرده با ایراکلی دوم حاکم گرجستان متحده شده بود.»[۱۷۱]

در خصوص تعداد نفرات لشکر آقامحمدخان اختلافات زیادی دیده می‌شود جی. مالکوم آن‌را ۶۰هزار نفر، پ زوبف ۸۰ـ ۶۰هزار نفر، پ.گ. بوتکوف ۱۰۰ ـ ۵۰ هزار نفر گزارش می‌دهند.[۱۷۲]

خطر لشکرکشی آقامحمدخان باعث شد فئودال‌های قفقاز جنوبی که تا دیروز در مقابل هم بودند با هم متحد و متفق گردند: حاکم گرجستان (ایراکلی خان)، حاکم ایروان (محمدخان)، حاکم طالش (سیرمصطفی‌خان) و حاکم قراباغ (ابراهیم خلیل‌خان) با همدیگر معاهده بستند و قسم یاد کردند که از آقامحمدخان اطاعت نکرده و از همدیگر در مقابله با او حمایت کنند.[۱۷۳]

اما میزان مقاومت قراباغ در مقابل دشمنان بیرونی، بسته به نوع رابطه

ابراهیم‌خلیل‌خان با ملیک‌های قراباغ داشت و این اتحاد همیشه در نتیجه جنگ تعیین‌کننده بود. متأسفانه به میزانی که رابطه پناه‌خان با ملیک‌های ارمنی خوب بود به همان میزان رابطه پسرش ابراهیم‌خلیل‌خان در زمان حکومتش بد بود و مسیحیان قراباغ از او راضی نبودند برخی منابع نوشته‌اند که «او می‌کوشید ارامنه تغییر مذهب داده مسلمان گردند». ولی در آستانه حمله آقامحمدخان این رابطه تا حدودی دوستانه بود چرا که ابراهیم‌خلیل‌خان توانست به غیر از ملیک مجلوم اسرائیلیان با بقیه ملیک‌های قراباغ اتحاد برقرار کند و همچنانکه خواهیم دید همین اتحاد نقش بزرگی در مقاومت قلعه شوشی در مقابل آقامحمدخان ایفا کرد.

البته خان‌نشین‌ها علاوه بر اتحاد با همدیگر، چشم امید به نیروهای خارجی به خصوص امپراطوری عثمانی دوخته بودند و هر کدام تلاش‌های گسترده‌ای را برای جلب کمک از سوی عثمانی آغاز کردند:

محمدخان حاکم ایروان وقتی تحرکات و لشکرشی آقامحمدخان را شنید توسط یکی از محافظین خود، اتفاق قریب الوقوع را به سلطان عثمانی اطلاع داد. محافظ قارص این خبر را به استانبول رساند که حکومت ایران در پی یورش به ایروان است و در اثر آن افراد کثیری به اطراف قارص پناهنده خواهند شد به همین خاطر درخواست کمک کرد.[۱۷۴] در گزارش ژنرال گودویچ نیز در خصوص حرکت آقامحمدخان به سمت آذربایجان چنین آمده:

«آقامحمدخان وقتی درکنار رودخانه قراسوی اردبیل مستقر بود برادر خود علی‌قلی‌خان را برای سرکوبی محمدخان حاکم ایروان فرستاد و برادر دیگرش مصطفی‌خان را نیز برای سرکوبی خان طالش اعزام‌کرد.»[۱۷۵]

حاکم طالش به محض اطلاع از حرکت مصطفی‌خان قاجار، زنان و برخی اسباب را سوار کشتی کرده به سمت سالیان گیلان فرستاد و خود به همراه مردان به کوهها گریختند اما کشتی حامل زنان وقتی به سالیان می‌رسد مردم سالیان آنان‌را راه نداده به ناچار کشتی مجبور به بازگشت می‌شود و در راه بازگشت توسط مصطفی‌خان قاجار توقیف و زنان و وسایل همراهشان و تعدادی از بزرگان طالش از جمله شاهنوازخان

به پیش آقامحمدخان آورده می‌شوند، آقامحمدخان برخی از آنان را گردن زده و زنان را به مازندران و اردبیل می‌فرستد.[۱۷۶]

محمدخان حاکم ایروان نامه‌های متعددی به سلطان عثمانی جهت کمک می‌فرستد، چون کمکی نمی‌رسد مجبور به تسلیم می‌گردد خان ایروان علی‌رغم اینکه زن و فرزندانش را به عنوان گروگان به نزد سرکرده آقامحمدخان می‌فرستد اما به مردان آقامحمدخان که حدود پانصد نفر بودند اجازه ورد به ارگ خود نمی‌دهد بر طبق گزارش‌ها «اسقف ارمنی نیز با وجود آنکه داوطلبانه خود را تسلیم علی‌قلی‌خان کرده بود اما توسط همین شخص دستگیر شده و مبلغ ۸۰۰۰۰ روبل و ۸ پوند طلا برای رهایی وی، از او می‌خواهند...»[۱۷۷]

براساس برخی منابع «همیش آقا دستیار یوسف ضیاء پاشا حاکم ارضروم در مکتوب خود به تاریخ ۱۵ می ۱۷۹۵ م قید می‌کند که ایراکلی دوم، محمدخان (حاکم ایروان) را تشویق می‌کرده که از آقامحمدخان اطاعت نکند.»[۱۷۸]

محمدخان حاکم ایروان در نامه‌ای که در تاریخ ۱۷۹۵/۱۲۰۹ به محمد پاشا صدراعظم دولت عثمانی فرستاده ضمن استعانت از دولت عثمانی از آن دولت می‌خواهد اگر امکان کمک نیست حداقل افرادی که به آن دولت پناهنده می‌گردند آنان را بپذیرند و اگر چنانچه این معنی مقبول طبع عالی نگردد «ارقام مرحمت فرجام به عهدهٔ پاشایان از مصدر احساس اصرار گردد که، هر گاه ایلات و احشام به جهت حفظ حال و استخلاص اموال به سمت ولایت قارص و چلدر و بایزید و وان و ارض روم و سایر ولایات آن مرز بوم التجاء و عبور نمایند چند وقتی در آن حوالی سکنی دهند و سرحساب به دست دشمن ندهند...»[۱۷۹]

خانات دیگر آذربایجان نیز از جمله مصطفی‌خان قراباغی، احمدخان مراغه‌ای، حسین‌خان خویی هر کدام در اوایل سال ۱۷۹۰م طی نامه‌هایی به سلطان سلیم سوم از او درخواست کمک کردند.[۱۸۰]

رضاخان تبریزی پا را از این فراتر نهاده و از دربار عثمانی خواست در جهت استقرار یک سلطنت مستقل در آذربایجان، دولت عثمانی کمک و مساعدت نماید.

به نوشته برخی منابع تاریخی در همین زمان ابراهیم خلیل‌خان حاکم قراباغ در نامه‌ای که از طریق عبداله چلبی افندی (خواجه بزرگ) به سلطان عثمانی می‌فرستد ضمن برشمردن خدمات ۲۱ ساله‌اش به دولت عثمانی و خطر آقامحمدخان از او درخواست کمک می‌کند. ۱۸۱

بررسی اسناد بجای‌مانده بیانگر این نقطه است که ابراهیم خلیل‌خان حاکم قراباغ که نسبت به حاکمان بقیه خانات قدرتمندتر، جسورتر بوده نامه‌های متعددی به عوامل دولت عثمانی از جمله به سلطان سلیم سوم و صدراعظم عثمانی نوشته و از آنان استعانت جسته. ابراهیم خلیل در نامه‌ای به سلطان عثمانی می‌نویسد:

«... بیست سال و بل افزون در جرگه هالی دیار روم شرف اندوز بوده و از ایام مرحوم مغفور رضوان مکان سلطان حمید خان همیشه از این طرف عریضه و از آن طرف فرمان و از من اطاعت از او عنایت بوده است... خلاصه کلام، در جرگه بندگان و خدمتگزاران دولت علیه عالیه هستیم...»

ابراهیم خلیل‌خان در ادامه نامه‌اش ضمن گزارش از خطرات موجود و خبر از هجوم آقامحمدخان می‌نویسد:

«کیفیت احوال بدین منوال است که از قزلباش آقامحمدخان خروج کرده، عراق و فارس را تحت تصرف درآورده است. و اکنون اراده آن دارد که به آذربایجان آمده، از رودخانه ارس گذشته، اولاً به سوی بنده و ثانیاً به طرف محمدخان حاکم ایروان و ثالثاً به گرجستان حمله‌ور شود. اکنون رجاء واثق این است که در حفظ و حراست ما لوازم عون و عنایت را به منصه ظهور رسانیده که انشاءالله به قوت اقبال دولت علیه عالیه رفع اصحاب سفک و مادۀ فساد سهل و آسان گردد. و عرض ثانی اینکه آیا خلق ایران چه جرم و گناهی کرده‌اند که شاهنشاه اعظم مالک رقاب الاهم... عنایات و نوازش‌های خود را ارزانی نداشته و سایه سعادت پیرای خود را بر خاک ایران نگسترانیده. در هر گردش دوران سفاکی خروج کرده و امت سلطان عظیم‌الشان را قتل و غارت و در ضایع و مضمحل کردن آن باکی به خود راه نداده است، واجب بود عرض شد.» ۱۸۲

هرچند دولت روسیه برای مقابله با آقامحمدخان در فکر استفاده از ابراهیم خلیل‌خان بود، اما ابراهیم خلیل‌خان به روس‌ها اعتمادی نداشت همچنان که س.د. بورناشو در مکتوب خود می‌نویسد:

«ابراهیم خلیل خان نه تنها به روسها اعتمادی ندارد بلکه از آنها سعی کرده بگریزد.»[۱۸۳]

به نظر می‌رسد دولت عثمانی در این زمان در وضعیت بغرنجی قرار داشته و نمی‌توانسته در مقابله با آقامحمدخان، کمکی به خانات قفقاز بکند زیرا از یک طرف نمی‌خواست خشم و دشمنی آقامحمدخان را برافروزد چرا که به اتفاق آقامحمدخان دارای دشمن مشترک قدرتمندی چون روسیه در پیش رو داشتند اما از طرف دیگر عدم حمایت و یا عدم تقبل انبوهی از پناهندگان قفقاز به خاک آن کشور، می‌توانست بر نفوذ و پرنسیب آن کشور در نزد خان‌نشین‌های قفقاز لطمه وارد کند.

اما همچنانکه خواهید دید دولت عثمانی راه میانبری را اتخاذ می‌کند از یک طرف از هرگونه حرکت نظامی در سرحدات و کمک به خان‌نشین‌ها که ممکن بود سوءظن آقامحمدخان را برانگیزد خودداری می‌کند و از طرف دیگر کلیه پناهندگان را که از هجوم قشون آقامحمدخان به سرحدات مرزی عثمانی پناهنده شده بودند اسکان می‌دهد.

برخی منابع می‌نویسند از آنجا که دولت‌های انگلیس و فرانسه نمی‌خواستند روسیه در مناطق آذربایجان نفوذی داشته باشد سعی می‌کردند هرکدام جداگانه آقامحمدخان را به تسخیر این مناطق تشویق کرده و روابط او را با دولت عثمانی تحکیم کنند. البته آقامحمدخان، حکومت عثمانی را دشمن بالقوه روسیه دانسته و نماینده‌ای را به استانبول فرستاده یادآوری کرده بود که از قدیم، جنوب شرقی قفقاز تحت حاکمیت و تابع ایران بوده است. اگرچه دولت عثمانی نیز در پی تسلط براین مناطق بود اما با شکست جدیدی که از روسیه خورده بود چندان فعالیتی در این مناطق نمی‌توانست داشته باشد به همین خاطر علاقه‌مند بود که در مقابل روسیه، نفوذ ایران در این مناطق گسترش یابد. براساس اطلاعاتی که برخی منابع ارائه می‌دهند حتی آقامحمدخان برای یورش به مناطق قفقاز تجهیزات زیادی از دولت عثمانی دریافت کرده است.[۱۸۴]

بر طبق گزارش صحیح جاسوسان، آقامحمدخان در ۱۷۹۵ م از تهران خارج شده ابتدا به نزدیکی قراباغ خواهد رسید و در آنجا تصمیم خواهد گرفت به کدام‌یک از

چهار نواحی مذکور حمله کند.

همچنانکه مذکور افتاد خانات آذربایجان نامه‌های متعددی به دولت عثمانی نوشتند و ضمن یادآوری خطر آقامحمدخان از او کمک خواستند اما هیچ کدام از این نامه‌ها سودی نبخشید.

سیدعبدالله چلبی یکی دیگر از ایلچی‌های آذربایجان که در ۹ می ۱۹/۱۷۹۵ شوال ۱۲۰۹ جهت اخذ کمک و راهنمایی به ترکیه رفته بود در مکتوب خود می‌نویسد:

«ابراهیم خلیل‌خان به‌کمک حاکمان داغستان و امه‌خان، بدون شک ۵۰ـ۴۰ هزار سرباز آماده خواهدکرد آقامحمدخان نیز تعداد سربازانش ۵۰ـ۴۰ هزار نفر تخمین زده می‌شود.» [۱۸۵]

آقامحمدخان پس از چهار روز اقامت در زنجان در اول خرداد ۲۲/۱۱۷۴ می ۱۷۹۵ با قوای خود عازم اردبیل می‌شود در اردبیل در کنار رود قرسو اردو می‌زند.[۱۸۶] ابتدا علی‌قلی‌خان را با گروهی به ایروان فرستاده و به مصطفی‌خان قاجار نیز دستور می‌دهد تا عازم سرکوب طاغیان طالشیه شود و به او دستور داده اگر شاه پلنگ‌خان و مصطفی‌خان شیروانی اطاعت نکردند با آنان بجنگند.[۱۸۷]

آقامحمدخان در اردبیل از اقدامات ابراهیم خلیل‌خان باخبر شد و دانست که حاکم قراباغ در قلعه شوشی تصمیم به مقاومت گرفته است چون برای رسیدن به قلعه شوشی که در شمال رودخانه ارس واقع شده و باید از آن رود می‌گذشتند و تنها راه عبور از رود، پل خدآفرین بود در نتیجه به محمدحسین‌خان قوانلو دستور داد تا با عده‌ای در سه فرسنگی قلعه پناه آباد، در سر پل خدآفرین در کنار ارس لشگرگاه بسازد تا ابراهیم خلیل‌خان نتواند پل را از میان بردارد اما محمدحسین‌خان وقتی به سر پل رسید کار از کار گذشته بود و پل توسط ابراهیم خلیل شکسته شده بود. آقامحمدخان سلیمان خان را مأمور کرد پل را از نو بسازد پس از اینکه پل بازسازی شد مصطفی‌خان را به سوی طالش روانه کرد و سلیمان‌خان را نیز با پنج هزار تفنگچی و محمدحسین‌خان برادر حاج محمد ابراهیم صدراعظم را با سه هزار سپاهی بدنبال مصطفی‌خان به طالش فرستاد.[۱۸۸]

نیروهای ایرانی پس از اینکه از پل خدآفرین گذشتند آقامحمدخان مصطفی‌خان

را با قشونی برای سرکوبی ارمنیان قپان فرستاد او جمع کثیری از زن و مرد و پیر و جوان را اسیر کرد و با ۱۱۶ سر بریده به نزد آقامحمدخان فرستاد. آقامحمدخان نیز اسیران را در میان لشکریان خود تقسیم کرد. صاحب فارسنامه ناصری می‌نویسد:

«... چندین هزار سوار برای سر راه پادشاه ظفرپناه روانه داشت و بعد از برابری، شکست یافته به جانب شوشی شتافتند و امیر سلیمان‌خان قاجار قوینلو و مصطفی‌خان دولو تا نزدیکی حصار شوشی در پی آنها تاختند و در پیش حصار سنگری ساختند و چون موکب والا رسید، فوراً حکم به یورش فرمود...» [۱۸۹]

ابراهیم خلیل‌خان حاکم قراباغ بخشی از ایلات را در کوههای قراباغ جای داده بخشی دیگر را در شهر شوشی پیش خود نگه‌داشته و روستائیان را نیز برای دفاع تجهیز کرده بود.[۱۹۰]

همزمان با نزدیک شدن خطر آقامحمدخان تلاش‌های متعددی از سوی ایراکلی خان حاکم گرجستان صورت گرفت او تماس‌های متعددی با مقامات روسیه به عمل آورد تا تلاش کنند که او بتواند در ۳۰ خرداد ۱۱۷۴ ش/۲۰ ژوئن ۱۷۹۵ با ژنرال گودویچ، فرمانده کل روسیه در مناطق قفقاز ملاقات کند:

«از علیاحضرت بخواهید که به من اجازه دهد تا ملاقاتی حضوری با ژنرال گودویچ، فرمانده کل روسیه در این منطقه داشته باشم. این مذاکرات می‌تواند برای هر دو حکومت مفید باشد...» [۱۹۱]

همسر ایراکلی دوم، ملکه داریجان نیز با نزدیک شدن خطر آقامحمدخان طی نامه‌ای به کاترین کبیر می‌نویسد:

«... علیاحضرتا! خطر عظیمی که در مقابل بسیاری از مسیحیان وجود دارد مرا مجبور کرد تا خاطر شما را مشوش سازم. براساس معاهده مستحکم روسیه و گرجستان، من از شما علیاحضرت می‌خواهم تا ما را علیه آقامحمدخان یاری کنید. او با ارتش خویش برای قلمروی ما، نزدیک می‌شود. سن اشک ریزان تمنا دارم که شما به ژنرال گودویچ دستور دهید که نیروهایی برای مراقبت از ما بر ضد این بدبختی اعزام کند...» [۱۹۲]

اما ژنرال گودویچ در محاسبات خود دچار اشتباه شده بود و هرگز فکر نمی‌کرد که آقامحمدخان به گرجستان حمله کند اشتباهی که برای گرجستان گران تمام می‌شود

گودویچ در گزارش خود به کاترین کبیر می‌نویسد:

«ایراکلی نیز توسط شاهزاده آبخازوف پیامی برای من ارسال داشته و در آن اظهار کرده است که غیر از خان‌های شوشی و ایروان، اغلب خان‌های دیگر از آقامحمدخان هراس دارند. در واقع جوادخان، خان گنجه از هم اکنون تسلیم آقامحمدخان شده است. من به ایراکلی نوشته‌ام که آقامحمدخان به مدت سه سال درگیر جنگیدن بوده است و با آنکه نیروهایش را گرد آورده و در حال حرکت به سوی اردبیل است، نباید نگران باشد، زیرا دشت مغان از گرجستان بسیار دور است. به علاوه آقامحمدخان قبل از اینکه بتواند به گرجستان وارد شود، بایستی بر بسیاری از خان‌های محلی، از جمله ابراهیم خلیل خان جوانشیر، خان شوشی غلبه کند، بنابراین من به او توصیه کردم تا به عقد اتحاد مستحکم با خان‌های منطقه مبادرت کند...» [۱۹۳]

ایروان اولین خان‌نشین مورد هجوم آقامحمدخان

اساس این خان‌نشین در اواسط قرن هیجدهم توسط میرمهدی‌خان گذاشته شد. مرکز آن از قدیم شهر ایروان بوده که آنرا روانقلی‌خان بنا کرده بود براساس اطلاعاتی که اولیاء چلبی سیاح مشهور بدست می‌دهد در خلال سال‌های ۱۵۱۰ م - ۱۵۰۹ م شاه اسماعیل صفوی به وزیر خود روانقلی‌خان دستور می‌دهد قلعه معروف ایروان را بنا کند و روانقلی‌خان در مدت هفت سال قلعه مزبور را بنا می‌کند.

در خلال سال‌های ۱۷۸۳ م - ۱۷۶۴ م که زمام حاکمیت بدست حسینعلی‌خان بود از آنجا که این خان‌نشین ضعیف گشته بود در نتیجه بارها مورد هجوم گرجی‌ها واقع می‌شود این یورش‌ها در سال‌های ۱۷۶۵ و ۱۷۶۹ واقع شده و موجب غارت شهر توسط گرجی‌ها گردید. در ۱۷۱۹ ایراکلی دوم حاکم کاختی (گرجستان شرقی) به این خان‌نشین هجوم آورده و حاکم آنرا به خراج‌گزار خویش تبدیل کرد. اما اندکی بعد حسینعلی‌خان از دادن خراج امتناع ورزید. در نتیجه در سال ۱۷۸۳ م ایراکلی دوم به کمک قوای روسی تلاش کرد محمدحسن‌خان برادر حسینعلی‌خان را در مقابل او تقویت کند و روی کار بیاورد اما در جنگ، هر دو برادر کشته شدند و پس از آن غلامعلی‌خان فرزند حسینعلی‌خان به حکومت رسید او از سال ۸۵ - ۱۷۸۳ م

حکومت کرد ولی عاقبت او نیز در مناقشات داخلی کشته شد و حاکمیت بدست برادرش علی‌محمدخان رسید. ارامنه ایروان به اتفاق ارامنه قراباغ همیشه سعی می‌کردند یک حکومت مسیحی روی کار بیاورند به همین منظور بارها به امپراطوری روسیه نامه نوشتند و از او کمک خواستند.

در حوالی سال ۱۷۸۷ م این خان‌نشین خیلی ضعیف شده و مورد هجوم امه خان حاکم آوار واقع گردید. وقتی آقامحمدخان در نخستین دور لشکرکشی‌اش به قفقاز تصمیم گرفت این خان‌نشین را به اطاعت وا دارد محمدخان بر آن حکومت می‌کرد.

حاکم ایروان در دل از آقامحمدخان نفرت داشت و راضی به اطاعت نبود اما توان مقابله با او را نیز نداشت. او بیشتر منتظر کمک روسیه بود. یوزباشی گابریل در نامه‌ای به داوید اربلیان خبر می‌دهد که:

«محمدخان ایروانی وی را مطلع کرده که آقامحمدخان با ارسال پیامی از او خواسته است تا به حضور وی برود. خان ایروانی از من می‌پرسد که آیا یک شخص معتمدی در گرجستان دارد تا بتواند تحقیق کند که آیا روسیه درصدد پیشروی به سوی ایروان است. اگر چنین است و روس‌ها به سوی ایروان پیشروی کنند، محمدخان از فرمان آقامحمدخان اطاعت نخواهد کرد...»

به خاطر همین تردید حاکم ایروان بود که وقتی آقامحمدخان او را به اطاعت از خود فرا خواند حاکم ایروان به محض اینکه فرمان آقامحمدخان را دریافت کرد به یک نوع عمل دیپلماسی دست زد از آنجا که خودش نمی‌خواست به حضور خان قاجار برود از یک طرف برادر خود را به عنوان گرو نزد آقامحمدخان فرستاد. از طرفی دیگر، خودش را برای مقاومت آماده کرد به همین منظور در قلعه خود تدارکات لازم را برای مقاومت تهیه کرد.

از طرفی، آقامحمدخان اگرچه حیله حاکم ایروان را دریافت اما با گرو او خوش‌رفتاری کرد در حالیکه در دل همواره به فکر تنبیه حاکم ایروان بود به همین منظور برادر خود علیقلی‌خان را به همراه ۲۰ هزار مرد جنگی به سراغ حاکم ایروان فرستاد اما حاکم ایروان که خود را از پیش برای مقاومت آماده ساخته بود در داخل قلعه آذوقه‌ی زیادی که کفاف نیاز هفت سال اهالی را بدهد جمع کرده بود. در قلعه

علاوه بر زمین‌داران، حدود هفت هزار نفر از روستائیان را نیز تـجهیز کـرده بـود. از هفت هزار نفر، چهار هزار نفر آذربایجانی و سه هزار نفر ارمنی بودند تنها اجازه داده بود زنانشان در قلعه حضور داشته باشند و بقیه اعضای خانواده و اقوام را در روستاها نگهداشته بودند.[۱۹۴]

بدون شک چنین مدافعه‌ای از قلعه نمی‌توانست دوام زیادی داشته باشد چرا کـه هفت هزار نفر مدافـع قـلعه ایـروان کـه از فـرزندان و والدیـن و از هست و نـیست خودشان جدا و دور افتاده بودند چندان به مقاومت راضی نبودند چون آنـان هـر از چندی خبر روستاهای غارت شده و فریادهای کودکان خود را می‌شنیدند و از قلعه ایروان بسوی روستاها فرار می‌کردند. در نتیجه بزودی از تعداد مدافعین قلعه کاسته شد. محمدخان حاکم ایروان مجبور شد از ایراکلی دوم کمک بخواهد اما در این زمان کارتلی ـ کاختی چنان در بحران اقتصادی بـه سـر مـی‌برد کـه کـوچک‌ترین کـمکی نمی‌توانست به دیگری بکند. طولی نکشید که سربازان ایرانی به قلعه نزدیک شده و از هر طرف آنرا به محاصره خود در آوردند. مردم ایروان به مدت ۳۵ روز در مقابل مهاجمین مقاومت کردند در حالی که قلعه در محاصره بود علیقلی‌خان فرمانده قشون قاجار بخشی از سپاه خود را برای غارت روستاهای اطراف ایروان گسیل داشت. آنان دستاوردها و محصولات کشاورزان را از بین برده و خانه‌هایشان را به آتش کشیدند در چنین وضعیتی محمدخان حاکم ایروان مجبور به تسـلیم شـد[۱۹۵] و در اگـوست ۱۷۹۵ م قـلعه ایـروان بـه دست قشـون قـاجاری افـتاد. مـحمدخان حـاکـم ایـروان نزدیک‌ترین کسانش را جهت اطاعت به اردوگاه آقامحمدخان فرستاد و علاوه بر آن ۸ پوند طلا و هشتاد هزار مانات به عنوان خراج به آقامحمدخان تقدیم کرد همچنین حاکم ایروان ملزم شد که با تمام قوای خود در صورت لزوم در خدمت خان قـاجار باشد. برخی منابع خارجی ذکر می‌کنند که «سربازان شـهر را ویـران کـرده بـخشی از اهالی را به داخل ایران کوچ داده و تعداد جمعیت شهر خیلی کم شده بود.»[۱۹۶]

همچنین خلیفه سر اسقف «اوچ کلیسا» که در نزدیکی قلعه ایـروان واقـع گشـته مجبور شد مبلغ ۴۰۰۰ تومان به علیقلی‌خان برادر آقامحمدخان بپردازد تا جان خود

نمونه پنجم

نخستین لشکرکشی آقامحمدخان به خان‌نشین‌های آذربایجان / ۷۹

را از مهلکه نجات دهد. پس از تعیین سرنوشت ایروان، آقامحمدخان به سراغ قراباغ و تسخیر قلعه شوشی شتافت.[۱۹۷]

منابع فارسی نیز اشاره می‌کنند که حاکم ایروان در گنجه به حضور آقامحمدخان رسید و خواجه قاجار، توکل‌خان را همراه فوجی به عنوان حاکم قلعه ایروان تعیین کرده بدانجا فرستاد.[۱۹۸] اما محمدخان توسط آقامحمدخان قاجار محبوس گردید و اداره خان‌نشین را بدست برادر خود علیقلی‌خان سپرد، علیقلی‌خان بعدها به خاطر تعدی و ستمگری از سوی مردم فراری داده شد و با آغاز سلطنت فتحعلی شاه، محمدخان حاکم محبوس از زندان آزاد شده به دستور شاه جدید دوباره به عنوان حاکم ایروان برگزیده شد.

حرکت آقامحمدخان به سوی قلعه شوشی

اکثر منابع ترکی معتقدند که قلعه شوشی را پناه‌خان پدر ابراهیم خلیل‌خان بنیاد نهاد و می‌نویسند او در طول ۱۲ سال حکومت خود بر قراباغ از آنجا که همواره مورد هجوم دشمنان واقع می‌شدند و در مقابل تعرضات دشمنان آسیب‌پذیر بودند به فکر چاره‌جویی افتادند و بدین ترتیب قلعه شوشی شکل گرفت.[۱۹۹] اما رافی در کتاب خود می‌نویسد که قلعه شوشی را ملیک شاه‌نظر از ملیک‌های ارامنه قراباغ برپا کرد و پناه‌خان را در آن مستقر کرد. جوادخان حاکم گنجه که همیشه مخالف پناه‌خان و پسر او بود می‌گفت:

«... ذلیل گردد ملیک شاه‌نظر که این مار خوش خط و خال را پرورش داد. اگر قلعه شوشی نبود خان طایفه جوانشیر هم نبود.»[۲۰۰]

هنگامی که نادرشاه در دشت مغان تاجگذاری کرد در دشت‌های سمت راست رودخانه کر، طایفه‌ای از ترک‌های چادرنشین به نام جوانشیر زندگی می‌کردند نادرشاه آنان را به نواحی سرخس در خراسان کوچ داد در یکی از این خانواده‌ها مردی بنام پناه بود که پس از مهاجرت به ایران توانست در دربار شغل پیش پا افتاده‌ای بدست آورد. این شغل نیاز به داشتن صدایی رسا برای نقل فرامین شاه داشت و پناه

چنین صدایی داشت صدایش او را جارچی دربار کرد و به سبب همین به او جارچی پناه می‌گفتند.

او اندکی بعد به علت گناهی نابخشودنی به مرگ محکوم شد اما توانست از چنگال مأمورین فرار کرده خود را به موطن اصلی‌اش قراباغ برساند از آنجا که تحت تعقیب بود همیشه تغییر محل می‌داد.

وقتی نادر در ۱۷۴۷ م کشته شد نظم حکومتی به هم خورده در میان اغتشاشات حاصل از فقدان حکومت مرکزی، طایفه جوانشیر از فرصت استفاده کرده به دشت‌های قراباغ که قبلاً در آنجا ساکن بودند بازگشتند. پناه‌خان نیز از فرصت استفاده کرده به طایفه خود پیوست و رئیس طایفه را برکنار کرده خود بجای وی نشست.[۲۰۱]

پناه‌خان ابتدا در سال ۱۷۵۱ م قلعه بایات را به عنوان اقامتگاه خود برگزید اما اندکی بعد به قلعه شاه‌بولاغ منتقل شد.[۲۰۲] مؤلف «تاریخ شهر شوشی» در خصوص علت انتقال پناه‌خان از قلعه بایات به قلعه شاه‌بولاغ می‌نویسد:

«... قلعه بایات به خاطر اینکه برای امر تجارت مناسب نبود اولاً وقتی در فصل بهار و تابستان ایلات به ییلاق می‌رفت در اطراف قلعه جمعیت چندانی باقی نمی‌ماند به همین منظور مجبور شدند قلعه را در جایی احداث کنند که اولاً هم باکوه و هم با آران مرتبط باشد پس از مشورت‌های زیادی قلعه شاه‌بولاغ که در ۵ الی ۶ کیلومتری آغدام بود و مناسب تجارت بود، انتخاب شد.»[۲۰۳]

از آنجا که این قلعه نیز استحکام چندانی در مقابل حملات دشمنان نداشت به ناچار پناه‌خان در ۱۷۵۷ م محل حکومت خود را به قلعه معروف شوشی منتقل کرد. قلعه‌ای که در تاریخ ایران و آن منطقه بخاطر حوادث بزرگ و تأثیرگذارش همواره در یادها خواهد ماند. این قلعه قبلاً از سوی مغول‌ها ویران شده بود و در واقع در ۱۷۵۷ م توسط پناه‌خان مرمت و بازسازی شد. از آنجا که قلعه بر بالای کوههای مرتفع بنا شده آسیب‌ناپذیر بود و چون در داخل آن از دل زمین چشمه‌هایی می‌جوشید بنابراین محاصره آن نیز توسط مهاجمین تأثیر چندانی در احوال مردم داخل قلعه نداشت چرا که مردم همیشه به آب آشامیدنی دسترسی داشتند. داخل قلعه کم‌کم پیشرفت پیدا کرد و تدریجاً به مرکز سیاسی و اقتصادی قراباغ بدل شد.

به زودی حصاری به دور قلعه کشیده شد و در درون قلعه بنای مسجد و دیوانخانه گذاشته شد به این قلعه گهگاهی پناه‌آباد نیز گفته می‌شد.

این قلعه تقریباً در مقابل تمامی مهاجمین قدرتمند بصورت استوار و تسخیرناپذیر باقی مانده است. قلعه تازه بنا شده بود که محمدحسن‌خان قاجار (پدر آقامحمدخان) بدان هجوم آورد اما با شکست مواجه شده بازگشت.[۲۰۴] پس از او نیز فتحعلی‌خان افشار برای فتح قلعه شوشی لشکرکشی کرد اما او نیز نتوانست آنرا فتح کند.[۲۰۵] سهمگین‌ترین و گسترده‌ترین حمله به قلعه شوشی توسط آقامحمدخان صورت گرفت اما همچنان که خواهیم دید برعکس ادعای تقریباً تمامی مورخین قاجاری در آن زمان و بعدها، او نیز نتوانست قلعه را فتح کند و پس ۳۳ روز محاصره بی‌حاصل سرانجام بدون نتیجه بازگشت و سرانجام در حمله دومش حتی سرش را نیز در همان قلعه به باد داد.

«... حصار شوشی را با اسلوب شرقی و رومی ساخته بودند. مصالح ساختمان حصار عبارت بود از سنگ‌های بزرگ و ساروج و آقامحمدخان در نظر اول متوجه شد که توپ‌های او، قادر به ویران کردن آن نیست. آقامحمدخان... اندیشید همان طور که عاقبت بر کرمان غلبه کرد، هرگاه به محاصره ادامه بدهد بر شوشی نیز غلبه خواهد نمود... اما دریافت که نمی‌تواند منابع آب شهر را خشک کند و مردم را دچار بی‌آبی نماید برای اینکه منابع آب مردم در آن شهر چشمه بود، و چشمه‌هایی در داخل شهر از زمین می‌جوشید و خواجه قاجار نمی‌توانست به آن منابع دسترسی پیدا کند تا آنها را خشک نماید.»[۲۰۶]

براساس منابع تاریخی، آقامحمدخان در ۱۰ ذیحجه ۶/۱۲۰۹ تیر ماه ۲۷/۱۱۷۴ ژوئن ۱۷۹۵ که مصادف با عید قربان بود مراسم عید قربان را در کنار پل خدآفرین رودخانه ارس برگزار کرده سپس دو روز بعد با اردوی خود به نزدیکی قلعهٔ شوشی رسید.[۲۰۷]

روز بعد، فوجی از سپاه را برای مراقبت از پل خدآفرین که در سه فرسنگی قلعه شوشی بود فرستاد تا پل توسط دشمن تخریب نشود. اما ابراهیم خلیل‌خان قبلاً این پل را تخریب کرده بود تا ورود قوای آقامحمدخان با مشکل مواجه گردد.[۲۰۸]

در میان قشون آقامحمدخان، ملیک مجلوم و جوادخان حاکم گنجه نیز حضور داشتند و با جان و دل از آقامحمدخان حمایت می‌کردند.[۲۰۹] مؤلف روضه الصفای ناصری می‌نویسد:

«در بیستم ذیحجه حضرت پادشاه والاجاه نصرت پناه آقامحمدخان قاجار به کنار قلعه شوشی نزول فرموده، مکان مسمی به سنگر فتحعلی‌خان را مقر توپخانه و آتشخانه سلطان مقرر فرموده توپ‌های عفریت کردار اهریمن آثار تنیین پیکر تندر نعره را در آن مقام جابجا کالنجوم فی السّما فرو چیدند و از وجود و دود آنان (ع): زمین آهنین شد سپر آبنوس.»[۲۱۰]

لشکرکشی آقامحمدخان و احساس خطر حاصل از آن موجب شد ملیک‌های قراباغ پس از مشاوره با همدیگر به استثنای ملیک مجلوم ایسرائیلیان همگی متحد شده و تصمیم گرفتند با ابراهیم خلیل‌خان همکاری کرده و با آقامحمدخان مبارزه کنند. ملیک جمشید شاه نظریان و ملیک آبو بیگلریان با افراد خود وارد قلعه شوشی شده و با ابراهیم خلیل‌خان به دفاع از قلعه پرداختند.[۲۱۱]

علت عدم همکاری ملیک مجلوم با ابراهیم خلیل‌خان و پیوستن‌اش به همراه جوادخان گنجه‌ای به قوای آقامحمدخان ریشه در اختلافات گذشته او با ایراکلی دوم حاکم گرجستان داشت. سال‌ها قبل از این، او با ابراهیم خلیل‌خان مبارزه کرده و از ایراکلی دوم کمک خواسته بود اما ایراکلی دوم در تفلیس او را دست و پا بسته تحویل ابراهیم خلیل‌خان داده بود. ملیک مجلوم نا امید از هر طرف به جوادخان گنجه‌ای که دوست پدرش بود پناهنده شده بود وقتی آقامحمدخان نخستین حمله‌اش را به قراباغ شروع کرد ملیک مجلوم با افرادش در گنجه میهمان جوادخان بودند اما موطن اصلی آنها در اختیار ابراهیم خلیل‌خان بود. وقتی آقامحمدخان در یورش به قراباغ ملیک‌ها را به اتحاد فرا خواند تنها ملیک مجلوم به او پاسخ مثبت داد. اکنون ملیک مجلوم در اردوی آقامحمدخان سعی می‌کرد از دو دشمن دیرین خود یعنی ابراهیم خلیل‌خان و ایراکلی دوم حاکم گرجستان انتقام بگیرد.[۲۱۲]

وضعیت خان‌نشین قراباغ به کلی متفاوت با بقیه خانات بود. ابراهیم خلیل‌خان

پس از مرگ پناه‌خان قدرت را بدست گرفته و در دوره زندیه، مخصوصاً اواخر آن سلسله، قدرت خان‌نشین قراباغ خیلی افزایش یافته بود. از یک طرف از طریق اتحاد با ایراکلی دوم موقعیت‌اش مستحکم شده بود و از طرف دیگر گنجه و ایروان را مطیع خود ساخته بود و از آنها خراج‌های سنگین می‌گرفت حتی در گنجه دست به عزل و نصب می‌زد و یکی از علت‌های اساسی اتحاد جوادخان گنجه‌ای با آقامحمدخان و کمک به او به همین خاطر بود. جوادخان گنجه‌ای آقامحمدخان را با آغوش باز پذیرفت و حتی در حمله او به قراباغ و گرجستان به همراه ملیک ملجوم مشارکت داشت. طبق نوشته اتکین:

«گنجه نه تنها درخواست حمایت داشت، امیدوار بود از عواید به دست آمده از گرجستان زیان‌های وارده به خود طی دهه ۱۷۸۰/ ۱۲۰۳ را جبران کند.» [۲۱۳]

مورخین قاجاری در مورد اولین رویارویی دو قشون می‌نویسند چون آقامحمدخان در سنگر کنار پل ملانصرالدین مستقر شد در ۱۳ تیر ماه ۴/۱۱۷۴ ژوئیه ۱۷۹۵ سلیمان‌خان قاجار و مصطفی‌خان را با ده هزار نفر برای حمله به قلعه شوشی فرستاد. اینان با قراولان شوشی روبرو شده و تعدادی از آنها را کشته و تعدادی را دستگیر کردند. [۲۱۴]

مؤلف فارسنامه ناصری نیز به شکل اغراق‌آمیز در مورد ادامه جنگ می‌نویسد:

«چندین هزار سوار برای سر راه پادشاه ظفر پناه روانه داشت و بعد از برابری، شکست یافته، به جانب شوشی شتافتند و امیر سلیمان‌خان قاجار قوینلو و مصطفی‌خان دولو تا نزدیکی حصار شوشی در پی آنها تاختند و در پیش حصار سنگری ساختند و چون موکب والا در رسید، فوراً حکم به یورش فرمود و ابراهیم خلیل‌خان با چندین فوج از شوشی درآمده به مقابله و مقاتله جسارت نمود و خسارت برد... چون از بیستم ماه ذیحجه این سال تا روز بیست و سیم ماه محرم سال ۱۲۱۰ زمان محاصرۀ قلعه شوشی بود و هر روزه ابراهیم خلیل‌خان جوانشیر، با سواران دلیر خود درآمده، مبارزاتی کرده، شکست یافته، عود به شوشی می‌نمود و چون خود را در معرض هلاکت دید جمعی از قبیلۀ جوانشیر را شفیع داشته به پایه سریر معدلت مسیر فرستاد و متقبل باج و خراج و گروگان گردید و حضرت شهریاری گناه او را بخشیده، استدعای او را قبول فرمود...» [۲۱۵]

شخص کینه‌توزی چون آقامحمدخان چگونه می‌تواند پس از شکست ابراهیم خلیل آن‌هم بعد از ۳۳ روز مقاومت او را ببخشد و حتی‌المقدور او را به حضور نطلبد. مورخین، حتی اسامی گروگان‌هایی را که مدعی‌اند حاکم قراباغ به نزد آقا محمدخان فرستاده نه ذکری کرده‌اند و نه بعدها تا دومین حمله آقامحمدخان به قراباغ، نامی از آنها برده‌اند چرا که اصلاً نه شکست ابراهیم خلیل‌خان وجود داشته و نه او گروی نزد آقامحمدخان فرستاده است.

حاکم قراباغ (ابراهیم خلیل‌خان) به آقا محمدخان بدیده یک سفاکی می‌نگریست که حتی به مردم خودش نیز رحم نمی‌کند.[۲۱۶] به همین خاطر تا آخرین توان جنگید و قلعه را حفظ کرد.

اما منابع فارسی ذکر می‌کنند که ابراهیم خلیل‌خان پس از شکست‌های پی در پی و دستگیری برادرزاده‌های خویش نامه‌ای بدین مضمون به آقامحمدخان نوشته:

«چندین هزار تومان وجه نقد پیشکش و یک نفر ولد خود را به گرو به خدیو کیومرث‌کش فریدون فر می‌دهم که اکنون از سر این پیر شکسته گذشته، تا رفع وحشت و خشیت گردیده رو به دیار مروت بنیان آورم...» [۲۱۷]

البته تنها عبدالرزاق دنبلی صاحب مآثر سلطانیه در گزارش بسیار گذرا تنها به این مطلب اشاره می‌کند:

«در این سال تسخیر قراباغ و گرفتن ابراهیم خلیل‌خان و تصرف قلعه پناه‌آباد معروف به شوشی دست نداد و آقامحمدخان از شوشی عازم تسخیر گرجستان شد.» [۲۱۸]

در نامه ایراکلی دوم حاکم گرجستان به تیچاوت چاوادزه نیز قید شده که آقامحمدخان بخاطر مدافعین شجاع قلعه شوشی نتوانست قلعه را فتح کند.[۲۱۹] چرا که قوای ابراهیم خلیل‌خان حاکم قراباغ به کمک اهالی و سرکرده‌های اطراف مانند مالکان ورنده، دیزاق و خاچین بصورت پیاده و سواره بر قوای بیش از ۶۰ هزار نفری آقامحمدخان شبیخون زده و شب‌ها دستبرد می‌زدند و تمام ارزاق قشون را تاراج می‌کردند کم‌کم محاصره به درازا می‌کشید و قاطرهایی که ارزاق را به قشون می‌آوردند توسط اهالی اطراف مورد هجوم و غارت واقع می‌شدند. بطوریکه

سرانجام گرانی به حدی می‌رسد که براساس پول آن زمان «یک قاطر چهار مانات، شتر شش مانات، اسب ده مانات فروخته می‌شدند.»[۲۲۰] مقاومت و شبیخون‌های شبانه، خواجه قاجار را چنان ذله کرده بود که می‌خواست به شکلی آبرومندانه کار را خاتمه دهد. البته راههای مختلف را امتحان کرد اما همگی بی‌فایده بودند. مکتوبی به وسیله منشی خود سید محمد اروفی که از اهالی شیراز بود نوشت و در نامه این بیت آمده بود:

ز منجنیق فلک سنگ فتنه می‌بارد   تو ابلهانه گریزی به آبگینه حصار

ابراهیم خلیل‌خان پس از مطالعه نامه آقامحمدخان، به وزیر و کاتب خود ملا پناه واقف گفت جوابی به آقامحمدخان بنویسد. جواب واقف شاعر و ادیب چنین بود:

گر نگهدار من آنست که من می‌دانم   شیشه را در بغل سنگ نگه می‌دارد

خواجه قاجار پس از دیدن جواب ابراهیم خلیل‌خان چنان خشمگین شد که دستور داد بلافاصله دوباره توپ‌ها بسوی شهر شلیک کنند.[۲۲۱] اما چون باز خشم‌اش فرو ننشست دستور داد در تهران میرزا ولی بهارلی را جلوی توپ بگذارند. او را یکسال قبل، ابراهیم خلیل‌خان به همراه پسر عموی خود عبدالصمد بیک به عنوان گرو نزد آقامحمدخان فرستاده بود، اما در زمان محاصره کرمان آنها از فرصت استفاده کرده می‌خواستند بگریزند عبدالصمد بیگ در حین فرار کشته شده و میرزا ولی بهارلی دستگیر و زندانی شده بود.[۲۲۲]

متأسفانه کشتن عبدالصمد بیک پسر عموی ابراهیم خلیل‌خان که در گرو آقامحمدخان بود یکی از عوامل اصلی بهم خوردن روابط آن دو بوده است صاحب روضة‌الصفا می‌نویسد:

«بعد از واقعهٔ عبدالصمد بیک عم زاده خود ابراهیم خلیل خان دیگر باره متوحش و متوهم گردیده در تقدم به حضور پادشاه غیور با امرای آذربایجان موافقت نکرده تقاعد گزید و این معنی نیز مزید تکدّر خاطر عاطر پادشاهانه به فکر انتباه وی افتاده، قصد یورش به آذربایجان کرد.»[۲۲۳]

بدیهی بود که اگر خواجه سفاک موفق به فتح شهر می‌شد همان جنایات شهر کرمان در شوشی تکرار می‌شد چرا که چند روز بعد این جنایت‌ها و قتل و غارت‌ها بر

سر شهر نگونبخت تفلیس آوار شد.

مورخین و منشی‌های درباری که نتوانستند عدم موفقیت و شکست در فتح قلعه شوشی را تحریر کنند در جهت تحریف واقعیت‌های موجود از تخیل خویش مدد گرفته و شروع به قلمفرسایی دروغین کرده‌اند:

«... ابراهیم خلیل خان جوانشیر... چون خود را در معرض هلاکت دید جمعی از قبیله جوانشیر را شفیع داشته، به پای سریر معدلت مسیر فرستاد و متقبل باج و خراج وگروگان گردید و حضرت شهر یاری گناه او را بخشیده استدعای او را قبول فرمود...» [۲۲۴]

همین منابع در ادامه می‌نویسند که در تاریخ ۱۶ آبان ۷/۱۱۷۴ نوامبر ۱۷۹۵ م آقامحمدخان، سلیمان‌خان را به همراه پنج هزار نفر عازم قلعه شوشی کرد و به او دستور داد تا ابراهیم خلیل را به حضورش آورده و در صورت عدم تمکین اطراف قراباغ را غارت کند که سلیمان‌خان پس از عدم موفقیت در کسب اطاعت ابراهیم خلیل و غارت اطراف قراباغ در اول فروردین ۲۰/۱۱۷۵ مارس یعنی در زمانی که آقامحمدخان می‌خواست از دشت مغان به ایران حرکت کند به حضور آقامحمدخان می‌رسد.[۲۲۵]

در حالی‌که طبق قول مورخین دوره قاجاری از جمله رضاقلی هدایت اگر «ابراهیم خلیل‌خان خود را در معرض هلاک دید جمعی از قبیله جوانشیر را شفیع داشته، به پای سریر معدلت مسیر فرستاد و متقبل باج و خراج و گروگان گردید.»[۲۲۶] در این صورت دیگر چه لزومی به لشکرکشی سلیمان‌خان به قراباغ در مورخه مذکور بود؟

برخی منابع علت ناتمام گذاشتن محاصره قلعه شوشی و تعجیل در حرکت به سوی گرجستان را چنین ذکر کرده‌اند که آقامحمدخان می‌ترسید با گذشت زمان قشون کمکی از سوی کاترین دوم به گرجستان برسد و کار را پیچیده‌تر و مشکل‌تر کند.[۲۲۷] که اشتباه است چرا که آقامحمدخان پس از رفتن از قلعه شوشی برای استراحت لشکریانش ۲۷ روز در آق‌دام در شش فرسنگی قلعه شوشی اقامت می‌گزینند. بنابراین هیچ تعجیلی در رفتارش دیده نمی‌شود.

منابع غیر ایرانی نیز تاریخ تسخیر تفلیس را ۱۲ سپتامبر ۱۷۹۵ م/۲۱ شهریور ذکر

می‌کنند یعنی آقامحمدخان در ۱۲ اوت ۱۷۹۵ م/۲۱ مرداد ۱۱۷۴ م ناکام از تسخیر قلعه شوشی آنجا را به مقصد تفلیس ترک گفته و یک ماه بعد تفلیس را فتح کرده.[۲۲۸]

برخی منابع ایرانی ذکر می‌کنند آقامحمدخان مجلس مشورتی در کنار قلعه شوشی ترتیب داده و نظرات قشون خود را در خصوص ادامه جنگ پرسیده جوانان به ادامه جنگ رأی دادند اما پیران قاجاری بازگشت به تهران و تجدید قوا و لشکرکشی در فصل بهار را پیشنهاد کردند پیران مجرب آذربایجان گفتند که بهتر است به آذربایجان [ایران] بازگشته و تا فصل بهار در آنجا توقف کرده و دوباره لشکرکشی از سر گرفته شود.[۲۲۹]

اما به نوشته برخی منابع، علت ترک قراباغ و حرکت بسوی گرجستان به پیشنهاد جوادخان حاکم گنجه صورت گرفته[۲۳۰] جوادخان چون از اول اطاعت از خان قاجار را پذیرفته و با یک هزار سوار با جان و دل به همکاری با آقامحمدخان پرداخته بود[۲۳۱] و در محاصره قلعه شوشی مشارکت داشت وقتی تسخیر قلعه شوشی به درازا می‌کشد او به آقامحمدخان بی‌فایده بودن محاصره را یادآوری کرده و حرکت بسوی گرجستان را پیشنهاد می‌کند. رافی علت ترک قراباغ را پیشنهاد ملیک مجلوم ذکر می‌کند «ملیک ملجوم به شاه قاجار پیشنهاد کرد برای جلوگیری از اتلاف وقت محاصره شوشی را رها کند و به تفلیس حمله کند زیرا پس از مدتی قلعه خودبخود تسلیم خواهد شد.»[۲۳۲] به نظر می‌رسد پیشنهادات جوان‌خان گنجه‌ای و ملیک مجلوم در تصمیم آقامحمدخان مؤثر بوده است.

آقامحمدخان پس از حرکت از قلعه شوشی در مدت نزدیک به یک ماه که در آق دام، شش فرسنگی قلعه شوشی اقامت داشته از آنجا اولتیماتوم قاطعی به ایراکلی دوم حاکم گرجستان می‌نویسد.

آقامحمدخان خطاب به ایراکلی دوم می‌نویسد که گرجستان همیشه متعلق به ملوک ایران بوده و باید دوباره به مطابعت از ایران باز گردد. اما حاکم گرجستان در جواب نوشت که او پادشاهی به جز ملکه روس نمی‌شناسد.

در مقابل اولتیماتوم آقامحمدخان، حاکم گرجستان در ۱۴ صفر ۱۲۱۰/شهریور

۲۹/۱۱۷۴ اوت ۱۷۹۵ م/در نامه‌ای به گارسوان تیچاوت چاوادزه ضمن یادآوری روابط دوستانه خود با روسیه از او کمک می‌طلبد:

«... آقامحمدخان به ما اعلام جنگ داده است. تو می‌دانی که خان ایروان، خان گنجه و من وفاداری خود را به علیاحضرت اعلام کرده‌ایم. اکنون چهل و پنج سال است که ایروان و خان‌های آن در تحت حاکمیت من هستند... اکنون این شخص فرومایه درصدد آن است که این ولایت را از من بگیرد و سلطنت خود را تشکیل دهد. او پس از عزیمت از آذربایجان، قلعه شوشی را محاصره کرده و برادرهای خویش و علیقلی خان و جعفرقلی خان را به ایروان اعزام کرده است. خان ایروان علی‌رغم تسلیم زن و فرزندانش به عنوان گروگان به او، اما به حدود پانصد نفر از مردان آقامحمدخان اجازه ورود به ارگ خود را نداده است. اسقف ارمنی نیز با وجود آنکه داوطلبانه خود را تسلیم علیقلی خان کرده بود، اما توسط همین شخص دستگیر شده و مبلغ ۸۰۰۰۰ روبل و ۸ پوند طلا برای رهایی وی، از او خواسته‌اند. آقامحمدخان قلعه شوشی را برای مدت بیش از یک ماه محاصره کرده بود. اما مدافعان قلعه توانستند در مقابل او ایستادگی کنند، در نتیجه آقامحمدخان به خاتون ارخ عقب‌نشینی کرده و درصدد حمله به گرجستان برآمده است... جوادخان از گنجه نیز به آقامحمدخان پیوسته و با او همکاری می‌کند.»[۲۳۳]

ایراکلی دوم حاکم سالخورده گرجستان که در دوران نادرشاه به عنوان حاکم دست نشانده ایران بود پس از قتل نادرشاه در اوضاع هرج و مرج ایران که قدرت مرکزی نیرومندی وجود نداشت و قشون نادرشاه این مناطق را ترک کرده به ایران بازگشته بودند حاکم گرجستان از ایران بریده و به روسیه روی آورده بود و با حمایت کاترین دوم خود را سلطان گرجستان نامیده تحت‌الحمایه روسیه شده بود.

در نخستین حمله آقامحمدخان، وقتی خانات مسلمان آذربایجان به کشور مسلمان عثمانی متوسل شدند ایراکلی دوم حاکم گرجستان نیز برای کمک به روسیه متوسل شد چراکه طبق قرارداد ۱۱۹۷ ه‍/۱۷۸۳ م تحت الحمایگی روسیه را پذیرفته بود.[۲۳۴]

اما همچنان‌که قبلاً ذکر شد وقتی ابراهیم خلیل‌خان حاکم قراباغ با هجوم آقامحمدخان روبرو شد به اتفاق برخی خان‌نشین‌ها با رقیب دیرین خودشان یعنی

ایراکلی دوم برای مقابله با حمله آقامحمدخان پیمان مودت بستند.

در اندیشه آقامحمدخان که ملتزم به برخی آداب دینی بود و حتی به گفته برخی منابع به نماز شب نیز برمی‌خاست[۲۳۵] حاکم گرجستان با قرارگرفتن در تحت‌الحمایگی روسیه، مرتکب گناه نابخشودنی گشته و حمله به گرجستان و فتح آن در واقع یکی از علت‌های اساسی حرکت او از تهران بود اما افزون بر تحت‌الحمایگی روسیه، حاکم گرجستان گناه دیگری نیز مرتکب شده بود زیرا وقتی قوای ایرانی قلعه شوشی را محاصره کرده بود ایراکلی دوم دست به تحرکاتی بر ضد آقامحمدخان زده بود.[۲۳۶]

وقتی در تابستان ۱۷۹۵ م آقامحمدخان در قفقاز جنوبی به سر می‌برد پاشاهای سرحد عثمانی دلهره و اضطراب داشتند که آقامحمدخان ممکن است وارد خاک عثمانی گردد اما او نه تنها چنین نکرد بلکه در پاییز همان سال وقتی از لحاظ تأمین غذا و ارزاق در مضیقه بود از پاشاهای عثمانی گندم، روغن، گوسفند و غیره دریافت کرد البته در قبال آن، برای تشکر از سلطان عثمانی ۵۰ گرجی اسیر و برای پاشاها نیز تعدادی اسیر هدیه داده بود. این اسرا پس از فتح تفلیس بدست او افتاده بود.

در این میان، سیاست روسیه نیز در قبال آقامحمدخان قابل توجه است روسیه ابتدا سیاست دوگانه‌ای در پیش گرفت در باطن هرچند با آقامحمدخان دشمنی می‌کرد اما سعی می‌کرد آن‌را بروز ندهد و در ظاهر اظهار دوستی می‌کرد چرا که امپراطور روسیه هنوز امیدوار بود که آقامحمدخان به گرجستان یورش نخواهد بود.[۲۳۷] اما گمانی که به زودی باطل از آب درآمد.

به نظر می‌رسد که تعلل روسیه در دفاع از گرجستان بخاطر این بوده که قبل از این، در آوریل ۱۷۹۱ م/ فروردین ۱۱۷۰ ش گراف وویـنوویچ فرمانده قوای روس با آقامحمدحان وارد مذاکره محرمانه شده و به اطلاع وی رسانده بود که در صورت لشکرکشی آقامحمدخان به قفقاز، روسیه هیچگونه مانع تراشی نخواهد کرد اما روسیه انتظار حمله به گرجستان و جنایاتی که آقامحمدخان در آنجا مرتکب شد نداشت.

به محض حرکت آقامحمدخان از شوشی به سوی گرجستان، ابراهیم خلیل‌خان بوسیله چاپاری به حاکم گرجستان اطلاع می‌دهد که آقامحمدخان از تصرف قلعه شوشی ناامید شده به طرف تفلیس حرکت کرد برای دفع او اقدامات و تدابیر لازم را اتخاذ کنید.[۲۳۸]

وقتی قشون آقامحمدخان در ۲۶ محرم ۲۱/۱۲۱۰ مرداد ۱۲/۱۱۷۴ اوت ۱۷۹۵ م قلعه شوشی را به قصد تفلیس ترک کرد او بخشی از قشون خود را در شوشی گذاشت تا مراقب تحرکات ابراهیم خلیل از پشت سر باشد و آنگاه با بقیه قشون خود حرکت کرد به گفته برخی منابع، دسته‌های ملک مجلوم در همراهی با قشون آقامحمدخان پیشاپیش قشون حرکت می‌کردند.[۲۳۹] آقامحمدخان به مدت ۲۷ روز در آق دام شش فرسنگی قلعه شوشی استراحت می‌کند سپس در ۲۳ صفر ۱۶/۱۲۱۰ شهریور ۱۱۷۴ ه/۷ سپتامبر ۱۷۹۵ به طرف گنجه حرکت می‌کند یک روز در گنجه مانده و از آنجا آماده حمله به تفلیس می‌گردد.[۲۴۰]

شریف پاشا والی چیلدر در ۲۶ سپتامبر/۴ مهر ۱۱۷۴ اطلاع می‌دهد که آقامحمدخان پس از ناکامی از فتح قلعه شوشی روستاهای اطراف قراباغ را غارت کرده سپس به طرف تفلیس حرکت کرده با «حرکت آقامحمدخان به تفلیس، ایراکلی دوم با قشون خود از شهر خارج شده و به منطقه‌ای بنام حسن سو وارد شد.»[۲۴۱]

زمانیکه در ۲۳ شعبان ۲۴/۱۱۹۷ ژوئیه ۱۷۸۳ حاکم گرجستان در پیمانی، خویشتن را تحت‌الحمایه روسیه ساخت در سوم نوامبر همان سال، دو گردان مجهز روسی از طریق کوهها وارد تفلیس شده و در آنجا مستقر شده بودند اما اندکی بعد، قوای روسی گرجستان را ترک کرده و این زمینه مناسبی را برای حمله آقامحمدخان بدانجا فراهم ساخته بود.[۲۴۲]

با حرکت آقامحمدخان به تفلیس، ایراکلی دوم حاکم گرجستان که گرجستان را بین اولادان خود تقسیم کرده بود از آنان کمک می‌طلبد. او هر چند در آن زمان پیر و فرسوده بود و سنش از ۷۰ گذشته بود اما آن‌چه در توان داشت جهت دفع دشمن بکار برد به کمک روسیه امیدوار بود و چندین نامه به اتفاق همسرش برای اخذ کمک

نوشت اما کمکی از سوی کاترین دوم نرسید، فرزندانش نیز چنان درگیر و کشمکش با یکدیگر و مشغول عیش و عشرت بودند که کمکی به پدر نکردند. تنها نوه‌اش، سولومون‌خان برای کمک به او چهار هزار سرباز فرستاد از طرفی، در این زمان بین ایراکلی دوم و گرجی‌های کنیاز کدورتی بوجود آمده بود به همین خاطر آنان نیز برای کمک به ایراکلی دوم نیرو نفرستادند.[۲۴۳]

سرانجام ایراکلی مجبور شد با همان چهار هزار نفر و افراد معدودی که خود داشت بدون فوت وقت به مقابله با قوای آقامحمدخان بشتابد تا مانع ورودش به گرجستان گردد او به محال قزاق رسید و در کنار رودخانه اینجه اردو زد تا از اولادانش نیز نیروی کمکی برسد.[۲۴۴] اما بجای نیروی کمکی، نیروهای آقامحمدخان وارد ولایت گنجه شدند والی گرجستان مجبور شد عقب‌نشینی کند او ابتدا با احتیاط زنش را فرستاد و سپس خود با افرادش به تفلیس برگشت.[۲۴۵]

منابع ارمنی در این مورد می‌نویسند:

«با حرکت آقامحمدخان به سوی تفلیس، وحشت ساکنین آن‌را فراگرفت هراکلی از کلیه شاهزادگان دعوت کرد تا علیه مهاجمان آماده نبرد گردند. ولی دعوت او چندان اثری نکرد. شاهزادگان گرجی، همانند قبل مشغول عیش و نوش و خوشگذرانی همیشگی خود بودند. فقط شاهزاده سلیمان ایمرتیا، با چند هزار نفر به کمک او شتافت. ایراکلی، روحیه جنگی سربازان را تضعیف کرده بود. او خانواده خود را از تفلیس خارج کرده، به نقطه‌ای دوردست فرستاده بود. با مشاهده این عمل هراکلی، شاهزادگان و حتی سربازان او درخواست کردند تا خانواده‌های آنان نیز به نقاط امن منتقل گردند. عده‌ای از آنها پس از همراه بردن خانواده‌های خود، دیگر به تفلیس بازنگشتند و به این ترتیب قبل از مقابله با مهاجمان، قوای مدافع تفلیس پراکنده شد. ایراکلی با قوای باقیمانده خود از تفلیس خارج شده و در کنار رودخانه اینچه قزاق اردو زد. اما به محض دریافت خبر عبور آقامحمدخان از گنجه، سنگرها را رها کرده و به داخل شهر عقب‌نشینی نمود. او به تقویت و مستحکم کردن باروها و برج‌های تفلیس پرداخت، ولی ایمرتی‌های گرسنه که به کمک آنان آمده بودند، قبل از

رسیدن قوای آقامحمدخان دست به تاراج و چپاول منازل زدند.»[۲۴۶]

در ۱۲ سپتامبر ۱۷۹۵ م آقامحمدخان به قریه سوغانلو رسید و شب را در آنجا اردو زد، صبح روز بعد، ایراکلی نیز با افرادش به آبی که امروز مشهور به کارانتین است رسید دو لشکر نابرابر در مقابل هم قرار گرفتند. روز بعد آقامحمدخان حمله به تفلیس را آغاز کرد.

برخی منابع نه چندان دقیق، قوای ایراکلی را ۱۵ هزار و قوای آقامحمدخان قاجار را هشتاد هزار نفر ذکر کرده‌اند.[۲۴۷]

به نوشته برخی منابع ترکی، در جنگ شدیدی که بین طرفین درگرفت و با شدت تمام تا هنگام عصر ادامه داشت:

«تصادفاً حادثه عجیبی رخ داد. در وقت صبحگاهی مه غلیظی کل منطقه جنگی را فراگرفت بطوری که افراد نمی توانستند مقابل خود را ببینند. قشون آقامحمدخان چون نابلدتر بودند خود را به بالای کوه کشاندند وقتی مه غلیظ رفع شد و همه چیز قابل رویت گردید ایراکلی مشاهده کرد که قشون آقامحمدخان خودش را به سمت بالای شهر کشانده است والی گرجستان با عجله بازگشت اما فرصتی پیدانکرد تا داخل عمارت خود در شهر گردد در نتیجه با یک اسب و یک قاطر از پل حالاوار گذشت و به کوههای قاراقالخان گریخت.»[۲۴۸]

منابع ارمنی نیز در تسخیر تفلیس اشاره می‌کنند:

«قسمتی از قوای ایران به رهبری ملیک مجلوم از طرف سولولاکی و قسمت دیگر به فرماندهی آقامحمدخان از ناحیه حمام دست به حمله زده و وارد شهر شدند. ایراکلی به کمک یک قاطرچی از روی پل هالاوار به سوی کاخت گریخت و درکوهستان‌های آن نواحی مخفی گردید.»[۲۴۹]

در این جنگ اگر چه قوای ایراکلی با شجاعت تمام جنگیدند اما به قول سرجان ملکم «بالاخره کثرت بر شجاعت غلبه کرده شکست بر گرجیان افتاد.»

فاتحان، گرمابه‌های مشهور شهر را که از سنگ مرمر و گرانیت ساخته شده بودند، ویران نموده، قورخانه و ضرابخانه را نابود کرده مدارس، چاپخانه و کلیساها را از بین بردند. کتابخانه‌ی غنی گرجستان نیز به غارت رفت.

بنا به فرمان آقامحمدخان قاجار، ۲۷ نفر ناوی روسی، که در موقع یورش به تفلیس

گرفتار آمده بودند، به دار آویخته شدند. مورخ گرجی. ایل. خونلی در مورد این قساوت چنین می‌نویسد:

«فاتحان... آنچنان قساوتی از خود نشان دادند که جهان را به شگفتی آورده. در هیچ زمانی، هیچ کس، بسان او (آقامحمدخان)، با رفتار ددمنشانه‌اش، به بشریت توهین روا نداشته بود.» [۲۵۰]

اینک تلی از اجساد بر زمین ریخته بود و سفره‌ای فراخ و بی‌حد و حصر برای کفتارها فراهم گشته بود. شب فرا رسیده و قشون خواجه سفاک در یک فرسنگی شهر اردو زد تا با آمدن صبح سرنوشت شومی را بر اهالی شهر تفلیس رقم بزنند، شهری که در مقابل دشمن هیچ مقاومتی نکرده بود.

قشون خواجه قاجار در صبح روز ۱۳ سپتامبر ۲۳/۱۷۹۵ شهریور ۱۱۷۴ ش وارد تفلیس شد و با جنایت‌های بی‌شمار، شهر در اندک زمانی به یک ماتم‌سرا مبدل گردید. ***«هر زیباصورتی اسیر یک دیوصورت گشت و هر زنی در دست یک ستمکاری گرفتار شد، هر لاله‌گونی بر قلب‌اش داغ یک عزیزی حک شد، سینه‌ی هر زنی از غم پرپر شد، غنچه دهانی زخمی گشت و چشمان زیبای هر سرو قامتی در اندوه و ماتم یاسمن‌گونه‌ای خون گریست.»*** [۲۵۱]

کشتاری فجیع کل شهر را فراگرفت زودتر از همه، سر هفتاد تن از ریش سفیدان شهر که با هدایا به استقبالش آمده بودند تا به او اطلاع دهند شهر بلادفاع است از تن جدا شد. جلادان هر چیز با ارزشی که در کلیساها و عمارت‌ها وجود داشت غارت کردند. به مدت هفت روز غارت و کشتار در شهر ادامه داشت[۲۵۲] و عمارت‌های باشکوه به آتش ظلم سوخته و ویران شدند. برج و بناهای شهر را تخریب کردند، سپس طبل بازگشت زده شد.

به نوشته برخی منابع، ظلمی که آقامحمدخان در حق گرجی‌ها روا داشت در هیچ کجای تاریخ نمی‌توان نمونه‌ای مثل آن پیدا کرد.[۲۵۳] سرجان ملکم می‌نویسد:

«... یکی از مورخین مسلم که تاریخ اقامحمدخان را می‌نویسد شرح می‌دهد و می‌گوید که بهادران آن روز را بر کفار گرجستان نمونه روز محشر ساختند. مشکل است عدد کسانی که در آن واقعه قتل عام شدند تخمین کرد. تعصب مذهبی دامن‌زن شعله غضب سبعی سپاهیان گشت هر جا کلیسایی بود با خاک یکسان نمودند و هر جاکشیشی یافتند به کشتنش شتافتند. مورخ تاریخ

آقامحمدخان گوید که پادریان را دست و پا بسته در رودی که از پهلوی شهر می‌گذرد می‌افکندند. پسران نیکو شمایل و دختران مرضیه الخصایل فقط از مرگ رستند و به اسیری رفتند. منقولست که پانزده هزار و اقوال دیگر هم هست که بیست و پنج هزار اسیر بردند.» [۲۵۴]

به نوشته برخی منابع غیرفارسی، نصف اهالی تفلیس در این حادثه از سوی آقامحمدخان به قتل رسیدند.[۲۵۵]

عبداله‌یف به نقل از روزنامه قفقاز، شدت خونریزی‌های آقامحمدخان و قشون او را چنین توصیف می‌کند:

«بچه‌های شیرخواره را از آغوش مادران بر می‌گرفتند و از پای آنان گرفته، به دو نیم می‌کردند، تا تیزی شمشیرهای خود را بیازمایند. زنان را تحقیر کرده و آنان را به اردوگاه خویش می‌بردند و وادارشان می‌کردند که کودکان خود را در جاده رها کنند، شمایل حضرت مریم را، روی پل رودخانه‌ی کورا گذاشته گرجیان را وادار می‌کردند که آن را لگدمال کنند،... و هرکس که به این کار تن نمی‌داد، بلادرنگ، او را از پل به رودخانه‌ی کورا -که پر از اجساد شده بود- پرتاب می‌کردند. جاده پر از کودکانی بود که توسط ایرانی‌ها از مادرانشان جدا شده و اینک بخاطر مادرانشان، زارزار می‌گریستند.» [۲۵۶]

صاحب روضه الصفای ناصری ورود قوای آقامحمدخان به داخل شهر و تجاوز به نوامیس مردم را بصورت سربسته چنین به تصویر می‌کشد:

«ساعتی بعد از خروج والی گرجستان نزول موکب عالی در شهر واقع شد، غازیان کشورگیر و دلیران دشمن شکار وارد شهر تفلیس شدند، بهشتی دیدند پر از خواسته و غلامان و حورالعین آراسته، دست به یغما و غارت برگشادند. در فضح کواعب و کشف مثالب اغماض نکردند، لاله روی بی‌پرده در بازار و کوی همی تاختند و ناچار با صیدافکنان قاجار همی ساختند، همان به که این راز آشکار نهفته باشد و این غنچه شکفته ناشکفته ماند: انگار که گفتیم و دلی چند شکستیم.

جمیع کشیشان را دست بسته به رود ارس درافکندند و تمام کنیسه و کلیسا و معابد و مساجد آنها را برکندند نه (۹) روز در آنجا توقف شد و با پانزده هزار (۱۵۰۰۰) اسیر بیرون آوردند...» [۲۵۷]

براساس گزارش شریف پاشا والی چلدر «در نتیجه جنگ بین آقامحمدخان و ایراکلی خان، حاکم گرجستان شکست خورده و اهالی، بخشی به روسیه و بخشی

دیگر به قارص و اطراف چلدر فرار کرده‌اند.»[۲۵۸] همچنین یوسف ضیاء پاشا در فوریه ۱۷۹۶ به استانبول خبر می‌دهد که «آقامحمدخان خان‌زاده‌هایی که به خاک عثمانی گریخته‌اند با اصرار تمام از آن دولت طلب می‌کند همچنین از آمدن تعداد زیادی قشون روسی خبر می‌دهد که به درخواست امپراطور گرجستان به طرف تفلیس می‌آیند.[۲۵۹]

چون آقامحمدخان، فتح تفلیس را مدیون ملیک مجلوم می‌دانست، در اولین توقفگاه به سرداران خود دستور داد به سربازان او سهمی دهند و در ضمن گفت: «مال مسیحی را به مسیحی بسپارید.»

سواران ملیک مجلوم یاپونجی‌های خود را روی زمین پهن کرده و سربازان ایرانی هر چه صلیب، ظروف کلیسایی و البسه زربفت گلدوزی شده روحانیون را از کلیساهای تفلیس غارت کرده بودند، درون آنها ریختند ملیک مجلوم آن اشیاء را به تفلیس برگرداند ولی موفق به جلب قلوب اهالی تفلیس نگردید.

آقامحمدخان و سپاهیانش پس از ۹ روز اقامت در تفلیس در ۱۰ ربیع‌الاول ۲/۱۲۱۰ مهر ۲۴/۱۱۷۴ سپتامبر ۱۷۹۵ م به همراه پانزده هزار اسیر که مرکب از زنان و دختران و کودکان بودند از تفلیس به سوی گنجه رفتند. او و لشکریانش در ۱۴ ربیع‌الثانی ۵/۱۲۱۰ آبان ۲۷/۱۱۷۴ اکتبر ۱۷۹۵ م از طریق آق‌دام و الوند به سوی ارس بازگشته از رودخانه کُر گذشته و در کنار آن مستقر شدند و از اینجا مصطفی‌خان قاجار را به همراه ۱۲ هزار نفر برای سرکوبی مصطفی‌خان شیروانی حاکم شیروان فرستاد.[۲۶۰]

دستور آقامحمدخان به مصطفی‌خان قاجار برای تصرف شیروان (شکی)

چون همزمان با حرکت ۱۲ هزار نفری قشون مصطفی‌خان قاجار برای تصرف شیروان (شکی)، جنگ خانوادگی برای کسب قدرت در آن خان‌نشین درگرفته بود بنابراین اوضاع چنان پیچیده بود که بدون تشریح و تبین چگونگی جنگ خانوادگی، فهم تصرف آن خان‌نشین توسط قوای آقامحمدخان همواره گنگ و دشوار خواهد

بود به همین خاطر ابتدا تشریح وضعیت این خان‌نشین لازم و ضروری است:

پروسه تشکیل خان‌نشین مستقل شکی زودتر از بقیه خان‌نشین‌ها آغاز شد از همان دوران نادرشاه از سال ۱۷۴۳ م مردم شکی برعلیه استیلای نادر به رهبری حاجی چلبی شروع به مبارزه کردند پس از مرگ نادر وقتی قوای ایرانی از شکی و آذربایجان خارج شد حاجی چلبی بصورت حاکم مستقل شکی گردید.

حاجی چلپی پس از ۱۲ سال حاکمیت در ۱۱۶۸ ه/۱۱۳۴ ش/۱۷۵۵ م می‌میرد پسرش آغاکیشی که با دختر محمدخان ازدواج کرده بود به جای وی به قدرت می‌رسد اما او توسط پدر زنش محمدخان کشته می‌شود. محمدخان وارد شکی شده تمام ثروت و خزاین حاجی چلبی را ضبط کرده چهل روز با ستم فراوان بر مردم شکی حکومت می‌کند و در این زمان حسین‌خان (نوه حاجی چلبی) با حمایت مردم به شکی بازگشته محمدخان را فراری داده خود بجای وی می‌نشیند.[۲۶۱]

حاجی عبدالقادر کوچکترین فرزند حاجی چلبی برعلیه برادر زاده وارد عمل می‌شود او در حالی که از حمایت ابراهیم خلیل‌خان حاکم قراباغ[۲۶۲] برخوردار بود با کمک خان‌های شکی و ارش موفق می‌شود برادر زاده‌اش حسین‌خان را در قلعه نوخا دستگیر و در تاریخ ۱۱۹۴ هق/۱۱۵۹ ش/ ۱۷۸۰ م او را بکشد و به حکومت ۲۰ ساله او بر شکی پایان دهد اما فرزند کوچکتر حسین‌خان یعنی محمدحسن‌خان که در این زمان در قراباغ بوده زنده می‌ماند او اندکی بعد به ناحیه جار آمده قشونی به دور خود جمع کرده و به انتقام پدر بر عمویش عبدالقادر خان می‌تازد. محمدحسن‌خان پس از شکست عمویش به حکومت ۳/۵ ساله او بر شکی پایان می‌دهد و عموی خود را به همراه هفت فرزند خردسالش به قتل می‌رساند.[۲۶۳]

بدین ترتیب حاکمیت محمدحسن‌خان بر شکی ادامه پیدا می‌کند اما برادر کوچکتر او سلیم‌خان که همیشه مورد تحقیر برادر بزرگتر بود پس از چند سال از ترس او به همراه گروهی در ۱۱۹۹ ه/۱۱۶۳ ش/۱۷۸۵ م از شکی به ولایت جار می‌گریزد تا مبارزه‌ای را برای کسب قدرت با برادر بزرگتر محمدحسن‌خان آغاز کند.

این دقیقاً مقارن با زمانی است که آقامحمدخان قلعه شوشی را در محاصره خود

گرفته و از آنجا پیامی به محمدحسن‌خان حاکم شکی جهت اطاعت می‌فرستد.

محمدحسن‌خان حاکم شکی برای نشان دادن اخلاص و اطاعت خود از آقامحمدخان قاجار، نوکر معروف خود «حاجی سعید را به حضور خان قاجار می‌فرستد. اما از آنجا که حاجی سعید از حاکم شکی خیلی دلچرکین بود به آقامحمدخان قاجار می‌گوید اطاعت خان شکی ظاهری است اگر می‌خواهی واقعاً خان شکی از تو اطاعت کند باید حاکم آن محمدحسن‌خان را بکشی و یا کور کنی».۲۶۴ منابع ایرانی اما به دو نفر به اسامی «حاجی سعیدخان و حاجی نیما اشاره می‌کنند که «توانستند با سعایت از محمدحسن‌خان نظر آقامحمدخان را نسبت به حاکم شکی تغییر دهند.»

به هرحال نمّامی‌های حاجی سعید در خان قاجار کارگر افتاده در نتیجه آقامحمدخان سردار خود مصطفی‌خان دولو را با ۱۲ هزار سرباز به سوی شکی گسیل می‌دارد و دستور می‌دهد که خان‌نشین شکی را ضبط کرده محمدحسن‌خان را دستگیر و کور کرده نزد وی بفرستد. اما همچنان که گفته شد قبل از اینکه قشون آقامحمدخان به فرماندهی مصطفی‌خان قاجار برسد جنگی خونین بین محمدحسن‌خان با برادر کوچکش سلیم‌خان درمی‌گیرد. سلیم‌خان که از جار و آوار قشونی جمع کرده بود، جنگ بین دو برادر در کنار روستای «گوی نوک» اتفاق می‌افتد عاقبت محمدحسن‌خان از برادر کهتر شکست خورده به نوخا فرار می‌کند. سلیم‌خان در تعقیب برادر وارد آنجا می‌گردد.

در همین زمان، قشون ایرانی تحت فرماندهی مصطفی‌خان قاجار از شیروان خارج شده به محال خاچماز رسیده بود. محمدحسن‌خان بی‌خبر از قصد مصطفی‌خان قاجار که به دستور آقامحمدخان در پی تنبیه وی بود در فرار از تعقیب برادر از نوخا خارج شده به قشون ایرانی پناه می‌برد تا با کمک گرفتن از آن‌ها به جنگ برادرش سلیم‌خان برود که اینک شکی را در اختیار داشت اما در همین جا به اتفاق همراهان معدودش توسط مصطفی‌خان قاجار دستگیر می‌شود و طبق دستور آقامحمدخان چشمانش توسط مصطفی‌خان قاجار درآورده شده و به حکومت ۱۲

ساله او بر شکی پایان داده می‌شود.

سلیم‌خان که اینک بـر شکـی مسـلط شـده بـود هـفت پسـر خـردسال بـرادرش محمدحسن‌خان را به قتل می‌رساند امـا از آنـجا کـه نـمی‌خواسـته از آقـامحمدخان اطاعت کند از ترس قوای مصطفی‌خان قاجار دولو، اهالی شکی را کوچ داده به محلی بنام «گله سن ـ گوره‌سن» می‌برد.[۲۶۵]

خان قاجار، محمدحسن‌خان نابینا را با خود به ایـران مـی‌برد، گـویند در دومـین لشکرکشی آقامحمدخان به قراباغ، محمدحسن‌خان نابینا نیز همراه او بود.

حمله آقامحمدخان به شاماخی

خان‌نشین شاماخی پس از مرگ نادر بدست محمدسعیدخان مستقل گردیده بود او در مبارزه با محمدعلی‌خان بر سـر کسب قـدرت پـیروز شـد و در سـال ۱۷۶۴ م بصورت کامل حاکمیت شاماخی را بدست گرفت. این خان‌نشین در مقایسه با بـقیه خان‌نشین‌ها ضعیف بود و کل قوای نظامی آن‌را دو هزار نفر نوشته‌اند.[۲۶۶]

فـتحعلی‌خان حـاکـم قـوبا در ۱۷۶۸ م بـه مـحاصره شـاماخی پـرداخت و محمدسعیدخان حاکم شاماخی را دستگیر و سپس به دربـند فـرستاد و بـرادر خـود عبدالله‌خان را برای اداره شاماخی نصب کرد امـا سـوءاستفاده‌های عـبدالله‌خان از قدرت، بزودی خشم مردم شاماخی را برانگیخت. سرانجام فتحعلی‌خان مجبور شد دوباره محمدسعیدخان حاکم قبلی را آورده به عنوان حاکم شاماخی نصب کـند. بـا گذشت زمان بزودی مشخص شد که محمدسعیدخان از خان قوبا اطاعت نـمی‌کند سرانجام فتحعلی‌خان او را به سالیان گسیل داشته و در آنجا کشته می‌شود.

اداره شاماخی به مدت چندین سال توسط حاکمانی که فتحعلی‌خان تعیین می‌کرد صورت می‌گرفت اما با مرگ فتحعلی‌خان، مصطفی‌خان برادرزاده مـحمدسعیدخان حاکم مقتول سابق قدرت را بدست گرفت.[۲۶۷]

زمانی که آقامحمدخان به آذربایجان لشکرکشی کرد مصطفی‌خان حاکم شاماخی بود. مصطفی‌خان با حاکمان قراباغ، گنجه و غیره... برای مقابله با آقامحمدخان دست

نخستین لشکرکشی آقامحمدخان به خان‌نشین‌های آذربایجان / ۹۹

به اتحاد زده بودند[۲۶۸] البته هرچند حاکم ایروان در تردید بود اما او نیز سرانجام به این اتحاد پیوست.[۲۶۹]

بنابراین شاماخی جزو خان‌نشین‌هایی بود که از اطاعت آقامحمدخان سربرتافته بود طاهرزاده در کتاب خود می‌نویسد که «خان قاجار سرکرده خود محمدحسن‌خان قاجار را با توپ‌های سنگین به قلعه شاماخی فرستاد تا مصطفی‌خان را به اطاعت وادارد محاصره قلعه ۱۲ روز طول کشید و در دوازدهمین روز قلعه از شلیک توپ‌ها ویران گردید. آقامحمدخان براساس قانون جنگی باید اهالی شهر شاماخی را که مقاومت کرده بودند تنبیه می‌کرد اما او نه تنها شاماخی را غارت نکرد بلکه باج هم نگرفت.[۲۷۰]

اما منابع دیگر قول طاهرزاده را رد می‌کنند و می‌نویسند آقامحمدخان مصطفی‌خان قاجار دولو را با ۱۲ هزار نفر قشون جنگی به شاماخی فرستاد قشون قاجار وارد شهر بی‌دفاع آغ‌سو شد و به بدترین شکل آن‌را ویران کردند. م بیبرشتین که خود اندکی بعد، از شهر دیدار کرده در مورد اوضاع وخیم شهر می‌نویسد:

«این شهر را در یک وضعیت کاملاً گرسنه دیدم و اهالی بی‌چاره در میان خانه‌ها و دیوارهای نیمه مخروبه زندگی می‌کردند.» [۲۷۱]

این نویسنده همچنین قید می‌کند که وقتی آقامحمدخان دستور حمله به شیروان را صادر کرد حاکم شیروان نیز بیکار ننشسته بود «مصطفی‌خان هرگز در پی اطاعت از آقامحمدخان برنیامد او فکر می‌کرد که شهر شیروان نمی‌تواند از عهده قشون آقامحمدخان برآید به همین خاطر با اعوان و انصار خود در کوهها مخفی شد او تا فوریه ۱۷۹۶ یعنی رفتن آقامحمدخان از دشت مغان در کوهها ماند.»[۲۷۲]

مصطفی‌خان قبل از گریختن به کوه (فیت داغی) دستور داد کسانی که با او نمی‌آیند و از او تبعیت نمی‌کنند خانه‌هایشان را ویران کنند اما وقتی آنان به کوهها رفتند و قشون آقامحمدخان به فرماندهی مصطفی‌خان قاجار دولو سر رسید او نیز دستور داد کسانی که به کوهها گریخته‌اند خانه‌هایشان را در شهر شیروان تخریب کنند در نتیجه شهر شیروان چنان تخریب شده بود که به ویرانکده می‌مانست.

مصطفی‌خان قاجار پس از تصرف شیروان، ظلم و تعدی نسبت به مردم را بدان‌جا رساند که بزرگان شکی از آقامحمدخان عزل او را از حکومت شیروان خواهش کردند آقامحمدخان او را از حکومت شیروان عزل کرد و برادر دیگرش علیقلی‌خان را به حکومت شیروان فرستاد[۲۷۳] اما مصطفی‌خان قاجار دولو در راه بازگشت از شیروان بود که توسط گروهی از مردم که از دست تعدیات او به تنگ آمده بودند کشته می‌شود.[۲۷۴]

نویسنده روضه الصفای ناصری نیز ضمن اشاره به نارضایتی مردم شیروان از او می‌نویسد که گروهی از سواران خان چوپان بر سر او ریخته وی را می‌کشند و سرش را از تن جدا می‌کنند.[۲۷۵]

آقامحمدخان پس از فتح تفلیس بصورت غیرمترقبه به دشت مغان عقب کشید از آنجا به ایراکلی دوم پیغام داد که به شرط تبعیت از او صلح و دوستی بین آن دو برقرار خواهد شد. ایراکلی که همچنان به انتظار حمایت امپراطور روسیه دل بسته بود وقت تلف کردن را برگزید حکومت روسیه که از یورش دوم آقامحمدخان می‌ترسید با عجله دو گردان تیرانداز از مسکو راهی گرجستان کرد.[۲۷۶]

هنوز قشون روسی نرسیده بود که ایراکلی خان اولاد و نوه‌های خود را در یک مجلس مشاوره جمع کرده خطاب به آنها گفت «من بیشتر عمرم را سپری کرده و اکنون لب گور هستم نمی‌خواهم در پیرانه سری از آقامحمدخان اطاعت کنم و در پناه او زانو زنم عقل سلیم حکم می‌کند که یکی از شماها را به عنوان گرو نزد وی بفرستم تا از او تقاضای صلح بکنم اما در این زمان خبر رسید که آقامحمدخان از دشت مغان به طرف داخل ایران حرکت کرده است.»[۲۷۷]

تاریخ بازگشت آقامحمدخان از دشت مغان به سوی ایران اول فروردین ۱۱۷۵ ش/ ۲۰ مارس ۲۷۹۶ م است یعنی پس از شنیدن خبر اعزام قوای روسیه به فرماندهی ژنرال والریان زوبف به حوزه قفقاز برای گوشمالی آقامحمدخان صورت گرفته. به احتمال قریب به یقین علت بازگشت غیرمترقبه آقامحمدخان، پرهیز از رویارویی با قوای روسیه بوده است اما برخی منابع دوره قاجاریه خیلی گذرا به آن اشاره کرده و

بیشتر «قلت آذوقه و شدت شتا» را مطرح می‌کنند در حالی که زمستان سپری شده و آقامحمدخان در اول فروردین تصمیم به بازگشت گرفت.

صاحب «گلستان ارم» در این مورد می‌نویسد:

«اما از آنکه اردوی او قلت آذوقه و سقوط مراکب و شدت شتا در کمال پریشانی بود، و یا صلاح وقت را در جنگ با روس نمی‌دید» نخواست به شیخعلی خان حاکم قوبا که بخاطر عزیمت قوای روسیه بدانجا از آقامحمدخان استمداد کرده بود جواب مثبت بدهد.[۲۷۸]

صاحب روضه الصفاء نیز می‌نویسد:

«و چون سردی ایام شتا اشتداد یافت اردوی نصرت آثار ارمغان با جهان جهان لشکر بی حد و مرز به جانب دارالسلطنه طهران حرکت کرد.»[۲۷۹]

بدیهی است که این نوشته‌ها چیزی نیست جز توجیه پرهیز آقامحمدخان از رویاروشدن با قوای روسیه. اتفاقی که در دور دوم لشکرکشی او نیز خواهد افتاد. در دور دوم لشکرکشی نیز او صبر پیشه کرد و تنها پس از مرگ کاترین دوم و بازگشت قوای روسی از قفقاز به روسیه، اقدام به لشکرکشی کرد.

به نظر می‌رسد آقامحمدخان تصمیم داشت دوباره در فصل بهار ۱۱۷۵ به قفقاز و خان‌نشین‌هایی که تسخیر نکرده بود حمله کند اما لشکر کشی امپراطوری روسیه او را از تصمیم‌اش بازداشت و باعث ترک زودرس او از آذربایجان شد[۲۸۰] برخی منابع اشاره می‌کنند که او وقتی خبر هجوم قشون روسیه به قفقاز جنوبی را شنید به ایران بازگشت.

البته برخی منابع نیز ذکر می‌کنند که در داخل ایران برخی اغتشاشات شروع شده بود و آقامحمدخان برای سرکوبی آنها به ایران مراجعت کرد[۲۸۱] که صحیح نیست چرا که او پس از بازگشت به ایران در تهران مراسم تاج‌گذاری بر پا ساخت.

او نه تنها از مقابله با روسها امتناع کرد حتی به شیخعلی خان حاکم قوبا، سالیان و دربند که اطاعت او را پذیرفته و از او در مقابل لشکرکشی و هجوم روسها به قلمروش کمک طلبیده بود پاسخ مثبت نداد در نتیجه همزمان با بازگشت او و حرکت از دشت مغان به تهران، دربند نیز به اشغال قوای روسیه درآمد و حاکم آن شیخعلی خان

دستگیر و حبس گردید.

وقتی که او در ۱۷ اردیبهشت ۱۱۷۵ ش در تهران تاج‌گذاری می‌کرد خان‌نشین‌های آذربایجان یکی پس از دیگری به اشغال قوای کاترین کبیر در می‌آمد.

او نه تنها در نخستین حمله‌اش به قفقاز نتیجه‌ای نگرفت و نتوانست حاکمیت ایران را در آن مناطق بر پا سازد بلکه موجب حضور بیشتر و فعال روسیه در این مناطق گشت وحشیگری‌هایش در شهرهای تسخیر شده باعث شد وقتی قوای روسی به مناطق قفقاز وارد شدند حاکمان و اهالی اکثر خان‌نشین‌ها کوچک‌ترین مخالفتی و مبارزه‌ای از خود نشان ندادند. او شاید حمله کننده خوبی باشد اما هرگز یک حکومت‌گر خوبی نبوده است.

عبدالله یف می‌نویسد سلاطین گرجستان و خوانین آذربایجان اکثراً حمایت تزاریسم را بر تملک ایران و عثمانی ترجیح می‌دادند طبقات حاکم اکثراً، تنها از این نظر خواهان حمایت روسیه بودند که امنیت خارجی آنان را تأمین کند اما به هیچ‌وجه مایل نبودند که در رژیم‌های سیاسی داخلی آنان نیز دخالتی بکنند زیرا آنان در همان حال بشدت مردم زیر سلطه خود را استثمار و ثروت کلان حاصل از آن را به جیب می‌زدند.

علاوه بر طبقات حاکم، توده‌های مردم قفقاز نیز «صرف‌نظر از تعلقات مذهبی خویش، به این امید که روسیه سرزمین آنان را از بلاهای بی‌پایان فئودال‌های ایرانی و عثمانی نجات داده و به هرج و مرج فئودالیته و بیدادگری خوانین و بیگ‌ها خاتمه دهد، طرفدار الحاق به روسیه بودند» [۲۸۲]

فصل پنجم

بازگشت آقامحمدخان به تهران و مراسم تاج‌گذاری

همزمان با حرکت قوای روسیه به فرماندهی ژنرال زوبف به سوی قفقاز جنوبی، آقامحمدخان به طرف تهران حرکت کرد و در اوایل اردیبهشت ۱۱۷۵ش وارد تهران گردید دستور داد در همه مناطق تحت امرش به نام وی سکه زده و خطبه بخوانند.

صاحب فارسنامه ناصری می‌نویسد:

«اعیان دولت و سادات ملت و بزرگان درگاه و امرای سپاه و معارف ایران در دارالسلطنه تهران حاضر شدند و استدعا نمودند... پس فرمود اگر به خواهش شما، این تاج شاهی را برگذارم، اول زحمت و مرارت شما خواهد بود... پس جناب حاجی ابراهیم‌خان شیرازی اعتمادالدوله وزیر اعظم و امرای قاجار و بزرگان ملت و دولت درخواست نمودند که تاج بر سر نهند و تمامی از مال و جان در فرمان پادشاه‌گیتی ستان دریغ ندارند. پس تاج کیانی را بر سر و بازوبند دریای نور و تاج ماه را بر بازوی جهانگشای ببست...» [۲۸۳]

در این زمان همه مناطق کشور بجز خراسان در تحت قلمرو آقامحمدخان درآمده بود به همین خاطر وی به بهانه زیارت بارگاه حضرت رضا، اما در باطن تنبیه شاهرخ میرزا افشار و دست‌یابی به جواهرات نادری، تهران را به قصد خراسان ترک کرد. [۲۸۴]

آقامحمد خان که از طریق مازندران حرکت می‌کرد در اوایل خرداد ۱۱۷۵/اواخر می ۱۷۹۶م/ از ساری وارد استراباد شد حاکمان خراسان، بیشتر از نادر میرزای افشار فرزند شاهرخ اطاعت می‌کردند کم‌کم در طول راه، آقامحمدخان آنها را مطیع خود کرد.

نادر میرزا پدر نابینای خود را در مشهد گذاشت و از بیم آقامحمدخان به افغانستان گریخت آقامحمدخان شنید که میرزامهدی مجتهد از علمای مشهد به همراه شاهرخ شاه افشار و قهار قلی میرزا پسرش به استقبال آنها می‌آیند.[۲۸۵]

آقامحمدخان پس از زیارت حرم حضرت رضا (ع) برای دستیابی به ثروت‌های نادرشاه دستور داد هر کسی که گمان برند اندوخته‌ای نزدش باشد به حضور بیاورند و برای پیدا کردن گنجینه شکنجه‌شان کنند مؤلف فارسنامه ناصری می‌نویسد آقامحمدخان در تحصیل جاه و مال، میل مفرط داشت و مخصوصاً جواهر را بیشتر دوست داشت «چنان که در واقعه لطفعلی‌خان‌زند سه قطعه جواهر نامی که حضرت نادرشاه افشار از سمت هندوستان آورده بود به دست او افتاد» وقتی به خراسان آمد دستور داد اگر از این‌گونه جواهر نزد کسی باشد مقصر و گناهکار شمرده می‌شود «می‌فرمود اینها حق پادشاه زمان است می‌دانست که چندین قطعه از جواهرات نادر در نزد شاهرخ شاه است چون از وی مطالبه فرمود به قسم‌های غلیظ انکار نمود به فرموده حضرت شهریاری او را شکنجه کردند.»[۲۸۶]

شاهرخ در زیر شکنجه‌ها، محل برخی از جواهرات را نشان داد آنها را در بن دیواری و یا قعر چاهی مخفی کرده بودند و توسط عمال آقامحمدخان بیرون آورده شدند اما دمادم شکنجه‌اش شدیدتر شد تا آنجا که دور سر پیرمرد نابینا را خمیر گرفتند و بر آن روغن داغ ریختند که در پی آن محل یاقوت بزرگی را افشاء کرد که زمانی زینت‌بخش اورنگ پادشاه هندوستان بود «چون خبر آن یاقوت به حضرت شاهی رسید، فرمود مقصود من این قطعه یاقوت بود»[۲۸۷]

در خصوص عکس‌العمل آقامحمدخان پس از دستیابی به جواهرات، سپهر مولف ناسخ‌التواریخ می‌نویسد: ***«آقامحمدشاه از به دست آوردن آن همه لالی آبدار و جواهر شاهوار چندان شاد خاطر شدکه فرمود در روایتی نطع‌ها بگستردند و آن جواهر را بر زیر نطع بریختند، آن‌گاه رواق را از بیگانه بپرداخت و چند نوبت از این سوی رواق تا بدان سوی را با پشت و پهلو غلطان غلطان برفت»***[۲۸۸]

پس از آن دستور داد شاهرخ خان را با خانواده‌اش از خراسان به مازندران برند اما

به خاطر شکنجه‌ها، پیرمرد در دامغان فوت کرد، هم‌چنین خوانین خراسان را به تهران کوچ داد. آقامحمدخان سپس به بخارا لشکرکشی کرد مرو را آزاد ساخته و بخارا را که تحت‌الحمایه روسیه بود به اطاعت از ایران درآورد سپس نیرویی جهت تعقیب نادرقلی شاهرخ افشار به هرات گسیل داشت اما آنان تا کابل پیش رفتند و ناکام بازگشتند به نوشته برخی منابع نادر میرزا به قندهار فرار کرد و به افغان شاه که از اولاد تیمور بود پناه برد.[۲۸۹]

آقامحمدخان در ۱۶ شهریور ۶/۱۱۷۵ سپتامبر ۱۷۹۶ از مشهد به سوی تهران عزیمت کرد منابع ایرانی در علت بازگشت آقامحمدخان می‌نویسند که به‌خاطر حمله روسیه به آذربایجان بوده «خیال پادشاه جهانگشا یورش به جانب بلخ و بخارا بود که عرایض امرای آذربایجان را آوردند که چون اخبار قتل و نهب و اهالی [را شنید] حضرت آقامحمدشاه از شنیدن این اخبار، روز روشن در چشمش شب تار آمد و آتش قهرش زبانه کشیده پس محمدولی‌خان قاجار را با ده هزار نفر سوار برای نظم خراسان گذاشت... و به جانب تهران به شتاب بشتافت و فرامین قضا قرین به اطراف ممالک محروسه روانه فرمود که در بهار این سال با ساختگی و پرداختگی تمام برای یورش آذربایجان و مدافعت با سپاه روس، حاضر رکاب انتساب شوند.»[۲۹۰]

اما برعکس نوشته مورخان، علت بازگشت سریع او از مشهد به تهران شنیدن اخبار حملات روسها نبود چرا که او در وقتی که در آذربایجان بود و هنوز به تهران بازنگشته بود خبر حمله روسها به آذربایجان را شنیده بود و اصولاً یکی از علت‌های اساسی بازگشت غیرمنتظره او از آذربایجان به تهران، لشکرکشی روسیه به آذربایجان بود! برعکس تقریباً همه نوشته‌های تاریخی دوران قاجاریه و اکثر منابع که بعداً نوشته شده ولی منبع و مأخذشان آثار مورخین دربار قاجاری بوده، آقامحمدخان همیشه از رویارویی با قوای روسیه پرهیز داشت به همین خاطر او هیچ‌وقت در طول عمرش با قوای روسی روبرو نشد علت بازگشت او از مشهد به تهران نیز مقابله با قوای مهاجم روس به آذربایجان نبود هم‌چنان‌که خواهد آمد او ۱۸ ربیع‌الاول ۱۲۱۱ هـ/۳۰ شهریور ۱۱۷۵ ش/۲۰ سپتامبر ۱۷۹۶ م به تهران رسید مدت نه ماه در تهران

اقامت کرد و در طول این نه ماه، قوای روسی تمام شهرهای آذربایجان آن سوی ارس را یکی پس از دیگری تسخیر کرد اما زمانی که کاترین کبیر مُرد و قوای روسی آذربایجان را تخلیه کرده به روسیه بازگشتند آقامحمدخان نیز پس از نه ماه اقامت در تهران در ۲۵ ذیقعده ۱۲۱۱ هـ/۱ خرداد ۱۱۷۶ ش/۲۱ می ۱۷۹۷م از تهران به طرف آذربایجان حرکت کرد![۲۹۱]

فصل ششم

لشکرکشی روسیه به خان‌نشین‌های آذربایجان

پس از خروج آقامحمدخان از آذربایجان، خان‌نشین‌هایی که در اثر ترس، اطاعت او را پذیرفته بودند از اطاعت او سرباز زدند لشکرکشی آقامحمدخان به شمال آذربایجان مخصوصاً کشتارش در تفلیس باعث حضور فعال روسیه در این منطقه شد در همین راستا، دولت روسیه شروع به جمع نمودن قشون در شهر «قیزلار» نمود ابتدا آ.و. سوروف فرمانده این قشون بود اما اندکی بعد او از قبول فرماندهی امتناع کرد و بجای وی ژنرال و.آ. زوبف تعیین شد.

در ۱۹ فوریه ۱۷۹۶ م/ ۳۰ بهمن ۱۱۷۴ ش/ ۱۰ شعبان ۱۲۱۰ هـ امپراطوری کاترین دوم فرمان حمله به قفقاز جنوبی را به ژنرال زوبف صادر کرد در این فرمان، محافظت از تجارت روس در دریای خزر به عنوان هدف یورش قید شده در بخشی از این فرمان آمده است که:

«تمام مردان و توپخانه، بایستی برای حرکت به داخل ایران آماده باشند و سرزمین‌های گرفته شده به وسیله آقامحمدخان را اشغال کنند. این کار باید در ابتدای بهار و قبل از شروع فصل گرما محقق شود. دوگردان مستقر درگرجستان باید تقویت شوند. باید حکومت شاه ایراکلی در تفلیس و دیگر ولایات گرجستان احیا شده و باکمک نیروهای روسیه برتری او بر خان ایروان و سایر خوانین آذربایجان در مرز عثمانی باید مجدداً برقرار شود.

لشکر قفقاز باید از تفلیس به سوی رودخانه کُر حرکت کرده و گنجه را اشغال کند. هم‌چنین حکومت مسیحیان در قراباغ باید دوباره برقرار شده و ابراهیم خلیل خان شوشی نیز نجات داده شود.

با تمام خان‌هایی که قبلاً به ما وفادار نبودند، اما اکنون تمایل به تسلیم دارند، باید به خوبی رفتار شده و نمایندگان آنان نیز باید به خوبی پذیرفته شوند. بکوشید تا ترکمن‌ها را علیه آقامحمدخان تحریک کنید».

به نوشته برخی منابع، حکومت روسیه قبل از این از ۱۷۸۰م برای استیلا بر جنوب آذربایجان از دو طرف قشون فرستاده بود بخشی از این قشون از طریق دربند وارد شده ولایات اطراف ساحل خزر را اشغال و بخشی دیگر به گرجستان حرکت کرده بود[۲۹۲] تا بر شمال آذربایجان مسلط گردد. حکومت روسیه در اواخر سال ۱۷۸۳م و اوایل ۱۷۸۴م برای تحقق این نقشه‌اش کوشیده بود از علی‌مردان‌خان که در مرکز ایران بدنبال تحکیم قدرت خود بود کمک بگیرد البته علی‌مردان‌خان نیز برای غلبه بر رقبای داخلی ایران حاضر شده بود به وظایف محوله از سوی روسیه تماماً عمل کند اما مرگ علی‌مردان‌خان در ۱۷۸۵م نه تنها باعث قطع ارتباط همکاری ایران و روسیه شد بلکه به‌جای وی با آمدن بانی سلسله قاجار این ارتباط به دشمنی تبدیل شد.[۲۹۳]

با آغاز لشکرکشی دوباره روسیه به آذربایجان، در بین خان‌نشین‌های قفقاز شکاف ایجاد شد آنان در رویارویی با این لشکرکشی، راههای متفاوت و چه بسا متضادی در پیش گرفتند در خصوص مناسبات زمین‌داران آذربایجان و نحوه برخوردهایشان با ژنرال زوبف، (فرمانده روسی) اسناد آرشیوی زیادی وجود دارد.

این اسناد به روشنی نشان می‌دهند که فرمانده روسی برای جلب و جذب زمین‌داران آذربایجان به آنان وعده‌های متعددی می‌دهد یکی از این اسناد که از قرارگاه فرمانده روسی خارج شده وعده‌های روسها را چنین نشان می‌دهد:

«از آنجا که آقامحمدخانِ جلاد، اهالی را خیلی اذیت کرده و شهرهایشان را غارت کرده است به همین خاطر قشون روسی تنها برای کمک و دوستی آمده است اردوی روسی به این دلیل به این مناطق آمده است که آنها را آزاد کرده و دوباره به حاکمان قبلی داده شود حاکمانی که توسط آقامحمدخان بر کنار شده‌اند»[۲۹۴]

فرمانده روسی برای ایجاد رابطه دوستی با حاکمان خان‌نشین هم‌چنین به آنها هدایای گران‌قیمتی می‌فرستاد نمایندگان متعددی جهت مذاکره و ایجاد رابطه

می‌فرستد و آنان را با وعده‌های رنگین می‌فریبد به آنان اطمینان می‌دهد که از آنان و شهرهایشان در مقابل هجوم آقامحمدخان مدافعه خواهد کرد اکثر این خان‌نشین کم‌کم باور می‌کنند که به‌وسیله حمایت روسیه می‌توانند استقلال خودشان را در مقابل هجوم آقامحمدخان حفظ کنند.[۲۹۵]

مطالعه و مقایسه رفتار آقامحمدخان و فرمانده روسی با مردم قفقاز و خان‌نشین‌ها، آشکار را بیانگر این واقعیت تلخ است که در حالی‌که آقامحمدخان بنابر طبیعت ایلی و قبیله‌ای خود تنها با خشونت و شمشیر عریان می‌خواست آنها را به اطاعت وا دارد اما ژنرال روسی با ترفندهای متعدد و زیرکانه و وعده‌های جذاب پیش می‌رفت اگر چه در پشت وعده‌ها در صورت نائل نشدن بر مقصود، توپ و تفنگ نیز خوابیده بود در حالی‌که آقامحمدخان بر پایه بافت ذهنی و ایلی خود، ترس را والاترین عامل تمکین تلقی می‌کرد و آن را با خشن‌ترین شکل به کار می‌بست و در دل مردمان تلنبار می‌کرد در مقابل، ژنرال روسی اگر لازم به بریدن سر بود آن را سعی می‌کرد با پنبه ببرد!

در یک نگاه گذرا به ادبیات مورخین دوره قاجاری که به جنگ‌های آقامحمدخان پرداخته‌اند به آسانی می‌توان دریافت که مشحون از کلمات غارت کردن، کشتن، سوزاندن، تاراج کردن، چشم در آوردن و شکنجه کردن است بدیهی است که چنین تسلطی هرگز دیر نمی‌پاید چون براساس ترس استوار است و به محض اینکه سایه شمشیر آخته به کنار رود سرپیچی از چمبر اطاعت به آسانی رخ می‌دهد به همین خاطر به محض اینکه سایه ترس آقامحمدخان پس از آن همه تلاش و مخارج، از سر خان‌نشین‌ها کمرنگ و محو شد سرپیچی‌ها، خودسری‌ها و بازگشت به دوره قبل از ظهور آقامحمدخان آغاز شد.

پ. سارکوا نشان می‌دهد که قشون روسی برای امنیت راه تجاری، می‌خواست بر خان‌نشین‌های سواحل خزر مسلط گردد اما در ظاهر بین خان‌نشین‌های آذربایجان چنین تبلیغ می‌شد که قشون روسی برای حمایت از خان‌نشین‌های قفقاز در مقابل آقامحمدخان می‌آیند.[۲۹۶]

فتح تفلیس و به آتش زدن و جنایت‌های بی‌شماری که در آنجا از سوی آقامحمدخان صورت گرفت ضربه بزرگی بر پرستیژ و اعتبار دولت روسیه که به عنوان حامی گرجی‌ها و ارمنی‌ها تلقی می‌شد وارد ساخت به‌همین خاطر بالفور روسیه در پی اشغال جنوب قفقاز برآمد «فرماندهی قشون بر عهده گراف والریان زوبف گذاشته شد او از آشنایان کاترین دوم و برادر کنیاز پلاترن زوبف بود»[۲۹۷]

وقتی ارامنه ایروان خبر لشکرکشی روسیه به جنوب قفقاز را شنیدند آنان با مسرت خاطر به دولت روسیه مراجعه کردند تا آنان را از تسلط مسلمانان خارج کند اما حکومت روسیه به خاطر احتیاط از حکومت عثمانی و یا به‌خاطر جلب حمایت خان‌نشین‌های مسلمان دیگر، خود مستقیماً اقدام نکرد بلکه تحقق آن را به عهده ایراکلی دوم حاکم گرجستان گذاشت البته حاکم سالخورده گرجستان که پس از حمله آقامحمدخان دیگر به تفلیس وارد نشده و در کاخت ساکن شده بود فاقد چنین قدرتی بود.[۲۹۸]

سراسقف ارگیوتینسکی که از شنیدن خبر حمله قوای روسیه به قفقاز از خوشحالی سرازپا نمی‌شناخت در نامه‌ای به ژنرال ساولوف می‌نویسد:

«بستگان من در تفلیس بعد از حمله ایران به این شهر، رنج‌های عظیمی را تجربه می‌کنند... پیشنهاد می‌کنم که شما نیز کودکان و مقامات والا مرتبه دیگری از دربند را گرفته و به عنوان گروگان به روسیه بفرستید. در چنین صورتی است که ارامنه منطقه خواهند توانست برای همکاری کامل با نیروهای علیاحضرت اقدام کنند و مورد اعتماد واقع شدند». سراسقف ارگیوتینسکی در نامه خود به ژنرال روسی، پیشنهاد می‌کند که اول به دربند حمله شود:

«..گرفتن دربند در درجه اول اهمیت است... بدون تصرف دربند، حرکت قوای روسیه با حرکت به داخل ایران ریسک خطرناکی خواهد بود. دربند، کلید است و سقوط آن، هراس را در میان قبایل متخاصم کوهستان پراکنده خواهد کرد و حتی آقامحمدخان را خواهد ترساند. خان دربند قابل اعتماد نیست. او فقط به وفاداری روسیه تظاهر می‌کند...»[۲۹۹]

روسها نیز دقیقاً بر طبق این توصیه عمل کردند ابتدا قشون ۴ یا ۵ هزار نفری به فرماندهی ساولیوین به دربند نزدیک شد شیخعلی خان حاکم قوبا با خامبوتای‌خان

(فرزند حاکم قازی کوموک) متحد شد تا از دربند مدافعه کند. از آنجا که قشون چهار الی پنج هزار نفری ساولیوین ممکن بود نتواند دربند را فتح کند گراف والرین زوبف سعی کرد نیروهای کمکی دیگری به کمک ژنرال ساولیوین بفرستد به همین خاطر به بریگاد ژنرال بولگاکوف دستور داده شد که از «کوه چغیر لارین» گذشته خودشان را به طرف جنوبی قلعه دربند برسانند.[۳۰۰]

قبل از این بیان شد که شیخعلی‌خان حاکم قوبا از آقامحمدخان در مقابل لشکرکشی قوای روسیه مدد خواست و به همین منظور خضربیک فرزند حاجی‌بیگ را به حضور آقامحمدخان فرستاد[۳۰۱] اما آقامحمدخان بی‌اعتنا به درخواست او به تهران بازگشت[۳۰۲] به نوشته برخی منابع، شیخعلی‌خان در این زمان مجبور می‌شود دست نیاز به کمک دولت عثمانی دراز کند. برخی منابع خبر می‌دهند که وقتی قشون روسی به طرف دربند در حرکت بود شیخعلی‌خان نیز ایلچی خود را با ده هزار منات و با هدایایی به ارزش ۳۰ هزار منات به استانبول فرستاده و از سلطان عثمانی درخواست کمک کرده که البته بی‌نتیجه بوده پس از اشغال دربند توسط قشون روسی بار دیگر در آوریل ۱۷۹۶م که محتملاً شیخعلی‌خان از دست روسها فرار کرده بوده از سلطان عثمانی برای مبارزه با قشون روسی درخواست کمک می‌کند.[۳۰۳]

در اول می ۱۷۹۶ م/۲۵ شوال ۱۲۱۰ هـ/۱۴ اردیبهشت ۱۱۷۵ قوای سی هزار نفری ژنرال زوبف به دربند رسیدند. برخی منابع طرفدار روسی در مورد هجوم قوای روسی به دربند به‌صورت مغرضانه می‌نویسند: «شیخعلی‌خان حاکم دربند در سال گذشته اطاعت خود را از روسها اعلام کرده بود به همین خاطر وقتی قشون ژنرال زوبف به هشت فرسنگی در بند رسیدند فرمانده روسی از شیخعلی‌خان خواست مراسم اطاعت خود را از امپراطور روسیه تجدید کند اما برعکس انتظار ژنرال زوبف، شیخعلی‌خان مخالفت کرد قوای ژنرال زوبف در ۱۱ فوریه ۲۲/۱۷۹۶ بهمن ۱۱۷۴م به نزدیکی دربند رسیده و از سوی شمال دربند به محاصره پرداخت.» در همین زمان، شیخعلی‌خان به کمک سرخای‌خان حاکم گازی گوموگ ۲۰ هزار سواره و پیاده جهت مقابله آماده ساخته بود قشون روسی آماده حمله شدند اما ژنرال زوبف محاصره را

بی‌فایده دانسته در دومین شب آوریل ۱۷۹۶م/۱۴ فروردین ۱۱۷۵ش بـازگشته و در کنار رود مستقر شده دوباره در اوایل می به سوی دربند حرکت کـرد قـوای سـواره شیخعلی‌خان در یک فرسنگی دربند با قزاقان روسی روبرو شدند اما پس از درگیری شکست خورده به عقب بازگشتند و دروازه‌های شهر دربند را بسته به مدافعه قـلعه پرداختند. در این زمان ژنرال مایور بولگاکف بـا ده هـزار قشـون از یک راه جـنگلی گذشته و در سوّم می ۱۷۹۶م/۱۴ اردیبهشت ۱۱۷۵ ش خود را به طرف جنوب دربند رسانده از سوی شمال، برج‌های قلعه توسط قوای روسی تصرف شد در آنجا کثیری از مدافعین قلعه کشته شده و بقیه فرار کردند بـزودی از دو سـو، شـهر آمـاج گـلوله توپ‌ها و تفنگ‌ها قرار گرفت مقاومت مردم شکسته شده و خضربیک را برای امـان خواستن به سوی ژنرال روسی فرستادند.[۳۰۴]

به نوشته برخی منابع در این زمان رفتار مردم نسبت به روسها در داخل خان‌نشین به دو شکل خود را نشان داد: یک گروه را خان قوبا یعنی شیخعلی‌خان رهبری می‌کرد و این گروه معتقد بودند که باید به مقاومت شدید در مقابل قوای روسی دست زد و مردم را به مبارزه فراخواند.

گروه دوم را پریچه خانم خـواهـر شـیخعلی‌خان رهـبری مـی‌کرد او از مـادر بـا شیخعلی‌خان ناتنی بود این گروه به روسها گرایش داشتند. چند روز قبل از شـلیک توپ‌ها به سوی قلعه، ژنرال زوبف بیان‌نامه‌ای از سوی کاترین دوم به زبان‌های ترکی، فارسی، گرجی و ارمنی در میان اهالی جنوب قفقاز پخش کرده و از آنان درخواست کرده بود که هرگونه مقاومت را کنار گذاشته به همکاری بپردازند.[۳۰۵]

و.الف. باکونینا می‌نویسد: «***خواهر بزرگ شیخعلی‌خان یعنی پریچه خانم همیشه دوستدار روسها بود و او تمام قوای خود را به‌کار برد تا برادرش را راضی کند که قشون روسـی را بـپذیرد و دروازه‌های شهر دربند را به رویشان بگشاید.***»

باکونینا در ادامه می‌نویسد: «***وقتی قشون به محاصره دربند پرداخت در طول محاصره این زن چندین بار ایلچی خود را به قشون ما فرستاد تا صداقت خود را به ما نشان دهد***» البته نباید از نظر دور داشت که همین خواهر بزرگ شیخعلی‌خان ۱۵ هزار منات نیز به عنوان هدیه

از فرمانده اصلی روسها یعنی گراف.و.آ. زوبف دریافت کرده بود!

به هر حال همچنانکه گفته شد در اول می ۱۷۹۶م قشون روسی به دربند رسید و در نزدیکی آن اردو زد در دوم ماه می در حالی که هوا بارانی بود جنگ بین طرفین آغاز شد ابتدا توپ‌های قوای روسی شروع به شلیک کردند و سپس حرکت به سوی دربند آغاز شد اگرچه هدفشان تسخیر سریع شهر بود اما چون با مقاومت شدید شهر روبرو شدند شکست خورده تعدادی از افرادشان گم شدند و مجبور به عقب نشینی گشتند در این حمله، روسها ۵ هزار نفر از افراد خود را گم کردند و ۷۰ نفر نیز از آنها زخمی شد یکی از افسران روسی کشته شد و بالکونیک کریوتسوف، مایور وریونیک و پوروچیک پوپکف نیز جزو زخمی شدگان بودند. مبارزه برای فتح شهر همچنان ادامه داشت اما مقاومت مدافعین شهر باعث شده بود که روسها نتوانند کاری از پیش برند.

سرانجام خیانت ارامنه که به عنوان ستون پنجم دشمن در درون قلعه دربند عمل می‌کردند کار خود را کرد و در نتیجه، شهر علیرغم مقاومت جانانه‌اش به تسخیر دشمن درآمد.

پ. گ.بوتکوف که خود شاهد قضایا بوده در این زمینه می‌نویسد:

«در سوم ماه می درهنگام شب یک ارمنی از دربندگریخته به جانب قشون روسی آمده به ماگفت «ما خودمان در قلعه ۲۰ نفر راکشته‌ایم در همان زمان گلوله توپی آمد و شش نفر راکشت به خاطر همین در درون قلعه هیجان بزرگ آغاز شده»

البته علاوه بر همکاری ارامنه با قوای روسی باید از «قاضی بازاران» نام برد که ارزاق و ۸ هزار گوسفند به قشون روسی داد منابع دوره قاجاریه نیز اذعان دارند که با وجود مقاومت جانانه شیخعلی‌خان که علیرغم اینکه تعداد زیادی «از جماعت روسیه سرها بریدند و تن‌ها در خاک کشیدند، خضربیک نامی... به خیانت کوشید با فوجی فرومایگان همدستان، علی‌الغفله شهر دربند را به تصرف قزل ایاغ [ژنرال زوبف] داد»

مدافعین قلعه که در مقابل قوای روسی مقاومت می‌کردند نمی‌توانستند از جایی

کمک دریافت کنند از طرف اهالی دربند چندین بار برای کمک به آنها اقدام شد اما از سوی قوای روسی جلوی این کمک‌ها گرفته شد.

در حالی که در روز هشتم ماه می توپخانه روسی مدام و پی‌گیر مدافعین قلعه را زیر آتش توپ‌های خود قرار داده بود پیاده نظام روسی در مشایعت شلیک توپ‌ها از هر طرف به سوی شهر دربند به حرکت درآمدند دربندی‌های مدافع قلعه هم‌چنان به مقاومت خود ادامه می‌دادند.

سرانجام مدافعین که از هیچ جا کمک دریافت نمی‌کردند و تعدادشان به شدت رو به قلت نهاده بود و روسها نزدیک‌تر شده بودند برخی مجبور به تسلیم شدند. اما سربازان خشمگین روسی آنان را به قتل رساندند به خاطر همین، هیچ‌کدام از آنها اسیر نشدند.

در این شرایط حساس و بغرنج، شیخعلی خان به فکر کمک از اطراف برآمد در این راستا او هیئتی ۱۵ نفره به همراه نامه‌ای برای اخذ کمک به نزد حاکم گازیکومیک و خان باکو فرستاد او در مکتوب خود از حاکمان نامبرده خواهش کرده بود که به منظور کمک به اهالی دربند از پشت به قوای روسی حمله کنند.

اما این بار نیز ارامنه خیانت کرده و هیئت ۱۵ نفری را دستگیر و به حبس انداخته و به روسها تسلیم کردند.[۳۰۶]

در دهم ماه می ۱۷۹۶م آخرین هجوم گسترده قوای روسی به شهر مظلوم دربند آغاز شد شلیک بی‌امان توپ‌ها به شهر بی‌دفاع، اهالی شهر را چنان پریشان کرده بود که چاره‌ای غیر از تسلیم شهر نداشتند و.ی باکونینا که خود در صحنه حضور داشت می‌نویسد اهالی مسلمان دربند، ملای خود را به سوی ما فرستادند او در زیر آتش توانست از شهر خارج شود و به نزد ژنرال بولگاکوف که توپ‌ها در آنجا قرار داشت برود او پیشنهاد کرد که به شرطی شهر را تسلیم می‌کنند که روسها جان و مال شیخعلی خان را ضمانت دهند و جان او محفوظ ماند. وقتی ژنرال بولگاکوف درخواست ملا را به اطلاع فرمانده ارشد یعنی گراف.و.آ. زوبف رساند او در جواب گفت بمباران شهر دو ساعت متوقف می‌گردد تا کلیدهای شهر را تقدیم کنند وگرنه

بمباران و شلیک توپ‌ها به سوی شهر از سر گرفته خواهد شد.

منابع دیگر نیز می‌نویسند: «قلعه به شدت آماج توپ‌ها قرار گرفته و در اثر شلیک توپ‌ها، خانه‌های کثیری تخریب شده اهالی کشته شده و زنده‌ها به تنگ آمده بودند و شیخعلی‌خان را وادار کردند تسلیم شود و البته خیانت معدودی از ارامنه نیز مؤثر بود که نقاط ضعف قلعه را به صورت مخفی سعی می‌کردند به اطلاع قوای روسی برسانند.»[۳۰۷]

شیخعلی‌خان و یارانش شجاعانه جنگیدند وقتی دیگر همه راه‌ها بسته شد و شکست خوردند تسلیم شدند. اما عبدالله یف مغرضانه می‌نویسد: «***لشکرهای روسی در می همان سال دربند را ـ که اهالی آن با شادمانی از سربازان روسی استقبال نمودند اشغال کردند!***»[۳۰۸]

در دهم ماه می شهر دربند به روسها تسلیم گشت و کلیدهای شهر به گراف.و.آ. زوبف تقدیم شد. از عجایب روزگار است که کلیدهای شهر را یک پیرمرد ۱۲۰ ساله آذربایجانی در حالی به فرمانده ارشد روسی تسلیم نمود که او خودِ همان کسی بود که ۷۴ سال قبل از این، همین کلیدهای شهر دربند را به پطر اول تقدیم کرده بود!

شیخعلی‌خان و طرفداران معدود باقی‌مانده‌اش بدون سلاح اما زنجیر در گردن به حضور ژنرال گراف زوبف آورده شدند. خدرخان مرد متنفّذ و ریش سفید شهر و مشاور اصلی شیخعلی‌خان رو به ژنرال روسی کرده گفت «ژنرال اگر بخواهد کسی را مجازات کند اول باید او و بعد بقیه مشاورین را مجازات کند شیخعلی‌خان را به‌خاطر جوانی‌اش ببخشاید» گراف زوبف آنها را ساکت نموده دستور داد شیخعلی‌خان را محبوس نمایند. مدتی بعد ژنرال مایور ساولیوین در رأس یک دسته قشون روسی وارد شهر شد و نگهبانان را در جاهای حساس شهر گمارد اهالی دربند، همگی خلع سلاح شدند ۵۰۰ نفر مزدور از لزگی‌ها و گومیک‌ها انتخاب شدند تا شهر را زیر نظر داشته باشند ۱۳ نفر از اطرافیان شیخعلی‌خان که به عنوان دشمن روس بودند دستگیر شدند و به هشترخان گسیل داده شدند.[۳۰۹] برخی منابع می‌نویسند: «از آنجا که مردم به شیخعلی‌خان ارادت و الفت داشتند در نتیجه زوبف از تبعید او به روسیه امتناع کرد

اما باقی گذاشتن او در دربند نیز خطرناک بود بـه هـمین خـاطر او را بـه هشـترخـان فرستاد»[۳۱۰] ژنرال سوبولوف به عنوان محافظ دربند انتخاب شد.[۳۱۱] قشـون روسـی پس از اشغال شهر دربند به مدت دو هفته در شهر ماند سـپس در ۲۴ مـاه مـی ۱۷۹۶ دربند را به سوی خان‌نشین کوچک باکو ترک کردند.[۳۱۲] آنـان بـه رودخـانه روبـاس رسیده در کنار آن اتراق کردند در همان روز، ایلچی‌های حسینقلی‌خان حاکم باکو با قایق به حضور گراف زوبف رسیده خبر اطاعت اهالی باکو از امپراطوری روس را به اطلاع وی رساندند و اندکی بعد خود حسینقلی‌خان کلیدهای شهر بـاکـو را تـقدیم ژنرال نمود. قشون روسی به‌سوی قوبا حرکت کرده به نزدیکی آن رسیدند حاکم شهر قوبا نیز بدون جنگ، کلیدهای شهر را تسلیم نمود باکیخانوف می‌نویسد:

«سردار روس پس از سرکوب طغیان مردم قوبا و در حالی‌که شیخعلی‌خان حاکم دربند نیز از چنگ او گریخته بود. عازم تصرف قوبا شد. در این حال حسینقلی‌خان حاکم آنجا به استقبال شـتافت و نوازش یافت و جمعی سالدات به محافظت شهر تعین شد» [۳۱۳]

قشون روسی پس از مدتی اقامت در شهر قوبا از آن خارج شده به کنار رودخانه آتاچای رسـیدند مـقصد آنـان ایـن بـار خـان‌نشین شـاماخی بـود. در هـمین زمـان، شیخعلی‌خان حاکم دربند فرار کرد و یک روز بعد نیز در ۲۰ ماه ژوئن ۱۷۹۶م نایب خان‌نشین قوبا موفق شد به همراه خانواده و اقربای خود به کوهها فرار کند بخشی از اهالی قوبا نیز بدانان پیوستند اهالی که دچـار پـریشانی و تـرس بـودند و بـه کـوهها گریخته بودند با اتخاذ تدابیری دوباره به شهر بازگشتند اما شیخعلی‌خان بـه هـمراه مادر و خانواده خود توانست از دست روسها بگـریزد بـاکـیخانوف در مـورد فـرار شیخعلی‌خان می‌نویسد:

«روزی در اثنای سفر در صحرای پره خلیل، شیخعلی‌خان به بهانه اسب تاختن از میان لشگر بگریخت... شـیخعلی‌خان بـه قـریض و از آنـجا از راه قـبله بـه اخـتی و مسکنجه رفت»[۳۱۴] پس از فرار او، برادرش حسن خان به عنوان حاکم قوبا برگزیده شد.

در ماه ژوئیه ۱۷۹۶م قشون روسی به اراضی شاماخی رسیده و در نـاحیه‌ای بـنام

«قورد بلاغ» اقامت گزیدند. در هفتم ماه ژوئیه مصطفی‌خان حاکم شاماخی به اردوگاه روسها آمده و اطاعت خود را از روسها اعلام کرد نویسنده «گلستان ارم» در خصوص تسلیم مصطفی‌خان می‌نویسد: «مصطفی‌خان از آنجا که روی از متابعت برتافته بود اهالی شهر آق سو را به کوه «فیت داغ» کوچانید اما سرانجام مصطفی‌خان مجال توقف ندیده به قراباغ رفته و خود را به ژنرال زوبف تسلیم کرده».[۳۱۵] به احتمال قریب به یقین، مصطفی‌خان پس از تسلیم‌خان قراباغ، خود را به ژنرال زوبف تسلیم کرده است.

در همان زمان مکتوبی نیز از سوی سلیم‌خان حاکم شکی رسیده که در آن اطاعت خود را از امپراطوری روسیه اعلام می‌داشت بدنبال آن، ابراهیم خلیل‌خان حاکم قراباغ نیز پسرش ابوالفتح‌خان را با دسته بزرگی به حضور ژنرال زوبف فرستاده اطاعت خود را از امپراطوری روسیه اعلام داشت نمایندگان قراباغ با دبدبه و کبکبه از سوی ژنرال روسی پذیرفته شدند[۳۱۶] برخی منابع ذکر می‌کنند که ابراهیم خلیل‌خان یک نامه نیز به همراه فرزندش ارسال کرده بود. وقتی نامه به دست ژنرال زوبف رسید او نامه را به پترزبورگ نزد کاترین دوم فرستاد کاترین دوم از این نامه خیلی خوشحال شد و هدایای قیمتی به ابراهیم خلیل داد.[۳۱۷] میرزا آدی گوزل بیک در این مورد می‌نویسد:

«از سوی امپراطور به مرحوم ابراهیم خلیل‌خان و ملا پناه واقف هدایایی فرستاده شده بود. خانات دیگر نیز چون از این خبر اطلاع یافتند آنان نیز اطاعت خود را اعلام کردند. ابراهیم خلیل‌خان هم‌چنین نامه‌های اطاعت‌آمیز خان‌های دیگر مانند خوی، طالش (میر مصطفی‌خان)، شیروان (مصطفی‌خان) گنجه (جوادخان زیاد اوغلو) و حتی حاکمان ایروان، نخجوان را به حضور ژنرال روسی فرستاد.»[۳۱۸]

رافی نیز می‌نویسد: «ابراهیم‌خان با مشاهده وضع موجود از روی ناچاری پسر خود ابوالفتح‌خان را نزد زوبف فرستاد و اطاعت خود را از دولت روسیه اعلام داشت ابوالفتح‌خان به گرمی مورد استقبال کنت زوبف قرار گرفت. کنت با تقدیم هدایای گرانبها برای خان و یک چوب دستی طلا برای امام جمعه قلعه شوشی او را بازگرداند.

این اتحاد امیدهای ملیک‌های قراباغ را به باد داد آنها انتظار داشتند کنت زوبف ابراهیم خلیل را برکنار و قدرت را بدانان خواهد سپرد اما سرانجام اسقف هوسپ ملیک‌ها را با توجیهات و توضیحات خود آرام ساخت»[۳۱۹]

یکی از اهداف بزرگ فرمانده روسی، اشغال شهر ثروتمند باکو بود زوبف بعدها در این خصوص می‌نویسد:

«در خصوص تجارت بین ایران و روسیه شهر باکو رُل بزرگی بازی می‌کند گرفتن باکو موجب پیشرفت تجارت روسیه خواهد شد»

ژنرال زوبف هم‌چنین بر این مسئله توجه می‌کند که ***«بسیاری از هندی‌ها برای زیارت به معبد آتش به باکو می‌آیند پس آیا با توسعه باکو و گسترش تجارت آن، نمی‌توان این شهر را به مکه هندوها مبدل کرد؟»*** [۳۲۰]

اتیکن در مورد اهمیت باکو برای روسها می‌نویسد: «باکو و شیروان پایگاههای صید وسیع ماهی و فک بودند. در باکو از دریاچه‌ها و معادن به مقدار رفع نیاز بخش اعظم قفقاز شرقی و چند ولایت ایران نمک به دست می‌آمد. مهم‌تر از همه، در باکو نفت استخراج می‌شد. نفت علاوه بر مصارف گرمازایی، روشنایی و پخت و پز، در روغن‌کاری ماشین‌آلات، تولید ابریشم و عایق کردن بام‌ها و درمان سل انسانی نیز مصرف داشت... قدرت بزرگ اقتصادی دیگر باکو نقش آن به عنوان مهم‌ترین مرکز تجاری قفقاز شرقی بود این خان‌نشین منبع کالاهای ارزشمند و نیز بازار برای بسیاری از کالاهای ضروری بود که خود نمی‌توانست به میزان کافی تولید کند. علاوه بر این در کنار تنها بندر مناسب ساحل غربی دریای خزر قرار داشت. تنها باکو می‌توانست پناهگاهی در برابر طوفان‌های زمستانی دریای خزر باشد. لنگرگاه آن هم آن‌قدر عمق داشت که کشتی‌ها می‌توانستند در کنار اسکله پهلو بگیرند. در نتیجه، این شهر برای خان‌نشین‌های همسایه، گیلان و حاجی طرخان، چون مهم‌ترین مرکز تجاری منطقه عمل می‌کرد. حتی بخش اعظم تجارت ایران و روسیه از طریق باکو صورت می‌گرفت. هیچ شهر دیگر قفقاز شرقی قدرت رقابت با آن را نداشت...»[۳۲۱]

قشون روسی پس از تصرف دربند و قوبا در ۲۴ می ۱۷۹۶م به طرف باکو حرکت

کرد و در نزدیکی باکو در کنار رودخانه «روباس» اتراق کردند ایلچی‌های حسینقلی‌خان حاکم باکو به قرارگاه لشکر روس آمده اطاعت حاکم باکو از امپراطوری روسیه را به اطلاع وی رساندند حسینقلی‌خان خودش نیز در ۱۳ ژوئن به نزد ژنرال زوبف آمده کلیدهای باکو را تقدیم او نمود در همین روز، ژنرال روسی راخمانوف را با تعدادی توپ و سرباز برای تحویل گرفتن باکو بدان‌جا فرستاد تا زمینه را برای دریافت تجهیزات نظامی که از طریق دریای خزر ارسال می‌شد آماده کند یک پادگانی روسی در باکو ایجاد شد و از آنجاکه باکو یک شهر بزرگ تجاری بود برای امنیت آن تدابیر متعددی از سوی فرمانده روسی اتخاذ گردید و نقشه‌های زیادی برای اجرا تا سال ۱۷۹۷م چیده شد اما مرگ نابهنگام کاترین دوم آنها را غیرعملی ساخت[۳۲۲] پس از باکو ژنرال زوبف به سوی خان‌نشین شیروان حرکت کرد.

مصطفی‌خان حاکم شیروان از روسها اطاعت نکرد او به همین منظور پایتخت خود را از «آق‌سو» به «فیت داغی» نقل مکان داد در همین زمان قاسم‌خان پسر عموی او (پسر محمد سعید خان) در پی کسب قدرت برآمد.[۳۲۳]

البته برخی منابع اشاره می‌کنند که به‌خاطر عدم اطاعت مصطفی‌خان از امپراطوری روسیه، ژنرال زوبف «سعی می‌کرد پسر عموی او قاسم‌خان را که از سال ۱۷۹۴م از شاماخی گریخته بود به شاماخای آورده به جای مصطفی‌خان بنشاند».[۳۲۴]

در دوم نوامبر ۱۷۹۶م مصطفی‌خان حاکم شاماخی مجبور شد به قراباغ فرار کند اما پس از مرگ کاترین دوم و بازگشت قوای روسیه در بهار ۱۷۹۶م مصطفی‌خان دوباره موفق می‌شود پسر عموی خود، قاسم‌خان را شکست و فراری داده و خود امور شاماخی را به دست گیرد.[۳۲۵]

در ژوئیه همان سال، زوبف به شاماخی نزدیک شد. مصطفی‌خان حاکم شاماخی به مقابله با او برخاست اسقف هوسپ به نزد مصطفی‌خان رفته، او را تشویق کرد برای جلوگیری از کشت کشتار بیهوده و ویرانی، از در صلح و آشتی درآید. مصطفی‌خان نیز حاضر به مصالحه گردید ولی هنگامی که از او درخواست شد گروگان بدهد، امتناع کرد و به ابراهیم‌خلیل‌خان پیشنهاد کرد با یکدیگر متحد شده و با دشمن مبارزه

کنند. اما در ماه اوت، روسها مجدداً اسقف را نزد مصطفی خان فرستادند و در ملاقاتی که در وانک سنت استپانوس انجام پذیرفت شاماخی بدون جنگ تسلیم روسها شد.

زوبف بعد از تسخیر شهرهای فوق وارد دشت مغان گردید و برای گذرانیدن فصل زمستان در سالیان اردو زد و در بهار سال بعد به سمت گنجه رهسپار شد».[۳۲۶]

مطالعه رفتار حاکمان خان‌نشین‌ها در قبال قوای روسیه نشان می‌دهد که اگرچه آنها در ظاهر اطاعت خود را از امپراطوری روسیه اعلام می‌داشتند اما اکثراً در باطن همیشه بی‌اعتماد بودند و چنین اطاعتی تنها ظاهری و ناشی از عدم توانایی‌شان در مقابله با قوای عظیم روسی بود.

البته ژنرال زوبف فکر می‌کرد خان‌نشین‌ها با صداقت و ایمان باطنی اطاعت می‌کنند درحالی که طبق نوشته دونروین مورخ روسی «خان‌نشین‌ها از بازگشت دوباره آقامحمدخان و غارت کشورشان می‌ترسیدند هم‌چنین آنان با اطاعت خود، از روسیه می‌خواستند استقلال خودشان را حفظ کنند»[۳۲۷] البته حوادث بعدی نشان داد که چنین انتظاری از روسیه عبث بوده.

قشون روسی در اوایل اکتبر ۱۷۹۶م ناحیه «قره بلاغ» را به سوی شاماخی ترک کرد آنان در سالیان با کوچک‌ترین مقاومتی روبرو نشدند و در هفتم اکتبر وارد شهر شاماخی شدند پس از مدتی اقامت در آن شهر در ۲۱ اکتبر به منظور حمله به خان‌نشین گنجه به فرماندهی ریمسکی کورساکوف، بخشی از قشون به حرکت درآمد آنها در ۱۳ دسامبر به گنجه رسیدند.

موقعیت تجاری شهر گنجه و جغرافیای آن، برای روسها اهمیت زیادی داشت «چرا که فرمانده روسی، گنجه را به عنوان کلید شهرها و ایالت‌های شمال ایران می‌نامید. جوادخان از شهر خارج شده کلیدهای شهر را تقدیم فرماندهی روسی کرد»[۳۲۸] بدین ترتیب نیز گنجه بدون مقاومت تسلیم شد. سپس قشون روسی در ۲۱ نوامبر شاماخی را ترک کرده و به ناحیه‌ایی به نام «کرله» رفتند.

قشون روسیه شهرهای آذربایجان را یکی پس از دیگری اشغال می‌کرد اما از اشغال ایروان که روسها اهمیت زیادی به آن می‌دادند چندان عجله نمی‌کرد چرا که

فرستادن قشون به ایروان و اشغال آن در تضاد با قراردادی بود که در ۱۷۹۲م بین روسیه و عثمانی بسته شده بود و هم بیم آن می‌رفت که چنین اقدامی آن هم به این حد نزدیک به مرز عثمانی، باب عالی را به اعلام جنگ تحریک کند[۳۲۹] از طرف دیگر در همین زمان، یک هزار نفر قشون ایرانی به فرماندهی توکل‌خان در ایروان مستقر بود و ارتباط نزدیکی با دولت عثمانی داشت همین مسئله ژنرال زوبف را ناراحت می‌کرد همچنین یوسف پاشا با پنج هزار نفر سرباز عثمانی به نزدیک ایروان رسیده و از آنجا نماینده‌ای به توکل‌خان فرستاده از او خواسته بود با همدیگر در مقابل قوای روسی متحد گردند.[۳۳۰]

محمدخان حاکم ایروان در مکتوبی به ژنرال زوبف از او درخواست می‌کند برای دفع نفوذ عوامل آقامحمدخان یک هزار سرباز به کمک او بفرستد اما به دلایلی که ذکر شد زوبف از این کار امتناع می‌کند و به او می‌نویسد صبر پیشه کند چرا که او از دربار کاترین کبیر اجازه ورود به ایروان را ندارد. ژنرال زوبف نفوذ به ایروان را به ایراکلی دوم حواله کرده بود اما او پس از ویرانی تفلیس چنان ضعیف گشته بود که قادر بدین کار نبود.[۳۳۱]

سلطان سلیم سوم از اشغال شهرهای آذربایجان توسط قشون روسی ناراحت بود به همین خاطر بر طبق نامه‌ای که زوبف به کاترین دوم می‌نویسد خبر می‌دهد که یوسف پاشا سرلشکر قشون عثمانی و دربار عثمانی، حاکمان آذربایجان اشغال شده را تشویق می‌کنند در مقابل قوای روسی زوبف ایستاده و آنها را به زور اسلحه بیرون کنند و خود سلطان سلیم سوم می‌کوشید به هر قیمتی شده مانع عملیات زوبف در قفقاز جنوبی گردد به همین خاطر جاسوسانی به آذربایجان فرستاده تا مسیر نقل و انتقال و محل استقرار قوای روسی را از آذربایجان گزارش دهند.[۳۳۲]

براساس معلوماتی که ژنرال ساولیوین بدست می‌دهد در ۲۸ سپتامبر ۱۷۹۶ شخصی به نام عثمان از طرف دربار عثمانی به نزد سرخای‌خان در قازی کوموک و امّه‌خان حاکم آوار رفته نامه‌ای را به همراه هدایای زیاد تقدیم آنان نموده است و بدنبال آن، سرخای‌خان به همراه امّه‌خان مشغول جمع کردن قشون می‌گردند. اگر چه

دولت عثمانی از لشکرکشی روسها به جنوب قفقاز ناراحت بود اما چنان ضعیف گشته بود که نمی‌توانست سیاست فعالی را در جهت مقابله با روسها بازی کند.۳۳۳

در اکتبر ۱۷۹۶م فئودال‌هایی که از اشغالگران روسی ناراضی بودند با نیروهای خود به قوای روسی که در قوبا مستقر بودند حمله بردند. فرماندهی این حملات را فرزندان سرخای‌خان یعنی بایرام، خان بوتای و همچنین فئودال‌های معروفی چون محمدعلی‌بیگ، ملاتقی و آقامحمدبیگ بر عهده داشتند به محض اینکه حمله کنندگان به نزدیک قوبا رسیدند ملاتقی به جلوی قشون آمده ضمن اینکه فرمان سلطان سلیم سوم را با صدای بلند برای آنان خواند از اهالی درخواست کرد بر علیه اشغالگران روسی جهاد کنند. پادگان روسی مستقر در قوبا آنان را به گلوله بست اما حمله کنندگان توجهی به آتش دشمن نکرده سعی کردند خود را به شهر قوبا برسانند. از طرفی، شیخعلی‌خان که از نظارت روسها گریخته بود به روستای قریز وارد شده روستائیان را بر علیه اشغالگران روسی دعوت به مبارزه کرده تعداد زیادی از مردم که از اشغالگران روسی ناراضی بودند به دورش جمع شدند.۳۳۴

زوبف به تلافی، شیخعلی‌خان را از خان بودن محروم می‌کند و به جای او حسن خان پسر فتحعلی‌خان را می‌گمارد. شیخعلی‌خان موفق می‌شود با پسر حاکم گازیکوموک (خان بوتای) و از طریق او با مصطفی خان حاکم شاماخی و سلیم‌خان شکی ارتباط برقرار کند.

ژنرال بولکاکف، سرهنگ دوم باکونین را در رأس ۵۰۰ نفر به همراه دو توپ برای سرکوبی نیروهای محلی به روستای آلپان فرستاد اما باکونین و نیروهایش شکست خوردند. سرانجام در جنگی تن به تن که بین طرفین در نزدیکی روستای آلپان صورت گرفت روسها پیروز شدند و از نیروهای محلی جمعاً ۳۱۰ نفر کشته شدند که ملاتقی و بایرام پسر سرخای‌خان نیز جزء کشته شدگان بودند از نیروهای روسی نیز ۹۴ سرباز، سرهنگ باکونین و دو نفر سروان کشته شدند.

خان بوتای خان نیز با افراد انگشت شمار خود توانست جان سالم به در برد و به کوههای «کره» بگریزد. اما یوسف پاشا والی ارضروم حدود یک ماه بعد براساس

اطلاعاتی که از جاسوسان خود در گنجه، شاماخی و دربند گرفته در مورخه ۲۶ دسامبر ۱۷۹۶ (۲۵ جمادی اول ۱۲۱۱ هـ ق) چنین می‌نویسد:

«بین قوای ۶ هزار نفری روس و قوای ۳۰ هزار نفری شیخعلی‌خان حاکم قوبا و حاکمان داغستان جنگ خونینی رخ داده‌که در اثر آن مسلمانان پیروز شدند و موفق شدند، ۳ هزار نفر از روسها راکشته و ۲ اراده توپ و ۵ ارابه غنیمت برند.»

مصطفی‌خان شاماخی نیز تسلیم روسها نشده عایله و اشیاء قیمتی خود را برداشته و از طریق آذربایجان جنوبی به ایران رفته و به آقامحمدخان پیوسته است اما ابراهیم خلیل‌خان حاکم قراباغ زودتر از این پسر خود را به حضور فرمانده روسی فرستاده «برخی منابع به اشتباه قید می‌کنند که فرمانده روسی پسرش را قبول نکرده بلکه خواسته ابراهیم خلیل خودش به حضور برود».[۳۳۵]

بعد از اینکه آقامحمدخان در پاییز ۱۷۹۶م خود را در تهران به عنوان شاه اعلام کرد به دنبال مجالی برای بازگشت و حمله مجدد به قفقاز جنوبی بود و به کمک دولت عثمانی امیدوار بود. در نامه‌ای که در ۲۹ دسامبر ۱۷۹۶ نماینده آقامحمدخان در استانبول تسلیم دولت عثمانی می‌کند در آن، مکنونات قلبی خود را آشکار می‌کند که برای مبارزه با روسیه خود را آماده می‌کند و در فصل بهار حمله را آغاز خواهد کرد و به همین خاطر ۱۵۰ هزار قشون ترتیب خواهد داد. در پایان‌نامه قید شده که «ترکیه در این زمینه چه کمکی می‌تواند به او بکند. از ترکیه می‌خواهد قشونی برای مقابله با ایرا کلی دوم به گرجستان بفرستد» اما چنین اقدامی از سوی ترکیه با مقاوله‌نامه آن کشور با روسیه در تضاد بود و به همین خاطر ترکیه امتناع می‌کند ولی برای مقابله با احتمالات پیش آمده پادگان ارضروم را تقویت کرده و یوسف پاشا وزیر سابق را در رأس سربازان قرار می‌دهد.

یکی از علت‌هایی که دولت عثمانی به درخواست اتحاد با خواجه قاجار جواب منفی می‌دهد این بوده که به آقامحمدخان به عنوان شاه ایران اعتماد نمی‌کرد و همچنین در جنگ‌های اطریش ـ عثمانی نیز، ایران دولت ترکیه را یاری نکرده بود.[۳۳۶] از طرف دیگر ترکیه نمی‌توانست از اقدامات آقامحمدخان رضایت کامل داشته باشد

زیرا مردم خان‌نشین‌ها از دولت عثمانی می‌خواستند در مقابل خواجه قاجار سیاست خود را تغییر دهد آیا جز این بوده که مردم و دولت عثمانی به جنایت‌ها و سفاکی‌های آقامحمدخان در کل ایران مخصوص در آذربایجان واقف شده و به او به دیده یک دژخیم می‌نگریستند؟

یوسف پاشا والی ارضروم در نوشته‌ی خود به تاریخ ۲۸ دسامبر ۱۷۹۶ (۲۷ جمادی اول ۱۲۱۱) حدس می‌زد که آقامحمدخان با اردوی بزرگی از تهران به طرف زنجان حرکت کرده براساس اطلاعاتی که خفیه‌نویسان یوسف پاشا در اختیار او گذاشته‌اند سلیمان‌خان برادر زاده آقامحمدخان و جعفرقلی‌خان (برادرِ خان خوی) با ۳۰ هزار سرباز، از سوی آقامحمدخان برای مبارزه با روسها به طرف آذربایجان به حرکت درآمده‌اند در همین راستا والی‌های آذربایجان نیز سعی می‌کنند در تبریز نیرو جمع کنند.[۳۳۷]

در چنین وضعیت سختی، دولت عثمانی نیز در ارتباط تنگاتنگ با حاکمان آذربایجان بود و کمک‌های زیادی جهت مقابله با روسها می‌کرد به نوشته برخی منابع به هر کسی که در جنگ با روسها مشارکت می‌کرد ۵۰ روبل می‌پرداخت. رهبری مبارزه با روسها را این بار شیخعلی‌خان به عهده گرفته بود او قبل از این نیز در مبارزه سلطان سلیم با روسها حضور داشت.[۳۳۸]

در اواسط تیرماه ۱۱۷۵ ش/ اوایل ژوئیه ۱۷۹۶م قوای روسیه تقریباً کل قفقاز جنوبی را گرفته و تمامی خان‌نشین‌های قفقاز جنوبی مانند دربند، قوبا، گنجه، شکی و قراباغ اطاعت خود را از ژنرال زوبف اعلام داشته بودند قوای روسیه اکنون به نزدیکی‌های ارس رسیده و خود را آماده پیشروی به سوی مغان می‌کرد.[۳۳۹] اما در ششم نوامبر ۱۷۹۶م اتفاق غیرمنتظره‌ای افتاد[۳۴۰] و موجب قطع حملات قشون روسی گشت این اتفاق، مرگ نابهنگام کاترین دوم امپراطوری روسیه بود وقتی پل اول (۱۸۰۱ ـ ۱۷۹۶م) به جای وی به تاج و تخت تکیه زد دستور عقب‌نشینی سربازان روسی از آذربایجان جنوبی را صادر کرد.[۳۴۱] پل اول امپراطور جدید روسیه (۱۷۹۶ ـ ۱۸۰۱) پس از آنکه مادرش سکته مغزی کرد و مُرد نه‌تنها سیاست مادرش را کنار

گذاشت بلکه کثیری از رزمندگان و دلتمردان برجسته روسی را نیز برکنار کرد به عنوان مثال ژنرال پاول سیسیانوف (۱۷۵۴ ـ ۱۸۰۶ م) سردار معروف و شاهزاده گرجی یکی از آنها بود او پس از کنار گذاشته شدن، تا زمانی که پاول اول حکومت می‌کرد همچنان بدون اشتغال باقی ماند اما با روی کار آمدن الکساندر اول دوباره همه چیز تغییر یافت و مردان روزگار کاترین، دوباره به سر کارها بازگشتند و سیسیانوف نیز در سپتامبر ۱۸۰۲ بازرس و فرمانده کل قوا در گرجستان شد.[۳۴۲]

مرگ نابهنگام کاترین دوم و بازگشت قوای روسی، موجب ناراحتی برخی حاکمان خان‌نشین‌ها شد که در نفرت از آقامحمدخان بدون کوچک‌ترین مقاومتی به جانب روسیه گراییده بودند ابراهیم خلیل‌خان حاکم قراباغ یکی از اینها بود حسن اخفا علیزاده در این مورد می‌نویسد:

«بازگشت قوای ژنرال زوبف به روسیه باعث تأثر و ناراحتی شدید ابراهیم خلیل‌خان شد»[۳۴۳]

در همین زمان ابراهیم خلیل‌خان به همراه ایراکلی دوم در پیِ انتقام‌جویی از ملیک مجلوم و جوادخان حاکم گنجه برآمد چرا که آنان در زمان حمله آقامحمدخان از متحدان او بودند در زمان حمله قوای روسی به خان‌نشین‌های قفقاز هیچ درگیری بین جوادخان و ژنرال زوبف پیش نیامده بود زیرا قبل از رسیدن قوای روسی، ملیک آبو نزد جوادخان بوده و در شهر گنجه به سر می‌برد قبل از رسیدن قوای روسی با توصیه اسقف هوسپ، ملیک آبو موفق گردیده جوادخان را راضی به ترک مخاصمه نماید. در نتیجه جوادخان با احترام از کنت زوبف و اسقف استقبال کرده و «قطعه چوبی از صلیب حضرت مسیح را که از وانک‌ها خپات به تفلیس برده شده و سپس به دست سربازان ایرانی افتاده و او با پرداخت پول آن را خریداری کرده بود، به اسقف اهداء کرد.»[۳۴۴]

یک ماه بعد از خروج قوای روسیه، در آوریل ۱۷۹۶م ابراهیم خلیل‌خان و ایراکلی دوم با قوای خود و به کمک لزگی‌ها و تعدادی از سربازان روسیه که در تفلیس مانده بودند قلعه گنجه را به محاصره خود در می‌آورند و عمرخان نیز به یاری آنها می‌شتابد در اردوی ابراهیم‌خان از ملیک‌های قراباغ تنها ملیک رستم دیده می‌شد.[۳۴۵]

محاصره قلعه گنجه چهار ماه طول می‌کشد سربازان روس، ترک، گرجی و لزگی آن را محاصره کرده بودند و مرتباً مورد حمله قرار می‌دادند مدافعین هم سرسختانه دفاع می‌کردند، آخرالامر شاهزاده ایراکلی مخفیانه مأموری نزد جوادخان فرستاد و پیشنهاد کرد که در صورت تحویل ملیک مجلوم، از محاصره دست بر خواهد داشت.

جوادخان مردانه جواب داد چنین رفتاری درخور ایراکلی دوم است و به هیچ‌وجه حاضر نیست متحد خود را تحویل دشمن دهد. منظور جوادخان عمل خود ایراکلی بود که پیشتر، ملیک مجلوم را در تفلیس تسلیم ابراهیم‌خان کرده بود.

پس از دریافت پاسخ قاطع جوادخان، ایراکلی و ابراهیم خلیل‌خان حملات خود را تشدید کردند، سه ماه از محاصره سپری شد ولی قلعه هم‌چنان ایستادگی می‌کرد. در این زمان، پیرمردی سفیدموی که هنوز نشاط جوانی را حفظ کرده بود از اردوی دشمن خارج شده مخفیانه وارد قلعه گردید. او خود را به یکی از برج‌ها که به وسیله مدافعین چند صد نفری حفاظت می‌شد رساند و آنان را تحریک به شورش کرد وقتی ملیک مجلوم برای خواباندن شورش بدان‌جا رفت گلوله‌ای به او اصابت کرد و مجروح شد او را به قصرخان بردند و پیرمرد ضارب را دستگیر کردند. پیرمرد پدر چاشلیق اسرائیل، آپرس بود ملیک مجلوم پس از سه روز درگذشت.[۳۴۶]

بدین ترتیب پس از نبردی سنگین، سرانجام ملیک مجلوم در جنگ کشته شد و جوادخان گنجه‌ای نیز مجبور به تسلیم گشت او پسرش و خواهرش را به عنوان گرو نزد حاکم قراباغ فرستاد.[۳۴۷]

اما منابع دیگر در خصوص این حمله و تسلیم جوادخان می‌نویسند: «در مارس ۱۷۹۶م ابراهیم خلیل‌خان و ایراکلی دوم به گنجه حمله کردند و چهار ماه شهر را در محاصره خود گرفتند. جوادخان گنجه‌ای وقتی تقویت نیروی ایراکلی دوم را دید محرمانه با ابراهیم خلیل‌خان حاکم قراباغ مذاکره کرد و اطاعت او را پذیرفت سپس خواهر و پسرش را به عنوان گرو نزد حاکم قراباغ فرستاد هم‌چنین پرداخت ۱۰ هزار منات به عنوان خراج به ابراهیم خلیل را قبول کرد.»[۳۴۸] بدین ترتیب جنگ خاتمه یافت.

نمونه پنجم

پاول اول که در روسیه به جای کاترین دوم نشسته بود سیاستی کاملاً متفاوت از مادر در پیش گرفت زیرا اولاً حواس او به جای ایران بیشتر معطوف به مبارزه با انگلیس بود ثانیاً هزینه لشکرکشی ژنرال زوبف به قفقاز برای روسیه فوق‌العاده سرسام‌آور بود ثالثاً اوضاع مالی روسیه به شدت رو به وخامت گراییده بود به همین دلایل، پاول اول مجبور بود قشون روسی را از جنوب قفقاز بیرون کشد.

موریل تکین در این مورد می‌نویسد: «***پاول علناً با بسیاری از افراد و سیاست‌های مورد حمایت مادرش مخالفت می‌ورزید در ۷ نوامبر ۱۷۹۶ / ۶ جمادی‌الاول ۱۲۱۱ یک روز بعد از درگذشت کاترین دوم دستور داد عملیات زوبف متوقف شود و یک ماه بعد این مأموریت را لغو کرد. برادران زوبف اندکی پس از آن مغضوب شدند و تا آخرین ماههای سلطنت پاول اول از صحنه برکنار ماندند.***»[۳۴۹]

اما هم‌چنان‌که خواهیم دید هر چند سیاست‌های توسعه‌طلبانه روسها پس از مرگ کاترین دوم تنها برای مدت کوتاهی به محاق رفت اما اندکی بعد بلافاصله تعرضات مادربزرگ از سوی پاول اول از سر گرفته شد چرا که مشاوران او همان مشاوران اندک کاترین کبیر بودند.

به هر حال در آن مدت کوتاه، آقامحمدخان از فرصت استفاده کرده پس از خارج شدن قوای روسی از آذربایجان، دوباره درصدد اشغال آن مناطق برآمد او برای به اطاعت درآوردن خانات آذربایجان به عوامل متعددی دست زد در حالی که هنوز روسها از ادعاهای خود مربوط به این خانات دست برنداشته بودند.[۳۵۰]

سفید

نمونه پنجم

فصل هفتم

دومین حمله آقامحمدخان به قفقاز و بدرود زندگی

پس از درگذشت کاترین دوم به دستور پل اول امپراطور جـدید روسـیه، ارتش روسیه قفقاز جنوبی را ترک کرده به روسیه بازگشت اما روسها در آستانه ترک قفقاز خان‌نشین گنجه را به والی گرجستان ایراکلی دوم نامزد کرده بودند بـراسـاس مـنابع غیرایرانی «ایراکلی دوم و ابراهیم‌خان قراباغی و سلیم‌خان شکی با لشکر، بـه گـنجه آمده علی سلطان شمس الدینلو را به نیابت از طرف والی به حکـومت آنـجا تـعیین نمودند.»۳۵۱

آقامحمدخان قبل از حرکت از تهران، باباخان ولیعهد خود را از شیراز بـه تهران احضار کرد زمام امور تهران را به دست میرزاشفیع مازندرانی داد مـقام بیگلربیگی تهران را به محمدخان قاجار دولو داد سپس خود با لشکری در ۲۵ ذیقعده ۱۲۱۱هـ/۱ خرداد ۱۱۷۶م از تهران خارج شد.۳۵۲

به نوشته برخی منابع، آقامحمدخان برای حمله به آذربایجان در اول خرداد ۱۱۷۶ ش/ ۲۱ می ۱۷۹۷م از تهران حرکت کرد در این لشکـرکشی عباس میرزا و نـواب محمدقلی میرزا و نواب حسنعلی میرزا و نواب حسینعلی‌خان برادر فتحعلی شاه او را همراهی می‌کردند.۳۵۳ پس از رسـیدن به اردبیل بر سـر قـبر جـد اعـلای سـلاطین صفویه حاضر شده شمشیر خود را که بر روی قبر گذاشته بود برداشته به کمر خویش بست سپس در آینه بازار مستقر شد.۳۵۴ برخی منابع تعداد قشون او را تا یک‌صد هزار نفر ذکر کرده‌اند.۳۵۵

آقامحمدخان دستور داد پنج هزار نفر از قشون به همراه صادق‌خان شقاقی به سوی ابراهیم خلیل‌خان جوانشیر حرکت کند تا خان قراباغ را به اطاعت خود درآورد.

این بار نیز خان قراباغ دستور داده بود «پل خدآفرین» را تخریب کنند اما آقامحمدخان که حوصله تعمیر پل را نداشت دستور داد سواران، خود را به رودخانه زنند و از رود عبور کنند مقداری از نفرات در حال عبور از رودخانه تلف شدند اما آقامحمدخان و لشکریانش از آب گذشتند.[۳۵۶]

آقامحمدخان نامه‌ی تندی نیز به ایراکلی دوم حاکم گرجستان نوشته و به او اولتیماتوم داد که اطاعت کند و از عملکردهای گذشته‌اش پشیمان گردد. این التیماتوم شدید به احتمال زیاد قبل از حرکت آقامحمدخان از تهران صورت گرفته و یا وقتی که او در اردبیل بوده نوشته شده. اولتیماتوم که به زبان گرجی نوشته شده بود برای اولین بار در ۱۹۹۲م پروفسور د. آرزومانلی آن را به ترکی ترجمه کرده به لحاظ اهمیت تاریخی اولتیماتوم آقامحمدخان به صورت کامل در اینجا آورده می‌شود:

«به نام خداوند بخشنده و مهربان، خدایی که از همه چیز بزرگ است و آفریننده همه چیز است. این فرمان را به اعلیحضرت ایراکلی دوم حاکم گرجستان می‌فرستیم. برای حاکمی که به مراحم ما امیدوار است معلوم گردد از هفتاد سال پیش اقداماتی که گرجی‌ها در قندهار مرتکب شده‌اند تا ایران را از اعتبار بیندازند امروزه برای همگان آشکار شده است امروز شاه سلطان حسین زنده نیست بلکه در آن دنیاست اما به یقین اعلیحضرت ایراکلی دوم به خوبی می‌دانند که گرجستان یک‌صد سال پیش تحت حاکمیت ایران بوده امروز جای تعجب است که شما به روسها نزدیک شده و خود را تحت حمایت آن‌ها قرار داده‌اید روسهایی که کارشان تنها در ایران تجارت است.

سن تو از ۹۰ سال گذشته است اما با این حال مرتکب اشتباهات فاحش و نابخشودنی می‌شوی. خاک وطن را به کافران واگذار می‌کنی و با آنها متحد می‌گردی و شرایط و اوضاع را بدلخواه و خشنودی آنان بر می‌گردانی.

اگرچه دین‌های ما یکی نیست اما شما همیشه جزو ایران بوده‌اید بر شما مبرهن است که در ایران خیلی از تاتارها، گرجی، ارمنی‌ها و صاحبان ادیان دیگر زندگی می‌کنند با توجه به این، آیا شما هیچ

شرمنده و پشیمان نمی‌شوید که به چنین خطاها و اشتباهات دست می‌زنید در سال گذشته تو مرا مجبور کردی که دست به کشتار و محو گرجی‌های زیادی بزنم اما مایل نیستیم مطابعت کنندگان خود را بکشیم امروزه به حول قوه‌الهی ما دارای قدرت زیادی هستیم دولت ما به قدرت نهنگ است تو مجبور هستی صداقت خود را به ما نشان دهی. از آنجاکه ما دارای قدرت عظیمی هستیم اگر آدم عاقلی باشی ازکارهای گذشته‌ات دست برمی‌داری و ارتباطات خود را با روسها قطع می‌کنی در آن صورت اهالی سرزمین شما در امان خواهند ماند اگر به این راهنمایی عمل نکنی در آن صورت به گرجستان هجوم آورده گرجی‌ها را نیز به همراه روسها از دم تیغ خواهیم گذراند از خونتان یک رود مانند رودکور جاری خواهد شد برای اینکه همه اینها را به تو نشان دهم این فرمان را به سویت می‌فرستیم تا آن‌چه دستور داده و فرمودیم آویزه گوشت کنی و وضعیت خودت را درک کنی.» [۳۵۷]

از جوابی که ایراکلی دوم به آقامحمدخان داده اطلاعی در دست نیست هم‌چنین معلوم نیست او چه عکس‌العملی در مقابل التیماتوم آقامحمدخان از خود نشان داده شاید مرگ غیرمترقبه آقامحمدخان در قلعه شوشی موجب شده که عکس‌العمل ایراکلی دوم پس از دریافت التیماتوم مشخص نباشد اما به احتمال قریب به یقین او نمی‌توانست پس از شکست در نخستین حمله آقامحمدخان دوباره تصمیم به مقابله بگیرد چرا که قشون روسی نیز در این زمان به روسیه بازگشته بود. البته شایان ذکر است که ایراکلی دوم پادشاه گرجستان نیز یک‌سال پس از مرگ کاترین دوم درگذشت. به نوشته منابع تاریخی، وقتی ایراکلی دوم در ۱۱ نوامبر ۱۷۹۸ درگذشت پسر بزرگ او گئورکی خان ولیعهد پدر بود به محض اینکه گئورکی خان خواست به جای پدر بنشیند با عصیان برادرانش که از زن دیگر ایراکلی بودند مواجه شد. شاهزاده یولون از زن دوم حاکم گرجستان به عنوان بزرگ‌ترین پسرش در آن زمان ۴۰ سال داشت و شاهزاده پارنائوز ششمین فرزند حاکم در آن زمان ۲۶ سال داشت شاهزاده الکساندر پنجمین فرزند حاکم نیز در آن زمان ۳۲ سال داشت.[۳۵۸]

هر کدام از برادران بنای عصیان و ناسازگاری گذاشتند گئورکی خان به عنوان حاکم جدید ناچار شد برای مبارزه با برادران عصیانگرش از داغستان نیروی کمکی فراخواند قشون کمکی داغستان حرکت کرده به محض رسیدن، الکساندر خود را

ناتوان دیده راه فرار را برگزیده و به قراباغ رفت او در اوایل مارس ۱۸۰۱ در آنجا درگذشت.۳۵۹

پ.گ. بوتکوف می‌نویسد: «هدف آقامحمدخان از لشکرکشی دور دوم به قفقاز این بود که او می‌خواست پس از تنبیه و انتقام از ابراهیم خلیل خان حاکم شوشی دوباره از آنجا به سراغ حاکم گرجستان برود آقامحمدخان می‌خواست مثل زمان شاه عباس که اهالی شاماخی، شکی، نخجوان طالش، گرجی‌ها و غیره را از محل زندگی خود به استراباد و مازندران کوچانده بود او نیز چنین کند و اهالی را از محل زندگی خود به مناطق دیگر تبعید کند»۳۶۰

نخجوان

در حمله دوم آقامحمدخان اولین حاکمی که از خان‌نشین‌های آذربایجان به غضب او گرفتار شد کلبعلی خان حاکم نخجوان بود که به دستورش چشمانش را در آوردند و از نخجوان دورش کردند.۳۶۱ هم‌چنین آقامحمدخان دستور داد بخشی از طایفه کنگرلی را از نخجوان تبعید کنند.۳۶۲

پ.گ. بوتکوف در مورد تسخیر نخجوان و تنبیه کلبعلی خان می‌نویسد:

«آقامحمدخان سرداری را به همراه قشونی به نخجوان فرستاد و به او دستور داد اهالی نخجوان باید به ایران کوچ داده شود کلبعلی خان حاکم نخجوان خودش آماده شد تا به حضور آقامحمدخان رفته از او خواهش کند از تبعید مردم صرف نظر کند اما خود او اولین نفری شد که به غضب آقامحمدخان گرفتار آمد و چشمانش را درآورده کورش کردند و به تهران فرستادند. کلبعلی خان قبل از این خود را به اطاعت ژنرال زوبف و امپراطوری روسیه درآورده بود به همین خاطر آقامحمدخان از او کینه داشت»۳۶۳

به نوشته منابع، چون آقامحمدخان بخشی از اهالی نخجوان را به ایران کوچ داده بود به همین خاطر جمعیت شهر خیلی کم شده بود.۳۶۴ آقامحمدخان به این خاطر کلبعلی خان را تنبیه کرد که او در زمان لشکرکشی قوای روسیه با ژنرال زوبف رابطه صمیمانه‌ای برقرار کرده بود.۳۶۵

اما کلبعلی خان مدت چندانی در تهران در حبس نماند زیرا پس از مرگ

آقامحمدخان، وقتی فتحعلی شاه به سلطنت رسید کلبعلی خان را از حبس آزاد ساخت و به او اجازه داد به جای نخجوان، در ایروان زندگی کند چرا که در آن زمان عباسقلی خان بر نخجوان حکم می‌راند.[۳۶۶]

از آنجا که کلبعلی خان کور هم‌چنان در بین مردم نخجوان محبوبیت داشت به محض اینکه مردم از ورود او به ایروان باخبر شدند دوستدارانش گروه گروه به ایروان کوچ کردند عباسقلی خان حاکم نخجوان نتوانست از کوچ مردم ممانعت کند و حتی مقام خود را نیز از دست داد.[۳۶۷]

ایروان

وقتی قشون روسیه وارد قفقاز جنوبی شد محمدخان حاکم ایروان از روسیه اطاعت کرده و با ژنرال زوبف دست به نامه‌نگاری‌ها زده بود به همین خاطر پس از بازگشت قوای روسی، آقامحمدخان دستور داد او به اتفاق یک هزار قشون به حضور شاه بیاید محمدخان در مقابل دستور آقامحمدخان ابتدا در پی سرپیچی برآمد و از ایراکلی دوم کمک خواست اما حاکم گرجستان چنان ضعیف شده و از حمله نخستین آقامحمدخان ضربه دیده بود که نتوانست کمکی بکند چون قوای روسی نیز به روسیه مراجعت کرده بود حاکم ایروان مجبور شد با یک هزار نفر به حضور آقامحمدخان بشتابد از آنجا که آقامحمدخان فکر می‌کرد حاکم ایروان با اطاعت خود از ژنرال زوبف به او خیانت کرده او را به پانصد هزار منات جریمه محکوم ساخت محمدخان حاکم ایروان ۲۰۰/۰۰۰ منات پرداخت و از آقامحمد خواهش کرد اجازه دهد او به ایروان رفته املاک خودش را فروخته مابقی پول را تهیه کند اما آقامحمدخان قبول نکرده او را زندانی ساخت سپس او را به همراه خانواده‌اش به صورت تحت نظر به قزوین فرستاد و حاکمیت ایروان را به علیقلی خان سپرد.

وقتی آقای محمدخان در دور دوم حمله‌اش در قلعه شوشی کشته شد و سربازان ایرانی به طرف ایران فرار کردند مردم ایروان نیز بر علیه علیقلی خان حاکم ایروان قیام کرده او را به ایران فراری دادند وقتی فتحعلی شاه به جای آقامحمدخان به حکومت

رسید محمدخان حاکم سابق ایروان را از زندان قزوین آزاد ساخت و او را به ایروان فرستاد اما محمدخان پس از رسیدن به ایروان به فتحعلی شاه خیانت کرد و از اطاعت ایران امتناع کرد و با جعفرقلی‌خان حاکم خوی عهد مودت بست چرا که او نیز از اطاعت شاه ایران پرهیز کرده بود.[۳۶۸]

شاماخی

آقامحمدخان قبل از حرکت به سوی آذربایجان نامه‌هایی به خان‌نشین‌ها نوشته و از آنها خواسته بود اطاعت خود را اعلام دارند وقتی نامه آقامحمدخان به مصطفی‌خان حاکم شاماخی رسید او به آقامحمدخان جواب رد داد شاه در پی انتقام برآمد. اما وقتی آقامحمدخان بدون مقاومت وارد شوشی شد مصطفی‌خان حاکم شاماخی ترسیده به اتفاق سلیم‌خان به وسیله ایلچی‌ها، اطاعت خودشان را از خان قاجار اعلام کردند اما این نیز از سوی مصطفی‌خان تظاهری پیش نبود چرا که او به مانند نخستین لشکرکشی آقامحمدخان در عین اینکه اطاعت خود را اعلام کرد در همین زمان در کوه «فیت داغی» شروع به تهیه تجهیزاتی جهت دفاع از خان‌نشین و مقابله با آقامحمدخان نمود او وقتی در کوه بود قاسم‌خان پسرعمویش که ادعای حاکمیت داشت قاصدی را به نزد آقامحمدخان فرستاده تابعیت خود را به وسیله او اعلام کرد و از آقامحمدخان خواست از او در مقابل مصطفی‌خان حمایت کند. اما طولی نکشید که او خود، از سوی مصطفی‌خان رانده شده و به آقامحمدخان در شوشی پناه برد.

وقتی آقامحمدخان در قلعه شوشی به قتل رسید حاکم شاماخی نیز از تعقیب او آسوده شد.[۳۶۹]

باکو

وقتی آقامحمدخان در قلعه شوشی بود حسینقلی‌خان حاکم باکو را به حضورش طلبید اما حسینقلی‌خان از آمدن امتناع کرد بار دوم که شاه به دنبال‌اش چاپاری فرستاد

او حسینقلی‌خان را به زور نزد آقامحمدخان آورد. برخی منابع می‌نویسند او خود به حضور آقامحمدخان آمد اما بعضی می‌نویسند او را به دستور آقامحمدخان با زنجیر به حضورش آوردند.[۳۷۰]

آقامحمدخان که از حسینقلی‌خان خشمگین بود شروع به داد و فریاد کرد که چرا در زمان حمله قوای روسی شهر باکو را بدون مبارزه تسلیم روسها کرده. سرانجام او را به اعدام محکوم کرده دستور داد به حبس اندازند تابعداً حکم اعدام اجراگردد اداره باکو را نیز به دست شیخعلی‌خان سپرده و تمام خانواده حسینقلی‌خان را دستگیر و به تهران فرستاد و تضمیناتی نیز از اهالی باکو اخذ کرد اما وقتی آقامحمدخان بـه قـتل رسید حسینقلی‌خان حاکم باکو به همراه حاکم گنجه از زندان رها شده به دیار خود رفتند.

مرگ فجیع پایان یک زندگی فجیع

آقامحمدخان در ۱۹ خرداد ۱۱۷۶ ش/۸ ژوئن ۱۷۹۷ بدون کوچک‌ترین مانعی به قلعه شوشی وارد شد و اردوگاه خود را در آنجا مستقر کرد[۳۷۱] خودش نـیز در قـلعه شوشی در عمارت محمدحسن آقا پسر حاکم قراباغ منزل گزید. از هر کسی که انتظار اموال و خزانه و دفینه‌ای می‌رفت دستور داد ستانده شود. او وقتی در کنار ارس بـود ابراهیم خلیل‌خان بدون کوچک‌ترین مقاومتی شهر را رها کرده به داغستان گـریخته بود برخی منابع می‌نویسند که ابراهیم خلیل هرگونه مقاومت را بی‌فایده مـی‌دانست چراکه به نوشته اکثر منابع، در عرض سه سال در اثر قحطی و کم‌آبی، گرسنگی عنان مردم را بریده بود «همه‌جا گرسنگی حکم می‌راند گدایی برای لقـمه‌ای نـان هـمه‌جا پخش شده بود»[۳۷۲] در این شرایط ابراهیم خلیل‌خان اهل و عیال، اقربا و خانزاده‌ها را برداشته از شهر خارج شد.

آقا محمدخان به محض اینکه از فرار ابراهیم خلیل‌خان و همراهان او باخبر شـد دو هزار نفر به سرکردگی ندیم خود صفرعلی بیگ برای تـعقیب و دسـتگیری خـان قراباغ فرستاد قشون آقامحمدخان که از شاهسون‌ها بود در پل رودخانه کُر به ابراهیم

خلیل‌خان و همراهانش رسیدند جنگی بین‌شان درگرفت اما موفق به دستگیری ابراهیم خلیل‌خان نشدند تنها بخشی از اموال او را به غنیمت گرفته بازگشتند البته به احتمال زیاد تبانی در کار بوده چرا که به نوشته برخی منابع، در بین راه برخی از لزگی به دستور شاه جلو آنها را گرفته می‌خواستند آنان را دستگیر کرده تحویل خواجه قاجار بدهند اما بیکه‌آغا زن ابراهیم خلیل که خواهر امه خان نیز بود آنها را نصیحت کرده و منصرف می‌کند.[۳۷۳]

ابراهیم خلیل‌خان و همراهانش به سلامت از رودخانه کُر و ولایت شکی گذشته قدم به خاک بالکان و جار گذاشتند. اگرچه آقامحمدخان از پیش به اهالی آنجا دستور دستگیری ابراهیم خلیل را صادر کرده بود اما آنان با حرمت و احترام او را پذیرفته و به مدت ۲۰ روز در خاک بالکان نگه داشتند.[۳۷۴]

در حالی که ابراهیم خلیل کاملاً آواره بود در این زمان اتفاق عجیبی افتاد و همه چیز را دگرگون کرد محمد رفیعی بیگ سر بریده آقامحمدخان را آورده و بلافاصله خبر مرگ او در همه‌جا پیچید![۳۷۵]

برخی منابع فارسی علت چنین حادثه مهمّی را در حد مقدار خربزه تقلیل داده‌اند بی‌آنکه به توطئه عمیقی که در پشت آن بوده اشاره کنند. عبدالله مستوفی به غلط می‌نویسد: ***«در ایام محاصره‌ی شوشی [کدام محاصره!] مقداری خربزه برای شاه آورده بودند که تحویل آب‌دار خود نموده و امر داده بود که هر وعده مثلاً نصف یکدانه‌ای از آنها را یک طرف می‌شود در سفره‌ی غذای او بگذراند خربزه‌ها زودتر از حسابی که شاه داشته است تمام می‌شود. شاه تاریخ روز آوردن خربزه‌ها و اینکه چند دانه‌ی آن به مصرف رسیده و چند دانه‌ی آن باید باقی باشد دقیقاً تعیین می‌کنند و از آبدار باقی‌مانده را مطالبه می‌نماید. آبدارچی هم نجات را در حقیقت‌گویی می‌پندارد و اعتراف می‌کند که با دو نفر از پیش‌خدمت‌ها آنها را خورده‌اند. شاه برای همین جرم امر به‌کشتن هر سه می‌دهد. بعد از آنکه به خاطر او می‌آورند که شب جمعه است، اعدام آنها را به صبح شنبه محول می‌نماید و چون محکومین، به تجربه می‌دانستند که حکم شاه استیناف پذیر نیست شب شنبه سه نفری وارد اطاق خواب او شده، کارش را می‌سازند».***[۳۷۶]

عبدالله مستوفی حتی به این مسئله ساده دقت نکرده که زمان کشته شدن

آقامحمدخان ۱۷ خرداد ماه بوده و این زمان در آذربایجان اصلاً زمان رسیدن و چیدن خربزه نیست! صاحب روضه‌الصفای ناصری نیز می‌نویسد:

«صادق نام گرجی و خداداد خان نام اصفهانی و عباس مازندرانی که فراش خلوت و پیشکار خدمت بودند شب هنگام در خدمت مخصوص خود تفاضل و تکاهل کرده، مایه تغییر مزاج پادشاهی گردید و بدیشان تهدید به قتل شد و آن سه تن از بیم جان خود با یکدیگر توافق و تعاهد کرده بالاتفاق برگرد حضرت خسرو آفاق آمده دست جسارت برگشادند و زخمی چند منکر بر آن اعضا و پیکر زدند و شاهباز صدرنشین روح پر فتوح آن سلطان والاشاه از قفس تن رسته به مکان روحانی خود پیوسته آن حضرت در آن هنگام بدان سه شوم اخترگمنام فرموده بوده که: «مرا در جایی کشتید که یکی از سپاهیان من به راحت و سلامت به منزل و خانه خود نخواهند رسید.» [۳۷۷]

صاحب فارسنامه ناصری نیز هر چند روایت متفاوتی از مرگ آقامحمدخان نقل می‌کند اما البته چندان دقیق نیست:

«حضرت گیتی‌ستان داخل شوشی شد و چون سه روز بگذشت میانه صادق نام گرجی و پیشخدمت و خداداد فراش خلوت اصفهانی نزاع شد و آواز آنها چنان بلند گردید که حضرت شاهنشاه را به غضب درآورد و حکم فرمود که هر دو نفر را به قتل رسانند صادق خان شقاقی که از امرای معتبر بود در حق آنان شفاعت نمود به درجه قبول نرسیده لکن فرمود چون شب جمعه است، کشتن آنها را به روز شنبه انداختم و آن دو نفر را بی‌کُند و زنجیر در سراپرده، به خدمت سابقه خود باقی گذاشت و از روی تجربت دانسته بودند که آن چه وعده کند، بجا آرد پس قطع امید، موجب جسارت آنها گشت و چون پادشاه جم جاه در خواب شد، عباس فراش خلوت مازندرانی که با آنها معاهده داشت در رسید و هر سه نفر پای جلادت را در سراپرده‌ی شاهی گذاشتند و با دشنه و خنجر زندانی حضرت شاهنشاهی را تباه نمودند.» [۳۷۸]

اما به نظر نمی‌رسد حادثه‌ای به این بزرگی ناشی از این اتفاقات ساده باشد که در بالا قید شد در اینجا می‌کوشیم به کمک برخی منابع غیر ایرانی به زوایای آن بپردازیم:

آقامحمدخان وقتی بدون مانع وارد قلعه شوشی شد دستور داد هر کسی که سرش به تنش می‌ارزید دستگیر و محبوس سازند تا بعداً آنان را تنبیه کند ملاپناه واقف شاعر و وزیر اعظم قراباغ نیز جزء دستگیرشدگان بود بنا به نوشته برخی منابع، ابراهیم

خلیل‌خان در زمان خروج از قراباغ او را با خود نبرده بود ولی سفارش‌های لازم در خصوص وضعیت شهر را بدو کرده بود.

در همین زمان صفرعلی بیگ را که آقامحمدخان به همراه دو هزار نفر قشون برای دستگیری ابراهیم خلیل‌خان فرستاده بود شکست خورده بازگشت آقامحمدخان با خشم از او پرسید آیا ابراهیم خلیل‌خان را دستگیر کرده است؟

صفرعلی بیگ در جواب می‌گوید: «ما در کنار رودخانه «ترتر» بدو رسیدیم اما از آنجا که تعدادشان زیاد بود نتوانستیم آنان را دستگیر کنیم.»

آقامحمدخان از این پاسخ قانع نمی‌شود و او را به دروغگویی متهم می‌کند: «دروغ می‌گویید ابراهیم‌خان از قلعه شوشی با ۲۰۰ نفر خارج شده و اکثر آنها نیز زن و بچه بودند.»

آقامحمدخان در آخر، آنها را به مرگ محکوم کرده می‌گوید فردا اینجا از کله زندانیان، دو مناره درست خواهم کرد و سر عباس بیگ و سر تو هر کدام را بر سر آن دو مناره خواهم گذاشت.[۳۷۹]

براساس این منابع، گناه عباس بیگ نیز این بوده که قبل از رسیدن صفرعلی بیگ، آقامحمدخان از او آب خواسته بود اما او نشنیده بود. خواجه قاجار در جواب می‌گوید گوشی که سخن شاه را نشنود باید بریده شود و دستور می‌دهد گوشش را ببرند اما بدان قناعت نکرده او را نیز به اعدام محکوم می‌کند اما اجرای آن را به فردا موکول می‌کند.[۳۸۰] میرزا یوسف قراباغی نیز همین ماجرا را تعریف می‌کند اما به جای آب خواستن می‌نویسد شاه بدو فرمان داد یکی از سرداران را به حضورش بیاورد اما عباس بیگ دستور آقامحمدخان را نشنیده بود.[۳۸۱]

جان ملکم در مورد وضعیت روحی خان قاجار در این زمان می‌نویسد: ***«درآن ایام مغزش به نوعی آشفته بودکه به سر حد جنون می‌رسید و حرکتی که در این مقام از وی سر زد دلالت کلی بر این معنی دارد.»***[۳۸۲]

اینکه آیا صفر بیگ در رویارویی با ابراهیم خلیل‌خان در کنار رودخانه با او ساخت پاخت و تبانی کرده و دست خالی بازگشته چندان دور از ذهن نیست در هر

صورت دست خالی برگشتن او، خشم خواجه قاجار را برانگیخته بود اما در این شکی نیست که صفرعلی‌بیگ با ملاپناه واقف که اینک به همراه کثیری از اعیان قراباغ زندانی آقامحمدخان بوده و در انتظار تنبیه و انتقام به سر می‌بردند دوستی و الفت داشت و اینکه ابراهیم خلیل‌خان او را با سفارشات لازم در قلعه شوشی باقی گذاشته بود به احتمال زیاد او در قتل آقامحمدخان دست داشت.[۳۸۳]

اما در این میان، شخص سومی نیز وجود داشته کسی که پس از کشته شدن آقامحمدخان، قاتلان به سراغ او می‌روند و جواهرات آقامحمدخان به وسیله او برداشته می‌شود این شخص صادق‌خان شقاقی بود[۳۸۴] کسی که قبلاً در حمله آقامحمدخان، از سراب فرار کرده و به ابراهیم خلیل‌خان پناهیده بود و با شفاعت ابراهیم خلیل‌خان که در آن زمان رابطه نزدیکی با آقامحمدخان داشت دوباره به خدمت آقامحمدخان در آمده بود اما با این حال، میانه خوبی در باطن با ابراهیم خلیل‌خان داشت.[۳۸۵]

برعکس اینکه برخی منابع سعی کرده‌اند نقش صادق‌خان را انکار کنند اما قرائن نشان می‌دهند که صادق‌خان شقاقی نقش زیادی در توطئه قتل داشته است اولاً ما می‌دانیم که صادق‌خان علاوه بر دوستی دیرینه با ابراهیم خلیل‌خان با وزیر او ملاپناه واقفی نیز دوست و هر دو اهل سراب بودند و در این زمان ملاپناه واقفی در زندان در انتظار اعدام توسط آقامحمدخان بسر می‌برد همچنین وقتی آقامحمدخان حکم به قتل دو نفر قاتل خود می‌دهد صادق‌خان در حق آنان شفاعت می‌کند وقتی شفاعت او پذیرفته نمی‌شود صادق‌خان پیشنهاد می‌کند که چون شب جمعه است کشتن ایشان را به فردا اندازند.[۳۸۶] پس از قتل آقامحمدخان نیز اولین کسی که قاتلین به او مراجعه و پناه می‌برند باز صادق‌خان شقاقی بوده است.[۳۸۷] بنابراین به احتمال زیاد قاتلین به تشویق صادق‌خان شقاقی مرتکب قتل شده‌اند البته برخی تلاشها جهت تبرئه صادق‌خان شقاقی شده که به نظر می‌رسد موفقیت‌آمیز نبوده‌اند.[۳۸۸]

در نیمه شب در حین خواب، صفرعلی بیگ و عباس بیگ با خنجر وارد اتاق خواب خان قاجار شدند چندین ضربه بر او زده سر او را از بدن جدا کردند وقتی

عباس بیگ اولین ضربه خنجر را بر قلب او زد قبل از اینکه آخرین نفس را برکشد خطاب به او گفته بود: «ای که خدا خانه‌ات را ویران کند تو با کشتن من ایران را ویران کردی.»

قاتلین تاج شاهی و بازوبند و حمایل او را برداشته به نزد صادق‌خان شقاقی یکی از سرکردگان آقامحمدخان رفتند آنان شرح حال را گفتند اما صادق‌خان شقاقی باور نکرد به همراه آنان به سرای محمدحسن‌خان که آقامحمدخان پس از ورود به شوشی در آنجا اقامت گزیده بود رفتند وقتی وارد اتاق خواب آقامحمدخان شدند صادق‌خان طبق معمول دم در تعظیمی کرد و در این زمان صفرعلی بیگ نزدیک شد لحاف را از روی نعش آقامحمدخان برداشت. صادق‌خان جنازه و سر بریده شاه را مشاهده کرد و از ترس لرزه به اندامش افتاد به زودی به اقامتگاه خود بازگشت همراهان نزدیک خود را برداشته شایعه‌ای پخش کرد که «مأمور شده ابراهیم خلیل‌خان را دستگیر کرده به حضورش بیاورم.»[۳۸۹]

با این حیله، جواهراتی چون دریای نور، تاج ماه، بازوبندها و حمایل شاه را برداشته با سواران خود در هنگام شب از شهر بیرون زد او عباس بیگ یکی از قاتلان را نیز با خود برد.[۳۹۰] این جواهرات را آقامحمدخان همیشه با خود حمل می‌کرد.

تاریخ قتل او را متفاوت نوشته‌اند اما تاریخ دقیق قتل او در ۲۱ ذیحجه ۱۲۱۱ هـ/۱۷ خرداد ۱۱۷۶ ش/۶ ژوئن ۱۷۹۷م روز شنبه صحیح به نظر می‌رسد.[۳۹۱]

منابعی که در آذربایجان آن سوی ارس نوشته شده از آنجا که محل واقعه در آنجا بوده و باید دقیق‌تر باشد همان تاریخ ۲۱ ذیحجه ۱۲۱۱ را صحیح می‌دانند براساس این منابع آقامحمدخان ۹ روز پس از اقامت در قلعه شوشی به قتل رسید و از آنجا که تاریخ ورود او به آنجا در ۱۳ذیحجه ۱۲۱۱ هـ بوده بنابراین این حادثه در ۲۱ ذیحجه ۱۲۱۱ اتفاق افتاده است.[۳۹۲]

پس از خروج صادق‌خان، ساعت‌ها گذشت اما کسی هنوز از آن اتفاق شوم باخبر نبود در دمدمه‌های ظهر، خبر مرگش رفتار کل ساکنین شهر را دگرگون کرد وقتی فرماندهان قشون این خبر را شنیدند خودشان را گم کردند پریشانی و تشویش چون

خوره بر جان لشکریان افتاد انگار کل لشکر به کالبدی می‌مانست که سرش قطع شده و آسیمه سر خود را به هر طرف می‌زند هر کدام از سرکردگان، افراد خود را برداشته در پی فرار برآمدند. مردم قراباغ به عمارت هجوم آورده هرچه از لشکریان به دستشان می‌افتاد غارت می‌کردند بطوری که هر کدام از افراد قشون که به دست مردم می‌افتاد مردم تمام اسلحه‌ها حتی لباس‌هایشان را نیز درآورده لخت می‌کردند. لشکری که تا دیروز لرزه بر اندام مردم انداخته بود اینک با پریشانحالی و التماس در پی فرار و حفظ جان خود بود. فرق عمیق یک قشون مدرن با یک قشون سنتی مبتنی بر طایفه‌ایی و ایلی که به صورت همبستگی مکانیکی نه عقلانی و ارگانیک برگرد یک شاه خواجه جمع شده به روشن‌ترین شکل به منصه ظهور رسید چرا که او به مانند سر، با قدرت مطلق بر همه فرمان می‌راند و اکنون سر از تن جدا شده بدن‌های بی‌سر در میان مردم خان‌نشین سرگردان مانده بودند هر کدام بدون نظم و اتحادی تنها در پی حفظ جان خود بودند. تنها نگاهی گذرا به وضعیت قشون ژنرال زوبف پس از رسیدن خبر مرگ کاترین دوم و مقایسه آن با وضعیت فعلی قوای ایرانی پس از مرگ خان قاجار، عمق فاجعه، عقب‌ماندگی و آسیب‌پذیری قشون یکصد هزار نفری آقامحمدخان را برملا می‌کند.

مردم قراباغ به محل اقامت آقامحمدخان حمله بردند تمام طلا و نقره و جواهراتی که نزد شاه بود به تاراج بردند حتی ظروفی که غذا می‌خورده از دستبرد در امان نماند.

به نوشته برخی منابع فارسی، صادق‌خان شقاقی خودش با پانزده هزار سوار که بدو پیوسته بودند بر بازمانده اردوی آقامحمدخان تاخته به چپاول و غارت اردوی سرگردان مشغول شد و تا توانست اموال آنان را به یغما برد![۳۹۳]

جنازه به همراه سر بریده‌اش در وسط اتاق افتاده بود اما کسی بدان توجه نمی‌کرد سری که زمانی با یک خشم، هزاران سر را به بریدن فرمان می‌داد و هیچ کسی را توان تخطی از فرمانش نبود به قول نویسنده تاریخ عضدی «اخته خان گوید و کند».[۳۹۴]

نزدیک‌ترین مصاحب زندگیش و ندیم‌اش که برای اولین بار جرئت کرده بود نعش مثله شده‌اش را ببیند چنین گفته بود:

بـــتر از شـــمر و یـــزید سر نحست که بـرید؟[۳۹۵]

خودش نیز در آستانه نوروز همان سال وقتی از میرزاحسن منجم باشی پرسید سال جدید، ستارگان به چه دلالت دارند منجم باشی پاسخ داده بود به رفاه رعایا و آسایش عباد. سپس آقامحمدخان، خطاب ولیعهدش گفته بود: «باباخان، میرزاحسن خبر مرگ عموی تو را می‌دهد، زیرا تا ما هستیم به این مردم خوش نخواهد گذشت!»[۳۹۶]

به زودی محمد بیگ برادر زاده ابراهیم خلیل‌خان با دسته خود امور شهر را به دست گرفت او هر آن‌چه از خزانه شاه مانده بود به خانه خود فرستاد محمد بیگ سر بریده آقامحمدخان را به یکی از افراد یعنی محمد رفیعی بیگ داد تا به نزد ابراهیم خلیل‌خان به بالکان برد. ابراهیم خلیل‌خان سر را تحویل گرفت آن را به تماشای حاکم گرجستان نشاند.[۳۹۷] سپس سر را در همان‌جا دفن کرد تمام افرادی که توسط آقامحمدخان به حبس انداخته شده بودند آزاد گشتند ملاپناه واقفی که خودش از محبوسین بود وقتی نعش شاه را دید در شعری گفت که «خدایی که میخ را به مسمار تبدیل می‌کند» که حکایت از این داشت که وقتی آقامحمدخان شهر را گرفت کثیری از افراد را زندانی ساخت می‌خواست بر پاهایشان نعل بزند به همین خاطر به آهنگری دستور داد نعل‌ها و میخ‌هایی بسازد اما دو روز بعد به همان آهنگر دستور داده شد به جای میخ، مسمار برای تابوتش بسازد![۳۹۸]

ابراهیم خلیل‌خان بلافاصله به قراباغ باز نگشت و چند ماهی صبر کرد برادرزاده جوانش از این فرصت استفاده کرده دست به کارهای ناشایستی زد ناشایست‌ترین عمل او قتل ملاپناه واقف، شاعر و ادیب مشهور بود برخی منابع می‌نویسند ملاپناه در نامه‌ای به ابراهیم خلیل‌خان به اعمال ناشایست برادرزاده او در قراباغ اشاره کرده بود اما این نامه به جای اینکه به دست ابراهیم خلیل‌خان برسد به دست برادرزاده جاهل او در شهر شوشی می‌رسد. البته برخی منابع می‌نویسند که از قبل نیز بین ملاپناه و برادرزاده ابراهیم خلیل‌خان عداوت وجود داشت. محمدبیگ برادرزاده ابراهیم خلیل‌خان دستور می‌دهد ملاپناه واقف و علی آقا پسرش را بکشند گویند وقتی

ملاپناه را به همراه پسرش برای مرگ می‌برند پسر از ملاپناه می‌پرسد پدر! ما را به کجا می‌برند؟

ملاپناه در جواب می‌گوید ما را بدان‌جا می‌برند که ما خود خیلی‌ها را بدان‌جا فرستاده‌ایم![۳۹۹]

پس از قتل آنها، محمدبیگ دستور داد خانه شاعر را نیز آتش زده تخریب کنند حاکم قراباغ وقتی از تعرضات برادزاده‌اش آگاهی یافت پسر خودش مهدقلی آقا را به همراه تعدادی به شوشی فرستاد.

نعش بی‌سر آقامحمدخان توسط حاج ابراهیم کلانتر شیرازی با شتاب تمام در شوشی به خاک سپرده شد.[۴۰۰] و سر بریده‌اش نیز توسط ابراهیم خلیل‌خان غسل داده شد و در قوطی گذاشته در یک قبرستان دفن گردید.[۴۰۱]

وقتی فتحعلی شاه بر تخت سلطنت نشست حسینقلی‌خان عزالدنیلوی را که از بزرگان قاجار بود مأمور آوردن نعش آقامحمدخان از شوشی کرد و او را به همراه یک نامه به حضور ابراهیم خلیل‌خان فرستاد.

به دستور ابراهیم خلیل‌خان جنازه آقامحمدخان از گور بیرون آورده شد و با احترام کامل در اواخر ربیع‌الاول ۱۲۱۳ هـ/۱۷۹۸م تحویل حسینقلی عزالدینلوی گردید.

نعش آقامحمدخان به تهران برده شده و مدتی در حضرت عبدالعظیم به امانت گذاشته سپس در ۲۶ جمادی‌الاول ۱۲۱۲ ق/ ۱۶ دسامبر ۱۷۹۷م طی تشریفاتی به نجف اشرف حمل شد و در پشت ضریح حضرت علی (ع) دفن گردید. قاتلین آقامحمدخان نیز به فجیع ترین شکل به قتل رسیدند طبق نوشته فارسنامه ناصری «در این اوقات صادق گرجی و خداداد اصفهانی که مرتکب قتل شاه شهید شده بودند به حضور مبارک آوردند و حکم صادر گشت. یکی را نواب حسین قلی خان با شمشیر، پارچه پارچه نمود و دیگری به دست میرغضبان، بند از بندش جدا گردید و عباس مازندرانی را که از سه نفر قاتل بود از کرمانشاهان گرفته، به طهران آوردند و به آتش قهر پادشاهی او را سوزاندند...».[۴۰۲]

فتحعلی شاه پس از شکست دادن مدعیان سلطنت در داخل ایران، نامه‌هایی جهت اظهار اطاعت به خان‌نشین‌های قفقاز نوشت. نامه‌ای نیز در ۱۲۱۴ هـ/۱۷۹۹م به ابراهیم خلیل خان حاکم قراباغ فرستاد حاکم قراباغ فرزندش ابوالفتح خان را به عنوان گرو به حضور فتحعلی شاه فرستاد اما در این زمان شاه در تهران نبود و در میانه و گرمرود حضور داشت در نتیجه پسر حاکم قراباغ در همین محل به حضور شاه رسید. در سال ۱۲۱۵ هـ/۱۸۰۰م حسن خان قراگوزلو از تهران به قراباغ رفته در مذاکره با ابراهیم خلیل خان به حاکم قراباغ پیشنهاد می کند که مصلحت است دخترش را به عقد فتحعلی شاه در بیاورد.

بدین ترتیب بیگم آغا به عنوان عروس فتحعلی شاه و در آن زمان به عنوان دوازدهمین زن شاه بوالهوس به تهران آورده شده.[۴۰۳] وارد حرمسرای شاه عشرت طلب و بوالهوس می‌گردد.

نادر میرزا می‌نویسد: «***حاجی میرزا زمان خان با تهیه کامل و مصرف زیاد به قراباغ رفته مفاسد باطنی را رفع و بیگم آغا را شیرین خورانِ محلّلی کرده حرم شاه را با یک برادر و دو پسر ابراهیم خلیل خان و جمعی از آقایان قراباغ آورده به تهران برده***».[۴۰۴]

گویند فتحعلی شاه در شب زفاف به این زن توجهی نکرده بیرون آمد و گفت: «این زن در نظر من مثل مار جلوه کرد.»

بیگم آغا پس از آن این شعر را گفته بود:

یاریم بیزه بالله گئجه گلدی، گئجه گئتدی

هئچ بیلدیم عمروم نئجه گلدی نئجه گئتدی[۴۰۵]

عروس قراباغ زندگی ملالت باری در ایران داشت فتحعلی شاه به خاطر درگیری‌های ابراهیم خلیل خان با آقامحمدخان به او محلی نگذاشت و او را طلاق نیز نداد او در قم می‌زیست و سرانجام نیز در سال ۱۲۴۸ ق/ ۱۸۳۲ م قمری در آنجا در گذشت و در همان‌جا به خاک سپرده شد.[۴۰۶]

پی‌نوشت بخش اول

۱. وحید «اصل و منشأ ایل قاجار» نوشته رضا ناروند، مورخه آبان ۱۳۵۶، شماره ۲۱۹ و ۲۲۰

۲. سیاوش دانش، حاج ابراهیم کلانتر. ـ تهران: آناهیتا، ۱۳۷۱. صص ۳۳ ـ ۳۲.

۳. رضاقلی هدایت، تاریخ روضه الصفای ناصری. ـ تهران: خیام، ۱۳۳۹. ج نهم. بخش اول. ص ۳۲

۴. مجله گنجینه اسناد «فتحعلی خان قاجار از شاه سلطان حسین تا نادرشاه» نوشته مهری ادریسی آریمی. پاییز ۱۳۷۳. شماره ۱۵.

۵. محمدحسن خان اعتمادالسلطنه، تاریخ منتظم ناصری، به کوشش محمداسماعیل رضوانی. ـ تهران: دنیای کتاب. ۱۳۶۷. ج دوم. ص ۱۰۳۴. عبدالرزاق دنبلی، مآثرالسلطانیه، مقدمه غلامحسین صدری افشاری. ـ تهران: ابن سینا. ۱۳۵۱. ص ۹.

۶. گلستانه، مجمل التواریخ، به کوشش محدث ارموی. ـ تهران: دانشگاه تهران، ۱۳۶۱. ص ۳۶۵.

۷. گلستانه، مجمل التواریخ... ص ۲۱ و ۴۶.

۸. محمدکاظم مروی وزیری، عالم‌آرای نادری، به کوشش محمدامین ریاحی. ـ تهران: علمی، ۱۳۷۳. ج سوم، ص ۹۰۶.

۹. رضاقلی هدایت، تاریخ روضة الصفای ناصری... ص ۱۶.

۱۰. همان منبع... ص ۱۵.

۱۱. محمدحسن خان اعتمادالسلطنه، تاریخ منتظم ناصری... ص ۴۹.

۱۲. گلستانه، مجمل التواریخ... ص ۴۷.

۱۳. ابوالحسن غفاری کاشانی، گلشن مراد، به کوشش غلامرضا محمد طباطبایی. ـ تهران: زرین، ۱۳۶۹. ص ۶۵. رضاقلی هدایت، تاریخ روضه الصفای ناصری... ص ۳۷

14. mirze camal cavanşir. Qarabağ tarixi. Azerbaycan SSR Elmler Akademiyasi Nəşriyyati, Baki.1959. S. 11

15. Qarabağnameler. 111 kitab. HəSəN ixfa əlizadə. ŞUŞA ŞəHəRiNiN taRıxi. Bakı. sərq-Qərb. 2006. s. 85-86.

۱۶. میرزا رشید ادیب الشعرا، تاریخ افشار، به کوشش محمد رامیان، پرویز شهریار افشار. ـ تبریز: شورای مرکزی... ۱۳۴۶. ص ۱۳۴.

۱۷. همان منبع... صص ۱۴۰ ـ ۱۳۸.

۱۸. جان پری، کریم‌خان زند، ترجمه علی‌محمد ساکن. ـ تهران: نشر نو، ۱۳۶۸. ابوالحسن غفاری کاشانی، گلشن مراد... صص ۱۴۳ ـ ۱۴۵.

۱۹. میرزا محمدصادق موسوی نامی اصفهانی، تاریخ گیتی‌گشا، با مقدمه سعید نفیسی. ـ تهران: اقبال، ۱۳۶۸. صص ۹۸ ـ ۹۵. ابوالحسن غفاری کاشانی، گلشن مراد،... صص ۱۲۱ ـ ۱۲۰.

۲۰. ابوالحسن غفاری کاشانی، گلشن مراد... ص ۱۲۳ ـ ۱۲۲.

۲۱. ابوالحسن غفاری کاشانی، گلشن مراد... صص ۱۲۴ ـ ۱۲۳. میرزا رشید ادیب الشعرا، تاریخ افشار... ۱۴۶. میرزا حسن حسین فسایی، فارسنامه ناصری، به کوشش منصور رستگار فسایی. ـ تهران: امیرکبیر، ۱۳۶۷. ص ۶۰۲.

۲۲. غفاری کاشانی، گلشن مراد... ص ۱۲۱. ادیب الشعرا، تاریخ افشار... ص ۱۴۷

۲۳. عباسقلی باکیخانوف، گلستان ارم، به کوشش عبدالکریم علی‌زاده و دیگران... با کوه علم، ۱۹۷۰ ص ۱۶۲.

24. HəSəN ixfA əlizadə. şuşa Şəhərinin Tarixi... S. 89.

25. QarabaĞNamə.1 kitab.ADıGOZəL BəY. Baki. şərq-Qərb. s. 54.
26. ADiGÖəl BəY... S. 54-55. mirze camal caranşir... s. 12
27. HəSəN ixfA əlizadə... S. 89.
28. mirze camal cavanşir... S. 48.
29. Ibid, S. 49.

۳۰. رافی، ملوک خمسه: قراباغ و پنج ملیک ارمنی آن...، آرادر استپانیان. ـ تهران: پردیس دانش، ۱۳۸۴. ص ۴۴.

۳۱. میرزا رشید ادیب‌الشعر، تاریخ افشار... صص ۱۴۹ ـ ۱۴۸. غفاری کاشانی، گلشن مراد... صص ۱۷۲ ـ ۱۷۱. جان‌پری، کریم‌خان زند... ص ۱۲۸.

۳۲. جان پری، کریم‌خان‌زند... ص ۱۳۱.

33. Mirze Camal Cavanşir... S. 14.

۳۴. غفاری کاشانی، گلشن مراد... صص ۱۷۸ ـ ۱۷۷. حسین فسایی، فارسنامه ناصری... ص ۶۳. ادیب‌الشعرا، تاریخ افشار... ص ۱۴۵ و ۱۵۳. موسوی نامی اصفهانی، تاریخ گیتی‌گشا... ص ۱۰۸ ـ ۱۰۵

35. Mirze Camal Cavanşir... S. 14.
36. Həzən ixfA əlizaDə... S. 89-91.

۳۷. رافی، ملوک خمسه... ص ۴۹.

۳۸. همان منبع... ص ۵۰.

۳۹. موسوی نامی... تاریخ گیتی‌گشا... ص ۸۷ هدایت... تاریخ روضة الصفا... صص ۷۱ ـ ۷۰. غفاری کاشانی، گلشن مراد... صص ۱۰۸ ـ ۱۰۷. سرجان ملکم، تاریخ ایران... ص ۳۳۶. مهدی بامداد، شرح حال رجال ایرانی. ـ تهران: زوار، ۱۳۷۱. ج اول، ص ۹۹ ـ ۹۸.

۴۰. غلامحسین زرگری‌نژاد، روزشمار تحولات در عصر قاجاریه. ـ تهران: مؤسسه مطالعات تاریخ معاصر ایران، ۱۳۸۵. ص ۱۷۶.

۴۱. هدایت، تاریخ روضة‌الصفا... ص ۷۱۶۷.

۴۲. اعتمادالسلطنه، تاریخ منتظم... ص ۲۳.

۴۳. تاریخ روضة‌الصفا... ص ۱۱۶۰

۴۴. همان منبع... ص ۱۱۶۲

۴۵. سیاوش دانش، حاج ابراهیم کلانتر... ص ۴۰. امینه پاکروانی، آقامحمدخان... ص ۳۴.

۴۶. تاریخ منتظم ناصری... ص ۱۳۵۲. محمدهاشم رستم‌الحکما، رستم‌التواریخ، به کوشش محمد مشیری. ـ تهران: امیرکبیر، ۱۳۴۸. ص ۲۳۸.

۴۷. سیاوش دانش، حاج ابراهیم‌خان کلانتر... ص ۳۸.

۴۸. ژان گور، خواجه تاجدار، ترجمه ذبیح‌الله منصوری. ـ تهران: امیرکبیر، ۱۳۶۷. ج اول. ص ۲۲۸.

۴۹. امینه پاکروان... ص ۳۱. مهدی بامداد، شرح حال رجال ایرانی... ص ۱۱۹.

۵۰. تاریخ گیتی‌گشا... ص ۱۷۰. فارسنامه ناصری... ص ۶۱۱. علیقلی میرزا اعتضادالسلطنه، اکسیرالتواریخ، به کوشش جمشید کیانفر. ـ تهران: ویسمن، ص ۲۲.

۵۱. اعتضادالسلطنه، اکسیرالتواریخ... ص ۲۲.

۵۲. تاریخ روضة‌الصفا... ص ۷۱۶۸. دنبلی، مآثر السلطانیه... ص ۱۴.

۵۳. تاریخ روضة‌الصفا... ص ۹۵ الی ۱۰۷. رضاقلی میرزا هدایت، فهرس‌التواریخ، به کوشش عبدالحسین نوایی، میرهاشم محدث. ـ تهران: پژوهشگاه علوم انسانی، ۱۲۷۳. ص ۲۷۹.

۵۴. محمدفتح‌الله‌بن محمدتقی ساروی، احسن‌التواریخ، به کوشش غلامرضا طباطبائی مج. ـ تهران: امیرکبیر، ۱۳۷۱. غفاری کاشانی، گلش مراد. ص ۳۵۵. فارسنامه ناصری... ص ۶۱۲.

۵۵. رابرت گراند واتسن، تاریخ ایران: دوره قاجاریه، ترجمه وحید مازندرانی. ـ تهران: کتاب‌های سیمرغ، ۱۳۴۸. ص ۶۶. مهدی بامداد، شرح حال رجال ایرانی... ص ۹۹.

پی‌نوشت بخش اول / ۱۴۷

۵۶. همان منبع... ص ۶۶
۵۷. تاریخ منتظم ناصری... ص ۳۱۶. سرجان ملکم، تاریخ ایران... ص ۳۳۸. تاریخ گیتی‌گشا... ص ۲۴۶.
۵۸. حاجی فرهاد میرزا معتمدالدوله، جام جم. ـ تهران: چاپ سنگی. ۱۲۷۲ ق. ص ۳۷۹. تاریخ منتظم ناصری... ص ۱۱۸۱.
۵۹. تاریخ روضةالصفا... ص ۲۹. تاریخ منتظم ناصری... ص ۱۳۸۰.
۶۰. مآثرالسلطانیه... ص ۱۵. تاریخ روضةالصفا... ص ۱۳۰.
۶۱. تاریخ منتظم ناصری... ص ۱۳۸۱. محمدتقی سپهر، ناسخ‌التواریخ، سلاطین قاجار. ـ تهران: اسلامیه، ۱۳۵۳. ج اول، ص ۳۵. مآثرالسلطانیه... ص ۱۵.
۶۲. تاریخ روضةالصفا... صص ۱۳۲ ـ ۱۳۱. تاریخ منتظم ناصری... ص ۱۳۸۱. ملکلم، تاریخ ایران... صص ۳۶ ـ ۳۵.
۶۳. روضةالصفا... ص ۷۳۱۸
۶۴. تاریخ روضةالصفا... ص ۲۲۴. فارسنامه ناصری... ص ۶۴۲. رستم‌التواریخ... ص ۴۵۱. تاریخ منتظم... ص ۱۴۰۶.
۶۵. ابن عبدالکریم علی رضا شیرازی، تاریخ زندیه، به کوشش ارنست بئیر؛ ترجمه غلامرضا ورهرام. ـ تهران: نشر گستره، ۱۳۶۵. ص ۷۳ ـ ۷۲. مآثرالسلطانیه... ص ۲۰. فارسنامه ناصری... ص ۶۴۲.
۶۶. مآثرالسلطانیه... ص ۲۲۷.
۶۷. فارسنامه ناصری... ص ۶۴۳
۶۸. فارسنامه ناصری... ص ۵۴
۶۹. تاریخ گیتی‌گشا... صص ۳۲۷ ـ ۳۲۶.
۷۰. ملکم، تاریخ ایران... صص ۶۸ ـ ۶۷. فارسنامه ناصری... ص ۶۴۸
۷۱. فارسنامه ناصری... ص ۶۴۸
۷۲. فارسنامه ناصری... ص ۶۴۸. شیرازی، تاریخ زندیه... ص ۶۸
۷۳. شیرازی، تاریخ زندیه... ص ۸۹ فارسنامه ناصری... ص ۶۵۰
۷۴. تاریخ گیتی‌گشا... صص ۳۵۸ ـ ۳۵۷. فارسنامه ناصری... ص ۶۵۰
۷۵. ساروی، احسن‌التواریخ... ص ۲۰۸
۷۶. شیرازی، تاریخ زندیه... ص ۶۷
۷۷. عضدالدوله، تاریخ عنصری: شرح حال زنان و دختران و پسران... به کوشش حسین کوهی کرمانی. ـ تهران: [بی‌نا، بی‌تا]. ص ۷۸. فارسنامه ناصری... ص ۶۵۴.
۷۸. تاریخ روضةالصفا... ص ۲۴۸
۷۹. همان منبع... ص ۲۴۷
۸۰. شیرازی، تاریخ زندیه... ص ۱۰۸. تاریخ گیتی‌گشا... ص ۳۸۲.
۸۱. فارسنامه ناصری... ص ۶۵۷. تاریخ گیتی‌گشا... ص ۳۸۴
۸۲. مآثرالسلطانیه... ص ۳۳. شیرازی، تاریخ زندیه... ص ۱۱۱. رستم‌التواریخ... ص ۴۵۳.
۸۳. شیرازی، تاریخ زندیه... ص ۱۱۱. فارسنامه ناصری... ص ۶۵۷
۸۴. روضةالصفا... ص ۲۵۷
۸۵. تاریخ گیتی‌گشا... ص ۳۰۹. فارسنامه نصاری... ص ۶۵۸. مآثرالسلطانیه... ص ۲۳
۸۶. رستم‌التواریخ... ص ۴۵۳
۸۷. روضةالصفا... ص ۲۵۹. مآثر السلطانیه... ص ۲۳. جان پری... کریم‌خان زند... ص ۴۱۴
۸۸. ملکم، تاریخ ایران... ص ۷۲
۸۹. تاریخ عنصری... ص ۷۸.
۹۰. هنری پاتینجر، سفرنامه پاتینجر، ترجمه شاپور گودرزی. ـ تهران: کتابفروشی دهخدا، ۱۳۴۸. ص ۲۵۵. پاورقی.
۹۱. فارسنامه ناصری... ص ۶۶۰. احسن‌التواریخ... ص ۲۶۳. شیرازی، تاریخ زندیه... ص ۱۱۷
۹۲. جعفر شهری، طهران قدیم. ـ تهران: معین، ۱۳۷۱. ج اول. صص ۹۵ ـ ۹۴

۹۳. گراندواتسن. تاریخ ایران... ص ۶۷

۹۴. سعید نفسی، تاریخ اجتماعی و سیاسی ایران در دوره معاصر. ـ تهران: بنیاد، ۱۳۷۲. ص ۶۶

۹۵. گراندواتسن، تاریخ ایران... صص ۸۱ ـ ۸۰

96. Qarabağnamə.1 kitab. ADıGÖZəL Bey... S. 59.

۹۷. تذکره نگارستان دارا، عبدالرزاق‌بن نجفقلی دنبلی. ـ تبریز: تذکره‌ها، ۱۳۴۲. ص ۹۲.

۹۸. آراز اوغلو، تاریخ مختصر آذربایجان؛ ترجمه عیسی یگانه. ـ تهران: [بی‌نا]، ۱۳۸۲. ص ۸۷

99. Mustafazadə T.T., XVIII Yüzillik-xıx Yüzilliyin əvvəllərində osmanli-Azerbaycan münasibətləri: monoyrafiya-Baki, Elm, 2002. S. 104.

۱۰۰. فارسنامه ناصری... ص ۶۳۴

۱۰۱. جان ملکم، تاریخ ایران... ص ۳۳۹

102. Qarabağnamə.11 kitab. Mirmahdi xəzani: kitabi-tarixi-Qarabayə... Bakı, "şərg-Qərb". 2006. S. 33.

۱۰۳. روضة‌الصفا... صص ۱۹۸ ـ ۱۹۶، فهرس‌التواریخ... ص ۲۹۸

۱۰۴. روضة‌الصفا... ص ۱۹۸. تاریخ منتظم ناصری... ص ۱۳۹۷.

۱۰۵. جان ملکم، تاریخ ایران... ص ۳۳۹

۱۰۶. روضة‌الصفا... صص ۲۰۱ ـ ۲۰۰. فهرس‌التواریخ... ص ۲۰۰

۱۰۷. روضة‌الصفا... ص ۲۳۵ ـ ۲۳۴. ناسخ‌التواریخ... ص ۵۷. مآثرالسلطانیه... ص ۲۰. فهرس‌التواریخ... ص ۳۱۱

۱۰۸. مآثرالسلطانیه... ص ۲۰

۱۰۹. مهدی بامداد، شرح حال رجال ایرانی... ص ۱۶۴.

۱۱۰. فارسنامه ناصری... ج ۱، ص ۶۴۵

۱۱۱. روضة‌الصفای ناصری... ص ۲۳۵. تاریخ منتظم ناصری... ص ۱۴۱۳. ناسخ‌التواریخ... ص ۵۷

۱۱۲. تاریخ منتظم ناصری... ص ۴۱۴. روضة‌الصفا... ص ۲۳۵. ناسخ التواریخ... ص ۵۷

113. Mustafazadə T.T... S. 105.

114. Ibid, S. 105.

۱۱۵. ادیب‌الشعرا، تاریخ افشار... ص ۲۶۱. روضة‌الصفا... ص ۲۳۶

116. mustafazadə... S. 104.

۱۱۷. ادیب‌الشعرا، تاریخ افشار... ص ۴ ـ ۲۶۲. ناسخ التواریخ... ص ۵۸

۱۱۸. روضة‌الصفا... ص ۲۴۱. تاریخ منتظم ناصری... ص ۱۴۱۵. ناسخ التواریخ... ص ۶۱

119. Qarabağnamələr. 11 kitab... S. 33.

۱۲۰. روضة‌الصفا... ص ۲۵۳. تاریخ منتظم ناصری... ص ۱۴۲۱

۱۲۱. احسن التواریخ... ص ۲۴۱

122. Qarabağnamələr.1 kitab. mirzə camal caranşir... S. 137-8.

123. Ibid. S. 137-8.

124. Mirzə camal cavanşir... S. 14.

125. Qarayev ET Azerbaycan rus BY cyarbi AVroPa sayyahlaryinin tasvirinda. Baki. 2005. S. 11.

126. sadiyov H. Rusiya-türleiya mürasibatlərinə cənubi Qafqaz (1787-1829-cuilbr). Nam.diss. Gəncə. 1992. S. 63. Və f. əliyev (əliyev f. Həsənov Ü. Irəvan xanliyi. Baki, Azənaşr. 1997. S. 31.

127. sadiyov H... S. 63.

128. Gökçe c kafkasya ve osmanli imperatorluÿunun kafkasiya siyaseti. Istanbul, 1979. S. 182.

129. Bayramova Nailə. şamaxi xanlïyi. Bakı, "təhsil", 2009. S. 68-69.

130. sara Aşurbəyli. Baki Şəhərinin tarixi. Bakı, "Avrasya press". 2006. S. 206.

131. IBid.
132. Sara Aşurbəyli... S. 207.
133. Bayramova Nailə. şamaxı xanlîŷi...S. 22.
134. Bournoutian, Georye A. Armenians and Russia (1626-1796): Costa Mesa: Mazda Publishers, 2001=1380. P. 328.
135. IBid.
136. Sara Aşurbəyli. Bakı şəhərinin tarixi... S. 208.
۱۳۷. محمدرضا نصیری، اسناد و مکاتبات تاریخی ایران (قاجاریه). ـ تهران: مؤسسه کیهان، ۱۳۶۶. ج اول. ص ۴
138. Sara Aşurbəyli... S. 208.
139. Nəcəfli G. Azərbaycan xanliqlarinin osmanli dövləti ilə siysi əlaqələri. Bakı, Nurlan, 2002. S. 6.
140. Qarabağnamələr. 11 kitab... S. 249.
141. Qilman Glkin. Baki ve Bakililar... S. 34. 165.
142. Mustafazadə T.T. ... S. 165.
143. Nəcəfli G. Azərbaycan xanliqlarinin osmanli... S. 41.
144. IBid. S. 36-38.
145. Bayramova Nailə. şamaxı xanlîŷı...S. 68.
146. Ibid. S. 68-69.
147. Nəcəli g... s. 34.
148. Qilman Glkin. Baki Və Bakililar... S. 39.
149. Ibid. S. 41-42.
150. IBid. S. 30.
151. Bayramova Nailə. şamaxi xanlîŷi...S. 69.
152. Qarabağnamlər. 11 kitab... S. 34.
153. RXSA. Rusiyanin Iranla əlaqəsi fondu, siyahi 77/6, sənəx 6, vər. 339-348.
154. Bayramova Nailə... S. 61.
155. IBid. S. 70.
156. Qarabağnamələr. 11. kitab. MiRze yusif QARABAGi. Tarixi şərif... S. 30-31.
157. əmrahov mais, cingizoŷlu ənvər, Həsənov Habil. Qarabağ xanlîŷı. Dərsvəsaiti. Bakı, Mutərcim. 2008. S. 36.
158. IBid. S. 38.
159. IBid. S. 38.
160. IBid. S. 39.
161. IBid. S. 48.
162. Dəlili H. ə. Azərbaycan cənub xanliqları (XVIII əsrin 11 yarisi). Baki, 1979. S. 115.
163. IBid. S. 116.
164. IBid. S. 116.
165. IBid. S. 117.
166. IBid. S. 18.
167. Sadiqov H. S. 120.
۱۶۸. روضةالصفا... ص ۲۶۳ـ۲۶۳ ص ۴۳
۱۶۹. محمدرضا نصیری، اسناد و مکاتبات تاریخی ایران (قاجاریه)... صص ۴ـ۵

170. Bouronoutian, George... S. 347.
171. Mustafazadə T.T. ... S. 108.
172. Bayramova Nailə... S. 60-61.
173. ADiGözel BəY... S. 59.
174. Mustafazadə T.T... S. 104.

۱۷۵. احسن التواریخ... ص ۲۶۶. روضة‌الصفا... ص ۲۶۲. اکسیر التواریخ... ص ۴۷

۱۷۶. احسن التواریخ... ص ۲۶۷. روضة‌الصفا... صص ۲۶۳ـ۲۶۲. تاریخ منتظم ناصری... ص ۱۴۲۷.

177. Bournoutian, George A.Armenians and... S. 349.
178. Mustafazadə T.T... S. 107.

۱۷۹. نصیری، اسناد و مکاتبات تاریخی ایران (قاجاریه)... ص ۱۱

180. "Kafkas Arastirmaları i" Acar yayinlari istanbul-1988. i, ves. 11. S. 33-34.
181. Hatt-ı Hümayun, nr. 6748-E, Belyeler, 11 c. nr. 38, S. 98, 338.

۱۸۲. نصیری، اسناد و مکاتبات تاریخی... صص ۲ـ۳

183. Qarayev ET, Azerbaycan... S. 120.
184. Mustafazadə T.T... S. 106.
185. Ibid. S. 107.

۱۸۶. روضة‌الصفا... ص ۲۶۲. تاریخ منتظم ناصری... ص ۱۴۲۸

۱۸۷. روضة‌الصفا... ص ۲۶۲. ناسخ التواریخ... ص ۷۲. تاریخ منتظم ناصری... ص ۱۴۲۸

۱۸۸. احسن التواریخ... ص ۲۵۲. اکسیر التواریخ... ص ۴۷. فهرس التواریخ... ص ۳۲۰

۱۸۹. فارسنامه ناصری... ص ۶۶۱

190. Adi GOZə BəY... S. 59.
191. Bournoutian, George A. Armenian and Russia... S. 349.
192. IBid.
193. IBid. S.
194. əliyev F. HəSəNOV Ü...S. 116.
195. IBid. S. 140.
196. IBid. S. 72.
197. IBid. S. 117-118.

۱۹۸. احسن التواریخ... ص ۲۷۷. روضة‌الصفای ناصری... ص ۲۷۱. مآثر السلطانیه... ص ۳۲.

199. Qarabağnamələr. 111. kitab. Həsənli Qaradaÿi. Qarabaÿ vəlayətinin Qədim və cədid kəyfiyyət Və... Baki, "sərq-Qərb" 2006. S. 130.

۲۰۰. رافی. ملوک خمسه: قراباغ و پنج ملیک ارمنی آن... ص ۷۷

۲۰۱. همان منبع... صص ۳۰ـ۲۹

202. AdigozəlBəy... S. 40.
203. Həsən ixfa əlizadə... S. 81.
204. Mirzə camal cavanşir... S. 11.
205. Adigozəl BəY... S. 52.

۲۰۶. ژان گور، خواجه تاجدار... ج اول، ص ۲۷۴

۲۰۷. احسن التواریخ... ص ۲۶۸. روضة الصفا... ص ۲۶۴

208. "garabay yesterday, today and tomorrow". second volume. Baleu. 2009. p. 29.
209. əmrahov Mais, Çinyizoŷlu ənvər, Həsənov... S. 94-95.

۲۱۰. روضةالصفا... ص ۲۶۵
۲۱۱. رافی، ملوک خمسه... ص ۸۹
۲۱۲. رافی، ملوک خمسه... ص ۹۰
۲۱۳. موریل اتکین، روابط ایران و روس (۱۸۲۸ ـ ۱۷۸۰)، ترجمه محسن خادم. ـ تهران: مرکز نشر دانشگاهی، ۱۳۸۲. ص ۲۲.
۲۱۴. احسن‌التواریخ... ص ۲۶۸. روضةالصفا... ص ۲۶۵
۲۱۵. فارسنامه ناصری... ص ۶۶۱. روضةالصفا... ص ۲۶۵.
۲۱۶. نصیری، اسناد و مکاتبات تاریخی ایران... صص ۳ ـ ۲
۲۱۷. روضةالصفا... ص ۲۶۸. احسن التواریخ... ص ۲۷۰. فهرس التواریخ... ص ۳۲۱. اکسیر التواریخ... ص ۴۸
۲۱۸. مآثر السلطانیه... ص ۳۲.

219. Bournoutian, George A. Armenians and Russia... p. 349.
220. Mirzəcamal cavanşir. Qarabağtarixi... S. 15.
221. ADiGoaəl BəY... S. 60-61.
222. M imrzə camal cavanşir... S. 137-138.
223. IBid.

۲۲۴. مآثرالسلطانیه... صص ۲۲۸ ـ ۲۲۷
۲۲۵. احسن التواریخ... صص ۲۶۸ ـ ۲۶۷. روضةالصفا... صص ۲۷۱ و ۲۶۵. فهرس التواریخ... ص ۳۲۱.
۲۲۶. روضةالصفا... صص ۲۲۸ ـ ۲۲۷
۲۲۷. ژان گور، خواجه تاجدار... ج اول، ص ۲۸۴

228. Mirzə camal cavanşir... S. 137-139.

۲۲۹. ناسخ التواریخ... ص ۷۴

230. Mirzə camal cavanşir... S. 15.
231. əmrahov Mais, Ginyizoĝlu ənvər... Qarabaĝ xanliĝi... s. 94əəə

۲۳۲. رافی، ملوک خمسه... ص ۹۱

233. Bournoutian, Gerge, A... S. 349.

۲۳۴. خانک عشقی، سیاست نظامی روسیه در ایران. ـ تهران، ۱۳۵۳. ص ۳۷
۲۳۵. فارسنامه ناصری... ج ۱، ص ۶۴۱.

236. mustafazadə T.T... S. 109.
237. IBid.
238. Adiyozəl BəY... s. 61.
239. IBid.

۲۴۰. روضةالصفا... ص ۲۶۸. احسن التواریخ... ص ۲۷۱.

241. Matt-ı Mümayun, nr. 6748-E... S. 147.
242. Baddeley, John f. The Russian conquest of the caucasus London... 1908. Reprinted Mansfield centre. 2006. P. 21.
243. Həsən Ixfa əlizadə. şuşa şəhərının... S. 95.
244. Adiyözəl BəY... S. 61.

۲۴۵. ژان گور، خواجه تاجدار... ج اول، ص ۲۹۰
۲۴۶. رافی، ملوک خمسه... ص ۹۲
۲۴۷. ژان گور، خواجه تاجدار... ج اول، ص ۲۹۰

248. Adiyözəl BəY... S. 61.

۲۴۹. رافی، ملوک خمسه... ص ۹۳
۲۵۰. فتح‌الله عبدالله یف، گوشه‌ای از تاریخ ایران، ترجمه غلامحسین متین. ـ تهران: ستاره، ۱۳۵۶، ص ۴۹.
251. Adiyözəl BəY... S. 62.
252. Mirzə yusif Qarabaĝi. Tarixi-safi. Qarabaĝnamələr. 11 kitab. Bakı, "şərq-Qərb", 2006. S. 37-38.
253. Həsən ixfa əlizadə... S. 95.
۲۵۴. سرجان ملکم، تاریخ ایران... ص ۲۱
255. Elchin Qarayev. 254-Azerbaycan 18 Inci yuzlulede RUS ve Bati Avrupa sayyahlarinin Tesvirinde. Baki-2005. S. 120.
۲۵۶. عبدالله یف، گوشه‌ایی از تاریخ ایران... ص ۴۸
۲۵۷. روضة‌الصفا... ص ۲۶۹
258. Hatt-ı Hümayun... S. 148.
259. M.ə. Çakmak, Hanliklar devinde Azerbaycan-Turkiyemünasibetleri (1723-1829). Ankara-1997. S. 127.
۲۶۰. احسن التواریخ... ص ۲۷۷. روضة‌الصفا... ص ۲۷۱. ناسخ التواریخ... ص ۷۷.
261. Kərim Ağa fateh. "şəki xanlarinin müxtəsər tarixi". Azerbaycan Ensiktopediyasi" NPB. B. 1993. S. 12.
262. IBid. S. 13.
263. IBid.
264. IBid.
265. IBid. S. 14.
266. Echin Qarayev... S. 107.
267. IBid. S. 109.
268. Bayramova Naile. samaxi xanliĝi... S. 61.
269. Mustafazade T.T... S. 234.
270. Tahirzadə ə. Aĝa Məhəmməd şah Qacar. Baki. 2002. S. 36.ə
271. Bayramova Nailə. şamaxi xanliĝi... S. 63.
272. Elchin Qarayev... S. 121
۲۷۳. روضة‌الصفا... ص ۲۷۲. احسن‌التواریخ... ص ۲۷۸.
274. Bayramöva Nailə... S. 64.
۲۷۵. روضة‌الصفا... ص ۲۷۲
276. Mustafazadə T.T... S. 110.
277. Qarabaĝnamələr. 11. kitab... S. 38.
۲۷۸. باکیخانوف، گلستان ارم... ص ۱۷۵
۲۷۹. روضة‌الصفا... ص ۲۷۱
280. f. əliyey, M. əliyev. Na çivan xanliĝı. Bakı "şərq-Qərb", 2007. S. 75.
281. mirs camal cavanşir... S. 15.
۲۸۲. عبدالله یف، گوشه‌ایی از تاریخ ایران... ص ۴۵.
۲۸۳. حسین فسایی، فارسنامه ناصری... ص ۶۶۴. میرزا فضل‌الله شیرازی، تاریخ ذوالقرنین. ـ تهران: وزارت فرهنگ و ارشاد اسلامی، ۱۳۸۰. ص ۲۸۲
۲۸۴. مآثرالسلطانیه... ص ۲۸۵. فارسنامه ناصری... ص ۶۶۳
۲۸۵. احسن التواریخ... ص ۲۸۷. اکسیر التواریخ... ص ۵۱. معتمدالدوله، جام جم. ـ تهران: چاپ سنگی، ۲۷۲ ق. ص ۴۷۹.

۲۸۶. تاریخ منتظم ناصری... ص ۶۶۴
۲۸۷. سرپرسی کاکس، تاریخ ایران، ترجمه فخر داغی. - تهران: دنیای کتاب، ۱۳۶۶، ص ۴۶۰. سرجان ملکم، تاریخ ایران.. ص ۳۴۵.
۲۸۸. ناسخ التواریخ... ص ۸۱
289. Qarabağnamələr. 111 kitab. AbbasQulu Ağa Bakixanov. Gülüstani-iran... Bakı, "şərq-Qərb" 2006. S. 157.
۲۹۰. روضةالصفای ناصری... ص ۲۸۵. فارسنامه ناصری... ص ۶۶۵.
۲۹۱. احسن التواریخ... ص ۲۹۵. روضةالصفای ناصری... ص ۲۹۳
292. Ağamali y.f. Qarabağ xanlığının qonşu xanliqlar ve dövlətlərlə münasibətləri. Namizədlik dissertasiyasi. Baki, 2002. S. 116.
293. Bayramov Nailə. şamaxixanlığı... S. 72.
294. f. əliyev. M. əliyev... NaxÇıvan xanlığı... S. 75.
295. IBid. S. 76.
296. Bayramova Nailə. şamaxixanliğı... S. 72.
297. ABasqulu Ağa Bakixanov... S. 110.
298. f. əliyev... irəvan xanlığı... S. 357.
299. Bournoution, George A.Armenians... S. 357.
300. Azərbaycan tarixi (VII Gilddə), 111, cild. Baki-1999. S. 551.
301. Abbasqulu Ağa Baki xanov... S. 153.
۳۰۲. گلستان ارم... ۱۷۵
303. Mustafazadə T.T... S. 110.
304. Abbasqulu Ağa Bakixanov... S. 154.
305. Mustafazadə T.T... S. 111.
306. Elchin Qarayev... S. 123.
۳۰۷. باکیخانوف، گلستان ارم... ص ۷۷.
۳۰۸. عبدالله یف، گوشه‌ایی از تاریخ ایران... ص ۵۰
309. Elchin Qarayev... S. 124.
310. Mustafazadə T.T.
311. AbbasQulu Ağa Bakixaxov... S. 155.
312. Elchin Qarayev... S. 124.
۳۱۳. باکیخانوف، گلستان ارم... ص ۷۶. عبدالله یف، گوشه‌ایی از تاریخ ایران... ص ۵۰.
۳۱۴. گلستان ارم... ص ۱۷۸
۳۱۵. گستان ارم... ص ۱۷۸
316. Elchin Qarayev... S. 125.
317. Həsən ixfa əlizadə... S. 95.
318. AdiyözəlBəY... S. 63-69.
۳۱۹. رافی، ملوک خمسه... صص ۹۶-۹۵
320. Mustafazadə T.T... S. 111.
۳۲۱. موریل اتکین، روابط ایران و روس (۱۸۲۸-۱۷۸۰)... صص ۲۰-۱۹
322. Sara Aşurbəyli. Baki şəhərininbarixi... S. 209.
323. əmrahov Mais... Qarabağ xanlığı... S. 98.

324. şamaxi xanliŷi... S. 73.
325. Cəfərov ə.R. Azərbaycanin şirvan xanliğinin Rusiya ılə birləşməsi və ... Bakı, 1954. S. 53.
۳۲۶. رافی، ملوک خمسه... ص ۹۶
327. şamaxi xanliŷi... S. 73.
۳۲۸. گلستان ارم... ص ۱۷۹
۳۲۹. موریل اتکین، روابط ایران و روس... ص ۳۳
330. Mustafazadə T.T... S. 111.
331. Irəvan xanliŷi... S. 121.
332. şamaxi xanliŷi... S. 69.
333. iBid.
334. Mustafazadə... S. 111.
335. Mustafazadə T.T... S. 112.
336. IBid.
337. IBid.
338. IBid.
۳۳۹. مآثر سلطانیه، ص ۱۰۶. روضة‌الصفای ناصری، ج نهم، ص ۲۹۵، گلستان ارم، ص ۱۷۹
340. Idiyözəl BəY... S. 338.
341. Elchin Qarayev... S. 126.
342. Baddeley, John f... P. 59-60.
343. Həsən ixfa əlizadə... S. 96.
۳۴۴. رافی، ملوک خمسه... ص ۹۵
345. Həsən ixfa əlizadə... S. 95
۳۴۶. رافی، ملوک خمسه... صص ۹۸-۹۷
347. əmrahov Mais... Qarabaĝ xanliŷı... S. 181.
348. IBid. S. 94-95.
۳۴۹. اتکین، روابط ایران و روس... ص ۵۴
350. Mustafazadə T.T... S. 113.
۳۵۱. گلستان ارم... ص ۵۵
۳۵۲. روضة‌الصفا... ص ۲۹۳. مآثرالسلطانیه... صص ۲۶-۲۴
۳۵۳. فارسنامه ناصری... ص ۶۶۵. احسن‌التواریخ... ص ۲۹۵
۳۵۴. محمدحسن‌خان اعتمادالسلطنه، مرآةالبلدان، به کوشش عبدالحسین نوابی. - تهران: دانشگاه تهران، ۱۳۶۷. ج اول. ص ۵۱. احسن‌التواریخ... ص ۲۹۷.
355. Qarabaĝnamələr. 111. kitab. "tarixi-cədidı-Qarabaĝ".MirzəRəhim fəna. Bakı, "şərq-Qərb".2006. S. 24.
356. IBid.
357. "xəzər xəbər" jurnli, Baki, 15 dekabr, 1999, NO 76. S. 11. şəmistan Nəzirli; Arxivlərin sirvi Açilir. Balei "ELM". 1999. S. 29-30.
358. Akak. cild, I sənəd 161, 163. S. 199-203.
359. Adiĝozəl BəY... S. 56.
360. Naxçivan xanliŷi... S. 75.
361. IBid. S. 39.

362. Yaqub mikayil oŷlu Mahmudov, kərim kərəm oĝlu şükükurov Naxçivan: tarixi və abidələri. Baki, "Təhsil", 2007. S. 24.
363. Naxçivan xanliĝı... S. 75.
364. IBid. S. 97.
365. Naxçivan: tarixi və abidələri... S. 24.
366. Naxçivan xanliŷi... S. 76.
367. IBid.
368. IBid. S. 120-124.
369. şamaxi xanliŷi... S. 65.
370. Baki və Bakililar... S. 51.
۳۷۱. احسن‌التواریخ... ص ۲۹۷. روضة‌الصفای ناصری، ج نهم، ص ۲۹۵
372. Arxivlərin sirvi Açilir... S. 81. şuşa şəhərinin Tarixi... S. 96.
373. şuşa şəhərinin Tarixi... S. 97.
374. IBid. Mirzə camal cavanşir... S. 17.
375. Idiĝozəl BəY... S. 67.
۳۷۶. عبدالله مستوفی، شرح زندگانی من... ـ تهران: زوار، ۱۳۴۱، ج اول، ص ۲۲.
۳۷۷. روضة‌الصفا... ص ۳۰۳
۳۷۸. فارسنامه ناصری... ص ۶۶۴
379. Həsən ixfa əlizadə. şuşa şəhşrinin Tarixi... S. 97.
380. IBid. S. 96.
381. Mirzə yusif Qarabaĝi. Tarixi-şərif... S. 40.
۳۸۲. سرجان ملکم، تاریخ ایران... ص ۳۴۷. همچنین بنگرید به: تاریخ کامل ایران... ج ۲. ص ۶۴۴.
383. Həsən ixfa əlizadə... S. 98.
۳۸۴. تاریخ منتظم ناصری... ج ۳ ص ۱۴۴۱. تاریخ نگارستان... ص ۴۵۰.
۳۸۵. تاریخ منتظم ناصری... ج ۳. ص ۱۴۱۲. فهرس‌التواریخ... ص ۳۱۱.
۳۸۶. تاریخ کامل ایران... ج ۲، ص ۶۴۴.
۳۸۷. همان منبع...
۳۸۸. خاطرات ممتحن‌الدوله... صص ۲۵ ـ ۲۲.
۳۸۹. منبع متعدد ایرانی با کمی اختلاف نظر به قتل آقامحمدخان پرداخته به عنوان مثال بنگرید به: تاریخ کامل ایران... ج ۲. ص ۶۴۴. تاریخ منتظم ناصری... ج ۳. ص ۱۴۳۶. تاریخ نگارستان... ص ۴۵۰. فارسنامه ناصری... ج ۱. ص ۶۶۶.
390. IBid. S. 99.
۳۹۱. تاریخ منتظیم ناصری... ج سوم ص ۱۴۳۷. تاریخ رجال ایران، مهدی بامداد... ج ۱ ص ۲۵۴
392. Tarixi-Cədidi-Qarabaĝ. Mirzə Rəhim fəna... S. 24.
۳۹۳. ساروی، احسن التواریخ... ص ۲۹۸. اکسیر التواریخ... ص ۷۶. مآثر السلطانیه... ص ۲۵.
۳۹۴. تاریخ عضدی... ص ۱۴۴
۳۹۵. مستوفی، شرح زندگانی من... ج اول، ص ۲۲. تاریخ نگارستان... ص ۴۵۰.
۳۹۶. معتمدالدوله، جام‌جم... ص ۴۸۰
397. Qarabaĝnamələr. 11. kitab Mir medi xəzani: kitab-tarixi-Qarabaĝ.. S. 43.
398. Həsən ixfa əlizadə... S. 99.
399. Mir məhdi xəzani... S. 43.
۴۰۰. احسن التواریخ... ص ۲۹۹. روضة‌الصفا... ص ۳۰۴.

401. Tarixi-Cədid-Qarabağ. Mizə Rəhim fəna... S. 24.
۴۰۲. فارسنامه ناصری... ج ۱. ص ۶۶۹.
403. Qarabağ xanligi... S. 81. Mirzə yusif Qarabaÿi. Tarixi-şərif... S. 4.
۴۰۴. نادر میرزا، تاریخ و جغرافیای دارالسلطنه تبریز، به کوشش غلامرضا طباطبایی مجد. ـ تبریز: ستوده، ۱۳۷۳. ص ۳۶۶.
۴۰۵. تاریخ عضدی... ص ۳۰۱
۴۰۶. بامداد، شرح حال رجال ایرانی... ص ۱۲

بخش دوم

دوران فتحعلی‌شاه

نمونه پنجم

سفید

نمونه پنجم

فصل اول

آغاز تجاوز و لشکرکشی روسها به مناطق قفقاز

پس از مرگ نادرشاه از آنجا که حکومت مرکزی قوی در ایران وجود نداشت در نتیجه، ایران در نیمه دوم قرن هیجدهم در منطقه قفقاز حضور نداشت در این زمان، رقابت اصلی بین دو کشور روسیه و عثمانی بود. اما از آنجا که کشور عثمانی دارای مشکلات عدیده‌ی داخلی بود نمی‌توانست حضور فعالی در منطقه قفقاز داشته باشد. همچنین، پس از جنگ‌های عثمانی با روسیه در سال‌های ۱۷۶۸ ـ ۱۷۷۴م که به شکست عثمانی و بستن پیمان «کوچوک قینارچای» منتهی شد دولت عثمانی بیش از پیش ضعیف شده بود.[۱]

در همین زمان در ۲۳ شعبان ۱۱۹۷ هـ ق / ۲۴ چوئیه ۱۷۸۳ ایراکلی دوم خان تفلیس براساس قرارداد ۱۳ ماده‌ای «گیورگیوسک» تحت‌الحمایه روسیه شد.[۲]

گرجستان شامل دو بخش بود یک بخش آن «آچیق باش» بود که سلیمان یا سولومون بر آن حکومت می‌کرد و بخش دیگر به مرکزیت تفلیس بود که ایراکلی دوم بر آن حکومت می‌کرد به نظر می‌رسد که سلیمان‌خان نیز مانند ایراکلی طرفدار روسیه بوده است.[۳]

بدین ترتیب روسیه با بدست آوردن تکیه‌گاهی چون گرجستان اولین گام برای توسعه‌طلبی‌هایش در قفقاز فراهم شد.

در مقابل تحت‌الحمایه شدن گرجستان، امپراطوری عثمانی بی‌تفاوت نماند واکنش عثمانی‌ها در این زمان سعی در متحد کردن خان‌نشین‌های مسلمان قفقاز در

مقابل روسیه و گرجستان بود. امپراطوری عثمانی حتی آنان را به مبارزه با ایراکلی دوم دعوت می‌کرد. در فرمان بسیار مهمی که در جمادی الاخر ۱۱۹۸ هـ / ۱۷۸۴ م / اردیبهشت ۱۱۶۳ ش از سوی سلطان عبدالحمید دوم خطاب به خدادادخان دنبلی حاکم تبریز صادر شده دغدغه‌های امپراطوری عثمانی نسبت به الحاق گرجستان به روسیه به وضوح دیده می‌شود در این فرمان از تمام خانات آذربایجان دعوت می‌شود برای مبارزه با روس‌ها و گرجی‌ها متحد شوند در بخشی از این فرمان چنین آمده است:

«... اکنون که کافه مومنین و موحدین مکلف به حمایت از بیضه اسلامی می‌باشند زمام همم و توجهات خسروانه، هم به تفقد حالت اهالی ایران عموماً، و خوانین آذربایجان خصوصاً معطوف و نقدینه اقدام و اهتمام پادشاهانه، به وقایع ممالک اسلامیه، معروف افتاده و در این باب از جانب سنی الجوانب داورانه‌ام، قطعاً احتمال تجویز قصوری نخواهد رفت. اگرچه هیچ وقت از کفار خاکسار معاندین دین و ملت، امنیت و اتحادی معمول نبوده، و اگر به طریق اهم اظهار ملایمت و دوستی در نظر گیرند ـ معاذ الله تعالی ـ بنابر مصلحتی است که متضمن اندراس دولت اسلامیه می‌باشد... و اگر از طرف خصم، علیرغم نوعی سوء قصد به حدود ممالک ایران ظاهر گردد از وزراء و سایر مأمورین که در سرحد روس می‌باشند. استعانه نماید که به اتفاق شما در دفع شرّ خصم و دقت در حفظ ممالک قصوری نخواهد ورزید...»[۴]

ایران بدلیل موقعیت ژئوپلتیکی خود همواره در معرض چشم طمع روسیه بوده است. روسیه سعی کرده از نفوذ کشورهای مخالف خود در ایران ممانعت کند و با سلطه بر سیاست داخلی و خارجی ایران مانع نفوذ کشورهای اروپایی به ایران گردد و برای کسب حداکثر منافع اقتصادی و سیاسی در ایران هر نقطه‌ای از ایران را توانسته به اشغال خود در آورده.[۵]

اسکوبلف می‌نویسد: «**هرچه روسیه در آسیای مرکزی قوی‌تر شود، به همان میزان انگلستان در هند ضعیف‌تر و در اروپا سهل الوصول‌تر خواهد گردید.**» اگرچه روسیه تزاری هیچگاه نقشه‌ی حمله به هندوستان را جدی تلقّی نمی‌کرده است اما از آن ابزاری برای اعمال فشار بر انگلستان جهت دریافت امتیازات در ایران و سایر نقاط جهان مدد جسته است.[۶]

بطور کلی می توان گفت که در پشت تجاوزات روسیه به ایران در دوره‌ی تزاری منافع اقتصادی بر مسئله سیاسی تفوق داشته است. در تاریخ نویسی ایران مربوط به جنگ‌های ایران و روس و تعرضات روسها به خان‌نشین‌های قفقاز، نگرشی وجود دارد که تجاوز و تعرضات روسیه را براساس وصیت نامه پطرکبیر یعنی «سیاست روسیه برای دستیابی به آب‌های آزاد» تحلیل می‌کند[۷] اما این نگاه بشدت جای انتقاد دارد چرا که اصلاً خود وصیت نامه پطرکبیر جای تردید دارد و سندی معتبر و قاطع در این مورد نمی‌توان ارائه کرد. حتی به نظر برخی، این «نگاه» را دولت وقت انگلستان ابداع کرده تا از ایرانی‌ها به عنوان اهرم باز دارنده و تدافعی در مقابل روسیه بهره بگیرد.[۸] همچنین باید گفت اگر هدف روسها از تجاوز به قفقاز عمل به وصیت‌نامه پطر کبیر و دسترسی به آبهای آزاد بوده در آنصورت چرا در آخرین پیروزی روسها که منجر به اشغال تبریز شد و روسها می‌توانستند به آسانی به طرف تهران حرکت کنند پیشروی نکردند و با قرارداد ترکمانچای به آن سوی ارس بازگشتند. همچنین بر طبق این وصیت‌نامه جعلی، روسیه دو هدف را دنبال می‌کند: الف) رسیدن به آبهای گرم خلیج فارس. ب) رسیدن به هندوستان، شاهرگ حیاتی انگلستان. اما رسیدن به هندوستان مستلزم ضعف ایران و گذشتن از ایران بود. در این صورت چرا دولت انگلستان برخلاف منافع خود، سعی می‌کرده ایران را در ضعف نگاه دارد. بر طبق نامه سرگور اوزلی در مورخه اکتبر ۱۸۴۴ به وزارت خارجه انگلیس «عقیده صریح و صادقانه من این است که... کشور ایران را در همین حال ضعف و توهش و بربریت نگاه داریم».[۹] آیا پیشنهاد سرگور اوزلی مبنی بر ضعف نگه داشتن ایران در راستای کمک به تحقق آرزوی پطر کبیر یعنی رسیدن به هندوستان نیست؟

بنابراین وصیت نامه پطرکبیر و حرکت به سوی بنادر آب‌های گرم، اسطوره‌ای بیش نیست و هیچ سندی بر آن مترتب نیست.[۱۰] به نوشته برخی، «این وصیت‌نامه‌ی ساختگی را مهاجران لهستانی در پاریس به سال ۱۷۹۵ م جعل کردند تا افکار عمومی فرانسویان را علیه روسیه تزاری که مطامع استعماری در لهستان داشت برانگیزانند...»[۱۱]

پس از مرگ آقامحمدخان به محض اینکه فتحعلی‌شاه به تخت نشست فرستاده‌ای به دربار پل اول امپراطوری روسیه فرستاد. این ایلچی در سوم آوریل ۱۷۹۸ م / ۱۴ فروردین ۱۱۷۷م در پترزبورگ به حضور پل اول رسید. اما امپراطور روسیه چندان عنایتی بدو نکرد و به او نه به عنوان فرستاده شاه ایران، بلکه فرستاده سردار باباخان نگریست. فرستاده فتحعلی‌شاه در ماه اگوست همان سال به ایران بازگشت. مهمترین مسائلی که در دربار پل اول به سفیر گفته شده بود علاوه بر پیشنهادات تجاری، به او یادآوری شده بود که شاه ایران باید از ادعای مالکیت بر گرجستان برای همیشه دست بردارد[۱۲] همچنین نسبت به خان‌نشین‌هایی چون باکو، دربند و... که در بین ولایت گرجستان و دریای خزر واقع شده هشدار داده شده بود.[۱۳]

هدف روسها از این لشکرکشی‌ها، تنها خود منطقه قفقاز و منافع اقتصادی بی‌شمار آن بوده است منطقه قفقاز علاوه بر اینکه به لحاظ موقعیت جغرافیایی پل ارتباطی مناطق مختلف آسیا و اروپا محسوب می‌شد در درجه بعدی پایگاهی استراتژیکی برای روسها به شمار می‌آمد چراکه از نقطه نظر سیاسی و نظامی تسلط بر قفقاز می‌توانست برای همیشه منجر به تفوق روسها و قطع هژمونی و تسلط ترک‌های عثمانی و ایران گردد. اشغال قفقاز و به تبع آن، اشغال دریای خزر و تبدیل آن به یک دریای داخلی و در نتیجه برقراری ارتباط تجاری بین آسیا و اروپا، تسلط و چنگ زدن بر ثروت‌های غنی معدنی قفقاز، منابع اولیه کارخانه‌ها و مواد خام مورد نیاز از عوامل اصلی این لشکرکشی‌ها بوده است. بنابراین، به نظر می‌رسد هدف روسها از لشکرکشی به قفقاز نه عمل به وصیت‌نامه پطر کبیر بلکه خود منابع سرشار قفقاز اعم از نفت، پنبه، پشم، غلات، طلا، ابریشم بوده که برای صنایع نوپا و مانوفاکتورهای روسیه در اوایل قرن نوزدهم اهمیت زیادی داشت به همین خاطر است که می‌بینم در تمام نامه‌های محرمانه‌ای که بین فرماندهی قفقاز با مقامات بالای روسیه حتی شخص امپراطوری نوشته شده بارها و بارها تسلط بر خان‌نشین‌های قفقاز به دلیل اهمیت اقتصادی و تجاری مطرح شده اما حتی یک بار نیز به وصیت‌نامه پطر کبیر و دستیابی به آبهای گرم اشاره نگردیده است.

شش ماه پس از قتل آقامحمدخان، ایراکلی دوم پادشاه گرجستان نیز درگذشت. پسر ارشدش گرگین‌خان بجای پدر نشست و ابتدا مطیع دربار ایران بود. اما اندکی بعد به طرف روسیه متمایل شد. از آنجا که مردی ولخرج بود نیاز مالی خود را از طریق قرض از روسیه تأمین می‌نمود و در برابر آن تعهد نموده بود که اگر در موعد مقرر نتواند بدهی‌های خود را بپردازد در مقابل، شهر تفلیس را به روسیه واگذار نماید. اندکی نگذشت که گرگین‌خان نتوانست بدهی‌های خود را بپردازد در نتیجه روس‌ها شهر تفلیس را اشغال کرده و ژنرال سی‌سیانف را به حکومت گرجستان منصوب کردند. گرگین‌خان نیز به اتفاق خانواده و اعیان شهر به سن پترزبورگ تبعید شد. در تابستان سال ۱۸۰۰ م یعنی پس از مرگ ایراکلی دوم و به تخت نشستن گرگین‌خان، فتحعلی شاه نامه‌ای به او نوشته و از او خواست پسر ارشد خود را به عنوان گرو نزد شاه ایران بفرستد و در صورت امتناع منتظر عواقب آن باشد اما کووالنسکی نماینده روسیه، حاکم جدید گرجستان را تشویق می‌کرده که با خواسته شاه ایران مخالفت کند و برای جلوگیری از تهدیدات ایران به دستور پل اول امپراطور روسیه، ژنرال کنورینگ در رأس نیرویی مرکب از ۱۵ اسکادران، ۹ گردان پیاده‌نظام و به همراه توپخانه از کوه‌ها عبور کرده خود را به گرجستان رساند و به اطلاع حاکم جدید گرجستان رساند که روسیه از او در قبال تهدیدات ایران محافظت خواهد کرد.۱۴

گرگین‌خان مجبور شد در سپتامبر ۱۸۰۰ / شهریور ۱۱۷۹ معاهده‌ای با دولت روسیه امضاء کند که براساس آن، خود و خانواده‌اش از حکومت گرجستان برای همیشه صرف نظر می‌کرد. اما اقدامات گرگین و روسیه خشم و اعتراض مردم گرجستان را برانگیخت و شاهزاده الکساندر، برادر گرگین‌خان رهبری معترضین را بدست گرفت. او برای طلب کمک به ایران و عثمانی روی آورد اما هیچ‌کدام از این کشورها نتوانستند کمکی شایسته به اعتراضات مردم گرجستان بر علیه روس‌ها بکنند در نتیجه در ژانویه ۱۸۰۱ / دی ۱۱۷۹ گرجستان با فرمان امپراطوری روسیه ضمیمه خاک روسیه گشت.۱۵

سفید

نمونه پنجم

فصل دوم

تصرف گنجه

ز روسی نجوید کسی مردمی   که جز صورتی نیستشان ز آدمی

(حکیم نظامی گنجوی)

در ۱۷۹۷م وقتی تفلیس توسط سربازان ایران ویران گردید از سوی امپراطوری روسیه، قشونی به فرماندهی سی‌سیانف فرستاده شد این لشکرکشی در ظاهر به منظور پاسخ به دادخواهی و التماس‌های اهالی از دست آقامحمدخان بود. اما در باطن اهداف درازمدتی در سر می‌پروراندند که همانا تسلط بر قفقاز بود.

پاول سی‌سیانف گرجی تبار، متولد ۱۷۵۴م و تربیت شده روسی بود. افسری با لیاقت که اطلاعات جامعی در خصوص قفقاز داشت به همین منظور در فوریه ۱۸۰۳م با اختیارات تام به گرجستان فرستاده شد.[۱۶] در نگاه سی‌سیانف سه منطقه دارای اهمیت زیادی بود این سه نقطه شامل ایروان، گنجه و باکو می‌شدند.[۱۷]

او ابتدا اساس اداره جدید گرجستان و دیوانخانه‌ای را در آنجا برپا کرد و شکل حاکمیت قبلی را لغو کرد این تغییرات با مخالفت‌های شدید زن و فرزندان ایراکلی مواجه شد سی‌سیانف ابتدا خواست از طریق گفتگو آنها را راضی کند اما سرانجام متوسل به زور شد و همه آنها را به روسیه فرستاد.[۱۸]

اکنون زمینه برای تسلط بر قفقاز از هر حیث برای روسیه آماده بود زیرا در سال ۱۸۰۳م شرایط بین‌المللی کاملاً به نفع روسیه بود. انگلستان در مقابله با ناپلئون نیاز به

حمایت شوروی داشت در نتیجه در مقابل تعدیات روسیه سکوت می‌کرد. دولت عثمانی به عنوان رقیب روسیه در قفقاز جنوبی چنان درگیر مشکلات داخلی بود که در لاک دفاعی خود فرو رفته بود و هیچگونه واکنشی نمی‌توانست از خود نشان دهد. همچنین اوضاع داخلی خان‌نشین‌های قفقاز نیز برای تصرف مناسب بود چراکه بسیاری از آنها در این زمان فریب تبلیغات دروغین روسیه تزاری را خورده و بدان سو گرایش داشتند و فکر می‌کردند که روسیه استقلال آنان را به رسمیت خواهد شناخت.۱۹

این خان‌نشین‌ها چون دائم در جدال با همدیگر بودند و یا در داخل خود هر کدام از اعضای خانواده حاکم برای کسب قدرت بر ضد یکدیگر تلاش می‌کردند در نتیجه آنها هرگز نتوانستند اتحادی در مقابل قدرت‌های بزرگ تهدید کننده به عمل آورند هر کدام از این خان‌نشین‌ها و یا هر کدام از اعضای خانواده حاکم به یکی از قدرت‌های خارجی ایران یا روسیه و یا به هر دو وابسته بودند و تنها برای کسب قدرت و توسعه قلمرو خود فکر می‌کردند.

در دوران سلطنت پنج ساله تزار پل اول (۱۷۹۶ ـ ۱۸۰۱م) هیچ درگیری بین ایران و روسیه رخ نداد اما وقتی در ۲۳ مارس ۱۸۰۱م در جریان توطئه‌ای که عده‌ای از سران ارتش علیه امپراطوری روسیه ترتیب داده بودند پل اول کشته شد با آغاز سلطنت (الکساندر اول) که از ۱۸۰۱ الی ۱۸۲۵ به طول انجامید تعرضات روسیه به قفقاز دوباره آغاز شد و تسخیر گنجه به عنوان آغاز تعرضات روسیه در نظر گرفته شد در گنجه جوادخان پسر شاهوردی‌خان حکومت می‌کرد او از سرداران بزرگ و ایراندوست بود و از نسل قاجارها به شمار می‌آمد و در زمان حمله آقامحمدخان به گرجستان با تمام وجود از شاه ایران حمایت کرده بود. تاریخ دقیق تولدش در دست نیست اما بنا به نوشته برخی منابع، این قهرمان شجاع در سال ۱۷۴۸م در بیستم ماه می/ ۳۱ اردیبهشت ۱۱۲۷ در شهر گنجه متولد شده است. او از نسل زیادقوها بوده که از قرن شانزدهم بر گنجه حکمرانی می‌کردند.

جوادخان تا آخرین دقایق زندگی‌اش طرفدار ایران و قاجارها باقی مانده و اغلب

اوقات در طول زندگی خود در کشاکش و نزاع با حاکم گرجستان بوده که خود را تحت‌الحمایه روسیه قرار داده بود.

سی‌سیانف ادعای برخی از فئودال‌های گرجی را دستاویز حمله به گنجه قرار داده بود که می‌گفتند گنجه قبل از این، جزو خاک گرجستان بود[۲۰] البته تحریک ارامنه برای انتقام جنایت تفلیس نیز بی‌تأثیر نبود.

سی‌سیانف قبل از حرکت از تفلیس به طرف گنجه، هفت نامه به جوادخان نوشته و در آنها ضمن اظهار دوستی از حاکم گنجه درخواست کرده که پسرش حسینقلی آقا را به عنوان گرو نزد او بفرستد و ضمن پرداخت سالانه بیست هزار روبل خراج تابعیت روسیه را بپذیرد البته این خواسته‌ها بلافاصله از سوی جوادخان رد شد.[۲۱]

نامه‌های رد و بدل شده بین جوادخان و سی‌سیانف در جلد دوم از مجموعه ۱۳ جلدی «اسناد تاریخی قفقاز» مندرج است این مجموعه ارزشمند و دست اول تاریخی اکنون در کتابخانه آخوندوف و دانشگاه دولتی باکو نگهداری می‌شود و تنها یکبار در تفلیس منتشر شده. نامه‌ها با وجود تعارفات و زبان پرچرب و نرم ژنرال روسی که رفته رفته جای خود را به زبان تهدید و ارعاب می‌دهند به بهترین نحو سیاست‌های اشغالگرانه روسیه را منعکس می‌سازند. به خاطر اهمیت این اسناد بخش‌هایی از نامه‌های مذکور در اینجا آورده می‌شود.

اولین نامه‌ای که سی‌سیانف به جوادخان نوشته مربوط به تاریخ ۲۵ فوریه ۱۸۰۳ م بوده که از تفلیس فرستاده شده در این نامه خطاب به جوادخان چنین آمده است:

«نامه‌تان راکه از طریق گرگین بیک فرستاده بودید دریافت داشتم. علاقه شما را به صلح، دوستی و اتحاد را در آنجا دیدم. ضمناً قبول دارم‌که اینها را با صداقت قلبی نوشته‌اید و از آرامش و صلح‌دوستی شما خوشحالم و این آرامش و رفاه ماندگار را برایتان تبریک می‌گویم. زیرا شما و خلق شما را امپراطور مهربان روسیه به زیر حمایت خود می‌گیرد. در مقابل اعتماد شما به امپراطوری، شما در تمام زمینه‌ها روابط متقابل باگرجستان خواهید داشت و در گرجستان و سرحدات آن هر مسئله و فعل و انفعالات مربوط به قشون، تنها با رأی و صلاحدید شما قانونی خواهد شد. چراکه اعلیحضرت امپراطوری این را از من طلب می‌کند. اما ضمانت اعتماد شریف شما این خواهد بودکه

اوغورلو آقا پسر بزرگ خود را به عنوان امانت به تفلیس پیش ما بفرستید. او در اینجا با ارج و احترام زندگی خواهد کرد. اگر این درخواست ما به جا آورده شود در آن صورت هیچ فرقی و تبعیضی بین گنجه و گرجستان در میان نخواهد بود و این مسئله به عنوان نمونه عملی از خیرخواهی شما تلقی خواهد شد. علاوه بر این به پاس حفظ روابط دوستی و حرمت شما، به عنوان نمونه، از طریق گورگون بیک، ده قواره مخمر و ده قواره اطلسی به حضورتان تقدیم می‌گردد.» [۲۲]

دومین نامه در شمکور در ۲۹ نوامبر ۱۸۰۳ نوشته شده و در آن، دیگر خبری از زبان چرب و نرم و وعده‌های سرخرمن نیست و کلمات احترام‌آمیز جای خود را به تهدید و ارعاب داده در این نامه چنین آمده است:

«... بگذار علت اینکه به گنجه آمده‌ام برایت روشن کنم:

اول: علت اصلی این بوده که گنجه و اطراف آن در زمان حاکمیت شاهزاده طومارین جزو قلمرو گرجستان بود. بعدها در زمان ضعف گرجستان از آن جدا شده است. اکنون که روسیه، گرجستان را به مانند سرزمین خود تحت حمایت خویش گرفته تکه‌هایی از آن را نمی‌تواند تحمل کند که در دست بیگانگان باشد. به حول قوت الهی، امپراطوری روسیه تحمل نخواهد کرد که قسمتی از گرجستان در دست بیگانگان باشد.

دوم: در آمدن به گرجستان در نامه اولی نوشتم که پسر بزرگت را به عنوان گرو نزد ما بفرست در جواب نوشتید که از پادشاه ایران احتیاط می‌کنید اما فراموش می‌کنید که شش سال قبل از این، شما تبعیت از روسیه را پذیرفتید و قشون امپراطوری روس در داخل قلعه گنجه مستقر شد.

سوم: تاجرهایی که کسان شما غارتشان کرده بودند آنها را هنوز راضی نکرده‌اید.

به خاطر سه علت یاد شده من به گنجه آمده‌ام تا شهرتان را براساس سنت اروپایی بگیرم. قبل از حمله و ریختن خون انسانها، براساس مذهب و اعتقادم مجبور هستم پیشنهاد کنم که شهر را بدون جنگ تحویل دهید. از شما می‌خواهم یکی از دو کلمه را جواب بدهید: آری یا نه. یعنی آیا تسلیم می‌شوید یا نه؟

در این هوای گرگ و میش که قشون برداشته تا بدینجا آمده‌ام در درجه اول تسلیم شدن شما را تعیین کرده‌ام چرا که در آنصورت از الطاف و مرحمت بی‌پایان امپراطوری من برخوردار خواهید بود. در غیر اینصورت برای همیشه شانس خوشبختی را از دست خواهی داد. قبل از این، شهرهای

«ازمایل» و «ارشاوا» وغیره بدین سرنوشت گرفتار آمده‌اند. اگر تا فرداظهر جواب نگیرم بر گنجه آتش خواهم بارید. برای گنجه تیغ و آتش آورده‌ام. در آنصورت خواهی دید که چگونه بر سر حرفم ایستاده‌ام.»[۲۳]

در همان روز یعنی ۲۹ نوامبر ۱۸۰۳ جوادخان پاسخ دومین نامه سی‌سیانف را چنین می دهد: *«در این وقت کاغذی که فرستاده بودی رسید و نوشته بودی که در ایام طومار دده‌قال گنجه تابع گرجستان بود این سخن را هیچ‌کس نشنیده است اما پدران ما که عباس‌قلی‌خان و سایرین باشد در گرجستان حاکم بوده‌اند هرگاه قبول ننمایید از مردان پیر اهل گرجستان تحقیق نمایید که عباس‌قلی‌خان در گرجستان حاکم و والی بوده است یا نه؟ و بالفعل مسجد و دکان او در گرجستان هست و خلعت و تعلیقه او هم در خانه اهل گرجستان هست و از ایام پدر ارکیخان و پدر ما سرحد گنجه و گرجستان معلوم بوده که از کجا تا به کجاست و ما این سخنها را بر زبان نمی‌آوریم و هرگاه بگوییم هم که پدران ما در گرجستان والی بوده است کسی قبول نمی‌کند و با این سخن گرجستان راکسی به ما نمی‌دهد و دیگر نوشته بودی که شش سال پیش از این، قلعه گنجه را به پادشاه روسیه داده بودی. درست است در آن وقت پادشاه شما به تمامی ولایت ایران رقم نوشته بود و به ما هم نوشته. ما رقم پادشاه را قبول کرده قلعه را دادیم هرگاه باز پادشاه در خصوص گنجه به ما فرمان نوشته باشد فرمان پادشاه را معلوم و آشکار نمایید ما هم رقم پادشاه را دیده از آن قرار عمل نماییم و دیگر آنکه نوشته بودی که پیش از این به گرجستان تابع بودی معلوم شما باشد که الحال رقم پادشاه شما در دست ما هست ببینید که در آن رقم ما رابیگلربیگی گنجه بود...*

دیگر آنکه در آن وقت که ما تابع پادشاه روسیه شده بودیم پادشاه ایران به خراسان رفته بود و دست ما به او نمی‌رسید و به جهت آنکه پادشاه روسیه هم پادشاه عظیم‌الشأن بود اطاعت او را قبول کردیم و الحال پادشاه ایران الحمدالله والمنه در نزدیکی و حالا هم غلام سردارش به اینجا آمده است و قشون هم آمده و باز می‌آید...

هرگاه بنای دعوا داری ما هم آماده جنگ هستیم و اگر از توپ و توپخانه خود لاف می‌زنی، از شفقت خدا توپ ما از شما کمتر نیست هرگاه توپ شما یک‌کز است توپ ما سه‌کز و چهارکز است و نصرت هم با خداست و از کجا معلوم می‌شود که شما از قزلباش رشیدتر هستید شما دعوای خود را دیده‌اید و دعوای قزلباش را ندیده‌اید و نوشته بودی که آماده جنگ باشید از آن وقت که شما به شمس

الدینلو آمدید و رعیت ما را تابع خودکردید از آن روز تا به حال در تدارک هستیم و حاضر و آماده بوده‌ایم هرگاه دعوا می‌کنی دعوا خواهیم‌کرد و آنکه نوشته بودی که هرگاه این سخن‌ها را قبول نمی‌کنی بدبختی تو را گرفته است ما هم چنین می‌دانیم‌که شما هم به این خیال افتاده آمده‌اید شما را بدبختی کشیده و از پطرزبورگ قضا به اینجا آورده است. انشاء الله تعالی بدبختی شما معلوم خواهد شد. والسلام.»[۲۴]

یک روز پس از وصول نامه جوادخان، در ۳۰ نوامبر ۱۸۰۳ سی‌سیانف که شمکور را اشغال کرده بود از آنجا به ارامنه گنجه پیام فرستاد که بیایند و به قشون امپراطوری روسیه ملحق شوند و به آنها قول داد که در آنصورت از الطاف و مراحم امپراطوری برخوردار خواهند شد همچنین وعده داد که هر کسی که مدافع امپراطوری روسیه باشد تمام جان و املاکش در امان خواهد بود و از آزار و اذیت مسلمانان راحت خواهند شد و در هر گوشه‌ای از گرجستان بخواهند می توانند به مانند شهروند روسی در آسایش و امنیت زندگی کنند.

پس از این، سی‌سیانف پنج نامه دیگر به جوادخان نوشته است. این نامه‌ها به ترتیب تاریخ‌های ۹، ۱۱، ۲۶، ۲۸، ۲۹ دسامبر ۱۸۰۳ را بر خود دارند هر کدام از نامه‌ها بدون رعایت قواعد دیپلماسی نوشته شده و مشحون از غرور ژنرال روسی و تهدید و تحقیر حاکم گنجه است.

در نامه‌ای که در ۹ دسامبر ۱۸۰۳ نوشته شده چنین آمده است:

«ژنرال روسیه بزرگ، سرفرمانده گرجستان، هشترخان و قفقاز، رئیس ناوگان خزر، شاهزاده سی‌سیانف براساس سنت اروپایی از شما خان گنجه (جوادخان) می‌پرسد:

آیا قلعه را تسلیم فرمانده قشون روسی می‌کنید یا نه؟ جواب باید تا صبح فردا داده شود و قاصد پیام‌آور براینکه در امنیت باشد باید دستمال سفید در دست گرفته باشد...»[۲۵]

دو روز پس از این نامه، سی‌سیانف نامه‌ای دیگر در ۱۱ دسامبر ارسال کرده و تسلیم قلعه را شدیداً خواستار شده:

«شاهزاده سی‌سیانف به اعلیحضرت جوادخان معلوم می‌کندکه نامه او را دریافت‌کرده و بر آن هیچ تبصره و شرطی قائل نمی‌شود لاکن از صمیم قلب مصلحت می‌داندکه فردا روز تشریفات و

تصرف گنجه / ۱۷۱

مراحم امپراطوری بخشنده روسیه است. حضرتعالی در همین روز آچارهای شهر را به همراه پسرت حسینقلی آقا بفرستید. گرونگه داشتن حسینقلی آقا به علامت تسلیم شهر به فرمانده روسی خواهد بود. در آن صورت جوادخان از مراحم پادشاه روس برخوردار خواهد شد در غیر این صورت اگر این خواسته را تا فردا نهار بجا نیاورید جنگ شروع خواهد شد. هر چند دیدن آن ممکن است سخت باشد اما فرمانده اردوی روسیه به خدا قسم می‌خورد که چشمه خون جاری خواهد شد.» [۲۶]

در ۲۲ نوامبر ۱۸۰۳ م ۳۰ آبان ۱۱۸۲ قشون روسی به فرماندهی سی‌سیانف مرکب از ۶ گردان پیاده، ۱۱ توپ، ۳ اسکادران و ۲ دسته قزاق به سوی گنجه حرکت کرد وقتی به نزدیک گنجه رسید، بار دیگر سی‌سیانف مکتوبی جهت تسلیم گنجه به جوادخان نوشت. این نامه که تاریخ ۲۶ دسامبر ۱۸۰۳ را بر خود دارد بار دیگر از جوادخان می‌خواهد شهر گنجه را تسلیم قشون روسی کند اما جواب جوادخان باز منفی بود.[۲۷]

ششمین نامه سی‌سیانف قبل از آغاز حمله مربوط به تاریخ ۲۸ دسامبر ۱۸۰۳ م می‌باشد سی‌سیانف در این نامه می‌نویسد:

«... من بر طبق عقیده خودم از غرور آسیایی نفرت دارم. بر اینکه سیل خونی که جاری خواهد شد وجدانم را معذب نکند به شما تأکید می‌کنم:

بر طبق آداب و رسوم اروپایی به کسانی که در محاصره قرار می‌گیرند فرصت سازش و مصالحه می‌دهند وقت تعیین‌شده موجب می‌شود محاصره‌شدگان سر عقل بیایند. قاصدها شرط‌ها را به طرفین می‌رسانند آن شروط یا قبول و یا رد می‌گردند. زمانی که وقت تعیین شده سپری شد جنگ آغاز می‌گردد و یا با شرایطی شهر تسلیم می‌گردد. ما تا به حال چهار قلعه را بدین شکل گرفته‌ایم. خدا شاهد است که باعث خونریزی من نیستم بلکه تو هستی. جواب این نامه را باید همین امروز بدهی.» [۲۸]

جوادخان به این نامه تهدیدآمیز در همان روز چنین پاسخ می‌دهد:

«چرا چنین سخن می‌گویی؟ من که تابع تو نیستم می‌نویسی «همین امروز جواب بده». این چه سخنی است؟ آدم با نوکر خود هم این چنین سخن نمی‌گوید. پس حد و حدود خودت را بدان. هر موقع صلاح دانستم جواب نامه‌ات را همان موقع می‌دهم این یک. ثانیاً از خیال خام تحویل قلعه

دست بردار. اگر بخواهی گنجه را به دست بگیری باید از روی جنازه من رد شوی. فهمیدی؟ تنها پس از مرگ من، نه به طریقی دیگر!...»

پس از رسیدن جواب جوادخان، سی‌سیانف آخرین نامه را که تاریخ ۲۹ دسامبر ۱۸۰۳ را بر خود دارد ارسال می‌کند. در این نامه بار دیگر شرایط مصالحه را ذکر می‌کند:

«... از آنجاکه با زبان خوش نمی‌خواهی قلعه را تحویل بدهی بر خود واجب دانستم که برای آخرین بار شرط‌های تسلیم قلعه را به شما یادآوری کنم. از اینکه من خواسته بودم جواب نامه‌ام را زودتر بده به این معنی نبوده که دشمن خود را نوکر خود بدانم، بلکه باید به روابط متقابل آدمها احترام گذاشت، یعنی وقتی من جواب نامه شما را همین امروز می‌دهم شما نیز باید جواب نامه مرا همین امروز بدهی. به همین دلیل نیز امیدوارم که جواب این نامه‌ام را نیز تا فردا بعد از ظهر دریافت کنم. یک بار دیگر شرایط تسلیم گنجه را در زیر می‌آورم:

۱. جوادخان به همراه تمامی اهالی تحت امرش قسم یاد می‌کنند و جزو تابعیت امپراطوری روسیه درمی‌آیند.

۲. قلعه به تمامی پاک می‌شود و در آنجا توپ و تجهیزات قشون روسی مستقر می‌گردد.

۳. جوادخان در عین پذیرفتن تابعیت روسی، به مانند سابق، اختیارات اداره اراضی خود را خواهد داشت و سالانه ۲۰ هزار منات به روسیه خراج می‌پردازد. به محض امضای این مواد، خراج سال ۱۸۰۴ م را فوری خواهد پرداخت.

۴. ارزاق اردویی که در قلعه و شمسدیل مستقر است تأمین می‌کند.

۵. اهالی شمسدیل و ایالت آن را نمی‌توان بیرون کرد چراکه آنها دیگر تحت امر گرجستان اداره خواهند شد.

۶. به منظور عمل صادقانه بندهای بالا، جوادخان پسر خود حسینقلی‌خان را برای همیشه به عنوان امانت به نزد مقام اداره کننده گرجستان می‌فرستد...» [۲۹]

شرایط سی‌سیانف بلافاصله از سوی جوادخان رد شد و به دنبال آن در سوم ژانویه ۱۸۰۴ م که مصادف با عید قربان نیز بود جنگ بین دو گروه نابرابر یعنی دو هزار نفر قوای جوادخان در مقابل حدود ۲۰ هزار قشون روسیه آغاز شد.

جوادخان از فرصت استفاده کرده جهت کمک، پیکی بسوی دربار ایران روانه کرد اما هیچ کمکی از شاه بوالهوس نرسید. عبدالرزاق دنبلی می‌نویسد:

«وقتی قوای روسی به گنجه حرکت کردند جوادخان قاجار به فوریت با اعزام پیکی این اقدام را به دربار فتحعلی‌شاه گزارش کرد، اما چون راه دور بود، این پیک دیر رسیده و ایران نتوانست کمکی بکند.»[30] نویسنده تاریخ ذوالقرنین نیز به دروغ می‌نویسد: «... داور عاقبت‌نگر... فرامین قدر آیی به عهده حکام و خوانین مملکت آذربایجان صادر که هر یک جمعیتی فراهم آورده بر سبیل استعجال به امداد جوادخان پردازند....»[31].

اما نوشته این مورخان درباری چیزی جز تلاش ناموفق برای تبرئه فتحعلی‌شاه نیست چراکه از آغاز حرکت قوای روسی به سوی گنجه تا فتح خونین و تلخ آن، بیش از ۶ ماه طول کشیده چگونه دربار ایران در این مدت نمی‌توانسته کمکی به گنجه بفرستد؟

نویسنده روضة الصفا نیز در این مورد می‌نویسد:

«بعد از جشن عید نوروز سلطانی ۱۲۱۸ هـ/۱۸۰۳ بود از جانب جوادخان زیادلوی گنجوی قاجار حاکم ولایت گنجه مسرعی سریع السیر رسید و اخبار وصول سپاه روسیه را به تفلیس و بلاد بردع و عزم دست اندازی به امصار آذربایجان معروض رأی ملک آرای دارای ایران نمود و استدعای امداد و اعانت نمود» از سوی شاه سعیدخان دامغانی به گنجه فرستاده می‌شود تا اخبار بیشتری ارسال کند![32]

اما اصل حقیقت را ژان یونیر می‌نویسد: از آنجا که جوادخان آدم وطن پرستی بود از سکنه‌های محلی چیزی نمی‌گرفت و از آنجا که برای فتحعلی‌شاه و دربار او تحفه و هدیه نمی‌فرستاد و در نتیجه موجب نفرت شاه و درباریان واقع شده بود.[33]

در آن شرایط سخت تنها کاری که دولت ایران انجام داد این بوده که سعیدخان دامغانی را جهت بررسی اوضاع به گنجه فرستاد[34]. علاوه بر منابع ایرانی، جوادخان نیز در نامه خود به سی سیانف به حضور نماینده شاه ایران در گنجه اشاره کرده است.

میرزا آدی گوزل بیک در مورد رویارویی دو لشکر نابرابر می‌نویسد. جوادخان

افرادش را جمع کرد و برای مقابله با قوای روسی از قلعه خارج شد اولین برخورد در مکانی به نام «قوروقوبو» رخ داد[۳۵] وقتی دو قشون در مقابل هم صف آرایی کردند نابرابری کاملاً مشهود بود. جنگ آغاز شد اما اندکی بعد، از آنجا که نیروهای جوادخان در مقابل قشون روسی خیلی قلیل بودند پس از تحمل تلفاتی به سوی قلعه عقب نشستند.

بر طبق نوشته‌ی میرزا رحیم فنا، وقتی مبارزه آغاز شد «نصیب بیگ با اطرافیان خود و همچنین ارامنه‌ای که در قشون جوادخان بودند خیانت کرده به دشمن پیوستند. جوادخان وقتی وضعیت را چنین دید ناچار شد با قوای باقیمانده‌اش به داخل قلعه پناه برد.»[۳۶] نویسنده تاریخ ذوالقرنین نیز ضمن اشاره به خیانت ارامنه می‌نویسد: «بالاخره شمس‌الدینلویی نصیب بیک نام که از نوکرهای نمک به حرام او بود، با جمعی ارامنه گنجه از صف او جدا شده به سپاه روس پیوستند و به سبب این پیوستگی، رشته امید جوادخان را با اهل قلعه از هم گسستند...[۳۷]

براساس نوشته برخی منابع، در خیانت ارامنه، کشیش آرام نقش تمام داشت. او در طول جنگ، دائم با سی‌سیانف در تماس بود و اخبار داخل قلعه را به اطلاع سردار روسی می‌رسانید.[۳۸]

وقتی قشون جوادخان وارد قلعه شدند دروازه‌های قلعه را بستند تا قشون مهاجم که در تعقیب آنها بودند نتوانند به داخل قلعه نفوذ کننده. قلعه از چهار طرف توسط قوای سی‌سیانف محاصره شد. مقاومت دلاورانه جوادخان ادامه داشت تصمیم قطعی گرفته بود تا در این راه کشته شود ولی تسلیم نگردد.[۳۹]

در آخرین شب سرنوشت‌ساز، ارامنه بدون اطلاع جوادخان شبانه از قلعه خارج شده به اردوی سی‌سیانف پیوستند کشیش آرام شب قبل به سی‌سیانف اطلاع داده بود که ارامنه ساکن گنجه آماده‌اند به روسها بپیوندند.[۴۰]

وقتی شب عید قربان رسید به دستور سی‌سیانف نردبان‌هایی از طرف‌های مختلف به قلعه گذاشتند همین که سربازان روسی خواستند خود را به درون قلعه رسانند با شجاعت جوادخان و قشون اندکش مواجه شده ناکام مانده و دچار تلفاتی

شدند[41] اما بار دیگر در سوم ژانویه ۱۸۰۴ م / ۱۲ دی‌ماه ۱۱۸۳ هجوم همه جانبه قوای سی‌سیانف بار دیگر به درون قلعه آغاز شد. هدف از این حمله، گرفتن پله‌های منتهی به قلعه بود باز با مقاومت شدید مدافعین قلعه روبرو شده بازگشتند ولی بلافاصله از طرف دیگر قلعه، حمله شدیدی آغاز شد اگر چه قوای جوادخان بشدت مقاومت کرد اما سرانجام برج‌های اصلی قلعه بدست قوای روسی افتاد در نتیجه جنگ به درون قلعه کشیده شد.

روز سوم ژانویه ۱۸۰۴ م / ۱۲ دی ماه ۱۱۸۲ ش ساعت ۴ صبح جوادخان با گلوله‌ای از سوی دشمن کشته شد[42] به نوشته برخی منابع، او با گلوله سرگرد لیسانویچ کشته شد اما برخی منابع ایرانی ذکر می‌کنند که «جوادخان و پسرش بدست ارامنه یعنی بدست روبن و میکائیل کشته شدند.»[43]

منابع خارجی می‌نویسد که جوادخان و پسرش حسینقلی‌خان هر دو در بالای دیوارهای قلعه توسط روسها کشته شدند.[44] در این جنگ صدها نفر گنجه‌ای کشته شدند و «... خون کشتگان از حساب درگذشت».[45]

ژان یونیر درباره‌ی مقاومت جوادخان حاکم گنجه و کشته شدن وی به دست روسها را متفاوت می‌نویسد که البته ربطی به واقعیت قضایا نداشته و به نظر می‌رسد این مطالب محصول ذهن پرکار و بسط دهنده مترجم یعنی مرحوم ذبیح‌الله منصوری بوده باشد:

«روزی که ارتش تزاری به فرماندهی سی‌سیانف به گنجه حمله کرد، جوادخان حاکم گنجه با زحمت دو هزار سرباز بسیج نمود و در تنگه‌ای که ارتش تزاری بایستی از آنجا بگذرد تا اینکه به گنجه برسد، جلوی سربازان تزاری را گرفت.

قشون تزاری از حیث نیرو ده برابر قشون جوادخان بود و توپ هم داشت و طرفین در روز هفتم ماه جمادی‌الاول سال ۱۲۱۸ هـ ق به هم تصادم کردند.

گروه اکتشاف قشون تزاری به فرمانده ارتش خبر داده بود که شمارهٔ سربازان جوادخان، خیلی کم است و توپ هم ندارد و با اینکه جوادخان در یک تنگه جلوی ارتش اسکندر (الکساندر) را گرفت که راه عبور نداشته باشد و جنگ یک قشون

مهاجم در تنگه با قشون مدافعی که در آنجا موضع گرفته مشکل است. فرمانده ارتش اسکندر به اتکای برتری خود تصمیم به حمله گرفت ولی نتوانست بگذرد، برای اینکه سربازان جوادخان، در آن تنگه، سنگ‌های بزرگ را طوری روی هم قرار داده بودند که یک دیوار از سنگ به وجود آمد و گلوله‌ی توپهای اسکندر در آن دیوار سنگی چندان مؤثر واقع نمی‌شد و سربازان جوادخان که پشت سنگ‌ها قرار گرفتند، هر سرباز اسکندر را که به تیررس تفنگ می‌رسید به هلاکت می‌رسانیدند.

... فرمانده ارتش روسیّه وقتی مشاهد کرد که بیست هزار پیاده و سوار و سی ارّابه توپ او در قبال نیروی پایداری دو هزار سرباز ایرانی متوقّف گردیده و نمی‌تواند از آن تنگه عبور کند تصمیم گرفت که قسمتی از سربازان خود را وادارد که کوه را دور بزنند و از عقب به جوادخان و سربازانش حمله‌ور شوند.

شماره‌ی سربازان اسکندر نسبت به سربازان جوادخان آن قدر زیاد بود که وقتی قسمتی از سربازان به راه افتادند تا اینکه کوه را دور بزنند، جوادخان متوجّه کاهش نیرویی که در مقابل خود داشت نشد و بعد از هفت روز مقاومت، در روز سیزدهم ماه جمادی‌الاول قشون اسکندر از عقب جوادخان و سربازانش سر به درآورد و به شدّت حمله کرد.

از سی ارّابه توپ که قشون اسکندر با خود آورده بود پانزده ارّابه، به عقب جبههٔ ایرانیان منتقل گردید و با اینکه جوادخان و دو برادر و دو پسر جوان و سربازانش از دو طرف مورد حمله قرار گرفتند، درخواست تسلیم نکردند و آنقدر پایداری کردند تا همه در آن روز از پا درآمدند.

وقتی بامداد روز ۱۴ جمادی‌الاوّل طلوع کرد، از سربازان ایرانی در آن تنگه غیر از عدّه‌ای مجروح که قادر به حرکت نبودند باقی نماند و جوادخان و دو پسرش موسوم به تقی و حسن و دو برادرش به نام محمود و باقر به قتل رسیدند و سربازان قشون اسکندر، دیوار سنگ‌چین را برداشتند و راه گنجه به سوی آنان باز شد.

از سی‌سیانف پرسیدند شما که توانستید کوه را دور بزنید و از عقب جوادخان سر درآورید برای چه، اوقات خود را صرف جنگ با او کردید و مستقیم به سوی گنجه

نرفتید تا آنجا را اشغال کنید. سی سیانف گفت گنجه شهری بود بلادفاع و من هر موقع که می‌خواستم می‌توانستم آن را اشغال کنم. امّا نمی‌توانستم جـوادخـان و دو هـزار سرباز با استقامت او را آنجا بگذارم و بگذرم، زیرا رابطه‌ی مرا با عقب قطع می‌کردند و از آنجا به بعد من نابود می‌شدم و برای حفظ قشون خود چاره‌ای نداشتم جز آنکه به قوه‌ی مقاومت قشون جوادخان را از بین ببرم.»

جوادخان و دو پسرش به نام‌های تقی و حسن، دو برادرش به نام‌های مـحمود و باقر و دو هزار سربازش (غیر از مجروحینی که معالجه شدند و زنده ماندند) اوّلیـن قربانی پیکارهای طولانی روسیه و فتحعلی‌شاه شدند و آن تنگه را سکنه‌ی محلّی به اسم قتلگاه خواندند.[۴۶] جوادخان اگرچه در مقابل دشمن شکست خورد اما مقاومت دلاورانه و کم‌نظیرش در مقابل قوای کثیر روسها چنان بوده که حتی دشمنان‌اش را نیز به تحسین واداشت مارکز پائولویچ فرمانده قشون روسی بعدها در ۲۰ فوریه ۱۸۱۲ در نامه‌ای به عباس میرزا در خصوص مقاومت و سلحشوری جوادخان می‌نویسد «به احترام شجاعت و قهرمانی‌اش که تا آخرین توانش جنگید و مُرد تمام افرادی کـه از نسل او بوده آزاد کردم تا به ایران بروند»![۴۷]

پس از تسخیر گنجه ژنرال سی‌سیانف دستور داد جسد جوادخان را پیدا کنند اما تلاش‌هایشان بیهوده بود زیرا بیگم خانم زن جوادخان قبل از ایـن جسـد شـوهر و پسرش را به بیرون از قلعه منتقل کرده بود. کم‌کم سی سیانف به شک می‌افتد که ممکن است جوادخان کشته نشده باشد اما در همین زمان او صدای گریه زنانی را می‌شنود وقتی به اتاق بالای برج می‌رود با جنازه‌ها روبرو می‌شود. به محض ورود او «بـیگم خانم زن جوادخان به سرعت از جای خود برخاسته، شمشیر شوهرش را برداشته، به سمت سی‌سیانف حمله‌ور می‌شود اما محافظان ژنرال مانع او مـی‌شوند سـی‌سیانف اعضای خانواده جوادخان را که در قلعه باقی مانده بودند به اسارت می‌گیرد و در قبال اخذ جریمه، آنان را آزاد می‌کند.»[۴۸]

جنایاتی که روسها پس از تسخیر گنجه مرتکب شدند در تاریخ آن شهر بی‌سابقه بود اشغالگران ۱۷ هزار نفر از مردم شهر اعم از زن و مرد را به اسارت گرفتند و هرچه

یافتند غارت کردند بر طبق پیشنهاد «کشیش آرام تمام مسلمانان را پس از غارت گنجه کوچ دادند و ارامنه را بجای آن متوقف» کردند.[۴۹]

سی‌سیانف حاکمیت قبلی را لغو و فرماندهی را جهت اداره گنجه تعیین کرد اسم هزار ساله شهر را نیز عوض کرده الیزابتول گذاشت که برگرفته از نام الیزابت زن الکساندر اول امپراطور روسیه بود[۵۰] استعمال نام گنجه قدغن شد و هر کسی که حتی به اشتباه نام گنجه را به کار می‌برد جریمه می‌شد[۵۱] با رسیدن زمستان سی‌سیانف به همراه قوایش به گرجستان بازگشت.[۵۲]

گنجه هرچند به فجیع‌ترین شکل به دست روسها تصرف شد اما عصیان‌های پی در پی گنجه بر علیه تسلط روسها حتی به پس از تسلط رژیم کمونیستی نیز کشیده شد.

سی‌سیانف در گزارشی که در هشتم ژانویه ۱۸۰۴ م به فرماندار غیرنظامی قفقاز می‌فرستد چنین می‌نویسد:

«پس از پنج بار مکاتبه و عدم توجه زیاد خان [جوادخان] به خواسته‌های ما مجبور شدم شهر را مورد هجوم قرار داده، آن را تصرف نمایم، غنایم ما در این نبرد دوازده توپ بزرگ و شش توپ کوچک و نه پرچم و ۵۵ پوت [هرپوت برابر با ۱۶ کیلو و ۳۸ گرم بوده است] باروت و ارزاق بسیار می‌باشد. و تلفات ما عبارت از یک افسر، دو درجه‌دار و ۳۵ سرباز کشته و ۱۲۲ پیاده و پنج درجه‌دار... بوده و از اهالی نظامیان گنجه ۱۵۰۰ کشته وزن و مرد جمعاً ۱۷۲۳۴ نفر اسیر شدند.»[۵۳]

آن‌چه در گزارش سی‌سیانف نیامده است اینکه ۱۵۰۰ نفر از نظامیان گنجه همگی در حین جنگ با قوای سی‌سیانف کشته نشده‌اند بلکه پس از شکست گنجه، بسیاری از آنان به احتمال زیاد در قتل و عام ژنرال سفاک روسی جان باخته‌اند.

پیکر جوادخان را به همراه عده‌ای از یارانش در مسجد جامع گنجه به خاک سپردند اما پس از گذشت سال‌ها در اوایل دهه‌ی ۱۹۶۰ م اتفاق عجیبی افتاد و دوباره نام جوادخان در دل‌ها زنده گشت گویی استخوان‌هایش نیز دست از سر روسهای اشغالگر برنمی‌داشت!

«می‌خواستند در حیاط مسجد جامع فواره‌ای بسازند تراکتوری ناهمواری‌های زمین را هموار

می‌کرد اما ناگهان به مانعی برخورد. نگاه کردند قبر بزرگی دیدند. هر چهار طرفش مثل صندوق بتونی بود! هر کاری کردند صندوق بتونی را از جا بکنند موفق نشدند «وقتی به نوشته سنگ مزار نگاه کردند دیدند نوشته شده: آرامگاه جوادخان. «تراکتورچی دست از کار کشید و گفت: «گناه است، من به این دست نمی‌زنم...»

صاحب اختیار شهر آمده گفت، دوره خان و بیگ خیلی وقت است که سپری شده از بین ببریدش. نتوانستند بتون را داغان کنند. از هر کجا بود دینامیت پیدا کرده، آوردند و قبر را منفجر کردند. صبح آن روز دیدند که یکی از دو مناره مسجد جامع که زینت بخش شهر بود کج شده است! آن هنگام اندکی مشخص می‌شد، ولی الآن به طور کامل دیده می‌شود. این هم دردی شد از آن موقع، اکنون کارشناسان هرچه سعی و تلاش می‌کنند به جایی نمی‌رسند...»[۵۴]

نظامی گنجوی حدود ششصد سال قبل از آن، زمانی که حتی کشوری به نام روسیه وجود نداشته و روس‌ها به مانند قبایل وحشی زندگی می‌کردند شاعر با دیدی عمیق خشونت آنان را در آن عهد دیده و در شعری به تقبیح آنان پرداخته بود گویی شاعر مخاطرات آنان بر کشورهای دیگر مخصوصاً شهر خود، گنجه را از فراز قرن‌ها پیش‌بینی کرده بود!

همه رهزنانند چون گرگ و شیر   به خوان نادلیرند و بر خون دلیر

سفید

نمونه پنجم

فصل سوم

محاصره بی‌حاصل ایروان

پس از مرگ آقامحمدخان، وقتی فتحعلی‌شاه به قدرت رسید محمدخان حاکم سابق ایروان را که در قزوین محبوس بود آزاد کرده و او را دوباره به حکومت ایروان منصوب کرد اما او از اعتماد فتحعلی‌شاه سوء استفاده کرده پس از به قدرت رسیدن، از تبعیت ایران امتناع کرد و برای کمک، به ایراکلی دوم حاکم گرجستان مراجعه کرد چون موفق نشد با جعفرقلی‌خان حاکم خوی که او نیز از حاکمیت ایران سرپیچی کرده بود متحد شد.

فتحعلی‌شاه برای تنبیه آنان، عباس میرزا و سلیمان‌خان را با تعدادی سرباز به سراغ آنها فرستاد در جنگی که بینشان درگرفت قوای ایرانی آنان را شکست سختی داد.

یک سال بعد دوباره عباس میرزا به ایروان لشکر کشید و قلعه ایروان را محاصره کرد در همین زمان ایراکلی دوم درگذشت و پسرش گرگین‌خان بجای پدر نشسته و به مانند پدر از روسیه اطاعت می‌کرد.

محاصره عباس میرزا چهل روز به طول انجامید چون نتوانستند قلعه ایروان را فتح کنند به غارت روستاهای اطراف پرداختند سرانجام حاکم ایروان مجبور شد با عباس میرزا صلح کرده و گرویی بدو فرستاده اظهار اطاعت کند.[55] از این به بعد حاکمیت ایران در این مناطق گسترده شد. محمدخان حاکم ایروان در ۲۲ ژوئن ۱۸۰۴/ ۱۳ رمضان ۱۲۱۹ به پاشای بایزید می‌نویسد «عباس میرزا برای فتح ایروان

عازم شده است تا حاکم ایروان و جعفرقلی خان حاکم خوی را دستگیر و اعزام کند»[۵۶] محمد طیار پاشای بایزید در همان زمان گزارش می‌دهد که عباس میرزا با ۴۰ الی ۵۰ هزار سرباز به ایروان رسیده قلعه ایروان را محاصره کرده است.[۵۷]

وقتی الکساندر اول در روسیه به قدرت رسید سیاست چنگ‌اندازی به جنوب قفقاز را از سرگرفت و تسخیر ایروان که در سرحدات ایران و ترکیه واقع شده بود در اولویت قرار گرفت این وظیفه به ژنرال ک. ف. کنورینگ فرمانده قشون روسیه در قفقاز محول شد.

محمدخان قاجار و دیگر فئودال‌های آذربایجان اطلاع دقیقی از سیاست‌های پشت پرده روسیه نداشتند. زیرا اگر چنین نبود محمدخان به آسانی به روسیه نزدیک نمی‌شد حتی کلبعلی‌خان حاکم سابق نخجوان نیز که در ۱۷۹۷ م از سوی آقامحمدخان کور شده و در ایران محبوس شده بود او نیز در ابتدای سلطنت فتحعلی‌شاه به همراه محمدخان از زندان آزاد شد اما به وی اجازه بازگشت به نخجوان داده نشد بلکه به ایروان فرستاده شد. کلبعلی‌خان نابینا اگرچه چشمان خود را از دست داده بود اما سیاست دشمنی با ایران را نه تنها فراموش نکرده بلکه بر کینه‌اش نسبت به ایران حتی افزوده شده بود او به محض رسیدن به ایروان، اعتماد محمدخان حاکم ایروان را به خود جلب کرد کم کم طرفدارانش نیز از نخجوان به ایروان سرازیر شده بدو پیوستند.[۵۸]

اولیاء چلبی سیاح عثمانی که در زمان شاه صفی از ایروان دیدن کرده در خصوص قلعه ایروان می‌نویسد:

«در سال ۹۱۵ م شاه اسماعیل پادشاه ایران قلعه محکمی به اطراف این شهر کشیده و نام آنجا را ایروان گذاشته است قلعه ایروان در ساحل شرقی رودخانه زنگی واقع شده و یک قلعه بسیار زیبا و محکمی است... این قلعه سه درب بزرگ آهنی دارد...»[۵۹]

عباسقلی‌خان حاکم نخجوان چون نتوانست جلوی رفتن طرفداران کلبعلی‌خان را بگیرد توسط دولت ایران از کار برکنار شد در نتیجه، او نیز به ایروان گریخته به مخالفین ایران پیوست. از طرف ایران پیرقلی‌خان به همراه چهارصد سرباز به

نخجوان فرستاده شد. ورود نخجوانی‌ها به ایروان، موقعیتِ کلبعلی‌خان را مستحکم ساخت تا آنجا که برای کسب قدرت بیشتر به اتفاق حاکم ایروان بـه قـارص حـمله کردند اما جلوی این توسعه‌طلبی، به زودی توسط روسها گرفته شـد چـرا کـه آنـها نمی‌خواستند در سرحدات گرجستان که نزدیک‌ترین طـرفدارشـان بـود مـناقشه‌ای وجود داشته باشد.[۶۰]

در این میان اتـفاق غـیرمنتظره‌ای رخ داد در مـرز تـرکیه، شـریف پـاشا، پـاشای آخالسیکس قیام کرده از اطاعت حکومت مرکزی تـرکیه سـر پـیچیده بـر عـلیه‌اش عصیان کرد.

محمدخان حاکم ایروان از موقعیت استفاده کرده در مکتوبی به شریف پاشا اعلام کرد که در صورت امکان می‌تواند از شریف پاشا حمایت کند.

حکومت ترکیه پاشای ارزوم را مأمور سرنگونی قیام شـریف پـاشا کـرد پـاشای ارزوم موفق نشده مجبور شد از فرمانده قشون روسـی در تـفلیس کـمک بـخواهـد فرمانده روسی، شاهزاده گرجی را با دسته‌ای برای کـمک فـرستاد. جـنگ در ۱۸۰۱م شروع شد پاشای ارزوم به ژنرال کنورینگ اطلاع داد که محمدخان حاکم ایـروان از شریف پاشا و قیام او حمایت و پشتیبانی می‌کند و از او خواهش کرد جلوی حمایت حاکم ایروان را بگیرد.

حکومت روسیه که قبل از این می‌خواست ایروان را تصرف کرده تابع خود کـند اکنون فرصتی خوب بدستش افتاده بود و می‌توانست با برقراری روابط دوسـتی بـا ترکیه خواسته خود را عملی کند. قشون روسی به همراه دسته‌های پاشای قارص در ماههای مارس و آوریل ۱۸۰۲م وارد اراضی ترکیه شده کلبعلی‌خان و حاکم ایروان را شکست داده آنها را به عقب راندند. در این میان پاشای قارص قوای روسی را ترغیب کرد که قلعه ایروان را محاصره و تسخیر کنند حتی به فرماندهی روسی قول داد که در صورت حمله به قلعه ایـروان هـرگونه ارزاق و سـورسات لازم را در اخـتیار قـوای روسی قرار خواهد داد.[۶۱] اما فرمانده قوای روسی از این کار امتناع کرد و اعلام کرد که به آنها تنها دستور داده شده فعلاً از اراضی گرجستان صیانت کـنند در صـورت لزوم

حاکم ایروان را در سرزمین خود تنبیه خواهند کرد.

محمدخان در ماه می ۱۸۰۲م به قارص و پنبک حمله کرد. ژنرال کنورینگ به پالکونیک دستور داد به همراه قوای ترکیه بر علیه محمدخان وارد عمل شوند در اواسط ماه می، قوای متحد ترکیه و روسیه برای دومین بار محمدخان حاکم ایروان و کلبعلی‌خان را شکست دادند اما قوای روسی باز هم از تسخیر قلعه ایروان امتناع کردند.[۶۲]

در همین زمان ۴۰۰۰ سرباز ایرانی به فرماندهی پیرقلی‌خان به نخجوان وارد شدند. پیرقلی‌خان از نخجوان مکتوبی به حاکم ایروان فرستاده از او خواست مهاجرین نخجوانی را به نخجوان باز گرداند همچنین یکصد هزار منات نیز باید به عنوان جریمه بپردازد اما حاکم ایروان از پذیرفتن خواسته‌های سردار ایرانی سر باز زد.

هم محمدخان حاکم ایروان و هم کلبعلی‌خان به شدت برعلیه تسلط روسیه بر قفقاز تلاش می‌کردند آنها مخالف تسلط مسیحیان بر مسلمانان بودند و در این راه از هیچ تلاشی ابا نکردند آنها تلاش کردند فئودال‌های پنبک را بر علیه منافع روسیه برانگیزند کشیش گریگوری به فرمانده روسی در تفلیس در خصوص محمدخان می‌نویسد:

«حاکم ایروان تنها در ظاهر به روسها تمایل دارد در باطن کاملاً از روسها متنفر است».[۶۳]

سرانجام کنورینگ فرمانده قوای روسی در مورخه‌ی ۱۸ آوریل ۱۸۰۲ در مکتوبی به محمدخان حاکم ایروان از او خواست تابعیت روسی را بپذیرد.[۶۴]

در همین زمان، حکومت ایران نیز به تکاپو افتاده و جنب و جوشی از خود نشان می‌دهد بخصوص مجموعه ارتباطاتی که با فرانسه برقرار کرده بود نمی‌توانست روسیه را ناراحت نکند. الکساندر اول امپراطور روسیه در ۲۴ آوریل ۱۸۰۲ در مکتوبی که به کنورینگ فرمانده قوای روسی در گرجستان می‌فرستد بار دیگر اهمیت ایروان را تأکید می‌کند. او در مکتوب خود دستور می‌دهد که «قشون روسی در

گرجستان در آمادگی کامل بسر برد تا بتواند جلوی حمله احتمالی قوای ایران به ایروان را بگیرد و همچنین تلاش کند هرچه سریع تر محمدخان حاکم ایروان را به تبعیت از امپراطور روسیه راضی کند.»[۶۵]

در سپتامبر ۱۸۰۲ / شهریور ۱۱۸۱ ش پ. د. سی‌سیانف جایگزین ک. ف. کنورینگ می‌شود. اسناد موسوم به آکاک به روشنی نشان می‌دهد که انتصاب فرمانده سفاک و مجرب گرجی تباری چون سی‌سیانف به فرماندهی قوای روسیه در قفقاز، تغییری عمده در سیاست روسیه نسبت به خانات قفقاز محسوب می‌شود در واقع آمدن سی‌سیانف به منزله آغاز هجوم و اشغال خانات آذربایجان به شمار می‌آید. سی‌سیانف در نامه‌ای که در ۱۲ مارس ۱۸۰۳ خطاب به الکساندر اول نوشته اشاره می‌کند که «برای تصرف ایروان سه هنگ و یکصد هزار روبل لازم است اگر اینها تأمین شود نه‌تنها ایروان بلکه نخجوان و قلعه شوشی و حتی اراضی حاشیه رودخانه‌های ارس ـ کُر را هم تصرف می‌کنیم».[۶۶]

با آمدن سی‌سیانف، فتحعلی‌شاه به پیرقلی‌خان دستور داد عقب بنشیند و همزمان اعلام کرد که کلبعلی‌خان حاکم سابق نخجوان را به شرط پرداخت خراجی معین در سال برای حاکمیت دوباره نخجوان به رسمیت می‌شناسد و می تواند به نخجوان باز گردد. به نظر می‌رسد هدف فتحعلی‌شاه از این تلاش‌ها این بوده که می‌خواسته اهالی و زمینداران را به طرف خود جذب کند.

اما این تلاش‌های فتحعلی‌شاه هیچ ثمری در پی نداشت، زیرا نفرتی که کلبعلی‌خان نسبت به طایفه قاجاری پیدا کرده بود و چشمانش توسط آقامحمدخان درآورده شده بود چنان عمیق بود که او نه تنها حاضر به پرداخت خراج سالانه تعیین شده نشد بلکه اصلاً فتحعلی‌شاه را به عنوان شاه ایران قبول نداشت![۶۷] البته بعدها خواهیم دید که مناسبات کلبعلی‌خان با فحعلی‌شاه بهبود می‌یابد.

در فوریه ۱۸۰۳ م آمدن سی‌سیانف به تفلیس مصادف با خروج کلبعلی‌خان از ایروان و بازگشت‌اش به نخجوان بود. سی‌سیانف به اقتدار و حرمت کلبعلی‌خان واقف بود، همچنین اطلاع داشت که او چقدر از شاه ایران و قاجارها نفرت دارد، به

همین خاطر از او استفاده کرد تا محمدخان حاکم ایروان را به دام اندازد.[۶۸]

در ۶ فوریه ۱۸۰۳ مکتوبی به کلبعلی‌خان نوشته از او خواست که در جلب اعتماد محمدخان حاکم ایروان نسبت به روسها کمک کند، سی‌سیانف در نامه‌ای دیگر در ۵ می ۱۸۰۴ به کلبعلی‌خان، از او می‌خواهد که ضمن اینکه نارضایتی حکومت روسیه را از عملکردهای محمدخان به اطلاع او برساند شرایطی نیز برای محمدخان حاکم ایروان تعیین می‌کند که برخی از مواد آن چنین است:

«قلعه‌ی ایروان از طرف قشون روسی اشغال گردد و پس از آن، جایی در قلعه یا خارج از آن برای اقامت محمدخان در نظر گرفته می‌شود. محمدخان باید قسم بخورد که اطاعت از امپراطوری روسیه را می‌پذیرد. در بند چهار آمده بود که محمدخان ۸۰هزار منات بصورت خراج سالانه بپردازد در مقابل، حکومت روسیه نیز متعهد خواهد شد در صورتی که محمدخان در عمل به تعهداتش صادق باشد او را در مقام خود ابقا کرده و از او حمایت خواهد کرد و همچنین عایله و خانواده او را که در ایران مانده سعی خواهد کرد آنها را به ایروان بازگردند.»[۶۹]

همچنان که مذکور افتاد سی‌سیانف می‌خواست با استفاده از نفوذ کلبعلی‌خان، بدون جنگ، حاکمیت ایروان را تابع روسیه کند اما خوشبختانه محمدخان حاکم ایروان به شرایط سی‌سیانف تمکین نکرد و حاضر نشد از حکومت روسیه تبعیت کند.[۷۰] به نظر می‌رسد تحرکات و تلاش‌های ایران نیز در خنثی نمودن تلاش‌های سی‌سیانف بی‌تأثیر نبوده زیرا ملاقات و مذاکرات حاکم ایروان با سی‌سیانف از دید مقامات ایرانی پنهان نماند و توسط یکی از خدمتکاران حاکم ایروان به ایران اطلاع داده شد از آنجا که ایروان به عنوان «کلید باب ایران محسوب می‌شد» فتحعلی‌شاه لازم دید که با نصایح و پند، والی ایروان را از فکر سازش با روسیه منصرف کند، از میرزا محمد شفیع خواست نامه‌ای به حاکم ایروان بنویسد و او را با نصایح خردمندانه از مخاطرات سازش با روسیه آگاه کند.[۷۱]

سرانجام مسدود شدن باب تزویر و مذاکره برای تسخیر ایروان، سی‌سیانف را به استفاده از نیروی نظامی قهریه سوق داد اما یک مانع در این بین وجود داشت تعداد زیادی از ارامنه ثروتمند و تاجر در ایروان ساکن بودند و با آغاز جنگ همه چیز خود

را از دست داده و از هستی ساقط می‌شدند به همین خاطر ارامنه دست بـه هـر گـونه تدبیری زدند تا جنگی رخ نـدهد آنـان نـمایندگان مـتعددی بـه تـفلیس فـرستاده از سی‌سیانف درخواست کردند هرگونه اندیشه جنگ با حاکم ایروان را کنار بگذارد.

در این زمان ایروان و حاکم آن روزهای سختی را می‌گذرانـد زیـرا بـرای هـر دو قدرت یعنی هم ایران و هم روسیه افشاء شده بود که محمدخان تنها در پی اقـتدار و استقلال خود است و از هیچ کدام از آنها نمی‌خواهد متابعت کند. بنابراین در میان دو آتش واقع شده بود از یک طرف خبردار شده بود که قوای ایرانی در حال حرکت به سوی ایروان هستند از طرف دیگر، قوای روسیه پس از تـصرف گـنجه تـصمیم بـه اشغال ایروان گرفته بود.[۷۲]

در این زمان، حاکم ایروان از ترس قوای ایرانی با عجله در پی بهبود مناسبات خود با روسیه بـرمی‌آید و بـزودی در مـارس ۱۸۰۴ / اسـفند ۱۱۸۲ ش قـاصدی بـه نـزد سی‌سیانف به تفلیس می‌فرستد اما مذاکرات رد و بدل شده و شـرایـط تـعیین شـده نتوانست سی‌سیانف را راضی کند. سی‌سیانف می‌خواست حاکم ایروان موافقت کند ۵۰۰ سرباز روسی در ایروان اتراق کند اما محمدخان راضی نمی‌شد.

خطرات همچنان بیخ گوش حـاکـم ایـروان بـود. سـرانـجام در آوریـل ۱۸۰۴م / اردیبهشت ۱۱۸۳ کلبعلی‌خان از نخجوان بین دو طرف واسطه شد و قرار گذاشته شد که پانصد سرباز روسی می‌توانند وارد ایروان گردند اما آنها باید یا در «اوچ کلیسا» و یا در منطقه‌ی «شرور» مستقر گردند و تنها نماینده‌ی سی‌سیانف مـی‌توانـد وارد قـلعه ایروان گردد. از شرایط جدید چنین برمی‌آید که خان ایروان همچنان نمی‌خواهد بـه زیر سلطه روسها وارد شود و در فکر وقت‌کُشی است با این حال نمایندگانی از ارامنه یعنی گابریل و لوآتس از سی‌سیانف خواهش کردند که فعلاً این شرایط را بپذیرد.

به هر حال مانور دیپلماسی محمدخان حاکم ایروان کارگر نمی‌افـتد و زنگـهای خطر از نو به صدا در می‌آیند. در اواخر ژوئن ۱۸۰۴ م / اوایل تیر ۱۱۸۳ ش سی‌سیانف در رأس قوای روسی به سرحدات ایروان نزدیک می‌شود. هدف اصلی سی‌سیانف از این هجوم به دست گرفتن ایروان بود که از لحاظ استراتژیکی اهمیت فوق‌العـاده‌ای

داشت چرا که با تسلط بر ایروان، سد سدیدی در مقابل ایران که می‌خواست بر جنوب قفقاز تسلط پیدا کند ایجاد می‌گردید.[۷۳]

عین همین نگاه را هیئت حاکمه ایران نیز به ایروان داشت. ایران فکر می‌کرد با داشتن ایروان می‌توان به آسانی به گرجستان حمله کرد و روسها را از آنجا بیرون ریخت و بر قفقاز مسلط شد. به همین منظور حکومت ایران ۲۰ هزار سرباز به فرماندهی عباس میرزا بدانجا اعزام کرد. محمدخان حاکم ایروان نیز تمام توان خود را برای مقابله با قشون روسی آماده ساخت. او هفت هزار سرباز جنگی برای محافظت از قلعه ایروان آماده ساخت و ۲۲ توپ در پای دیوارهای قلعه مستقر کرد. همچنین آذوقه و خواربارى گران در قلعه انبار کرد تا کفاف یک جنگ طولانی مدت را بدهد.

کوالنسکی مشاور روسی که در گرجستان به سر می‌برد در نامه‌ای به حکومت روسیه، ذکر می‌کند که تمامی ارامنه‌ای که در ایروان زندگی می‌کنند طرفدار قشون روسیه هستند.[۷۴]

به همین خاطر، حاکم ایروان از فرصت استفاده کرده بخشی از ارامنه را که حدس می‌زد طرفدار روسیه باشند به زور آنان را به داخل ایران و یا ترکیه کوچ داد[۷۵] تا به مانند ارامنه گنجه در سر بزنگ‌ها نتوانند از پشت خنجر بزنند.

در ۲۶ ژوئن ۱۸۰۴ م ژنرال سی‌سیانف در نزدیکی‌های ایروان نامه‌ای به محمدخان حاکم ایروان نوشت و از او خواست تسلیم شود و شرایط اعلام شده را بپذیرد اما محمدخان با خواسته سی‌سیانف مخالفت کرد.[۷۶] محمدخان قاجار حاکم ایروان برای مقابله با روسها از اهالی مسلمان پنبک خواست در مقابل روسها تسلیم نگردند و به آنها پیشنهاد کرد سرزمین‌هایی که روسها اشغال کرده‌اند اهالی آن مناطق به ایروان کوچ کنند. در همین راستا ششصد نفر از اهالی پنبک، روستای خود را ترک کرده به ایروان پناه بردند.

در همان زمان، محمدخان قاجار نماینده خود را به نزد ژنرال لازاریف فرستاد و به او یاد آور شد که براساس فرمان شاه ایران، پنبک جزو قلمرو ایروان است. از طرف

دیگر حاکم ایروان به همراه کلبعلی‌خان قوای خود را آماده ورود به پنبک کردند. اما در ۳۰ ژوئن، دسته‌های دیگری از قشون روسی وارد پنبک شدند. ژنرال لازارف ریش سفیدان پنبک را جمع کرده از آنها خواست تلاش کنند کسانی را که از پنبک به ایروان کوچ کرده‌اند بازگردانند. اما چون ژنرال لازاریف نتیجه‌ای نگرفت مکتوبی به محمدخان قاجار فرستاد و از او خواست پناهندگان را باز گرداند و در عین حال به حاکم ایروان هشدار داد که در غیر اینصورت به غضب امپراطوری روسیه دچار خواهد شد. اما با همه این اتفاقات، روسیه در پی اشغال کل ایروان بود چرا که از منظر سیاست خارجی روسیه، ایروان هم مرز مشترک گرجستان، ایران و ترکیه بود و هم بر سر راه ترانزیتی تفلیس ـ تبریز واقع شده بود.[۷۷]

در زمانی که ابرهای سیاه بر فراز ایروان سایه افکنده بود. قاصدی از سوی حاکم ایروان به نزد سی‌سیانف آمد و از زبان محمدخان گفت که «حاکم ایروان هرگز بر علیه روسیه نبوده بلکه همیشه در آرزوی دوستی با حکومت روسیه بوده است» اما سی‌سیانف چندان عنایتی به فرستاده حاکم ایروان نکرد زیرا او فکر می‌کرد که محمدخان در پی وقت‌کشی است تا قوای ایرانی برای کمک به او به ایروان برسند. به همین خاطر بدستور سی‌سیانف قوای روسی در ۲۹ می ۱۸۰۴ م / ۸ خرداد ۱۱۸۳ ش به فرماندهی توچکف به طرف ایروان حرکت کردند خود سی‌سیانف نیز با قوای باقیمانده به دنبال آنان حرکت کرد.

کل قشون مهاجم روسی را ۴۳۷۰ نفر نوشته‌اند که در اوایل ژوئن ۱۸۰۴ م / خرداد ۱۱۸۳ ش تحت فرماندهی توچکف به ولایت شوریل از توابع ایروان رسیده آنجا را به اشغال خود درآورد در اینجا دو اسقف به همراه یکصد سوار ارمنی به روسها پیوستند و در ۱۲ ژوئن پس از یک درگیری خونین قوای روسی «گمورو» را هم اشغال کردند.[۷۸]

حکومت ایران ضمن اعتراض، از قوای روسی خواست که منطقه را ترک کند اما وقتی روسها توجهی به آن نکردند در ۱۰ ژوئن ۱۸۰۴ / خرداد ۱۱۸۳ قوای ایرانی به طرف ایروان حرکت کرد. به نظر می‌رسد نتایج تراژیک تعلل در حادثه‌ی گنجه هیئت

نمونه پنجم

حاکمه ایران را سر عقل آورده بود.

قبل از رسیدن قوای کمکی ایران، در ۱۵ ژوئن قوای روسی مستقر در «گمورو» به طرف «اوچ کلیسا» حرکت کرده آنجا را نیز تصرف کردند و در دوم ژوئیه ۱۸۰۴ / ۱۱ تیر ۱۱۸۳ به محاصره ایروان پرداختند[79] سی‌سیانف برای اینکه جلوی حرکت قوای ایرانی را سد کند دستور داد قشون روسی در چهار طرف سرحدات مستقر گردند. اولین جنگ در کنار دیوارهای «اچمیادزین» از اراضی ایروان صورت گرفت قشون روسی شامل ۳۶۰۰ نفر پیاده، ۱۱ توپ، دو دسته قزاق و اسکادران سواری بودند در مقابل، قشون ایرانی ۲۰ هزار نفر شامل می‌شدند در عین حال قشون روسی که مستظهر به کمک سواران گرجی بودند وضعیت بهتری داشتند.[80]

از مطالعه‌ی دقیق رفتار و اعمال محمدخان حاکم ایروان این نتیجه بدست می‌آید که او به هیچ طرف، متمایل نبوده تنها در حفظ موقعیت خود بوده است. او به صورت دقیق مشغول ارزیابی و پیش بینی طرف فاتح جنگ بود تا بدان سمت گرایش پیدا کند.

در دوم جولای ۱۸۰۴ م محاصره قلعه ایروان از طرف قوای روسی کامل شد.[81] از آنجا که حصار خانه‌ها گِلی بودند سی‌سیانف دستور داد دیوارها را بکنند. دیوارها را فرو ریخته به مسجدی رسیدند. سی‌سیانف مسجد را قرارگاه خود ساخت. در مجاورت مسجد، دو کاروانسرا وجود داشت که قوای روسی آنها را تصرف کرده توپ‌ها را در آنجا مستقر ساختند تا به دیوار قلعه نزدیک‌تر باشند.[82] مدافعین قلعه از هر حیث وضعیت بهتری داشتند، آنها ۶۰ توپ آماده به شلیک و ۷۰۰۰ سرباز برای دفاع از قلعه داشتند.[83] خود قلعه نیز فوق‌العاده محکم و تسخیرناپذیر بود.

شلیک توپ‌ها به سوی قلعه آغاز شد و در تمام روز ادامه داشت. روز بعد نیز شلیک بی‌امان توپ‌ها ادامه پیدا کرد. در سومین روز، قاصدی از سوی حاکم ایروان به نزد سی‌سیانف آمد اما تأثیری در تصمیم سردار مغرور ایجاد نکرد و جنگ متوقف نشد در پنجمین روز جنگ، قوای ایرانی به نزدیکی قلعه ایروان رسیده به سربازانی که برای قوای روسیه آذوقه حمل می‌کردند حمله کرده ۲۰ نفر سالدات را کشته و ۴ نفر را اسیر کردند.

دومین جنگ بین قوای ایرانی و روسی در روستای قمرلی نزدیک ایروان در شب ۲۹ ژوئیه ۱۸۰۴ رخ داد اگرچه قوای روسی موقعیت خود را نگه داشتند اما با گذشت زمان کم‌کم آثار کمبود مواد غذایی مشخص می‌شد.[۸۴]

شرایط برای قوای روسی مشکل‌تر شده بود هوا به شدت گرم بود و آذوقه نیز روز به روز به اتمام می‌رسید سی‌سیانف تلاش می‌کرد که ایروان را گرفته تعدادی سرباز در قلعه گذاشته به سوی نخجوان حرکت کند، تعداد سرباز روسی در نخجوان مستقر کرده سپس به تفلیس برود. او فکر می‌کرد مشکل نرسیدن ارزاق را گرجی کنیاز چاوچاوادزه بزودی حل خواهد کرد.[۸۵]

در این زمان، جعفرقلی‌خان حاکم خوی بصورت غیر منتظره با ۲۰۰ نفر سواره به سی‌سیانف پیوست.[۸۶] او قبل از این نیز با سی‌سیانف وارد گفتگو و مکاتبه شده بود. دولت ایران که در پی فرصت بود از غیبت او استفاده کرده خوی را تسخیر[۸۷] و خانواده او را اسیر کرد.

قبل از آغاز قطعی حمله نهایی، هر روز قلعه بشدت در معرض شلیک توپ‌ها قرار می‌گرفت اما اخیراً شلیک توپ‌ها کمتر شده بود و این حکایت از کمبود گلوله توپ‌ها داشت، سی‌سیانف یکصد نفر پیاده را با کاپیتان اسپتیکف همراه کرد تا از پنبک گلوله توپ بیاورند. هر روز سوارانی از ایران می‌آمدند و تعدادشان در اطراف قلعه بیشتر می‌شد کسانی که به ایروان می‌رسیدند خبر می‌دادند که به زودی خود فتحعلی‌شاه با ۵۰هزار نیروی جنگی به ایروان خواهد رسید. در ۱۴ ژوئن ۱۸۰۴ / ۲۴ خرداد ۱۱۸۳ جعفر قلی‌خان حاکم خوی به اطلاع سی‌سیانف رساند که سربازان فتحعلی‌شاه از دو جناح می‌خواهند حمله کنند. به همین خاطر سی‌سیانف به تقویت دو جناح پرداخت مایور پورتنیاگ را در رأس جناح راست و مایور لئونتیو را در رأس جناح چپ گذاشت و به هر کدام ۴۰۰ سرباز داد در همین زمان اسپتگف نیز که با یکصد سوار برای آوردن گلوله توپ به پنبک فرستاده شده بود با ۸۰۰ گلوله توپ بازگشت. در این زمان قشون ایرانی چنان قوای روسی را در محاصره گرفته بودند که هرگونه رفت و آمد روسها مشکل شده بود جالب اینکه در همین زمان، گرجی‌هایی

که به قوای سی‌سیانف پیوسته بودند در پی فرار شدند اما توسط قوای ایرانی اسیر گشتند.[۸۸]

در سحرگاه ۱۵ ژوئن ۱۸۰۴ م / ۲۵ خرداد ۱۱۸۳ ش قشون ایرانی از راه رسیده و از جناح راست به قشون روسی حمله کردند. سربازان ایرانی در اینجا به سه دسته تقسیم شده بودند دسته اول از سمتِ چپِ سالدات‌های ژنرال ـ مایور ائونتیو حمله کرده آنها را وادار به عقب‌نشینی کردند. سپس سربازان ایرانی به چهل نفر از سالدات‌های روسی که در سمت راست موضع گرفته بودند حمله کرده موفق شدند استحکامات قشون روسی را بدست گیرند به زودی سرگرد توکرو با ۶۰ سالدات، سربازان ایرانی را به عقب راند. اما دوباره سربازان ایرانی که تعدادشان زیاد بود به قوای مایور نولدن حمله کردند. ژنرال توچکف با شلیک توپ‌ها خواست جلوی پیشروی قوای ایرانی را بگیرد اما موفق نشد در نتیجه بعد از شش ساعت مقاومت، قوای نولدن عقب‌نشینی کردند.

دسته دیگر قوای ایرانی از طرف «زنگی چای» (رودخانه زنگی) به قشون روسی حمله‌ور شدند نیروهای روسی به فرماندهی پالکونیک بشدت مقاومت کرده موقعیّت خود را نگه داشتند قوای ایرانی چند تن از سربازان خود را گم کرده عقب نشست.[۸۹]

با ورود قشون ایرانی، محمدخان قاجار حاکم ایروان که اکنون جان تازه‌ای در کالبدش دمیده شده بود با نیروهای خود از قلعه خارج شده به جناح راست قوای روسی حمله کرد اما با دادن چند کشته و گم کردن برخی نیروهایش شکست خورده مجبور شد با نیروهایش در پای دیوارهای قلعه پنهان گردد. در طول تمامی این حوادث، شلیک توپ‌های روسی به سوی قلعه همچنان ادامه داشت. مقاومت مدافعین قلعه در روز ۱۵ ژوئن ۱۸۰۴ م / ۲۵ خرداد ۱۱۸۳ ش که حدود هشت ساعت به طول انجامید موجب شد از قشون روسی سه افسر و ۱۲۰ نفر تلف شود و شش افسر و ۲۰۰ نفر دیگر زخمی گردند[۹۰] همچنین نیروهای ایرانی و حاکم ایروان موفق شدند قوای روسی را به محاصره کامل خود در آورده عرصه را بر آنان تنگ گردانند.

مقاومت گسترده قوای سی‌سیانف در پای قلعه ایروان به چند عامل بستگی داشت از جمله اینکه، دو روز قبل از حمله‌ی نیروهای ایرانی، دویست نفر مبارز از تفلیس و سی نفر گرجی به قوای سی‌سیانف پیوسته بودند. گرجی‌هایی که از تفلیس آمده بودند اعلام می‌کردند که در گرجستان دو شاهزاده بنام‌های یوپون و پارنای در رأس گروهی بر علیه روسها عصیان کرده‌اند. آنها منافع گروهی از فئودال‌های ایرانپرست را مدافعه می‌کردند. در ژوئن ۱۸۰۴ / خرداد ۱۱۸۳ ش عصیانِ بخشی از کوه‌نشینان قفقاز هر چند موقت، رابطه گرجستان را با امپراطوری روسیه قطع کرد.

این اتفاق فعالیت‌های سی‌سیانف را در محاصره قلعه ایروان محدود ساخت. سی‌سیانف خبردار شد که پراکندگی در اردوی ایران پیش آمده و سربازان ایرانی در پی فرار بسوی ایران هستند. این خبر راست یا دروغ، سی‌سیانف را به عکس‌العمل واداشت. او به ژنرال ـ مایور پورتنیاک دستور داد با هفتصد سالدات به اردوی ایران حمله کنند. جعفرقلی‌خان نیز با ۲۰۰ نفر از افراد خود و یکصد نفر گرجی و یکصد نفر قزاق به مهاجمین روسی پیوستند. حمله کنندگان نتوانستند کاری از پیش ببرند اما از آنجا که نیروهای روسیه در اطراف ایروان خیلی کم شده بود محمدخان قاجار حاکم ایروان از موقعیت استفاده کرده از قلعه خارج شده به توپخانه مایور نولدن حمله کرده آنها را تار و مار ساخت در همین زمان ۸۰۰ نفر از سربازان ایرانی نیز موفق شدند داخل قلعه ایروان گردند ساکنین قلعه با خوشحالی تمام سربازانی ایرانی را پذیرفتند.[۹۱]

در طول شب نیز پانزده هزار سرباز ایرانی وارد قلعه ایروان شدند در نصف شب ژنرال ـ مایور پورتنیا قشون باقیمانده خود را از اطراف قلعه جمع کرد او پنجاه نفر از سالدات‌های خود را گم کرده و قریب یکصد نفر از سالدات‌ها را از دست داده بود. دو روز بعد سربازان ایرانی به قوای روسی که از پنبک برای قوای روسی آذوقه حمل می‌کردند حمله کردند سی‌سیانف چهارصد نفر سالدات به کمک حاملین آذوقه فرستاد و توانست آذوقه و خواربار را به قوای روسی برساند اما این خواربار، تنها کفاف شش روز قشون روسی را می‌داد. سی‌سیانف شنیده بود که زمینداران، گندم‌ها

را در زیرزمین‌ها دفن کرده‌اند و دسترسی بدانها امکان‌پذیر نیست و او مجبور شد دوباره سالدات‌هایی را برای آوردن خواربار به پنبک بفرستد. همچنین در ژوئن ۱۸۰۴م / خرداد ۱۱۸۳ ش / او تعدادی از سالدات‌ها را به تفلیس فرستاد تا خواربار به مقدار پنجاه روز سربازان روسی بیاورند. سی‌سیانف همچنین تعدادی از سالدات‌ها را به زمین‌های اطراف «اوچ کلیسا» که گندم‌زار بودند فرستاد اما این تدبیرها نیز مؤثر نیفتاد زیرا سربازان ایرانی قبل از این، آنها را برای اسبان خود چیده تلنبار کرده بودند. فرماندهی قوای ایرانی دستور داد گندم‌زارهای باقیمانده را آتش زده تا بدست قوای روسی نیفتد[۹۲] در این شرایط وخیم، سی‌سیانف مجبور شد برای تأمین علوفه‌ی اسب‌ها، سربازان را برای آوردن برگ‌های درختان به باغ‌های اطراف بفرستد اما سربازانی که خبردار شده بودند بصورت غیر مترقبه به آنان حمله کرده چهار نفر از آنان را به قتل رسانده و دو نفر را نیز دستگیر کردند و علاوه بر این، اسب‌های مخصوص ساراتو پولکف را ضبط کردند. دیگر کمبود خواربار اثرات خود را بر قوای روسی نمایان می‌کرد. اسناد آرشیوی بجای مانده ازآن دوران نشان می‌دهد که هر روز ده الی بیست نفر از افراد قوای روسی از گرسنگی می‌مردند. فشار طاقت فرسای گرما نیز قوای روسی را از هر گونه خواب و استراحت محروم ساخته بود.[۹۳] هیچ تاجری از ترس درگیری نظامی، جرئت نزدیک شدن به منطقه را نداشت ارامنه اطراف «اوچ کلیسا» اگر چه سعی می‌کردند به صورت مخفی، گندم را به قیمتی گران به قوای روسی بفروشند اما همگی اینها بسی ناچیز بود.

در هفتم آگوست، سربازان ایرانی به قوای روسی حمله کرده سه نفر از سالدات‌ها را کشته و پنج نفر را زخمی کردند و هفتاد تا از اسب‌های سالدات‌ها را به غنیمت بردند.

شایان ذکر است که در زمان تصرف گنجه، بسیاری از تجار از تفلیس خود را به آنجا رسانده بودند تا اشیائی که سالدات‌های روسی به غارت برده بودند به قیمت ارزان خریداری نمایند به همین خاطر از آنجا که بسیاری از آنها به آرزوی خود رسیده بودند وقتی قوای روسی تصمیم به حمله به قلعه ایروان گرفت تاجران زیادی

از تفلیس باز به ایروان آمده تا پس از تصرف قلعه ایروان به معامله سودآور بپردازند اما این بار آنان به آرزوی شوم خود نرسیده تصمیم به بازگشت به تفلیس گرفتند در حین بازگشت، آنان به چنگ سربازان ایرانی افتاده تعدادی اسیر شدند و بقیه به قتل رسیدند.[۹۴]

در ۲۲ اگوست / ۳۱ مرداد سی‌سیانف مجبور شد برای مقابله با گرسنگی قشون خود، یکبار دیگر یکصد نفر را به فرماندهی مایور لویتسکین به «اوچ کلیسا» بفرستد اما آنان وقتی با خواربار باز می‌گشتند در وسط راه توسط سربازان ایرانی تار و مار شدند.

سی‌سیانف که از رسیدن هرگونه ارزاق و خواربار مستأصل مانده بود در ۳۰ آگوست / ۸ شهریور افسران را به یک شورای جنگی دعوت کرد و به آنان اطلاع داد که در شرایط فعلی تنها برای سه روز خواربار مانده است ارتباطشان با گرجستان کاملاً قطع شده و سربازان ایرانی بسیاری از سالدات‌ها را به قتل رسانده‌اند در چنین شرایطی هیچ امیدی برای فتح قلعه ایروان باقی نمانده است. اعضای شورای جنگی همگی با سی‌سیانف موافقت کردند. در اول سپتامبر ۱۸۰۴ / ۱۰ شهریور ۱۱۸۳ سی‌سیانف برای آخرین بار از حاکم ایروان خواست قلعه را تحویل دهد وقتی با جواب رد محمدخان مواجه شد در چهارم سپتامبر / ۱۳ شهریور به قوای روسی دستور عقب‌نشینی داد. اما این عقب‌نشینی بی‌سر و صدا انجام نگرفت زیرا به محض اینکه قوای مدافع قلعه ایروان، عقب‌نشینی قوای روسی را مشاهده کردند به تعقیب آنها پرداختند. این در حالی بود که سالدات‌های گرسنه و خسته، رمقی برای جنگیدن نداشتند و بیش از ۲۰۰ الی ۳۰۰ نفر از آنان مریض بوده در ارابه‌ها جای گرفته بودند. به نوشته‌ی برخی منابع، سی‌سیانف در این شکست نزدیک به ۲۰۰۰ نفر از سربازان خود را از دست داد.

قوای روسی در طول راه با دادن تلفاتی، به بدترین شکل خود را به «اوچ کلیسا» رساندند هرچه بدستشان افتاد در آنجا غارت کرده با خود بردند و در ۱۵ سپتامبر / ۲۴ شهریور به روستای «قارا کلیسا» رسیدند و از دست قوای تعقیبی ایران و حاکم ایروان

نفسی به راحتی کشیدند آنها در سوم اکتبر، خودشان را به تفلیس رساندند. جعفرقلی‌خان حاکم سرکش خوی نیز که با ۲۰۰ نفر از سواران خود به ایروان آمده بود و حاکمیت خود را بر خوی از دست داده بود دیگر نمی‌توانست به خوی بازگردد. براساس اسناد روسی او برای اثبات صداقتش به روسها در همین زمان قسم یاد کرده است.[۹۵]

اگرچه روسیه نتوانست در ابتدای اولین دور از جنگ‌های ایران و روس، ایروان را فتح کند اما این به معنای آن نبود که اندیشه‌ی تصرف ایروان با آن همه اهمیت استراتژیکی که داشت از سوی امپراطوری روسیه کنار گذاشته شده باشد بعدها محمدخان به روسها متمایل شد. حکومت ایران که از این مسئله خبر داشت محمدخان را از حاکمیت ایروان برداشت و بجای وی شخص مورد اعتمادی چون مهدی‌قلی‌خان را گماشت. مفتون دنبلی در این مورد می‌نویسد: در همین زمان حاکم فرصت‌طلب ایروان به روسها گرایش پیدا کرده بود به همین خاطر، شاه مهدی‌قلی‌خان قاجار و اسماعیل‌خان قاجار شامبیاتی را به ایروان فرستاد. آنها استحمام را بهانه کرده با حیله و تدبیر وارد قلعه ایروان شده آن را تسخیر کردند و مهدیقلی‌خان حاکم ایروان شد.[۹۶]

محمدخان که از این تغییر مکدّر شده بود قاصدی به سراغ فرمانده روسی فرستاد و به او قول داد که قلعه‌ی ایروان را فتح خواهد کرد. او به روسها نوشت که مهدی‌قلی‌خان حاکم نصب شده ایرانی در ایروان، نیروی جنگی زیادی ندارد، او همچنین به خاطر مقاومتش در مقابل روسها از آنان عذرخواهی کرد.[۹۷] و نوشت که برای اثبات صداقتش حاضر هست هر تضمین و گروی که روسها بخواهد می‌تواند بدهد.

محمدخان در انتظار پاسخ روسها بود که از سوی حکومت ایران دستگیر و سپس به ایران فرستاده شد[۹۸] شایان ذکر است که خود فتحعلی‌شاه نیز در این زمان به ایروان آمده و در پاییز همین سال، قبل از بازگشت به ایران با تشویق ارامنه ایروان در پی اتحاد با ناپلئون برآمد و از ایروان نامه‌ای به ناپلئون نوشته آن را بوسیله‌ی دو تاجر

ارمنی به فرانسه فرستاد.

ورود قوای ایرانی به صحنه‌ی جنگ با روسها باعث گسترش اعتراضات توده‌ی بر علیه روسها شد. مردم قراباغ، مردم گنجه که از قشون اشغالگر روس ناراضی بودند اعتراضاتشان برافروخته‌تر گردید[۹۹] در قراکلیسا زمینداران عصیان کرده دسته مایور مونترزور را به همراه خودش نابود کردند.[۱۰۰]

در اوایل ۱۸۰۶ م / ۱۱۸۵ هجری سی‌سیانف بار دیگر تصمیم گرفت قلعه‌ی ایروان را فتح کند اما مرگش در باکو این تصمیم را غیر عملی ساخت.

در دوره‌ی حاکمیت مهدی‌قلی‌خان بر ایروان ستم بر رعایا افزون‌تر گشت. او بهره‌ی مالکانه را بالا برده و به غارت و استثمار اهالی پرداخت. همین باعث عصیان مردم بر علیه‌اش شد. در تابستان ۱۸۰۶ م / ۱۱۸۵ شمسی مهدی‌قلی‌خان قاجاری از حاکمیت ایروان برداشته شد و بجای وی احمدخان حاکم مراغه گمارده شد. احمدخان مراغه‌ای املاکی که از سوی مهدی‌قلی‌خان غارت و چپاول شده بود دوباره به صاحبانشان بازگرداند و به کارهای عمرانی و آبادی ایروان پرداخت. اما متأسفانه سه ماه بعد یعنی در ۱۷اکتبر ۱۸۰۶م / ۲۵ مهر ۱۱۸۵ وفات یافت. در دسامبر ۱۸۰۶ م / آذر ۱۱۸۵ هجری از سوی فتحعلی‌شاه حسینقلی‌خان حاکم ایروان شد.[۱۰۱]

سفید

نمونه پنجم

فصل چهارم

تصرف بدون خونریزی قراباغ

خیانت برخی از افراد به جوادخان در جریان مبارزه با روسها که به منزله‌ی ستون پنجم روسها عمل کردند سی‌سیانف را امیدوار کرد که چنین افرادی به آسانی در بقیه‌ی خان‌نشین‌ها نیز می‌تواند به وفور پیدا شود به همین خاطر تکیه بر آنان در اولویت قرار گرفت.

وقتی سی‌سیانف خیالش از گنجه راحت شد به فکر قراباغ افتاد. قاصدهایی به نزد برخی خان‌نشین‌ها از جمله قراباغ روانه ساخت و به آنان گوشزد کرد که بدون جنگ و مقاومت، اطاعت از روسیه را پذیرفته داخل در اقمار امپراطوری گردند.[۱۰۲]

جنگ گنجه و پایان تراژیک آن تخم ترس را در دل اکثر حاکمان قفقاز پراکنده بود ابراهیم خلیل‌خان حاکم قراباغ هرگونه مقاومت را بی‌فایده می‌دید هرچند پس از مرگ آقامحمدخان رابطه‌ی او با دربار ایران گرم‌تر و صمیمی‌تر بود چرا که هم دختر خود را به عقد فتحعلی‌شاه درآورده بود و هم پسرش به عنوان گرو شاه در ایران بسر می‌برد اما هرگونه مقاومت در مقابل قوای روسی پایان تلخ و شکست در پی داشت.

تاپر می‌نویسد خان‌نشین قراباغ در این زمان در بحران اقتصادی بسر می‌برد. اگرچه ابراهیم خلیل خان دختر خود را به نکاح فتحعلی‌شاه درآورده و همچنان از شاه ایران اطاعت می‌کرد اما در موقعیتی نبود که بتواند در برابر روسها مقاومت کند به همین خاطر مجبور شد در ۱۸۰۵م از روسها اطاعت کند...[۱۰۳]

در بهار ۱۸۰۵ سی‌سیانف در نزدیکیهای گنجه مستقر بود مایور لیسانویچ را به

سراغ ابراهیم خلیل‌خان فرستاد و از او خواست تبعیت از روسیه را بپذیرد. سرنوشت دردناک گنجه تمام حاکمان خان‌نشین‌ها را به وحشت انداخته بود. همچنین علاوه بر بحران اقتصادی در قراباغ، این خان‌نشین از درون نیز دچار دودستگی و اختلاف گشته بود. دسته‌ای از آن طرفدار روسها بود و دسته‌ای دیگر از ایران طرفداری می‌کرد.[۱۰۴] ابراهیم خلیل پس از دریافت پیام سی‌سیانف در ۱۴ می ۱۸۰۵ م به همراه سه پسر خود محمدحسن آقا، مهدیقلی‌آقا، خانلار آقا و برخی از اعیان قراباغ به ساحل رودخانه «کورک چای» نزدیک گنجه آمد. سلیم‌خان حاکم شکی نیز به اینجا دعوت شده بود. قبل از این نیز کشیش آرام در نامه‌ای از گنجه به ارامنه قراباغ اطلاع داده بود که نهایت همکاری را با قوای روسی به عمل آورند.[۱۰۵]

پس از مذاکرات زیاد بین حاکم قراباغ و سی‌سیانف، سرانجام در مورخه ۱۴ می ۱۸۰۵ م / ۲۴ اردیبهشت ۱۱۸۴ ش مقاوله نامه‌ای در ۱۱ بند بین طرفین بسته شد[۱۰۶] که به عهدنامه‌ی «کورک چای» معروف است.[۱۰۷] در بند اول عهدنامه، ابراهیم خلیل‌خان حاکم قراباغ متعهد شده بود که با تمامی دولت‌های دیگر قطع رابطه کرده به زیر تابعیت روسیه درآید. در بند دوم، دولت روسیه متعهد شده بود که از قلمرو تحت حاکمیت ابراهیم خلیل‌خان محافظت و صیانت نماید. در بند سوم، قید شده بود که حاکمیت ابراهیم خلیل‌خان بر قراباغ دائمی شده و پس از او، این حاکمیت به فرزند ارشد او منتقل می‌شود، پس از او نیز به فرزند ارشدش خواهد رسید. در بند چهارم عهدنامه آمده بود که ابراهیم خلیل‌خان برای ملاقات و یا نوشتن مکتوبی به حاکمان همسایه، باید اجازه سردار روسی را کسب کرده باشد. در بند هشتم عهدنامه نیز حاکم قراباغ متعهد شده بود که باید سالانه هشت هزار اشرفی به دولت روسیه خراج بپردازد.[۱۰۸]

سی‌سیانف یک هفته بعد به سراغ سلیم‌خان حاکم شکی رفته پس از دیداری کوتاه در ۲۱ می ۱۸۰۵ / ۳۱ اردیبهشت ۱۱۸۴ خان‌نشین شکی نیز به روسیه ملحق شد.[۱۰۹]

دربار ایران به تلاش‌های بی‌حاصلی برای منصرف کردن ابراهیم خلیل‌خان حاکم قراباغ دست زد. فتحعلی‌شاه کریم‌خان، عباسقلی‌خان و رحیم‌خان را نزد ابراهیم

خلیل‌خان فرستاده و از او خواست از گرایش به روسها خودداری کند اما ابراهیم خلیل‌خان ایلچی‌های ایران را دستگیر و تحویل سی‌سیانف داد.[۱۱۰]

سرانجام ابوالفتح‌خان پسر ابراهیم خلیل‌خان که در تهران در گرو شاه ایران بود با ۵ هزار سرباز از سوی شاه به قراباغ فرستاده شد فتحعلی‌شاه به ابراهیم خلیل‌خان نوشته بود که بگذارد ابوالفتح‌خان وارد قراباغ شده در آنجا بماند و بجای وی پسر دیگرش محمدحسن‌خان را به حضور شاه ایران بفرستد اما ابراهیم خلیل‌خان امتناع کرده به ابوالفتح‌خان دستور داد که خاک قراباغ را ترک کند ابوالفتح‌خان خاک قراباغ را ترک نکرده در اطراف روستای «توغ» اردو زد. در همین زمان دو برادر وی یعنی محمدحسن آقا و مهدیقلی‌آقا نیز با قوای خود به روستای مذکور رسیدند. در جنگی که بین برادرها رخ داد ابوالفتح‌خان شکست خورده به ایران بازگشت.[۱۱۱]

عباس میرزا مجبور شد خود به همراه نیرویی عازم قراباغ شود اما قبل از حرکت عباس میرزا ابتدا در ژوئن ۱۸۰۵ / خرداد ۱۱۸۴ اسماعیل‌خان دامغانی را با قوایش به رودخانه ارس فرستاد تا از پل خدآفرین محافظت کرده نگذارد توسط ابراهیم خلیل‌خان تخریب شود چرا که فصل بهار و بارانی بود و آب رودخانه چنان زیاد بود که عبور از آن غیر از پل مزبور غیرممکن می‌نمود خان قراباغ نیز بیکار ننشست او نوه‌اش جعفرقلی‌خان را به همراه فیضی بیگ به نزد سی‌سیانف در گنجه فرستاد و از او استمداد کرد. سی‌سیانف از گنجه ۵۵۵ نفر سرباز و دو عراده توپ به کمک جعفرقلی به قراباغ فرستاد.[۱۱۲]

به محض اینکه روسها وارد قراباغ شدند ابراهیم خلیل‌خان پسرش محمد حسن آقا را با قشون قراباغ و تعدادی سالدات روسی به فرماندهی مایور لیسایویچ به سراغ پل خدآفرین در ارس فرستاد. جالب اینکه قشون قراباغ وقتی به نزدیکی پل رسیدند که قشون ایرانی تازه از آن گذشته بود وقتی جنگ آغاز شد قوای قراباغ شکست خورده عقب نشستند در همین زمان، عباس میرزا نیز به حوالی پل رسیده بود.[۱۱۳]

قوای ایرانی پیشروی کرده قلعه «آغ اوغلان» را که نزدیک قلعه شوشی بود گرفتند نایب‌السلطنه عباس میرزا روستای «چاناخچی» را مقر خود ساخت و از آنجا پنج

هزار سرباز برای محاصره‌ی قلعه شوشی اعزام کرد. سرهنگ کاریاقین و سرهنگ کوتلیارویسکی نیز با قشون روسی و توپخانه در قلعه شاهبولاغ مستقر شدند. عباس میرزا به محض اطلاع، با قوای خود از روستای چاناخچی حرکت کرده به قوای سرهنگ کاریاقین حمله کرد روسها شکست خورده سرهنگ کوتلیارویساکی زخمی شده عقب‌نشینی کردند قوای عباس میرزا وارد قلعه شاهبولاغ شده در آنجا مستقر شد.

در این جنگ یوزباشی وانیا، روسها را راهنمایی می‌کرد روسهای فراری و شکست خورده با راهنمایی‌های او از طریق کوهها و جنگل‌ها خودشان را به درون قلعه شوشی رساندند. عباس میرزا نتوانست قلعه شوشی را فتح کند در نتیجه به طرف گنجه حرکت کرد. ۱۱۴

تصرف شاماخی

قوای عباس میرزا در قراباغ نتوانستند کاری از پیش ببرند در نتیجه به طرف گنجه حرکت کرده خواستند قلعه گنجه را تصرف کنند اما موفق نشده مجبور شدند به طرف گرجستان حرکت کرده در بین راه پس از برخوردهای جزئی با قوای روسی خود را به ایروان رساندند.

سی‌سیانف پس از اشغال قراباغ در زمستان ۱۸۰۵م به سراغ شیروان رفت از مصطفی خان حاکم شیروان خواست مقاومت را کنار گذاشته تسلیم شود. مصطفی‌خان تسلیم خود را منوط به پذیرفتن شرایطی کرد شرایط او چنین بود: روسیه حاکمیت او را به شیروان به رسمیت بشناسد از پرداخت مواجب سالانه، او را معاف کند اداره داخل شیروان را به عهده او گذاشته شود و برایش مواجبی دائمی از سوی روسیه تعیین گردد.

سی‌سیانف این شرط‌ها را نپذیرفت و در ۳۱ نوامبر ۱۸۰۵ م / ۱۰ آذر ۱۱۸۴ ش با قوای خود به طرف شاماخی حرکت کرد. قوای او شامل ۱۱۰۰ پیاده و ده عراده توپ بود. سی‌سیانف در حال حرکت، به ابراهیم خلیل‌خان نیز نامه نوشته از او کمک

خواست ابراهیم خلیل‌خان فرزندش مهدیقلی‌خان را با ۱۵۰۰ سوار به کمک سردار روسی فرستاد برخی منابع تعداد قوای کمکی قراباغ را هزار نفر نوشته‌اند ابراهیم خلیل‌خان بدون شک هدفش از ارسال قشون بر علیه مصطفی‌خان این بود که او چشم طمع به ناحیه حاصلخیز «جاواد» دوخته بود.

مصطفی‌خان وقتی خبر نزدیکی مهاجمین روسی را شنید در پی دفع الوقت برآمد او به سی‌سیانف پیغام فرستاد که خواسته‌ی او را می‌پذیرد اما در باطن به تحکیم پناهگاه طبیعی خود در «فید داغ» مشغول شد.[115] فتح پناهگاه فید داغ چون به درازا کشید. سی‌سیانف در پی استفاده از سلیم‌خان حاکم شکی شد سلیم‌خان برادر زن مصطفی‌خان بود و روسها از این نسبت‌های فامیلی در خانات آذربایجان به بهترین نحو استفاده کرده بودند. مناسبات خان‌نشین‌ها با همدیگر همیشه در مرکز توجه سردمداران روسی بود به همین منظور سی‌سیانف سعی کرد از نفوذ سلیم‌خان بر مصطفی‌خان استفاده کند. سردار روسی به سلیم‌خان وعده داد که بعد از اشغال شاماخی اداره‌ی امور آنجا را به عهده‌ی او خواهد گذاشت.

تدابیر و ترفندهای سی‌سیانف بزودی مؤثر افتاد و رابطه‌ی فامیلی دو خان گسسته شد. حتی سلیم‌خان خواهرش را از خانه‌ی مصطفی‌خان به نزد خود فرا خواند. ایجاد اختلاف بین دو خان که فامیل همدیگر بودند از سوی سی‌سیانف به این خاطر صورت گرفت که در موقع جنگ با مصطفی‌خان، سلیم‌خان نتواند به کمک او بشتابد و اتحادی بین آن دو بر علیه روسها شکل نگیرد.

سی‌سیانف در ۱۵ اگوست ۱۸۰۵ / ۲۴ مرداد ۱۱۸۴ ش در نامه‌ای به مصطفی‌خان حاکم شاماخی از او خواست تعهدات زیر را بپذیرد:

۱ـ شما باید از ایران و هر کشور دیگر قطع رابطه کرده تنها با روسیه ارتباط داشته باشید.

۲ـ تمام افرادی که از قراباغ به شاماخی فرار کرده‌اند آنها را برگردانید.

۳ـ اراضی جاواد را به قراباغ باز گردانید.

۴ـ برای نشان دادن صداقت خود به برادر خود اسماعیل بیگ و فرزندان او ضمانت

جانی بدهید.

۵ـ هر سال متعهد هستید هشت هزار چرون به خزانه روسی بپردازید.

۶ـ امنیت کاروان‌هائی که از هشترخان به باکو و از آنجا به گرجستان می‌روند باید تأمین کنید.

مصطفی‌خان در جواب به سی‌سیانف نوشت کسانی از مردم قراباغ که به شماخی کوچ کرده‌اند نمی‌خواهند به قراباغ باز گردند همچنین با این توافق هم شاماخی و هم قراباغ هر دو از روسیه تبعیت می‌کنند پس فرقی نمی‌کند که آنها باز گردانده شوند اراضی جاواد هرگز و قبل از این نیز جزء قراباغ نبوده است در گذشته بین مغان و شیروان بود اگر کسی ثابت کند اراضی جاواد زمانی جزء قراباغ بود در آن صورت حق با شماست. در آخر نیز باید بگویم اگر اختیار خان‌نشین شاماخی قرار هست از دست من خارج شود در آن صورت من خراج هشت هزار چرون را از کجا تأمین نمایم.[۱۱۶]

در ۲۷ اکتبر ۱۸۰۵ م / ۵ آبان ۱۱۸۴ حاکم شیروان نتیجه گرفت که مقاومت به تنهایی بی‌فایده است به همین خاطر در ظاهر او مقاوله نامه‌ای با سردار روسی امضاء کرد[۱۱۷] اما در باطن به هیچ کدام از مفاد آن ملتزم نماند. براساس این مقاوله نامه مصطفی‌خان متعهد شده بود علاوه بر پرداخت مواجب سالانه، کاروان‌های تجاری روسی را که از آن منطقه می‌گذرند امنیت‌شان را فراهم کند. در مقابل، سی‌سیانف نیز متعهد شده بود که در امور داخلی شاماخی مداخله نکرده و حاکمیت خان و فرزندانش را بر خان‌نشین به رسمیت بشناسد.[۱۱۸]

از آنجا که خان‌نشین شاماخی به لحاظ موقعیت خود، یک منطقه استراتژیکی محسوب می‌شد و به عنوان مرکز خان‌نشین‌های آذربایجان به شمار می‌رفت در واقع حکومت روسیه با اشغال این خان‌نشین به آسانی می توانست تمامی شمال آذربایجان را کنترل کند.[۱۱۹] اما گذشت زمان نشان داد که مصطفی‌خان همیشه در پی خلاصی از دست روسهاست. اسنادی که در دست است نشان می‌دهد که مصطفی‌خان در خلال سال‌های ۱۹۰۸م و ۱۹۰۹م با «خان بوتای خان» یکی از خانات داغستان بر علیه روسیه متحد شده است[۱۲۰] همچنین مصطفی‌خان حتی تا پایان جنگ‌های روس و ایران

همچنان به امید مقاومت در مقابل روسها به تحکیم پناهگاه فیدداغ مشغول بوده و در آنجا به حفر خندق می‌پرداخته است همچنین با وجود اینکه ورود تاجران ایرانی به اراضی شاماخی ممنوع شده بود اما مصطفی‌خان دور از چشم روسها به آنان اجازه ورود می‌داده است.[۱۲۱]

سرهنگ دوم تیخونف در گزارشی که در ۱۸ اگوست ۱۸۱۰ م / ۲۷ مرداد ۱۱۸۹ به ژنرال تورماسوف می‌فرستد می‌نویسد:

«در این روزها مصطفی‌خان در استحکام قلعه فیدداغ همّت زیادی به خرج می‌دهد او دورادور آن را دیوار کشیده و سه هزار نفر را مشغول این کار کرده است.»[۱۲۲]

حوادث نخجوان

کلبعلی‌خان حاکم سابق نخجوان علیرغم همه نفرتی که از قاجاریان داشت بالاخره به ایران نزدیک شد و توسط فتحعلی‌شاه دوباره به عنوان حاکم نخجوان انتخاب گشت. عباسقلی‌خان پسر عموی کلبعلی‌خان که از حاکمیت بر نخجوان کنار گذاشته شده بود سعی کرد برای گرفتن امور نخجوان به روسها نزدیک شود او در این زمان با افراد خود به دزدی و راهزنی می‌پرداخت. براساس اسناد بجای مانده از این زمان «عباسقلی‌خان حاکم سابق نخجوان که از قدرت برکنار شده با اجازه ابراهیم خلیل‌خان در قراباغ زندگی می‌کند و تاجرانی که از تبریز، اردوباد، نخجوان و دیگر جاها می‌آیند.» آنها را غارت و چپاول می‌کند.[۱۲۳]

عباسقلی‌خان برای رسیدن به قدرت در نخجوان به سی‌سیانف متوسل می‌گردد او در نامه‌ای ضمن یادآوری صداقت خود به روسها می‌نویسد که با کلبعلی‌خان فرق دارد و از حکومت ایران نفرت دارد و آن وقت از سی‌سیانف می‌خواهد که به او کمک کرده نیرو در اختیار وی بگذارد تا او بتواند نخجوان را از دست کلبعلی‌خان و حکومت ایران خارج گرداند. وقتی سی‌سیانف گرانی و کمبود ارزاق و مشکل پیدا کردن علوفه برای اسب‌ها را ذکر می‌کند عباسقلی‌خان در جواب می‌نویسد:

«نوشته‌اید که در نخجوان پیدا کردن خواربار و علوفه مشکل است اما به اطلاع اعلیحضرت می‌رسانم که برای کفاف مدت ۱۰ سال می‌توانم ارزاق و علوفه تأمین کنم.»[۱۲۴]

عباسقلی‌خان پا از این نیز فراتر گذاشته براینکه نوکری خود را به صورت تمام و کمال به روسیه نشان دهد در مکتوبی دیگر می‌نویسد: «خواهش می‌کنم برای فتح نخجوان و صاحب شدن آن، به من فرمان بدهید.» و سپس از سی‌سیانف خواهش می‌کند که او را برای تسخیر نخجوان کمک کند.[۱۲۵]

اما دلایل متقنی وجود داشت که سی‌سیانف را از حمله به نخجوان باز می‌داشت زیرا اولاً در این زمان قشون زیادی از ایران در نخجوان حضور داشت ثانیاً سی‌سیانف نمی‌توانست قشون خود را دو تکه کند. سی‌سیانف در این مورد می‌نویسد:

«عباسقلی‌خان که از زمان آقامحمدخان حاکم نخجوان بوده و فعلاً توسط کلبعلی‌خان کور از آنجا رانده شده اکنون او در قلعه کوچکی «سی سیان» نزدیک دریاچه «گویجه» اتراق کرده و از من می‌خواهد ۵۰۰ نفر نیرو و چهار توپ به او بدهم تا با افراد خود نخجوان را تسخیر کند اما برف تمامی راه‌ها را پوشانده و مسدود ساخته و ارسال قشون امکان‌پذیر نیست بهتر است سال آینده برای فتح نخجوان برنامه‌ریزی کنیم چراکه در سال آینده اردوی روس به جنوب قفقاز خواهد آمد.»[۱۲۶]

لازم به ذکر است که در همان حال که عباسقلی‌خان با سی‌سیانف باب مکاتبه را باز کرده بود؛ با عباس میرزا نیز در تبریز ارتباطش را حفظ کرده بود برای او روس و ایران مهم نبود بلکه تنها کسب قدرت و حاکمیت نخجوان اهمیت داشت. سی‌سیانف که به تسخیر نخجوان در سال آینده می‌اندیشید به همین منظور در ۱۴ اگوست ۱۸۰۵ نامه‌ای به ریش سفیدان، روحانیون و فئودال‌ها می‌نویسد و نامه‌ها را از طریق قلی‌خان و باباخان که از افراد عباسقلی‌خان بودند به آنان می‌فرستد در نامه‌ی سی‌سیانف چنین آمده بود:

«سران ایران را هیچ اعتباری نیست به اینکه آنان در دین اسلام با شما مشترک هستند نگاه نکنید زیرا بر دوستی آنها نمی‌توان اعتماد و تکیه کرد. آنان موجب عذاب و شکنجه شما هستند در این مورد

مثال‌های زیادی می‌توان آورد آنها به برادران دینی خود خیانت می‌کنند به محمدخان حاکم سابق ایروان خیانت کردند او مرا فروخت و سران ایران را انتخاب کرد. اما عاقبت‌اش را دیدید او را از قدرت برکنار کرده و در ایران زندانی ساختند... پس نتیجه دوستی با ایرانی‌ها همین است!...» [۱۲۷]

به نظر می‌رسد سی‌سیانف تملقات عباسقلی‌خان را باور کرده چرا که در پایان نامه‌اش خطاب به آنان می‌گوید «اگر به دنبال آرامش و خوشبختی واقعی هستید به سوی حکومت مقدس روسیه بیایید تا از شما حمایت و مدافعه نماید مصلحت است که با عباسقلی‌خان متحد شده به کمک من از مخمصه فعلی نجات یافته در سایه و حمایت حکومت انسان پرور روسی قرار گیرید...» [۱۲۸]

مطالعه‌ی رفتارشناسی حاکمان خان‌نشین‌ها به آسانی بیانگر این مسئله است که آنها هرگز با روسیه و یا با ایران پیمان مودّت ابدی نبسته بودند تقریباً همگی آنها تنها به حفظ قدرت خود و استقلال خود می‌اندیشیدند و در جنگ بین دو قدرت ایران و روسیه آنها تنها به طرف فاتح چشم دوخته بودند تا از او تبعیت کنند در این میان تنها معدودی از آنها مانند جوادخان تا آخرین لحظه‌های زندگی خود به ایران و حکومت ایران وفادار ماند و جان خود را نیز در این راه از دست داد.

با در نظر گرفتن همین واقعیت، رفتارهای متناقض حاکمان خانشین‌ها مخصوصاً کلعبلی‌خان حاکم نخجوان قابل توضیح می‌گردد او تا اینجا چندین بار ارباب عوض کرده است ابتدا توسط آقامحمدخان از حکومت برکنار و کور گردید. به محض آزادی از زندان توسط فتحعلی‌شاه به روسها نزدیک شد و دشمن خونی ایران گردید با پیروزی ایرانیان در جنگ ایروان به طرف ایران برگشت و حاکم نخجوان شد و اکنون که در اولین دور از جنگ‌های ایران و روسیه، شکست‌های پی در پی ایران به گوش او می‌رسد کلبعلی‌خان باز در پی چرخش آشکار به طرف روسهاست!.

پس از مرگ سی‌سیانف در فوریه ۱۸۰۶ م / بهمن ۱۱۸۴ ش کلبعلی‌خان بار دیگر به طرف حکومت روسیه متمایل می‌گردد و برای نزدیکی به روسها به جعفرقلی‌خان حاکم خوی متوسل می‌گردد. جعفرقلی‌خان حاکم خوی که به دنبال از دست دادن حاکمیت بر خوی با ۲۰۰ نفر از سواران خود به روسها پیوسته بود در اکثر جنگ‌های

روس و ایران شرکت داشته و در نزد روسها صاحب قرب و اعتبار شده بود. اکنون کلبعلی‌خان به او متوسل شده بود تا روسها او را پذیرفته و به مانند سابق، دوست خود بدانند!.

کلبعلی‌خان در نامه‌ی خود می‌نویسد که اگر روسها بخواهند قلعه‌ی ایروان را پس بگیرند بهتر است به طرف اچمیادزین حرکت کرده او نیز با سواران خود به آنها خواهد پیوست و به آنها کمک خواهد کرد. او در پایان نامه‌اش قید می‌کند که اگر سربازان ایرانی وارد نخجوان گردند او را دستگیر و به ایران خواهند برد.[۱۲۹]

در ۱۳ اکتبر ۱۸۰۶ / ۱۱ مهر ۱۱۸۵ روسها باکو را بدون جنگ به اشغال خود درآوردند و یک گردان از قوای روسی به فرماندهی ژنرال بولگاکف در ۱۱ نوامبر ۱۸۰۶ / ۲۰ آبان ۱۱۸۵ از باکو بسوی قوبا حرکت کرد وقتی قشون روسی به شهر نزدیک شد اهالی شهر به همراه شیخعلی‌خان از ترس روسها به کوهها فرار کردند قشون روسی وارد شهر خالی شد.[۱۳۰]

ژنرال لیتانت بارون روزن در ۱۰ اکتبر ۱۸۰۶ خطاب به ژنرال گودویچ می‌نویسد:

«کلبعلی‌خان حاکم نخجوان نیز به مانند حاکمان دربند و قوبا طرفدار روسهاست و به مانند آنها می‌خواهد در تصرف قلعه ایروان به ما کمک کند.»[۱۳۱]

به زودی خواسته و نیّت کلبعلی‌خان، شکل عملی به خود گرفت وقتی قوای ایران به فرماندهی احمدخان به ایروان نزدیک شدند، کلبعلی‌خان به محض اطلاع، با قوای سواره و پیاده خود به مقابله با آن شتافت فتحعلی‌شاه از حرکت کلبعلی‌خان غضبناک شده او را به تهران فراخواند، کلبعلی‌خان از رفتن امتناع کرد بار دیگر شاه ایران به او دستور داد به تهران برود اما کلبعلی باز هم امتناع کرد. فتحعلی‌شاه دستور داد هزار نفر قشون ایرانی برای آوردن کلبعلی‌خان اعزام شود. کلبعلی‌خان دستور داد دروازه‌های قلعه‌ی نخجوان را به روی قوای اعزامی شاه ببندند نیروهای ایرانی نتوانستند کاری از پیش ببرند. از آنجا که بخشی از قوای روسی درگیر با ترک‌های عثمانی بود فتحعلی‌شاه می‌کوشید از فرصت استفاده کرده کار کلبعلی‌خان را یکسره کند. به همین خاطر، اشغال نخجوان را به عباس میرزا حواله کرد. عباس میرزا به حیله متوسل شد و

به حسینقلی‌خان ایروانی که فامیل کلبعلی‌خان بود دستور داد کلبعلی‌خان را به عنوان میهمان به ایروان دعوت کرده او را در آنجا دستگیر و به ایران بفرستد این نقشه عباس میرزا با موفقیت توأم گشت و کلبعلی‌خان در ایروان دستگیر و به نزد عباس میرزا فرستاده شد.[۱۳۲] عباس میرزا به حسینقلی‌خان دستور داد با قوای خود عازم نخجوان گردد زیرا نخجوانی‌ها دروازه‌های قلعه را به روی او باز خواهند کرد سرانجام چنین نیز شد.

حسینقلی‌خان با سیصد سوار و دویست پیاده به طرف نخجوان حرکت کرد. مردم نخجوان که از پشت پرده اطلاع نداشتند دروازه‌های قلعه را به روی او و نیروهایش گشودند. خانواده کلبعلی‌خان نیز دستگیر و به ایران فرستاده شد. اما شیخعلی‌خان یکی از پسران کلبعلی‌خان با نیروهای خود توانست از چنگ نیروهای ایرانی فرار کرده به روسها در قراباغ بپیوندد. روسها که پس از کشتن ابراهیم خلیل‌خان، قراباغ را به مهدیقلی‌خان سپرده بودند از او خواستند با احترام شیخعلی‌خان پسر کلبعلی‌خان را پذیرفته به او کمک کند.[۱۳۳]

مرگ فجیع ابراهیم خلیل‌خان و خانواده‌اش

در بهار ۱۸۰۶ م/۱۱۸۵ عباس میرزا دوباره خود را برای حمله به قراباغ آماده کرد در همین زمان، ارتباطات مکرری از سوی فرستادگان شاه با ابراهیم خلیل‌خان صورت گرفته و شاه سعی می‌کرد او را از روسها دور کند. به نوشته‌ی برخی منابع ابراهیم خلیل‌خان «دیدارهایش با فرستادگان شاه را به اطلاع مایور لیسانویچ فرمانده روسها در قراباغ می‌رسانده است.»[۱۳۴]

اما به نظر می‌رسد تعدیّات قوای روسی در داخل قراباغ و یا ارتباط خان قراباغ با فرستادگان فتحعلی‌شاه کم کم باعث چرخش ابراهیم خلیل‌خان به سوی ایران شده بوده در هر صورت، ابراهیم خلیل‌خان در این زمان به شدت از جنگ با عباس میرزا حذر می‌کرد. برخی منابع به رسیدن محصولات کشاورزی و امکان پایمال شدن آنها در صورت وقوع جنگ اشاره می‌کنند برخی منابع قید می‌کنند که چون نیروهای

روسی موجود در داخل قلعه خیلی کم بودند و امکان پیروزی نبود در نتیجه ابراهیم خلیل‌خان مخالف جنگ بود[۱۳۵] اما به نظر می‌رسد این دلایل کافی نباشند و ابراهیم خلیل‌خان از روی اجبار، تابعیت روسها را پذیرفته باشد.

در این زمان خان قراباغ نیروی زیادی در قلعه نداشت و روسها یک گردان و چند صد سواره نظام در قلعه نگهداشته بودند از طرف دیگر، براساس معاهده «کورک چای» محمدحسن آغا وارث ابراهیم خلیل‌خان بود او به تازگی مرده بود و بجای وی مهدیقلی آقا فرزند دیگر ابراهیم خلیل‌خان برای رسیدن به قدرت تلاش می‌کرد اما جعفرقلی آغا پسر محمدحسن آغا مخالف عمویش یعنی مهدیقلی آغا بود همچنین در این زمان دو تا از برادرزادگان ابراهیم خلیل‌خان که در گنجه در گرو روسها بودند از فرصت استفاده کرده به نزد عباس میرزا فرار کردند این اتفاقات رابطه ابراهیم خلیل‌خان و مایور لیسایوچ را که به «مایور دیوانه» در بین مردم معروف بود به هم زد.[۱۳۶]

با نزدیک شدن قوای ایرانی به قراباغ، کشمکشی بین ابراهیم خلیل‌خان حاکم قراباغ با لیسانویچ فرمانده‌ی روسی در قراباغ درمی‌گیرد. ابراهیم خلیل‌خان مخالف جنگ است و معتقد است که در مقابل قوای ایرانی نمی‌توان با تعداد اندک ایستادگی کرد. همچنین فصل درو نزدیک است و در صورت بروز جنگ تمام محصولات کشاورزی در زیر سم اسب‌ها تلف خواهد شد. به همین خاطر پیشنهاد می‌کند بدون جنگ کار فیصله یابد. حتی به نوشته برخی منابع، در پی آن بود که هدایایی به عباس میرزا فرستاده او را در نیمه راه از آمدن به قراباغ منصرف کند حتی برخی منابع می‌نویسند که نامه نگاری‌هایی نیز در این زمان با خود عباس میرزا داشته و ایلچی‌هایی به سوی عباس میرزا فرستاده بوده که به نظر می‌رسد فرمانده روسی از آنها خبر داشته.[۱۳۷]

فرمانده روسی اصرار داشت که نیروهای کمکی روسی به زودی از گنجه خواهند رسید باید در مقابل قوای ایرانی ایستاد و جنگید.[۱۳۸] برخی منابع می‌نویسند که دختر ابراهیم خلیل‌خان، آقا بیگم و پسرش ابوالفتح‌خان که در ایران بودند در مکتوبی از

تصرف بدون خونریزی قراباغ / ۲۱۱

پدر خواسته بودند که با ایران رابطه دوستی داشته باشند در نتیجه ابراهیم خلیل‌خان به عباس میرزا نامه‌ای نوشته و از وی حتی طلب بخشش می‌کند و از او کمک می‌طلبد تا به کمک آنها قوای روسی را از قراباغ اخراج کند.[۱۳۹]

برخی منابع نیز ذکر می‌کنند که پس از بستن عهدنامه کورک چای، فرمانده روسی در امور قراباغ خیلی دخالت می‌کرده و به همین خاطر ابراهیم خلیل‌خان کم کم از روسها ناراضی و دلچرکین شده بود.

در همین زمان خبر رسید که نیروهای ایرانی به قلعه شوشی نزدیک می‌شوند. نیروهای مهاجم دو دسته بودند دسته اول شامل نیروهای ابوالفتح‌خان پسر خود ابراهیم خلیل‌خان بودند که از راه «قاپان» به طرف شوشی رسیدند و دسته دوم قوای عباس میرزا بود که از پل خدآفرین گذشته به سمت قراباغ آمدند با کیخانف حتی می‌نویسد ابراهیم خلیل‌خان که به طرف ایران چرخیده بود خود از عباس میرزا خواسته بود به قراباغ لشکرکشی کند.[۱۴۰]

ابراهیم خلیل‌خان به همراه خانواده و برخی از افراد نزدیکش از قلعه خارج شده به «خان باغی» که در ۱۲ کیلومتری قلعه شوشی واقع بود، نقل مکان می‌کند شخصی گرجی بنام میرآخور و دیگر مخالفین ابراهیم خلیل به فرمانده روسی اطلاع می‌دهند که حاکم قراباغ در پی خیانت است.[۱۴۱] سرگرد لیسانویچ قاتل جوادخان با ۲۰۰ نفر از افراد خود در دوم ژوئن ۲۲/۱۸۰۶ خرداد ۱۱۸۵ از قلعه شوشی خارج شده به محل اقامت ابراهیم خلیل‌خان حمله می‌کند و ۱۷ نفر را که در چادرها بودند قتل و عام می‌کنند.[۱۴۲] در این قتل و عام علاوه بر خود ابراهیم خلیل‌خان، زن او (طوبی خانم)، دخترش (سلطنت بیگم) جزو کشته شدگان بودند قاتلین حتی بر پسر ۱۲ ساله حاکم قراباغ نیز رحم نکردند این اتفاق که در ۱۴ ژوئن ۲۴/۱۸۰۶ خرداد ۱۱۸۵ رخ می‌دهد یک بار دیگر خیانت روسها را در عمل به تعهدات خود به اثبات می‌رساند.[۱۴۳]

در برخی منابع ایرانی در خصوص حادثه کشته شدن ابراهیم خلیل‌خان از دختری ارمنی، جوان و زیبا بنام «لکورا» سخن رفته که از سوی سی‌سیانف و کشیش آرام برای به دام انداختن ابراهیم خلیل‌خان هفتاد ساله و عاقبت کشته شدنش استفاده شده.[۱۴۴]

مردم قراباغ به محض اطلاع از این فاجعه تلخ به هیجان آمدند اما بزرگان قراباغ آنان را ساکت کرده قول دادند که حکومت، قاتلین را مجازات خواهد کرد امری که هیچ‌وقت اتفاق نیفتاد. در داخل قراباغ برای ساکت کردن مهدیقلی آقا فرزند حاکم قراباغ او را به جای پدر مقتول خود نشاندند و لیسانویچ در جلوی دیوان‌خانه قلعه شوشی مردم را جمع کرد. اداره خان‌نشین را به عهده او گذاشت. ابوالفتح‌خان که به قلعه شوشی نزدیک شده بود به محض اطلاع از قتل پدر عقب نشست.۱۴۵

مهدیقلی‌خان که به جای پدر نشسته بود متعهد شده بود که هر سال ۱۴ هزار دوکای هلندی به روس‌ها مالیات بدهد. روس‌ها نیز لقب مایوری [سرگردی] به وی دادند سپس مهدیقلی‌خان سوگند یاد کرد.۱۴۶

در همین زمان قشون ایران به منطقه «آگوگلاند» رسید نیروهای روسی و اعیان قراباغ نیز به فرماندهی ژنرال نبولسین به عسگران رسیدند قوای روسی به مدت دو روز در انتظار حمله قوای ایرانی باقی ماندند اما چون از حمله خبری نشد روز سوم که مصادف با ۱۵ ژوئیه بود ژنرال نبولسین خود حمله را آغاز کرد. در این جنگ هفت ساعته، قوای ایرانی ابتدا پیروز شدند و عباس میرزا سی تن از سربازان و افسران روسی را از بین برد اما با رسیدن قوای کمکی مهدیقلی‌خان پسر ابراهیم خلیل‌خان به روس‌ها، قوای ایرانی عقب نشستند.۱۴۷ قوای ایرانی در حالی که اسرای زیادی از قراباغ گرفته بودند قراباغ را ترک کردند.۱۴۸

در این زمان در اکثر نقاط قفقاز اعتراضات بر علیه روس‌ها آغاز شده بود و نطفه‌های شورش در اکثر جاها برعلیه تجاوزات روس‌ها بسته می‌شد مردم و خان‌های قفقاز یا به ایران و یا به ترکیه پناهنده می‌شدند و از آن دو کشور کمک می‌خواستند جعفرقلی آقا نوه‌ی ابراهیم خلیل‌خان نیز به ایران فرار کرده بود.

تصرف شکی

تصرف شکی توسط قوای روسی به این شکل بود که سلیم‌خان حاکم شکی وقتی از قتل عام خانواده ابراهیم خلیل‌خان باخبر شد از آنجا که خواهر او یعنی زن ابراهیم

خلیل‌خان نیز جزء قربانیان بود. در نتیجه در پی انتقام از روسها برآمد قبل از این او چند نفر از قوای روسی را به عنوان کمک از گنجه به شکی آورده بود. حاکم شکی به انتقام خون ابراهیم خلیل‌خان و خانواده‌اش، تعدادی از روسها را اعدام کرد و بقیه را از شکی بیرون فرستاد. به خاطر این اتفاق، ژنرال نبولسین به دستور گودویچ از گنجه به طرف شکی حرکت کرد. سلیم‌خان که قبل از این، از عباس میرزا پول زیادی برای دفاع گرفته بود. توانست تعداد زیادی افراد لزجی از جار و آوار جمع کند و به تحکیم شکی بپردازد. جنگ سرنوشت‌ساز در ۲۲ اکتبر ۱۸۰۶ م در نزدیکی‌های نوخا رخ داد. اما در زمان جنگ و مقاومت وقتی وضعیت مشکل شد لزجی‌ها همگی رو به فرار نهادند حاکم شکی مجبور شد به همراه خانواده و اقربای خود به ایران فرار کند و شکی بدین ترتیب به دست روسها افتاد و روسها سلیم‌خان را از خان بودن محروم کردند.[۱۴۹] سلیم‌خان پس از این تمام باقیمانده عمرش را صرف مبارزه با روسها کرد.

حکومت روسیه جعفرقلی‌خان دنبلی حاکم فراری خوی را که در منطقه «چنلی بئل» منسوب به اقامتگاه اسطوره کوراوغلی پناه گرفته بود به عنوان حاکم شکی منصوب کرد.[۱۵۰] نصب جعفرقلی‌خان در ۱۰ دسامبر ۱۸۰۶ و با فرمان الکساندر امپراطوری روسیه صورت گرفت[۱۵۱] او به مدت هشت سال در آنجا حکومت کرد و در طول هشت سال نه‌تنها مردم را چاپید و غارت کرد بلکه به مانند یک خبرچین و مزدور روسها عمل می‌کرد. او به صورت پنهانی خبرهایی از خانهای دیگر و ارتباطات آنها با ایران را به ژنرال تارماسوف ارسال می‌کرد.[۱۵۲] پس از مرگش پسرش اسماعیل‌خان به جای پدر نشست اما به نظر می‌رسد روسها از او دلخوشی نداشتند و از آنجا که او هیچ ورثه‌ای نداشت روسها همین امر را بهانه کردند و پس از مرگ او در ۲۴ جولای ۱۸۱۹ م سیستم خانخانی را لغو کردند.[۱۵۳] بدین ترتیب سیستم خانخانی مضمحل گردید تا جای خود را به شکل جدید اداری یعنی کومندانی بدهد که روسها در تمامی خان‌نشین‌های تسخیر شده به کار می‌بستند.[۱۵۴]

سفید

نمونه پنجم

فصل پنجم

تلاش‌های روسها برای تصرف باکو
و قتل سردار سفّاک روسی

خان‌نشین باکو برای روسها دارای اهمیت اقتصادی فوق‌العاده‌ای داشت در گزارشی که ژنرال کنورینگ به امپراطور روسیه در ۱۱ آوریل ۱۸۰۰ م/۱۸ فروردین ۱۱۷۹ ش ارسال کرده می‌نویسد:

«باباخان (فتحعلی‌شاه) در پی تصرف باکوست چراکه نمک و نفت این شهر برای شاه ایران دارای درآمد و عوارض گمرکی زیادی در پی دارد بهانه شاه ایران برای تصرف باکو این است که اموال زیادی از تجار ایرانی که درکشتی روسی بوده در سواحل «ماشتاقا» توسط حسینقلی‌خان حاکم باکو ضبط گردیده است.» [۱۵۵]

در این زمان حسینقلی‌خان حاکم باکو سعی می‌کرده برای حفظ موقعیت خود هر دو کشور ایران و روسیه را راضی نگهدارد به همین خاطر به محض درگذشت پل اول در اگوست ۱۸۰۱ م/ ۱۱۸۰ ش و به تخت نشستن الکساندر اول، از سوی خان باکو برای عرض تبریک، ایلچی به پترزبورگ فرستاده شد.

از فرمانی که الکساندر اول پس از تکیه بر امپراطوری روسیه در ۱۲ سپتامبر ۱۸۰۱ م/۲۱ شهریور ۱۱۸۰ ش به ژنرال کنوریگ فرستاده می‌توان به امیال و خطوط فکری او در خصوص قفقاز پی برد او در این فرمان می‌نویسد:

«ضمن حفظ ارتباط و دوستی با خان‌نشین‌ها سعی نموده آنان را به سوی روسیه جذب کند با توجه به اینکه هنوز پایه‌های حکومت باباخان در ایران مستحکم نگشته سعی کنید خان‌نشین‌های

قفقاز را طرفدار روسیه کرده تلاش نمائید ولایات گنجه، ایروان، شکی، شیروان، باکو و سایر خان‌نشین‌ها هرچه بیشتر از ایران روی برتافته به طرف روسیه متمایل گردند به آنها تلقین شود که حفظ امنیت‌شان منوط به گرایش و علاقمندی به امپراطوری روسیه است.» [۱۵۶]

در آن دم که متأسفانه هیئت حاکمه ایران سرگرم جزئیات بود اسکینبوسکی کنسول روسیه در ایران مشغول نبض‌سنجی و روسیه دوستی خان‌نشین‌های قفقاز بود و اوضاع را به شدت از نزدیک رصد می‌کرد. در گزارشی که همین شخص در ۲۶ فوریه ۱۸۰۲ م/۷ اسفند ۱۱۸۰ از باکو به ژنرال کنورینگ ارسال کرده می‌نویسد:

«کشمکش‌ها و درگیری‌ها بین خان‌نشین‌ها با همدیگر، اهالی را چنان مفلس و بدبخت کرده که اهالی از فرط تنگدستی به ستوه آمده و برای نجات از بدبختی‌ها طرفدار روسیه شده‌اند حتی اهالی قوبا و دربند به اوضاع گرجستان که تحت‌الحمایه روسیه است حسد می‌ورزند و غبطه می‌خورند اما مردم باکو و شاماخی در سایه تجارت و عواید کشاورزی از اوضاع خان‌نشین و حاکم خود راضی اند و نمی‌خواهند به زیر چتر حمایت روسیه بروند در این دو خان‌نشین، روحانیون به شدت مردم را از رفتن به زیر حمایت یک کشور مسیحی انذار می‌دهند و آن را گناهی نابخشودنی جلوه می‌دهند آنان چنین تبلیغ می‌کنند که در صورت تسلط روسها بر مسلمانان و شهرهایشان از تجاوز به زنان مسلمان نیز اجتناب نخواهند کرد.» [۱۵۷]

ژنرال سی‌سیانف وقتی از سوی الکساندر اول به فرماندهی قفقاز منصوب شد و در فوریه ۱۸۰۳ م/بهمن ۱۱۸۷ ش به گرجستان آمد. او پی در پی شروع به تصرف خان‌نشین‌ها کرد اما قبل از آمدن او و هم پس از تعرضات قوای روسی به خانات قفقاز، متأسفانه حاکمان خام اندیش قفقاز چنان درگیر جنگ‌های خونین و توسعه طلبانه خود بودند که هرگز در پی اتحاد با همدیگر در مقابل دشمن بزرگ برنیامدند. روسها که تصمیم به تصرف باکو گرفته بودند در نوامبر ۱۸۰۳ طوفانی چند کشتی پر از مالتجاره تاجران روسی و داغستانی را به سواحل خزر تحت حاکمیت باکو انداخت اموال کشتی توسط برخی از اهالی باکو غارت شد و همین خود بهانه‌ای برای حمله روسها به باکو گردید.

قبل از آن در آوریل ۱۸۰۳ م/فروردین ۱۱۸۲ ش سی‌سیانف به امپراطوری روسیه

پیشنهاد کرده بود که «برخی از شهرها مخصوصاً باکو باید توسط قوای روسی ضبط گردد.»[۱۵۸] این پیشنهاد از سوی امپراطوری روسیه پذیرفته شد و همچنان که قبلاً ذکر شد در بین سال‌های ۱۸۰۵ ـ ۱۸۰۳م چند تن از خان‌نشین‌ها از جمله گنجه، قراباغ، شکی و شاماخی توسط قشون روسی اشغال گردید و پس از آن نوبت به باکو رسید. سی‌سیانف در همین زمان در ساحل خزر شروع به تمرکز قوا نمود.

سی‌سیانف در نامه‌ای به امپراطوری روسیه به تاریخ ۱۵ نوامبر ۱۸۰۳ م/۲۳ آبان ۱۱۸۲ ش می‌نویسد:

«شما می‌دانید که بندر باکو برای کشتی‌های تجاری روسیه چقدر اهمیت دارد بنابراین تصرف بندر فوق الذکر و شهر باکو توسط قشون روسی به زودی باید عملی گردد.» [۱۵۹]

ژنرال فلازنپ در ۳ می ۱۸۰۶/ ۱۳ اردیبهشت ۱۱۸۵ در نامه‌ای خطاب به تزار می‌نویسد: «تا زمانی که باکو را ما تصرف نکرده‌ایم تمامی دستاوردهای ما اعم از تصرف شیروان و قراباغ و حتی گرجستان در معرض حملات ایرانیان خواهد بود».[۱۶۰]

سی‌سیانف در نامه‌ای دیگر به امپراطور روسیه می‌نویسد که امسال ایرانی‌ها یک میلیون منات به شرکت روسی ضرر وارد کرده‌اند برای جبران آن، ناوگان خزر باید به رشت و انزلی اعزام گردد.[۱۶۱] متعاقب این خبر، در آوریل ۱۸۰۵ م فروردین ۱۱۸۴ ش قوای روسی به فرماندهی زاوالیش از هشترخان به سوی انزلی به راه افتاد برخی منابع تعداد قوای روسی را ۸۰۰ نفر و برخی اسناد دیگر ۱۴۰۰ نفر ذکر می‌کنند.

هدف اصلی این تجاوز، بازگرداندن شاهزادگان گرجی و همچنین بازگرداندن کارکنان و تجار کمپانی روسی بوده که توسط حکومت ایران اسیر شده بودند. ناوگان روسی در ۲۳ ژوئن به بندر انزلی رسید.[۱۶۲]

منابع خارجی می‌نویسند: «۱۴۰۰ نفر از قوای روسی وارد انزلی شده میرزا موسی حاکم انزلی به رشت فرار کرده قوای روسی در تعقیب او به پیربازار دو فرسنگی رشت می‌رسند. زمینداران منطقه با همدیگر برای مقابله با روسها متحد شده و روسها را تا انزلی به عقب می‌رانند. روسها در انزلی اعلام می‌کنند که به شرط پرداخت شش

هزار تومان انزلی را ترک خواهند کرد اهالی رشت راضی به پرداخت پول نشده با جنگ روسها را فراری می‌دهند.» ۱۶۳

نویسنده کتاب («آهنگ سروش») در این مورد می‌نویسد:

«شفت فرمانده قوای روسی با چند فروند کشتی و تعدادی سرباز، توپخانه از طریق دریا به بندر انزلی حمله کرد و کلیه استحکامات آنجا را به تصرف خود درآورد نیروهای مردمی به رهبری میرزا موسی منجم باشی در صدد مقابله برآمدند. قوای روسی پس از پانزده روز توقف در بندر انزلی، چون با هیچ مانعی برخورد نکردند تصمیم گرفتند پیربازار را محاصره کرده تصرف کنند اما در حین عبور از وسط جنگل، با حمله قوای میرزا موسی و مردم محلی مواجه شدند. روسها به مدت سه روز مقاومت کردند اما سرانجام شکست خوردند زیرا قوای ایرانی از پشت درختان، سربازان روسی را مورد هدف قرار می‌دادند و ضربات سختی وارد می‌نمودند به طوریکه سرانجام روسها پس از دادن تلفات، مجبور شدند. توپ و تجهیزات سنگین خود را گذاشته بگریزند و از طریق کشتی به باکو بروند.

اهالی باکو وقتی در صبح زود، ناوگان جنگی روسها را دیدند دچار وحشت شدند مردم، مخصوصاً اعیان باکو عایله و دارایی‌ها خود را برداشته از باکو خارج کرده خود را برای دفاع از قلعه آماده کردند. کشتی‌های روسی شهر را به محاصره خود درآوردند. حسینقلی خان حاکم باکو برایتکه از نیات آنان باخبر شود ایلچی خود را به نزد زاوالیش فرمانده روسی فرستاد فرمانده روسی در اگوست ۱۸۰۵م/ مرداد ۱۱۸۴ ش به اطلاع وی رساند که از سوی امپراطوری روسیه مأمور تصرف شهر باکوست و از حاکم باکو خواست بدون فوت وقت فوراً شهر را تسلیم نماید.

حسینقلی خان که در پی وقت‌کشی بود از او مهلت خواست تا جواب دهد. حاکم باکو که در این زمان از دربار ایران اطاعت می‌کرد از فرصت استفاده کرده از شاه ایران کمک طلبید. عباس میرزا به حاکم ارومیه عسگرخان دستور داد به کمک حاکم باکو بشتابد. ۱۶۴

چون ۱۵ اگوست ۱۸۰۵م/ ۲۴ مرداد ۱۱۸۴ ش فرا رسید و از تسلیم شهر خبری نشد ژنرال زاوالیش از کشتی به ساحل آمد و با قوای خود آماده حمله شد. در ۱۵

تلاش‌های روس‌ها برای تصرف باکو و قتل سردار سفّاک روس‌ها / ۲۱۹

آگوست قلعه را به توپ بست و در ۲۲ آگوست کل شهر را به محاصره خود درآورد.۱۶۵ اما در این زمان شیخعلی‌خان حاکم قوبا، پسر سرخای‌خان، نوح‌خان دربندی با کمک قشون ایرانی به کمک حاکم باکو شتافتند. جنگ ضعیفی بین طرفین درگرفت. قوای روسی به زودی شکست خورده سوار کشتی‌ها شده خود را به جزیره‌ای در لنکران رساندند.۱۶۶

باکیخانوف در این مورد می‌نویسد: **«شیخعلی‌خان اهل قوبا و نوح‌بیگ پسر سرخای‌خان با دسته‌ای از قشون ایرانی به کمک حسینقلی‌خان حاکم باکو آمدند قشون روسی در کشتی نشسته به «ساری جزیره» (جزیره زرد) واقع در طالش فرار کردند.»**۱۶۷

در اوایل فوریه ۱۸۰۶ م/ بهمن ۱۱۸۴ ش سی‌سیانف در رأس اردوی بزرگی برای تصرف باکو به قوای باقیمانده زاوالیش پیوست و در «ناخیر بولاغ» نزدیک قلعه باکو اردو زد. از آنجا به حاکم باکو پیغام فرستاد تا شهر را بدون مقاومت با شرایط زیر تسلیم کند:

«خان‌نشین باکو تبعیت از روسیه را پذیرفته تمام درآمد خان‌نشین را به روسیه سرازیر کند و در سال ۱۰ هزار منات مواجب بپردازد.»۱۶۸

حسینقلی‌خان حاکم باکو که این بار در موقعیت ضعیفی قرار داشت به ناچار شرایط سنگین سی‌سیانف را پذیرفت و نماینده خود را به همراه آچارهای شهر و نان و نمک به نزد سی‌سیانف فرستاد «اما سی‌سیانف در مقابلِ نماینده حسینقلی‌خان گفت که آچارهای شهر را باید خود حسینقلی‌خان بیاورد. او نان و نمک را قبول کرد اما آچارهای شهر را نپذیرفت... خارج شدن حسینقلی‌خان از قلعه باکو به درازا کشید و صبر سردار روسی تمام شد همین که خواست دوباره سرهنگ اریستوف را به سراغ حسینقلی‌خان بفرستد دروازه‌های قلعه گشوده شد.»۱۶۹

حاکم باکو در هشتم فوریه به همراه تعدادی از اطرافیان خود برای تقدیم کلیدهای شهر به نزد سی‌سیانف آمد. سی‌سیانف به همراه سرهنگ اریستوف و یک نفر قزاقی که آن دو را مشایعت می‌کرد کمی جلوتر از قشون خود حرکت می‌کرد. سی‌سیانف با غرور تمام همین که خواست آچارهای شهر را دریافت کند ناگهان به وسیله شخصی

به نام ابراهیم بیک که پسر خاله حاکم باکو بود به گلوله بسته شد هم خود و هم سرهنگ اریستوف در جا کشته شدند[۱۷۰] تنها، قزاقی که آنها را مشایعت می‌کرد موفق به فرار شد.[۱۷۱]

باکیخانوف با ذکر کمی اختلاف زمان قتل، در این مورد می‌نویسد:

«برخی از طرفداران روس از جمله عبدالرحیم آقا [عموی خود باکیخانوف] از قوبا به شیروان نزد سی‌سیانف رفته به او گوشزد کردند که مراقب باشد حسینقلی خان حاکم باکو طرفدار ایران است. اما سردار روسی سخن او را باور نکرده در دوم فوریه ۱۸۰۶ م [۱۳ بهمن ۱۱۸۴ ش] در کنار قلعه مشغول مذاکره با حسینقلی خان جهت تسلیم قلعه بوده که در همین زمان به وسیله‌ی دو نفر یعنی محمدحسین خان پسر امامقلی خان و ابراهیم خان که توسط ایرانیان یا حاکم باکو تحریک شده بودند به قتل رسید.[۱۷۲]

سی‌سیانف در نزدیکی‌های دروازه شاه عباس به قتل رسید پس از قتل او قوای روسی که کاملاً خود را باخته بودند با راهنمایی زاوالیش عقب نشسته خود را دوباره به جزیره لنکران رسانده و از آنجا به طرف شمال حرکت کردند. مردم باکو که از فرمانده خونخوار روسی، نفرتی دیرینه داشتند به محض اطلاع از قتلش هجوم آورده بدن او را تکه‌تکه کردند. به دستور حاکم باکو سر او را از بدن جدا کرده به داخل قلعه بردند جسد بی‌سرش را در پای دیواری دفن کرده سرش را به عنوان هدیه به ایران نزد فتحعلی‌شاه فرستادند و از دست وی انعام دریافت کردند.[۱۷۳] برخی منابع نوشته‌اند که ***«سر و یک دست سی‌سیانف را به نزد شاه فرستادند.»***[۱۷۴]

بدین ترتیب مردم آذربایجان از دست یکی از سفاکان روسی راحت شد. پاول دمیتریچ تسیسیتیانوف سردار شجاع اما خشنی بود که به شدت منفور مردم آذربایجان بود. به همین خاطر در میان مردم شوخ طبع تبریز به «ایشپختور» که تحریفی از کلمه اسپکتور (به معنی بازرس) بود معروف بود. او گرجی تبار بود و پدرش پائتی در ۱۷۲۵ م به روسیه مهاجرت کرده بود، در خشونت دست روسها را از پشت بسته بود. به هیچ پیمان اخلاقی معتقد نبود و می‌گفت پیمان‌ها و سوگندها بی‌ارزش هستند و تنها زور هست که تعیین کننده است.»[۱۷۵] او سرانجام قربانی همان خشونتی شد که

خودش در کل دوران زندگیش به کار بسته بود.

گویند زمانی سر او را نزد فتحعلی‌شاه رساندند که اندکی قبل از آن در تهران معرکه گیری به نام محمد اخباری دام خرافه‌پرستی گسترده بوده و به فتحعلی‌شاه گفته بود که من چله می‌نشینم و قول می‌دهم تا چهل روز حتماً سر بریده‌ی سی‌سیانف را به درگاه شما بیاورند به این شرط که شما نیز قول دهید دین مرا [اخباری] گسترش دهید. «به حمایت من طریقه اخباری را در ایران رواج دهید و با کسانی که مخالف من هستند مخالفت کنید.» پایان چهل روز ریاضت میرزا محمد اخباری مصادف با آوردن سر سی‌سیانف به دربار ایران شد اما مردم بدو ایراد گرفتند که: تو که می‌خواستی چنین کنی چرا ریاضت برای کشتن امپراطور روس نکردی؟!»[۱۷۶]

قبر سی‌سیانف سالها همچنان دست نخورده باقی ماند تا اینکه در سال ۱۱۸۹/۱۸۱۱ م فرمانده جدید قفقاز یعنی مارکز پاولویچ استخوان‌های او را در آورده به گرجستان حمل کرده در آنجا به خاک سپرد. بزرگ‌ترین علت کشته شدن او غرور بی‌حد و حصرش بود که پس از فتح گنجه، شکی و شیروان به اوج خود رسیده بود.[۱۷۷]

حسینقلی‌خان حاکم باکو نه طرفدار ایران بود و نه طرفدار روسیه او تنها در فکر حفظ حاکمیت خود بود به نوشته‌ی برخی منابع در همین زمان دو جاسوس از سوی فتحعلی‌شاه در باکو به سر می‌برد و اتفاقات را به اطلاع وی می‌رساندند حتی به نوشته‌ی برخی منابع نقشه کشتن سی‌سیانف نیز به تدبیر و تحریک آنها بوده.[۱۷۸]

به محض کشته شدن سی‌سیانف تمام خان‌نشین از فرصت استفاده کرده بر علیه روسها شروع به عصیان کردند و خود را از تابعیت روسیه خارج کردند.

در همین زمان عباس میرزا نایب‌السلطنه با قشون خود از طرف اصلاندوز حرکت کرده از قراباغ گذشته به شیروان آمد[۱۷۹] حکومت روسیه در ماه می ۱۸۰۶/اردیبهشت ۱۱۸۵ به منظور گرفتن دربند، قوبا و باکو ۲۵۰۰ نفر به سرکردگی قلازن فرستاد در ۲۱ می همان سال قشون روسی وارد دربند شده آنجا را اشغال کرد. ژنرال بولگانف در ۵ سپتامبر ۱۸۰۶/ ۱۴ شهریور ۱۱۸۵ وارد دربند شد و از آنجا به طرف باکو حرکت کرد. او به مردم باکو اطلاع داد که به شرط تسلیم شهر همگی در امان خواهند بود هشت ماه

قبل از این در جریان تحویل کلیدها سی‌سیانف کشته شده بود. حسینقلی‌خان به وسیله کاظم‌خان که یکی از نزدیکانش بود آچارها شهر را به همراه مقداری آذوقه نزد بولگانف فرستاد. بولگانف قول داد که امنیت جانی اهالی را تضمین خواهد کرد به همین خاطر فرزند خود را به عنوان تضمین به باکو فرستاد. اما مردم باور نکرده از ترس انتقام‌جوئی شهر را ترک کرده به کوهها پناه بردند. بخشی از مردم توسط پسر او به شهر برگردانده شدند اما حسینقلی‌خان حاکم باکو به همراه خانواده‌اش از باکو خارج شده از طریق قوبا به ایران فرار کرد آنها در روستای «باری» شهر اردبیل مسکن گزیدند. بدین ترتیب باکو در سوم اکتبر ۱۸۰۶/ ۱۱ مهر ۱۲۸۵ به تسخیر روسها درآمد.[۱۸۰]

عباسقلی باکیخانوف که پدرش میرزا محمد ثانی رقیب و دشمن دیرین حسینقلی‌خان حاکم باکو بود و بین آن دو برای کسب قدرت در باکو رقابت وجود داشت مغرضانه در مورد تیپ و شخصیت حسینقلی‌خان می‌نویسد:

«حاکم جسور ولی بی‌اراده باکو به همراه عایله‌اش به ایران فرارکرد و بولگانف باکو را تحت حاکمیت روسیه درآورد.» [۱۸۱]

میرزا محمد دوم پدر عباسقلی آقا باکیخانوف که در سال ۱۷۸۲ م حاکم باکو بود همیشه طرفدار روسها بوده و در آن سال‌ها نیز از روسها حمایت می‌کرد.[۱۸۲]

او پس از شکست از حسینقلی‌خان در قوبا سکونت اختیار کرده بود در زمان لشکرکشی قوای روسی به فرماندهی بولگانف همراه فرمانده روسی بود چرا که فکر می‌کرد پس از فتح باکو او در رأس خان‌نشین باکو قرار خواهدگرفت و املاک از دست رفته خود را دوباره باز خواهد یافت اما روسها پس از تصرف باکو کلاً شکل خان‌نشینی و سیستم اداری قبلی آن را لغو کردند. روسها بعدها در سال ۱۸۰۹م/۱۱۸۸ش او را در رأس اداره قوبا گذاردند اما این مقام نیز برای او چندان دیر نپائید چرا که با شروع عصیان‌های پی در پی مردم قوبا به رهبری شیخعلی‌خان عرصه بر او تنگ شد و به عنوان طرفدار روسها مردم از او روی گرداندند.

در ژوئن ۱۸۰۶/خرداد ۱۱۸۵م از سوی امپراطوری روسیه ژنرال ای، و. گودویچ

به جای سی‌سیانف منصوب شد و به او دستور داده شد که نه تنها باید موقعیت قوای روسی را در قفقاز تحکیم بخشد بلکه تمامی خانات آذربایجان را تسخیر و بـه زیـر سلطه امپراطوری روسیه درآورد.[۱۸۳] به همین خاطر هنوز سال ۱۸۰۶ به پایان نرسیده بود که تقریباً به غیر از خان‌نشین‌های طالش، ایروان و نخجوان، اراضی تمامی شمال آذربایجان به تسخیر روس‌ها درآمدند.[۱۸۴]

پس از کشته شدن سی‌سیانف حملات روس‌ها به مدت نزدیک به دو سال رو به ضعف نهاد و حتی متوقف شد به نظر می‌رسد مرگ این ژنرال سفاک که خان‌نشین‌های آذربایجان از شنیدن نامش بر خود می‌لرزیدند باعث تضعیف موقت روحیه قوای روسیه شده باشد همچنین تیرگی روابط و آغاز وضعیت جنگی روس‌ها با دولت عثمانی نیز بی‌تأثیر نبوده چرا که از شـدت عمـل روس‌ها در مـقابل قـوای ایرانی می‌کاست.

سفید

نمونه پنجم

فصل ششم

آغاز مناسبات ایران با فرانسه

سیاست ناپلئون در این سال‌ها در برابر ایران و روسیه همیشه در ارتباط با حمله به هند و انتقام‌کشی از انگلیسی‌ها بود تا کتیک‌های وصول به این سیاست هرچند متأثر از حوادث آن زمان، دچار تغییراتی شده اما هدف اصلی که حمله به هندوستان و منافع انگلستان بوده در همه حال ثابت مانده است.

در مرحله‌ی اول، بعد از نابودی نیروی دریائی فرانسه و شکست تیپو سلطان، ناپلئون نقشه حمله به هندوستان خود را تغییر داد به همین سبب مذاکرات محرمانه‌ایی را با تزار روسیه در سال ۱۸۰۱ شروع کرده و پس از گفتگوهای رسمی قرار بر این شده بود که ۳۵ هزار سرباز فرانسوی در طول رود دانوب به استراخان بیایند و در آنجا با ۳۵ هزار سرباز روسی متحد شوند و سپس جمعاً از راه استر آباد و هرات و قندهار به سوی هندوستان حرکت کنند. ولی قبل از اجرای این توافق‌ها در آوریل ۱۸۰۱م پل اول کشته شد و جانشین او آلکساندر اول دوستی با فرانسه را کنار گذاشت و پیمان دوستی با انگلستان را برگزید بدین ترتیب این نقشه‌ی بلااجرا ماند و مجدداً ایران و افغانستان مورد توجه خاص ناپلئون قرار گرفتند.[۱۸۵]

در مرحله‌ی دوم، جنگ و مخاصمت میان فرانسه و روسیه در سال ۱۸۰۵ م، دو کشور ایران و فرانسه را در برابر دشمن مشترکی قرار داده و آنها را به همدیگر نزدیک می‌سازد در این زمان ناپلئون در اندیشه‌ی اتحاد با ایران مصمم‌تر شد، در نتیجه در اکتبر ۱۸۰۵ (رجب ۱۲۲۰) ناپلئون دومین نامه‌ی خود را به ایران فرستاد، در

ذی‌الحجه‌ی همان سال، محمدرضاخان بیگلربیگی قزوینی به همراه وزیر محمدعلی میرزا دولتشاه به عنوان سفیر فوق‌العاده‌ی ایران به دربار ناپلئون فرستاده شد، در ۵ ژوئن ۱۸۰۶ ژوبر، و اندکی بعد لابلانش به تهران رسیدند، و اندکی بعد هیئتی به رهبری سرتیپ گاردان وارد تبریز گردید.

در این زمان ناپلئون می‌خواست اتحاد سه گانه‌ای میان فرانسه، ایران و عثمانی برقرار کند و با لشکرکشی به هند ضمن اینکه انگلیسی‌ها را از ایران بیرون راند، ایران را در برابر روسیه پشتیبانی نماید.[۱۸۶]

مرحله سومِ سیاست ناپلئون، با امضای پیمان تیلسیت در ۷ ژوئیه ۱۸۰۷ آغاز می‌شود. در این مرحله، دیگر دشمنی با روسیه در میان نبود و فکر پیمان سه گانه کنار گذاشته شده بود. ناپلئون می‌خواست میان ایران و روسیه آشتی برقرار کند و با همکاری آن دو، راه هند را بگشاید.

در مرحله‌ی دوم که اینک مورد بحث ماست ناپلئون درصدد ضربه زدن بر منافع انگلستان بود در نتیجه حمله به هندوستان به عنوان بزرگترین مستعمره آن کشور در نظر گرفته شد برای این منظور، ارتباط با ایران به خاطر داشتن مرز مشترک با هندوستان مناسب‌ترین راه برای هدف ناپلئون بود.

همچنین فرانسه سعی می‌کرد نفوذ خود را در مصر و سوریه گسترش داده تا موقعیت روسیه و انگلستان را در کشورهای ایران و ترکیه تضعیف کند با آمدن ژنرال سباستین فرستاده ناپلئون به ترکیه در ۱۸۰۶ م/۱۱۸۵ ش مناسبات سلطان سلیم با روسیه رو به تیرگی نهاد.[۱۸۷]

در پاریس به ژنرال سباستین دستور داده شده بود که به محض رسیدن به استامبول سعی کند اتفاقی بین ایران، ترکیه و فرانسه به وجود بیاورد همچنین ناپلئون از ترک‌ها می‌خواست جلوی حرکت کشتی‌های روسی را در عبور از تنگه بسفر بگیرند. به زودی افسرانی برای تعلیم قشون ترکیه از فرانسه به ترکیه فرستاده شدند و با هدایت مهندسین فرانسوی در سرحدات ترکیه استحکامات نظامی و قلعه‌ها پی‌ریزی شد.[۱۸۸] ژنرال سباستین از قول ناپلئون به اطلاع سلطان عثمانی رساند که منظور اصلی

فرانسه ایجاد اتحاد مثلث بین فرانسه، عثمانی و ایران است.[۱۸۹]

همچنین هدف ناپلئون از برقراری ارتباط با ایران این بود که از برقراری هرگونه رابطه بین ایران و انگلستان ممانعت کرده و زمینه را برای حمله به هندوستان از طریق ایران هموار کند.

فتحعلی‌شاه که در دسامبر ۱۸۰۳ م برای تشجیع قوای ایرانی جهت مقاومت در مقابل روسها به قلعه ایروان رفته بود در آنجا به تشویق داود کشیش ارامنه نامه‌ای بصورت مخفیانه به ناپلئون نوشت و در آن علاقه خود را به اتحاد با فرانسه ابراز داشت. این نامه را مخفیانه دو تاجر ارمنی به دست ناپلئون رساندند. ناپلئون در جواب نامه شاه ایران نوشت که فرانسه نیز متمایل به این اتحاد است.[۱۹۰]

لازم به ذکر است که ناپلئون در زمان آقامحمدخان نیز در پی اتحاد با ایران برآمده بود حتی نامه‌ای نیز به آقامحمدخان نوشته بود اما نامه او وقتی رسید که آقامحمدخان به قتل رسیده بود.

نگاهی به متن نامه‌های طرفین به آسانی نوع تیپ و شخصیت دو دولتمرد فرانسوی و ایرانی را آشکار می‌کند. ناپلئون در ۱۶ فوریه ۲۷/۱۸۰۵ بهمن ۱۱۸۳ خطاب به فتحعلی‌شاه می‌نویسد:

«.. من همه جا مأموریني دارم که از آن چه که اهمیت دارد مرا آگاه می‌کنند... آوازه‌ی شهرت که همه چیز را آشکار می‌سازد تو را معلوم کرده است که من که هستم و چه کرده‌ام و چگونه فرانسه را برتر از ملل غرب قرار دادم... میل دارم خود به من بگویی که چه کرده‌ای و برای تأمین بقای سلطنت خود چه نظری داری؟

ایران کشور شریفی است که خداوند عطایای خود را در حق آن دریغ نداشته است. مردمان آن مردمانی هوشیار و بی‌باک اند و شایسته‌ی آنند که حکومت خوب داشته باشند. پیشینیان تو لابد از یک قرن به این طرف لایق حکمرانی چنین ملتی نبوده‌اند که گذاشته‌اند از نفاق خانگی آزار ببینند و از بین برود.

نادرشاه جنگجوی بزرگی بود قدرت بسیاری به دست آورد. برای فتنه جویان وحشت‌انگیز بود بر دشمنان خود چیره شد و با افتخار پادشاهی کرد؛ اما این فرزانگی را نداشت که هم فکر حال و هم

در اندیشه‌ی آینده باشد...» [۱۹۱]

در مقابل نامه سراپا غرور ناپلئون، بخش‌هایی از نامه‌ی فتحعلی‌شاه آورده می‌شود که متن آن کاملاً منطبق بر تیپ یک شاه شرقیِ غرق در شعر و استعارات ادبی و حرمسراست که گوئی اصلاً زمان برایش مهم نیست اما تعجب برانگیزتر از آن، اینکه مترجم چگونه توانسته آن را به فرانسه ترجمه کند؟!

«آغاز نامه نام خداوندی است که نیستی را به ساحت هستی‌اش راه نیست

هر که بی‌یاد اوست بر باد است و هرچه بی‌داد اوست بیداد

پیغمبران خویش را به گونه‌گونه کیش برای آزمایش فرستاد و خسروان معدلت اندیش را به جهت آسایش یافتن خلق خویش توانایی وگشایش برای مهر ضیای شهریار. بختیار کامکار تاجدار خدیو ملک آرای کشورگشای فیلفوس عزم اسکندر رزم تیفوق حقوق عیوق منجوق دانیال دانش مسیح بینش ظفرمند عدوبند بخت سمند و جره کمند...

بساط نشاط انگیز بزم وفا بلندتر از آن است که شورانگیزان را بدان دستی رسد و ساغر نشاط انگیز صهبای صدق و صفا محکم‌تر از آن است که دست اختران را از سبکسری بر آن شکستی رود و از این روی پیوسته خاطر بهانه جوی در انتظار وصول اخبار فتوحات آن برادر کامکار و به هنگام رسیدن سفرای پیامگذار از مژده‌های نو خرمن‌های تازه در دل پدیدار است...» [۱۹۲]

پس از رد و بدل شدن نامه‌ها، ناپلئون دو هیئت به سوی ایران فرستاد که سرپرستی هیئت اول را ژوبر، منشی و مترجم زبان‌های شرقی به عهده داشت.[۱۹۳]

سرپرستی هیئت دوم را سرهنگ «رومیو» به عهده داشت. مأموریت رومیو این بود که راجع به ایران اطلاعات دقیقی جمع‌آوری کند. سرهنگ رومیو در مورخه ۳۰ مارس ۱۸۰۵ م/۱۰ فروردین ۱۱۸۴ نامه ناپلئون را تقدیم فتحعلی‌شاه نمود اما متأسفانه رومیو فرصت زیادی برای مذاکره با دولتمردان ایرانی پیدا نکرد زیرا در ۱۵ اکتبر ۱۸۰۵ یعنی ۱۷ روز پس از ورودش به ایران فوت کرد.[۱۹۴]

اگرچه ژوبر فرستاده ناپلئون زودتر از هیئت سرهنگ رومیو به طرف ایران حرکت کرده بود اما به خاطر اتفاقاتی که در طول راه افتاد او دیرتر از هیئت رومیو به ایران رسید.

ژوبر در هفتم ماه مارس ۱۶/۱۸۰۵ اسفند ۱۱۸۳ پاریس را ترک کرد و در ۱۰ آوریل/۲۱ فروردین به قسطنطنیه رسید. با اینکه وی با نام مستعار سفر می‌کرد ولی در ورود به ترابوزان بوسیله‌ی مأمورین انگلیسی شناخت شد. در ۴ ژوئیه/۲۳ تیر ژوبر به بایزید رسید اما در آنجا بوسیله‌ی پاشای منطقه دستگیر و زندانی شده و دو نفر از همراهان وی نیز کشته شدند و هرچه داشتند مصادره شد. بعد از چند ماه حبس، ژوبر توانست بوسیله یک زن ارمنی، پیغامی برای عباس میرزا بفرستد. ولیعهد فوراً آزادی ژوبر را از حاجی یوسف پاشا حاکم عثمانی ارضروم خواست و برای اینکه تهدید کرده و فشار بیشتری بیاورد، فرمان جمع آوری قوا را صادر کرد. بالاخره سفیر فرانسه بعد از هشت ماه اسارت آزاد شده با احترام زیاد به تبریز وارد شد بلافاصله در سلطانیه به حضور شاه شرفیاب گردید و نامه ناپلئون را تقدیم شاه کرد. اما سلامت او چنان در مخاطره بود که شاه دستور داد او را با تخت روان به ترکیه منتقل کنند. شاید وی نمی‌خواست سفیر دیگری از فرانسه در ایران بمیرد.[۱۹۵]

از سوی فتحعلی‌شاه در پاییز ۱۸۰۷ م/۱۱۸۶ ش هیئتی به ریاست «میرزا محمدرضاخان قزوینی» به دربار ناپلئون تعیین شد.[۱۹۶] ژوبر به وسیله میرزا محمد رضا قزوینی که از طرف شاه به عنوان سفیر ایران در دربار فرانسه منصوب شده بود، همراهی شد.[۱۹۷]

همزمان عثمانی‌ها نیز یکی از افراد خود به نام سیدمحمدامین وحید را به عنوان سفیر خود به دربار ناپلئون فرستادند. سفیران ایران و عثمانی در دوم مارس ۱۸۰۷م به ورشو رسیدند و در اکثر میهمانی‌ها با هم بودند. متأسفانه به جای همکاری، بیشتر رقابت و تضاد بین دو سفیر مذکور به چشم می‌خورد.[۱۹۸] با این حال سفیر ایران در مقایسه با همتای عثمانی خود نیک درخشید و موفق شد معاهده معروف فن کنشتاین را در چهارم می ۱۳/۱۸۰۷اردیبهشت ۱۱۸۶ در اردوی نظامی امپراطوری فرانسه در شرق لهستان بین ایران و فرانسه امضاء کند که برطبق آن فرانسه متعهد شده بود ضمن ضمانت استقلال تمامیت ارضی ایران، حق ایران بر گرجستان را به رسمیت شناخته و با تدارک توپ، تفنگ و سلاح‌های دیگر و اعزام افسران توپخانه و مهندس پیاده نظام

به تقویت و تعلیم ارتش ایران، به سبک اروپائی بپردازد و به ایران کمک کند تا گرجستان و اراضی دیگر آذربایجان را از وجود قوای روسی پاک گرداند. در مقابل، ایران نیز متعهد شده بود به انگلستان اعلان جنگ داده و تمام ارتباطات سیاسی و تجاری را با آن کشور قطع کرده بنادر ایران در خلیج فارس را در اختیار ناوگان فرانسه قرار دهد.[۱۹۹]

بعد از عزیمت ژوبر بیمار، فرستادگان بعدی، موسیو دلابلانش برادر زاده وزیر خارجه فرانسه و آوگرست بن تام لفور بودند که وظایف نظامی داشتند. گمان می‌رود که یکی از این دو نفر، نامه‌ای را که ناپلئون در ۱۷ ژانویه رد ۱۷ ژانویه ۲۸/۱۸۰۷ دی ۱۱۸۵ در ورشو به شاه ایران نوشته بود به دربار ایران آورد باشد که در مقدمه آن خبر غلبه فرانسه بر پروس ذکر شده بود. علاوه بر آن ناپلئون نوشته بود. «من امپراطور خود را ترک کردم که به سوی دشمنان بروم تو هم به نوبه‌ی خود با قدرت به دشمنانی که در اثر فتوحات من ضعیف شده‌اند حمله کن و دوباره گرجستان و تمام استان‌هائی که امپراطوری تو را تشکیل می‌دهند به تصرف بیاور...»[۲۰۰]

این نامه بی‌اثر نبود زیرا فتحعلی‌شاه در نامه‌ای که در مورخه‌ی ۸ژوئن ۱۸۰۷ یا ۱۷ خرداد ۱۱۸۶ نوشته به عباس میرزا دستور داده است که از سه نقطه یعنی از گرجستان، دربند و داغستان به روسها حمله کند. امّا ترک‌های عثمانی نه تنها به فرانسه بلکه به هیچ کشور اروپایی هرگز خوشبین نبودند.

در ۱۲ آوریل ۲۲/۱۸۰۷ فروردین ۱۱۸۶ ناپلئون، ژنرال کلود ماتیو گاردان را در قصر فین کنشتاین به عنوان نماینده‌ی تام الاختیار خود در ایران و آنژلوئی را به عنوان دبیر اول سفارت معرفی کرد اما از آنجا که رسیدن گاردان به ایران هشت ماه طول کشید و ایرانی‌ها از آمدن او خبر نداشتند لذا در سوم نوامبر ۱۱/۱۸۰۷ آبان ۱۱۸۶ دولت ایران تصمیم گرفت عسگرخان افشار ارومی را به سفارت فرانسه بفرستد اگوست بن‌تان سروان پیاده نظام ارتش فرانسه که در این ایام در اردوی عباس میرزا در آذربایجان بود در همین ارتباط نوشت: «بعد از ابلاغ مأموریت عسگرخان، وی اغلب به دیدن من می‌آید و پرسش‌های بسیاری می‌کند من با میل به وی پاسخ می‌دهم

و وی را از اوضاع مطلع می‌سازم ولی مطمئن هستم که هرگز از این اطلاعات استفاده نخواهد کرد چون اهالی این مملکت پشتکار ندارند ولی عسگرخان نسبت به ایرانیان شجاع‌تر و مطلع‌تر است.»[۲۰۱] اما در ششم نوامبر/پنجم رمضان عسگرخان و همراهان او هنوز از ایران خارج نشده در خوی اطلاع پیدا کردند که قرار است هیأت نظامی سیاسی فرانسه به سرپرستی ژنرال گاردان روز بعد وارد شهر شود. عسگرخان تصمیم گرفت منتظر آنها شود فردای همانروز عسگرخان به اتفاق بن‌تان و حاجی محمدبیگ حاکم خوی و عده کثیری به باغ‌های وسیع خارج از شهر خوی رفتند و منتظر ورود ژنرال گاردان و هیأت همراه شدند.»[۲۰۲]

هیئت اعزامی فرانسه در پائیز ۱۸۰۷ به ایران وارد شد. در ۶ دسامبر/۱۴ آذر استقبال باشکوهی از آنان در تهران به عمل آمد و به گاردان نیز طی مراسمی لقب خانی داده شد.[۲۰۳] چهارده روز بعد شاه قرارداد همکاری و اتحاد را تصویب نمود و دو نفر از اعضاء عالیرتبه شاه آن را مهر کردند.

هیئت گاردان پس از ورود به ایران شروع به مدرنیزه کردن ارتش ایران نمودند بخشی از هیئت یعنی سروان فابویه به درخواست شاه به جهت ایجاد کارخانه توپ ریزی به اصفهان رفتند سروان وردیه نیز به تبریز رفت و بخشی نیز به ایروان رفتند تا به تحکیم قلعه ایروان به سبک اروپایی بپردازند. ژنرال گودویچ که پس از مرگ سی‌سیانف به جای وی منصوب شده بود. در گزارش خود در همین زمان می‌نویسد: ***«قلعه‌ی ایروان به سبک و سیاق قلعه‌های جنگی اروپایی تغییر یافته و دارای دو دیوار، خندق و یک سدّی که از خاک درست شده است و از بمب‌های «فوکاس» استفاده می‌کنند که این فعالیت‌های مهندسین فرانسوی را نشان می‌دهد.»***[۲۰۴]

اما در همین زمان در ژوئن ۱۸۰۷ م/خرداد ۱۱۸۶ به دنبال شکست روسیه از فرانسه برای ایران اتفاق شومی رخ داد که تمامی امیدهای ایران برای اتحاد با فرانسه در مقابل روسیه را به باد داد اتفاقی که اثرات آن بعدها کم کم روشن شد.

قبل از اینکه سرتیپ گاردان به ایران برسد در راه سفر خود به استانبول نرسیده بود که در روز ۷ ژوئیه ۱۵/۱۸۰۷ تیر ۱۱۸۶ بر روی زورقی در میان رودخانه‌ی نیه‌من در

تیلیست واقع در پروس خاوری، ناپلئون و الکساندر اول تزار روس پیمان تیلسیت را بستند که شوم‌ترین عواقب را برای ایران داشت. بدین ترتیب این معاهده خیال روسها را از جانب ناپلئون راحت کرد و روسها توانستند همه نیروهایی را که در برابر فرانسوی‌ها داشتند به جبهه‌ی قفقاز منتقل سازند از طرف دیگر، فرانسوی‌ها هم دیگر نمی توانستند از ایران پشتیبانی نمایند.

پرسش مهمی که در اینجا پیش می آید اینکه چگونه گاردان بعد از آنکه روسیه طبق معاهده صلح تیلسیت در ۷ ژوئیه یا به عبارت دیگر در ۹ ژوئیه /۱۷ تیر متفق فرانسه شده بود پیمان ایران و فرانسه و به عبارتی پیمانی را که نکات اصلی آن نمی توانست قابل اجرا باشد به شاه تسلیم کرده است؟ این رفتار را فقط می‌توان محصول بی‌اطلاعی هیئت ژنرال گاردان و حکومت ایران از صلح تیلسیت و روابط جدید فرانسه و روسیه دانست به همین خاطر می‌بینیم که حتی بعد از عقد عهدنامه‌ی تیلسیت باز هم ژنرال گاردان و هیئت فرانسوی از کمک به ایران خودداری نمی‌کردند. ایوانف مورخ روسی به اشتباه می‌نویسد: ***«پس از عهدنامه‌ی تیلسیت در ژوئن ۱۸۰۷ بین فرانسه و روسی، فرانسه به ایران کمک نظامی نکرد.»*** [۲۰۵]

اما اسناد به جای مانده نشان می‌دهند که پس از عهدنامه تیلسیت بین فرانسه و روسیه، هیئت گاردان به خاطر بی‌اطلاعی از آن همچنان در خدمت ایران هستند چرا که تبلیغات و فعالیت‌های ضدروسی گاردان حتی پس از عهدنامه تیلسیت بر کسی پوشیده نیست. ژنرال گودویچ در مکتوبی که به مرکز روسیه فرستاده در این مورد می نویسد: ***«نماینده‌ی فرانسوی در ایران بدون توجه به مقاوله نامه دوستی ما با دولت فرانسه، در حال حاضر در مقابل من مانع تراشی می‌کند آنها تلاش می‌کنند فتحعلی‌شاه را متقاعد کنندکه هرچه بخواهد می‌تواند نائل گردد. من به محض اینکه قشون خود را از پنبک به سوی قلعه ایروان حرکت دادم. آنها مهندسین فرانسوی را به قلعه‌ی ایروان و «اوچ کلیسا» فرستادند تا آنجاها را تحکیم گردانند.»*** [۲۰۶]

ژنرال گودویچ در مکتوب خود همچنین می‌نویسد: ***«فرانسوی‌ها از من درخواست می‌کنند ولایت ایروان را ترک کنم در حالی که من به نیروی سلاح صاحب این منطقه گشته‌ام.»*** [۲۰۷]

در زمانی که مناسبات ایران و فرانسه رو به همکاری بود از روسیه به ژنرال گودویچ دستور داده شد که از جنوب قفقاز بر علیه ترکیه عملیاتی شروع کند تا ترکیه نتواند قشون خود را به جبهه جهانی وصل کند.

به زودی عملیات قوای روسی در مناطق «گومرو» و «آرپا» گسترده‌تر شد وقتی ژنرال گودویچ با نیروهای خود به طرف «آخالکالاک» حرکت کرد ژنرال نسوتایف نیز در هفتم آوریل ۱۸۰۷ با نیروهای خود از «آرپاچای» (رودخانه) حرکت کرد تا شهر قارص را ضبط کند اندکی بعد هر دو نیروی روسی به هم پیوستند. نیروهای ترکیه نیز به همین منطقه نزدیک شدند به زودی عباس میرزا نیز برای کمک به ترکیه با سربازان خود بدانجا حرکت کرد.[۲۰۸]

ژنرال نسوتایف در این مورد به فرمانده قرارگاه قفقاز خبر می‌دهد که «خبرهایی که از منابع مختلف رسیده از سوی عباس میرزا در اطراف نخجوان قشونی جمع شده است از این خبرها معلوم می‌گردد که قشون ایرانی می‌خواهد با قشون یوسف پاشا سرکرده ارزروم متحد شده و به سرحد ما حرکت کنند...»[۲۰۹]

با وصول نخستین خبرهای جنگ، بین روسها و عثمانی‌ها در قارص، عباس میرزا به یوسف پاشا نوشت: ***«در رزم گودویچ آهسته باش، تا من نیز در رسم، و ترا با سپاه ایران مدد دهم.»*** اما یوسف پاشا تأمل نکرد، به دنبال روسها تاخت و در بایندرلوی شورکل شکست خورد و به قارص عقب نشست.[۲۱۰] در ۱۸ ژوئن ۱۸۰۷ م/۲۷ خرداد ۱۱۸۶ ش در روستای «قارا کلیسا» واقع در ساحل «آرپاچای» دو نیرو به هم رسیدند. نتیجه‌ی جنگ پیروزی با قوای روسیه بود دولت عثمانی با روسیه قرارداد صلح بست و عباس میرزا نیز با نیروهای خود به نخجوان بازگشت.[۲۱۱]

مونتیه در مورد همکاری‌های نظامی ایران و عثمانی می‌نویسد: ***«براینکه نیروهای این دوکشور همکاریشان موثر باشد بهترین راه این است که آنها در دو جبهه جداگانه با روسها جنگیده و مانعی میان قوای ایران و ترکیه وجود داشته باشد چراکه وجود برخی اختلافات مذهبی و نژادی باعث می‌شدند هر لحظه آنها در مقابل همدیگر قرار بگیرند. یک زمانی در اردوی ایران خدمت می‌کردم و در آن زمان شاهد جنگیدن همزمان ایرانیان با ترکها برعلیه روسها بودم اگرچه***

اردوگاههای نظامی ایران و ترکیه تا حد ممکن از همدیگر فاصله داشتند اما باز هم برخی از رویدادهای ناخوشایند و تنش‌ها بین آنها رخ می‌داد»[۲۱۲]

در هر صورت در ۲ سپتامبر ۱۰/۱۸۰۷ شهریور ۱۱۸۶ عثمانی‌ها بدون جلب رضایت ایران قرار داد متارکه با روسیه را در اوزون کلیسا امضا کردند. این حوادث جلوه‌هائی از ناسازگاری و سردمهری میان دو دولتی بود که در آن روزها بیش از هر وقت نیازمند یگانگی و یکدلی، یکروئی در برابر یک دشمن هولناک بودند.[۲۱۳]

پیمان تیلسیت، سیاست ناپلئون را در قد پیمان سه‌گانه و پشتیبانی از ایران دگرگون کرد. روسها به علت نگرانی از قیام میهن‌پرستان لهستان به فکر نزدیکی به فرانسه افتاده بودند. ناپلئون هم که به دنبال متحدانی بر ضد انگلیسی‌ها می‌گشت اتحاد با روسها را پذیرفت. بدین ترتیب مقدمات پیمان جدیدی فراهم آمد. هنوز مرکب پیمان فین‌کن‌اشتاین خشک نشده بود (دو ماه پس از آن)، و هنوز در آغاز کار، نه تنها ایرانیان امیدوار به دوستی فرانسه، از عقد چنین پیمانی بی‌خبر بودند (و ظاهراً بعدها ابتدا از طریق روسها آگاه شدند) فرستاده‌ی خود ناپلئون هم خبری از سیاست جدید دولت خویش نداشت ولی به تدریج تعلیماتی در زمینه‌ی سیاست جدید به گاردان رسید.

در ۱۰ نوامبر ۱۸/۱۸۰۷ آبان ۱۱۸۶ (چهار ماه بعد از پیمان تیلسیت) وزیر روابط خارجی ناپلئون به گاردان نوشت:

«.. ادامه‌ی جنگ در میان ایران و روسیه امروز سودی نخواهد داشت. اعلیحضرت امپراطور میل دارد صلح در میان این دو دولت برقرار شود و باکمال میل در این کار یاری خواهدکرد. این صلح ممکن نشد در تیلسیت برقرار شود، زیرا فتحعلیشاه در آنجا نماینده نداشت. ولی امپراطور در صدد برآمده است در گفتگوهائی که با امپراطور روسیه داشته آن را تهیه ببیند و هیچ دلیلی نمی‌تواند مانع از تصمیم در آن باشد، ایران نیز باید خواستار آن بشود، نه اینکه با آزادی بیشتر نظر خود را متوجه انگلستان بکند، زیراکه امروز یگانه دشمن است و باید درست همه درهای خود را همچنان بر روی آن بسته نگاه دارد...»[۲۱۴]

در ماه مه ۱۸۰۸/ اردیبهشت ۱۱۸۷ بارون ورده سفیر روسیه به تهران آمد و نامه

گدویچ فرمانده‌ی ارتش روسیه در جبهه قفقاز را به گاردان تسلیم کرد که در آن از وی خواسته بود بین ایران و روسیه میانجی‌گری کند گدویچ از گاردان خواسته بود که مرز ایران و روسیه باید براساس رودهای کورا، ارس و آرپاچای قرار بگیرد اما وقتی گاردان موضوع سفارت ورده را به فتحعلی‌شاه اطلاع داد پاسخ شنید که تن به صلح نخواهد داد مگر اینکه روسها کلیه ولایات ایران را تخلیه کنند.[۲۱۵]

گاردان وقتی که فهمید دعوی روسیه با شرایط ایران جور در نمی‌آید و بدون حصول نتیجه مذاکرات به طول خواهد انجامید به فتحعلی‌شاه پیشنهاد کرد که چون امپراطور فرانسه نیکخواه و دوست دو کشور ایران و روسیه می‌باشد پس می‌تواند از جانب دو کشور وکیل باشد و پا در میانی کند پس بهتر است مذاکرات صلح در پاریس بین عسگرخان از جانب دولت ایران و کنت تولستوی از سوی دولت روسیه به وساطت ناپلئون صورت گیرد و طرفین به توافق برسند.[۲۱۶]

شاه پیشنهاد گاردان را پذیرفت و به عسگرخان در سی‌ام ماه مه/۱۸۰۸ چهارم ربیع الثانی ۱۲۲۳ اختیارات تامه داد میرزا شفیع نیز از گدویچ تقاضا کرد که از الکساندر امپراطور روسیه بخواهد که به سفیر مقیم خود در پاریس اختیارات تامه در عقد معاهده صلح بدهد.

ژنرال گاردان با بارون ورده سفیر روسیه یک موافقتنامه آتش‌بس یکساله پیشنهاد کردند تا خبر صلح از پاریس برسد چون در این فاصله زمانی معلوم می‌شد که تا چه حد دولت ایران می‌تواند روی هم‌پیمان خود (فرانسه) حساب کند و ضمانت اجرای قرار داد فیمابین دو کشور نیز در آن میان آشکار می‌گردید و از آن گذشته، تعلیم قوای نظامی ایران هم می‌توانست ادامه داشته باشد، بنابراین شاه پیشنهاد گاردان را قبول کرد و قاصدی به عنوان نماینده‌ی تام الاختیار عباس میرزا همراه بارون ورده روانه تفلیس کرد تا در آنجا قرارداد آتش‌بس را امضاء کنند.

در این موقع انگلیسی‌ها بیم آن داشتند که فرانسوی‌ها از جزیره موریس به ایران نیرو بفرستند تصمیم گرفتند به سرعت یک قرارگاه ساحلی در خلیج فارس بنا نمایند. به همین سبب هم ملکم دستور داشت، هرطور شده از این نقشه جلوگیری به عمل

آورد. برای این منظور ملکم همراه چند کشتی و ۳۰۰ پیاده نظام و ۱۰۰ سوار و پنجاه سپاهی هندی و عده‌ی زیادی خدمه که در موقع حمله غیرمنتظره بکار او بخورند و در دفاع مؤثر باشند به راه افتاد. وی در ۳۰ آوریل ۱۰/۱۸۰۸ اردیبهشت ۱۱۸۷ به مسقط وارد شد و سپس از آنجا حرکت کرد و در دهم ماه مه به بوشهر رسید. حاکم بوشهر در عرشه کشتی به استقبال وی رفت. آن‌گاه دو پیک انگلیسی در ۱۹ ماه مه به سوی تهران فرستاده شد. ولی در شیراز جلوی آنها را گرفته اجازه ندادند به سوی تهران روانه شوند. زیرا شاه به والی فارس دستور داده بود که مذاکرات را خودش انجام دهد ولی ملکم کوشش داشت تا هرطور شده خود به شخصه به حضور فتحعلی‌شاه بار یابد، لذا بدون فوت وقت پیام‌هایی برای دربار ایران فرستاد. متن پیام‌های او تقریباً چنین بود:

«دوستی ملت فرانسه پایه و اساسی ندارد و تعهدهای آنها نادرست و مشحون از بی‌وفائی است. اگر اعلیحضرت امپراطور ایران به ما اجازه ورود به قلمروی خود را بدهد ما به اعلیحضرت پانصد هزار تومان هدیه می‌دهیم و با دشمنان او می‌جنگیم...» درضمن ملکم از تهدیدکردن هم خودداری نکرده و چنین پیغام داده بود که «دوستی با فرانسه باعث دشمنی انگلستان خواهد بود و چنان‌چه از این پیمان دوستی دست‌کشیده نشود انگلستان با ایران خواهد جنگید.» [۲۱۷]

فتحعلی‌شاه در تاریخ ۶ ژوئن ۱۸۰۸ یا ۱۶ خرداد ۱۱۸۷ از تهران به سلطانیه حرکت کرد. وزیر اعظم در ۱۷ ژوئن گاردان را بحضور خوانده و باو اطلاع داد که یک «ناوگان دریائی انگلیس به خلیج فارس وارده شده است و فرمانده آن ملکم می‌خواهد با شاه مذاکره کند. گاردان با پذیرش ملکم از سوی شاه به سختی مخالفت کرد...» [۲۱۸]

ملکم پیشنهاد کرده بود که چنانچه وسائل حضور وی به نزد فتحعلی‌شاه مهیا گردد مبلغ یکصد هزار تومان به شاه و به صدر اعظم و بیگلربیگی اصفهان نیز هر یک ده هزار تومان هدیه خواهد داد. ولی وقتی به پیشنهاد او توجهی نشد وی در ۱۲ ژوئیه ۱۸۰۸ به کشتی برگشته و اعلام نمود که به زودی جزیره خارک را به تصرف خود در خواهد آورد و با یک لشکر قوی مراجعت نموده انتقام توهین به خود را خواهد

گرفت. هنگامی که وی در کنار جزیره‌ی خارک لنگر انداخته بـود تـا آب نـوشیدنی بگیرد، مأموران ایرانی او را راه نداده در نتیجه کار به تـیرانـدازی نـیز کشـید. بـه ایـن ترتیب این نمایندگی کاملاً با عدم موفقیت مواجه گردید.[۲۱۹]

فتحعلی‌شاه در انتظار آن بود که متحد وی یعنی ناپلئون صلح عادلانه و قابل قبولی را بین ایران و روسیه پیشنهاد کرده و منعقد سازد و به همین سبب عباس مـیرزا را از اقدام به عملیات نظامی بازداشته بود. در این موقع روسها به بهانه‌ی جنگیدن بر علیه عثمانی‌ها و اینکه تلفات سال پیش خود را جبران کنند تفلیس را ترک کردند. هنگامی که شاه به نیرنگ روسها پی برد فرمان حرکت قوای ایران را صادر کـرد ولی گـاردان دخالت کرده ادعا نمود که این کار لزومی ندارد زیرا روسها دوست فرانسـه و ایـران هستند و در عرض چند روز قاصدی از پاریس به ایران خواهد رسید و دستور ترک مخاصمه و قرارداد بیرون رفتن روسها از مناطق ایران را با خود خواهد آورد بنابراین به صلاح است که شاه قوا را فرا خوانده و آن را در پائیز و زمستان بـرای حـرکت بـه طرف هندوستان تجهیز نماید![۲۲۰]

لامی سرهنگ فرانسوی که به اصطلاح مربی سربازان ایرانی بوده این موقعیت را این طور تعریف می‌کند ***«... نزدیک شدن روسها، ایرانی‌ها را متحیر و غافلگیر کرده و ترسانیده بود. ایرانی‌ها مطمئن شده بودند که دیگر خصومتی پدید نخواهد آمد. بدین جهت آنها آمادگی هیچ گونه دفاعی را نداشتند و به سواران و سربازان اجازه مرخصی برای رفتن به ولایات و دهات خود داده بودند... معهذا از ۷ اوت حرکت روسها نشان می‌داد که آنها خود را برای تجاوز به مرز ایران آماده می‌کنند. روز ۸ اوت حرکت کرده بودند... مقصد سرتیپ روسی معلوم و تجاوز او به حدود ایـران دیگر شکی برای مسئله جنگ باقی نمی‌گذارد...»***[۲۲۱]

تنها نتیجه‌ای که از رفتار گاردان خواه عمدی یا ندانسته عاید ایران شد این بود که قسمت اعظم قوای ایران به طرف آذربایجان حرکت نکرد و روسها از این مـوقعیت استفاده کرده با تمام وسائل سعی کـردند ایـروان را فـتح کـنند. در مـاه ژوئـن ۱۸۰۷ الکساندر اول وساطت ناپلئون را در صلح بین ایران و روسیه به دلیل فاصله‌ی زیـاد میان ایران و فرانسه رد و پیشنهاد مذاکره مستقیم بین ایران و روسـیه را مـطرح کـرد.

گدویچ این مطلب را در دوم ژوئیه ۱۸۰۸/ هشتم جمادی الاول به اطلاع گاردان رساند و سپس نقل و انتقال نظامی نیروهای روسی را در مناطق مورد منازعه به‌ویژه اطراف ایروان و نخجوان از سر گرفت.[۲۲۲]

عباس میرزا در این اوضاع و احوال حرکت کرده و به نزدیکی نخجوان رسید. سردار ایروان با سواران خود که در اوایل اکتبر از قزاق‌ها شکست خورده بودند به ولیعهد ملحق شد. سربازان روسی در روی تپه‌ای نزدیک قارا بابا مکان سوق الجیشی خوبی به دست آورده بودند و سربازان کمکی دیگر روسی نیز به آنها پیوستند. به طریقی ناصواب و برخلاف عقل، عباس میرزا در هشتم نوامبر ۱۷/۱۸۰۸ آبان ۱۱۸۷ دستور حمله را صادر کرد.

بعد از آنکه قوای تازه رسیده از تبریز قسمت مهمی از تپه را طی کردند ناگهان قوای کمکی روسها به صحنه جنگ رسیدند و عباس میرزا بعد از چند ساعت نبرد بهتر آن دید که رزمگاه را ترک کند. لاژار می‌نویسد در این جنگ ۳۰۰۰ سرباز ایرانی کشته یا زخمی شدند ولی رضاقلی‌خان هدایت تعداد کشته‌شدگان هر دو طرف را ۱۰۰۰ نفر ذکر می‌کند. در حالی که روسها نخجوان را نیز اشغال کرده بودند، ایرانی‌ها فقط می‌توانستند گروه‌های پراکنده سربازان روسی را از پای درآورند. عباس میرزا از قرارگاه خود قبان‌باشان، یوزباشی خویش را به نخجوان فرستاد ولی او هم فقط توانست سربازان روسی را از مخفی‌گاههای خود بیرون براند و به خرابه‌های شهر فراری دهد چون او بدون توپخانه نمی‌توانست موفقیتی کسب کند در نتیجه به قپان‌باشان بازگشت. در این موقع که احتمالاً اواسط نوامبر بود لاژار به اردوگاه رسید و پیغامی از گاردان آورد باین مضمون که در اروپا رسم است وقتی فرستاده یا سفیری در راه است که می‌خواهد درباره‌ی صلح مذاکره کند باید دست از خصومت کشید و جنگ را متوقف کرد. میرزا بزرگ یکبار دیگر در مقابل لاژار درآمد و گفت شاه کاملاً به گفته‌ی ژنرال گاردان اعتماد کرده و باین دلیل کمتر آمادگی برای دفع حمله روسها داشته و از پذیرفتن سفیر انگلیس نیز خودداری کرده و بیش از هر چیز گاردان افسران فرانسوی را از شرکت در جبهه جنگ ممنوع کرده است.

شاه از ۱۹ سپتامبر/۲۸ شهریور دیگر سفیر فرانسه را به سبب نرسیدن نامه از پاریس به حضور نپذیرفت و هر روز دستور می‌داد از گاردان بپرسند آیا پیغامی از فرانسه رسیده یا نه؟ گاردان در ۲۵ نوامبر/ ۴ آذر که بالاخره به حضور شاه پذیرفته شد اطمینان داد که هر روز انتظار ورود یک پیک را می‌کشد که ثابت شود ناپلئون به ایران علاقمند است اما شاه سخن او را قطع کرده چنین گفت:

«این پیک‌ها خیلی طول می‌کشد... و می‌ترسم موقعی برسند که دیگر فرصتی باقی نمانده باشد... روسها از شمال امپراطوری حمله می‌کنند و فصل برای قوای ایران بسیار نامناسب است. بخصوص که آنها به اندازه‌ی کافی تعلیم ندیده‌اند و هیئتی که در اردوگاه سلطانیه داشتیم و تصمیم داشتیم به فرزند خود عباس میرزا برای حمایت از مرزها بفرستیم همه به مرخصی فرستاده شده‌اند تمام این اقدامات ما براساس اطمینان دادن‌های شما که روسها به هیچ وجه بدون رضایت اعلیحضرت جنگی را شروع نخواهند کرد بوده است. مارشال گودوویچ هم فرانسه و هم ایران را فریب داده است. وی انتظار پاسخ‌های ما را نکشیده و در یک هنگام نامناسب و در لحظه‌ای که ما به گفته‌ی جناب ژنرال اعتماد کرده و اطمینان کامل از صلح داشتیم روسها جنگ را بغتتاً آغاز کرده»

شاه دیگر مایل نبود حرف‌های گاردان و قول‌های دروغ او را بشنود و همانطور که قبلاً دیدیم پاسخ وی به گاردان نشان داد که از جریانات سیاسی اروپا کاملاً آگاه شده است. پاسخ نامبرده چنین بود: ***«ژنرال شما مسخره دست روسها قرار گرفته‌اید و شما می‌بایست پیش‌بینی می‌کردید که با دریافت جواب گودوویچ در مورد آتش‌بس، دولت روس دیگر تن به میانجیگری امپراطور فرانسه نخواهد داد.*** [۲۲۳]

اگرچه روند اتفاقات موجب شد عسگرخان نتواند نقش مؤثر و موفقیت‌آمیزی در پاریس بازی کند اما مقامات ایرانی مخصوصاً عباس میرزا و میرزا شفیع، عسگرخان را مقصر و عامل عدم موفقیت در صلح میان ایران و روسیه می‌دانستند عسگرخان در بیست و چهارم نوامبر ۳/۱۸۰۸ آذر ۱۱۸۷ با راهنمائی‌های ژوبر به لژ فیلوسوفیک که پیرو لژ بزرگ اسکاتلند بود پیوست و به سرعت مقدمات عضویت عسگرخان توسط روبلو فراهم شد و تشریفات ماسونی که می‌بایست در مدت شش ماه انجام گردد در مدت کوتاهی پایان پذیرفت. او اولین ایرانی صاحب منصب می‌باشد که به عضویت

فراماسونری در آمده است.[۲۲۴]

در هر صورت، چون اثری از کمک‌های فرانسه به ظهور نرسید و گاردان ناتوانی خود را در برقراری صلح بین ایران و روسیه بروز داد. شاه با وجود مخالفت صریح گاردان، تصمیم به پذیرش سرهارفورد جونز انگلیسی گرفت. گاردان نیز با وجود اصرار شاه مبنی بر ادامه‌ی حضور در ایران، در هفدهم فوریه ۲۸/۱۸۰۹ بهمن ۱۱۸۷ با هیئت نظامی سیاسی خود تهران را به مقصد فرانسه ترک کرد.[۲۲۵]

از طرف دیگر، مقارن با ایامی که کوشش فرانسوی‌ها برای نزدیک کردن ایران و عثمانی به یکدیگر به اوج خود رسیده بود، محمد رفیع سفیر عثمانی در تهران گزارشی خطاب به صدر اعظم عثمانی تنظیم کرده که بغض و کینه و عناد او از یک سو با ایران و ایرانیان، و از دیگر سو با فرانسویان در سراسر گزارش مشهود است. در چنان روزهای حساسی که نجات دو ملت در برابر دشمن مهاجم به اتحاد آن دو بستگی داشت این سفیر همان کاری را کرده است که سیدمحمدامین وحید همکار او در فرانسه می‌کرد: تفتین و دوبهمزنی میان ایرانیان و فرانسویان.

احمد راسم مورخ ترک می‌نویسد: «رفیع افندی به جای کوشش در عقد اتفاق سه گانه، از ایراد هیچ هذیانی بر ضد فرانسویان خودداری نکرد.»[۲۲۶]

استنباط او این بوده که اگر پای فرانسویان به ایران باز شود، بیم آن است که یک روز فرانسه و روس همدست شوند و از پشت سر به امپراطوری عثمانی حمله کنند. او در گزارش خود در مورد ایرانیان می‌نویسد:

«چون این قوم تاکنون مناسباتی با دولت‌های نصاری نداشته است، و هیچ گونه آگاهی از رفتار و کردار آنان ندارند، دل‌شان را خوش کردند که: «آری، فرانسویان را به سوی خود کشیدیم و فریفته‌ی خود ساختیم. اکنون دیگر همه کارها بر وفق مراد ما انجام خواهد گرفت. صنایع فرنگی هم در کشور ما به حدکمال رواج خواهد یافت، و منافع گزاف از آن حاصل خواهد شد... نظر به آن چه عرض شد این چاکر کمترین برای بر هم زدن میانه‌ی ایرانیان و فرانسویان، و به منظور جلوگیری از اینکه کشور خود را به دست خود کورکورانه به بیگانگان دهند، زبان گشودیم، و نیرنگ‌های دشمن دین را بی‌پرده بیان کردم. بارها نزد میرزا شفیع وزیر اعظم شاه، و حاج محمد حسین خان اصفهانی امین الدوله... و

دیگر رجال و مشاوران دولت به مناسبت رشته‌ی سخن را به این موضوع می‌کشانیدم و می‌گفتم:

اگرچه روسها به دروغ و پیمان‌شکنی میان دولت‌ها معروفند، باز هم رفتار آنان تا اندازه‌ای مطابق عدالت است و شایسته‌ی آنند که دولت مستقلی نامیده شوند. اما اعتقاد به رفتار و گفتار ناپلئونی که فقط بختش یاوری کرده و به انواع پشت هم اندازی‌ها درکشور فرانسه به قدرت رسیده هرگز روا نیست».[۲۲۷]

متأسفانه پیش‌بینی‌های هوشمندانه او درباره‌ی سازش فرانسه و روسیه همچنان که دیدیم درست از آب درآمد.

در چنین اوضاع و احوالی تلاش‌ها برای ایجاد اتحاد مثلث میان سه دولت به شکست انجامید. بعدها ناپلئون در آن سال‌ها که در جزیره‌ی سنت هلن زندانی بود روزی به یاد ایام گذشته از سر تحسر گفته بود:

«توجهی که من به ایران کرده بودم چقدر درست و بجا بود، برای عملیاتی که در نظر داشتم، اعم از تهدید روسیه یا حمله به هند و انگلیس از این نقطه‌ی اتکا بهتر و مناسب‌تر محلی نمی‌شد بدست آورد. امیدواری داشتم که ایران را هم مثل عثمانی در حلقه‌ی دوستان خود بیاورم و تصور می‌کردم که مردم این دوکشور به منافع حقیقی خود پی برده‌اند. ولی درست در موقع مقتضی هر دو از اختیار من بیرون رفتند.»[۲۲۸]

نمونه پنجم

سفید

نمونه پنجم

فصل هفتم

عصیان قوبا به رهبری شیخعلی‌خان بر علیه روسها

شیخعلی خان حاکم قوبا همچنان بر علیه روسها به مبارزه ادامه می‌داد ژنرال تورماسوف که جایگزین ژنرال گودویچ شد در گزارش خود در ۲۵ ژوئن ۴/۱۸۰۹ تیرماه ۱۱۸۸ می‌نویسد که برای کشتن و دستگیری شیخعلی خان حاکم قوبا تمام سعی خود را به کار بسته است، چرا که به نظر ژنرال تورماسوف شیخعلی خان در بین مردم قوبا و دربند نفوذ زیادی دارد و این برای نفوذ روسیه در منطقه مهلک و کشنده است. ژنرال تورماسوف در پایان گزارش خود می‌نویسد تا زمانی که شیخعلی خان زنده است منطقه روی آرامش به خود نخواهد دید به همین خاطر او دو نفر به اسامی اصلان بیگ و خان بوتای بیک از اهالی قوبا را برای کشتن شیخعلی خان اجیر کرده است و هرکس موفق به کشتن او گردد بالفور ۱۵۰ اشرفی پاداش دریافت خواهد کرد.[۲۲۹] در ۱۸۱۰ م/۱۱۸۹ ش نماینده فتحعلی‌شاه با هدایای گران قیمت به نزد شیخعلی خان آمد تا او را تشویق به مبارزه بر علیه روسها کند.

اهالی قوبا در ۱۱۸۹/۱۸۱۰ برعلیه روسها قیام کرده و شیخعلی خان را خواستند. قشون روسیه چون تعدادشان در شهر کم بود جرئت مقابله پیدا نکردند در نتیجه کثرت اهالی معترض قوبا در ۱۱۸۹/۱۸۱۰ بر علیه روسها کاملاً مشهود بود آنها از شیخعلی خان خواهش کردند وارد شهر شود و از قوای روسی خواستند شهر را ترک کنند.

سرهنگ بولگانف در گزارشی که در ۱۵ اگوست ۲۴/۱۸۱۰ مرداد ۱۱۸۹ فرستاده

در مورد وضعیت عمومی شهر می‌نویسد:

«اهالی قوبا قیام کرده شیخعلی‌خان را از تباساران دعوت به شهر کرده و او به دعوت مردم پاسخ گفته به اینجا آمده است.»

ژنرال تورماسوف در گزارش دیگری که در ۱۶ اگوست ۲۵/۱۸۱۰ مرداد ۱۱۸۹ به شماره ۱۰۴۰ ارسال کرده می‌نویسد:

«قوایی که به فرماندهی مایورلویستسکی در صبح روز ۱۲ اگوست از باکو برای سرکوبی شورشگران عازم قوبا شده بود در وسط راه در معرض حمله شیخعلی‌خان واقع شده و مجبور به بازگشت به باکو شده‌اند.» [۲۳۰]

بر طبق گزارش تورماسوف، تمامی اهل شهر یکپارچه برعلیه روسها شوریده و از شیخعلی‌خان حمایت می‌کنند و شیخعلی‌خان روستای گِریز را مقر خود قرار داده و کل عصیان را از آنجا هدایت می‌کند و در این قیام، تمامی طبقات اجتماعی اعم از روستائیان، روحانیان و خان‌ها حضور دارند. فرمانده‌ی روسی از مصطفی‌خان حاکم شاماخی می‌خواهد که با سواران خود برای سرکوبی مردم و قیام قوبا وارد عمل شود. اما مصطفی‌خان بهانه‌های متعددی می‌آورد تا پرهیز کند و جالب اینکه در همین زمان فرمانده روسی شک داشت که آیا مصطفی‌خان حاکم شاماخی در تحریک مردم برای قیام دست دارد یا نه!

چرا که آن چنان که از گزارش سرهنگ تیخونسکی به ژنرال تورماسوف برمی‌آید خود مصطفی‌خان در همین زمان در فیدداغ مشغول تکمیل استحکامات خود برای مقابله با روسها بود. ژنرال تورماسوف در نامه‌ای به مصطفی‌خان حاکم شاماخی در ۱۲ سپتامبر ۲۱/۱۸۱۰ شهریور ۱۱۸۹ می‌نویسد:

«بعد از اتمام کار مبارزه با قوای ایرانی و ترکیه‌ای شخصاً با قوای مجهز به سراغ عصیان قوبا خواهم رفت. قیام شیخعلی‌خان را در هم خواهم شکست و مردم قوبا را تنبیه خواهم نمود. [۲۳۱]

در اواسط سپتامبر ۱۸۱۰/ اواخر شهریور ۱۱۸۹ ژنرال تورماسوف برای فرونشاندن قیام قوبا سرگرد ریپن را با دو توپ و دو دسته نیرو فرستاد اما در جنگی که بین عصیانگران و قوای روسی در کوه «بش بارماغ» رخ داد قوای روسی نتوانستند

قیام را فرو بنشانند.

ژنرال تورماسوف که می‌ترسید عصیان قوبا گسترش یافته به ولایات دیگر سرایت کند تصمیم گرفت با قوای عظیم به جنگ شیخ علی‌خان و قیام قوبا برود. او دو دسته نیرو از قراباغ، یک دسته از باکو، یک دسته پیاده روسی، هزار نفر از شکی و صد نفر سواره از شاماخی جمع کرده عازم قوبا گردید. فرماندهی این گروه مهاجم را سرهنگ لیسانویچ به عهده داشت. این قشون به قیام کنندگان که چندان به سلاح‌های مدرن مجهز نبودند حمله برده و آنها را شکست داده نیروهای شیخعلی‌خان که نمی‌توانستند در زمین هموار با توپ‌های روسی بجنگند به کوهها و جنگل پناه می‌بردند. سرهنگ لیسانویچ در گزارش خود در تاریخ ۲۱ اکتبر ۱۸۱۰/۲۹ مهر ۱۱۸۹ می‌نویسد:

«قیام نواحی گِریز و مُحال یوخاری باش درهم شکسته شده و پاکسازی گشته شیخعلی‌خان نیز با طرفداران خود به تاباساران فرار کرده فعلاً در روستای یوفی است.» [۲۳۲]

در ۲۵ اکتبر/۳ آبان سرهنگ لیسانویچ با قوای خود به روستای یوفی حمله کرده و جنگی خونین در روستا درگرفت. قیام کنندگان به رهبری شیخعلی‌خان ۱۰۰ نفر تلفات دادند اما از تعداد کشته شدگان قوای روسی خبری بدست داده نشده است. سرهنگ لیسانویچ شش روز در روستا اقامت گزید و در این مدت، مأمورین روسی روستا را غارت و چپاول کردند. تعدادی از افرادی که در قیام شرکت کرده بودند دستگیر شده توسط ژنرال تورماسوف در محکمه‌های نظامی محکوم شده و به سیبری فرستاده شدند.

اگرچه قیام قوبا تقریباً در ۱۱۸۹/۱۸۱۰ درهم شکسته شد اما شیخعلی‌خان همچنان جسته و گریخته به مبارزه‌ی خود ادامه داد بطوریکه یکسال بعد یعنی در ۱۶ اکتبر ۱۸۱۱/۱۸ مهر ۱۱۹۰ به ژنرال مارکر پاولویچ گزارش می‌دهند که «شیخعلی‌خان ۶ هزار نفر به دور خود جمع کرده و دوباره می‌خواهد به قوبا حمله کند تا آنرا از سیطره‌ی روسها آزاد سازد.» [۲۳۳]

از طرفی، ایران در همین زمان به شیخعلی‌خان کمک مالی می‌کرد. در سال

۱۱۹۰/۱۸۱۱ شیخعلی‌خان با هشت هزار قوای متحد برای مبارزه با روسها در روستای «جیبر» موضع گرفتند. برخی از افراد قوبا که در داخل قوای روسی نفوذ کرده بودند سعی می‌کردند قوای روسی را به سوی تله‌ای که شیخعلی‌خان چیده سوق دهند. نتیجه‌ی جنگ شکست روسها بود به طوریکه غیر از شهر قوبا تقریباً تمامی نواحی قوبا به دست شیخعلی‌خان افتاد.

همچنین در ۶ نوامبر ۱۴/۱۸۱۱ آبان ۱۱۹۰ ژنرال گروین با ۱۳۴۸ سرباز و تعدادی قزاق در روستای زیخور به کمین شیخعلی‌خان افتاده ضربه‌ی سختی خوردند و ۳۱۷ نفر از نیروهای خود را از دست دادند.۲۳۴ اما در ۲۲ نوامبر ۳۰/۱۸۱۱ بان ۱۱۹۰ در جنگی که در روستای روستو بین شیخعلی‌خان و قوای روسی رُخ داد شکست سختی بر شیخعلی‌خان وارد گردید. براساس منابع موجود، بیش از یکصد جسد از طرفداران شیخعلی‌خان در محل باقی مانده بود. این منابع ذکر می‌کنند که از قیام کنندگان بر علیه روسها ششصد نفر کشته شده و دو برابر این نیز زخمی گشته بودند. اما از روسها تنها ۹۲ نفر کشته و ۲۴ نفر زخمی گشته بود. روسها پس از این پیروزی مهم، منطقه‌ی داغستان را اشغال کردند و شیخعلی‌خان نیز خانواده‌ی خود را در یکی از روستاها گذاشته خودش به کمک برخی از دوستانش به «اکوشا» رفت و از آنجا سرانجام به دربار ایران پناهنده شد. او چه در دوران صلح و چه در دوران جنگ بین ایران و روسیه لحظه‌ای از مبارزه بر علیه روسها دست نکشید و سرانجام به نوشته‌ی برخی منابع در ۱۲۰۰/۱۸۲۱ و یا ۱۲۰۱/۱۸۲۲ با مرگ طبیعی می‌میرد و در بالکان دفن می‌گردد.۲۳۵

تلاش‌های روسها در تسخیر قلعه نخجوان و ایروان

حضور قشون ایرانی در نخجوان و آزار و اذیت مردم باعث شد تعدادی از اهالی نخجوان به ایران کوچانده شود و برخی از اعیان نیز به قراباغ فرار کنند.

ژنرال گودویچ در دستور خود به مایور نبولسین می‌نویسد:

«*به زودی باید به نخجوان حرکت کرده و عملیات نظامی در آنجا آغاز گردد زیرا مردم نخجوان از*

ایرانی‌ها ناراضی هستند و در حال کوچاندن به سوی ایران می‌باشند...» [۲۳۶]

بر طبق همین فرمان در ۱۲۸کتبر ۶/۱۸۰۸ آبان ۱۱۸۷ قشون روسی به فرماندهی مایور نبولسین به طرف قلعه نخجوان حرکت کردند قبل از این نیز دسته‌ی دیگری از قوای روسی به فرماندهی گودویچ به طرف قلعه‌ی ایروان حرکت کرده بودند. این افراد شامل ۶هزار سرباز و ۱۲ توپ بودند البته بر طبق نوشته‌ی برخی منابع ۵۰۰ ارمنی نیز به صورت سواره در قشون گودویچ حضور داشتند.[۲۳۷]

ژنرال گودویچ به نبولسین دستور داد که اگر مردم نخجوان مقاومت کنند «شهر را به زور تسخیر کن. اما سعی کن اهالی شهر قلباً راضی باشند اهالی زمیندار را نیز سعی کن نسبت به روسها خوشبین باشند کلاً در تمام حرکات خودتان نسبت به ارامنه و ترکها دم به دم گزارش بدهید...»[۲۳۸]

وقتی قوای روسی به فرماندهی نبولسین به نخجوان نزدیک شد شیخعلی‌خان پسر کلبعلی‌خان نیز به آنها پیوسته به عنوان بلدچی آنها عمل می‌کرد و به دنبال آنها نیز قوای شکی و نیروهای مهدیقلی‌خان حرکت می‌کردند. در این زمان امور شکی به جعفرقلی‌خان حاکم فراری خوی سپرده شده بود. البته علاوه بر این گروه‌های ناهمگون که به عنوان مزدوران روسی برای فتح قلعه‌ی نخجوان حرکت می‌کردند باید از دسته‌های گرجی و ارمنی نیز نام برد که به وفور دیده می‌شدند.[۲۳۹]

اولین جنگ نخجوان در منطقه‌ای به نام «قاراب آباد» رخ داد. در اینجا شاهزاده عباس میرزا با سه هزار پیاده، ده هزار سوار و ۱۲ عدد توپ عادی و ۶۰ توپ قدیم حضور داشت. در بین سرداران جنگی ایران عباسقلی‌خان نیز در قشون عباس میرزا حضور داشت اگرچه نیروهای عباس میرزا در موقعیت بهتری قرار داشتند اما پس از یک جنگ خونین و شدید، قوای متحد روسی نیروهای ایران را به عقب راندند و نیروهای ایرانی در این جنگ تعدادی از نیرو، اسب و سورسات خود را از دست داده و تعدادی از سربازان ایرانی نیز اسیر شدند سرانجام قوای ایرانی به همراه زخمی‌هایی که حمل می‌کردند، از ارس گذشته به سوی ایران فرار کردند. از قشون روسی نیز ۳۸ نفر کشته شش نفر گم شده و شش افسر و ۶۶ نفر سرباز نیز زخمی گشتند.

بعد از عقب‌نشینی قوای ایران، وقتی اهالی نخجوان شیخ علی‌خان پسر کلبعلی‌خان را دیدند مقاومت نکردند و بدین ترتیب نیروهای روسی بدون مقاومت نخجوان را گرفتند.[۲۴۰]

شیخعلی‌خان پسر کلبعلی‌خان که در این جنگ در خدمت به روسها سنگ تمام گذاشته بود مورد تقدیر ژنرال گودویچ قرار گرفت بطوریکه گودویچ در نامه‌ای به الکساندر اول امپراطور روسیه ضمن بر شمردن خدمات او به قوای روسی از امپراطور خواهش می‌کند که در ازای خدماتش به او رتبه «سرهنگی» داده شود در پنجم آوریل ۱۸۰۹م/۱۶ فروردین ۱۱۸۸ش فرمان الکساندر اول امپراطوری روسیه در خصوص شیخعلی‌خان به صورت زیر صادر گشت:

«بنام خدا، ما الکساندر اول، امپراطور و حاکم عموم روسیه و غیره و غیره و غیره، به شما درجه «سرهنگی» اعطاء می‌گردد خدمات صادقانه شما به تاج و تخت امپراطوری ما توجه ما را جلب کرد به خاطر خدماتی که از خود نشان دادید به شما رتبه «سرهنگی» اردو داده شد و همچنین حقوقی برای معاش شما در نظر گرفته می‌شود. فکر می‌کنیم این خیرخواهی ما باعث فداکاری و خدمات صادقانه بیشتر شما گردد.»[۲۴۱]

حکومت ایران اقدامات متعددی دست زد تا شیخعلی‌خان را به طرف خود جذب کند. در نهایت از وجود پدرش کلبعلی‌خان که در ایران محبوس بود استفاده کرد کلبعلی‌خان مکتوبی به پسرش نوشت و از او خواست به سوی حکومت ایران باز گردد. شیخعلی‌خان به خاطر پدرش به ایران بازگشت اما در ایران دستگیر و محبوس شد. سرانجام او به همراه پدر آزاد شده و از سوی حکومت ایران به آنان اجازه داده شد به نخجوان باز گردند و این مصادف با پایان اولین دور از جنگ‌های ایران و روس بود که با شکست ایران پایان می‌یافت.[۲۴۲]

اگرچه قوای ایرانی در نخجوان شکست خوردند اما همچنان که قبلاً ذکر شد همزمان با جنگ نخجوان، جنگی نیز از سوی قوای روسی برای فتح قلعه ایروان شروع شده بود و قوای ایرانی مقاومت شدیدی در ایروان از خود نشان دادند. محاصره‌ی قلعه ایروان از سوی روسها در اکتبر ۱۹۰۸/ مهر ۱۲۸۷ شروع شد[۲۴۳] و دو

ماه طول کشید. قبل از این، توسط مهندسین فرانسوی قلعه ایروان شبیه قلعه‌های نظامی اروپایی درآمده بود و توسط دو تا حصار بزرگ احاطه شده بود. در مقابل حصار اول، خندقی عمیق ایجاد شده و از آب پر شده بود. این جنگ در اوایل سپتامبر ۱۸۰۸/اواسط شهریور ۱۱۸۷ رخ داد و قوای روسی مرکب از شش هزار سرباز، ۱۲ توپ و پانصد سوار ارمنی بودند.[۲۴۴]

قوای ایرانی مدافع قلعه، از مواد آتش زا و بمب نیز استفاده می‌کردند اما افزون بر تلاش مقاومت مدافعین باید به شرایط اقلیمی قلعه هم اشاره کرد که در تسخیرناپذیری آن نقش داشت. در جایی که قشون روسی مستقر شده بودند با گذشت زمان نمی‌توانستند به عقب باز گردند زیرا تماماً پوشیده از برف بود و غذا و علوفه نیز روز به روز کمتر و کمتر می‌شد بطوری که در بین قوای جنگی کم کم گرسنگی نیز چنگ و دندان نشان می‌داد.

بخشی از قوای ژنرال گودویچ به رهبری او محل «اوچ کلیسا» نزدیک قلعه ایروان را اشغال کردند و در آنجا ساکن شدند. حسینقلی‌خان سردار ایرانی که حاکم جدید قلعه ایروان بود حسن‌خان برادر خود را با دو هزار سرباز در قلعه به جای خود گذاشت و خودش با پنج هزار مرد جنگی از قلعه خارج شد و در کنار رودخانه حیدر «حیدرچای» مستقر شد. ژنرال گودویچ به سرگرد پورتنیاک دستور داد با سواران خود به تعقیب حسینقلی‌خان بپردازد و سر او را گرم کند و خود با بقیه نیروها به محاصره قلعه ایروان پرداخت. حسینقلی‌خان چندین بار خواست به درون قلعه بازگردد. اما با مانع قوای ژنرال گودویچ مواجه شده موفق به عبور از آن نشد و توسط افراد سرهنگ دوم پودلوستسکین به عقب رانده شد. در ۱۷ اکتبر ۲۵/۱۸۰۸ مهر ۱۱۸۷ ش ژنرال گودویچ به حسن‌خان که به جای برادرش حسینقلی‌خان در قلعه مقاومت می‌کرد پیام‌های متعددی فرستاد و از او خواست قلعه را تحویل دهد. ژنرال گودویچ در یکی از نامه‌های خود به حسن‌خان می‌نویسد:

«به محاصره‌ی ۱۸۰۴ م قلعه ایروان نگاه نکنید اگر در آن زمان نتوانستیم قلعه را فتح کنیم چون شرایط آن زمان بکلی با شرایط اکنون متفاوت بود... اکنون کسانی که در اختیار من است نه تنها قلعه

ایروان بلکه ایران را هم فتح خواهم کرد.» [۲۴۵]

ژنرال گودویچ در دنباله‌ی نامه‌اش از حسن‌خان می‌خواست قلعه را بدون مقاومت تسلیم کند. اما حسن‌خان نه تنها دست از مقاومت نکشید بلکه به استحکام بیشتر قلعه پرداخت.

ژنرال گودویچ در محاسبات خود دچار اشتباه شده بود. او فکر نمی‌کرد که مقاومت آنقدرها طول بکشد به همین خاطر زمستان سخت از راه رسید و در نتیجه خواروبار به شدت رو به نقصان نهاد و برف زمستان، ارتباط روسها را با تفلیس قطع کرد.

در ۱۷ نوامبر ۲۶/۱۸۰۸ آبان ۱۱۸۷ بار دیگر ژنرال گودویچ فرمان حمله را صادر کرد. او این بار قوای خود را به پنج قسمت تقسیم کرده چهار قسمت حمله را آغاز کردند و دسته پنجم به عنوان احتیاط مراقب اوضاع بود اما مدافعین قلعه به شدت پایداری کردند. حسینقلی‌خان که با قوای خود بیرون از قلعه مانده بود بارها تلاش کرد به درون قلعه راه یابد اما نتوانست از محاصره روسها عبور کند. در همین زمان ژنرال گودویچ اندکی از هجوم به قلعه را کاست و یک دسته جنگی به فرماندهی سرهنگ دوم پودلوستسکین به سراغ حسینقلی‌خان فرستاد. حسینقلی‌خان برای محافظت از قوای قلیل خود آنان را به طرف دیگر رود ارس گذر داد. وقتی حکومت ایران اطلاع پیدا کرد فرج‌الله‌خان را با ۵ هزار نفر برای کمک فرستاد. آنان به کمک حسینقلی‌خان ضربات سختی بر قوای روسی وارد ساختند.[۲۴۶] جالب اینکه ژنرال گودویچ در همین زمان به کرات به ترفندهای دروغینی دست زد، او به حسین‌خان که در قلعه مقاومت می‌کرد پیغام فرستاد و به دروغ نوشت که برادرش حسینقلی‌خان توسط روسها کشته شده و اگر قلعه را تسلیم کند روسها او را حاکم آینده قلعه خواهند کرد.

در ۳۰ نوامبر ۹/۱۸۰۸ آذر ۱۱۸۷ ژنرال گودویچ ناکام از فتح قلعه، دستور عقب‌نشینی را صادر کرد. این دومین بار بود که قوای روسی از تسخیر قلعه ایروان ناکام می‌ماندند.[۲۴۷] طبق نوشته برخی منابع، روسها در این جنگ از ۳ الی ۴ هزار

نیرویی که داشتند ۱۷ افسر و ۲۶۹ سرباز را از دست دادند و ۶۴ افسر و ۸۲۹ سرباز نیز از آنان زخمی شدند.۲۴۸

شکست و ناکامی گودویچ در تسخیر قلعه ایروان باعث برکناری او شد و حکومت روسیه در فوریه ۱۸۰۹/بهمن ۱۱۸۷ ش ژنرال تورماسوفِ ارمنی تبار را بجای وی گماشت.

در ۱۸۰۹م/۱۱۸۷ ش عباس میرزا با قوای خود عازم نخجوان شد تا از آنجا به قراباغ، گنجه و شاماخی حمله کند. اردوی روسی در این زمان نخجوان را ترک کرده بود اما در منابع مشخص نیست که چه کسی به عنوان حاکم نخجوان تعیین شده بود. در آوریل ۱۸۱۰ بار دیگر گفتگوها برای صلح آغاز شد اما اختلاف عمیق طرفین بر سر خانشین طالش باعث شد گفتگوها به نتیجه نرسد. قوای عباس میرزا وارد نخجوان شده و در آنجا در اوایل ژوئن ۱۹۱۰/خرداد ۱۱۸۹ به سه دسته تقسیم شده برای حمله به قراباغ، گنجه و پنبک فرستاده شدند.

ژنرال تورماسوف یک گردان پیاده نظام تحت فرماندهی سرهنگ کتلیاروسکی به آنجا اعزام داشت. وقتی جنگ تن به تن آغاز شد در هفدهم ژوئن ۲۷/۱۸۱۰ خرداد ۱۱۸۹ آخرین استحکامات و ساخلوهای نظامی به دست قوای روسی افتاد. شکست ایرانیان در محلی به نام «میگری» فاحش بود بطوریکه از ایرانیان ۳۰۰ کشته و تعداد زیادی زخمی شدند و از روسها تنها سه افسر و ۳۲ سرباز و درجه دار کشته و یا زخمی شده بودند قوای ایرانی پس از این شکست به صورت دسته‌های مجزا و گاهی بدون فرمانده در اطراف و اکناف قراباغ پراکنده شدند. بطوریکه این پراکندگی توأم با جنگ و گریز تا فرا رسیدن زمستان ادامه داشت. وقتی زمستان رسید و سرما و برف کوهها و قله‌های اطراف قراباغ را فرا گرفت، ادامه‌ی مبارزه برای بقایای سپاهیان ایرانی مشکل شد و آنها به ناچار کم کم به طرف ارس سرازیر شده و در زیر حملات دشمن خسته و کوفته به طرف ماورای ارس عقب‌نشینی کردند.۲۴۹

در همین زمان در داخل قراباغ نیز مبارزه بین جعفرقلی خان نوه ابراهیم خلیل خان و مهدیقلی‌خان پسر ابراهیم خلیل بر سر کسب قدرت درگرفته بود. عباس میرزا از

موقعیت استفاده کرده نامه‌ای به جعفرقلی‌خان نوشت اما قاصد نامه توسط روسها دستگیر شده و از محتوای آن آگاه شدند. روسها جعفرقلی‌خان را دستگیر و او را به همراه سه افسر مورد اعتماد با عده‌ای محافظ در ۱۶ ژانویه ۲۵/۱۸۱۲ دی ماه ۱۱۹۰ برای محاکمه به تفلیس فرستادند. او در بین راه در رودخانه «ترتر» از دست روسها فرار کرده به ایران آمد و از سوی عباس میرزا به عنوان حاکم یکی از شهرهای آذربایجان برگزیده شد.[۲۵۰] از ۱۸۱۰ الی ۱۸۱۱ حدود ۱۴۰۰ خانواده در گنجه بر علیه روسها طغیان کرده با آغورلوخان پسر جوادخان که به ایران فرار کرده دیدار کردند و در اراضی ایروان مسکن گزیدند در همین زمان علاوه بر سلیم‌خان، مهدیقلی‌خان حاکم قراباغ، مصطفی‌خان حاکم شیروان و شیخعلی‌خان حاکم قوبا بر علیه روسها بودند. سلیم‌خان در نامه‌ای خطاب به زمینداران با ذکر اتحاد نظامی بین ایران و ترکیه می‌نویسد: «به لطف خداوند اردوی شکوهمند فارس از یک طرف و قشون برق‌آسای ترکیه از طرف دیگر دست به دست هم داده در شکی هرمی از اجساد قوای روسی برپا خواهیم ساخت...»[۲۵۱]

مناسبات ایران با انگلستان

در ۱۳ فوریه ۱۸۰۹ م/۲۴ بهمن ۱۱۸۷ ش ژنرال گاردان تهران را ترک کرد. با رفتن نمایندگان فرانسوی بار دیگر مناسبات ایران با انگلستان رو به گرمی نهاد. جونز سفیر انگلستان وارد تهران شده کارشناسان نظامی انگلیسی به ایران آمدند. تعدادی از آنان نیز از راه ترکیه راهی قلعه ایروان شدند. به تشویق انگلیسی‌ها حسینقلی‌خان حاکم قلعه ایروان با ۲۰ هزار نیرو به خاک گرجستان حمله کرد اما هیچ ثمری در پی نداشت. از آنجا که روسیه درگیر جنگ با عثمانی نیز بود در این زمان سعی می‌کرد با ایران صلح کند مذاکرات طرفین در قلعه عسگران شروع شد. از طرف روسیه ژنرال تورماسوف و از طرف ایران میرزا بزرگ وزیر عباس میرزا تعیین شد. اما پس از چند روز مذاکره طرفین به هیچ توافقی دست نیافتند.[۲۵۲]

در ۱۸۱۰ م/۱۱۸۹ ش به تشویق انگلستان، ایران و عثمانی وارد یک رشته

مذاکراتی شدند تا با همدیگر در مقابل قوای روسیه پیمان اتحاد ببندند. میرزا رضاخان منشی الممالک نوایی از ایران به دربار عثمانی رفت و در تاریخ دهم اوت ۱۸۱۰/۱۹ مرداد ۱۱۸۹ قرار داد اتحاد نظامی بین دو کشور در استامبول بسته شد. در آوریل ۱۸۱۱/ فروردین ۱۱۹۰ هیئتی از ترکیه به ریاست عبدالوهاب افندی به تهران آمد تا به اتفاق ایران نقشه حمله مشترک به قوای روسی را بریزند این نقشه عبارت از این بود که در ماه ژوئیه ۱۸۱۱/ تیرماه ۱۸۱۱ هر دو کشور در گرجستان به قوای روسیه حمله کنند. نقشه در آستانه‌ی عملی شدن بود که شکست سخت عثمانی در منطقه دانوب از روسها، اجرای نقشه را عقیم گذاشت. عثمانی‌ها یکسال پس از این شکست، در ۱۶ مه ۱۸۱۲/۲۶ اردیبهشت ۱۱۹۱ پیمان صلحی تحت عنوان «بخارست» با کشور روسیه بستند و برای همیشه اتحاد بین ایران و عثمانی که همیشه ضروری بود از بین رفت.

روسها که اینک از سوی عثمانی خیالشان راحت شده بود با برطرف شدن فشار جبهه‌های عثمانی، حملات روسها به سوی ایران شدت گرفت.

در ۱۴ مارس ۱۸۱۲/۲۳ اسفند ۱۱۹۰ قراردادی بین ایران و انگلستان در ۱۲ فصل بسته شد. در این قرارداد ایران متعهد می‌شد که تمامی قراردادهایی که با دول اروپایی بسته ملغی کند و به هیچ کشور اروپایی اجازه عبور و حمله به هندوستان از خاک ایران ندهد. در مقابل، انگلستان متعهد شد که در صورت حمله یک کشور خارجی به ایران، کمک‌های نظامی و مالی به ایران بکند.[۲۵۳]

ایران در مدت سه سال ششصد هزار تومان از انگلستان کمک دریافت کرده بود زیرا براساس پیمان ایران و انگلستان، انگلستان ملزم شده بود که علاوه بر تأمین سلاح و امکانات جنگی سالانه ۲۰۰ هزار تومان نیز پول تحویل ایران بدهد. با این پول، عباس میرزا بار دیگر تصمیم به تشکیل قشون و گردآوری قوای نظامی گرفت. او بار دیگر نیروهای خود را در منطقه‌ی نخجوان گرد آورد و با قشونی بزرگ که تعداد آن را تا ۵۰ هزار نفر نوشته‌اند در سپتامبر ۱۸۱۱/ شهریور ۱۱۹۰ ش از طرف نخجوان به قراباغ حرکت کرد. براساس اطلاعاتی که در دست است در این زمان با

رسیدن عباس میرزا و قوای او، جانی تازه در کالبد زمینداران منطقه دمیده می‌شود. برخی از آنان حاضر شدند به او ملحق شده و از او تبعیت کنند اما قوای روسی و سواران مهدیقلی‌خان قراباغی آنها را به عقب راندند و قوای ایرانی مجبور شدند در نخجوان پناه گیرند.[۲۵۴]

فصل هشتم

زخم عمیق و شکست ایران در جنگ اصلاندوز

نخجوان در این زمان به عنوان پناهگاه قوای ایرانی بود از آنجا که عباسقلی‌خان حاکم نخجوان وظایف خود را به نحو احسن انجام نداده بود عباس میرزا از پدرش فتحعلی‌شاه خواهش کرد کلبعلی‌خان کور را که در ایران محبوس بود به عنوان حاکم نخجوان برگزیند در ۱۸۱۲م/۱۱۹۱ش بار دیگر کلبعلی‌خان در نخجوان به قدرت رسید با این انتصاب جدید، عباس میرزا انتظار داشت فئودال‌ها مخصوصاً طایفه کنگرلی از قوای ایران حمایت و پشتیبانی کنند.

وقتی در ۱۸۱۲م/۱۱۹۱ش دولت روسیه مشغول جنگ با ناپلئون شد. هیئت حاکمه ایران تصمیم گرفت عملیات نظامی را در جنوب قفقاز وسعت بخشد اگرچه در حملات اولیه، قوای ایرانی توانست خانات گنجه، شکی و طالش را بگیرد اما اندکی بعد همه را از دست داده عقب نشستند. در جنگ‌های اول ایران و روس، ایران نتوانست موفقیتی حاصل کند اراضی آذربایجان به میدان جنگ تبدیل شد. شهرها و روستاهای آن در طول ۱۰ سال جنگ غارت گردیده و ویران شدند. کشاورزی در طول جنگ نابود شده و سیستم‌های آبیاری به هم خورده و صدها و هزاران انسان بی‌گناه کشته شدند.[۲۵۵]

سال ۱۸۱۳م/۱۱۹۱ش سالی بود که متأسفانه حکومت ایران و ایرانیان بهترین فرصت‌ها را از دست دادند و بدترین نتایج را گرفتند. در حالیکه در همین دوران، تقریباً از یک طرف در سراسر قفقاز شورش‌هایی بر علیه رفتار درشت روس‌ها آغاز

شده بود به نوشته برخی منابع، مردم ناراضی از دست روسها بـه ایـران و تـرکیه پـناه می‌بردند از طرف دیگر، در آوریل ۱۸۱۲م جنگ روسیه و فرانسه آغاز شده بودو از آنجا که جنگیدن در دو جبهه برای روسیه مشکل بود در پی صلح با ایران بود.[۲۵۶] در این زمان بین انگلستان و روسیه پیمان نظامی مشترکی بر علیه فرانسـه در ۱۶ ژوئـیه ۲۵/۱۸۱۲ تیر ۱۱۹۱ بسته شده بود به همین خاطر انگلستان نیز ایـران را تشـویق بـه صلح با روسیه می‌نمود.

اما در چنین اوضاعی در اسفند ماه ۱۱۹۱/مارس ماه ۱۸۱۳ زخمی کاری بر پـیکر ایران وارد شد و تمام معادلات را به نفع روسیه تـغییر داد. ایـن اتـفاق شـوم در عـید نوروز در شب هفدهم ماه ربیع الاول اتفاق افتاد.[۲۵۷] ارتش ایران در زیر آتش دشمن عید سال نو را برگزار کرد. روسها پس از شکست ارتش فرانسه ارتش قفقاز را تقویت کردند. جنگ‌های طالش مدت چهار ماه طول کشید و سرانجام قوای ایرانی شکست خورده عقب‌نشینی کرده در جلگه اصلاندوز مستقر شـدند واتسـن در ایـن مـورد می‌نویسد:

«لشکر ایران به سمت ارس پیشروی کرد و مقصد آنان محلی به نام اصلاندوز بود آنها درکـنار رودخانه چادر زدند، نهرکوچکی هم در سمت راست ایشان واقع بود. تا ده روز باکمال آسودگی و اطمینان بی‌مورد و دور از احتیاط در آنجا ماندند. ولی از این خواب غفلت در نیمه روز ۳۱ اکتبر با حمله‌ی ناگهانی روسها سراسیمه بیدار شدند. در اردوی ایران کسی هیچ گونه گمان این حمله آنها را نکرده بود و پیش از آنکه نفرات ایرانی برای مقاومت مجال حرکتی یافته باشند روسها تا چند قدمی آنها رسیدند و تپه کوچکی واقع در پشت سر ایرانیان راکـه بـر اردوگـاه آنـها مسلط بـود تـصرف کردند.»[۲۵۸] نویسنده روضة الصفا در مـورد غـافلگیری ایـرانـیان مـی‌نویسد: «چـون جعفرقلی‌خان جوانشیر به جانب قراباغ رفته بودگمان قشون جعفرقلی‌خان کردند که باز آمده‌اند یا صادق‌خان قاجار مراجعت کرده»[۲۵۹]

میرزا محمدصادق وقایع‌نگار در مورد متوسل شدن روسـها بـه حـیله در جـنگ اصلاندوز می‌نویسد روسها به شخصی به نام «دلاغارده» میزانی پول و سرمایه دادند تا با افراد خود به عنوان فروشنده دوره‌گرد به رفع مایحتاج قوای عباس میرزا بپردازد.

آنها به اردوگاه به کرات وارد و خارج می‌شدند «ضمن فروش اجناس در اردوگاه، وضعیت نظم و ترتیب و نوع اسلحه، تعداد توپ و خمپاره و غیره را در نظر بگیرند و محل نصب آنها را یکایک تعیین نمایند. تعداد سنگرهای اردو را معلوم دارند... آمد و رفت، در شب و روز بلامانع بوده هیچگونه جلوگیری، از طرف طلایه داران اردو برحسب دستور سر دسته‌ها به عمل نمی‌آمد. آنها آزادانه خارج و داخل می‌شدند.»[۲۶۰]

سرانجام وقتی کتاویسکی سردار روسی حمله ناگهانی خود را آغاز کرد هر آنچه در داخل اردوی ایران بود اعم از تمام امکانات و چگونگی استقرار آنها را مثل کف دستش می‌شناخت:

«سردار روس، با کمال خاطرجمعی، در یک شب تاریک، چند فوج سپاهی ورزیده خود را آراسته به راهنمایی فروشندگان از معبری غیر معمول عبور کرده، به نزدیکی اردوی نایب‌السلطنه رسیدند و کاروان پیله‌وران فروشندگان جلو افتاده، وارد اردو شدند. طلایه داران برحسب معمول، از ورود آنها کاوش و تحقیق ممانعت به عمل نیاوردند و کلیه طلایه داران اردو، اطراف پیله وران اجتماع کرده، سرگرم پرسش انواع اجناس وارده شدند. سرکرده روسی با یک عده پیاده نظام غفلتاً اطراف طلایه داران را محاصره کرده بدون هیاهو همه را دستگیر نموده به عقب اردوی خود فرستادند و در حالی که سرداران و افراد اردوی ایران در خواب بودند، نفرات بیدار روس، به اطراف هر قسمت که از محل آن آگاه شده بودند از چهار طرف حمله‌ور شدند.»[۲۶۱]

عجیب اینکه قوای روسی تعدادشان فقط ۲۳۰۰ تن بود و تنها شش قطعه توپ داشتند از تعداد قوای ایرانی اگرچه اطلاع دقیقی در دست نیست اما به احتمال می‌توان گفت که بیشتر از پنج هزار نفر بودند. ضربه کاری اصلاندوز محصول اشتباهات فاحش عباس میرزا بود. ده روز قشون ایران بدون رعایت کوچکترین اصل حفاظت و استتار به خواب غفلت فرو رفتند و شاهزاده عباس میرزا در روز حمله برای تفریح و تفرج به شکار رفته بود! اگرچه بین انگلیس و روسیه قرارداد صلحی منعقد شده بود اما معدودی از افسران و درجه داران انگلیسی در بین قوای ایران در اصلاندوز هنوز حضور داشتند. واتسن می‌نویسد: «وقتی قوای روسی به چند قدمی قوای ایرانی رسیدند عباس میرزا به شکار رفته و چون افسر انگلیسی مأمور توپخانه دستور داشت در

رکاب باشد چیزی نمانده بود که توپ‌ها به دست روس‌ها بیفتد. افسر دیگر انگلیسی نفرات پیاده خود را آماده ساخت و با شتاب تمام در حدودی که در آن آشفتگی امکان داشت بین اردوگاه ایران و تپه‌ای که روس‌ها در آن موضع گرفته بودند مستقر شد. تا از ورود دشمن به اردوگاه ممانعت کند از بالای تپه، توپخانه روس او را زیر آتش گرفته بود و سیصد تن از چند طرف جلو او آمدند در این حین... فرمانی از ولیعهد دریافت داشت که به سمت رودخانه در طرف راست اردوگاه عقب‌نشینی کند و موقعی که سروان گریستی گروهبانی فرستاد که بی مورد بودن عقب‌نشینی را تأکید و لزوم از بین بردن مهاجمان را خاطر نشان کند ولیعهد سخت عصبانی شد... و دستور عقب‌نشینی داد.»[۲۶۲]

قوای ایرانی از رودخانه گذشتند و هر آن چه از اردوگاه مانده بود به دست روس‌ها افتاد «ستوان لیندسی در رأس بیست تن از افراد خود و یکی از غلامان ولیعهد با دلاوری بسیار به اردوگاه دشمن زد و هر یک از نفرات او موفق شد شش دور گلوله توپ با خود بردارد. در موضع جدید، جناح راست ایرانیان در دامنه تپه‌ای مستقر گردید. وقتی شب فرا رسید طبق نوشته‌ی واتسن، افسران به عباس میرزا پیشنهاد کردند که تقریباً همه چیز متلاشی شده و روس‌ها فردا صبح حمله خواهند کرد. بنابراین بهتر است عقب‌نشینی کنند تا یک موضع جدید و بهتری انتخاب کنند اما عباس میرزا مخالفت کرد. صبح زود، قوای روسی به اردوگاه نزدیک شدند. اینجا دیگر جنگ بین دو گروه نبود بلکه یک سلاخی واقعی بود چون مقاومت جدی در میان نبود، آن چه یافتند از بین بردند. افراد ایرانی که روی تپه مانده بودند در همان وضع آشفتگی قرار داشتند. سیصد تن فقط حریق شعله‌های آتش توپخانه روس‌ها شدند. «گلوله‌ای به گردن سروان گریستی خورد و موقعی که بدون یاور بر زمین افتاده بود فرمانده روسی دو تن را مأمور کرد که او را مقتول سازند. لشکر ولیعهد به کلی تار و مار شد. تمام توپ‌های او از بین رفت و خودش نیز به سوی تبریز بازگشت.»[۲۶۳]

حاصل اشتباه عباس میرزا گران تمام شد دو هزار نفر از قوای ایرانی قتل و عام شدند و پانصد نفر نیز اسیر گشتند. پس از چند روز، فرمانده روسی زخمیان خود را بهبود بخشیده به فکر تسخیر «ارکوان» و لنکران طالش افتاد و در هوای سرد زمستانی قلعه را محاصره کرد. قلعه بدون مقاومت تسلیم شد اما لنکران به سرکردگی

زخم عمیق و شکست ایران در جنگ اصلاندوز / ۲۵۹

احمدخان کاشانی به مقاومت پرداخت. جنگی خونین و شدید درگرفت. اتفاقاً آن روز مصادف با عاشورای سال ۱۲۲۸ هجری بود بقول محمدصادق وقایع‌نگار «در روز عاشورا، کفر و اسلام درهم ریختند.» و تا غروب عاشورا جنگ ادامه یافت، سرانجام در مقابل تفوق عِده و عُده قوای روسی مقاومت قلعه درهم شکسته شد. به صغیر و کبیر رحم نشد، همگی از دم تیغ‌های روسی گذرانده شدند. «بطوریکه از سراشیبی درب قلعه به طرف خارج جوی خون جاری گردیده بود؛ دو هزار نفر نفوس لشکری و کشوری، که اکثر آنها زن و اطفال کوچک و شیرخوار بودند. بدنشان بخون آغشته گردید.» ۲۶۴

اما مقاومت کم نظیر مدافعین قلعه باعث شد هرچند روسها سرانجام پیروز شدند ولی ۹۴۰ نفر از سالدات‌های روسی نیز کشته شدند.

این شکست زمینه را برای عهدنامه‌ی شوم گلستان آماده ساخت.

سفید

نمونه پنجم

فصل نهم

عهدنامه گلستان

«عقیده صریح و صادقانه من این است که چون مقصود نهایی ما فقط صیانت هندوستان می‌باشد، در این صورت بهترین سیاست این خواهد بود که کشور ایران را در همین حال ضعف و توحش و بربریت بگذاریم و سیاست دیگری مخالف آن تعقیب نکنیم»

(از نامه سرگور اوزلی به وزارت خارجه انگلستان)

تلاش‌های سرگور اوزلی برای ایجاد صلح بین ایران و روسیه قبل از شکست ایران در اصلاندوز آغاز شده بود اما به نتیجه نرسیده بود ولی شکست‌های ایران در اصلاندوز و لنکران کمی باعث نرمش هیئت حاکمه ایران گردید اما شکست ناپلئون و عقب‌نشینی از خاک روسیه باعث شد این بار روسها نرمش در قبال ایران را کنار بگذارند.

حالا دیگر صحبت از آن می‌رفت که ایران نباید در مورد باز پس‌گیری سرزمین‌های اشغال شده صحبت کند بلکه باید آن را به پس از عقد قرارداد مقدماتی صلح موکول کند. شاه طفره می‌رود سرگور اوزلی تهدید می‌کند که انگلستان کمک مالی خود را به ایران قطع خواهد کرد. این عامل مالی وسوسه‌انگیز فتحعلی‌شاه را به صلح وادار می‌کند اما ایران اعلام می‌کند که جهت بازستانی اراضی اشغال شده پس از صلح، تعهدنامه کتبی باید از سوی سفیر انگلیس دریافت کند.[۲۶۵]

به نظر می‌رسد این تعهدنامه کتبی را خود سرگور اوزلی نوشته شده باشد. با

توصیه اوزلی، میرزا ابوالحسن خان سرسپرده‌ی انگلیسی‌ها به عنوان نماینده‌ی ایران در مذاکرات صلح تعیین می‌شود و رتیشچف نیز به عنوان نماینده روسها انتخاب می‌شود.

اکنون همه چیز بر وفق مراد روسها بود زیرا در قبال شکست ایران در اصلاندوز به پیروزی درخشانی دست یافته بودند و در جنگ با ناپلئون نیز فاتح به شمار می‌آمدند به همین خاطر مذاکرات نماینده ایران با نماینده روسیه در قریه گلستان را نمی‌توان مذاکره دو کشور دانست بلکه «متن قرارداد صلح را فرمانده روسی عملاً دیکته می‌کرد و هرچه می‌گفت همان بود.»[۲۶۶]

بدین ترتیب عهدنامه گلستان با وساطت انگلستان در مورخه ۱۲ اکتبر ۲۰/۱۸۱۳ مهر ۱۱۹۲ در قریه گلستان از توابع قراباغ بین ایران و روسیه بسته می‌شود این عهدنامه در واقع اولین زخمی بود که به صورت رسمی در قالب یک عهدنامه بر پیکر ایران وارد شد.

محتوای آن به طور کلی شامل موارد زیر می‌شد:

فصل اول دلالت بر این داشت که دو دولت، مخاصمه و دشمنی را کنار گذاشته و بین‌شان دوستی و مودت برقرار خواهد شد.

فصل دوم که در واقع شوم‌ترین فصل آن بود براساس آن هر دو دولت وضعیت موجود را به عنوان خط مرزی می‌پذیرفتند و از آنجا که بسیاری از مناطق تحت اشغال قوای روسیه بود بنابراین این مناطق جزو قلمرو روسیه می‌گشت این نواحی شامل خان‌نشین‌های قراباغ، گنجه، خانات موشکی، شیروان، قوبا، دربند، باکو، داغستان، گرجستان و قسمت‌هایی از ولایات تالش که بالفعل تحت اشغال روسیه بودند می‌شد.

فصل سوم ایران را ملزم می‌کرد که برای همیشه تصدیق کند مناطق جدا شده به روسیه تعلق دارد و ایران نسبت به آنها هیچگونه ادعایی نخواهد داشت.

فصل چهارم روسیه را ملزم می‌کرد که هر کدام از فرزندان شاه ولیعهد گردد هرگاه احتیاج به کمک داشته باشد مضایقه ننماید که این بند در واقع چیزی جزء به رسمیت

عهدنامه گلستان / ۲۶۳

شناختن دخالت‌های یک کشور در امور کشور مغلوب نیست پدیده شومی که حتی سال‌های مدیدی پس از آن، توپ‌های لیاخوف روسی می‌توانـد بـا تمسک بر آن مجلس نوپای مشروطیت ایران را هدف قرار دهد!

فصل پنجم حق انحصاری دارا بودن کشتی جنگی در دریای خزر را به روسیه داده و کشتی‌های تجاری هر دو طرف بر اساس آن می‌توانستند به حمل کالا به بنادر طرف مقابل داشته باشند و در صورت اتفاق ناگوار، طرفین ملزم به کمک و مساعدت بودند.

فصل ششم مربوط به استرداد اسرا و فصل هـفتم مـربوط به پـذیرفتن سـفرای همدیگر بود. فصل هشتم نیز به مقررات رفت آمد اهالی تجارت دو طرف و فصل نهم باز هم مربوط به تجارت و اخذ حقوق گمرکی از بازرگانان دو کشور بود.[۲۶۷]

دوران فترت

عهدنامه گلستان نارضایتی ملی را در ایران بیش از پیش افزایش داد اما دربار ایران هنوز به یک امید واهی چشم دوخته بود اینکه بعد از بستن عهدنامه گلستان با کمک انگلستان از طریق چانه زنی در پترزبورگ بتواند تا حدودی بندهای شرم آور عهدنامه را تعدیل و تقلیل دهد.

در عهدنامه تبصره‌ای اضافه شده بود که به موجب آن ژنرال «رتیشچف» متعهد شده بود که پس از انعقاد عهدنامه، از تقاضاهای ایران در سن پترزبورگ که به وسیله نماینده ایران به پیشگاه امپراطوری روسیه عرضه خواهد شد پشتیبانی نماید.

سرگور اوزلی نیز وعده داده بود که بعد از بسته شدن معـاهده، اگـر دولت ایـران سفیری به دربار روسیه بفرستد، او نیز با فرمانفرمای کل قفقاز متفقاً واسطه خواهند شد که امپراطور روسیه شهرها و نواحی از دست رفته ایران را باز پس دهد.[۲۶۸]

آدم در تعجب می‌ماند که چنین تبصره‌ای که دربار ایران بدان چشم دوخته بود چه ضمانت اجرایی داشت؟ به قول هابز «پیمان‌ها، بدون قـدرت شـمشیری کـه ضامن اجرای آن باشد کلماتی بیش نیستند.» و ایران فاقد چنین شمشیری بود. به هرحال پس از امضای عهدنامه گلستان، میرزا ابوالحسن‌خان شیرازی به سفارت ایران در روسیه

منصوب شد و سرگور اوزلی نیز آمادگی خود را اعلام کرد که برای رفتن به لندن از طریق روسیه خواهد رفت و در آنجا در خصوص استرداد نواحی ایران با امپراطور گفتگو خواهد کرد. اگرچه فتحعلی‌شاه خواسته بود سرگور اوزلی و میرزا ابوالحسن‌خان شیرازی با هم به طرف روسیه حرکت کنند اما سرگور اوزلی زودتر یعنی در ۲۵ ماه می ۱۸۱۴ م حرکت کرد و در ۲۳ اوت ۱۸۱۴ وارد پترزبورگ شد.[۲۶۹] در روسیه، امپراطور از تلاش‌های او برای عقد عهدنامه‌ای که منافع روسیه را تأمین کرده تشکر و قدردانی کرده و ضمن تشکر از زحمات او یک قطعه نشان الکساندر نویسکی بدو اعطاء کرد.[۲۷۰]

قبل از آغاز مذاکرات، نسلرود از جانب امپراطور نشان «سنت الکساندر نویسکی» وانفیه دان مرصعی که به تصویر امپراطور مزین بود، به منظور قدردانی از زحمات اوزلی به عنوان میانجی صلح به وی اعطاء می‌کند. ازولی در خاطراتش می‌نویسد که «امپراطور فردا عازم وین می‌گردد و شاید این آخرین فرصت برای تلاش در جهت بازگرداندن قسمتی از خاک ایران باشد.» اوزلی در مذاکرات خود با وزیر خارجه روسیه فقط خواستار اعاده قره باغ و تالش می‌شود در حالی که تعهدنامه‌اش شهرهای بیشتری را در برداشت. تزار و نسلرود عازم وین می‌گردند و اوزلی هم در پترزبورگ به انتظار رسیدن میرزا بوالحسن از ایران می‌نشیند.

میرزا ابوالحسن‌خان شیرازی و هیئت همراهش جهت کسب اجازه از شاه، روز سه شنبه ۲۵ جمادی الثانی ۱۲۲۹ به تهران می‌رسند و پس از کسب اجازه از فتحعلی‌شاه به طرف تبریز حرکت می‌کنند. او در آنجا با عباس میرزا و ابوالقاسم فراهانی ملاقات کرده و پس از مذاکره با آنها عازم روسیه شده و در تفلیس از سوی ژنرال رتیشچف میهمانی مفصلی به افتخارش ترتیب داده می‌شود. هیئت ابوالحسن‌خان شیرازی پس از تأخیری طولانی یعنی هفت ماه بعد از سرگور اوزلی در ۱۰ آوریل ۱۸۱۵ م وارد پترزبورگ می‌گردد.[۲۷۱] با سرگور اوزلی تماس می‌گیرد چون دیگر امیدی به بازگشت زودتر تزار روس از اروپا نبود. اوزلی عازم لندن می‌گردد. تصمیم گرفته شده بود که میرزا ابوالحسن‌خان با ابهت و صلابت به

پترزبورگ وارد شود البته هدایایش نیز با ابهت بود: اسب‌های عربی، چند زنجیر فیل از هند، برده از حبشه، مروارید غلطان از بحرین، شال و پارچه‌های زر بفت و ابریشم از اصفهان و... بود.۲۷۲

همچنان که مذکور افتاد وقتی هیئت ایرانی وارد پترزبورگ شدند به علت اینکه روسیه در آن زمان در حال مناقشه با فرانسه بود در نتیجه امپراطور در فرانسه به سر می‌برد.

سفیر ایران و همراهانش مدت ۴۱ روز منتظر شدند تا خبر ورود امپراطور از فرانسه رسید. روز دوازده محرم سال ۱۲۳۱ امپراطور روسیه بدون تشریفات وارد پترزبورگ شد. سفیر ایران کلیه هدایایی فتحعلی‌شاه و عباس میرزا را تقدیم امپراطور نمود. اندکی بعد مجلس جشن عروسی خواهران امپراطور برگزار شد. سران دولت روسیه به همه چیز می‌اندیشیدند اما تنها چیزی که سخنی از آن نمی‌رفت خواسته‌های سفیر ایران بود.

روز نهم صفر در مجلس دعوت امپراطور، سفیر انگلیس بعد از صرف غذا با ایلچی خلوت کرده و به وی گفت که از آنجا که روس‌ها ناپلئون را شکست داده مغرور شده‌اند و مشکل است که ولایاتی را به دولت ایران پس بدهند و سعی می‌کنند به میرزا حسن‌خان شیرازی بقبولانند که وی به همان شرایط مندرج در عهدنامه گلستان بسنده کند. روزها می‌گذرد و سفیر ایران هر چه تلاش می‌کند تا مجلس مذاکره تشکیل گردد اما سران روسیه طفره می‌روند و عنایتی به درخواست‌های سفیر ایران نمی‌کنند سرانجام پس از دوندگی‌های زیاد در آخر صفر، وزیر خارجه روسیه به همراه مترجم خود به ملاقات ایلچی ایران آمده و مذاکرات محرمانه و سرّی بین طرفین آغاز می‌گردد. اینکه چرا مذاکرات محرمانه بوده مشخص نیست و در سفرنامه محمدهادی علوی شیرازی که همراه سفیر ایران بود نیامده و یا بعداً حذف شده است! چرا که شرح مذاکرات میرزا حسن‌خان شیرازی و امپراطور و گراف نسلرود وزیر خارجه روسیه و کارگزاران تا روز پنجشنبه نهم ربیع الاول ۱۲۳۱ در متن سفرنامه موجود است اما متن مذاکرات از آن تاریخ به بعد تا جمعه بیست و سوم

همان ماه از سفرنامه حذف شده است. «محتمل است که به دستور خود میرزا ابوالحسن و به دست نویسنده‌ی کتاب این حذف صورت گرفته باشد زیرا این حذف ماهرانه انجام یافته بدین معنی که تاریخ روز را به هم ربط داده‌اند تا خواننده کمتر متوجه شود ثانیاً این قسمت مهمترین قسمت کتاب و در واقع نتیجه همه مذاکرات میرزا ابوالحسن درآن ده روز بود. پس، حذف این قسمت ممکن است به این علت انجام شده باشد تا خیانت ایلچی در پرده‌ی ابهام بماند.» چرا که ما در نهایت با استفاده از منابع دیگر که ذکر خواهد شد پی می‌بریم که ایلچی ایران پس از سه سال صرف وقت، بدون کوچکترین نتیجه و موفقیتی به ایران باز می‌گردد البته میرزا حسن‌خان شیرازی آن چنان که در اعمال و رفتارش در انگلستان از او به ظهور رسید از معاشرت با زنان و شرکت در مجالس رقص و شب نشینی صرف نظر نکرده است. «روسها در واقع با پذیرایی گرم و ترتیب چنین مجالسی، نسبت به ایلچی بسیار محبت کردند و او را از درخواست‌هایش منصرف ساختند. از نوشیدن شراب به سلامتی پادشاه ایران و امپراطور روس هم ابایی ندارد...»[۲۷۳]

نویسنده روضة‌الصفای ناصری نیز ضمن اشاره به پذیرایی گرم روسها می‌نویسد که در مورد باز پس دادن نواحی موافقت نکردند بلکه امپراطور گفت «در باب رد بلاد متصرفی ما، گماشتگان ما هیچ یک را به قهر و غلبه نگرفته‌اند بلکه حکام هریک بطوع و رغبة به نزد نیارال ما آمده استدعا کردند که ولایت خود را به تصرف ما دهند.»[۲۷۴]

منابع دیگر در خصوص تلاش‌های سفیر ایران می‌نویسند که او در اول فوریه ۱۸۱۶ م، یادداشتی به کنت دو نسلرود وزیر خارجه روسیه تسلیم کرد و در آن یادآور شد که عهدنامه گلستان بطور مبهم و خلاصه نوشته شده و در سن پترزبورگ قرار شده به صورت مشروح و دقیق مورد مطالعه و بررسی قرار گیرد و به امضای طرفین برسد «ضمناً سفیر ایران اظهار امیدواری می‌کرد که امپراطور بزرگ با بذل عنایت و کرامت خود تقاضاهای شاه ایران را پذیرفته و خان‌نشین‌هائی را که عهدنامه گلستان در اختیار روسیه قرار داده دوباره به ایران بازگرداند ایران هم به نوبه خود حاضر است که غرامت جنگ را به طور کامل به روسیه بپردازد. سفیر حتی در پیشنهادات خود

اضافه می‌کرد که اگر باز گرداندن همه خان‌نشین‌های اشغالی به نظر دولت روسیه غیر ممکن جلوه‌گر شود ممکن است که روسیه به استرداد قسمتی از آنها رضایت دهد و دولت ایران نیز از پرداخت غرامت جنگ خودداری نخواهد کرد.»[۲۷۵]

در خصوص تلاش‌های انگلیسی‌ها برای واگذاری مناطق اشغال شده به ایران در خاطرات سفر میرزا ابوالحسن نیز آمده است که انگلیسی‌ها سعی می‌کردند با دادن رشوه به روسها آنان را وادار به تمکین کنند! «در این دو سه روزه شب و روز صاحب ایلچی قطع و آرام و استراحت و الکل و شرب از خود نموده، متصل اوقات یا به در خانه بعضی از وزراء از مقوله کوچکف و ارچخف و پرنس لیوجین و دیگران می‌رفتند یا بعضی را نزد خود می‌خواستند تحریک و تطمیع کرده وعده و نوید بخشش به آنها می‌دادند که نزد پادشاه وساطت نموده شاید مطالب منظور، صورت‌پذیر شود ولایتی را رد نمایند...».[۲۷۶]

در مورد تلاش‌های عوامل انگلیسی برای پذیرش درخواست‌های ایران آن چنان که در خاطرات سفر میرزا ابوالحسن‌خان شیرازی آمده نمی‌توان به گفته‌های این انگلیسی پرست اعتماد کرد. اما منابع دیگر نیز بعضاً به این تلاش‌ها اشاره کرده‌اند: سفیر انگلستان در سن پترزبورگ یعنی «لرد کتکارت» اصرار می‌کرد اما کنت نسلرود با لحنی قاطع و خشن مداخله او را رد کرد. نسلرود وزیر امور خارجه روسیه در این باره در ۴ آوریل ۱۸۱۶ به لرد «کتکارت» چنین نوشت «مشکل است که انسان بتواند دخالت یک دولت خارجی را درین موضوع که درباره آن دولت بدانگونه که دولت انگلیس در شرایط مشابه عمل می‌نماید عمل شده است بپذیرد».[۲۷۷]

شاید انگلیسی‌ها به اشتباه فکر می‌کردند که روسها نیز مانند دولتمردان ایرانی هستند که به آسانی می‌توان با رشوه و تطمیع آنان را خرید و وادار کرد تا منافع ملی خود را در پای بیگانگان قربانی کنند!

عبدالله یف نیز در خصوص تلاش‌های انگلیسی‌ها در پترزبورگ می‌نویسد سرگور اوزلی «با مشورت‌های خود و حتی با تهدید می‌کوشیدند روسیه را به گذشته‌هایی در زمینه کلیه سرزمین‌هایی که به روسیه پیوسته بودند تا خود گرجستان

وادار سازند...»[۲۷۸]

اما این تلاش‌ها بیشتر به شوخی شبیه بود زیرا سرزمین‌هایی که روسها با اقتدار و خشونت تسخیر کرده بودند چگونه حاضر می‌شدند بر سر میز محاکمه دوباره به ایران مسترد کنند به همین خاطر روسها اصلاً سفیر ایران را تحویل نمی‌گرفتند. در خصوص استقبال و یا برخورد سرد روسها از هیئت ایرانی اطلاعات ضد و نقیضی وجود دارد. در حالی که عبدالله یف و برخی دیگر از نویسندگان اشاره می‌کنند که سران روسیه از هیئت ایرانی استقبال گرمی کردند.[۲۷۹] اما در سفرنامه میرزا ابوالحسن‌خان شیرازی آمده که «سرگور اوزلی... از بی‌تفاوتی آنها [روس ها] که اساس استقبال برپا نکرده بودند مطلع گردید. قدری افسوس خورده و ندامت حاصل کرد که چرا صاحبی ایلچی را تکلیف به پترزبورگ نمود که امنای دولت تعارفاتی که باید عمل آورده باشد نیاوردند.»[۲۸۰]

این ضد و نقیض بودن نوشته‌ها برگرفته و منبعث از رفتار ضد و نقیض روسها در قبال سفیر ایران بوده است. در حالیکه آنان در پذیرایی و میهمانی دادن‌ها سنگ تمام می‌گذاشتند در موضوعات مذاکره حاضر نمی‌شدند کوچک‌ترین قدمی به نفع ایران بردارند.

جواب نسلرود به میرزا حسن‌خان شیرازی دو پهلو و مبهم بود او گفت که به غیر از خان‌نشین گنجه که به زور اسلحه تصرف شده است بقیه‌ی خان‌نشین‌ها تابعیت روسی را با طیب خاطر و خشنودی پذیرفته‌اند و به اطلاع سفیر ایران رساند که ژنرال یرملوف از طرف امپراطوری به ایران فرستاده خواهد شد تا مرزهای بین ایران و روسیه را مورد بازدید قرار داده و برای حل اختلافات به امپراطوری گزارش دهد.[۲۸۱]

اما ژنرال یرملوف نه تنها سفیر صلح نبود بلکه فردی به شدت جاه‌طلب و جنگ‌طلب بود و شاید خود وی یکی از عوامل شروع دور دوم جنگ‌های ایران و روسیه باشد. او از آغاز انتصاب‌اش به فرماندهی قفقاز در سال ۱۸۱۶ م مدام به سران روسیه گزارش می‌داد که ایرانیان ابداً نیات صلح‌جویانه ندارند بلکه در پی تجهیز خود هستند در حالی که دربار سن پترزبورگ معتقد بود که «وحشت و هراسی که از

جنگ‌افزارهای ما در دل‌های همگان ایجاد کرده و دولت ایران را در ماه اکتبر ۱۸۱۳/مهرماه ۱۱۹۲ به امضاء قراردادی در نامساعدترین شرایط در گلستان وادار کرده بوده روسیه را برای مدت‌های مدیدی بر علیه هرگونه عملیات خصمانه از ناحیه همسایگانش تضمین خواهد کرد.»۲۸۲

اساس تفکر یرملوف بر این استوار بود که بدون در نظر گرفتن هر چیزی، قفقاز باید در اندک زمانی جزء لاینفک روسیه گردد خواه مسلمان، مسیحی و یا بت‌پرست، چه در کوه‌ها، چه در دشت‌ها و یا خانات نیمه مستقل فرقی نمی‌کرد او تمام عمرش برای تحقق این هدف کوشیده و از هیچ ظلم و ستمی نیز دریغ نکرده بود حال چنین فردی به عنوان سفیر صلح فرستاده شده بود!۲۸۳

امپراطور روسیه در دستورات خود به ژنرال یرملوف به او توصیه کرده بود که از این موضوع اطمینان حاصل کند که: «آیا نمی‌توان با ترسیم خط مرزی جدیدی در خان‌نشین‌های طالش و قراباغ امتیازاتی به ایران داده و در عوض امتیازات دیگری را از آن کشور خواستار شد؟... بهترین راه برای روسیه این است که در عوض گرفتن خان‌نشین‌های ایروان و نخجوان از ایران، کلیه سرزمین‌های واقع در جنوب ارس به ایرانی‌ها واگذار شود... [همچنین] از تأسیس نمایندگی‌های بازرگانی در انزلی و استرآباد بدانگونه که امپراطور کاترین دوم در دستورات خود به ژنرال زوبف طرح‌ریزی کرده بود.»۲۸۴

اسناد روسی اقدامات ژنرال یرملوف سفیر روسیه در ایران را در طول حرکتش از تفلیس تا تهران چنین ذکر می‌کنند:

یرملوف در ۱۰ اکتبر ۱۸۱۷/ ۱۸ مهر ۱۱۹۶ به تفلیس آمد.۲۸۵ برخی از کادرها و فرماندهان پیشین از جمله ژنرال رتیشچف را عوض کرد و افراد جدیدی به جای آن‌ها نصب کرد. در ماه نوامبر سرحدات قید شده در معاهده گلستان را از نظر گذرانید. پس از دو ماه توقف در تفلیس در حالی که ۲۰۰ نفر همراه داشت به سوی ایروان و نخجوان حرکت کرد.۲۸۶

موریس کوتزبو نیز که از شاهزادگان آلمان بود و به همراه یرملوف به ایران آمد. در

سفرنامه‌ی خود به نام «مسافرت به ایران به معیت سفیر کبیر روسیه در سال ۱۸۱۷» تفصیل این مسافرت را شرح داده است. وی می‌نویسد: روز ۶ می ۱۹/۱۸۱۷ جمادی الثانی ۱۲۳۲ قمری از شهر ایچمیادزین خارج شدیم و در اواسط راه ایروان «حسن‌خان حکمران ایروان با چهار هزار نفر و یا به نوشته مؤلف ناسخ التواریخ «با پنج هزار سوار به استقبال یرملوف رفت»[۲۸۷] که غالبشان کُرد بودند مؤلف روضة‌الصفای ناصری نیز در شرح این استقبال می‌نویسد: حسین‌خان سردار برادر حسن‌خان نیز «خود در خارج شهر خیمه و خرگاه وسیع و رفیع برافراخت که مشتمل بر پنج عمود طویل بود و بزمی مهنا مهیا ساخت و تا دو فرسنگ راه پیاده و سواره‌ی ایلات در کمال جلال ستاده بودند و خود با ابهتی تامه در خیمه مقام داشت...» کثرت همراهان سفیر و شکوه حرکت هیأت سفارت و نیز طرز معامله و استقبالی که از طرف حسن‌خان سردار از او به عمل می‌آمد مردم را متوهم ساخته بود.[۲۸۸]

هیأت مزبور سپس در حالی که بیش از ۲۰۰ نفر شامل می‌شدند بسوی ایروان و نخجوان حرکت کرد و در ۱۱ می ۱۲/۱۸۱۷ اردیبهشت ۱۱۹۶ به نخجوان رسید. در آنجا ضمن مذاکره با کلبعلی‌خان حاکم نابینای نخجوان فهمید که او همچنان از قاجارها مخصوصاً آقامحمدخان نفرت دارد. او اگرچه تابع ایران بود اما به عنوان یک حاکم مستقل با سفیر روسیه به مذاکره نشست![۲۸۹]

از طرف فتحعلی‌شاه در شعبان ۱۲۳۲ هجری قمری فرمانی خطاب به عباس میرزا نایب‌السلطنه در مورد پذیرائی از ژنرال یرملوف سفیر روسیه صادر شده است.

موضوع فرمان مزبور دستور و سفارشی است که فتحعلی‌شاه درباره‌ی استقبال و پذیرایی از ژنرال الکساندر یرملوف سفیر روسیه که با نسخه‌ی امضاء شده‌ی عهدنامه‌ی گلستان به ایران می‌آمد صدور یافته است و فتحعلی‌شاه در ضمن آن سفارش می‌کند «هرگاه از ایلچی مشار الیه حرفی در کار دولت سرزند او هم به مقتضای وقت عمل نموده جوابی در مقابل گفته باشد.»[۲۹۰]

رضاقلی‌خان هدایت می‌نویسد: «بعد از گذرانیدن عریضه و هدایا و رخصت مراجعت و یافتن جواب و خلعت، مقرر شد که سفیر مذکور در اواسط فصل بهار در

چمن سلطانیه به حضور سلطان کامکار درآید و احکام قضا نظام به افتخار نواب شاهزاده والا جناب نایب‌السلطنه و نواب ملکزاده عبدالله میرزا متخلص به دارا، فرمانروای خمسه و زنجان و حسین‌خان سردار ایروان صدور یافت...»[۲۹۱]

به این منظور عسکرخان افشار ارومی به مهمانداری او تعیین شد و میرزا عبدالوهاب متعمدالدوله نشاط و چند تن دیگر از مستوفیان دربار مأمور شدند به خمسه رفته، پس از ورود سفیر، او را در چمن سامان ارخی واقع در شش کیلومتری سلطانیه پذیرا شوند.[۲۹۲]

بهرحال هیأت یرملوف با این وضع وارد خاک ایران شدند و از اینجا به بعد دیگر میهمان دولت ایران بودند. فتحعلی‌شاه امر کرده بود تمام مخارج حمل و نقل و خواربار روزانه آنها به وسیله میهماندار پرداخته شود و بدین ترتیب روز ۱۰ می و یا به نوشته برخی منابع دیگر در ۱۹ می هیأت مزبور وارد تبریز شدند.[۲۹۳]

در تبریز نیز از سفیر استقبال و پذیرائی گرم و شایانی به عمل آمد. عبدالرزاق بیگ مفتون دنبلی می‌نویسد:

«از قریه سهلان تا در دولت خانه‌ی نایب‌السلطنه پانزده هزار سرباز و بیست و پنج هزار سوار از مجاهدین، بیست هزار پیاده و مجموع شصت هزارکس و چهل عراده توپ بازداشته به نظام و ترتیب آرمیدند و چهل هزارکس از غریب و بومی اهل تبریز از اصناف و غیره به تماشا حاضر و به ورود ایلچی ناظر و این همه مردم و اصناف و خلایق به ترتیبی و آئینی صف کشیده بودند که نه جنبشی از ایشان پدیدار بود و نه صدائی آشکار.»[۲۹۴]

هیأت سفارت در تبریز با عباس میرزا به مذاکره پرداخت و در آنجا آشکار ساخت که روسیه در زمینه‌ی عدم واگذاری خاک تصمیم قاطع گرفته است و در این زمینه کوچکترین بخششی نخواهد داشت. سفیر در مقابل، موفق نشد موافقت ایران را در خصوص ایجاد کنسولگری در رشت و درخواست‌های دیگر خود کسب کند اما با این حال امید خود را از دست نداده و امیدوار بود که در مذاکره با شاه موافقت او را جلب کند.[۲۹۵]

آنان یک هفته بیشتر در تبریز نماندند روز ۲۳ رجب از تبریز حرکت کرده و روز

۲۵ همان ماه به چمن اوجان رسیده و در انتظار رسیدن شاه در آنجا توقف نمودند ولی در اوجان خبر رسید که فتحعلی‌شاه به مناسبت فرا رسیدن ماه رمضان نمی‌تواند هیأت سفارت را قبل از پایان ماه بپذیرد.

فتحعلی‌شاه در ۲۷ شعبان از تهران به قصد چمن سلطانیه حرکت کرد و برای آنکه قدرت و عظمت خود را به سفیر روسیه نشان داده و او را مرعوب سازد در این سال بر تعداد و استعداد همراهان و سپاه ملتزم رکاب خود افزوده بود. مؤلف ناسخ التواریخ می‌نویسد: شاه در «جمعه هفدهم رمضان وارد چمن سلطانیه گشت و از توپخانه و سوار و سرباز و شاهزادگان و امرا چندان انجمن بودند که کمتر وقت بدان ازدحام و انتظام سپاهی بادید آمد و یرملوف با لباسی دگرگون از یک سوی بیرون شده نظاره و سپاه و رسیدن پادشاه را بدان شوکت و حشمت همی کرد.»[۲۹۶]

یرملوف «در همان ابتدای دیدار با عباس‌میرزا و فتحعلی‌شاه غرور و تکبر خود را نشان داده و از پوشیدن جوراب ساق بلند قرمز رنگ که مرسوم ایرانیان بود خودداری کرد و در حمله به ژنرال گاردان و یا سفیر انگلیس که چنین کرده بودند می‌گوید: من نه از احساسات جاسوس ناپلئون پیروی می‌کنم و نه منشی کشور انگلستان در امور تجاری هستم به همین خاطر همچنانکه جوراب قرمز نپوشیدم به شروط دیگرشان نیز گردن ننهادم.»

جالب اینکه یرملوف به تناسب شناختی که از شخصیت شاه و تیپ وزیران پیدا کرده بود متناسب با آنها رفتار کرده یعنی در حالیکه در برخورد با شاه به خاطر خوشایند شاه تملق و چاپلوسی را از حد می‌گذراند برعکس در دیدار با میرزا بزرگ فراهانی سرشار از غرور و تکبر و تهدید بوده. یرملوف در دیدار با شاه ایران او را «پناهگاه جهان نامید»! و در نامه‌ای به نسلرود به تاریخ اکتبر ۱۸۱۷ چنین می‌نویسد:

«بیش از یکبار با شاه ایران دیدار کردم و خطاب به او گفتم دارای چنان روح متعالی و نادری است که فوق‌العاده به او وابسته شده و تحت تأثیر کمالاتش قرار گرفته‌ام و در این زمان چند قطره اشک از چشمانم سرازیر شد. از شدت این احساسات ذوب و مشتعل شدم».

اما در دیدار با میرزا بزرگ فراهانی وزیر شاه می‌نویسد:

«وظیفه من حفظ افتخار کشورم روسیه و امپراطورم می‌باشد اگر شاه با من به سردی برخورد کند اگر مجبور به شکستن صلح کردم من خودم اعلان جنگ کرده و تا زمانی که ارس مرز نگردد دست از جنگ نخواهم کشید»

یرملوف در نامه‌ای به زاکروسکی به تاریخ ۱۲ اکتبر ۱۸۱۷ می‌نویسد:

«چهره تیره و تار و غدّار من همیشه بیان روشنی از احساسات و درک من بود در مقابل آنها هر لحظه از جنگ صحبت کرده و تصویر یک مردی را به آنان منتقل می‌کردم که دندانهایش را در گلوی آنها می‌فشارد و متوجه شده بودم که از بخت بدشان آنها چنین موقعیتی را دوست ندارند در نتیجه هر موقع لازم به استدلال منطقی بود من در وسط تند و به مانند حیوان درنده و وحشی رفتار کرده و گلوی خود را پاره می‌کردم چرا که ایرانیان کسانی را که چنین سخت و ترسناک فریاد می‌زند باور می‌کنند که حق با او بوده... وقتی من صحبت می‌کردم ایرانی‌ها فقط مرا نمی‌دیدند بلکه صدای صد هزار نفر سربازی که در پشتم بود می‌شنیدند»[۲۹۷]

چند روز بعد از ورود سفیر، ملاقات او و صدر اعظم صورت گرفت در ملاقات‌هائی که بین ژنرال یرملوف با صدر اعظم و اولیای دولت ایران به عمل آمد، سفیر روسیه از دولت ایران خواست که اولا با دولت روسیه متحد و در جنگ با عثمانی که روسها در این موقع با آن در جنگ بودند وارد شود و اگر دولت ایران حاضر به جنگ با عثمانی نیست. همکاری و کمک هم به آنها نکند ولی دولت ایران پاسخ داد در فصول یازده‌گانه عهدنامه‌ی گلستان از این موضوع ذکری نرفته است و «چون سرحدات ایران و ولایات آل عثمان را با یکدیگر اتصال است، همکاری ایران با روسیه موجب خواهد شد که به وسیله‌ی عثمانی‌ها در مرزهای ایران بی‌نظمی‌ها و اختلالاتی پدید آید و بعلاوه امکان زیاد هست که منجر به بروز اختلافات مجددی بین ایران و روسیه شود.»[۲۹۸]

خواسته دوم یرملوف این بود که دولت ایران اجازه دهد نیروی نظامی روسیه از راه دریای خزر به استرآباد و از آنجا به خیوه برای سرکوبی خوارزمی‌ها برود. پاسخ دولت ایران در این مورد نیز چنین بود که در عهدنامه گلستان از این موضوع سخنی به میان نیامده است.[۲۹۹]

سوم آنکه کنسولی از طرف دولت روسیه در رشت مقیم شود تا بکارهای بازرگانی بین اتباع دو دولت رسیدگی کند این پیشنهاد هم از طرف دولت ایران قبول نشد.

چهارمین پیشنهاد روسها این بود که ارتش ایران به وسیله‌ی افسران روسی تحت تعلیم قرار گیرند و دولت ایران این پیشنهاد را نیز نپذیرفت.[۳۰۰]

از طرفی، ژنرال یرملوف بدون در نظر گرفتن بند چهارم عهدنامه‌ی گلستان به صورت محرمانه وارد گفتگو با برادران رقیب عباس میرزا شد در حالی که به موجب عهدنامه‌ی گلستان، روسیه متعهد شده بود که از ولیعهدی که توسط فتحعلی‌شاه تعیین شده باشد حمایت کند و به رسمیت بشناسد. براساس بند چهارم عهدنامه‌ی گلستان، دولت روسیه ملزم شده بود «... هریک از فرزندان عظام ایشان که به ولیعهدی دولت ایران تعیین می‌گردد. هرگاه محتاج به اعانت یا امدادی از دولت علیه روسیه باشند مضایقت ننمایند... و اگر در سر امور داخله مملکت ایران فیما بین شاهزادگان مناقشی روی نماید دولت علیه روس را در میانه کاری نیست تا پادشاه وقت خواهش نماید.»

ژنرال یرملوف در توجیه رفتار خلاف عهدنامه‌ی گلستان در گزارشی به کنت دونسلرود می‌نویسد: «من در سرتاپای عباس میرزا نه تنها کوچک‌ترین حسن نیت و آمادگی لازم و نظر مساعد را برای رعایت منافع ما نمی‌بینم بلکه برعکس تشخیص می‌دهم او از اینکه ایالاتی... هنوز هم در تحت سلطه ما می‌بیند. به شدت ناراضی است و این ناخشنودی خود را به زحمت قادر است که از افکار همگان پنهان دارد و دلیل این عدم رضایت هم این است که بازگرداندن این ایالات بویژه به هنگامی که یک مبارزه بی‌امان و اجتناب‌ناپذیر بین عباس میرزا و برادر بزرگترش برای دستیابی به مقام ولایتعهدی و حق وراثت تاج و تخت در جریان است. حیثیت و اعتبار او را به نحو فوق‌العاده‌ای در انظار عموم بالا خواهد برد.»[۳۰۱]

ژنرال یرملوف در دشمنی با عباس میرزا و کینه توزی با او می‌نویسد که او خود را دربست در اختیار انگلیسی‌ها نهاده و خود را برای جنگ با ما آماده می‌کند یرملوف در گزارش خود می‌نویسد:

«پسر دوم شاه (سوم) عباس میرزا که به مقام ولایتعهدی برگزیده شده با موفقیت کامل به کمک انگلیسی‌ها اصلاحات دامنه دار و چشمگیری را در کلیه‌ی شئون مملکت به عمل آورده. او واحدهای نظامی را براساس پایه‌هایی استوار سازمان می‌دهد. توپخانه در وضع بسیار رضایت بخشی است و تعداد آن سریعاً افزایش می‌یابد. یک کارخانه ذوب فلزات که از هر لحاظ قابل ملاحظه است وجود دارد و یک کارخانه اسلحه‌سازی دیگر شب و روزکار می‌کند و انبارها و مخازن و زرادخانه‌های ایران را لبریز می‌سازد. قلعه‌ها و دژهای مستحکم را همانند نمونه‌های اروپایی آنها می‌سازد از معادن بهره برداری می‌کند و مقدار زیادی مس، سرب و آهن به دست می‌آورند دست و پای عباس میرزا تا حدی در اثر خست و لئامت پدرش که پول بسیار کمی در اختیار وی می‌گذارد بسته است، ولی او با صرفه جوئی و قناعت در زندگی خصوصی خود قسمت اعظم درآمد خود را به نگهداری عده‌ها و سازمان‌های نظامی اختصاص داده است... اصلاحات در همه شئون به سرعت ادامه دارد و ایران به زودی دارای پیاده نظامی خواهد بود که به راحتی می‌توان آن را در میان بهترین پیاده نظام‌های ارتش‌های اروپایی طبقه‌بندی کرد...» [۳۰۲]

شکی نیست که فعالیت‌های عباس میرزا، یرملوف را به طرح ریزی نقشه‌های شومی برعلیه او برمی‌انگیخت. همچنانکه مذکور افتاد یرملوف در هنگام عهده داری مقام سفارت روسی در تهران با پسر بزرگ فتحعلی‌شاه، شاهزاده محمدعلی میرزا رابطه برقرار کرده با وی طرح دوستی ریخت و به او وعده داد که در صورت فوت شاه او در مبارزه با عباس میرزا می‌تواند بر روی کمک و پشتیبانی امپراطوری روسیه حساب کند اما با وجود این، او از محمدعلی میرزا خواسته بود که اطاعت ظاهری از پدر را رعایت کند و ضمناً روابط پنهانی خود را با وی ادامه دهد. ژنرال یرملوف در این مورد می‌نویسد:

«من وعده دادم که او را در جریان موقعیت‌های مناسبی که برای کمک به وی در اختیار من قرار خواهد گرفت بگذارم و برای این منظور، با توافق یکدیگر علامتی قراردادی بین خود تعیین کردیم که به کمک این رمز بتوانیم نامه‌های همدیگر را بشناسیم، زیرا طبق قراردادی که با هم گذاشتیم به منظور حفظ جان محمدعلی میرزا و بسیاری دیگر می‌بایست در برنامه‌های خود از ذکر اسامی خاص قویاً خودداری کنیم.» [۳۰۳]

خطوط اصلی نقشه عملیات آینده یرملوف عبارت از این بود که پس از مرگ فتحعلی‌شاه او تصمیم داشت که ایالت ایروان را به اشغال ارتش روس درآورد تا بدین وسیله قسمت اعظم نیروهای عباس میرزا را بدان سوی بکشاند و در نتیجه فرصت کافی در اختیار محمدعلی میرزا قرار دهد تا تخت سلطنت را تصاحب کند. اما عباس میرزا بوسیله‌ی جاسوسان خود از ارتباطات پنهانی محمدعلی میرزا با ژنرال یرملوف اطلاع پیدا کرد[۳۰۴] و روابط او با سفیر روسیه به شدت تیره شد.

ژنرال یرملوف در نامه‌ای دیگر در ژانویه ۱۸۱۷ خطاب به کنت دونسلرود می‌نویسد:

«اطلاعاتی که از گوشه و کنار به دست من می‌رسد همگی دلالت براین دارند که ایران در تلاش ایجاد ارتش نیرومندی است، ضمن اینکه دژها به سرعت تعمیر و آماده به‌کار می‌شدند. پسر محبوب شاه و بزرگمرد احتمالی، عباس میرزا که مانند همه‌ی ایرانی‌ها شخص تودار و مرموزی است بیش از اندازه به دوستی و فداکاری نسبت به ما تظاهر می‌کند و به بهانه‌ی ابلاغ تبریکات و شادباش‌های خود نسبت به ورود من به قفقاز، عمال و جاسوسان خود را به منظور پی بردن به اینکه آیا ما هم به نوبه خود، خود را برای جنگ آماده می‌کنیم یا خیر؟ از همه طرف به سرزمین ما سرازیر کرده است. آقای کنت، در این صورت وضع من بیش از پیش دشوار خواهد بود، تردیدی نیست که امروز و فرداکردن آنها درباره شروع مذاکرات دلیلی جز این ندارد که آنها می‌خواهند به این وسیله وقت و فرصت لازم را برای تمرکز دادن نیروهای خود در مرزها به دست آوردند.»[۳۰۵]

اما نظر امپراطور و وزیر امور خارجه روسیه مغایر با نظر یرملوف بود کنت دونسلرود به او ابلاغ کرد که برقراری روابط مخفی بین او و محمدعلی میرزا به هیچ وجه مورد تأیید امپراطور نیست و رسماً به او تذکر داد که از هرگونه طرح ریزی بی‌موقع و پیش‌رس خودداری نموده و صرفاً با بذل حسن نیّت از طریق صلح خواهی به ایرانیان با گسترش نفوذ انگلستان در ایران مبارزه کند. دونسلرود در زمینه‌ی فعالیت‌های نظامی ایران نوشت که ایران سرگرم سر و سامان دادن به اوضاع خود چه در زمینه‌ی نظامی و چه در زمینه‌های دیگر اقتصادی و داخلی است و از خدماتی که تمدن ما در اختیار او قرار خواهد داد سپاسگذار و حق شناس خواهد بود و در نتیجه به صورت یکی از دوستان و متحدین وفادار روسیه تغییر شکل خواهد داد. اما دستور

نسلرود در عقاید ژنرال یرملوف هیچگونه تغییری نسبت به ایران و عباس میرزا ایجاد نکرد و او همچنان به برقراری ارتباط با محمدعلی میرزا رقیب سرسخت عباس میرزا ادامه داد چرا که در اکتبر ۱۸۲۱ شخصی به نام «کیفالا» به دیدار کنت دونسلرود رفت و خود را عامل و نماینده فرزند ارشد شاه ایران معرفی نمود. هدف از مسافرت این بود که بتواند در صورت فوت فتحعلی‌شاه پشتیبانی و دخالت روسیه را به نفع سلطنت محمدعلی میرزا در مقابل برادرش عباس میرزا تأمین و مسجل نماید. اما کنت دونسلرود ضمن خودداری از پذیرفتن وی او را از طریق گرجستان روانه ایران کرده و در این‌باره نامه‌ای تندی به ژنرال یرملوف نگاشت:

«شما به هنگام آخرین اقامت خود در سن پترزبورگ به این نکته کاملاً آگاهی یافته‌اید که روابط و مذاکراتی از این قبیل تا چه حد در جهت عکس منویات اعلیحضرت امپراطور و برخلاف اصولی که معظم له بدان معتقدند قرار دارند.» [۳۰۶]

محمدعلی میرزا در ماه ژانویه ۱۸۲۲ در سن ۳۴ سالگی در راه بغداد به مرض وبا درگذشت.[۳۰۷] بدین ترتیب عباس میرزا از یکی از مزاحمین سمج تاج و تخت راحت شد اما هنوز انبوهی از برادران مدعی تاج و تخت به قوت خود باقی بودند.

حکومت روسیه برای پاک کردن خطای سفیرش در هشتم می ۱۸۱۹/۱۷ اردیبهشت ۱۱۹۸ اعلام کرد که عباس میرزا را به عنوان ولیعهد ایران به رسمیت می‌شناسد.[۳۰۸] اما به نظر می‌رسید حداقل در کوتاه مدت یرملوف در انجام این مأموریت سیاسی پیروز و موفق بوده است چرا که شاه ایران دیگر از درخواست زمین دست کشید. یرملوف در بازگشت با همان غرور و تکبرش در تبریز با عباس میرزا روبرو شده و با شتاب عازم تفلیس گردید. در حالیکه در ذهن‌اش تسخیر کل خان‌نشین‌ها را می‌پروراند. هنگامی که از مرز ایران گذشت چنین فریاد زد: ***«برای تو، برای تو ای ایران، نفرت را اختصاص می‌دهم و لعنتم را می‌فرستم و زوال تو را از الان پیشگویی می‌کنم!»*** [۳۰۹] اما تعیین دقیق و شفاف سرحدات بین ایران و روسیه همچنان چون گره ناگشوده باقی ماند در ۱۸۲۴ م بار دیگر گفتگوها بین طرفین درگرفت. عباس میرزا، فتحعلی‌خان را به تفلیس نزد یرملوف فرستاد اما یرملوف هیچ گونه گذشتی از خود

نشان نداد فرستاده عباس میرزا به ناچار بازگشت. بار دیگر همین ایلچی از سوی عباس میرزا راهی تفلیس شد در ۲۸ مارس ۱۸۲۵ عهدنامه‌ای به امضای طرفین رسید اما عباس میرزا آنرا تصویب نکرد. مازارویچ کنسول روسیه در تبریز مجبور شد به حضور شاه به سلطانیه برود سیمون مازارویچ اهل ونیز بود و در سال ۱۹۱۸ از زمان تأسیس کنسولگری روسیه در تبریز به ایران آمده بود.

شاه تصمیم گرفت نماینده‌ای را به همراهی مازارویچ به تفلیس بفرستد آن دو در ژوئیه ۱۸۲۵/تیر ۱۲۰۴ به تبریز رسیدند. سپس عازم تفلیس نزد یرملوف شدند. یرملوف وقتی از جریان باخبر شد از دیدار با نماینده‌ی ایران امتناع کرد. بدین ترتیب روابط دو کشور به بدترین وضع زمان صلح منتهی شد.[۳۱۰]

در این اوضاع و احوال الکساندر اول امپراطور روسیه در ۱۹ نوامبر ۲۸/۱۸۲۵ آبان ۱۲۰۴ به صورت غیرمترقبه‌ای درگذشت. مراسم سوگند نیکولای اول در ۱۴ دسامبر ۲۳ آذر تعیین شد اما هیچکس از ایران در مراسم حضور نداشت. در ژوئیه ۱۸۲۶/تیرماه ۱۲۰۵ منشیکوف به عنوان سفیر امپراطور جدید به همراه نامه‌ای به ایران آمد. دیدارش با عباس میرزا در تبریز هیچ سودی نداشت در نتیجه عازم نزد شاه شد شاه در این زمان در سلطانیه به سر می‌برد در اول ژوئن فتحعلی‌شاه سفیر جدید روسیه را به حضور پذیرفت. بارتولومی که جزو همراهان سفیر جدید روسیه بود در مورد تسلیم نامه تزار به فتحعلی‌شاه می‌نویسد:

«سفیر روسیه راضی شد فرمان امپراطوری را خود به دست شاه تقدیم کند اما در لحظه‌ای که سفیر دست‌هایش را درازکرده بود نامه را بدهد شاه دستانش را دراز نکرد و فرمان را نگرفت. سفیر نامه را چنان درازکرده بود که نزدیک بود به ریش دراز شاه بخورد و می‌خواست نامه را بر روی زانوی شاه بگذارد اما در همین زمان یکی از وزرا بالفور نزدیک شده نامه را که در این زمان تقریباً روی ناف شاه بود قاپید.[۳۱۱]

منشکیوف سفیر روسیه زمانی به حضور فتحعلی‌شاه رسید که شاه در چمن سلطانیه مشغول رأیزنی در خصوص آغاز جنگ بود. سفیر روسیه اعلام کرد که در خصوص سرحدات، صلاحیت گفتگو ندارد. به نظر می‌رسد که همین عدم گذشت

روسیه در خصوص واگذاری اراضی اشغال شده بر تصمیم شاه بر آغاز دور دوم جنگ تأثیر گذاشته چرا که وقتی شاه از آن باخبر شد دیگر ادامه‌ی صحبت با سفیر روسیه را غیر لازم اعلام کرد و سفیر، سلطانیه را بدون نتیجه ترک کرد. منشیکوف در راه ترک ایران بود که جنگ بین دو کشور با حمله قوای ایرانی آغاز شد.[۳۱۲]

یرملوف به مدت ده سال تمام، از دادن گزارشات لازم درباره قریب الوقوع بودن جنگ به سن پترزبورگ ذره‌ای کوتاهی نکرد اما در سن پترزبورگ در این باره خاموشی و سکوت عمیقی حکمفرما بود و شاید در آنجا همگان در تحت نفوذ افکار ثابت و لایتغیر کنت دونسلرود قرار داشتند و در نتیجه هیچ کس به تقاضاهای پی در پی ژنرال یرملوف در مورد تقویت ارتش قفقاز ترتیب اثری نداد. ژنرال یرملوف در گزارشی که در تاریخ ۲۴ ژوئیه ۱۸۲۵ از تفلیس به امپراطور الکساندر تقدیم کرده قریب الوقوع بودن تصادم با ایران را پیش‌بینی کرده و تشکیل یک لشکر به عنوان احتیاط را خواستار شده یرملوف در گزارش خود می‌نویسد:

«من می‌ترسم که مرا به تهمت مسبب جنگ بودن و عامل از بین بردن حالت صلح و مهیا کننده مقدمات جنگ به منظور ارضای حس جاه‌طلبی خود متهم سازند. بنابراین در صورت شروع جنگ بهتر آن است که به جای من فرمانده‌ی دیگری انتخاب شود.»

اما امپراطور باز هم به هشدار یرملوف وقعی ننهاده و در دستخط خود به تاریخ ۱۲ سپتامبر ۱۸۲۵ م چنین نوشت:

«احتمال دارد که در مذاکره و گفتگو با وزیران شاه و عباس میرزا ما با دشواری‌هایی رودرو شویم... معهذا دشوار است که از این موضوع این‌گونه نتیجه‌گیری کرد که نیت آنها از این ایستادگی تهیه‌ی مقدمات حمله‌ی قطعی بر علیه ما و تصرف مجدد ایالاتی که جزء لاینفک روسیه شده است باشد تاکنون دولت ایران کمترین نشانه‌ای که حاکی از عدم واقع‌بینی و نابخردی باشد از خود نشان نداده است.[۳۱۳]

آنگاه امپراطور در پایانِ دستورش به یرملوف می‌نویسد که مساعی خود را برای حفظ صلح و آشتی بکار گیرد. اما همچنان که مذکور افتاد سرانجام، نتیجه‌ای از سفارت یرملوف بدست نیامد. فتحعلی‌شاه نیز به ناچار میرزا ابوالحسن‌خان را به

سفارت ایران در انگلستان فرستاد تا بی‌نتیجه بودن مذاکرات با روسیه را به اطلاع آنها را برساند و مواعیدی که سرگور اوزلی درباره‌ی نواحی از دست رفته بـه ایـران داده بود، یادآور شود...[۳۱۴]

فصل دهم

آغاز دور دوم جنگ‌ها: مخالفان و موافقان جنگ

عهدنامه‌ی گلستان که در ۱۲۰۷ ش/۱۸۱۳ م بسته شده بود بیش از سیزده سال دوام نیاورد و از نوع طبل‌های جنگ به صدا درآمدند. اکثر نویسندگان ایرانی علت شروع جنگ را ابهام‌آمیز بودن برخی مواد عهدنامه گلستان ذکر کرده‌اند اما همچنان که خواهیم دید این تنها یکی از علل آغاز جنگ بود. مهمترین ابهام عهدنامه، بند مربوط به تعیین خط مرزی دو کشور بود چرا که در آن تنها به این جمله اکتفا شده بود که نقاطی که در زمان بستن عهدنامه گلستان در اختیار و اشغال هر کدام از کشورها بود جزو آن کشور محسوب شود. اما طرفین وقتی از حدود بندهای موجود در کاغذ عهدنامه پا به بیرون نهادند بلافاصله تفسیرها و اختلافات آغاز گردید. با شروع کار مأموران مرزی ضرورت مذاکرات جدید آشکار شد واتسون می‌نویسد:

«نمایندگان روس که از زور و قدرتی که پشتیبان آنها بود آگاه بودند در صدد برآمدند مواد عهدنامه‌ی گلستان را متناسب با تأمین منافع سرور خود تفسیر کنند در صورتی که مأموران ایرانی... از تسلیم اراضی که به نظر متعلق به شاه بود. امتناع ورزیدند. سه ناحیه کوچک به خصوص مورد بحث و اساس اختلاف بود که عمده‌ترین آنها قسمت گوکچای به شمار می‌رفت که در طرف چپ دریاچه قشنگی به همین نام و بین آنجا و ایروان واقع و حقاً متعلق به شاه بود. دو ناحیه‌ی دیگر مورد بحث گونی و بالاک لو بوده، اراضی کپان هم محل اختلاف نظر شد.[۳۱۵]

تقریباً اکثر منابع ترک زبان متفق القولند که فتحعلی‌شاه را انگلیسی‌ها تحریک به آغاز جنگ کردند.[۳۱۶] ژنرال یرملوف نیز فکر می‌کرد انگلیسی‌ها عباس میرزا را

تشویق به جنگ می‌کنند.[۳۱۷] برخی از نویسندگان ایرانی از جمله جمیل قوزانلو نیز ضمن اشاره به این مطلب می‌نویسد:

«بریتانیا نگران حمله احتمالی روسیه به هند بود و برای دفاع از هند علما را برانگیخت تا ایران را به جنگ با روسیه بکشاند و بدین سان توجه روسیه را از هند به ایران منحرف کند.»[۳۱۸]

اما این دو قولی که به عنوان نمونه ذکر شد از اساس باطل و اشتباه است زیرا به دلایلی که در زیر ذکر می‌شود کشور انگلستان و انگلیسی‌پرستان در ایران در این زمان مخالف شروع جنگ بودند. مستر ویلاک نماینده‌ی انگلستان در ایران، شاه را تشویق به سازش می‌کرده نه جنگ.[۳۱۹]

همچنین میرزا ابولحسن‌خان شیرازی نیز که مزدبگیر انگلستان بود و کاملاً نیات انگلیسی‌ها را پیش می‌برد مخالف جنگ بود.[۳۲۰] مک دونالد سفیر انگلستان در ایران در گزارشی که به تاریخ ۲۸ اکتبر ۱۸۲۶/۶ آبان ۱۲۰۵ به کمیته سری فرستاده معتمدالدوله، میرزا ابوالحسن‌خان، منوچهرخان گرجی و خودش را به عنوان مخالف جنگ و آصف‌الدوله و روحانیون را موافق جنگ ذکر می‌کند.»[۳۲۱]

البته منابع متعدد دیگری نیز میرزا ابوالحسن‌خان را مخالف آغاز جنگ با روسها ذکر می‌کنند.[۳۲۲]

بنابراین اگر انگلستان موافق جنگ می‌بود هیچ وقت آدمی چون میرزا ابوالحسن‌خان که خود را به انگلیسی‌ها فروخته بود نمی‌توانست برخلاف میل آنها عمل کند و خود را مخالف جنگ اعلام کند.

اما اینکه انگلستان و همپالگی‌های آن مخالف آغاز جنگ بودند بدان خاطر نبود که آنها مصالح ملت ایران را در نظر داشتند بلکه مخالفت آنها با آغاز جنگ دقیقاً از موضع نفع انگلستان بود اولاً در آن زمان، انگلستان و روسیه متحد هم در مقابل ناپلئون بودند ثانیاً بر طبق قرارداد ۱۸۱۴م که بین ایران و انگلستان بسته شده بود. کشور انگلستان ملزم شده بود که در صورت وقوع جنگ بین ایران و کشوری دیگر، سالانه مبلغ دویست هزار تومان به ایران بپردازد این مبلغ تنها در زمان جنگ به ایران تعلق می‌گرفت. بنابراین آغاز جنگ به نفع انگلستان نبود اما در مقابل، اگر علما به

اشتباه طالب جنگ بودند از موضع حسن نیت نسبت به منافع ایران به مسئله می‌نگریستند به عبارتی صلاح بلاد اسلامی ایران را در مبارزه با کفر می‌دیدند هر چند در عمل نتیجه‌ای کاملاً عکس ببار آورد.

از طرف دیگر، اکثر نویسندگانی که دوستدار عباس میرزا بودند کوشیده‌اند او را مخالف آغاز دور دوم جنگ قلمداد کنند اما این کوشش کاملاً بی‌فایده بوده چرا که عباس میرزا متأسفانه یکی از طالبان اصلی آغاز جنگ بوده است:

خان ملک ساسانی به اشتباه می‌نویسد عباس میرزا و قائم مقام مخالف آغاز جنگ بودند.[۳۲۳] جهانگیر میرزا نیز عباس میرزا را مخالف جنگ معرفی می‌کند که با فشار علما مجبور به جنگ با روسیه شد.[۳۲۴] در حالی که همچنان که خواهیم دید برعکس این ادعاها، این عباس میرزا بوده که علما را تشویق به دادن فتوی و مبلّغ جنگ گرداند. ناصر نجمی نیز که به عباس میرزا سمپاتی ویژه دارد در کتاب خود، عباس میرزا را مخالف جنگ ذکر می‌کند![۳۲۵]

ابوالقاسم لاچینی نیز همین اشتباه را تکرار کرده می‌نویسد عباس میرزا مخالف جنگ بوده ولی قائم مقام موافق جنگ بوده و به کمک علما عباس میرزا را مجبور به جنگ کرده است![۳۲۶]

متأسفانه این نویسندگان به جای اینکه در پی حقیقت باشند به خاطر حب‌شان و تعلق خاطرشان به عباس میرزا، در خدمت اشخاص قلم می‌زنند. در واقع دوستی و دشمنی‌های آنها با افراد، تعیین‌کننده بوده که چه کسی طالب جنگ و چه کسی مخالف آن بوده در حالی که اگر نتیجه‌ی جنگ به جای شکستِ مفتضحانه ایران با پیروزی و سربلندی ایرانیان تمام می‌شد شاید تمامی نوشته‌های آنان در این مورد برعکس می‌شد!

محمد امینی ریاضی نیز بدون ذکر منبع می‌نویسد:

«نایب‌السلطنه که مردی هدفمند و دل آگاه بود، و به جریانات جهانی آشنایی داشت، مخالف جنگ بود. او اینک می‌دانست که ارتش‌های روسیه از جنگ با ناپلئون فراغت یافته‌اند، و به محض شروع جنگ، رهسپار جبهه‌ی ایران خواهند شد. نظام جدید او هم که به کمک افسران فرانسوی و

انگلیسی سازمان یافته هنوز به پایه‌ای نرسیده است که در برابر نیروهای جنگ دیده روس پایداری نماید.» [۳۲۷]

امینه پاکراوان نیز ضمن تبرئه عباس میرزا به عنوان یکی از آغازکننده و طالبان جنگ، که نتایج شومی برای ایران در پی داشت می‌نویسد:

«عباس میرزا در تابستان ۱۸۲۵ م/۱۲۴۰ هـ.ق دریافت که چیزی تغییر کرده است، باد خشمی می‌وزید که با تعصب همراه بود... عباس میرزا از لحظه‌های نادر مساعد استفاده کرد تا با مرد پرمدعایی [فتحعلی‌شاه] که عقل سلیمش را تیره و تار می‌کردند و روح خود بزرگ‌بینی‌اش را می‌نواختند، درباره تمام خطرهایی که از سرگیری جنگ با روسیه در برداشت صحبت کند. او گفت که سپاه ایران هنوز آن قدر قوی نیست و با شانس نابرابر نمی‌توان جنگید...» [۳۲۸]

اما متأسفانه نویسنده براین مدعای خود کوچکترین سندی ارائه نمی‌دهد چرا که اصولاً سندی بر این مدعا وجود ندارد. اما منابع دست اول می‌نویسند که عباس میرزا طالب جنگ بوده است:

میرزا محمدصادق وقایع‌نگار که خود از نزدیکان و دوستداران عباس میرزا بوده و در زمان تصمیم‌گیری در خصوص آغاز جنگ در چمن سلطانیه حضور داشته در این مورد می‌نویسد:

«... در چمن سلطانیه ناگهان خبر رسید که روسها شبانه به ایروان حمله کرده و یکی از قرای اطراف آن، مردم را از زن و مرد و کودک قتل عام کرده‌اند. و این در حالی بود که سفیر روسیه، در آن تجمع حاضر بوده و سلسله صلح و آشتی می‌جنبانید. پس از پخش این خبر در اردو، مجتهدین جنگ با روسیه را واجب دانستند. نایب‌السلطنه هم با علما موافق بود، ولی معتمدالدوله و حاجی میرزا ابوالحسن خان وزیر امور خارجه با جنگ مخالف بودند. سفیر مزبور [سفیر روسیه] آن چه کوشش کرد که جدال بین دو دولت صورت نگیرد، به جز انکار و اصرار در جنگ از عباس میرزا و علما جوابی نشنید.» [۳۲۹]

اینکه آیا «کشتار زن و مرد مسلمان توسط روسها» اتفاقی افتاده یا نه، اثبات آن مشکل است اما در آن لحظه‌ی حساس بدون شک رسانندگان آن خبر، خود از طالبان جنگ بودند. واتسن نیز در خصوص موافقت عباس میرزا با آغاز جنگ می‌نویسد:

«ولیعهد که از تجربه‌های گذشته درس عبرتی نیاموخته بود درصدد برآمد باز با فرماندهان روس در میدان نبرد زورآزمایی کند...» [۳۳۰]

حامد الگار نیز ضمن اینکه معتقد است عباس میرزا طالب جنگ بوده در مورد کوشش بیهوده کسانی که می‌کوشند او را مخالف آن جنگ شوم نشان دهند می‌نویسد:

«...کوشش کسانی که شرح حال عباس میرزا را نوشته‌اند براینکه او را از همه‌ی مسئولیت‌هائی که در آغازکردن جنگ داشته تبرئه کنند فهمیدنی است اما موفقیت‌آمیز نیست.» [۳۳۱]

به نظر ما عباس میرزا نه تنها خودش طالب و موافق آغاز جنگ بود بلکه از فشار و فتوای روحانیون استفاده کرد تا شاه مردّد را نیز برای آغاز جنگ با خود همراه کند و سرانجام نیز موفق شد. [۳۳۲]

حاجی ملا رضا همدانی که از فقهای دوره فتحعلی‌شاه و از نزدیکان عباس میرزا بود در ذی الحجه ۱۲۳۸/سپتامبر ۱۸۲۳ رساله‌ای در خصوص ضرورت جهاد و مبارزه با ارتش «کفره روسیه» نوشت و مسلمانان را تشویق کرد که سرزمین‌های اشغالی را از لوث وجود کفار پاک کنند. [۳۳۳]

عباس میرزا نه تنها طالب جنگ بود بلکه بواسطه‌ی عواملش فتوای علما برای جهاد با کفار را در نقاط دورافتاده و روستاها پخش می‌کرد و مردم را جهت مبارزه با روسیه فرا می‌خواند.

گزارش‌های متعدد ژنرال یرملوف از اقدامات عباس میرزا به پترزبورگ نیز نشان می‌دهند که عباس میرزا در پی آمادگی برای پس گرفتن سرزمین‌های اشغالی از روسیه بود. از منظر عقلانی نیز دلایل متعددی وجود دارد که عباس میرزا طالب جنگ باشد اگرچه متأسفانه او کوچکترین آگاهی از عواقب شوم آن نداشت.

عباس میرزا بیشتر به دلایل شخصی طالب آغاز جنگ بود. او در دور اول جنگ‌ها از سوی برادران رقیب خود به عنوان مسبب شکست ایران تلقی می‌شد و موقعیت‌اش به شدت تضعیف گشته بود به طوری که حتی مقام ولیعهدی‌اش نیز اینک با چالش جدی مواجه شده بود. [۳۳۴]

در نتیجه، عباس میرزا به دنبال فرصتی بود جنگ را آغاز کند تا با جبران شکست

دور اول جنگ‌ها، تفوق خود را نسبت به رقبایش نشان دهد.

عباس میرزا خود را مسئول شکست‌هایی می‌دید که دولت ایران را به امضای عهدنامه گلستان ناچار ساخته بود و افکار عمومی او را مسئول رها کردن اهالی مسلمان خان‌نشین‌ها به دست کفار می‌دانست. «برادران رقیبش نیز در این زمینه آتش بیار معرکه بودند.» ۳۳۵

عباس میرزا در واقع نیازمند یک سلسله پیروزی‌هایی بود که بتواند شکست‌هایش را در نزد افکار عمومی جبران کند پس از عقد عهدنامه‌ی ننگین گلستان، عباس میرزا لحظه‌ای از تقویت نظامی ایران و آغاز جنگ غافل نبود. او به یاری انگلیسی‌ها اقدام به تشکیل و سروسامان دادن به واحدهای نظامی نمود. «**او به خود امیدواری می‌داد که در آینده‌ای نزدیک با کمک انگلیسی‌ها همه و یا لااقل قسمت اعظم خان‌نشینی‌هائی که در اجرای مقررات عهدنامه‌ی گلستان به روس‌ها واگذار شده است به ایران پس داده خواهد شد...**» ۳۳۶

او حتی برای وادار کردن فتحعلی‌شاه به جنگ با روس‌ها در زمستان آن سال عده‌ای از زائران عتبات عالیات را وادار کرده بود از ظلم و جور روس‌ها و به خصوص ژنرال یرملوف نسبت به مسلمانان به مرحوم آقاسیدمحمد اصفهانی معروف به سید مجاهد که در آن ایام ریاست تامه مذهب شیعه را داشت و در کربلا متوطّن بود شکایت نمایند و از او بخواهند برای رفع ظلم و ستم از مسلمانان اقدام نماید.

آقا سیدمحمد ضمن نامه‌ای از فتحعلی‌شاه خواست برای جلوگیری از تجاوز روس‌ها به سرزمین‌های اسلامی و رفع ستم از مسلمانان باید به هر وسیله‌ای که می‌تواند اقدام کند. او در نامه‌ی خود نوشته بود که پادشاه ایران هم به عنوان پادشاه و هم به عنوان رئیس مذهب شیعه بر او واجب است برای حفظ و حمایت از جان و حقوق مؤمنین قیام نماید.

فتحعلی‌شاه که فکر می‌کرد اگر از سید بخواهد که او هم علیه روس‌ها شرکت کند خودداری خواهد کرد لذا از او دعوت کرد به ایران آمده و فرماندهی و ریاست سپاهیان را بر عهده بگیرد. برخلاف انتظار شاه، آقا سیدمحمد در روز ۲۵ ماه می ۱۸۲۶

وارد تهران شده و از آنجا به سلطانیه آمد. در واقع همه اینها به تحریک عباس میرزا برای آغاز جنگ صورت می‌گرفت.[۳۳۷]

به نظر می‌رسد که خان‌های فراری از خان‌نشین‌هائیکه به دست روسیه افتاده بود و همه چیز خود را از دست داده به تبریز سرازیر شده بودند و بیشترین ارتباط را با عباس میرزا داشتند در کشاندن او به صحنه جنگ نقش داشته باشند. جهانگیر میرزا می‌نویسد خان‌ها، نامه‌های متعددی از قول اهالی ایالات اشغال شده جعل کردند و در آن از ظلم‌ها و تعدیّاتی که نسبت به مسلمانان روا می‌شد سخن گفتند و آنها را برای عباس میرزا، علما و فتحعلی‌شاه فرستاده و آنها را به جنگ با روسها تشویق کردند.[۳۳۸]

جهانگیر میرزا در ادامه می‌نویسد: ***«خوانین مهاجر که از ولایت خود دور شده بودند... امورات که در سرحد واقع می‌شد به نوع‌های دیگر در نظر خاقان مغفور جلوه می‌دادند و انگیزه فتنه کرده عرایض از زبان رعایای اسلامی که در آن طرف ارس و کر بودند ساخته به خدمت نایب‌السلطنه و به خدمت خاقان مغفور و علما... می‌فرستادند».***[۳۳۹]

منابع ایرانی دوره قاجاری نیز ضمن اشاره به تعرضات روسها نسبت به مردم قفقاز می‌نویسند ستمگری‌های قوای روسی در مناطق اشغال شده که اینک جزو خاک روسیه شده بودند باعث شد مردم آن نواحی برای رهایی به علما پناه برند و علما فتوای جهاد دادند. ***«در این مدت که ولایت قراباغ، گنجه و شیروانات در تصرف دولت روس بود. بعد از وفور استیلا و تسلط، بنای تعرض به عرض و ناموس مسلمانان گذاشتند و در باب دین و مذهب و ملت نیز، خاطر قاصر بر ایذا و اضرار گماشتند. این مطلب به توسط علما و فضلای آن دیار و تحریک کارپردازان دربار ولیعهدی، به جناب آقای سیدعلی اصفهانی، ساکن عتبات عالیات رسید و معزی الیه تکلیف شرعی خود و مسلمانان را در جهاد با کفر روس دید.»***[۳۴۰]

از طرف دیگر در اثر سیستم اداری جدید روسها، شکل خان‌نشین‌های قبلی ملغی شده و مبدل به ایالات و ولایات گشتند شش ایالت باکو، شکی، قوبا، شروان، قراباغ، تالش و دو دایره یلیزاو تپول (گنجه) و جار-بالاکن و دو دیستانسیا یعنی ناحیه قزاق و شمشدیل پدید آمد که هیچ کدام خود مختاری نداشتند و همه تحت فرماندهی قفقاز بودند و در رأس هر کدام یک افسر روسی قرار داشت.[۳۴۱]

سیستم اداری جدیدی که ژنرال یرملوف در خان‌نشین‌های قفقاز بوجود آورد. به عنوان یکی از عوامل شروع دور دوم جنگ‌های ایران و روسیه شد. با رفرم‌های او فئودال‌ها و خان‌های ناراضی قفقاز به ایران سرازیر شدند. براساس اسناد آکاک مصطفی‌خان حاکم شیروان در ۱۹ اگوست ۱۸۲۰ م[۳۴۲] و مهدیقلی‌خان حاکم قراباغ در ۲۱ نوامبر ۱۸۲۲ م[۳۴۳] به ایران فرار کرده بودند. «ژنرال یرملوف در سال ۱۸۲۲ م سیستم اداری قبلی را در خانات قراباغ، شکی و شیروان لغو کرد و در مقابل، افسران خود را به عنوان فرمانده در رأس خان‌نشین‌ها گذاشت.»[۳۴۴]

ژنرال یرملوف ***«خان‌نشین شکی را در سال ۱۸۱۹ م، سلطان‌نشین شمشدیل و قازاخ را در ۱۸۱۹ م، شیروان را در ۱۸۲۰، خان‌نشین قراباغ را در ۱۸۲۲ و خان‌نشین تالشی را در ۱۸۲۶ لغو کرد و بدین ترتیب تخم نفرت را در ولایات مختلف آذربایجان کاشت.»***[۳۴۵]

او با این اقدامات هم نارضایتی توده‌ها را فراهم ساخت که از قرن‌ها پیش به چنان روابط کهن عادت کرده و در تار و پود وجودشان ریشه دوانیده بود و هم مخالفت‌های عمیق خان‌ها و فئودال‌ها را برانگیخت که پس از اخراج و تبعید به ایران، در تبریز جمع شده و برای تسلط دوباره بر املاک از دست رفته خود بر طبل جنگ می‌کوبیدند تبلیغات ضد روسی و نامه‌های مجعول آنان در خصوص تجاوز به نوامیس مسلمانان در خان‌نشین‌های قفقاز که به دولتمردان ایران مخصوصاً به علما نوشته شد در واقع قبل از آنکه در واقعیت ریشه داشته باشد در منافع اقتصادی از دست رفته ایشان ریشه داشت.

پس عجیب نیست که بعدها پس از شکست ایران، در هنگام عقد قرارداد ترکمنچای، در فصل چهاردهم آن گنجانده می‌شود که «اگر خان‌ها یا پیشوایان مذهبی در ممالک طرفین منشاء ضرر و مرارت شوند از آنجاها اخراج شوند.»[۳۴۶]

پرفسور سلیمان علیارلی در مورد عواقب سیستم اداری جدید روسها می‌نویسد:

«دولت روسیه در ایالت‌های مسلمان [نشین قفقاز] توانسته بود برای خود پشتوانه اجتماعی خیلی کوچکی فراهم آورد. اما قریب به اتفاق قشر حاکم نسبت به نظام اداری ـ نظامی استعماری روسیه احساس بیگانگی می‌کردند و با آن به مخالفت می‌پرداختند و این روحیه در جریان دور دوم

جنگ‌های ایران و روسیه خود را نشان داد.

خان‌های سابق که در اندیشه‌ی مسلح کردن مردم و احیای نظام خان‌نشینی بودند، توانستند عباس میرزا، شاهزاده ایران را قانع کنند که با دیده شدن ارتش تحت فرمان او در آذربایجان [قفقاز]، اهالی مسلمان به پا خاسته، روس‌ها را بیرون خواهند راند. در حقیقت هم وقتی ارتش شصت هزار نفری ایران در روز سیزده ژوئیه ۱۸۲۶ از ارس گذشت و با پدیدار شدن خان‌های فراری چون اوغور لوخان، پسر جوادخان گنجه‌ای، حسینعلی خان باکویی، مهدیقلی خان قراباغی، حسین‌خان پسر سلیم‌خان شکی، مصطفی خان شروانی و دیگران در خانات سابق، این نیروها را به تکان درآورد....».۳۴۷

نویسنده فارسنامه ناصری نیز ضمن اشاره به تعدیات روس‌ها بر نوامیس مسلمانان در مناطق الحاق شده به روس‌ها به فتوای جهاد علما اشاره می‌کند و می‌نویسد:

«پس از مراسلات به عموم مجتهدین بلاد اسلام به تحریر درآورده و عموم مسلمانان را به اقدام در جهاد دعوت فرمود و حضرت شاهنشاهی مبلغ سیصد هزار تومان به علاوه مواجب و مرسوم سپاه برای صرف جهاد معین فرمود... و از طهران نهضت فرمود و ششم ماه ذیقعده سال ۱۲۴۱/ ۱۲ ژوئن ۱۸۲۶/ ۲۲ خرداد ۱۲۰۵ ش چمن سلطانیه را لشکرگاه نمود و نواب نایب السلطنه نیز تشریف فرمای آن چمن گردید.»۳۴۸

در این مدت علما مدام وارد اردوگاه شده با روحیه دادن به قشون، آنان را تشویق به مبارزه در مقابل کفار می‌کردند. «روز هیجدهم همین ماه، جناب حاجی ملا احمد نراقی کاشانی که بر تمامت مجتهدین برتری داشت و حاجی ملا عبدالوهاب قزوینی و جماعتی از علما چون نزدیک اردو شدند... فتوی دادند که هرکس با قدرت از جنگ با روسیان بازنشیند، از اطاعت خدای تعالی، دور و به متابعت شیطان نزدیک است.»۳۴۹

عبدالرزاق دنبلی می‌نویسد که در اثر تحریض و تشویق مردم توسط علما برای جنگ با روس‌ها، بسیاری از مردم به عنوان مجاهد داوطلب، آماده جنگ شدند.۳۵۰

منابع انگلیسی نیز علما را به عنوان جزو آغازگران جنگ معرفی می‌کنند.۳۵۱

اندک تأملی بر رساله‌ها و تاریخ نوشتن و پخش آنها به روشنی حال و هوای جامعه ایران را آشکار می‌کند و وضعیت روحی مردم و حس انتقام جویی آنها از پس یک

شکست سهمگین و قرارداد خفت بار گلستان را نشان می‌دهد.

درواقع خشم مردم پس از قرارداد گلستان برعلیه روس‌ها چنان بود که کنسول روسیه در تهران در ۳۰ می ۱۸۲۵ می‌نویسد: **«اینجا همه جا صحبت از جنگ با روسیه می‌کنند»** ۳۵۲

می‌توان گفت که تصمیم برای آغاز جنگ از سوی شاه به صورت خلق الساعه در چمن سلطانیه در یک نشست صورت نگرفته بلکه بذر آن توسط علما از مدت‌ها پیش در بدنه جامعه با رساله‌ها و فتوی‌های جهاد پاشیده شده و در زیر پوست جامعه ساری و جاری بوده و راهی و مجالی به ظهور و نمود می‌جسته است. زیرا تألیف کتاب‌های جهادیه پس از تحمیل قرارداد گلستان آغاز شده و اکثراً در طول ۱۳ سال یعنی از قرارداد گلستان تا آغاز دور دوم جنگ‌های ایران و روس نوشته شده‌اند و به میزانی که به تاریخ آغاز دور دوم جنگ‌ها نزدیک‌تر می‌شویم انتشار رساله‌ها حدت و شدت می‌یابند و شخص عباس میرزا برخلاف تقریباً تمام بیوگرافی نویسان وی که او را مخالف آغاز جنگ قلمداد کرده‌اند در پراکندن آنها نقش اول داشته است.

اولین کتابی که در این زمینه نوشته شد رساله‌ی جهادیه همدانی بود. نگارش کتاب به درخواست میرزا بزرگ فراهانی شروع شد و در ۱۸۱۱/۱۲۲۶ به اتمام رسید. حاجی ملا محمدرضا همدانی می‌نویسد: **«از پاره‌ای می‌شنوم که می‌گویند حال جهاد واجب نیست و موقوف است به پیغمبر(ص) یا امام(ع) یا نائب خاص.. این سخن مبنی بر اشتباه و التباس و عدم خبرت به اخبار و فتاوی کبار از فقها و علمای اخیار است... الحال مقاتله با کفار جهاد است نه دفاع.»** ۳۵۳

همچنین می‌توان به کتاب جهاد العباسی سید مجاهد (محمدبن علی طباطبایی مشهور به آقا سیدمحمد مجاهد) اشاره کرد این کتاب به درخواست عباس میرزا، نایب‌السلطنه نوشته شده است. کتاب به زبان عربی و به شکل سؤال و جواب است. سید مجاهد، رویارویی و عقب راندن روس‌ها از سرزمین‌های اشغالی را جهاد دانسته و آن را واجب می‌شمرد. نگارش کتاب در سال ۱۲۲۸ هـ صورت گرفته است. کتاب «مشکوةالجهاد فی ترجمه مصابیح الجهاد» سیدمجاهد مفصل‌ترین کتاب جهادیه

است که در سال ۱۲۳۲ هـ به زبان فارسی نگارش یافت.

در سال ۱۲۳۰ هـ شیخ هاشم از علمای عرب، کتابی با عنوان «العباسیه الحداد فی جهاد اهل الشرک و الالحاد» نوشت و آن را به عباس میرزا تقدیم کرد.

در سال ۱۲۳۳، میرمحمد حسن‌بن عبدالباقی امام جمعه موقت اصفهان، جهادیه‌ای را به خواست عباس میرزا نوشت عبدالباقی به ۲۴ سؤال دولتمردان پیرامون جنگ با روسیه تجاوزگر پاسخ داده است.

مولی ابن الحسن ابن محمد کاظم صاحب رساله‌ای است با موضوع جهاد که دارای ۱۶ فصل می‌باشد و در سال ۱۲۳۸ هـ به زبان فارسی نگارش یافته این کتاب با تکیه بر آیات و روایات به بررسی مفهوم جهاد می‌پردازد.

از آنجا که رساله‌های جهادیه به دلیل فنی بودن نثر آنها از جهت بیان احکام جهاد و هم به علت عربی بودن زبان بعضی از آنها، مردم نمی‌توانستند استفاده کنند از این رو میرزا بزرگ، از سوی عباس میرزا دستور یافت، ماحصل تلاش علما برای نشان دادن ادب جهادی در برابر تجاوزگران را تلخیص، تدوین و تنقیح نماید.[۳۵۴]

بدین ترتیب، کتاب «احکام الجهاد و اسباب الرشاد» به دست میرزا بزرگ قائم مقام نوشته شد. این کتاب با جمع‌بندی فتاوی علمای آن عصر، از حجیم‌ترین آثاری است که تحت عنوان جهادیه زبان فارسی نوشته شده است.[۳۵۵]

درباره تأثیر این جهادیه‌ها در میان مردم، عبدالرزاق دنبلی چنین آورده است: ***«فضلا و علمای آذربایجان در مساجد و منابر رفته، بنای وعظ نهادند و سلوک این طایفه (روس) را با مسلمانان به آواز بلند برفراز منابر گفتند و... مستمعان را متأثر و قلوب غافلان را منزجر ساختند و سوای جماعت سرباز و نوکر مواجب خوار، جمعی کثیر را غیرت اسلام دامنگیر گشته، داوطلب جهاد شدند و با اسلحه و اسباب حرب از جان‌گذشته منتظر محاربت و مجاهدت گشتند تا هر وقت که امر و اشارت رود به مجاهده پردازند و اکنون در همه بلاد آذربایجان با یراق و اسباب در همه جا قریب به صد هزار نفر مجاهد به هم رسیده است.»***[۳۵۶]

از این رو در محرم ۱۲۴۲ برای تعزیه «جناب سیدالشهداء (ع) تکایا بسته علمای اعلم و مجتهدین بزرگ مثل جناب آخوند حاجی ملااحمد نراقی و جناب آخوند ملا

محمد مامقانی بعد از ذکر مصیبت امام حسین (ع) لشکریان منصور را به جهاد ترغیب فرموده و شوری در میان لشکر انداختند و دسته دسته و فوج فوج لشکریان اسلام از مجلس و وعظ برخاسته به خدمت نائب السلطنه آمده و اظهار شوق و تعهد یورش و بی‌باکی را از کشته شدن و کشتن می‌کردند».[۳۵۷]

میرزا بزرگ می‌نویسد: ***«بدانید که مقتولین ثغور آذربایجان در دفاع اهل کفر و طغیان برای حفظ بیضه اسلام و مسلمین و حراست ناموس مؤمنات و مؤمنین مانند شهدای کربلاست.»***[۳۵۸]

در این دوره است که نیروهای نظامی را در آذربایجان سرباز و نیروهای کمکی را که از نواحی مرکزی و کشور می‌آمدند، جانباز گذاشتند و این دو عبارت وارد ادبیات نظامی ایران شد. ارتباط معانی و مفهومی این دو واژه را به راحتی می‌توان با همان روح فضای ایجاد شده پیدا کرد. در همین دوره، روحیه‌ی ملی ـ مذهبی مردم و سپاهیان، آن چنان تقویت شد که دیگر از اصطلاحات عسگر، غازی، قوای نظامی و یا «سالدات» که اصطلاحی روسی بود، استفاده نمی‌شد.[۳۵۹]

مرحوم آیت‌الله شیخ اکبر محمدجعفر نجفی (کاشف الغطاء) در حکم جهاد خود می‌گوید:

«ای کافه‌ی اهل ایران از عراق و فارس و آذربایجان و خراسان آماده شوید به جهاد کفار لئام و برآورید تیغ‌ها از نیام برای حفظ بیضه‌ی اسلام و درآیید در سلک یاوران ملک علام و جهاد کنید به دفع کفار...»

حامد الگار به نقل از گزارش اسناد وزارت خارجه انگلستان در ۱۵ ژوئیه ۱۸۲۶ در خصوص ورود آقا سیدمحمد اصفهانی به سلطانیه می‌نویسد:

«احساسات مذهبی که در اثر مکاتبات عباس میرزا و درباریانش با علما نضبح گرفته و توسط آقا سید محمد اصفهانی در سراسر ایران گسترش یافته بود اینک به اوج خود رسید... ویلوک که شاهد عینی ورود آقا سید محمد اصفهانی به سلطانیه بوده است می‌نویسد: مردم احساسات عظیمی ابراز کردند، به سید نمی‌توانستند دسترسی داشته باشند، لکن کجاوه او را می‌بوسیدند، نردبانی را که از آن به کجاوه عروج کرده بود می‌بوسیدند و خاک غبار زیر سم قاطر حامل او را جمع می‌کردند.»[۳۶۰]

واتسن نیز در خصوص فشار علما به شاه برای آغاز جنگ می‌نویسد:

آغاز دور دوم جنگ‌ها: مخالفان و موافقان جنگ / ۲۹۳

«فشاری که این عده به شاه می‌آوردند آنقدر شدید بود که او ناگزیر شد به روس اعلام جنگ بدهد...» [۳۶۱]

بر طبق نوشته منابع، در آن میان دو نفر مخالف جنگ بودند:

«یکی حاجی میرزا ابوالحسن خان وزیر امور دول خارجه که چون سابقاً پست سفارت کبرای شاه را در مسکو داشته از حدود وسیع منابع آن دولت آگاه بوده، دیگر میرزا عبدالوهاب معتمدالدوله که شاه از شایستگی وی شواهد بسیار داشت.» [۳۶۲]

نویسنده فارسنامه ناصری نیز ضمن اشاره به مخالفت‌های آن دو نفر می‌نویسد که آن دو به خاطر مخالفتشان با جنگ مورد سرزنش علما قرار گرفتند: ***«حضرات مجتهدین برای این دو نفر پیغام‌های زشت فرستادند و آنها را به دلایل شرعی متقاعد نمودند.»*** [۳۶۳]

منشیکف که در اوایل ژوئن سال ۱۸۲۶ به عنوان سفیر جدید روسیه به ایران آمده بود در سلطانیه می‌کوشید از آغاز جنگ ممانعت کند اما در محیطی سرد و ناخوشایند[۳۶۴] باب هرگونه گفتگو و مذاکره بسته شد تا باب شلیک تفنگ‌ها و توپ‌ها آغاز گردد.

نویسنده فارسنامه می‌نویسد ایلچی روس که در این جلسه حضور داشت خواست جهت جلوگیری از جنگ با مجتهدین سخن بگوید اما آنها عنایت بدو نکردند و گفتند:

«در شریعت ما با کفار سخن کردن گناهی بزرگ باشد.» [۳۶۵] وقتی خواست با فتحعلی‌شاه سخن بگوید شاه گفت: ***«صلاح دولتی بر مسالمت و مصلحت است و تکلیف ملیت ما موافقت با پیشوایان دین و مبارزت.»*** [۳۶۶] منشیکف در گزارش خود در مورد آمادگی جنگی ایرانیان برای آغاز نبرد می‌نویسد: ***«سپاهی که در سلطانیه قرار دارد، خود را برای اردوکشی آماده می‌سازد و تمام ملت را وادار کرده‌اند که در هوای جنگ تنفس نمایند عباس میرزا دستور داده است سپاهیان خوی و ارومیه در ایروان جمع شوند و سپاهیان همدان وارد تبریز گردیده‌اند و سپاهیان تبریز به محال کپنک اعزام شده نایب‌السلطنه روحانیون را از تهران احضار کرده بود تا مسلمانان آذربایجان را علیه روسها برانگیزند.»*** [۳۶۷]

منشیکف در راه بازگشت از ایران بود که حمله ایرانیان آغاز شد او توسط سردار

ایروان بازداشت شد اما با پادرمیانی «مگدونالد» وزیر بریتانیا آزاد شد.

اینکه در بعضی از منابع فارسی از تجاوز روسها بر نوامیس مسلمانان سخن رفته به ضرس قاطع می‌توان می‌گفت که دروغی بیش نبوده است اولاً در هیچ منبعی (غیر از منابع فارسی) که مورخین درباری ایران نوشته‌اند به این مسائل کوچکترین اشاره‌ای نگردیده در منابع ترک زبان نیز که از نزدیک شاهد و ناظر عینی رفتار روسها بودند حتی به یک مورد نیز اشاره نکرده‌اند. این اخبار مجعول تنها ساخته و پرداخته‌ی خان‌ها و فئودال‌های فراری خان‌نشین‌ها بودند که در تبریز به گرد عباس میرزا جمع شده بودند. بسیاری از نامه‌هائی که به نام مردم مسلمان خان‌نشین‌های قفقاز نوشته و در آنها از تجاوزات قوای روسیه سخن رفته پایه و اساس نداشته و به وسیله همین خان‌ها و فئودال‌های طالب جنگ جعل شده و به دست علما و دربار ایران داده شده. سپاهیان ایران که در همین زمان در سرحدات روسیه متمرکز شده بودند به گفته برخی منابع ۱۸ گردان سرباز و ۱۴ گردان جانباز شامل می‌شدند و تعداد سپاهیان منظم ایران به ۲۵ هزار نفر بالغ می‌شد. همچنین در مرز تعداد ۴۸۴ توپ زنبورک و ۴۹ توپ دیگر وجود داشت علاوه بر این در صورت ضرورت «ایران می‌توانست ۵۰ هزار نفر سرباز پیاده و ۱۰۰ هزار نفر سواره و ۵۰ توپخانه دیگر نیز وارد کارزار کند.»[۳۶۸]

تزار روسیه نیز در همین زمان نیروهای خود را به حالت انتظار نسبت به جنگ با عثمانی در سرحدات روسیه و عثمانی تمرکز داده بود در نتیجه نیروهای روسیه در مرز ایران ضعیف شده بودند.

در گوش شاهِ بی‌خبر از همه چیز، مدام نجوا می‌کردند که اهالی به تنگ آمده از دست روسها به کرات از شاه ایران التماس می‌کنند که برعلیه کفار وارد جنگ شده و آنها همگی در صف قوای ایران بر روسها خواهند تاخت.

در مجلسی که شاه در چمن سلطانیه تشکیل داده بود همه برای خوش آیند شاه، بر طبل جنگ می‌کوبیدند اما در آن میان مردی فرهیخته و اندیشناک حضور داشت که سخنی نمی‌گفت و همواره ساکت بود. این مرد دانا قائم مقام فراهانی بود شاه متوجه

سکوت او شد و احتمال داد که مخالف جنگ باشد. از او رأی خواست و جواب شنید: «اهل قلم هستم، سران سپاه بیش از من در اظهار عقیده صلاحیت دارند.» شاه عذر قائم مقام را نپذیرفت و با جدیت از او نظر خواست. قائم مقام با صراحت لهجه‌ای که از خصایص وی بود، گفت:

«***اعلیحضرت چه مبلغ مالیات می‌گیرند؟***» شاه جواب داد: «***شش کرور.***»

قائم مقام گفت: «***دولت روس چه مبلغ مالیات می‌گیرد؟***»

شاه جواب داد: «***می‌شنوم ششصد کرور.***»

قائم مقام گفت: «***به قانونِ حساب، کسی که شش کرور مالیات می‌گیرد با کسی که ششصد کرور می‌گیرد، از در جنگ در نمی‌آید.***»![۳۶۹]

اما نه تنها سخن حکیمانه مرد دانا ناشنیده ماند بلکه موجبات عزل و تبعیدش به مشهد شد حتی انگ دوستی با روسها نیز بر او زده شد. بدین ترتیب آن جنگ منحوس با پیامدهای منحوس‌ترش آغاز شد.

قائم مقام که بعدها پس از شکست سهمگین ایران در جنگ با روسها در مذاکرات ترکمنچای طرف مذاکره بود در جمادی الآخر ۱۲۴۴ در نامه‌ای به میرزا موسی به تحسر نوشت:

«***... خدا روی جنگویان ایران را سیاه کند که جنگ به راه انداختند و در میدان نایستادند. دو سال است مرارت با ماست و باز راحت و فراغت با آنها.***»[۳۷۰]

سفید

نمونه پنجم

فصل یازدهم

آغاز دور دوم جنگ‌های ایران و روس: پیروزی‌های اولیه

در ۲۶ می ۱۸۲۶ قوای ایرانی بر دسته‌های مرزی روسی حمله بردند و پس از دو ماه در ۱۹ ژوئیه لشکر ۶۰ هزار نفری عباس میرزا وارد آذربایجان شمالی شد. نقشه عباس میرزا این بود که بصورت ناگهانی قلعه شوشی و گنجه را گرفته سپس به تفلیس حمله کند و از سه طرف یعنی از جنوب، شرق و شمال شرقی به طرف تفلیس پیشروی کند بر طبق این نقشه حسین‌خان سردار ایروان باید از جنوب وارد شورگل و پنبک می‌شد و در آنجا منتظر قوای عباس میرزا می‌گردید و آلکساندر شاهزاده گرجی نیز که در نزد عباس میرزا بود بایستی وارد کاختیا می‌شد و در آنجا با دسته‌های جار و بالکان متحد شده و از شمال شرقی بطرف تفلیس حرکت می‌کرد و تمام این سه دسته ایرانی در نزدیکی‌های تفلیس به هم پیوسته تفلیس را به تسخیر خود درمی‌آوردند.[۳۷۱]

حمله ناگهانی و غافلگیرکننده قوای ایرانی از یک طرف و روحیه عالی سپاه ایرانی که احساسات دینی‌شان توسط علمای بزرگ تهییج شده بود از طرف دیگر، باعث پیروزی‌های درخشان در ماههای اولیه شد و توانستند بسیاری از نقاط اشغال شده در دور اول جنگ‌ها را از روسها باز پس گیرند.

وقتی قوای شصت هزار نفری ایران در سیزده ژوئیه ۱۸۲۶م/۲۲ تیرماه ۱۲۰۵ ش از پل خدآفرین ارس گذشت.[۳۷۲] با پدیدار شدن خان‌های فراری چون اوغورلوخان، پسر جوادخان گنجه‌ای، حسینقلی‌خان باکویی، مهدیقلی‌خان قراباغی، حسین‌خان پسر سلیم‌خان شکی، مصطفی‌خان شروانی و دیگر خانات سابق، نیروهای مردمی

این خانات سخت تکان خورده بر علیه اشغالگران روسی به هیجان آمدند. دسته‌های مسلح بیگ‌ها در قراباغ با قشون روسی درگیر نبرد شدند. گنجه در روز هفده ژوئیه به رهبری بیگ‌ها و روحانیون بر ضد روسها شورش کرد. بیگ‌ها و روحانیون شروان هم به مصطفی‌خان که شاماخی نو را به تصرف درآورده بود پیوستند. میرحسن‌خان تالشی، احمدخان قوبایی و حسین‌خان شکی موفق به برپایی حاکمیت خانی در ایالات خود شدند.[۳۷۳]

قیام عمومی که طی ژوئیه ـ اوت ۱۸۲۶م/تیر و مرداد ۱۲۰۵ ش به رهبری مَلاّکان محلی و روحانیون صورت گرفته بود، حکومت تزاری را به وحشت انداخت به‌طوری‌که نیکلای اول در فرمانی ژنرال یرملوف فرمانده کل قفقاز را به باد سرزنش شدید گرفت چرا که با تدابیر خودسرانه خود برای به اطاعت درآوردن و نگه داشتن خلق‌های بومی به نتیجه مطلوب و دلخواه نرسیده بود.[۳۷۴] محمدخان قاجار با قوای خود به محض ورود به تالش در محال «اوچاردو» با سپاه ساخلوی روسی روبرو شد و آنان را شکست داده منطقه مزبور را تصرف کرد. حسن‌خان سردار والی ایروان در ۱۶ ژوئیه ۱۸۲۶م/۲۵ تیر ماه ۱۲۰۵ ش با قوای خود در محلی موسوم به «بالش آباران» با سپاه روسیه به جدال پرداخت.[۳۷۵] بر آنها غلبه کرده و قریب به هزار نفر از قوای روسی کشته شدند.

حسن‌خان ساری اصلانی نیز در «قراکلیسا» با شش هزار سالدات روسی به جنگ پرداخت و پس از هفت روز جنگ سرانجام آنان را شکست سختی داد. عباس میرزا، الکساندر میرزا پسر دوم حاکم گرجستان را به سوی شکی و شروان فرستاد و دستور داد روسهای مستقر در آن نواحی را قلع و قمع نماید و خود با ۱۵ هزار نیرو به سوی قراباغ حرکت کرد و در ۲۵ ژوئیه ۱۸۲۶ قلعه شوشی توسط قوای ایران محاصره شد.[۳۷۶]

این خان‌نشین که بخاطر جنگها و سوء مدیریت پس از کشته شدن ابراهیم خلیل‌خان ضعیف گردیده در سال ۱۸۲۲ به چنگ یرملوف افتاده بود در این زمان مجادله و نزاع بین‌خان و یک مدعی دروغین کسب قدرت باعث تهدید و مداخله روسها گردیده‌خان به ایران پناهنده شده و در اواخر سال ۱۸۲۲ در یک اعلانی

آغاز دور دوم جنگ‌های ایران و روس: پیروزی‌های اولیه / ۲۹۹

خان‌نشین به روسیه پیوسته بود.[۳۷۷]

در همین زمان مردم تالش بر علیه روسها عصیان کردند سردسته عصیان‌کنندگان میرحسن‌خان بود که تمامی یک گردان روسی را در کنار دریای خزر نابود ساخت. میرحسن‌خان پس از نابود کردن روسها برادرش را نزد عباس میرزا فرستاد و اطاعت خود را از نایب‌السلطنه اعلام داشت.[۳۷۸]

عباس میرزا در نخستین روزهای پیروزی خطاب به محمد میرزا می‌نویسد:

«... جنگی که بیشتر در قراباغ می‌کردیم حالا به خواسته خدا در تفلیس می‌کنیم. ساخلوکه درعباسیه و ایروان می‌گذاشتیم حالا در گنجه و گرجستان می‌گذاریم. امامتی که در خانه‌های تبریز و خوی می‌نمودیم حالا در صحراهای اخسطقه و شمکور می‌نماییم. از قراباغ چه مانده است که موجب احتیاط باشد؟ در تفلیس چه باقی است که دفع آن نتوان نمود؟...»[۳۷۹]

به دنبال آغاز حملات ایرانیان، دولت روس اعلانی تحت عنوان «اعلان جنگ» در مسکو به زبان فارسی در ۱۶ اکتبر ۱۸۲۶ به چاپ رساند بخش‌هایی از آن چنین بود:

«... در خلال یک ماه دولت روسیه هرگز ظن و خیال نمی‌کرد که شاه ایران هنگامی که صلح و مسالمت برقرار و مذاکرات دوستانه در میانه‌کار بود بی‌جهت منازعه و بدون سبب شکوائیه هنوز از محاربه خبر نداده به عسکر خود مقرر فرماید که به اراضی دولت روسیه هجوم آورده... در این وقت که چون اعلیحضرت پادشاه اعظم و امپراطور اکرم نیقولای که با اطوار و افکار صایبه سلف بزرگوار خود وارث شدند... جلوس همایون خود را به جهت تبلیغ به شاه ایران و به نائب‌السلطنه عباس میرزا در ماه کانون ثانی جذال مایور کنیاز منشیقوف را با ایلچی‌گری تعیین... و رخصت کامله داده تأکید فرموده بودند که به تمشیت قضیه مباحثه که تا حال باعث تعویق تحدید سنور می‌بود می‌پردازد...»

در ژوئیه ۱۸۲۶م/تیر ماه ۱۲۰۵ش قوای عباس میرزا وارد قراباغ شده به طرف قلعه شوشی پیشروی کردند قوای روسی موجود در قراباغ به طرف قلعه شوشی عقب نشستند اما اهالی قراباغ غالباً از قوای ایرانی حمایت می‌کردند. در حمله ابتدایی، سالدات‌های روسی شکست خوردند و سرهنگ ناظمیکا و سرگرد کووالنسکی و بسیاری دیگر از سالدات‌ها اسیر گشته به نزد فتحعلی‌شاه که اینک در آذربایجان مستقر شده بود فرستاده شدند. قوای باقیمانده روسی به درون قلعه

شوشی پناه بردند عباس میرزا از محاصره قلعه شوشی منصرف شده.[۳۸۰] برای دستگیری روسهائی که در «چانانچی» به سر می‌بردند از طریق شوشی عازم آنجا شد. او اطلاع نداشت که در همین زمان مهدیقلی‌خان نیز از شوشی خارج شده و به ایران رفته است به همین خاطر ژنرال روتت از غیبت قوای ایرانی استفاده کرده، داخل قلعه شوشی می‌گردد.

عباس میرزا به محض اطلاع، از رفتن به «چاناخچی» منصرف شده به قلعه شوشی بازمی‌گردد و آنجا را به محاصره خود درمی‌آورد اهالی این شهر در این زمان به دو دسته تقسیم شده بودند ارامنه از روسها حمایت می‌کردند و مسلمانان بیشترشان از قوای عباس میرزا پشتیبانی می‌کردند و یا بی‌تفاوت بودند میرزا آدی گوزل بیگ می‌نویسد: «غیر از قلعه شوشی تمامی قراباغ اعم از خان، فئودال‌ها و ملیک‌ها بر علیه روسها بودند و به نزد عباس میرزا رفته هدایا و خلعت بدو تقدیم کردند قشون ایرانی، قلعه شوشی را به مانند یک نگین انگشتری در محاصره خود گرفته بودند.»[۳۸۱]

قلعه شوشی در مقابل قوای کثیر ایرانی همچنان مقاومت می‌کرد سالدات‌های روسی با رضایت قوای ایرانی تصمیم گرفتند هیئتی را برگزیده به سوی تفلیس نزد ژنرال یرملوف بفرستند تا نظر او را راجع به تسلیم قلعه بپرسند وقتی این هیئت موضوع را با ژنرال یرملوف در میان گذاشتند یرملوف با تسلیم قلعه شوشی به شدت مخالفت کرد بدین ترتیب مبارزه شوشی مدت‌ها ادامه پیدا کرد.

قوای ایرانی تمامی محال قراباغ راگرفته و تنها قلعه شوشی باقی مانده بود. تعداد قوای روسی در قلعه شوشی قلیل بودند و از ۴ توپ و ۱۵۰۰ نیروی نظامی تجاوز نمی‌کرد. اگرچه مهندسان انگلیسی، فرانسوی و ایتالیایی در خدمت عباس میرزا بودند و تلاش می‌کردند دیوارهای قلعه را تخریب کنند اما با این حال قلعه شوشی همچنان تسخیر نشده باقی ماند عباس میرزا بارها تسلیم قلعه را خواستار شد اما با مخالفت سرهنگ ریوت فرمانده پادگان قلعه شوشی مواجه شد.

مقاومت طولانی‌مدت قلعه که مخصوصاً از طرف اهالی ارامنه داخل قلعه حمایت می‌شد قوای عظیم ایرانی را در پای دیوارهای قلعه مشغول ساخت و همین فرصت

آغاز دور دوم جنگ‌های ایران و روس: پیروزی‌های اولیه / ۳۰۱

طلایی بدست ژنرال یرملوف داد تا قوای پراکنده روسی را که از حملات اولیه ایرانیان غافلگیر شده و بسوی تفلیس در حال فرار بودند یکپارچه و متحد سازد. یرملوف بخوبی می‌دانست که با این نیروهای کم نمی‌تواند به قوای کثیر ایرانی حمله کند به همین خاطر او تمام قوای خود را در دفاع از تفلیس که به عنوان مرکز جنگی و سیاسی قفقاز جنوبی به شمار می‌رفت به کار بست.[۳۸۲]

محاصره طولانی مدت قلعه شوشی با آن قشون عظیم ۶۰ هزار نفری ایرانی در آن زمان، بدون شک یکی از اشتباهات عباس میرزا بود چرا که او به جای اینکه به قوای پراکنده روسی که از حمله اولیه ایرانی‌ها غافلگیر شده بودند حمله برد بیش از ۴۸ روز به محاصره بی‌حاصل قلعه شوشی پرداخت این، فرصت طلایی به دست روسها داد تا به جمع‌آوری قوا و هماهنگی آنها پردازند و با ورود ژنرال پاسکویچ به میدان کارزار، معادله به نفع روسها عوض شد.

عبدالله یف در خصوص عدم موفقیت عباس میرزا در تسخیر قلعه شوشی می‌نویسد علاوه بر دفاع جانانه افسران داخل قلعه، مساعدت و کمک‌های بی‌دریغ ارامنه داخل قلعه به روسها بود «آنها بدون در نظر گرفتن وسوسه‌های گوناگونی که شاهزاده عباس میرزا، برمی‌انگیخت با شجاعت و توحید، به همراه سربازان، از دژ دفاع می‌کردند و بالاتر از همه اینکه، نان و حشم خویش را به منظور تأمین خورد و خوراک پادگان، با میل و رغبت تقسیم می‌کردند در حالی‌که خود، به مضیقه شدیدی دچار بوده از ریشه گیاهان و علف‌های گوناگون تغذیه می‌کردند.»[۳۸۳]

میرزا آدی گوزل‌بیگ مورخ آذربایجانی که خود در آن زمان با درجه سروانی در قشون روسیه خدمت می‌کرد و در پست دفاعی ناحیه مرزی قرار داشت توسط سربازان ایرانی اسیر شد. او با تمام شکنجه‌ها و عذابی که دید نه تنها اطلاعات مربوط به سپاه روسیه را در اختیار ایرانی‌ها قرار نداد بلکه توانست حتی مخفیانه، اطلاعاتی در مورد ترکیب واحدهای ایرانی به قوای روسی در شوشی بفرستد.[۳۸۴]

در همین زمان حسینقلی‌خان با کمک نیروهای ایرانی قلعه باکو را که توسط قوای قلیل روسی محافظت می‌شد از زمین و دریا به محاصره درآورد. از آنجا که روسها به باکو اهمیت زیادی قائل بودند بنابراین بشدت مقاومت می‌کردند چرا که بندر باکو با

هشترخان در ارتباط بود و در شرایط جنگی، روسها را از نظر مـواد غـذایی تأمـین می‌کرد. عباس میرزا نیز به همین امـر واقـف بـود و مـدام نیروهای کـمکی بـه حسینقلی‌خان می‌فرستاد و می‌خواست با تسخیر قلعه باکو جناح چپ دشمن را فلج کرده و رابطه آن را از مرکز یعنی تفلیس قطع کند. اما اصلی‌ترین جنگ ایران و روسیه در این زمان در گنجه به وقوع پیوست. ۳۸۵

فصل دوازدهم

شکست ایرانیان در گنجه

در همین زمان جنگ شدیدی بین قوای ایرانی و روسی در منطقه شامخور و گنجه در گرفته بود در رأس قوای ایرانی سردار امیرخان و در رأس قوای روسی ژنرال مدوتوف قرار داشت. برتری با روسها بود. عباس میرزا به محض اطلاع با قوای خود به سوی گنجه حرکت کرد.[۳۸۶] امیرخان دایی عباس میرزا در این جنگ مردانه جنگید و کشته شد.[۳۸۷] از گزارشی که ژنرال یرملوف در ۷ سپتامبر ۱۸۲۶ م در مورد پیروزی روسها به تزار فرستاده چنین برمی‌آید که این جنگ در ۲ سپتامبر ۱۸۲۶/ ۱۱ شهریور ۱۲۰۵ در سمت راست رودخانه شمکور اتفاق افتاده و فرماندهی قوای ایرانی را امیرخان و محمد میرزا پسر عباس میرزا به عهده داشت. قوای ایرانی شامل دو هزار پیاده و هشت هزار سواره بودند و قشون روسی که فرماندهی آن را ژنرال مدوتوف به عهده داشت ۱۵۰۰ نفر بودند. سواران منطقه قازاخ نیز به روسها کمک می‌کردند و قشون در حال فرار ایرانی را تعقیب و غارت می‌کردند.[۳۸۸]

منابع متعدد ایرانی در اشاره به این حادثه به صورت متفق می‌نویسند که وقتی قشون دو کشور رویاروی هم صف‌آرایی کردند با آغاز جنگ، قوای روسی عقب نشستند و در این زمان توپ‌های روسی آغاز به شلیک کردند. «چون سه نفر از پسران عباس میرزا در صف مقدم قوای ایرانی بودند براینکه آسیبی به آنها نرسد عباس میرزا سواری به سراغ آنها فرستاد که به پرستاران و لله شاهزادگان اطلاع دهد تا آنها را به عقب بکشند لله‌ها و پرستاران شاهزادگان را به جای اینکه آهسته با آنها در

میان بگذارند با صدای بلند اعلام کرده و شاهزادگان را به عقب بردند سربازان وقتی چنین دیدند پا به فرار نهاده کل لشکر به هم ریخت و عالی جنابان مجتهدین و علما که مایهٔ این جنگ بودند و حضور داشتند پیشتر از همه خود را به ساحل نجات رسانیدند.»[۳۸۹]

ژنرال یرملوف در گزارشی که در این زمینه به تزار فرستاده می نویسد: «***قوای ایرانی به سرکردگی محمد میرزا پسر عباس میرزا در ساحل راست رودخانه شمکور مستقر بود به دستور من ژنرال مدتوف در دوم سپتامبر بر ایشان حمله برد. دشمن وقتی ما را دید آرایش جنگی به خود گرفت. چهار توپ بزرگ آنها شروع به آتشبازی کردند اما توپخانه ما آتش آنها را پاسخ گفته تلفات زیادی بر آنان وارد ساخت. آنها پسر عباس میرزا را برداشته فرار کردند. در نتیجه پیاده نظام ایشان بی‌پناه ماند هشتصد سواره نظام قزاق ما به همراه تعدادی گرجی و تاتار آنها را تار و مار ساختند. ایرانی‌ها مقاومت اندکی کرده و از ایشان دو خان و هزار نفر کشته شدند در همان شب ژنرال مدتوف عازم گنجه شد. دشمن دیگر در حوالی گنجه نمی‌توانست کاری بکند مگر اینکه به داخل قلعه در گنجه پناه برده منتظر کمک عباس میرزا باشد***».[۳۹۰]

اما برعکس انتظار، در همین زمان نظرعلی خان حاکم مرند که فرماندهی قلعه را در دست داشت قلعه را رها کرده به همراه افراد تحت امرش فرار کرد و کل گنجه به دست روسها افتاد.

بدین ترتیب در ۴ سپتامبر ۱۳/۱۸۲۶ شهریور ۱۲۰۵ روسها بار دیگر گنجه را به تصرف درآوردند عباس میرزا خود را به گنجه رساند و ژنرال پاسکویچ نیز در ۱۰ سپتامبر/۱۴ شهریور به گنجه رسید در ۱۳ سپتامبر ۲۲/۱۸۲۶ شهریور ۱۲۰۵ در جنگ شدیدی که در صحرای نزدیک مقبره نظامی رخ داد قوای ایرانی شکست سختی خوردند.[۳۹۱] به خاطر کمی نیروهای روسی در مقایسه با نیروهای ایرانی، ژنرال پاسکویچ از رویارویی مستقیم با قوای ایرانی پرهیز می‌کرد و معتقد بود که باید نیروهای ایرانی را به کوچه‌های تنگ گنجه کشاند اما ژنرال یرملوف و مدتوف و ژنرالهای زیردست او مخالف نظر پاسکویچ بودند و خواستار جنگ در بیرون شهر گنجه بودند و سرانجام نیز نظر خود را بر پاسکویچ تحمیل کردند.[۳۹۲] جنگ در ۱۳

سپتامبر آغاز شد. آرایش جنگی قوای ایرانی به شکل هلالی بود و ۱۸ توپ خود را در وسط هلال جای داده بودند. در جناح چپ اللهیارخان داماد شاه و در جناح راست محمد میرزا و در قلب سپاه خود عباس میرزا قرار داشت. دو طرف یک ساعت بی‌حرکت ماندند سرانجام نیروهای ایرانی حمله را آغاز کردند. نیروهای روسی تحت فرماندهی خوب خودشان از هر طرف که با فشار جنگجویان ایرانی روبه‌رو می‌شدند به وسیله نیروهای احتیاطی، خود را تقویت کرده مانع کامیابی دشمن می‌شدند و از همین طریق قوای ایرانی را شکست دادند[۳۹۳] و نیروهای ایرانی به طرف ارس عقب‌نشینی کردند. پس از شکست ایرانیان در گنجه، آن بخش از نیروهای ایرانی که قلعه شوشی را در محاصره خود گرفته بودند از محاصره دست کشیدند.[۳۹۴]

شکست گنجه برای ایران بسیار سنگین و سهمناک بود چرا که برای اولین بار از آغاز دور دوم جنگ‌ها ایرانیان طعم تلخ شکست را چشیدند و ۴ هزار نفر از ایرانیان در آن جنگ کشته و ۴ هزار نفر نیز به دست روسها اسیر شدند. پس از شکست ایرانیان در گنجه، بقایای قشون ایران و واحدهای خوانین، به محض اینکه خبر شکست عباس میرزا را شنیدند شتابان عقب‌نشینی کردند. واحدهای فرزند شیخ علی‌خان قوبایی نیز دست از محاصره قبه برداشته عقب نشستند. مصطفی‌خان شیروانی هم از شاماخی گریخت و خان باکو نیز از سرمشق وی پیروی کرد. بدین ترتیب پیروزی‌های اولیه ایران در سال ۱۸۲۶ م خاتمه یافت.[۳۹۵]

عبدالله یف در آستانه جنگ گنجه پس از برشمردن روحیه عالی قوای روسی، در مورد روحیه قوای ایرانی می‌نویسد: «***معنویت روحی و کیفیت رزمی سربازان ایرانی به شدت متزلزل بود. در میان آنان ولوله‌ها و هراس و فرار از خدمت مشاهده می‌شد. بدین ترتیب که تنها از ۱۰ هزار سرباز شاهنشاهی که در آگرا مستقر بودند، شش هزار نفر گریخته بودند. ایران در دریایی متلاطم از بحران‌های اقتصادی و سیاسی غوطه می‌خورد. مردم گرسنه بودند. گرانی روز به روز بیشتر می‌شد قیمت یک پود برنج، تنها در گیلان به یک روبل می‌رسید این قیمتی بود که اصلاً سابقه نداشت.***»[۳۹۶]

برخی منابع، شکست ایرانیان در گنجه را محصول سوءتدبیر الهیارخان آصف‌الدوله دانسته‌اند که بعدها فرهاد میرزا نیز در سفرنامه‌ی خود در این مورد از

زبان عباس میرزا چنین می‌نویسد:

«*به آصف‌الدوله می‌گفتم جنگ با روسها را ما بهتر بلدیت داریم ... مواجه شدن و جنگ روبرو با روس کردن صرفه ندارد می‌باید اطراف قشون روس را گرفت که آذوقه به آنها نرسد در تفلیس هم چندان استعداد نیست. این قشون را به حالت خود باید گذاشت و بر تفلیس باید تاخت تا تقدیر خداوندی چه باشد.» میرزا ابوالقاسم قائم مقام و میرزا محمدعلی وزیر جنگ و سایر سران لشکر رأی صواب نمای حضرت ولیعهد را تصدیق می‌کردند... [اما] آصف‌الدوله فرمایشات ولیعهد را قبول نمی‌کرد و به قائم مقام می‌گفت:*

شما اهل قلم و دفتر هستید نه عَلَم و لشکر. کار تحریر با بار شمشیر تفاوت دارد.

حضرت ولیعهد [عباس میرزا] می‌فرمودند «از اتفاق سیئه آن شبی که بر سر روس می‌تاختیم یا بلد لشکر خیانت کرد یا چندان بلدیت نداشت. راه را گم کرده به شلتوک زار افتادیم اغلب اسب‌های آن لشکر از تاب و توان افتاده... طلیعه‌ی صبح آشکار شد و طلایه‌ی روس خبردار. در پشت قبر شیخ نظامی که در شرقی گنجه است سنگر بسته از جای خود حرکت نکردند و آصف‌الدوله چنان می‌دانست که جنگ با افغان و ترکان است طوری صف‌آرایی لشکر کرد که طول قشون از یک فرسخ فزون بود. لشکر روس که به ده هزار نمی‌رسید در همان جای خود محکم و استوار ایستادند. سواران مافی قزوین، عبدالملک نوری و خواجه‌وند کجوری اول وهله اسب‌اندازی کرده های و هوی بی‌معنی کرده، چنان می‌دانستند که در دشت خاکعلی بر قله‌ی رشت و انزلی حمله آورده‌اند. سردار روس آنها را به بارگلوله توپ گرفت... وحشتی در قلوب لشکر افتاد. با کسالت بی‌خوابی شب و کلالت بی‌تابی و تعب، حواس‌ها پریشان گشت...»[۳۹۷]

قائم مقام فراهانی در غزلی ضمن نکوهش الهیار آصف‌الدوله که از مقابل دشمن گریخته بود می‌نویسد:

«بگریز به هنگام که هنگام گریز است
رو در پی جان باش که جان سخت عزیز است
از رود ارس بگذر و بشتاب که اینک
روس است که دنبال تو برداشته ایز است»[۳۹۸]

شکست گنجه مقدمه شکست‌های بعدی و پی در پی ایران شد و قیام‌هایی که با

هزاران امید توسط مردم منطقه بر علیه روسها برافروخته شده بود با شکست قوای ایرانی یکی بعد از دیگری در خون نشستند و رو به خاموشی نهادند.[۳۹۹]

در ایالات با افرادی از قشر حاکم که بر ضد روسها سلاح برداشته بودند براساس قوانین قاطع نظامی برخورد شد. بیست نفر (۳ خان و ۱۷ بیک) از ۵۷ نفر دستگیر شده در سال‌های ۲۷ـ۱۸۲۶ در ایالت قوبا از نمایندگان قشر حاکم بودند. درباره ده نفر (سه خان و هفت بیک) از آنها حکم مرگ صادر شد و باقی به حبس‌های دراز مدت محکوم شدند. فون کرابه، رئیس ایالات مسلمان نشین در دستورالعمل ۱۶ دسامبر ۱۸۲۶/ ۲۵ آذر ۱۲۰۵ تأکید کرده بود که بیک‌های جنایتکار در معادن فلزات به کارهای سخت و سنگین گمارده شوند و پسران تازه بالغ آنها به شعبه‌ی یتیم‌خانه‌ی نظامی هشترخان اعزام گردند. به موجب این دستورالعمل لازم بود که تمام اموال غیرمنقول و منقول بیک‌های شورشی برای انتقال به خزانه‌ی دولت روسیه مصادره شود در همین رابطه به مصادرهٔ املاک و دهات ۳۴۲ نفر، از آن جمله ۸۱ بیک و ارباب ـ که به همراه احمدخان به خارج گریخته بودند و چهل بیک که به همراه حسینقلی‌خان فرار کرده بودند و ۴۳ بیک و اربابی که از ایالت قراباغ به ایران گریخته بودند حکم داده شد. تنها در ایالت شروان ۴۹ ده دارای ۴۷۷ حیاط، ۱۲۵ باغ میوه و انگور متعلق به بیک‌ها و روحانیون مصادره و به خزانه واگذار گردید. گذشته از آن ۵۱۳۹ رأس گاو و ۲۴۳۲۲ رأس گوسفند متعلق به آنها در اختیار اداره ارزاق گذاشته شد بیک‌های مهاجرت کرده از خان‌نشین تالش ۱۵۵۰ خانواده روستایی را نیز همراه خود به ایران برده بودند. ۳۳۰۱ حیاط متعلق به آنان در اختیار خزانه قرار گرفت.[۴۰۰]

با آغاز دور دوم جنگ‌ها و حملات ایرانیان، بسیاری از فئودال‌ها که از زمان عقد قرارداد گلستان زمین‌های خود را گذاشته به ایران فرار کرده بودند و اینک بازگشته حاکمیت خود را بر رعایا از نو برپا ساخته بودند باز مجبور به فرار به ایران شدند به عنوان مثال می‌توان از مصطفی‌خان حاکم شاماخی نام برد او هیچ‌وقت در مقابل روسها تسلیم نشد حتی در دوران ۱۳ ساله صلح که پس از عهدنامه‌ی گلستان برقرار شده بود باز هم از توطئه بر علیه روسها پرهیز نکرد به نوشته برخی منابع در ۱۸۱۹م

که دوران صلح بین ایران و روسیه بود حسینقلی خان با سرخای خان حاکم داغستان و مهدیقلی خان حاکم قراباغی عهد بسته بودند که از طریق ایجاد اتحاد با عباس میرزا در مقابل تعدیات روسها ایستادگی کنند.[۴۰۱] جالب اینکه در گزارشی که ژنرال یرملوف در ۱۸۱۸م به امپراطور روسیه می‌فرستد می‌نویسد:

«مصطفی خان به اتفاق فئودال‌ها خود را آماده می‌کند به ایران فرار کند به همین خاطر برای ممانعت از فرار او دستور داده‌ام راههای عبور در «کورچای» را ببندند.»[۴۰۲] اما مصطفی خان در ۱۹ آگوست ۱۸۲۰م/ ۲۸ مرداد ۱۱۹۹ موفق می‌شود علاوه بر عایله و اقوام خود، بیش از ۵۰ خانواده را نیز با خود به ایران منتقل کند پس از فرارش به ایران، ژنرال یرملوف تمام املاک او را در شاماخی ضبط کرد این املاک در ماههای اول دور دوم جنگ‌های روس و ایران دوباره از روسها پس گرفته شده بود اما با شکست دوباره ایران از روسیه، مصطفی خان بار دیگر مجبور به فرار به ایران می‌گردد.[۴۰۳] براساس منابع ترکی، شکست‌های اولیه روسیه از ایران باعث تغییر فرماندهی قوای روسیه در قفقاز شد و ژنرال پاسکویچ به قفقاز فرستاده شد این تغییر در ۲۹ مارس ۱۸۲۷م/ ۸ فروردین ۱۲۰۶ ش صورت گرفت.[۴۰۴]

ایوان فئودرویچ پاسکویچ اگر چه در این زمان سن چندانی نداشت اما در جنگ‌های متعدد آبدیده شده بود او در ۱۸۰۰ م وارد اردوی روسیه شده در ۱۸۰۶م/ ۱۱۸۵ ش با قوای عثمانی جنگیده و در سال‌های ۱۴ ـ ۱۸۱۲م با قوای ناپلئون فرانسوی مبارزه کرده به زودی در ۱۸۱۳م/ ۱۱۹۲ ش به درجه ژنرالی رسیده بود. بسیار با انضباط و دانش آموخته و دارای «نگاهی تیزبین [بود] که اندک خطایی حتی در دکمه‌ها و سوراخ‌های دکمه‌های یونیفورم سربازان از چشمش پنهان نمی‌ماند.»[۴۰۵]

ژنرال پاسکویچ در این مورد در خاطرات خود می‌نویسد:

«در آگوست ۱۸۲۶ / شهریور ۱۲۰۵ در مسکو در هنگام شب مکتوبی به دستم رسید که امپراطور می‌خواهد به نزدش بروم براساس اطلاعاتی که از ژنرال یرملوف رسیده قشون ایران وارد ایالت‌های ما در قفقاز شده لنکران را گرفته و با ۶۰ هزار نیرو ۸۰ توپ پیش می‌آیند و نیروی کافی برای مقابله با آنها وجود ندارد و اگر نیروی کافی بدو نرسد نمی‌تواند مقاومت در قبال قوای ایرانی را تضمین کند.

امپراطور از اقدامات ژنرال یرملوف ناراضی شده تصمیم گرفته او را عوض کند چراکه او بسیاری از نیروها را از دست داده و هیچ انتظامی در قشون روسی در قفقاز وجود ندارد من جواب دادم که من به قفقاز چگونه می‌توانم بروم در حالی‌که ژنرال یرملوف هنوز در آنجاست؟ و در عین حال به شدت خسته‌ام. دیبچ به من گفت که امپراطور این دستور را صادر کرده است و جای سرپیچی ندارد و فردا شما باید در حضور امپراطور باشید. فردا به حضور امپراطور رسیده و او خطاب به من می‌گوید تو باید عازم قفقاز شوی من جواب دادم اگر من تحت فرمان ژنرال یرملوف باشم و خود تصمیم‌گیرنده نباشم نمی‌توانم به امپراطور ضمانت دهم.

«امپراطور جواب داد یعنی من آن‌قدر بدبخت هستم که در زمان تاجگذاری من ایرانی‌ها سرزمین‌های مرا اشغال می‌کنند؟ آیا روسیه انسان‌های شایسته‌ای ندارد که از سرزمین‌های خود محافظت کند؟ برادرم الکساندر پاولویچ تو را دوست داشت و از حق تو خیلی تعریف می‌کرد هنوز سایه‌ی او بر سر ماست و من از طرف او از تو خواهش می‌کنم که به خاطر روسیه عازم قفقاز شوی. تو می‌بینی که در اطراف من ۴۰ ژنرال وجود دارد تو یک نفر را به من نشان بده که برای چنین مأموریتی بدو اعتماد کنم. تو از ژنرال یرملوف می‌گویی من همین الآن به او دستور می‌دهم که در تمام کارها با تو مشورت کند و بدون نظر تو در هیچ امری تصمیم نگیرد.»

امپراطور این فرمان را با دست خود نوشته به من داد نتوانستم امتناع کنم و در هر صورت قبول کردم دو دیویزیون از قرارگاه امپراطوری گلچین کردم و بالفور به طرف تفلیس به راه افتادم.

فرمانی که در خصوص کمک به ژنرال یرملوف در دستم بود در همان زمان همین فرمان بدو نیز ارسال شده بود و قبل از رسیدن من به تفلیس او آن را دریافت کرده بود عبور از کوههای پربرف، رفتن را به شدت مشکل ساخته بود.» [۴۰۶]

«از بین همه آشنایان گریبایدوف را نیز با خود همراه کردم ما در ۲۹ آگوست ۱۸۲۶ / ۷ شهریور ۱۲۰۵ صبح زود به سوی قفقاز راه افتادیم از سرهنگی که از تفلیس آمده بود اطلاع پیدا کرده بودم که عباس میرزا با قشون تخمیناً یکصد و ده هزار نفری در گنجه است و پیشقراولانش نیز در شاماخی می‌باشد، قلعه شوشی در محاصره نیروهای ایرانی است اما سرهنگ ریوت در شوشی مقاومت می‌کند حاکم ایروان مناطق پنبک و شوره گل را تصرف کرده است و هجوم خودش را به پنجاه ورستی (هر ورست معادل ۱/۰۶ کیلومتر می‌باشد.) تفلیس رسانده است.» [۴۰۷]

برای مقابله با عباس میرزا، شاهزاده مدوتوف با سه هزار نفر و برای مقابله با خان ایروان، سرهنگ سویرزمیدزو درکنار رودخانه کامنّا در نزدیک تفلیس اردو زده است. اما تفلیس ساکت است و همه مردم به پشتیبانی یرملوف دلگرم هستند... در سوم سپتامبر ۱۸۲۶ م /۱۲ شهریور ۱۲۰۵ به طرف تفلیس به راه افتادیم.»[۴۰۸]

ژنرال پاسکویچ پس از رسیدن به صحنه جنگ به زودی با ژنرال یرملوف اختلاف پیدا می‌کند پاسکویچ پی‌درپی از دست او شکایت کرده و به پترزبورگ گزارش می‌فرستاد.

امپراطور سرانجام دبیچ فرمانده عالی قرارگاه را مأموریت داد تا به تفلیس رفته یرملوف را از پست خود بر کنار کند. گریبایدوف که در صحنه حضور داشت در نامه‌ای به دوستش در ۹ دسامبر ۱۸۲۶ م/ ۱۸ آذر ۱۲۰۵اش راجع به اوضاع قوای روسیه می‌نویسد:

«دوست عزیزم اوضاع در اینجا خیلی خراب است الآن یک محاربه دیگری غیر از محاربه با ایرانیان در اینجا در جریان است این جنگ بین دو سردار نظامی است وکسانی که از آنها تبعیت می‌کنند در وضعیت اسفناکی گرفتار شده‌اند».[۴۰۹]

بالاخره در مارس ۱۸۲۷ م/ اسفند ۱۲۰۵ دبیچ جنگ بین پاسکویچ ویرملوف را پایان برد و در ۶ مارس ۱۸۲۷م/۱۵ اسفند ۱۲۰۵ به ژنرال یرملوف اعلام کرد که در طول خدمتش مخصوصاً غافلگیری نیروهایش در آغاز حمله ایران در دور دوم جنگ‌ها، مرتکب اشتباهات و سوء تدبیرهای زیادی شده است لذا به او اعلام شد که از تاریخ ۱۲ مارس/۲۱ اسفند از سمت‌اش برکنار شده است.[۴۱۰]

برکناری ژنرال یرملوف به احتمال قریب به یقین بخاطر شکست از ایرانیان نبود بلکه به خاطر تعلق خاطر او به دکابریست‌ها بوده است عبدالله یف نیز ضمن اشاره به همین مطلب می‌نویسد «برکناری یرملوف بخاطر این بود که یرملوف بادکابریست‌ها که در قفقاز انجمن‌های سری بوجود آورده بودند، تماس نزدیکی داشت».[۴۱۱]

همین مسئله باعث شده بود که تزار روس اعتماد خود را به او از دست بدهد نیکلای اول در مورد یرملوف گفته بود «این آدم در قفقاز نفوذ غیر عادی بر سپاهیان

دارد و من بشدت از این می‌ترسم که روزگاری به فکر تجزیه بیفتد» امپراطور به دبیچ رئیس ستاد کل ارتش که از سپاهیان قفقاز بازدید می‌کرد نوشت: «شما مرا... از تمام وضعیت خود و یا آنچه که در اطرافتان خواهد گذشت، مخصوصاً وضعیت یرملوف آگاه کنید... به او کمتر از همه اطمینان دارم...» منظور امپراطور وجود انجمن‌های سری دکابریست‌ها در قفقاز و تماس و رابطه‌ی حسنه‌ی یرملوف با آنها بود.[۴۱۲]

اما در دسامبر ۱۸۲۵ وقتی تزار آلکساندر اول مرد درواقع یرملوف بزرگترین اشتباه زندگی خودش را مرتکب شد یرملوف نیز به مانند اکثر مردم فکر می‌کرد برادر وسطی یعنی کنسایتن به جای او تکیه خواهد زد و به همین‌خاطر سربازانش را وادار به سوگند وفاداری به او کرد اما بعداً مشخص شد که برادر کوچکترش نیکلای اول امپراطور شده بخاطر این خطا، سوءظن نیکلای نسبت به یرملوف هرگز گریبان او را رها نکرد.[۴۱۳]

برخلاف اینکه اکثر منابع ایرانی از یرملوف چهره‌ای اهریمنی و خشن ارائه می‌دهند اما بعضی منابع غیر ایرانی او را «انسانی بی اندازه شرافتمند، فوق‌العاده شجاع، رک‌گو و میهن‌پرست» معرفی می‌کنند و «تنها دشمنی که داشت همانا رک گویی و صراحت بود. بخاطر همین موضوع، در دربار روسیه چشم دیدن او را نداشتند».[۴۱۴]

به محض اینکه پاسکویچ به قفقاز آمد شروع به ارسال گزارش‌هایی بر ضد یرملوف نمود و او را مسبب آغاز جنگ ایران و روسیه قلمداد کرد پاسکویچ در گزارش خود می‌نویسد: «جاه‌طلبی فرمانده سابق، منجر به جنگ جدید شده، همه در این موضوع هم عقیده‌اند، ایرانی‌ها نیز این موضوع را تأیید می‌کنند عباس میرزا نیز همچنین... اگر من اجازه ابراز عقیده داشته باشم، به شرف عرض می‌رسانم که همه در اینجا، نسبت به این موضوع، اتفاق نظر دارند که ژنرال یرملوف...با حیل گونه گون مسبب این جنگ بوده است...»[۴۱۵]

دبیچ در هفتم مارس در نامه تندی خطاب به یرملوف چنین نوشت:

«... اعلیحضرت امپراطور ضمن مدارا به من فرمان دادند که به جنابعالی اعلام کنم

که اقدامات مستبدانه شما برای نگه داشتن مردم این کشور در تحت تابعیت روسیه برخلاف خواست و اراده امپراطور بوده و با استفاده از چنین متدهایی باعث شده که به اهداف مورد نظر نائل نشویم. در حال حاضر که ایرانی‌ها از مرز گذشته مشغول جنگ با ما هستند این شورش‌هایی که از سوی مردم تحت ستم شما به وقوع پیوسته به روشنی متدهای غلط شما را اثبات می‌کند. امپراطور به من دستور داد شما را به خاطر سوءاستفاده از قدرت توبیخ و سرزنش کنم»[۴۱۶]

اکنون این قادر مطلق قفقاز، واژه‌ایی که خود یرملوف دوست داشت بکار برد برای همیشه از قفقاز و حوادث آن کنار گذاشته می‌شد. کسی که بسیاری از زنان چچنی را که اسیر می‌کرد زیباترین‌ها را سوا کرده به ازدواج سربازان خود درمی‌آورد و بقیه را هر کدام به یک روبل می‌فروخت.[۴۱۷]

کسی که در اثر بی‌رحمی‌ها و خشونت‌های بی‌حد و حصرش، یک زمانی شنیدن نامش لرزه براندام بومیان قفقاز می‌افکند و بقول شاعر «دومونتویچ» با سرنیزه نام‌اش را بر سنگهای کوههای قفقاز حک کرده بود![۴۱۸] اما اینک پس از کنار گذاشتن‌اش چنان بی صاحب مانده بود که برای ارابه‌ایی التماس می‌کرد تا او را از تفلیس به مسکو منتقل کند:

«حاکمان جدید در برابر من چنان بی‌تفاوت عمل کردند که وقتی آماده حرکت از تفلیس بودم ارابه‌ایی که حتی برای همه تدارک می‌دیدند برای من فراهم نکردند من مجبور شدم خودم خواهش کنم...»[۴۱۹]

در اواخر مارس ۱۸۲۷ / اوایل فروردین ۱۲۰۶ ژنرال یرملوف برکنار و به عقب فراخوانده شد و تمام امورات فرماندهی به عهده ژنرال پاسکویچ گذاشته شد.[۴۲۰] پس از برکناری یرملوف، ژنرال پاسکویچ با قوای خود عازم تسخیر قلعه ایروان شد قلعه‌ای که به کرات در مقابل حملات روسها مقاومت کرده بود پاسکویچ در ۲۴ آوریل ۱۸۲۷ م / ۳ اردیبهشت ۱۲۰۶ به آنجا رسید.

ایروان و نخجوان در دور اول جنگ‌ها از ایران جدا نشده بود. با حرکت ژنرال

پاسکویچ برای تسخیر ایروان و سردار آباد، مهدیقلی‌خان حاکم قراباغ نیز از ایران روی برگردانده به پاسکویچ پیوست. داستان پیوستن حاکم قراباغ به روسها به این شکل بودکه ژنرال پاسکویچ در حرکت به سوی قلعه ایروان، ژنرال آبخازوف را با دو گردان نیرو به نزد حاکم قراباغ فرستاد. آن دو در «آغ کاروانسرا» مرز بین دو دولت به مذاکره پرداخته و از سوی ژنرال روسی تضمینات لازم جهت باز گردان اهالی و طرفداران حاکم قراباغ که به ایران مهاجرت کرده بودند بدو داده شد. حاکم قراباغ بدین ترتیب از ایرانیان جدا شده به روسها پیوست.[۴۲۱]

از آنجا که پادگان قلعه ایروان قبلاً توسط عباس میرزا تقویت شده بود در مقابل هجوم قوای پاسکویچ به شدت مقاومت کرد و قوای روسی در مرحله اول جنگ هیچ کاری نتوانستند پیش ببرند چرا که قلعه ایروان علاوه بر تقویت‌اش، توسط انگلیسی‌ها نیز مجهز به سلاح و تجهیزات مدرن شده بود و از طرف دیگر در پشت جبهه قوای پاسکویچ، طوایف کرد قرار داشتند که با غارتگرهای شبانه روزی خودشان تمرکز و دقت نظر قوای روسی مخصوصاً پاسکویچ را بر هم می‌زدند.[۴۲۲] این دو علت باعث شد ژنرال پاسکویچ پس از دو ماه محاصره بی حاصل، از تسخیر قلعه ایروان فعلاً منصرف شده به طرف خان‌نشین نخجوان که در عهدنامه گلستان جزو ایران بود حرکت کند.

از آنجا که بین حاکم ایروان و حکومت ترکیه رابطه دوستی و همکاری وجود داشت ژنرال پاسکویچ برای قطع ارتباط آنها، نیروهای ستوان گراسوسکی را در آنجا باقی گذشت.

نیروهای ستوان کراسوسکی در این محل موظف بودند هم مراقب آن بخش از قوای ایرانی داخل قلعه ایروان باشند تا نگذارند آنها از قلعه خارج شده به طرف سردار آباد و «اوچ گلیسا» حرکت کنند و به نیروهای دیگر ایرانی بپیوندند و هم بر سواحل رود ارس نظارت داشتند. اندکی بعد نیروهای ستوان کراسوسکی از سوی امپراطوری تقویت شده به سه هزار نفر رسید.[۴۲۳]

اما با این حال نگهداشتن سه هزار نفر قوای روسی، در مقابل چنین وظایف مهمّی

ریسک بزرگ و اشتباه فاحش بود چراکه نیروهای جدیدی هم که به آنها پیوسته بودند فاقد تجربه جنگی لازم بودند به همین علت به محض اینکه قوای پاسکویچ ایروان را ترک کرده به طرف نخجوان به راه افتادند قوای ایران از داخل قلعه ایروان خارج شده ضربه‌ای مهلک بر قشون سه هزار نفری روسی زدند. ژنرال پاسکویچ وقتی از حمله قوای ایرانی به نیروهای کراسوسکی خبردار شد بخشی از نیروهای خود را برای کمک به آنها فرستاد فرماندهی این نیروی کمکی را ژنرال آدیوتانت بنکندروف به عهده داشت.[۴۲۴] با رسیدن قوای کمکی تازه نفس روسی، قوای ایرانی دوباره به داخل قلعه ایروان بازگشتند و بار دیگر قلعه ایروان به محاصره قوای روسی درآمد.

فصل سیزدهم

پیروزی‌های پی‌درپی روس‌ها:
فتح نخجوان و قلعه عباس آباد

در عهدنامه گلستان، نخجوان جزو ایران بود اما کلبعلی خان حاکم نابینای نخجوان همچنان با ژنرال یرملوف و فرماندهان روسی در ارتباط بود و نفرتش از قاجارها همچنان به قوت خود باقی بود. او قبل از آغاز دور دوم جنگ‌های ایران و روسیه به واسطه کهولت و پیری در اوایل ۱۸۲۰م/ ۱۱۹۹ ش عازم مکه شده از حکومت کناره‌گیری کرده و حکومت را به پسر ارشد خود احسان‌خان سپرده سپس در همان سال درگذشته بود.

پس از مرگ کلبعلی‌خان، برادرزاده‌اش کریم‌خان کنگرلی حکومت نخجوان را بدست گرفته بود در زمان حاکمیت کریم‌خان کنگرلی (۱۸۲۷ ـ ۱۸۲۳) دور دوم جنگ‌های ایران و روسیه آغاز شد.[۴۲۵]

شهر نخجوان در ۷۲ کیلومتری جاده تبریز واقع شده و پاسکویچ با این حرکت دو هدف داشت اولین هدفش این بود که پایتخت عباس میرزا را تهدید کند دومین هدفش نیز این بود که می‌خواست از طریق این جاده جلوی ارسال هرگونه نیروی کمکی به ایروان را ببندد پاسکویچ این اهدافش را تا آخرین لحظه از نزدیکترین و حتی از ژنرال‌های خودش نیز مخفی نگهداشته بود.[۴۲۶]

حرکت قوای پاسکویچ از ایروان به سوی نخجوان با مشقت و زحمات زیادی صورت گرفت از یک طرف وضعیت وخیم راه‌ها و گرمای طاقت فرسای هوا مانع

حرکت نیروهای روسی می‌شد و از طرف دیگر اهالی اطراف به طرف ایران کوچ کرده بود و در نتیجه پیدا کردن غذا و علوفه مشکل بود. با این حال پس از شش روز، قوای ژنرال پاسکویچ به نخجوان رسید. در طول راه آنان با هیچ قشونی از ایران مواجه نشدند اما به محض اینکه به نزدیکی‌های نخجوان رسیدند با سواران ایرانی که فرماندهی شان را حسن‌خان و نقی‌خان به عهده داشت روبرو شدند سواران ایرانی به زودی شکست خورده عقب نشستند به نوشته برخی منابع، آنان در حین عقب‌نشینی چنان خود را باخته بودند که حتی مجال پیدا نکردند تا در قلعه نخجوان پناه گیرند در نتیجه به طرف ایران سرازیر شدند. مردم نخجوان نیز کوچکترین مقاومتی از خود نشان ندادند و بدین ترتیب در ۲۶ ژوئن ۱۸۲۷ م / ۷ تیر ۱۲۰۶ ش قوای ژنرال پاسکویچ وارد نخجوان شدند.[۴۲۷] نخجوان در این زمان حدود ۶۰۰۰ سکنه داشت که اکثریت آن مسلمان بودند.[۴۲۸]

بر طبق نوشته علیف، مردم نه تنها کوچکترین مقاومتی در مقابل روسها از خود نشان ندادند بلکه از آنها استقبال نیز کردند چرا که قوای ایرانی در طول اقامت خود در نخجوان بدترین برخوردها و غارت‌ها را نسبت به مردم روا می‌داشتند تنها به ذکر این نقطه بسنده می‌کنیم که وقتی قوای روسی وارد نخجوان شدند یک هزار گاو از اهالی خریدند و بلافاصله پولش را پرداختند آنان هیچ کالایی را به زور نگرفتند و هر چیزی را اهالی با پول مبادله می‌کردند در حالیکه قبل از این تمامی سربازان ایرانی به حساب رعایا می‌خوردند»[۴۲۹]

ژنرال پاسکویچ بخشی از نیروها را در نخجوان گذاشت و با بقیه قوای خود که آن را تا ۱۸ هزار تن نوشته‌اند[۴۳۰] در ۱۲ ژوئیه به طرف قلعه عباس آباد حرکت کرد این قلعه دارای اهمیت استراتژیکی زیادی بود در جنوب غربی نخجوان و ده کیلومتری آن واقع شده بود و سه هزار نفر از آن مدافعه می‌کرد این قلعه ضمن اینکه از پل گذر رود ارس محافظت می‌کرد همچنین راه ورود به جنوب آذربایجان را نیز می‌بست. محمدصادق وقایع‌نگار متأسفانه بدون اشاره به پیروزی‌های پاسکویچ در نخجوان می‌نویسد:

«پس از اینکه سردار روسیه از محاصرهٔ ایروان و سایر نقاط، و جنگ با ایرانیان بهره‌مند نگردید،

پیروزی‌های پی‌درپی روسها: فتح نخجوان و قلعه عباس‌آباد / ۳۱۷

فوراً به طرف تفلیس رفت و مجدّداً سپاه شکست خورده خود را تقویت نموده به خیال تصرف «عباس آباد» که نزدیک رود ارس و در دو فرسخی قلعه نخجوان واقع شده افتاد»! [۴۳۱]

حکومت ایران احسان‌خان پسر کلبعلی‌خان را فرمانده قلعه عباس آباد نصب کرده بود در حالی که او بصورت مخفی با روسها ساخت و پاخت کرده بود مستندترین سند خیانت احسان‌خان به حکومت ایران را میرزا آدی گوزل بیک که خود از طرفداران روسیه بود ارائه می‌دهد میرزا آدی گوزل بیک می‌نویسد که قبل از حمله قوای روسی به قلعه عباس آباد، «احسان‌خان بوسیله یکی از اطرافیان خود به من پیام فرستاد و از من خواهش کرد که به ژنرال روسی خبر دهم که بطرف آنها حرکت کند زیرا به محض رسیدن، قلعه را تسلیم آنها خواهد کرد»! [۴۳۲]

بدین ترتیب قوای روسی در شب اول ژوئن ۱۸۲۷ / ۹ تیر ۱۲۰۶ قلعه را به محاصره خود درآورد عباس میرزا خودش حضور نداشت بر طبق نوشته میرزا محمدصادق وقایع‌نگار «برای انتظام بلدهٔ خویش رفته بود» عباس میرزا وقتی از محاصره قلعه عباس آباد اطلاع پیدا کرد برای دفاع از قلعه، محمدامین‌خان دولوی قاجار و عباس‌خان سرکرده بختیاری را با گروهی جهت کمک به احسان‌خان فرمانده قلعه فرستاد[۴۳۳] او هنوز اطلاع نداشت که احسان‌خان به ایران خیانت کرده و به روسها پیوسته است از طرف دیگر، عباس میرزا بدون درنگ «رکن‌الدوله» و «آصف‌الدوله» را با هشت هزار سوار و پیاده، به طرف عباس آباد فرستاد و «ضمناً دستور داد که پس از روبرو شدن با سپاه روسیه با جنگ و گریز، از مقابل آنان هزیمت جویند، تا سپاه روس، دست از محاصرهٔ قلعه برداشته آنها را تعقیب نمایند و تا محل کمینگاه «ساری اصلان» که قبلاً پیش‌بینی شده رهبری کنند» [۴۳۴]

دستور طبق معمول اجرا می‌شود اما طبق نوشته میرزا محمد صادق وقایع نگار یک نفر ارمنی بنام لئون که در اردوی حسن‌خان ساری اصلان بود از موضوع اطلاع پیدا می‌کند و «شب هنگام اسبی از طویله بیرون کشیده فوراً نقشه را به پشقاویچ اعلام داشت که سپاهیان ایران، آن طرف رود ارس در کمین نشسته‌اند». [۴۳۵]

پاسکویچ بخشی از قشون خود را در محاصره قلعه عباس آباد گذاشت و با بقیه

نفرات خود بجای اینکه بر طبق نقشه عباس میرزا به «کمین گاه ساری اصلان» حرکت کند با قشون خود به رود ارس زد در عبور از رود پرخروش ارس، در آن زمان ابتکاری به خرج داد که تابحال شنیده نشده بود اودستو داد خیک‌ها و پوست‌های حیوانات را پر باد کرده از آنها پلی بر رودخانه بزنند بر طبق نوشته معاصران آن زمان، نه تنها پیاده‌ها حتی اسب‌ها و توپ‌ها را نیز به آسانی از پل گذر دادند.[۴۳۶]

آنها وقتی از رودخانه ارس می‌گذشتند چند تا از پرچم‌های ایران را برافراشته بودند و محافظین ایرانی رود ارس به اشتباه فکر می‌کردند قوای ایرانی هستند در نتیجه به آسانی از رود ارس گذشتند.

در ۵ ژوئن ۱۸۲۷ جنگی خونین در سمت راست ساحل ارس آغاز شد اگر چه قوای پاسکویچ در مقایسه با قوای ۱۶ هزار نفری ایرانی مقدارشان خیلی کم بودند اما به لحاظ استفاده از تکنیک‌های جنگی به مراتب بر حریف برتری داشتند.[۴۳۷]

قوای روسی سرانجام به کناره‌های «جوان بلاغ» نزدیکی‌های قشون نامنظم و خواب آلوده ایرانی رسیدند این حمله ناگهانی، قشون عباس میرزا را تارمار کرد و دست کم ۲۰۰۰ نفر از آنان به اسارت پاسکویچ درآمدند و غنائم زیادی بدست روسها افتاد. درایت پاسکویچ جای تعجب است با وجود اینکه او خیالش از همکاری احسان‌خان حاکم عباس آباد با روسها راحت بود باز جانب احتیاط را رعایت کرده بود چراکه بخشی از قشون خود را همچنان در محاصره قلعه عباس آباد گذاشته بود تا احسان‌خان یک مرتبه به فکر خیانت نیفتد واز پشت حمله نکند.

پس از شکست سخت و فرار ایرانیان، پاسکویچ یک روز بعد با خیال آسوده به سوی قلعه عباس آباد بازگشت و تسلیم قلعه را خواستار شد با وجود ارتباطات مخفی احسان‌خان حاکم قلعه، محمدامین‌خان فرمانده قشون ایرانی در داخل قلعه حاضر به تسلیم قلعه نبود او از ژنرال روسی سه روز مهلت خواست تا جهت تسلیم قلعه از شاه و عباس میرزا کسب تکلیف کند اما این مهلت از سوی پاسکویچ رد شد.[۴۳۸]

با تشویق‌های احسان‌خان که همچنان بصورت مخفی با روسها در ارتباط بود محمد امین دو نماینده به قرارگاه روسها فرستاد تا در خصوص تسلیم قلعه صحبت

شود اما برخی منابع دیگر ذکر می‌کنند که احسان‌خان حاکم قلعه، بدون اطلاع به حکومت ایران قلعه را به ژنرال پاسکویچ تسلیم کرد و درواقع انتقام کور شدن پدرش کلبعلی‌خان را از قاجارها می‌گرفت.[۴۳۹]

بر طبق نوشته واتسن اگرچه سه هزار نفر از قلعه محافظت می‌کردند و قلعه را مهندسین فرانسوی ساخته بودند که با وجود تدارکات کافی می‌توانست مقاومت کند[۴۴۰] اما دست‌های خیانت، آن را به آسانی تسلیم روسها نمودند.

در زمان تسلیم، اختلاف عجیبی در داخل قلعه حکمفرما بود در حالیکه حاکم قلعه در فکر تسلیم قلعه بود اما فرماندهان نظامی ایرانی مخالف تسلیم بودند در شب وقتی روسها برای تصرف قلعه با نردبان‌ها یورش خود را آغاز کردند با مقاومت شدیدی روبرو شده به عقب نشستند از آنجا که روسها قلعه را به محاصره کامل درآورده بودند اطلاعی از آنچه در این مدت در درون قلعه گذشته در هیچ منبعی نیامده است اما در این شکی نیست که احسان‌خان در تسلیم قلعه رُل اصلی را بازی کرد براساس گزارش ژنرال پاسکویچ قلعه عباس‌آباد در ۷ ژوئن ۱۸۲۷/ ۱۶ خرداد ۱۲۰۶ تسلیم شد و ۱۸ توپ بدست روسها افتاد.[۴۴۱] بر اساس منابع روسی، شخصی که ناظر تسلیم و تحویل قلعه بوده آن را چنین به تصویر می‌کشد: «در هفتم ژوئن در حالی که توپ‌ها در قرارگاه به صف چیده شده بود ژنرال پاسکویچ با مشایعت اعضای قرارگاه به میدان آمد نیروهای ایرانی سلاح‌های خود را به میدان انداخته به طرف نیروهای روسی رفته بیرق‌ها را تحویل می‌دادند فرماندهی قرارگاه یعنی محمدامین که داماد شاه بود آچارهای شهر را آورد. در بین غنائم ۱۸ توپ با گلوله‌هایشان به چشم می‌خورد.»[۴۴۲]

محمدامین‌خان قوانلو به اتفاق عباس‌خان دستگیر شده به تفلیس فرستاده شدند اما آنچه از تسخیر قلعه عباس آباد ناگفته مانده است اینکه در محاصره آن الکساندر پوشکین شاعر و نویسنده بزرگ روسیه نیز حضور داشت او به سبب اشعار انقلابی‌اش در ۱۸۲۰م به روسیه جنوبی تبعید شده و اکنون سر از جنگ قفقاز درآورده بود![۴۴۳] صحنه‌ها و حوادثی که او دیده بعدها در مجموعه اشعار غنایی «زندانی قفقاز»

تبلور می‌یابند اگر چه در اردوی دشمن ایران بود اما درکتابش برتری و عظمت روح شرقی را نسبت به غربیان اثبات می‌نماید و در اشعار خود خشونت و درنده خویی ژنرال یرملوف را برملا می‌کند:

لشکرکشی تو، مانند بیماری مسری سیاه زخم

اقوام را نابود می‌کند و از میان می‌برد

با وجود این مشرق نعره خود را سر خواهد داد

ای قفقاز سر خود را پایین بیانداز

قفقاز آرام بگیر، یرملوف دارد می‌آید.

البته احسان‌خان به سبب خیانت‌اش به ایران و به پاس خدمتش به روسها، از سوی امپراطوری روسیه به پاداش شایسته و در خور خیانتش نایل آمد روسها او را حاکم نخجوان کردند و رتبه‌ی ژنرال ـ مایوری به او دادند در ۱۸۴۰ او را فرمانده سواران نخجوان کردند، بعدها در جنگ کریمه شرکت کرده و موفق به دریافت فرمان مقدس گئورکی شد[۴۴۴] بنابراین همگی آنها نشان می‌دهند که روسها خدمات خادمین سرسپرده خود را چندان نیز بی پاسخ نمی‌گذاردند...

احسان‌خان پس از تحویل قلعه عباس‌آباد به روسها، به دستور پاسکویچ درصدد برآمد تا برادرش شیخعلی‌خان کنگرلو را که والی اردوباد نخجوان بود او را نیز به روسها پیوند دهد او را با وعده‌های پر طمطراق از طرف دولت روسیه راضی ساخت تا قلعه را به روسها تسلیم کند در نتیجه پاسکویچ یک نفر سردار روسی را با هزار نفر سالدات و قورخانه برای تحویل گرفتن قلعه روانه ساخت.[۴۴۵]

اکنون جاده‌ایی که به سمت تبریز می‌رفت باز بود پاسکویچ غرق در پیروزی در نامه‌ایی به تزار می‌نویسد که اگر کاروانهایی که منتظرش بود به موقع می‌رسیدند و اگر بیماری بیش از این از ارتش نکاسته بود می‌توانست به پیشروی ادامه داده تبریز پایتخت عباس میرزا را تصرف کند بعدها به خاطر اینکه به این کار اقدام نکرده بود خود را سرزنش می‌کرد به هر حال به دلایلی که برشمرده شد پاسکویچ از پیشروی به سوی تبریز منصرف شده و به منطقه خالی «قارابابا» واقع در دامنه کوه «سالوارتی» منتقل شد.[۴۴۶]

فصل چهاردهم

تلاش‌های ناموفق برای صلح

پس از تسخیر نخجوان و قلعه عباس آباد از سوی روسها، عباس میرزا در ۱۳ ژوئن نماینده‌ای جهت برقراری صلح به نزد پاسکویچ فرستاد.[۴۴۷] محمدصادق وقایع‌نگار به اشتباه می‌نویسد که در اردوی روسها «از قضای آسمانی ناگهان مرضی مسری کشنده بین سپاهیان شایع شده، بنحوی که روزانه متجاوز از دویست نفر تلف می‌گردیدند پشقاویچ در این باره آنچه کوشش به خرج داده، جلوگیری از طغیان مرض نگردید...لذا خود را با شکست حتمی روبرو دید و لازم دانست که متوسل به مکر و حیله شده چاره‌ای اندیشید روی این اصل فوراً «مدوف» را جهت صلح و تخلیۀ محل‌های متصرفی، نزد نایب‌السلطنه فرستاد عباس میرزا بواسطه اینکه از مکر و حیله روسیه تجربیات زیادی بدست آورده بود و نیز علت پیشنهاد پشقاویچ را بخوبی درک کرده بود با تقاضای او موافقت نکرد...».[۴۴۸]

در این چند سطری که نقل شد یک دنیا اشتباهِ تاریخی به چشم می‌خورد!:

اولاً هیچ مرضی مسری بین قوای پاسکویچ شایع نشده بود چراکه منابع ترکی که در محل نوشته شده و به کوچکترین جزئیات و حوادث اشاره کرده‌اند به این مسئله اصلاً اشاره نکرده‌اند حتی بر طبق نوشته برخی منابع فارسی و ایرانی، قوای عباس میرزا در فشار قحطی و خشکسالی بوده و نه تنها قحطی ولایات آذربایجان را درمی‌نوردید حتی «در تهران نیز آذوقه یومیه یافت نمی‌شد»

ثانیاً اختلافی بین روسیه و ترکیه در همین زمان پیش آمده بود و از پترزبورگ روسیه به ژنرال پاسکویچ دستور رسید که با شرایط پیشنهادی از سوی امپراطوری

برای ایجاد صلح و توافق با عباس میرزا تلاش کند این شرایط در پترزبورگ تنظیم شده و به پاسکویچ اعلام شده بود.[۴۴۹] در فرمانی که از سوی امپراطوری به دبیچ فرمانده قرارگاه در مورخه ۲۴ آوریل / ۳ اردیبهشت ۱۲۰۶ رسیده تأکید شده که «امپراطور اتمام جنگ را بالفور خواستار می‌گردد زیرا در چنین شرایطی روسیه از عهده نمی‌تواند بیاید...»[۴۵۰] دبیچ فرمانده قرارگاه در ۲۴ می ۱۸۲۷ دستور امپراطوری را به ژنرال پاسکویچ ابلاغ می‌کند.

ثالثاً ابتدا عباس میرزا نماینده خود یعنی میرزا صالح را به قرارگاه ژنرال پاسکویچ فرستاد.

رابعاً نماینده روسها که پس از میرزا صالح به قرارگاه عباس میرزا آمد و با او به مذکره نشست «مدوف» نبود بلکه گریبایدوف شاعر، نویسنده دکابریست و خواهرزاده ژنرال پاسکویچ بود او در ۳۰ ژوئیه ۱۸۲۷ /۷ مرداد ۱۲۰۶ به نزد عباس میرزا رسید. پس، برخلاف نوشته محمدصادق وقایع‌نگار نه تنها علت درخواست صلح، شیوع مرض مسری بین سپاهیان روسیه نبوده بلکه در زمان درخواست مذاکره برای صلح، روسها در بهترین وضعیت بودند زیرا جنگ در وادی جوان بولاغ با پیروزی کامل قوای روسی خاتمه یافته و در ۷ ژوئیه نیز پادگان دژ روسیه به پاسکویچ دستور داده بود «پس از اولین موفقیتی که حاصل شده دوستانه پیشنهاد صلح بدهید».[۴۵۱]

اما در اینجا همچنان یک نقطه مبهمی وجود دارد و آن نقطه این است که اولین بار چگونه اصلاً مسئله صلح‌خواهی در بین طرفین شروع شد؟ در شرح حال میرزا آدی گوزل‌بیک نقطه‌ای وجود دارد که این ابهام را تا حدودی روشن می‌کند. در آستانه حمله قوای ایرانی، میرزا آدی گوزل‌بیک در سرحدات آذربایجان یعنی نزدیک قراباغ با گروهی از سربازان تحت امرش از سوی روسها موظف شده بود ضمن مراقبت، در صورت آمادگی ایرانیان برای حمله را گزارش کند اما با حمله ناگهانی قوای ایرانی در دور دوم جنگها او نتوانست فرار کند در نتیجه دستگیر و به قرارگاه عباس میرزا به تبریز برده شد. این اتفاق در ژانویه ۱۸۲۷ مصادف با شکست‌های ایرانیان در گنجه و

شمکور بوده و عباس میرزا در پی فرصتی برای ترمیم سپاهیان خود بوده میرزا آدی گوزل‌بیک در شرح حال خود می‌نویسد که عباس میرزا برای صلح‌خواهی او را به شوشی فرستاد و او از شوشی به تفلیس رفته در آنجا نه‌تنها با ژنرال یرملوف بلکه با دبیچ فرمانده قرارگاه نیز دیدار می‌کند و مسئله را با او در میان می‌گذارد. دبیچ در این زمان به تفلیس آمده بود تا ژنرال یرملوف را برکنار و کارها را به ژنرال پاسکویچ تحویل دهد.[۴۵۲]

اما گزارش دست اول در این ارتباط را میرزا صالح به دست داده چرا که خودش در ماجرا حضور داشت: «چون سردار روسیه به توسط محمدامین‌خان قاجار اظهار میل خاطر به جانب مصالحه میان دولتین نموده خواهش کرده بودند آدمی متعهد و امین از طرف این دولت به جانب او فرستاده شود...»[۴۵۳]

میرزا صالح در خصوص رفتن خود می‌نویسد: «بنده در روز چهار شنبه سیم شهر ذیحجة الحرام [۲۸/۱۲۴۲ ژوئن ۱۸۲۷م /۶ تیر ۱۲۰۶ ش] از اردوی نایب‌السلطنه که در «چورس» واقع می‌شود شرح مرقومه‌ای را که ایلچی دولت انگریز، کولونل مکدانلد به جنرال پاسکویچ، سردار روسیه نوشته بود به همراه برداشته الی کنار رود ارس که هفت فرسخ مسافت بود رفته...»[۴۵۴]

میرزا صالح در خصوص دیدارش با ژنرال پاسکویچ که در روز «غره محرم الحرام ۱۲۴۳/ژوئیه ۱۸۲۷» رخ داده می‌نویسد: «در وقت شام...به منزل سردار رفته و بعد از آنکه چایی صرف شد تعارفات به عمل آمد، شروع به گفتگو کرده.» اولاً سردار گفت، در کاغذ نایب‌السلطنه چیزی که به کار آید مرقوم نفرموده‌اند و ایلچی دولت انگریز هم نوشته‌اند که شما طالب صلح هستید، اما هیچکدام مطلبی که می‌خواهیم دستگیر نمی‌شود.

گفتم، چون شما به محمدامین‌خان اظهار کرده، خواهش نموده بودید که یک نفر آدم معتمدی به نزد شما فرستند، بنده را مأمور فرمودند که به نزد شما آمده و از شما سؤال کنم. ببینم از شما چه خواهش می‌شود مراتب گفتگو و خواهش شما را به کارگزاران دولت علیه عرض کنم...

گفت بالفعل به من بگو تا ببینم قصد نایب‌السلطنه در این خصوص چه چیزاست...

عاقبت بنده گفتم، خواهش ما این است که اگر کارگزاران و سرحدداران شما بهتر از پیش با ما رفتار کنند عهدنامه‌ای که در گلستان بسته شده بود و به واسطه بی عدالتی و بدرفتاری سرحدداران شما فقوری [ضعف] در آن به هم رسیده عهدنامه‌ی مزبور به همان کیفیت بسته شود.

جواب داد: آن عهدنامه را شما خود شکستید با وجودیکه بعد از فوت امپراطور سابق ما [الکساندر اول] بر شما لازم بود که آدمی از بزرگان یا شاهزادگان خود، به نحوی که سایر قرال اروپا معمول داشتند به رسم تسلیت این امپراطور فرستاده باشند که کوتاهی کردید، تا اینکه امپراطور خود منجیکف را با تحفه و هدیه دوستانه و مراسله‌ای مشفقانه هم نوشته و او را هم حکم فرموده که به همه ارکان دولت ایران حالی کند که قصد دولت روسیه این است که روز به روز در دوستی و موافقت با دولت ایران افزاید... اما ایلچی مزبور به ایران آمد و به سلطانیه رسید، مشارالیه را چندان حرمتی نکردید... بدون اینکه به سرحدداران و کارگزاران دولت روسیه اخطاری کنید، سپاهی را برداشته و داخل ملک ما شده و به هر کجا قراول ما بوده یا آنها را کشتید یا غارت کرده، اسیر نمودید به هر ملک گذشتید حاصل آن را چرانیده ولایت مزبور را خراب کردید و رعایای آن را مستأصل و پریشان کردید و خسارت کلی به ما رسانیدند «...[امپراطور] گمان کردند که شاید این خلاف رویه از سرداران و خوانین شما که از رسوم آداب دانی مبری می‌باشند سرزده باشد و روزی نگذشت که چاپاری دیگر رسید و خبر آورد که سالار سپاه مزبور عباس میرزا بوده که به هر یک از ولایات ما می‌رسید به جز خرابی و نهب و غارت کاری نمی‌کرد...»[۴۵۵]

میرزا صالح در خصوص خواست‌ها و شرایط ژنرال پاسکویچ می‌نویسد: ***«ما حصل کلام سردار روسیه این بود که از برای وضع خفت و خواری و آزاری که از شما به ما رسیده، من مأمورم که به ولایت شما آمده، اولاً مؤسسین و بانی منارعه را تنبیه کرده و انتقام عمال سابقه را از او کشیده باشم و بالاخره ادعای خسارت و ضرری که از شما به ما رسیده نمایم و سرحدی که مقرون***

به صرفه روسیه باشد ببندم. اینک حکم امپراطوری را جاری می‌کنم و آن این است که محال ایروان و نخجوان تعلق به روسیه داشته باشد و رود ارس سرحد باشد و اخراجات سپاه‌کشی و خسارتی که به ما رسیده باید از غرامت آن بیرون آیند و اگر سوای آن باشد بالفعل قلعه عباسیه که کلید آذربایجان است به دست من آمده جمعی از سپاه خود را در آنجا می‌گذارم و خود با سپاهی از آب گذشته، خواه در خوی و خواه در تبریز و خواه در تهران باشد می‌روم و به هر جا می‌رسم به‌کسی مزاحم نخواهم بود ما را به رعیت‌کاری نیست قصد ما تنبیه آن‌کسانی است که در سال قبل ولایت ما را خراب کرده...»

اگر شما را آرزوئی نیست و استعدادی به جنگ دارید بسم الله، شروع کنید و اگر طالب صلح باشید ولایت نخجوان و ایروان را به دست ما بدهید و ارس را سرحد کنید و اخراجات جنگی و تدارکی که ما دیده‌ایم بدهید و اگر سوای این کنید، هوا میل به سردی خواهد گذاشت از اینجا حرکت می‌کنم و آنچه وظیفه من اقتضا می‌کند انجام خواهم داد. اما شما آنقدر بدانید که اگر یک مرتبه از اینجا حرکت کردم، بعد از آن به آنچه این دفعه خواهش کردم، قانع نخواهم شد و آنچه می‌خواهم موافق خواهش و اقتضای آن وقت خواهد بود».[۴۵۶]

میرزا صالح ضمن مخالفت با خواسته‌های پاسکویچ در جواب می‌گوید: «...سوای آنچه در عهدنامه گلستان ذکر رفته است، زیاده از آن یک وجب از زمین هیچ ولایتی نخواهند به شما واگذاشت... [فرمانده قلعه] به دولت خود خیانت کرده و قلعه عباسیه را به شما واگذاشتند...»[۴۵۷]

میرزا صالح مهلت خواسته تا مذاکرات را به اطلاع عباس میرزا رسانده و از او کسب تکلیف کند «*پس از چهار روز توقف، عصر روز چهارم جواب آمده، مضمون جواب این بود که اولیای دولت ایران موافقت نخواهند نمود*»

در هنگام شب میرزا صالح به ژنرال پاسکویچ پیشنهاد می‌دهد که «یک نفر وکیل مختار به اردوی نواب نایب‌السلطنه فرستند که در آنجا مکنون خاطر شما را مشافهه [روبرو سخن گفتن]، به اولیای دولت ایران بگوید. جوابی شنیده، بنایی در مصالحه بگذارند. آخر الامر بعد از اصرار زیاد راضی و موسیو گریبایدوف راکه از منسوبان قرب و نویسنده و محرمان سردار و منصب اوکولونل می‌بود به همراه بنده به اردوی نواب نایب‌السلطنه فرستاد...».[۴۵۸]

بدین ترتیب گریبایدوف به همراه میرزا صالح به اردوی عباس میرزا می‌آید و همان مذاکرات طرفین که بین میرزا صالح و پاسکویچ رد و بدل شد دوباره تکرار می‌شود و پس از پنج روز گریبایدوف بدون نتیجه باز می‌گردد؛ بازگشت میرزا صالح به همراه گریبایدوف به نزد عباس میرزا آنچنان که از گزارش گریبایدوف به ژنرال پاسکویچ برمی‌آید در ۲۰ ژوئیه ۲۸/۱۸۲۷ تیر ۱۲۰۶ اتفاق افتاده است آ. اس. گریبایدوف در مورد مأموریت و دیدارش با عباس میرزا می‌نویسد:

«من به امر ذات عالی در ۲۰ ژوئیه از قلعه عباس‌آباد به عزم قرارگاه ایران به راه افتادم در همان روز شب نرسیده به مقصد رسیدم. مدت آمدن هفت ساعت طول کشید از ارس گذشته به روستای قره ضیاءالدین محل استقرار عباس میرزا رسیدم منتظر شدم که او مرا به حضور بطلبد آلاچیق‌های گسترده شده در دشت نشان از کمی قشون می‌داد بر آلاچیق من قراول گذاشته تمامی اقدامات لازم را درخصوص من رعایت می‌کردند صبح ۲۱ ژوئیه دسته‌های سواره نظام از سوی خوی به محل استقرار ما رسیدند و مسافت وسیعی را به خود اختصاص دادند.»

در همین زمان ایشیک آغاسی (مأمور تشریفات) عباس میرزا بدنبال من آمد و مرا به همراه جماعتی به نزد عباس میرزا برد میرزا صالح و میرزا اسماعیل هم همراه من بودند.

عباس میرزا در آلاچیق بزرگ خود تنها بود به همراه چند نفر از نزدیکان او داخل چادر شدم بعد از سلام و علیک و یادآوری اینکه زمانی من در تبریز بودم عباس میرزا در خصوص آغاز جنگ ژنرال یرمولوف، مزارویچ و سواری میدزف را مقصر و گناهکار می‌دانست.

من به او گفتم در خصوص تعیین سرحدات، محل مناقشه زیادی وجود داشت اما اگر خود شاهزاده وارد ولایات ما نمی‌شد چنین جنگی آغاز نمی‌شد... من ادامه دادم قشون ایرانی یکسال پیش، خاک ما را اشغال کردند اما در حال حاضر ما از ایروان و نخجوان گذشته در ارس مستقر شده‌ایم قلعه عباس‌آباد را گرفته‌ایم و من از آنجا آمده‌ام.

- عباس میرزا گفت: فتح کرده‌ایم!... عباس‌آباد را شما با شجاعت فتح نکردید داماد ترسو تر از زن و زن صفت من تسلیم شما کرده است.

- من گفتم شما نیز رفتاری که ما در مقابل هرکدام از قلعه‌ها انجام دادیم انجام بدهید تا تابع شما شوند. ۴۵۹

گریبایدوف در اردوگاه عباس میرزا مریض می‌شود و تب می‌کند «در ۲۳ ژوئیه احساس سبکی می‌کردم اما با این حال نمی‌توانستم از بستر برخیزم ایرانی‌ها نخجوان و قلعه عباس آباد را طلب می‌کردند...»

پس از مذاکرات زیاد که هر روز از صبح تا بعدازظهر ادامه پیدا می‌کرد به بی‌نتیجه بودن آن پی بردم بدون نتیجه در ۲۴ ژوئیه اجازه بازگشت خواستم».

سرانجام گریبایدوف بدون نتیجه در ۲۶ ژوئیه / ۳ مرداد به قلعه عباس آباد باز می‌گردد.[۴۶۰]

احسان‌خان از سوی ژنرال پاسکویچ به حکومت نخجوان منصوب شد پاسکویچ بخشی از قشون را به فرماندهی اریستوف به «قرابابا» فرستاد و خودش با بخش اعظم قوای روسی به طرف ایروان، سردار آباد و اچمیادزین حرکت کرد عباس میرزا نیز به طرف کلیسای اچمیادزین حرکت کرد اما در آن حوالی با قوای روسی که به فرماندهی ژنرال کراکوفسکی از ایروان می‌آمدند برخورد کرد تعداد ایرانیان شامل پنج هزار پیاده و پنج هزار سواره و دوازده توپ می‌شد ژنرال کراکوفسکی شب را در استریک که دهکده‌ای در شش مایلی اچمیادزین بود گذراند همین که صبح خواست حرکت کند هنوز مسافتی از روستا دور نشده بود که با دسته‌ای از قوای ایرانی که بر بالای تپه موضع گرفته بودند برخورد کرد اندکی جلوتر نیز با دسته‌ای دیگر که زیر فرمان سردار ایروان بود روبرو شد جنگ با شلیک توپخانه‌ی ایران آغاز شد روسها که غافلگیر شده بودند نتوانستند جلوتر بروند دوباره به روستای استریک بازگشتند.[۴۶۱] اما در موقع عقب‌نشینی به کمین‌گاه عباس میرزا افتادند عباس میرزا از طریق یک مسلمان ترک از بازگشت آنان اطلاع پیدا کرده و به همین خاطر قوای خود را به آنجا رسانده بود قوای ایران با حمله‌های پی‌درپی خودشان قوای روسی را متزلزل کرده و شلیک بی‌امان توپ‌های عباس میرزا مانع صف‌آرایی دشمن شد «بدین ترتیب لشگر مرتب به انبوه جمعیت درهم و برهم تبدیل گشت سردار روس را مجروح از میدان نبرد بیرون بردند برادرش نیز که سرهنگ بود کشته شد بیشتر افسران سپاه... زخمی و یا مقتول شدند و بعضی از آنها بدست ایرانیان اسیر افتادند».[۴۶۲]

به نوشته میرزا محمد صادق «سپاه روس، مسیر خود را از دست داده، ناچار توپخانه وسلاح سنگین را بجا گذارده متواری شدند ولی نایب‌السلطنه دست از تعقیب آنها نکشید... ناچار تفنگ‌ها را به علامت تسلیم، بلند کردند و از دست انداختند. ایرانیان کلیه آنها را دستگیر و اسیر نمودند مگر عده کمی مجروح که به امر نایب‌السلطنه، وارد قلعه اوچ کلیسا شدند حارسین داخلهٔ قلعه... کلید را تسلیم و اوچ کلیسا را به سران ایران تحویل دادند».[۴۶۳]

جان بادللی تصویر روشنتری از این جنگ که به جنگ «آشتار» معروف شده ارائه می‌دهد او می‌نویسد نیروهای تحت فرمان «کراسوفسکی» پس از عقب‌نشینی از محاصره قلعه ایروان در «اچمیادزین» توقف کرده مقداری توپ و سرباز در صومعه گذارده و در ۳۰ ژوئن دوباره شروع به عقب‌نشینی به سمت شمال کردند در پادگان اچمیادزین یک گردان پیاده نظام و یک گروه کوچکی سواره نظام ارامنه حضور داشت این مقدار نیرو برای محافظت از پادگان اچمیادزین بسیار کم بودند روسها کوچکترین انتظاری نداشتند که ایرانی‌ها بدانجا حمله کنند اما به محض دور شدن کراسوفسکی،خان ایروان از قلعه بیرون آمده در ۴ ژوئن به صومعه اچمیادزین حمله کرد. کراسوفسکی که هنوز در آن نزدیکی‌ها بود بالافاصله به کمک صومعه بازگشته توانست آنرا نجات دهد اما یک ماه بعد یک قشون ایران تحت فرماندهی عباس میرزا در حوالی «اچمیادزین» ظاهر شد. هدف عباس میرزا این بود که از عدم تحرک پاسکویچ استفاده کرده اچمیادزین را تصرف کند و از این طریق از جاده «گومرو» استفاده کرده به طرف تفلیس حرکت کند پس از تاراج کردن تفلیس به قراباغ باز گردد. «در حال حاضر، اچمیادزین با آثار مذهبی گرانبها به همراه راهبان خود به رهبری اسقف نرسیس و همچنین به همراه پادگان کوچک روسی در معرض خطر بزرگ بود و امکان مقاومت زیادی نداشت با عجله از کرسوفسکی کمک خواست... او در ۱۶ آگوست با ۱۸۰۰ پیاده ۵۰۰ سواره و ۱۲ توپ از «چنگولی» که با اچمیادزین ۳۵ کیلومتر فاصله داشت به راه افتاد اما جاده پر از کوههای ناهموار و معابر تنگ بود و علاوه بر آن اردوی ۳۰ هزار نفری ایرانیان نیز راه را بسته بودند» جنگ شدیدی

درگرفت که یکی از تکان‌دهنده‌ترین جنگهای تاریخ قفقاز به شمار می‌آمد روسها با تمام توان جنگیدند و خود کراسوفسکی بیشتر از همه خطر کرده به صفوف ایرانیان می‌زد دو تا اسب زیر پایش کشته شدند و خودش نیز با یک گلوله انفجاری از ناحیه بازویش مجروح شد اما سرانجام با زحمت و مشقت زیادی توانست راهی به درون صومعه باز کرده و در هفدهمین روز ماه باقیمانده اردو را به درون صومعه کشاندند. در آخرین لحظات جنگ، ترس چنان بر سربازان روسی مستولی شده بود که با پریشان‌حالی بسوی دیوارهای صومعه فرار می‌کردند و اسقف نیز یک نیزه رومی آمیخته به خون حضرت عیسی را در هوا گرفته برای پیروزی روسها دعا می‌کرد از اردوی ۲۳۰۰ نفری کراسوفسکی جنازه‌های بیش از نصف‌شان در میدان جنگ افتاده بود ۲۴ افسر و ۱۳۰ سرباز کشته شده بودند اگرچه در اثر فداکاری‌های بزرگ توپها حفظ شده اما تمامی ارزاق و مهمات بدست ایرانیان افتاده بود تلفات ایرانیان نیز بیش از ۴۰۰ نفر بود... این جنگ چنان وحشتی در بین سربازان روسی ایجاد کرده بود که پاسکویچ خاطرنشان می‌سازد که دو گروه از «سربازان که برای چیدن علف هرز بیرون زده بودند تنها از فاصله دور ۱۲ نفر از تاتارها را دیده دچار ترس شده فرار کرده و یک توپ نیز از خود بجای گذاشته بودند.[۴۶۴]

این آخرین پیروزی ایران بود و بدنبال آن شکست‌های پی‌درپی و مداوم از راه رسیدند در ۱۳ آگوست ۱۸۲۶ / ۲۱ مرداد ۱۲۰۶ در جنگ‌هایی که در دامنه‌های آلاگوز و در ۱۷ آگوست/ ۲۵ مرداد در جنگ نزدیک روستاهای آشتاراک و اوشاقان اتفاق افتاد روسها پیروز شدند روسها در ۲۰ سپتامبر/۲۸ شهریور قلعه سردار آباد را فتح کردند و در ۲۶ سپتامبر/۳ مهر برای محاصره قلعه مهم ایروان خیز برداشتند.

سفید

نمونه پنجم

فصل پانزدهم

فتح قلعه ایروان توسط روسها

واتسن می‌نویسد عباس میرزا به فراست دریافته بود که در مقابل منابع عظیم روسها باید برای مقابله با آنها تمام امکانات ایران در دست‌اش باشد به همین خاطر نامه‌ای به پدرش نوشته و این مطلب را به اطلاع او رساند اما شاه با خواندن نامه چنان عصبانی شد «که وزیری را که نامه را تقدیم کرده بود ششصد تومان جریمه کرد و تا چند ساعت بعد کسی جرأت نداشت که به حضور برود وقتی که شاه به حال عادی برگشت پس از آنکه پسرش را هزار بار لعنت و نفرین کرد تصمیم گرفت وزیر امور خارجه را به لندن بفرستد تا دولت انگلیس را وادار کند که نفوذ خود را نزد حکومت روس بکار برد و آنها را ترغیب به استقرار صلح آبرومندی نماید».[۴۶۵]

۱۳ اکتبر ۱۸۲۷/۱۰ مهر ۱۲۰۶ فتحعلی‌شاه طبق معمول از آذربایجان به بدارالخلافه مراجعت کرد. عباس میرزا که در اطراف مرز توقف داشت در همین زمان شنید که قلعه عباس آباد به دست ژنرال پاسکویچ افتاده است پاسکویچ از فرصت استفاده کرده بار دیگر به محاصره قلعه ایروان پرداخت[۴۶۶] از آنجا که قلعه عباس آباد و سردار آباد بدست روسها افتاده بود ارتباط ایران با قلعه ایروان کاملا قطع گردیده بود.

واتسن می‌نویسد شاه پس از برگشت به تهران از فرستادن پول و هرگونه امکانات برای عباس میرزا جهت ادامه جنگ امتناع کرد «منابع تبریز هم ته کشیده بود ولیعهد ناچار بیشتر سربازان را برای گذراندن روزهای زمستان به خانه‌های خود مرخص کرد به این ترتیب آذربایجان وسیله‌ای برای دفاع نداشت».[۴۶۷]

اکنون فتح قلعه ایروان از هر جهت برای پاسکویچ مهیا بود او با قوای خود اواسط اکتبر ۱۸۲۷/مهر ۱۲۰۶ عازم فتح این قلعه شد جعفرقلی‌خان مقدم که عهده‌دار قلعه ایروان بود بنا به تحریک و اغوای «احسان‌خان» قلعه‌دار سابق عباس آباد، نیمه شب با کسان خود از قلعه ایروان خارج شد و به دشمن پیوست اما مقاومت نه چندان قوی و بی‌فرجام مدافعین قلعه همچنان ادامه داشت به نوشته منابع خارجی این مقاومت شش روز دوام داشت[۴۶۸] اما منابع ایرانی نوشته‌اند که قلعه ۱۲ روز مقاومت کرد سرانجام «در نتیجه اصابت چند گلوله توپ، چند نقطه اطراف دیوار و برج و باروی قلعه تَرَک برداشت شب هنگام یک نفر ارمنی بنام قاراپت با چند نفر دیگر پشت دروازهٔ قلعه آمده، با اینکه مستحفظین ممانعت کردند، دروازه را بر روی «پشقاویچ» گشودند... ارامنه ساکن قلعه، «ساری اصلان» را با یارانش دستگیر و به پشقاویچ تحویل دادند و ضمناً محمدخان مقصودلو و حمزه‌خان رباطی و بستگان او را، دست بسته به اتفاق «ساری اصلان» به زندان تفلیس روانه داشت»[۴۶۹] بر طبق نوشته برخی منابع، ارامنه داخل ایروان از فتح قوای روسی خیلی شادمان بودند و حتی «هزار منات نقره پول جمع کرده به ژنرال پاسکویچ تقدیم کردند.[۴۷۰] تاریخ دقیق تسخیر قلعه ایروان که یکی از مقاومترین قلعه‌ها بوده با کمی اختلاف در منابع ذکر شده برخی تصرف قلعه را ۲۱ اکتبر / ۲۸ مهر ذکر کرده‌اند[۴۷۱] که اشتباه است چرا که قلعه در اول اکتبر ۱۹۲۷/ ۸ مهر ۱۲۰۶ به دست روسها افتاده و ژنرال پاسکویچ در گزارش خود به تاریخ ۱۳ اکتبر با اشاره به غنائمی که از قلعه به دست آورده‌اند خطاب به تزار می‌نویسد که ۴۸ توپ مختلف و نزدیک به ۵۰ توپ کوچک به دست روسها افتاده است.[۴۷۲] پاسکویچ بخاطر این پیروزی از تزار لقب ایروانسکی و نشان سن جورج دریافت کرد.

سقوط ایروان روحیه جنگی سربازان ایرانی را به کل تخریب نمود دسته دسته فرار از خدمت بالاگرفت به طوری که پس از اشغال ایروان توسط روسها، فقط ۳۰۰۰ نفر سرباز برای عباس میرزا باقی مانده بود و از ۶۰ هزار سربازی که شاه در اختیار داشت ۵۰ هزار نفرشان فرار کرده بودند.[۴۷۳]

جهت اداره امور شهر به دستور پاسکویچ «اداره موقت ایروان» تشکیل شد و ژنرال کواسوسکی فرمانده قشون پیاده به ریاست آن منصوب شد. البته اسقف نرسس نیز عضو این اداره گردید و از این زمان با هدایت و رهبری مقامات روسیه کوچ ارامنه به ایروان آغاز شد.[۴۷۴]

اشغال تبریز

پاسکویچ قبل از حرکت از نخجوان برای کمک به کراسوفسکی در فتح ایروان، نیروهای موجود در نخجوان را تحت فرماندهی یک شاهزاده گرجی بنام «اریستوف» گذاشته و موراویف را نیز به عنوان جانشین او تعیین کرده بود وظیفه آنها محافظت و کنترل این شهر مرزی و همچنین تحرکات ایرانیان در ساحل دیگر رود ارس بود اریستوف بی اندازه شجاع و بی پروا بود و موراویف فوق‌العاده جاه‌طلب و دارای اراده آهنین بود. در این میان عباس میرزا از فقدان پاسکویچ در نخجوان استفاده کرده درصدد حمله به نخجوان برآمد این نقشه دقیقی بود و قابلیتهای فرماندهی عباس میرزا را به اثبات می‌رساند اما متاسفانه کمترین نظمی و انظباطی در اردوی او وجود نداشت به همین خاطر این بار نیز موفق نگردید او بدون مانع از ارس گذشته اما قبل از رسیدن به نخجوان از وجود قوای چهار هزار نفری اریستوف و ۲۶ توپ او اطلاع یافت او هرگز این مقدار نیروی روسی را تخمین نمی‌زد به همین خاطر فوراً به عقب برگشته تلاش کرد قسمت سواحل ایرانی ارس را تحکیم کند روسها نیز بدنبال او و از ارس گذشته او را تا «چورس» ۴۷ کیلومتری شمال خوی تعقیب کردند وقتی اطلاع پیدا کردند قوای عباس میرزا در خوی هست به نخجوان بازگشتند اما وقتی اطلاع پیدا کردند قشون ایران کاملاً پراکنده و روحیه خود را باخته‌اند فرصت را از دست نداده برخلاف دستور پاسکویچ در سی‌ام سپتامبر وارد عمل شده بدون اینکه با مقاومت جدی مواجه گردند در دوم اکتبر وارد مرند شدند عباس میرزا که همیشه در نقشه‌کشی و سریع حرکت کردن استاد بود وارد پشت سر روسها شده و ارتباط بین آنها و رودخانه ارس را قطع کرد. این حرکت خردمندانه در یک آن، روسها در

وضعیت خطرناکی قرا داد اما متاسفانه سقوط قلعه ایروان و شیوع خبر آن در بین قوای ایرانی، سربازان ایرانی دچار چنان وحشتی شدند که تلاشهای عباس میرزا نیز مانع فرار و پراکنده شدنشان نگردید.[۴۷۵]

واتسن می‌نویسد: «فاجعه بزرگتری ناشی از طبع خسیس و سستی شاه در پیش بود و ولیعهد خیلی دیر پی برد که مرخص کردن سربازانش موقع زمستان دور از صلاح بود سعی بی حاصل نمود که نفرات خود را زودتر جمع و جور کند و به اتفاق عده کمی که همراه او بودند از خوی عازم تبریز بود که در یک منزلی آنجا با نهایت وحشت شنید که دروازهٔ شهر را به روی نیروی پرنس اریستوف که با پنج هزار نفر از مرند حرکت کرده بود. بازکردند»[۴۷۶] اندکی قبل از این، عباس میرزا از شاه کمک خواسته بود اما نه تنها شاه پولی نفرستاده بلکه در ۱۳ اکتبر ۱۸۲۷ / ۲۰ مهر ۱۲۰۶ به تهران برگشته بود.

در زمانی که شاه خسیس و بلهوس به تهران رفته و عباس میرزا دربدر در شهرهای آذربایجان به دنبال منابع مالی و آذوقه می‌گشت و از فشار مالی، سربازان را مرخص کرده بود پاسکویچ از طریق اسقف نرسیس از اوضاع نابسامان قوای ایرانی آگاه شد او خودش هنوز در ایروان بود. اگرچه پاسکویچ ورود به این سوی ارس را ممنوع کرده بود اما ژنرال اریستوف با قوای خود عازم تبریز شد این گروه با کوچکترین مانعی مواجه نشد چون قبل از این نظرعلی‌خان حاکم مرند برحسب امر شاه کشته شده بود و طایفه «یکانلوی» محال مرند به همین مناسبت از اطاعت حکومت ایران سر پیچیده و بطرف روسها گرایش داشتند به همین خاطر قوای روسی بدون کوچکترین مزاحمتی از مرند گذشته بسوی تبریز حرکت کردند.[۴۷۷]

به نوشته منابع خارجی «قوای روسی شهر اهر مرکز قاراداغ را اشغال کردند و در دوم اکتبر ۱۸۲۷ / ۹ مهر ۱۲۰۶ وارد شهر مرند شدند سپس به طرف تبریز حرکت کردند».[۴۷۸] اریستوف در گزارش خود در خصوص استقبال اهالی از قوای روسی می‌نویسد: ***به هر جایی می‌رسیدیم اهالی به استقبال ما می‌آمدند و با ما نه به عنوان دشمن، بلکه به عنوان حامی خود برخورد می‌کردند. آنان با دسته‌های بزرگ به استقبال ما می‌آمدند و در جلوی***

قوای ماگاوهای خود را قربانی می‌کردند...[۴۷۹]

متأسفانه اکثر منابع ایرانی در خصوص این اتفاقات مهم یعنی چگونگی فتح مرند و سپس اشغال تبریز توسط قوای روسی خاموش هستند و یا به بیان چند جمله اکتفا کرده‌اند به عنوان مثال محمدتقی سپهر در این مورد تنها به نوشتن مطلب زیر اکتفا می‌کند: «...[فتحعلی‌شاه] از سراب کوچ داده شنبه دوازدهم ربیع الاول وارد دارالخلافه گشت، بعد از بیرون شدن شهریار تاجدار از مملکت آذربایجان، لشکر ایران یکباره هول و هرب برداشت و بسقاویچ را طمع و طلب زیاده شد...»[۴۸۰]

محمدحسن‌خان اعتمادالسلطنه نیز به ایجاز می‌نویسد: «نیز جماعتی از اهل مرند به سبب قتل نظرعلی‌خان مرندی که سابقاً روی داده بود، از کارگزاران آذربایجان وحشت نموده جنرال اریستوف سردار نخجوان را به تسخیر تبریز ترغیب کردند و رای وی را تصمیم دادند. لهذا جنرال مزبور که به شجاعت مشهور بود، از عباس آباد که در ده فرسنگی شهر تبریز و در دو فرسنگی مرند است به اطمینان خوانین مرندی به مرند آمده با سه هزار صالدات عزم تبریز کرد...مقرر شد که جنرال اریستوف از رود ارس عبور کرده از پشت کوه «مشو» که سراسر قاطع فیما بین محال خوی و کنی و مرند است و خالی از عساکر ایران روانه شد. بی‌خبر به تبریز آمده با سه هزار سالدات و ده عراده توپ شهر را تصرف نماید».[۴۸۱]

جان بادللی در مورد تصمیم به اشغال تبریز می‌نویسد. «در چنین شرایطی هر چند تبریز بصورت خوبی مستحکم شده بود و یک نیروی شش هزار نفری نیز از آن محافظت می‌کرد اما موراویف علیرغم اطلاع از آن به یک ریسک بزرگی که درواقع مرگ و زندگی بود دست زد. او بدون اینکه این فکر را حتی به اریستوف فرمانده‌اش آشکار کند او را به پیشروی برای استقرار در یک جای مستحکمی تشویق کرد بدین ترتیب قوای روسی در ۱۱ اکتبر از مرند جدا شده و به صوفیان که در ۴۰ کیلومتری تبریز قرار داشت رسیدند شب در صوفیان ماندند موراویف در همین زمان به پدرش می‌نویسد:

«اریستوف از نیت من یعنی تصرف تبریز آگاه شد ابتدا شگفت‌زده شد که این همه

به تبریز نزدیک شده و خواست عقب‌نشینی کند اما روز بعد من باز هم پیشروی کرده و در ۱۸ کیلومتری شهر تبریز اردو زدم اریستوف همچنان مردّد بود اما از این نقطه که رسیده بودم دیگر نمی‌شد صحبت از عقب‌نشینی کرد خود من نیز بدون تسخیر تبریز نمی‌توانستم با مافوق‌های خودم روبرو شوم البته وقتی تبریز را می‌گرفتم آن موقع هم می‌توانستم نارضایتی پاسکویچ را حدس بزنم اما تصمیمی بود که گرفته بودم و افتخار و شرف من خواستار انجام آن شده بود» در ۱۳ اکتبر پیشقراولان اردوی موراویف به چند کیلومتری حومه تبریز رسیدند سربازان پادگان تبریز در یک وضعیت وحشت‌زده و پراکنده در امتداد جاده تهران در حال فرار بودند براساس شنیده‌ها این سربازان از سوی مردم شهر مورد تهدید قرار گرفته بودند بخشی از نیروهای باقیمانده نیز دستگیر شده و یا کشته شده بودند روز بعد اریستوف با قوای اصلی به دروازه‌های شهر تبریز رسید دروازه‌های اصلی گشوده شد و این شهر باستانی و ثروتمند با جمعیت ۶۰ هزار نفری بدون کوچکترین مقاومتی بدست روسها افتاد.

در همین زمان خبر فتح ایروان توسط پاسکویچ در تبریز به روسها رسید اریستوف نیز ضمن تبریک به پاسکویچ خبر سقوط پایتخت عباس میرزا را در ۱۶ اکتبر به او اطلاع داد چند روز بعد پاسکویچ به همراه مگدونالد و دیگر اعضای سفارت بریتانیا در رأس ۱۵ هزار نیرو و ۵۲ توپ وارد تبریز شد.[۴۸۲]

منابع ایرانی تاریخ ورود روسها به شهر تبریز را روز جمعه سوم ربیع‌الثانی ۱۲۴۳ ذکر می‌کنند[۴۸۳] که اشتباه است چرا که سوم ربیع‌الثانی ۱۲۴۳ با روز چهارشنبه مصادف می‌گردد از طرفی، ژنرال پاسکویچ در گزارشی که به تزار از مرند فرستاده به غنایم جنگی که پس از اشغال شهر تبریز دست یافته اشاره می‌کند گزارش او در تاریخ ۱۶ اکتبر ۲۵/۱۸۲۷ ربیع‌الاول ۱۲۴۳ ارسال شده بنابراین در این تاریخ روسها وارد تبریز شده بودند. غنائمی که پاسکویچ اشاره می‌کند عبارت بودند از: چهل توپ، متجاوز از هزار تفنگ، متجاوز از هزار گلوله قومپارا و مقداری زیادی گلوله توپ...»[۴۸۴]

اما اینکه چرا مردم شهرهای خوی، مرند و تبریز کوچکترین مقاومتی در مقابل

فتح قلعه ایروان توسط روسها / ۳۳۷

قوای اشغالگر از خود نشان ندادند و روسهای اشغالگر را حتی با آغوش باز پذیرفتند نکته‌های عبرت انگیزی وجود دارد در حالی که در آن روزها تبریز بیست هزار خانوار جمعیت داشت و هشت هزار سرباز و تفنگچی و بیش از ۱۲۰ توپ و قورخانه‌ای سرشار از مهمات در آن بود.[۴۸۵] پس چرا بدون مقاومت توسط روسها به آسانی اشغال گردید؟ بدون شک علت آن در وحشیگری‌های قشون ایرانی و نفرت روز افزون مردم از حکومت قاجارها نهفته بود. در اینجا ذکر نمونه‌هایی از علل گرایش مردم به روسها خالی از فایده نیست.

در دور اول جنگها در ۱۸۰۴ م جعفرقلی خان حاکم خوی با ۲۰۰ سوار خود به روسها پیوسته بود. حکومت ایران برای انتقام از او به خوی حمله برده شهر را غارت کرده پسر و برادر و زن جعفرقلی خان را دستگیر و به عنوان گرو نگه داشت تا جعفرقلی خان خود را تسلیم کند این امر مردم را از حکومت ایران عاصی ساخت و جعفرقلی خان نیز نه تنها تسلیم نشد بلکه براساس اسناد آکاک قسم خورده و به تبعیت از روسها درآمد.[۴۸۶] او از اول طرفدار روسها بود.[۴۸۷]

قبل از آمدن قوای روسی نیز، در شهر خوی شایعه‌ای پخش شد که اردوی روسی عازم خوی است اگر چه بعداً مشخص شد که دروغی بیش نبوده اما همین دروغ، هست و نیست مردم خوی را به باد داد! به پیشنهاد عباس میرزا شهر را که نزدیک فصل برداشت محصول بود آتش زدند تا روسها در صورت اشغال خوی در مضیقه خواربار قرار گیرند و اردوی فتحعلی‌شاه نیز که بار سنگینی بر دوش مردم فقیر خوی بود با عجله آنجا را ترک کرده به سمت مرند رفتند اما اندکی بعد شایعه آمدن روسها دروغ از آب در آمد ولی خرابی و ویرانی محصول برجای ماند هرج و مرجِ اردوی شاه هم روستاها را ویران کرد که اگر روسها واقعاً می‌آمدند بدون شک آن همه ویرانی به بار نمی‌آوردند![۴۸۸]

اما وقتی قوای روسی وارد شهرهای خوی، مرند و تبریز شدند کوچکترین تجاوزی به حقوق مردم گزارش نشده و منابع ایرانی نیز به آن اذعان کرده‌اند نویسنده «تاریخ نو» در این مورد می‌نویسد:

«به جز کاه و علف و بریدن درخت‌های بی‌ثمر که صالداتها و قزاق مأذون به آوردن بودند در سایر امتعه و اموال رعایا دخل و تصرف نمی‌کردند...»[۴۸۹]

اما تصویری که کتاب «تاریخ خوی» پس از حرکت اردوی شاه از آن ناحیه به دست می‌دهد واقعاً اسفناک است: ***«بعد از رفتن اردوی شاه ناامنی و به هم ریختگی ادامه داشت گروه‌هایی از سپاهیان شاهی که ظاهراً از اردو گریخته بودند، به صورت دسته‌های راهزن غارتگری درآمده و به جان مردم شهر و روستاها افتاده بودند. رمه‌های گوسفند و گاو مردم را می‌ربودند و می‌بردند و می‌خوردند و می‌فروختند. سربازان گرسنه گندم‌ها را درو می‌کردند، آسیاب‌ها را برای آرد کردن گندم‌ها، تصرف کرده بودند و گندم‌ها و آرد مازاد مصرف خود را می‌فروختند. درگیری در شهر میان کسبه و سپاهیان بالا گرفته بود...»***.[۴۹۰]

قائم‌مقام فراهانی در نامه‌ای به عباس میرزا ضمن اشاره به همین مطلب در خصوص تیره‌روزی و نگونبختی مردم خوی می‌نویسد: ***«...قشون شاه بی اعتدالی را به حدی رساندند که علانیه، محله ارمنی، سرقله شراب می‌خوردند، زن مسلمان را به زور می‌کشیدند و کل دهات و شهر به تصرف رجّاله و یتیمی خودسر اردوی شاه بود و زراعت و گاو و گوسفند بردن و خوردن و کوبیدن و فروختن امری پنهان و پوشیده نبود، امری شایع و معمول و متداول و مباح محسوب می‌شد»***.[۴۹۱]

در اینجا این سؤال مطرح می‌شود که به راستی کدام قشون اشغالگر بودند؟ برای مردمی که جان و مال و ناموس‌اش از قشون شاه هرگز ایمن نبود شکست یا پیروزی آن برای این مردم چه تفاوتی داشت؟ در حالی که اندکی بعد وقتی قوای روسی وارد شهر شدند نه تنها کوچکترین تعرضی از سوی آنان نسبت به مردم در هیچ منبعی گزارش نشده بلکه کمال همکاری و مودّت نیز بین آنها و مردم گزارش شده است در حالی که قشونی بیگانه و اشغالگر محسوب می‌شدند! اما اینکه چرا مردم مرند از قوای روسی استقبال کردند قتل نظرعلی‌خان را عنوان می‌کنند در شکست گنجه و فتح قلعه، نظرعلی‌خان قلعه را رها کرده و گریخته بود[۴۹۲] به خاطر همین عباس میرزا جهت عبرت دیگران دستور داده بود او را وارونه سوار الاغ نموده و «به هیئت‌های مختلفی او را در اردو بازار گردانیده محبوساً به قصبه مرند فرستاد»[۴۹۳] سرانجام نیز

توسط عباس میرزا به قتل رسید[۴۹۴] و به همین دلیل مردم مرند دشمن حکومت ایران شده به روسها گرایش پیدا کردند.[۴۹۵]

زمانی که نیروهای اصلی سپاه قفقاز قلعه ایروان را چون نگینی در محاصره کامل خود قرار داده و ارتباط آن با کل ایران قطع گردیده بود بخش ناچیزی از سپاه روسیه ضمن تعقیب قوای ایرانی از رودخانه ارس گذشته و بدون کوچکترین نبردی، وارد شهر مرند شدند مردم شهر مرند با شادمانی از قوای روسی استقبال کردند پس از آن، تبریز نیز با آغوش باز روسها را پذیرفت بطوری که گریبایدوف در نامه‌ای به تاریخ ۱۲ اکتبر ۱۸۲۸ به نسلرود وزیر امور خارجه روسیه می‌نویسد: «سربازان روسی، ضمن اقامت در آذربایجان جنوبی با رفتار و سلوک خود احترام و اطمینان سکنه را جلب کردند.» این واقعیت حتی مورد اعتراف ویلوک افسر انگلیسی مستشار عباس میرزا نیز قرار می‌گیرد او اعتراف می‌کند که: «در تمامی موارد سپاهیان روس بگونه‌ایی سرمشق جلوه کردند. به همین جهت شهر از موقع اقامت آنان در تبریز، بکل آرام گرفته است و سلوک و رفتار سپاهیان روسیه شایسته‌ی تمجید و تحسین کامل است...».[۴۹۶]

گریبایدوف که اندکی بعد به عنوان وزیر تام الاختیار روسیه به ایران آمد می‌نویسد: «بیش از همه، خاطره‌ی نیکی که سپاهیان ما در قلوب روستائیان (آذربایجان) بجای گذاشته‌اند، مرا مورد پسند افتاد. سپاهیانی که از طرف شاه به عنوان میهماندار من، اعزام شده بودند، روستائیان را با تعدّی و غارت خویش به خشم آورده بودند. این مردم بیچاره با صدای رسا، سربازان ایرانی را بخاطر مغایرت رفتارشان با رفتار عادلانه و ملاطفت‌آمیز سربازان روسی، لعنت و نفرین می‌کردند».[۴۹۷]

کدخدای روستای ترکمنچای که اندکی بعد، مذاکرات بین ژنرال پاسکویچ و عباس میرزا در آنجا به عمل آمد خطاب به مؤلف روسی گفته بود:

«سربازان شماکه تعداد ۱۲ هزار نفرشان اینجا بودند، آنقدر شجاع، شاد و مهربان بودندکه نه مرغی را از خانه‌ایی دزدیدند نه شاخه‌ی درختی را شکستند، نه خوشه‌ی انگوری را به رایگان گرفتند. آنها ورای سربازان ما بودند. اگر من سرم را نتراشیده بودم، حتی موهایم نیز از غارتشان

(سربازان ایرانی) در امان نبود. خداوند ما را از شرشان نجات دهد! ما از روس‌ها استفاده بردیم. حال آنکه کار سربازان ایران، فقط غارت کردن ما بود و بس...».۴۹۸

پس از اشغال شهرهای آذربایجان جنوبی توسط قوای روسی، از سوی پاسکویچ مقرراتی جهت اداره امور وضع شد این مقررات که توسط گریبایدوف تهیه و تنظیم شده بود به موجب آن روس‌ها حق نداشتند از اموال سکنه‌ی محلی به رایگان استفاده برند. قوانین محلی، در مورد روس‌ها نیز بسان ایرانی‌ها، یکسان اجرا می‌شد. به این ترتیب هر یک از شکایات سکنه، توسط ارگان‌های اداره‌ی ناحیه بررسی می‌شد و در صورت نقض فلان مقررات، ناقض بشدت کیفر می‌دید. طبق همین مقررات بود که حتی بیمارستان و چاپخانه نیز احداث گردید.

خوش‌رفتاری سربازان و مأمورین روسی موجب شد که اهالی، مراتب امتنان خود را به انحاء مختلف نسبت به روس‌ها ابراز دارند به عنوان مثال شقاقی‌ها که بین میانه و اردبیل می‌زیستند پیشنهاد کردند که به طور رایگان تا ۹ هزار کیلوگرم جو و بیش از ۱۲ هزار کیلوگرم خواربار مختلف، ۳۰۰ رأس اشتر و ۲۰۰ رأس گاو، در اختیار سربازان روسی قرار دهند اکثر اهالی تمایل خود را برای تابعیت روسیه ابراز می‌داشتند چنین تمایلی از تمامی شهرهای مراغه، اهر، اردبیل و خوی ابراز می‌شد.۴۹۹ و اکثر اهالی که از دست فئودال‌ها و عمالشان به ستوه آمده بودند اعلام آمادگی می‌کردند که وارد قشون روسیه شده با قوای ایرانی بجنگند!

حتی وضعیت روحی مردم و نفرتشان از حکومت قاجارها بهترین زمان را برای روس‌ها فراهم کرده بود که این قسمت را نیز ضمیمه خاک روسیه کنند اما به نوشته عبدالله‌یف «دولت تزاری، از هراس تیره شدن مناسباتش با انگلیس، از این کار چشم پوشید» امپراطور به پاسکویچ نوشت: «انگلیسی‌ها فکر خواهند کرد که ما می‌کوشیم در موقع مناسب سیادت خود را در آسیا مستقر سازیم و ما با همین کار، روابط دوستانه‌ی خویش را با دول متقدم در اروپا، سرد خواهیم کرد».۵۰۰

پس از سقوط تبریز، نارضایتی خود سربازان ایرانی نیز چنان بود که دیگر از جنگ با روس‌ها امتناع می‌کردند به همین خاطر، پادگان شهر ارومیه از جنگیدن با روس‌ها

پرهیز نمود پادگان ارومیه، دروازه‌های شهر را برروی سربازان روسی گشود و از آنها به گرمی و احترام استقبال کرد». ۵۰۱

دولت انگلستان از اوضاعی که در تبریز پیش آمده بود از فرو پاشیدن ایران در هراس بود پاسکویچ در نامه‌ای این مسئله را به اطلاع وزارت امور خارجه روسیه می‌رساند او می‌نویسد «انگلیسی‌ها با از دست دادن آذربایجان می توانند به ناوهای خود در بندر بوشهر سوار شده و به هند بازگردند». ۵۰۲

آنچه بیان شد تنها مشتی نمونه خروار از برخوردهای دوگانه‌ی سربازان ایرانی و قوای روسی نسبت به مردم آذربایجان بود که متأسفانه در تمامی منابع فارسی که به آسیب‌شناسی علل شکست ایران پرداخته‌اند کوچکترین اشاره‌ایی بدان نشده است.

عباس میرزا از خوی عازم تبریز بود که خبر وحشتناک ورود قوای روسیه به تبریز را شنید واتسن، وضع و حال رقت بار ولیعهد ایران را پس از شنیدن خبر تسخیر تبریز توسط دشمن، این چنین به تصویر می‌کشد:

«یأس و حرمان ناشی از این خبر را از لحاظ ولیعهد آسانتر از آنچه بیان شد می‌توان تصور کرد چون زنان و فرزندانش در تبریز بودند، قصر او توپخانه او و مهمات نظامی او در این شهر بود از اسب پیاده شد و بی‌درنگ از سرجان مکدونالد وزیر مختار انگلیس تقاضا کرد یکی از افسران خود را برای ترتیب مصاحبه‌ای بین والاحضرت و ژنرال پاسکویچ بفرستد و هنگامی که نگران، زیر سایهٔ درخت بیدی نشسته بود از نماینده درخواست سه هزار تومان وام کرد تا خرج‌های جاری خود را پرداخت کند افسر انگلیسی فوری وجه را پرداخت ولی فرمانده روس نسبت به شاهزادهِ گرفتار، ادب و نزاکتی ابراز نکرد... [زیرا] ژنرال پاسکویچ از قبول مصاحبهٔ پیشنهادی ولیعهد امتناع ورزید و او چاره‌ای نداشت جز اینکه آن توهین را تحمل و با سردار حسین خان به سلماس عقب‌نشینی کند و در انتظار خاطر طرف فاتح بماند.» ۵۰۳

وقتی دشمن در ۱۳ اکتبر ۱۸۲۷ / ۲۰ مهر ۱۸۲۷ به چهار فرسنگی تبریز رسید در اوضاع پریشان و حقارت‌آمیز شهر هرکس سرشت و باطن خود را نمایان ساخت گروهی پا به فرار نهادند معدودی به مقاومت فکر افتادند. آصف‌الدوله فرمانده پادگان نظامی دستور داد دو توپ به خطوط دفاعی دروازه گجیل که سپاه روس باید از آن

می‌گذشت بکشانند این توپ‌ها اندکی شلیک کردند اما بدون نتیجه خاموش شدند مردم تبریز کوچکترین مقاومتی در مقابل قوای اشغالگر از خود نشان ندادند چرا که قبل از این، جنگ‌های طولانی با روسها تمام آذربایجان را چنان به فقر وفاقه کشانده بود که اولاً رمقی برای مبارزه نداشتند ثانیاً خود آصف‌الدوله چنان ظلم و ستم در حق مردم تبریز رواج داشته بود که رفتارش به مراتب بدتر از دشمن اشغالگر بود!

آن هیئت حاکمه، خود قبل از این چنان تسمه از گرده خلق برکشیده بود که اکنون وقتی به خطر افتاده بود برای مردم هیچ تفاوتی با دشمن نداشت بنابراین به دفاع‌اش برنخاستند و راه بی تفاوتی را انتخاب کردند تا منتظر ارباب جدید باشند به ضرس قاطع می‌توان گفت که یکی از علت‌های اساسی عدم مقاومت مردم در مقابل قوای روسی، خستگی بی حد و حصر آنان در طول سال‌های مداوم جنگ بود. جنگ‌ها هست و نیست مردم را برباد داده و بشدت آن‌ها را عاصی و مخالف جنگ کرده بود بطوری که نویسنده فارسنامه و منابع دیگر ایرانی ذکر می‌کنند در دوم اکتبر ۱۸۲۶/ ۱۰ مهر ۱۲۰۵ برفی شدید بارید و فتحعلی‌شاه مجبور شد با اعوان، انصار به داخل تبریز نقل مکان کند قبل از شاه «***جناب آسید محمد و سایر علما وارد شهر تبریز شده بودند و عوام الناس تبریز به جهات مختلفه با ایشان، بی اندامی می‌نمودند و یکی از جهات آنکه، سیدی جلیل القدر از خطبای تبریز در جنگ گنجه کشته شده بود و جماعتی دیگر از مجاهدین در آنجا از جان گذشته بودند و چون عوام تبریز جناب آقا سید محمد را مباشر جنگ و شکست عهد مصالحه با روسیه می‌دانستند در خیال آزار او بودند***» که سرانجام شاه و اطرافیانش مانع مردم شدند.[۵۰۴]

علاوه بر وضعیت مادی و روحی مردم تبریز که آمادگی جنگی نداشتند شخصیت بی‌پرنسیپ آصف‌الدوله و رفتار سخیف‌اش در مقابل روسها نیز یکی از عوامل اصلی تسخیر زود هنگام تبریز توسط قوای روسی شد. الهیارخان آصف‌الدوله پسر محمدخان بیگلربیگی قاتل لطفعلی‌خان زند بود فتحعلی‌شاه دختر خود مریم خانم را به عقد الهیارخان درآورده بود. شاه که در اثر سعایت بدخواهان به عباس میرزا ظنین شده بود در دور دوم جنگ‌ها آصف‌الدوله را به تبریز فرستاد تا از نزدیک براوضاع نظارت داشته باشد اما این صیاد نابکار به جای کمک به عباس میرزا از پشت

فتح قلعه ایروان توسط روسها / ۳۴۳

به او خنجر می‌زد.

وقتی هم روسها به طرف تسخیر تبریز حرکت کردند او بجای دفاع در خانه یکی از اهالی محل پنهان شده بود که سرانجام قوای ژنرال اریستوف او را از مخفیگاهش بیرون کشیده و دستگیر کردند او پس از عقد عهدنامه ترکمنچای آزاد و روانه تهران شد. آصف‌الدوله جزء عوامل اصلی انگلستان بود و بعدها در توطئه قتل گریبایدوف نقش اصلی را داشت در وابستگی او و خانواده‌اش به انگلستان همین بس که سِر یوستن شل صاحب منصب انگلیسی در حق وی گفته بود: «منتظر فرصتم که در یک ملاقات خصوصی شاه را وادار کنم به او مقام صدارت اعطاء نماید».[۵۰۵]

مینورسکی جمعیت تبریز را در این زمان، یکصد الی یکصد و بیست هزار تن می‌نویسد.[۵۰۶]

در این میان، یک لمپن قدرت‌طلب بنام میرفتاح برای خدمت به روسها سنگ تمام گذاشت او فرزند میرزا یوسف مجتهد بود جوانی «کبوتر باز و درسلک رنود»[۵۰۷] و در پی کسب نام و نشان! پدرش که در بین مردم محبوبیت داشت و انسان وارسته‌ای بود اندکی قبل وفات یافته بود و اکنون این «پسر نوح» مانند، تعدادی را بدور خود جمع کرده مردم را به اطاعت از روسها فرا می‌خواند در غیبت نظم حکومتی همه کاره شهر شده بود حکم می‌داد و آنرا جاری می‌ساخت با گروهی از الوات که بدورش جمع شده بود «با صدای هلهله، رو به قلعه صوفیان نمود». اریستوف فرمانده روسی را به مانند اسب تروا به داخل شهر بی‌دفاع دعوت کرد. اشتباه عباس میرزا در این بود که دفاع از شهر تبریز را به عهده آصف‌الدوله ظالم گذاشت و از عمق نفرت و خشم مردم نسبت به او بی‌خبر بود و میرفتاح در واقع از همین خشم مردم استفاده کرد.[۵۰۸] توپ‌هائی که توسط آصف‌الدوله برای شلیک بی‌حاصل بسوی روسها کار گذاشته شده بود همین که شلیک کردند به دستور میرفتاح، اطرافیان‌اش توپچی را از پشت توپ به زیر آورده، چند تیر بر بدن او زدند «موقعی که توپ‌های روسی از سه فرسخی به صدا در آمدند میرفتاح با عده‌ای اوباش که برای چنین روزهایی مستعد بودند پرچمی برپا داشته، سردار روسی را برای ورود به تبریز استقبال نمود.»[۵۰۹] به

تشویق میرفتاح حکمرانان مراغه، اردبیل و خوی نیز کلیدهای آن شهرها را برای فرمانده روسی فرستادند.[۵۱۰] به محض ورود دشمن به شهر، سردار روسی زمام امور شهر تبریز را به میرفتاح سپرد اکنون میرفتاح از هیچ گونه جنایتی صرف نظر نمی‌کرد «در ملاء عام، مردم را گرفته، به چوب می‌بست و اذیت و آزار می‌نمود.»[۵۱۱]

ژنرال پاسکویچ به نزدیکی شهر تبریز رسید اما وارد تبریز نشد راهی دهخوارگان [آذرشهر فعلی] شد عباس میرزا که در سلماس بسر می‌برد و به عبارتی مخفی شده بود به ارومیه رفت و دست به دامن قائم‌مقام فراهانی شد او سه سال پیش از این از خدمت منفصل شده بود و اینک مجدداً به سمت قبلی منصوب و در سال ۱۲۴۳ مأمور گفتگو با «پاسکویچ» در مورد عقد قرارداد ترکمنچای شد. استیصال ولیعهد ایران و شوربختی آن روز تبریز در زیر چکمه‌های دشمن را تنها داستان زیر می تواند اندکی پژواک دهد: میرفتاح در داخل شهر تبریز هر کسی را که سرش به تن‌اش می‌ارزید و از عباس میرزا طرفداری می‌کرد دستگیر می‌کرد برخی مردم از تعدیات او دست به دامن میرزا پاشاوکیل که انسانی شریف و خیّر بود شدند تا به آذرشهر برود و عباس میرزا که به آذرشهر آمده بود او را از وضع شوربخت شهر آگاه کند میرفتاح کل دروازه‌های شهر را گرفته بود و خارج شدن از تبریز کاری صعب و سخت بود سرانجام میرزا پاشاوکیل مخفیانه توانست خود را به آذرشهر برساند.

میرزا فتاح به سردار پاسکویچ نامه نوشت که «میرزا پاشا از شهر بگریخت و به نایب‌السلطنه پیوست. او را باید فرستاد تا دیگران این هوس در سر نپرورند» پاسکویچ به عباس میرزا پیغام داد که «میرزا پاشا از تبریز بگریخته. آقا میرفتاح او را طلبیده بباید فرستاد». عباس میرزا در جواب گفت من او را فردا به حضور پاسکویچ خواهم برد. میرزا پاشای وکیل خود چنین روایت می‌کند:

«آن روز نایب‌السلطنه به دیدار سردار شد. مرا ببرد. چون بدان خضراء شد که پاسکویچ اینجا بود. من نیز ترسان خود را بدان جای افکندم و به دیواری تکیه داده بایستادم. سردار روس پس از ساعتی به ترجمان گفت که از نایب‌السلطنه بپرسید که «میرزا پاشا که میرفتاح خواسته کجاست؟» نایب‌السلطنه به ادب مرا نمود. من چنان به هراسیدم که نزدیک بود از پای افتم. به دیوار تکیه کردم.

سردار روس آن حالت من بدید. به ترجمان گفت بپرس از او که «میر فتاح تو را خواسته به تبریز روی یا در خدمت نایب‌السلطنه بخواهی ماند؟ با زبانی الکن گفتم: «به تبریز نشوم. اینجا بمانم. به خدمت نایب‌السلطنه. جانی تازه گرفتم و خدای را شکر گفتم». [۵۱۲]

در خصوص ورود یا عدم ورود ژنرال پاسکویچ به شهر تبریز اقوال مختلفی وجود دارد نویسنده فارسنامه می‌نویسد «صدای توپ روسی از دو فرسخی شهر رسید، میر فتاح علمی را برپا نمود و با اعیان شهر به استقبال سپاه روس شتافته روز سیم ماه ربیع روسیان را به احترام تمام وارد تبریز داشتند...دو روز دیگر بسقاویچ سردار بزرگ روسیه وارد شهر تبریز گردیده وکلیه امر و نهی شهر را به میر فتاح دادند و چون چند روزی بگذشت هر روزه چندین نفر از لشکر روسیه در شهر تبریز مفقودالاثر می‌گردید و آن چنان بود که اهالی محلات تبریز در هر جای بدان جماعت دست می‌یافتند فوراً آنها را نابود می‌ساختند و در سرداب‌های خانه دفن می‌نمودند و بسقاویچ به قوه عاقله خود، از نظم شهر و محافظت سپاه، مأیوس گردید» و به دهخوارگان رفت.[۵۱۳] فارسنامه ناصری تاریخ ورود ژنرال پاسکویچ به شهر تبریز را روز پنجم ربیع الثانی ۱۲۴۳ مصادف با ۲۶ اکتبر ۱۸۲۷م / ۳ آبان ۱۲۰۶ ذکر می‌کند که به نظر صحیح می‌آید.

از اسناد روسی چنین برمی‌آید که پاسکویچ پس از اشغال تبریز در صدد بود کل آذربایجان را از ایران منفک کند اما تزار با آن مخالفت کرده بود[۵۱۴] به نظر می‌رسد که امتناع تزار از اشغال کل آذربایجان بخاطر مخالفتهای اروپایی‌ها باشد. نیکلای در این مورد به پاسکویچ می‌نویسد که اگر جنگی دوباره با ایران آغاز گردد کل آذربایجان را از ایران جدا کرده و آنها را بصورت خان‌نشین‌های مستقل و جداگانه نگه خواهد داشت تا مبادا کشورهای اروپایی فکر کنند که روسیه می‌خواهد سلطه منحصر به فرد در آسیا داشته باشد.[۵۱۵]

بخش اعظم هزینه سال‌های مداوم جنگ را آذربایجان بدوش کشیده بود چون قشون منظمی در ایران نبود روستائیان و کشاورزان عازم جنگ شده در نتیجه کشتزارها به حال خود رها شده و خانواده‌ها بی‌آذوقه و بی‌سرپرست مانده بودند. پس

بدیهی است که تبریز توسط قوای روسی به فرماندهی اریستوف تسخیر نشد بلکه قبل از ورود قوای روسی خود از درون به زانو درآمده بود و اگر می‌خواست مقاومت کند به راحتی می‌توانست از ورود قوای اریستوف به شهر جلوگیری کند. تأسف اینکه وقتی رؤسای مرند به خونخواهی نظرعلی‌خان حاکم مقتول خود با ژنرال اریستوف همکاری کردند و او را به شهر مرند آوردند میرفتاح به او اطلاع داد که «تبریز رایگان است» و هیچ گونه مقاومتی وجود ندارد در نتیجه او را تشویق کرد تبریز را اشغال کند سردار روسی با نیروی کم خود شامل «سه فوج وده عرّاده توپ از پشت جبال شاد به راهنمایی سواران مرندی سوی تبریز» روان شد آصف‌الدوله حاکم منفور تبریز که دو عدد توپ بر دروازه گجیل مستقر کرده بود همین که توپ‌ها سه گلوله بسوی قوای روسی شلیک کردند «سردار روس به هراسید و بزرگان مرند را مأخوذ نمود» و تصمیم گرفت به مرند بازگردد اهالی مرند کسی را نزد میرفتاح فرستادند و به او یادآوری کردند که قرار بر این نبوده در نتیجه میرفتاح با «عمّامه و جامه و علمای محلات تبریز به دروازه گجیل شد. توپچیان را از باره به زیر افکند» سپس به قوای روسی خبر داد که اکنون می‌توانند وارد شهر شوند و سردار روسی و قوایش بدین ترتیب وارد شهر تبریز گشتند.[۵۱۶]

جهانگیر میرزا می‌نویسد به محض اینکه خبر ورود قوای روسی به تبریز به اردوی عباس میرزا در شندآباد ارونق رسید از آنجا که اهل عیال و خانواده بعضی از لشکریان در تبریز بودند «از خدمت عباس میرزا فرار کردند و در نتیجه بالجمله اردو به هم آمده و تفرقه حاصل شد.»[۵۱۷]

البته حکمرانی میرفتاح نیز بر تبریز چندان نپائید پس از عقد قرارداد ترکمنچای وقتی قوای روسی ایران را تخلیه کردند میرفتاح از آنجا که از «طعنه‌های مردم تبریز و دولت ایران ایمن نبود به روسیه پناهنده شد».[۵۱۸]

پاسکویچ در خصوص نقش وی گفته بود: «ما آرامش تمام این ناحیه را مدیون او هستیم و در اینجا به واسطه پرهیزگاری بسیار و زندگی منزه خود نفوذ بسیار دارد. هر چه ما برای همراهی‌های وی پاداش بدهیم کافی نخواهد بود! اما نمی‌تواند اینجا

بماند، شاید در ولایات مسلمان نشین ما بسیار سودمند باشد».[۵۱۹]

حامد الگار به نقل از منابع انگلیسی در خصوص وضع میرفتاح که در حوالی سال اکتبر ۱۸۳۷م در تفلیس بسر می‌برده می‌نویسد: «این مجتهد به سبب خدماتی که در حین جنگ ایران و روس به روسیه کرده بود مواجب زیادی از حکومت روسیه دریافت می‌کرد».[۵۲۰] میرفتاح تابعیت روسی را پذیرفت اما وقتی پاسکویچ از قفقاز رفت مأمورین و مسئولین جدید چندان عنایتی به او ننمودند و او به ناچار در شهر تفلیس قناری پرورش می‌داد.[۵۲۱] عاقبت از تابعیت روسی خارج شد و از سختی معاش در ۱۸۴۱م/۱۲۲۰ش میرفتاح سرانجام به ایران بازگشت و در ۱۲۶۹ / ۱۸۵۳ در تبریز درگذشت و در همانجا دفن گردید.[۵۲۲] سیّاحانی که سالها بعد، از شهر تفلیس دیدار کرده‌اند اکثراً به مکانی موسوم به «باغ مجتهد» در تفلیس اشاره می‌کنند که باغی زیبا و محل تفرج اهالی شهر در آن زمان بوده است و اکثر سیاحان از آن دیدن کرده‌اند. این باغ را زمانی که میرفتاح در تفلیس به سر می‌برده ایجاد کرده در سفرنامه فرهاد میرزا چنین آمده است: «... عصری با میرزا اسدالله‌خان سوار شده به باغ مرحوم آقا میرفتاح رفتیم که حالا مال دولت شده است و برای تماشای عموم مردم است».[۵۲۳]

تقریباً یکصد سال پس از آن وقتی در جریان انقلاب مشروطیت باردیگر قوای روسی شهر تبریز را اشغال کردند و در پی دستگیری ثقةالسلام تبریزی برآمدند دوستانش از او خواستند که به شهبندری عثمانی پناه برد اما ثقه الاسلام با اشاره به اقدامات سخیف میرفتاح، مرگ را بر خفت ترجیح داده گفته بود «در جریان شکست عباس میرزا از روسها، میرزا آقا میرفتاح جلو افتاد و شهر تبریز را بدست روس سپرد از آن زمان صد سال می‌گذرد و همیشه نام آقا میرفتاح به بدی یاد می‌شود. شما چگونه راضی هستید که من در این آخر زندگی از ترس مرگ خود را به پناهگاهی بکشم و دیگران را در دست دشمن رها نمایم».[۵۲۴]

گویند در همین زمان فتحعلی‌شاه در تهران برای اعلان ختم جنگ و بستن پیمان آشتی، بساط خیمه شب بازی پهن کرده بود. او قبلاً به جمعی از خاصان دستوراتی راجع به اینکه در مقابل هر جمله‌ای از فرمایشات شاه چه جواب‌هایی باید بدهند داده

نمونه پنجم

شده بود و همگی نقش خود را روان کرده بودند.

«شاه بر تخت جلوس کرد و دولتیان سرفرود آوردند. شاه به مخاطب سلام، خطاب کرد و فرمود: اگر ما امر دهیم که ایلات جنوب با ایلات شمال همراهی کنند و یک مرتبه به روس منحوس بتازند و دمار از روزگار این قوم بی‌ایمان برآورند چه پیش خواهد آمد؟ مخاطب سلام که در این کمدی نقش خود را خوب حفظ کرده بود تعظیم سجده مانندی کرد و گفت: «بدا به حال روس!! بدا به حال روس!!» شاه مجدداً پرسید: «اگر فرمان قضا جریان شرف صدور یابد که قشون خراسان با قشون آذربایجان یکی شود و توأماً بر این گروه بی دین حمله کنند چطور؟» جواب عرض کرد: «بدا به حال روس!!»

اعلیحضرت پرسش را تکرار کردند و فرمودند: «اگر توپچی‌های خمسه را هم به کمک توپچی‌های مراغه بفرستیم و امر دهیم که با توپ‌های خود تمام دار و دیار این کفار را با خاک یکسان کنند چه خواهد شد؟» باز جواب: «بدا به حال روس!! بدا به حال روس!!» تکرار شد و خلاصه چندین فقره از این قماش اگرهای دیگر که تماماً به جواب یکنواخت بدا به حال روس مکرر تأیید می‌شد رد و بدل شد.

شاه تا این وقت روی تخت نشسته پشت خود را به دو عدد متکای مروارید دوز داده بود. در این موقع دریای غضب ملوکانه به جوش آمد و روی دو کنده زانو بلند شد شمشیر خود را که به کمر بسته بود به قدر یک وجبی از غلاف بیرون کشید و این دو شعر را که البته زاده افکار خودش بود به طور حماسه با صدای بلند خواند:

کشم شمشیر مینایی — که شیر از بیشه بگریزد
زنم بر فرق پسکوویچ — که دود از پطر برخیزد

مخاطب سلام با دو نفر که در یمین و یسارش رو به روی او ایستاده بودند خود را به پایه عرش سایه تخت قبله عالم رساندند و به خاک افتادند و گفتند: «قربان مکش، مکش که عالم زیر و رو خواهد شد.» شاه پس از لمحه‌ای سکوت گفت: «حالا که اینطور صلاح می‌دانید ما هم دستور می‌دهیم با این قوم بی‌دین کار به مسالمت ختم کنند!»[۵۲۵]

فصل شانزدهم

عهدنامه ترکمنچای

«عهدنامه ترکمنچای، ایران را تابع و دست نشانده روسیه بدل کرده است.»

(فردریک انگلس)

قائم‌مقام فراهانی در ۲۱ اکتبر ۱۸۲۷ / ۲۸ مهر ۱۲۰۶ وارد تبریز شد و به همراه منشی سفارت انگلستان و نماینده عباس میرزا به نزد پاسکویچ که در مرند بود رفت و از او خواست تا محل ملاقات خود را با عباس میرزا تعیین کند.[۵۲۶] دهخوارگان (آذرشهر فعلی) به عنوان محل مذاکرات تعیین شد. مذاکرات دهخوارگان در ۹ نوامبر ۱۸۲۷ / ۱۷ آبان ۱۲۰۶ آغاز شد. هیئت رسمی روس‌ها عبارت بودند از: ژنرال پاسکویچ، آبرزکوف (مشاور رسمی وزارت امور خارجه و مسئول تنظیم صورت جلسات و ریاست هیئت روسی) و هیئت تحریریه شامل گریبایدوف (به عنوان دبیر) و دو نفر دیگر به نام‌های آمبرگر و کیسلیف که به عنوان دستیاران دبیر به شمار می‌آمدند دو نفر به عنوان مترجم حضور داشتند که عبارت از ولانگالی (مترجم زبان فرانسه) و باکیخانوف (مترجم زبان روسی) بودند.

هیئت ایرانی نیز عبارت بودند از: عباس میرزا نایب‌السلطنه، قائم مقام فراهانی، میرزا محمدعلی (کاتب ولیعهد)، حاکم نظامی تبریز یعنی فتحعلی‌خان و میرزا مسعود که به عنوان مترجم حضور داشت.[۵۲۷]

توافق بر سر پیشنهادات طرفین آسان بدست نیامد و با کش و قوس و تهدید نظامی

همراه بود.

پاسکویچ اعلام کرد نواحی ایروان، نخجوان و اردوباد نیز متعلق به روسیه خواهد بود و علاوه بر آن ایران باید ۱۵ کرور تومان غرامت به روسیه پرداخت کند.[۵۲۸]

عباس میرزا برای کسب تکلیف، در نامه‌ای پیشنهادات روسها را به اطلاع فتحعلی‌شاه رساند اما فتحعلی‌شاه موافقت نکرد. در وقفه‌ایی که پیش آمده بود اسقف نرسیس از فرصت استفاده کرده در نامه‌ایی به گریبایدوف و پاسکویچ از آنان خواهش کرد که کوشش کنند تا ارمنی‌هایی که در ایران زندگی می‌کنند به ایروان مهاجرت کنند. البته این خواهش اسقف نرسیس عملی شد چرا که گذشت زمان آن را اثبات کرد پس از انعقاد عهدنامه ترکمنچای، بلافاصله از طرف امپراطوری روسیه فرمانی در ۲۱ مارس ۱۸۲۸ صادر شد که در آن، تشکیل ولایت ایروان به عنوان یک ولایت ارمنی‌نشین تأکید شده بود. از این تاریخ کم‌کم نفوس ارمنی‌ها در ایروان بیشتر و بیشتر می‌گردد به طوری که در ۱۸۳۱ م تعداد مسلمانان آذری ۷۳۳۱ نفر در مقابل ۴۴۸۴ ارمنی در ایروان می‌زیستند اما با گذشت زمان و با مهاجرت ارمنی‌ها از ایران به ایروان، ترکیب جمعیتی شهر به نفع ارامنه تغییر می‌یابد. براساس اسناد آکاک در نامه‌ای که لازارف در ۱۴ فوریه به ژنرال پاسکویچ فرستاده در آن خاطرنشان می‌کند که ارامنه در طول جنگ‌های ایران و روسیه در پیروزی‌های روسیه سهیم بوده و در کمک به روسیه با تمام توان کوشیده‌اند. الان در شهرهای مختلف ایران ارامنه ساکن هستند و می‌خواهند به روسیه کوچ کنند لذا جهت ایجاد تسهیلات لازم در کوچ ارامنه موارد زیر پیشنهاد می‌شود:

«۱. جهت رهبری و هدایت کوچ‌کنندگان و کارهای مربوط به آنها از طرف پاسکویچ در نامه‌یی، اختیارات لازم به من داده شود و در آن نامه امتیازاتی به کوچ‌کنندگان در نظر گرفته شود. ۲. جهت انجام بهتر کارهای مربوط به کوچ‌کنندگان چند نفر افسر و کارکنانی که زبان ارمنی بلد باشند در اختیار من بگذارند. ۳. در نواحی که وضعیت اقلیمی، کوچ‌کنندگان را با مشکل مواجه می‌کند اردوی روس به کمک آنها بشتابد. ۴. به کوچ‌کنندگان فقیر، بودجه‌ای جهت کمک مالی در نظر گرفته شود.» [۵۲۹]

البته عباس میرزا نیز می‌کوشید در مقابل تشویق روسها به مهاجرت، مانع ایجاد کند براساس اسناد آکاک، نمایندگان و فرستادگان عباس میرزا ارامنه را تشویق می‌کردند که مهاجرت نکنند حتی به ارامنه ایران وعده می‌دادند که اگر در ایران بمانند از دادن حراج و مالیات به مدت شش سال آزاد خواهند شد.[۵۳۰]

لاچینی می‌نویسد: فتحعلی‌شاه از زیادی پول غرامت خشمگین شده دستور داد جنگ ادامه یابد اما مکدونالد سفیر انگلیس در تهران به نزد شاه رفت و او را به پرداخت ۱۰ کرور تومان راضی ساخت.[۵۳۱]

در روز ۲۲ نوامبر / ۱ آذر مکدونالد انگلیسی اعلام کرد که پنج کرور از پول آماده تحویل است سه روز بعد در ۲۵ نوامبر / ۴ آذر هیئت ایرانی اعلام کردند که حاضرند ۱۰ کرور به عنوان غرامت جنگی بپردازند اما پاسکویچ و گریبایدوف اعلام کردند حاضرند سه کرور کم کرده ایران ۱۲ کرور بپردازد. سرانجام طرفین به مبلغ ده کرور [پنج میلیون تومان] راضی شده و آن را به اطلاع شاه می‌رسانند.

میرزا مسعود که به عنوان مترجم در طول مذاکرات حضور داشت در خصوص تقلیل مبلغ غرامت از ۱۵ کرور به ۱۰ کرور اطلاعات دست اولی بدست می‌دهد و می‌نویسد:

«در این اثنا پاسکویچ بیمار شد و نایب‌السلطنه «از راه‌کوچکدلی» به عیادت او رفت و پاسکویچ «برای تقدیم لوازم شکرگذاری سه کرور وجه از جمله پانزده کرور را پیشکش کرد و مکتوبی متضمن این معنی به‌کارگزاران آن حضرت سپرد».[۵۳۲] میرزا مسعود در مورد گذشت روسها و توافق نهایی بر سر ۱۰ کرور می‌نویسد اقدامات حسنعلی میرزا شجاع‌السلطنه در تهران باعث شد فتحعلی‌شاه بجای فرستادن وجه المصالحه به دفع الوقت بگذراند این امر پاسکویچ را عصبانی کرده باعث شد او مذاکرات را قطع کند اما یک روز بعد، از عباس میرزا معذرت خواهی کرده گفت: «چون ما از جانب دولت خود اختیار آن هست که از جمله دوازده کرور، دو کرور تخفیف دهیم. لهذا در این مجلس دو کرور هم به حضرت ولیعهد واگذار کرده کل وجه مصالحه را بر ده کرور قرار می‌دهیم...»[۵۳۳]

در ۲۶ نوامبر/ ۵ آذر، شاه در نامه‌ای به عباس میرزا دستور می‌دهد سعی کند

مذاکرات به درازا بکشد روز ۲۷ نوامبر/ ۶ آذر نظرعلی خان نماینده شاه از راه رسیده اعلام کرد شاه با پرداخت ده کرور موافق است. اما اکنون ترتیب اقساط پرداخت غرامت مورد بحث بود.۵۳۴

روز ۲ دسامبر/ ۱۱ آذر پاسکویچ والخوسکی را به تهران جهت ستاندن قسط اول غرامت فرستاد. روز ۸ دسامبر/ ۱۷ آذر، عباس میرزا با ژنرال پاسکویچ بصورت خصوصی دیدار می‌کند هدف از این جلسه خصوصی گنجاندن ماده هفتم قرارداد یعنی به رسمیت شناختن ولیعهدی عباس میرزا و حمایت از آن توسط روس‌هاست. شاید ولیعهد ایران در آن زمان نمی‌دانست که این بند که با خواهش او گنجانده می‌شود برای ایرانیان چقدر گران تمام خواهد شد! این بند با رضایت سردار روسی به مواد قرارداد اضافه شد. اما هنوز منجم باشی عباس میرزا زمان خوش امضای قرارداد شوم را اعلام نکرده بود!

براساس رضایت طرفین در دهخوارگان، روس‌ها پس از گرفتن ۸ کرور از ۱۰ کرور غرامت، می‌بایستی در اول ژانویه ۱۸۲۸م/۱۰ دی، قوای خود را از جنوب آذربایجان خارج ساخته و دو کرور باقیمانده نیز قرار شد در ماه‌های ۱۸۲۹/اردیبهشت ۱۲۰۸ از سوی ایران پرداخت شود.۵۳۵ اما فتحعلی‌شاه در تهران اصرار داشت روس‌ها پس از اخذ ۵ کرور، قشون خود را از ایران خارج کنند و همچنان در پی دفع‌الوقت بود. به نظر می‌رسد که در همین زمان اقدامات ساده لوحانه شاهزاده حسنعلی میرزا، فتحعلی‌شاه بی‌خبر از همه جا را تحت تأثیر قرار داده باشد حسنعلی میرزا پسر فتحعلی‌شاه و حاکم خراسان بود او در ۲۵ دسامبر/۴ دی با پرچم سیاه متعلق به آستان قدس رضوی به تهران آمده و گروهی را به دور خود جمع کرده وعده می‌داد که آذربایجان را آزاد و تا تفلیس خواهد تاخت! مخالفین عباس میرزا که بدورش جمع شده بودند برای تحقیر عباس میرزا که نایب‌السلطنه لقب داشت حسنعلی میرزا را صاحب‌السلطنه خطاب می‌کردند.۵۳۶

قائم‌مقام فراهانی در خصوص این شاهزاده و اقداماتش در آن اوضاع آشفته ایران در نامه‌ای به تاریخ شعبان ۱۲۴۳ می‌نویسد که او با فرمانفرمای هندوستان تماس

گرفته و برای تحقیر عباس میرزا او را متهم می‌کرد که با روسها ساخت و پاخت کرده است: «**... در این بین میرزا حیدرعلی نام از جانب فرمانفرما به هندوستان رفته است و کاغذ برده است که نایب‌السلطنه با روسها ساخت شاهنشاه او را از ولیعهدی انداخت من و برادرم حسنعلی میرزا از فارس و عراق و خراسان را داد و بعد از این شما باید با ما مراودات داشته باشید نه با نایب‌السلطنه...**»

البته در این زمان که مصادف با انعقاد قرارداد ترکمنچای بود انگلیسی‌ها توجهی به او نکردند چرا که وحشتِ از کف دادن کل آذربایجان موجب شده بود که انگلیسی‌ها بیشتر از درباریان شاه در انعقاد زودتر قرارداد صلح شتاب به خرج دهند.

فتحعلی‌شاه از حادثه حسنعلی میرزا می‌خواست جهت فشار بر روسها در مذاکرات استفاده کند به همین خاطر، شاه دوباره ابوالحسن‌خان را به عنوان نماینده خود جهت مذاکره و چانه زنی به دهخوارگان می‌فرستد اما با رسیدن میرزا ابوالحسن‌خان رابطه پاسکویچ با عباس میرزا رو به تیرگی می‌نهد و پاسکویچ به قوای روسی دستور می‌دهد مراغه و برخی شهرهای دیگر را اشغال کنند و آن را به اطلاع عباس میرزا می‌رساند و به فرستاده شاه، میرزا ابوالحسن‌خان اعلام می‌دارد که: یا پول یا جنگ! و با این جمله پایان و قطع مذاکرات دهخوارگان را اعلام می‌کند.

جان مکنیل به همراه قائم‌مقام فراهانی به تهران می‌روند تا شاه را راضی به پرداخت شش کرور تومان بکنند اما در خلال وقفه پیش آمده به دستور دبیچ رئیس ستاد کل ارتش روسیه، برای ترساندن شاه، روسها طی یک عملیات فرمایشی شهرهای مراغه، خوی، ارومیه و اردبیل را اشغال کردند دبیچ در دستور خود می‌نویسد: «حرکت و پیشروی نیروهای ما باید فقط با یک یورش موقت و به منظور ترساندن شاه و متمایل کردن او به اجرای خواسته‌های ما صورت بگیرد. این پیشروی باید کاملاً عاری از هر گونه استیلاگرانه در ناحیه‌ی ارس که اعلیحضرت تمایل نسبت به آن ندارند باشد».[۵۳۷]

این عملیات برای روسها نتیجه بخش بود چرا که در اواخر ژانویه‌ی سال ۱۸۲۸ مکدونالد سفیر انگلستان به دیدار پاسکویچ شتافت و اظهار داشت که شاه تمام

شرایط روسیه را می‌پذیرد. چرا که هم انگلیسی‌ها و هم شاه می‌ترسیدند که سربازان روسی به طرف تهران پیشروی کنند.

به نوشته برخی منابع، از تهران ۵۲۰ بار طلا و نقره به ارزش ۸۸۶ هزار تومان فرستاده می‌شود و به پیشنهاد پاسکویچ، محل مذاکرات صلح نیز به ترکمنچای نزدیک میانه منتقل می‌شود تا در تاریخ ۷ فوریه مذاکرات بین طرفین آغاز گردد.

اما در وقفه‌ای که پیش آمده بود روسها در ۱۵ ژانویه ۲۴/۱۸۲۸ دی ۱۲۰۶ شهرهای ارومیه، اردبیل و میانه و مراغه را اشغال کردند. ژنرال پاسکویچ به تشویق گریبایدوف بخش اعظم کتابخانه‌ی بسیار ارزشمند بقعه شیخ صفی‌الدین اردبیلی را در اردبیل به یغما برد این کتابخانه در زمان خود شیخ صفی‌الدین تأسیس شده و پس از روی کار آمدن صفویان، کتابخانه گسترش یافته و نسخه‌های نفیسی از سوی شاهان صفویه بر آن اهداء شده بود.

طبق نوشته برخی منابع، در زمان اشغال تبریز توسط قوای روسی پرفسور سنکوسکی مستشرق روسی به گراف دبیچ رئیس کل قشون روسی شرحی نوشته و از او تقاضا می‌نماید که از کتب خطی و آثار ایرانی استفاده نماید.

دبیچ تقاضانامه‌ی پرفسور سنکوسکی را به اطلاع پاسکویچ رسانده و پاسکویچ با گریبایدوف در این مورد مشورت می‌کنند. گریبایدوف پس از تحقیقات لازم پی برد که چنین گنجینه مهمی در اردبیل در کتابخانه جنب مقبره شیخ صفی‌الدین اردبیلی موجود می‌باشد.[۵۳۸] در مورد تاریخچه بنای بقعه اردبیل برخی منابع می‌نویسند که «شیخ صدرالدین پس از مرگ شیخ صفی این آرامگاه را بوسیله اسناد کاری که از مدینه آورده بود به طرز باشکوهی ساخت و بعداً در زمان جنید و جانشینان او بناهای دیگری بر آن اضافه شدند».[۵۳۹]

با آنکه اردبیل جزو جبهه جنگی نبود و تصرف آن مستلزم مخارج نظامی زیادی بود اما با اصرار گریبایدوف در ۲۵ ژانویه ۴/۱۸۲۸ بهمن ۱۲۰۶ قشونی از قراباغ به فرماندهی ژنرال سوشتلن و به همراهی سرهنگ «سنیاوین» به طرف اردبیل حرکت کرد. شهر پس از اندکی مقاومت به تسخیر قوای روسی درآمد.[۵۴۰]

اشغالگران پس از تصرف اردبیل، علمای شهر را در یک محل گردآوری کردند و به آنان یادآور شدند که کتاب‌های کتابخانه را پس از نسخه برداری در تفلیس عودت خواهند داد اگر چه مخالفت علما نیز نمی توانست جلوی غارت روسها را بگیرد اما ترفندشان کارگر افتاد و در اوائل ماه فوریه ۱۸۲۸ اواسط بهمن ۱۲۰۶ دو دسته قشون روسی انتقال کتب گرانبهای بقعه شیخ صفی را از اردبیل به تفلیس به عهده گرفتند روسها بجای نسخه برداری و بازگرداندن آثار، مدتی بعد آنها را از تفلیس به کتابخانه سن پترزبورگ و موزه آرمتیاژ انتقال دادند و آثار مزبور هم اکنون در کتابخانه لنینگراد نگهداری می‌شوند.[۵۴۱] منابع متعددی، تعداد کتاب‌های خطی برده شده را بین ۱۲۰ الی ۱۹۶ عنوان ذکر کرده‌اند.[۵۴۲] البته سه چهار روز پس از انتقال آن گنجینه گرانبها بالاخره در شب ۹ فوریه/۱۹ بهمن ساعت ۱۲ شب منجم باشی عباس میرزا ساعت خوش برای صلح با روسها را اعلام کرد! و عهدنامه توسط طرفین امضاء گردید.

روسها به علامت پیروزی به جشن و پایکوبی پرداخته و به علامت شادی ۱۰۱ گلوله توپ شلیک کردند[۵۴۳] عهدنامه شامل ۱۶ فصل و یک قرارداد تجاری الحاقی در ۹ فصل می‌باشد.[۵۴۴] به موجب این عهدنامه ننگین علاوه بر قسمت‌هایی که بر طبق عهدنامه گلستان از ایران منفک گشته بود خان‌نشین‌های نخجوان، ایروان، طالش و شوره گل نیز از ایران جدا شدند و جزو قلمرو روسیه گردیدند و علاوه بر آن ایران ملزم به پرداخت ۱۰ کرور تومان (۵ میلیون تومان) پول به عنوان غرامت جنگی شد چرا که به عنوان آغاز کننده جنگ محسوب می‌شد. اما در کنار این عهدنامه سیاسی یک عهدنامه تجاری نیز بسته شد که ضررش کمتر از عهدنامه سیاسی نبود.

فصل اول عهدنامه، صلح و اتمام جنگ بین دو کشور را اعلام می‌کند.

فصل دوم، تعهدات عهدنامه گلستان را باطل می‌شمرد و عهدنامه جدید را جایگزین آن می‌کند.

فصل سوم، ایالت‌های نخجوان، ایروان، طالش را متعلق به روسیه می‌دانست و حکومت ایران را ملزم می‌کرد که ظرف شش ماه دفاتر و اسنادی که راجع به حکومت و اداره خانات مذکور بود تقدیم مأمورین روسیه نماید و کلیه سرزمین‌های آن طرف

خزر جزو خاک روسیه می‌شد.

فصل چهارم، خط سرحدی جدید دو کشور را تعیین می‌کند.

فصل پنجم، در خصوص واگذاری اراضی ما بین خط سرحد می‌باشد.

فصل ششم، ایران را ملزم به پرداخت ده کرور تومان (پنج میلیون تومان) به طور اقساط به عنوان غرامت جنگی به روسیه می‌نمود.

فصل هفتم، در خصوص حمایت از ولیعهدی عباس میرزا و کوشش در به سلطنت رساندن وی پس از مرگ شاه بود این فصل در مقابل رقیبان عباس میرزا مخصوصاً برادرش شاهزاده حسنعلی میرزا شجاع‌السلطنه گنجانده شده بود. زمانی که عباس میرزا شکست خورده در تلاش برای عقد عهدنامه ترکمنچای بود او در تهران گروهی به دور خود جمع کرده و از فتحعلی‌شاه می‌خواست به وی اجازه دهد تا به زور شمشیر، روسها را از ایران بیرون کند سرانجام او با گروه خیمه شب بازی خود قرار شد از تهران عازم قزوین و زنجان گردد تا جلوی قشون روسی را در صورتی که بخواهند به تهران وارد شوند بگیرد! بنابراین، حوادث مذکور موجب شد که فصل هفتم قرارداد افزوده شود این بند که متأسفانه به درخواست عباس میرزا متأثر از قضایای مذکور در عهدنامه گنجانده شده بود به آسانی مستمسکی به یک کشور بیگانه‌ای چون روسیه می‌داد تا تحت حمایت از عباس میرزا در امور داخلی کشور ایران مداخله کند به عبارتی نقض آشکار حقوق مردم ایران بود چرا که این مردم ایران بودند که حق داشتند چه کسی زمامدارش باشد اما گویی این حق از ملت ایران گرفته شده و به یک کشور بیگانه داده می‌شود تا برای مردم ایران حاکم و شاه تعیین کند!

فصول بعدی در خصوص استرداد اسرای جنگی بین طرفین، اعطای حق قضاوت کنسولی به روسیه بودند.

در فصل چهاردهم و همچنین اکثر فصل‌ها اگرچه با درج «دولتین معظمتین متعاهدتین» گنجانده شده یعنی به هردو کشور حقوق متقابله داده شده اما تجارب تاریخی نشان داده که دولت ایران از حق خود در این موارد در مقابل زورگوئی طرف

قدرتمند نتوانسته استفاده کند.

چنانچه دولت روس در محرم سنه ۱۳۲۸/بهمن ۱۲۸۸ ش با وجود صراحت فصل ۱۴ عهدنامه ترکمنچای در ردّ مقصّرین طرفین، باوجود مطالبه دولت ایران از تسلیم دزد و یاغی معروف رحیم‌خان چلبیانلو امتناع نمود رحیم خان چلبیانلو کوبنده‌ترین ضربات را بر پیکر مشروطیت نوپای ایران مخصوصاً تبریز زد او بارها در حمایت از محمدعلی شاه با ستارخان و مجاهدین مشروطه جنگید و سرانجام وقتی شکست خورده به روسیه گریخت دولت ایران از روسیه خواست او را دستگیر و تحویل دهد اما کشور روسیه آن را نپذیرفت واجازه داد او آزادانه در قفقاز زندگی کند.[۵۴۵]

در فصل دهم عهدنامه مقرر گردیده که یک مقاوله نامه تجارتی نیز به عنوان متمم عهدنامهٔ سیاسی ترکمنچای به امضاء رسد. عهدنامه تجاری ۹ ماده داشت و برطبق آن دولت ایران به روسیه اجازه می‌داد که هرجا منافع تجاری داشت به آنجا وکیل تجارتی و کنسولی بفرستد. که در واقع حق کاپیتولاسیون بود به عبارتی کلیه اتباع روسی بر اساس عهدنامه ترکمنچای از حمایت قوه قضائیه ایران برخوردار می‌شدند.

عهدنامه تجارتی الحاقی برعکس آنکه کمتر بدان پرداخته شده به مراتب از عهدنامه تجاری برای ایران کمرشکن‌تر بود زیرا اساس استقلال ایران را نشانه گرفته بود به خاطر اهمیت آن در اینجا به برخی از اثرات مخرب آن می‌پردازیم:

بر اساس فصل اول قرارداد تجاری «***رعایا و اتباع روس که تذکره متعارفه در دست داشته باشند در همه ممالک ایران می‌توانند تجارت کنند...به همین نسبت اهالی ایران امتعه خود را از دریای خزر یا از راه خشکی سرحد دولتین روس و ایران به مملکت روس می‌توانند برد و معاوضه و بیع نموده و خریدکرده متاع دیگر برون برد و از هرگونه حقوق و امتیازاتی در ممالک اعلیحضرت امپراطوری به اتباع دولت‌های کاملهٔ الواده اروپا داده می‌شود، بهره‌مند خواهند شد***» اگرچه در این بند اصل مساوات بین تجار ایرانی و روسی رعایت شده اما چون در شرایط نا برابری قرار داشتند خواهیم دید که چگونه به عامل تخریب عوامل تولیدی در ایران بدل می‌شود.

در فصل سوم عهدنامه تجاری که مربوط به پرداخت ۵ درصد حق گمرکی بود

آمده بود.

«هرگونه متاعی که به توسط تبعه روس به ایران آورده، یا از این مملکت برون برده شود و همچنین از امتعه محصوله ایران که توسط تبعه آن دولت از دریای خزر یا از راه خشکی سرحد دولتین روس و ایران به ولایات روسی برده شود... هیچگونه گمرک دیگر از ایشان مطالبه نخواهد شد...» اگرچه در این فصل در ظاهر اصل مساوات برای تاجران ایرانی و روسی رعایت شده اما نگاهی به اوضاع و احوال ایران در آن زمان، میزان ظالمانه بودن آن را برای تجار ایرانی مبرهن می‌سازد زیرا در آن زمان گمرک هر ولایت به کسی که پول بیشتری می‌پرداخت به اجاره داده می‌شد.[۵۴۶] در این صورت شخص خریدار تسمه از گرده تجار ایرانی می‌کشید تا پول بیشتری کسب کند بازرگانان خارجی کالاهای خود را فقط با پرداخت یکبار حقوق گمرکی ۵٪ از مرز می‌گذراندند اما تجار ایرانی در بنادر ورودی کشور اگرچه ۲ تا ۲/۵ درصد عوارض می‌پرداختند ولی به هر شهری که می‌رسیدند در دروازه آن باید عوارض و مبلغی به عنوان پیشکش و پول شلاق به نظامیان، حکام، و کارمندان گمرک و حتی نوکران آنها می‌پرداختند.[۵۴۷] در چنین حالتی تاجر، مالتجاره را تا رساندن‌اش به مقصد مجبور می‌شد تا ۱۲٪ قیمت کالا عوارض پردازد.[۵۴۸]

در فصل پنجم عهدنامه تجاری به اتباع روسی اجازه داده می‌شد برای رفع نیازهای خود نه تنها هر مکانی را خواستند اجاره کنند بلکه می‌توانستند آنرا خریداری نموده و به مالکیت خود درآورند و مأموران ایرانی بدون کسب اجازه از کنسولگری و مقامات سیاسی روسیه حق ورود به آن مکان را نداشتند فصل پنجم در ظاهر اهمیت چندانی نداشت اما کم‌کم تبدیل به یکی از معضلات کشور می‌گردد چرا که هر مجرم و خائن به کشور، بدان مکان‌ها پناهنده شده و بست می‌نشستند و از تعقیب و محاکم در امان می‌ماندند بطوری که حتی یکصد سال پس از آن، وقتی در انقلاب مشروطیت محمدعلی شاه مجلس اول ایران را به توپ بست و آن همه فجایع مرتکب شد اما زمانی که انقلابیون شمال و قوای بختیاری تهران را فتح کردند محمدعلی شاه به سفارت روسیه پناهنده شد و نه تنها از هرگونه محاکمه در امان ماند

بلکه با کمک روسها از آنجا به خارج از کشور رفت و برای بازگشتن به تخت و تاج، دست به اقدامات تخریبی متعدد زد. همچنین می‌توان به حمایت روسها از شعاع‌السلطنه برادر محمدعلی شاه در برابر اقدامات مورگان شوستر اشاره کرد وقتی مورگان شوستر از املاک او درخواست مالیات کرد به لشکرکشی روسها و برکناری واخراج مورگان شوستر از ایران انجامید.

در فصل ششم عهدنامه تجاری مقرر شده بود که نه‌تنها مأموران روسی بلکه مستخدمین آنها نیز از مقررات مربوط به اتباع روسی و مورد حمایت سفارت و کنسولگری آن دولت برخوردار می‌شدند واگر فردی از این گروه دست به جنایت می‌زد مقامات ایرانی بدون اجازه مقامات روسی حق نداشتند آن شخص را تحت تعقیب قانونی قرار دهند و در صورتی که کنسول یا وکیل روسی تشخیص می‌داد آن فرد مجرم است اجازه می‌داد!

در فصل هفتم مقرر شده بود در صورتی که بین اتباع روسی با همدیگر نزاع و درگیری پیش آید ویا بین اتباع روسی با یک کشور دیگر نزاعی صورت گرفته باشد باید فقط بر طبق قوانین روسیه رسیدگی گردد و اگر اختلافی بین اتباع روسی با اتباع ایرانی در ایران پیش آید «رسیدگی وحکم آن باید در حضور نماینده رسمی سفارتخانه صورت گیرد».

عجیب اینکه در فصل هشتم قراداد تجاری قید شده بود که اگر شخصی از اتباع روسی متهم به خیانت در حق اتباع ممالک دیگر گردد مورد هیچگونه تعرض و مزاحمتی نخواهد بود مگر در صورتی که شرکت او در جنایت ثابت و مبرهن گردد اما در اینصورت نیز محاکم ایران نباید بدون حضور مأمور سفارت به مسئله جنایت رسیدگی نموده حکمی صادر نمایند. پس از اثبات جنایت به شرطی که گفته شد مقامات ایرانی باید او را تحویل مقامات روسی نموده تا به روسیه فرستاده شود و در آنجا موافق قوانین روسی مجازات گردد.

سفید

نمونه پنجم

فصل هفدهم

آثار و تبعات بعدی عهدنامه ترکمنچای

تأسف‌بار اینکه پس از ترکمنچای، تنها روسیه صاحب حقوق کاپیتولاسیون در ایران نگشت بلکه همان حقوق را انگلستان نیز صاحب شد زیرا وقتی حکومت ایران از پرداخت غرامت پنج میلیون تومان به روسیه دچار فشار مالی گردید دولت انگلستان پیشنهاد کرد که حاضر است ۲۰۰ هزار تومان در اختیار ایران قرار دهد تا در ازای آن، فصول سوم و چهارم قرارداد انگلستان با ایران باطل گردد در حالی که بر طبق فصل چهارم آن قرارداد انگلستان متعهد شده بود در صورت حمله یک دولت اروپایی به ایران سالانه ۲۰۰ هزار تومان به ایران کمک مالی کند و اکنون که ایران در فشار مالی بود با اخذ تنها ۲۰۰ هزار تومان، فصول سوم و چهارم عهدنامه را برای همیشه باطل می‌کرد و خود در زیر تعهدات کمرشکن آن قرارداد باقی می‌ماند.

دنیس رایت می‌نویسد: «عهدنامه ترکمنچای روس‌های مقیم ایران و ایرانیان یا خارجیان تحت حمایت روسیه را از حقوق ویژه‌ای برخوردار می‌ساخت. بعدها حقوق مشابهی به بریتانیا و سایر کشورها اعطاء شد... این حقوق که عنوان رسمی آن کاپیتولاسیون بود متهمان تحت حمایت بریتانیا را از این موهبت برخوردار می‌ساخت که در دادگاه‌های ویژهٔ محاکمه شوند و در صورت احتیاج برای کسب کمک و پشتیبانی به کنسولگری‌ها یا به شخصیت‌های دیپلماتیک بریتانیا روی آورند».۵۴۹

آنچه بدنبال سال‌های جنگ و عهدنامه ترکمنچای از ایران باقی ماند قحطی،

گرسنگی، تخریب دهات و شهرها و بالاتر از آن تضعیف و اضمحلال فضائل اخلاقی رجال سیاست پیشه ایرانی بود تنها چیزی که در این میان رو به فزونی نهاد مخارج دربار و حکام بود که فشار بر مردم فرودست را تشدید می‌کرد.

قائم‌مقام فراهانی به عنوان مغز متفکر آن دوره به فراست دریافته بود که عهدنامه ترکمنچای بدون تغییر برخی فصول آن زندگی در ایران را دچار مشکل خواهد کرد و بدون تغییر آن به قول قائم مقام فراهانی «زندگانی حرام است ودائم اوقات تلخ است» زیرا موعد پرداخت دو کرور باقی مانده از غرامت عهدنامه فرا رسیده و در دارالسلطنه تبریز پولی در بساط نبود و شاه نیز با خست بی مانند خود آن را نمی‌پرداخت گرفتن از مردم نیز ممکن نبود.[۵۵۰]

حتی یکبار در رجب ۱۲۴۴ قرار شد عباس میرزا به همراه قائم مقام برای مذاکرهٔ دربارهٔ مصالحه با روسیه و تغییر برخی از مواد قطعنامه به سود ایران به سن پترزبوگ سفر کنند[۵۵۱] اما بعداً این سفر لغو گردید.

به عمق ابتذال و استیصال دربار ایران در آن زمان وقتی می‌توان پی برد که به نامه شماره ۶۹ قائم مقام نظری بیافکنیم:

فتحعلی‌شاه نمی‌توانست و یا نمی‌خواست پول غرامت را بپردازد و روسها نیز مته به خشخاش گذاشته بودند که از آن نخواهند گذشت در این زمان فتحعلی‌شاه پیشنهاد کرده بود که ولیعهدی را از عباس میرزا گرفته به شاهزاده‌ای تفویض کند که بتواند پرداخت یک کرور باقیمانده پول غرامت را تقبل نماید حتی میرزا ابوالحسن‌خان وزیر خارجه که در این زمان به شاهزاده ظل‌السلطان نزدیک شده بود به فتحعلی‌شاه پیشنهاد کرده بود که به روسیه برود تا آن دولت را راضی کند با ولیعهدی ظل‌السلطان موافقت نمایند و گرفتن یک کرور باقیمانده غرامت را به تعویق اندازند اما سفیر روسیه در تهران یادآور شد «... اگر شخص دیگری را بخواهد ولیعهد کند توقع گذشت از روسیه نداشته باشند».[۵۵۲]

قائم مقام تا آخرین توان خود کوشید از اجرای مواد عهدنامه ترکمنچای مربوط به کنسولگری روس سرباز زند «تا به حال، اجرای مواد عهدنامه ترکمنچای را در

تأسیس قنسول خانه روس رد کرده‌ام و تا آخر نیز به هر طریقی باشد بـا «مـردی یـا نامردی» رد خواهم کرد چنین حقی را به هیچ دولت دیگر نمی‌دهیم چه برای ایـران زیان بخش است» و در مقابل نماینده وزیر امور خارجه انگلستان که آنها نیز خواستار تأسیس کنسولگری مشابه روسیه بودند و آن را به عـنوان پـادزهری در بـرابـر زهـر کنسولگری روسیه نامیده بود قائم مقام گفته بود آن‌قدر زهر در بدن بیمار ما اثر کرده که هر آینه اگر مراقبت نشود مرگ آن حتمی خواهد بود و هرگاه پادزهری تند به آن برسد نه فقط از دردش نمی‌کاهد بلکه مرگ او را تسریع مـی‌کند. قـائم مـقام دربـاره مناسبات بازرگانی ایران با دو قدرت بزرگ یعنی روسیه و انگلستان می‌نویسد:

«تجارت وسیله نابودی تدریجی این مملکت فقیر ناتوان می‌شود و عاقبتش این است که بین دو شیر قوی پنجه، که چنگال‌های خود را در کالبد آن فرو برده‌اند تقسیم خواهد شد...ایران به عـنوان ملت واحدی، در زیر دندان یک شیر جان به سلامت نمی‌برد چه رسد به اینکه دو شیر در میان باشند. این تاب آن را نخواهد آورد و تردیدی نیست که تحت استیلای قدرت آن دو از پا درمی آید و جان خواهد داد».[۵۵۳]

اما بدنبال مرگ تلخ قائم مقام نه تنها مواد عهدنامه عملی شد بلکه کشورهای متعدد دیگر نیز از حق کاپیتولاسیون بهره‌مند شـدند. عـهدنامه تـرکمنچای آغـاز انـحطاط سیاسی ایران به شمار می‌آید بر طبق نظر نویسنده کتاب «مسئله شـرق» بـا عـهدنامه ترکمنچای ***«ایران در منطقه نفوذ روس غرق شد»*** و درامستتر در کتاب خود بنام «نظری به تاریخ ایران» می‌نویسد: ***«سفیر تزار در تهران در حکم یک نفر سرپرست انگلیسی نزد یک راجه هندی می‌باشد.»***[۵۵۴]

همچنان که ذکر شد یکی از نتایج شوم عهدنامه ترکمنچای مسئله کاپیتولاسیون و دادن حق قضاوت به کنسول‌ها و نمایندگان سیاسی دولت‌های خارجی نسبت به اتباع خود بود.

کاپیتولاسیون اگرچه سابقه‌اش به سـال‌های دور حـتی قـبل از سـلسله قـاجاریه برمی‌گشت و در دوره صفویه نیز می توان سراغ آن را گرفت[۵۵۵] اما میان آن قراردادها با قرارداد ترکمنچای تفاوت‌های اساسی وجود داشت چرا که در بستن آن قراردادهـا،

زور و اجباری در کار نبود پس التزام و تعهدی نیز بدنبال نداشت و بیشتر هدیه و فرمان یک شاه صفوی به یک کشور اروپایی بود اما در قرارداد ترکمنچای، ایران بدنبال یک شکست سهمگین و در زیر فشار و شمشیر داموکلس تن به آن داد و چاره‌ای غیر از تمکین به آن نداشت.

اینجا دیگر اتباع روسی به مانند ایرانیان در مقابل قانون و محکمه قرار نمی‌گرفتند بلکه محاکمات اتباع دارای کاپیتولاسیون در ایران، محاکمات مخصوص و با حضور نمایندگان خارجی صورت می‌گرفت و مرافعات بین خودشان به کنسول‌های آنها ارجاع می‌گشت مسئله کاپیتولاسیون در بندهای ۷ و ۸ قرارداد تجاری آمده است. متأسفانه اندکی بعد، حق کاپیتولاسیون یا «کاملة الوداد» به دولت‌های دیگر نیز داده شد «از جمله به فرانسه در ۱۸۵۵م، به آمریکا در ۱۸۵۶م، به انگلستان، اتریش، هلند، بلژیک، سوئد، نروژ و دانمارک در ۱۸۵۷م، و یونان در ۱۸۶۱م، به ایتالیا در ۱۸۶۲م به آلمان و سوئیس در ۱۸۷۳م، به آرژانتین در ۱۹۰۲م به شیلی در ۱۹۰۳م و غیره...داده شد.»۵۵۶

این دولت‌ها با استناد به شروط موافق دول کاملة الوداد که در عهود قید شده از آن بهره‌مند شدند. اصل کاملة الوداد اصلی است که با قید آن در قراردادها، دولت‌ها از موافق‌ترین و سودمندترین شروطی که متعاهدین آن در گذشته در حق دولتی ثالث مراعات کرده‌اند یا در آینده خواهند کرد، بهره‌مند می‌شوند.۵۵۷

همچنین اگرچه هر دو کشور ایران و روسیه در مورد پرداخت نرخ گمرکی مال التجاره‌های روسی و ایرانی اصل تقابل و تساوی را در ماده سوم عهدنامه تجارتی ترکمنچای رعایت کرده بودند که تنها یکبار ملزم به پرداخت پنج درصد ارزش کالا بودند اما بازرگانان روسی و کشورهای خارجیِ دیگر، به علت فسادی که در آن عصر همچون بیماری واگیر و مزمن تمام دستگاه‌های اداری کشور ایران را فلج کرده بود با پرداخت رشوه‌ای اندک موفق می‌شدند نرخ گمرک مال التجاره‌های خود را حتی به کمتر از سه درصد کاهش دهند و یا بدون پرداخت کمترین مبلغی کالاهای خود را بطور قاچاق وارد کشور نمایند.۵۵۸

از طرف دیگر، فصل تحقیرآمیز عهدنامه مربوط به واگذاری حق قضاوت (کاپیتولاسیون) برای کنسولگری‌های روسی سرپوشی بود برای دخالت هر چه بیشتر در امور ایران که اسباب ناراحتی‌های پایان ناپذیری شد عجیب اینکه آن بخش از تجار ایرانی که از تعدیات بی حد و حصر حاکمان ایرانی به ستوه آمده بودند تابعیت روسیه را می پذیرفتند تا زیر حمایت دیپلماتیک روسیه قرار بگیرند.[۵۵۹]

پس از الحاق سرزمین‌های قفقاز و آسیایی میانه به امپراطوری روسیه، نظر به سوابق فرهنگی و روابط همجواری، بخش عمده مبادلات بازرگانی روسیه تزاری با ایالات شمالی کشور بوسیله تجار این سرزمین‌ها و اقلیت ارامنه صورت می‌گرفت آنان در زیر چتر حمایتی امپراطوری روسیه در تمام شهرهای آذربایجان و گیلان سرازیر شده بودند ***«چنان‌که در نیمه قرن نوزدهم تجارت تبریز در دست پنج تجارتخانه بود‌که اغلب گردانندگان آنها یونانیانی بودندکه یا تحت‌الحمایه روس و یا تحت‌الحمایه عثمانی بودند روسهای تزاری به منظور ایجاد تسهیلات لازم برای فعالیت‌های بازرگانی و مبادلات میان دوکشور، عده‌ای از تجار قفقازی راکه روابط بازرگانی با ایران داشتند به اقامت در شهرهای عمده تجاری تشویق نمودند و آنان را با عنوان تاجرباشی به سرپرستی و نمایندگی منافع تجارتی روسیه در آن شهر منصوب می‌کردند.»*** [۵۶۰]

تاجرباشی‌ها در تمام شهرهای شمالی ایران حضور داشتند فعالانه نه تنها در امور تجاری بلکه در دسیسه‌های سیاسی به عنوان عمال روسی با حکومت تزاری همراهی و همکاری می‌کردند ابراهیم فخرایی در مورد نقش تخریبی تاجرباشی‌ها در خطه گیلان می نویسد:

«عمال ایرانی روس، که منافع روسیه را درگیلان تامین می‌کردند، تاجرباشی‌ها و اگنت‌ها بودند که در شهرهای مختلف تالش، انزلی، لاهیجان، رشت، لنگرود و رودسر حضور داشتند». [۵۶۱]

این تاجرباشی‌ها در جریان انقلاب مشروطیت در همسویی با دسیسه‌های تزاری چه قبل و چه بعد از به توپ بستن مجلس، ضربات خردکننده‌ای بر پیکر نوپای مشروطه ایرانی وارد ساختند.[۵۶۲]

همچنین کثیری از اشرار و حتی جانیان برای رهایی از چنگال عدالت، خود را

تحت‌الحمایه روسها و دول دیگر بیگانه می‌نهادند که دیگر دیّاری یارای تنبیه آنان را نداشت. در طول *سال‌های زخمی* و پس از آن، هر کسی که در پی کسب قدرت برمی‌آمد به سفارت یا کنسولگری‌های روسیه و بیگانه متوسل و آلت دست آنها می‌شد حتی مالکان بزرگی که نمی‌خواستند با گرفتن نام تحت‌الحمایه، حقوق خود را از دست داده و از حق انتخاب شدن به نمایندگی مجلس یا راه یافتن به هیئت دولت محروم شوند ولی مایل بودند از حمایت روسیه برای توسعه زمینه‌های دهکده خود بهره‌مند گردند برای خود مستاجری می‌یافتند که از اتباع یا تحت‌الحمایه‌های روسیه باشد.[۵۶۳] عبدالله‌یف در مورد ورود کالای خارجی و تسخیر بازارهای ایران می‌نویسد: یکی از عوامل عمده‌ای که راه را برای اخذ موفقیت‌آمیز سرمایه‌های خارجی در حیطه تجارت ایران هموار نمود امتیازات و امکاناتی بود که نظام کاپیتولاسیون بر ایران تحمیل کرده بود و راه را برای سرمایه خارجی گشوده بود. ضمناً تجار محلی مجبور بودند تن به مالیات‌های متعددی که موانعی بر سر راه تشکیل یک بازار ملی ایجاد می‌کرد بدهند. تجار ایرانی و محلی چندین نوبت مالیات می‌پرداختند اما اجناس خارجی که از هر نوع مالیات داخلی و یا مالیات‌های دیگر معاف بود، بی‌حد و حصر وارد شهرها و مناطق ایران می‌شد در این اوضاع، قدرت بورژوازی ایرانی بشدت تهدید و تحدید می‌شد و «مانع عظیمی در راه رشد آن ایجاد نموده. در تمام قسمت‌های ایران حکام و مأمورین آنها ظلم را نسبت به تجار از حد می‌گذرانیدند.»[۵۶۴]

سرازیر شدن بی‌حد و حصر کالاهای خارجی به بازارهای ایرانی از پس قرارداد ترکمنچای، ضربات خردکننده‌ایی بر پیکر بسیاری از کارخانه‌ها و فابریک‌های ایرانی وارد ساخت و موجبات ورشکستگی و تعطیلی‌شان را فراهم ساخت حتی کارخانه‌های پیشه‌وری و مانوفاکتوری و مخصوصاً صنعت بافندگی دچار صدمه زیادی شد، پیشه‌ورانی که کارهای خود را از دست داده بودند، کارگران بیکار کارخانه‌های بسته شده و صنعت‌کاران کارگاه‌ها و مانوفاکتورهای ورشکست شده با دهقانان ورشکسته و بی‌چیز به هم آمیخته ارتش عظیم بیکاران را بوجود آورده که

حتی کوچکترین وسیله‌ای برای ادامه حیات خود نداشتند، ده‌ها هزار نفر از این بیکاران برای رهایی و نجات از چنگال مرگ و گرسنگی همه ساله به روسیه، نواحی ماورای قفقاز دریای خزر مهاجرت می‌کردند.[۵۶۵]

هجوم بی‌رویه کالاهای خارجی به بازارهای ایران وعدم حمایت حکومت ایرانی از صاحبان صنایع و حِرَف داخلی بتدریج موجب عدم توانایی رقابت آنها و بالاخره اضمحلالشان را فراهم آورد. در نتیجه، تجارّ و بازرگانان ایرانی که قبل از این به توزیع محصولات ایرانی می‌پرداختند کم‌کم مبدل به بورژازی کمپرادور گشته کارشان وارد کردن کالاها و محصولات خارجی شد سراسر نیمه دوم قرن ۱۹ در ایران و اوایل قرن بیستم مشحون از تعطیلی، ورشکستگی و انحطاط اسفناک کارگاه‌ها و مانوفاکتورهای ایرانی است.

اما براساس نوشته‌های روسی و حتی ایرانی، در آن سوی ارس، الحاق سرزمین‌های شمالی به روسیه در سرنوشت آنها تأثیر مثبت نهاد برطبق آثار این نویسندگان، موجب ترقی اجتماعی ـ اقتصادی و سیاسی و مدنی آن نواحی گردید میرزا فتحعلی آخوندزاده در مکتوبی به حسن‌بیگ زردابی در این باره می‌نویسد:

«لامحاله این را بپذیرید که در نتیجه حمایت دولت روسیه، ما از حملات و غارتگری‌های اشغالگران جلادکه درگذشته بطور مداوم روی می‌داد، نجات یافتیم و آسوده شدیم.» [۵۶۶]

در نخستین سال‌های الحاق خان‌نشین‌ها قفقاز به روسیه، سیستم خان خانی لغو گردید و بجای آن کومندانتوری یا فرمانداری نظامی برقرار گردید آذربایجان آن سوی ارس به چند ولایت تقسیم شده که بر سر هر یک، افسری تزاری گمارده شد که او را کومندانت می‌نامیدند کومندانت‌ها تابع رئیس حوزه نظامی مربوطه بوده و روسای حوزه‌های نظامی به فرمانده کل قفقاز وابستگی داشتند بدرفتاری‌ها و بی نظمی‌های کومندانت‌های تزاری و سنگینی بار بدهی، بدهی‌های تحمیلی به نفع خزانه دولتی و فئودال‌ها سبب نارضائی توده‌های محروم گردید در نتیجه یک سلسله عصیان‌های دهاتی و فقیر شهری شکل گرفت که از آن میان می‌توان به عصیان طالش در سال ۱۸۳۷ و قوبا در سال‌های ۱۸۳۸ م و ۱۸۴۹ م اشاره نمود[۵۶۷] در اینجا بهتر است

بدون پیشداوری و با توسل به منابع منصف از روی سفرنامه‌های ایرانی و غیرایرانی، نگاهی به وضعیت شهرهای ملحق شده به روسیه در آن سال‌ها بیندازیم و آنها را با شهرهای آذربایجان این سوی ارس مقایسه کنیم. نویسندگان ایرانی این سفرنامه‌ها یا از طریق قفقاز عازم مکه بوده‌اند و یا اکثراً از مقامات دولتی بودند که از طریق قفقاز عازم اروپا می‌شدند و در عبور خود از شهرهای آذربایجان هر آنچه در عرض چند روز مشاهده می‌کردند در سفرنامه خودشان یادداشت می‌کردند.

تقریباً تمامی سیاحان و سفرنامه‌نویسانی که سال‌ها پس از جدایی آن شهرها و الحاقشان به روسیه به آن مناطق مسافرت کرده‌اند چه سفرنامه‌نویسان ایرانی و چه غیرایرانی همگی متفق‌القول بوده‌اند که آن شهرها در مقایسه با شهرهای این سوی ارس رو به جاده ترقی و پیشرفت افتاده‌اند و همگی این نویسندگان، ترقی، آزادی، قانونمندی، مساوات، حضور زنان در عرصه‌های اجتماعی و رشد اقتصادی در آن مناطق را ستوده‌اند در حالیکه تصویری به غایت سیاه و تیره‌بختی از این سوی ارس و شهرهای همجوار ایرانی ارائه نموده‌اند:

نوبویوشی فوروکاوا جزو هیأت هفت نفره ماساهارو یوشیدا بود به دستور تسونه تامی سانو، وزیر دارایی ژاپن که علاقه‌مند به گسترش روابط بازرگانی ژاپن با ممالک آسیایی از جمله ایران بود در ۱۸۸۰ م به ایران فرستاده شد. او در سفرنامه‌اش در مورد پیشرفت‌های گرجستان می‌نویسد:

«اینجا پیشتر جزء مملکت ایران بود، و در تصور کسی نمی‌گنجید که چنین شکوفایی و رونقی پیدا کند. به راستی که کفایت مملکتداری است که مایه و موجب اعتلا یا انحطاط می‌شود.» [۵۶۸]

در مورد گنجه (الیزابت پول) می‌نویسد:

«... ساعت ده و نیم به الیزابت پول (گنجه) در ۲۰ ورستی رسیدیم... اینجا شهر و از مراکز بزرگ جمعیت است، و رودخانه‌ای [در میان آن] می‌گذرد که پل آهنی بر آن زده‌اند، و بناهای بلند چندمرتبه پشت به پشت هم داده و به خصوص ساختمان تازه زیاد است، و جایی معمور و پرثروت. در مقایسه این احوال [روسیه] با اوضاع ایران، تفاوت این دو از زمین تا آسمان است. این کارهای عمرانی را [دولت] روسیه همین چند ساله و پس از دست یافتن به این نواحی به انجام رسانده

آثار و تبعات بعدی عهدنامه ترکمنچای / ۳۶۹

است...از این پیشامدها پنجاه ـ شصت سال بیش نگذشته است؛ اما در همین مدت از تفلیس تا بندر پوتی بر کنار دریای سیاه خط‌آهن کشیده‌اند و نیز راه‌ها را مرمت کرده و خیابان و شهر ساخته و کشتزارها آباد کرده و به هرگونه کار عمرانی پرداختند. کوتاه این‌که روسیه در سال‌های اخیر نیز با عثمانی جنگید و پیروز شد و نواحی کرس را گرفت و به اراضی قفقاز پیوست، و کاری نمانده است که برای رونق و آبادی قفقاز نشده‌...». ۵۶۹

در مورد باکو می‌نویسد:

«جمعیت این شهر ۲۰ هزار نفر و حال و هوایش تا اندازه‌ای اروپایی است...از شهر و گذرهای باکو بیرون آمدیم و در راه تپه و ماهور راندیم؛ اما اینجا همچون بیابان ایران بایر نبود، و دهات آباد داشت. دولت روسیه در هر ده تا بیست ورست فاصله یک چاپارخانه ساخته است که در این ایستگاه‌ها اسب درشکه مسافران و ارابه‌های حمل بار را عوض می‌کنند. در این سرزمین، راه چاپار نظم معینی دارد. حکم دولتی را بالای دیوار زده‌اند تا [مسافران حقوق خودشان را بشناسند، و حق آن‌ها] رعایت بشود. از این رو مأموران ایستگاه برای آن‌که مقرری خود را بگیرند، به یقین این ضوابط را رعایت می‌کنند، و کارها مانند ایران بی‌نظم و آشفته نیست. موازی جاده، تیر و ستون‌های تلگراف نشانده شده بود؛ و نیز در هر یک ورست فاصله یک ستون نشانه برای اعلام مسافت استوار شده، و جلوی چاپارخانه هم نام آن ایستگاه و فاصله آنجا تا چاپارخانه‌های پیش و پس از آن نوشته شده، و این علایم و نوشته‌ها با چراغ روشن شده بود تا شب هنگام هم مسافران بتوانند نام دقیق جا و منزل را بشناسند. این موضوع کوچکی است؛ اما رسیدن به این جزئیات نظم و ترتیب درست در کارها را می‌رساند. با این نمونه می‌توان تفاوت حال و هوای اداره امور عمومی در ایران و روسیه را قیاس و تصور کرد». ۵۷۰

در مورد وضعیت سربازان ایرانی می‌نویسد:

«... در هر اتاق سربازخانه از یک تا سه نفر ناخوش‌اند، که علتش همان وضعی است که شرح دادم. اما ایران بیمارستان نظامی ندارد و اهل نظام اگر دم مرگ هم باشند در همان اتاق‌شان بستری می‌شوند و منتظر می‌مانند تا مگر به طور طبیعی بهبود پیدا کنند. خوراک سربازها هم ناچیز و فقط چهارده گرده نان در روز است. این است که سربازها همیشه در پی قوت لایموت به خیابان‌ها می‌آیند، کنار گذرها چمباتمه می‌زنند و نان و خربزه و چیزهای دیگر [که از مردم گرفته‌اند]

می‌خورند. در سفر و طی طریق هم چنین است. نه فقط سربازها، که افسرانشان هم زیاد به دکان‌ها و اماکن عمومی برای خوردن و نوشیدن و تفریح و وقت‌گذراندن می‌آیند؛ و این نشان می‌دهد که قشون انضباط ندارد. رسم و راه تعلیم و تربیت افراد نظامی این نیست...»۵۷۱

تصویری که «سفرنامه خانلرخان اعتصام‌الملک» از نخجوان و تفلیس می‌دهد چنین است:

«اما بلده نخجوان قصبه‌ایست زیاد باصفا. کوه و صحرا، باغ و رود و سبزه‌اش بهمه جهت جمع و مصفاست. آبادی معموره‌اش تخمیناً سه هزار خانوار می‌شود. دو هزار مسلمان شیعه، هزار خانه ارمنی. حمام و بازار و مسجد و کلیسا باندازه خود دارد... شهر تفلیس شهریست درکمال قشنگی و بزرگی. همه عماراتش عالی مملو است از گرجی و گرجیه. بغیات لطیف‌اندام. با نهایت آزادی و بی‌قیدی.»۵۷۲

ملکونوف، یکی از آکادمیسین‌های روسی در «سفرنامه ایران و روسیه» که در سال ۱۸۶۰ م به رشته تحریر درآورده در مورد هشترخان می‌نویسد: «هشترخان شهر عظیمی است تجارتگاه و بندرگاه خوبی است. در گمرک‌خانه صندوق بسیاری کشمش و میوه‌جات خشک ایران ریخته بودند.»۵۷۳

میرزا صالح شیرازی نیز در «سفرنامه فرنگ» خود در مورد ایروان می‌نویسد:

«الحق ایروان جایی است معمور و جمعیت بسیار دارد... و در نهایت انضباط است...».۵۷۴

فرهاد میرزا پسر پانزدهم عباس میرزا نیز در سفر خود به مکه در سال ۱۲۹۲ م ضمن اشاره به وجود مؤسسات تمدنی در شهرهای ملحق شده به روسیه می‌نویسد:

«بعد از ظهر به تماشای مریضخانه شهر رفتم. حکیم‌باشی آنجا، یوسف آقا ناویچ کارناویچ است که مرتبه سرتیپی و جنرالی دارد. بسیار مرد خوشروی خوشخویی است. عمارت عالی و اوضاع غریبی است. با ماشین از کر آب به بالا آورده‌اند. باغچه‌های خوب دارد. دویست مریض اسباب مایحتاج حاضر دارد و اگر ضرورت داشت سیصد نفر هم کفایت می‌کند. سالی از دولت شصت و دو هزار منات می‌دهند. هرکه از اهل شهر ناخوش بشود [و] آنجا برود [و] در اتاق‌های عمومی باشد باید ماهی پنج منات بدهد، تمام خرج دوا و غذا جزو مریضخانه است».۵۷۵

میرزا محمدحسین فراهانی نیز در سفر خود به مکه به سال ۱۳۰۲ هجری در

سفرنامه‌اش از وجود بیمارستان با گنجایش ۳۰۰ نفر، موزه، تئاتر، روزنامه و... در تفلیس سخن گفته است.[۵۷۶]

فرهاد میرزا در مورد برخورد حاکم تفلیس با مردم عادی می‌نویسد:

«در ساعت نه ارلوف اسکی حاکم ایالت تفلیس تشریف آورد. خیلی آدم بشاش زیرک است. می‌گفت: «چهل و دو سال است در قفقازیه و گرجستان خدمت می‌کنم.» از راه‌آهن، کالسکه بخار و واپور خیلی صحبت شد. کره ارض را حقیر کرد، گفت: «وقتی که امپراطور ماضی عهد محمدشاه مرحوم به ایروان آمد ما از این جا به ایروان با شتر، بار می‌بردیم. پس از آن عرابه شد، خیال کردیم بهتر از این چیزی نیست، حالا کالسکه بخار است. البته دویست سال بعد از این، اختراع دیگری خواهد شد که کالسکه بخار هم حقیر بشود.» می‌گفت: «حکام قبل با کالسکه راه‌آهن حرکت می‌کردند، یک عارض در سر راه اگر یک کاغذ شکایت به دست می‌گرفت تا به حاکم نشان بدهد حاکم یک ورس دور شده بود. من به ملاحظه حالت مردم همیشه در راه‌آهن که می‌روم سوار اسب می‌شوم و از کنار راه می‌روم که از حالت مردم با خبر شوم.»

گفتم: «رئیس که بخواهد مردمداری بکند باید این طور رفتار بکند.»[۵۷۷] «القصه، شهر تفلیس نمونه شهرهای فرنگستان است، مشت نمونه خروار است...».[۵۷۸]

فرهاد میرزا در مورد شهر گنجه می‌نویسد: «یک طرف شهر گنجه قریه ارمنی‌ها است که کلیسا کندی می‌گویند. خانه‌های عالی دارد. از پل آهنی که گذشتی حد مسلمانان است. بالای رودخانه گنجه که از کوه قوش‌قار می‌آید و از میان شهر می‌گذرد، پل آهنی بسیار خوب ساخته‌اند که پنجاه هزار منات خرج او شده است».[۵۷۹]

در مورد باکو می‌نویسد: «.. آنجا عالم دیگری است. تمام کارخانه‌ها، جوهرکشی نفت را با آتش طبیعی زمین قرار داده‌اند و خرج‌های گزاف کرده‌اند».[۵۸۰]

عبدالله بهرامی نیز از ایرانیانی است که از طریق بندر انزلی و باکو عازم اروپا شده وی در مورد باکو می‌نویسد:

«بادکوبه برای من هر قسمت آن یک تازگی مخصوصی داشت... خوراک و مایحتاج مردم بیشتر از شهرهای خودمان وجود داشت و ارزان‌تر هم معامله می‌کردند... حتی به یک کتابفروشی که در آن کتب زیادی بزبان فرانسه و آلمانی بود وارد شده دو جلد کتاب تهیه کردم...»[۵۸۱]

البته عبدالله بهرامی به انبوه کارگران و باربرهای ایرانی نیز اشاره می‌کند که از فرط گرفتاری و تهیدستی از شهرهای ایران جلای وطن کرده و در باکو به کارهای پست روی آورده‌اند.[۵۸۲]

سفرنامه قابل ذکر دیگر، سفرنامه یارمحمدخان سهام‌الدوله ملقب به سردار مفخم، حاکم بجنورد در سال ۱۳۱۹ قمری/ ۱۹۰۲ میلادی به اروپاست او در مورد بادکوبه می‌نویسد:

«اول ظهر به شهر بادکوبه رسیدیم. در ساحل به‌کالسکه نشسته در «گراند هتل» منزل نمودیم. بادکوبه یکی از شهرهای قدیم ایران است که در زمان سلطنت فتحعلی‌شاه به اغوای علما با روس جنگ کردند. ایرانیان شکست خورده، چندین شهر از ایران به تصرف روس درآمد، از آن جمله بادکوبه است. در آن زمان این شهر چندان آبادی نداشت. الان که سنه یک هزار و سیصد و نوزده هجری است نسبت به سابق به منتها درجه آبادی رسیده‌که محل تمجید است. خاصه از وقتی که مهندسین «ژیولوژ» معدن نفت [راکه] چون گنج روان است در بادکوبه‌کشف نموده‌اند و مشغول کار شده‌اند.»[۵۸۳]

سفرنامه حاج سیاح که با دید انتقادی در سال ۱۲۷۶ هجری/ ۱۸۶۰ م نوشته شده از مهمترین سفرنامه‌ها در این مورد است او پس از ورود به آن سوی ارس، ضمن تعریف از شهرهای ایروان[۵۸۴]، بادکوبه[۵۸۵] در مورد نخجوان و پیشرفت‌های آموزش کودکان آنجا می‌نویسد: «... اطفال، هر یک دو سه زبان را خوب می‌دانند. در سن ده سالگی و من به سن بیست و سه سالگی زبان خود را درست نمی‌دانم و هر یک از اطفال جویا می‌شدند از من، من هیچ نمی‌فهمیدم...»[۵۸۶]

حاج سیاح در مورد قانونمندی و مساوی بودن تمام مردم در قبال قانون می‌نویسد:

«دیدم کتابی دارند و مقصرین که می‌آورند به موجب قانون، جزای کردار او را می‌دهند، گفتم چرا علما توسط نمی‌کنند؟ در جواب گفتند اگر علما و یا رؤسا هم خلافی بکنند مثل سایرین قصاص می‌بینند گفتم هرگاه بروند بست بنشینند به پاره‌ای جاها چه خواهند کرد؟ گفتند: صاحبان همه امکنه هرگاه خلافی بکنند مثل سایرین هستند...».[۵۸۷]

اما تصویری که این سفرنامه‌ها در همان زمان از شهرهای مرزی ایران به دست

آثار و تبعات بعدی عهدنامه ترکمنچای / ۳۷۳

می‌دهند بسی اسف‌انگیز است فورو کاوا در مورد رشت که حاصلخیزترین خاک ایران بوده می‌نویسد:

«.. این ایالت جزء خاک ایران و حاصلخیزترین این مملکت است؛ اما مأموران به امور عمومی دل نمی‌دهند [و به کار مردم نمی‌رسند]، دستگاه حکومت به مردم ظلم و آنها را بیهوده آزار می‌کند، و همه فکر و تلاش مأموران صرف سودجویی و پرکردن جیب خودشان است. پس، مردم هرچه فقیرتر می‌شوند، و زمینه‌ای برای کار و فعالیت ندارند...» ۵۸۸

بحران‌های اقتصادی و ورشکستگی حاصل از آن از یک طرف، ظلم و ستم حکامان محلی از طرف دیگر باعث مهاجرت‌های گسترده از شهرهای مختلف آذربایجان و رشت به آن سوی ارس و نواحی قفقاز گشته بود. نویسنده سیاحت‌نامه ابراهیم بیک در خصوص علت این مهاجرت‌ها، چنین می‌نویسد:

«اولاً در ایران امنیت نیست، کار نیست، نان نیست، بیچارگان چه کنند. بعضی؛ از تعدی حکام، برخی از ظلم بیگلربیگی، داروغه و کدخدا. این ناکسان در هر کس بویی بردند که پنج شاهی پول دارند به هزارگونه اسباب‌چینی بر او می‌تازند. به یکی می‌گویند که برادرت سرباز بود از فوج گریخته، بدگیری می‌آویزند که پسر عمویت چندی قبل شراب خورده، حتی همسایه را در عوض گناه ناکرده همسایه گرفته حبس و جریمه می‌کنند.» ۵۸۹

مهاجران از بین فقیرترین و بی‌چیزترین افراد ایرانی بودند که به امید یافتن تکه نانی جهت ادامه زندگی جلای وطن می‌کردند. اما این بدان معنی نبود که آنها در غربت از زندگی بهتر و مرفهی برخوردار بودند بلکه با وجود کارهای طاقت‌فرسا و پرمشقتی که انجام می‌دادند و به کارهای پستی چون حمالی، عملگی و کارهای تحقیرآمیز دیگری می‌پرداختند باز در بدترین شرایط روزگار می‌گذراندند. عبدالله بهرامی در خاطرات خود، در مورد شهر باکو در اوایل قرن بیستم می‌نویسد:

«ثلث جمعیت در خیابان‌ها و کوچه‌های [باکو] ایرانی بوده یا به زبان فارسی و ترکی تبریزی حرف می‌زدند باربرها و بارگیرهای کشتی و دوره‌گرد و دستفروش تماماً ایرانی بودند چون از چاه‌های نفت شروع به بهره‌برداری نموده بودند...» ۵۹۰

بر طبق نوشته سیاحتنامه ابراهیم بیک، ایرانی‌ها همگی در عمارت‌ها به مزدوری، گلکشی و در کوچه‌ها در عملیات سنگ‌فرش اشتغال داشتند «در این مملکت همه کارهای پست و پرزحمت به عهدهٔ ایرانیان بدبخت است و بسیاری دیگر به دزدی و کیسه‌بری و بزهکاری‌های دیگر می‌پرداختند».[۵۹۱]

بدین ترتیب، همشهری‌ها [لقب پست مهاجرین ایرانی] که از ظلم خان، بی‌قانونی و قحطی برای به دست آوردن لقمه نانی جلای وطن می‌کردند ولی در غربت نیز در بدترین شرایط، روزگار می‌گذراندند محمدامین رسول‌زاده در مورد کارگران تیره‌بخت ایرانی می‌نویسد:

«مشقت‌کش‌ترین، تیره‌روزترین، بیچاره‌ترین و مظلوم‌ترین هیئت کارگران باکو حمالان پل هستند. بر آن هستیم که اطلاعاتی دربارهٔ این فراموش‌شدگان نگونبخت به دست دهیم اگر همه حمالانی که در پل‌ها کار می‌کنند پانصد نفر برآورد کنیم، در میانشان یک نفر هم غیرایرانی پیدا نمی‌کنید، همه فرزندان بی‌نوا و بداقبال ایران هستند. در حالی که کارگران دیگر حتی یک روز طاقت مشقات این کار را نمی‌آورند، او بی‌صدا تحمل کرده، با حمل روزانه دوازده ـ سیزده ساعت بار بر پشت خود، روزگار می‌گذرانند و در مقابل این زحمت، روزانه پنجاه ـ شصت کپک، یا ماهانه پانزده ـ بیست منات مزد به دست می‌آورد... معمولاً ده ـ پانزده نفر از اینان منزلی را که فرق چندانی با طویله ندارد در گوشه و کنار شهر به پنجاه کپک کرایه کرده، با هم زیر یک سقف زندگی می‌کنند...»[۵۹۲] اما با این همه ستمها و تعدی‌ها، هنوز روح وطن‌پرستی در آنان خاموش نشده بود چرا که داستانی که سیدحسن تقی‌زاده به نقل از شاهدی عینی تعریف می‌کند نشانگر علقه والفت طبقات فرودست آن دیار به سرزمین اصلی و کهن‌شان است که به وضوح نشان می‌دهد که هنوز روح وطن‌پرستی در آنان نمرده بوده است:

«از اهالی آنجا شنیدم که یکی گفت وقتی به آن طرف ارس یعنی خاک قفقازیه رفته بود در دهی به اسم «باجی» نزدیک رود ارس روزی دید جمعی از اهل قریه در میدان ده دور هم نشسته‌اند و چند نفر پیرمرد در میدان، نهال چنار کاشته‌اند و هر روز مراقبت و آبیاری می‌کنند. یک روز به آنها گفت عمو چرا این همه زحمت به خودتان می‌دهید. این چنارها سال‌ها می‌خواهد که درخت تناور و سایه دار شود و شما با این سن و سال رشد و بزرگی آنها را می‌بینند. پیرمردها گریه کردند و گفتند پسر، ما از

خدا همین قدر عمر می‌خواهیم که این چنارها بلند وتناور شود و اینجاها باز ملک ایـران گـردد و مأمورین مالیاتی ایران برای جمع‌آوری مالیات بیایند و ما قادر به ادای دین مالیاتی خود نباشیم و آن مأمورها پاهای ما را به این چنار بسته و شلاق بزنند.»![۵۹۳]

این داستان تقی‌زاده در صورتی که بهره‌ایی از واقعیت داشته باشد هرچند علقه و پیوند دیرین آن مردمان را نشان می‌دهد اما واقعیت تلخ دیگری را نیز بازگو می‌کند و آن چگونگی برخورد مأموران مالیاتی ایران است!

در حالی که از پس انعقاد عهدنامه ترکمنچای، ایران غرق در ماتم و اندوه بـود و گویی خاک مرگ بر آن پاشیده بودند بی‌فایده نخواهد بود که بدانیم در اردوی دشمن فاتح و مغرور چه خبر بوده است. جشن و پایکوبی روسها به خـاطر ایـن پـیروزی بزرگ را روزنامه‌ی "زنبور عسل شمال" در پایتخت (سـن‌پترزبورگ) در ۱۴ مـارس ۱۸۲۸ چنین منعکس کرده است: *«ساعت سه بعد از ظهر امروز شلیک توپخانه قـلعه، اهـالی پایتخت را از انعقاد صلح با ایران مستحضر خواهد داشت. این خبر به ضمیمه‌ی اصل قرارداد همین امروز توسط مشاور هیئت گریبایدوف مستقیماً از ستاد فرماندهی قشـون روس در ایـران رسـیده است" در ساعت سه همه دست پاچه بودند. از مدت‌ها پیش، صدای توپ‌های قلعه به منزله روزنامه رسمی شهر سن پترزبورگ شده بود. هر روز ظهر و در مواقع طغیان رودخانه، مردم را به آن وسیله خبر می‌کردند. اما صدای توپ‌ها در آن روز یک معنای دیگر می‌داد این یک شلیک نظامی بود. دویست و یک تیر توپ که دو ساعت باید طول بکشد. گریبایدوف مشاور هیئت، شب پیش را در سن پترزبورگ در هتل گذرانیده بود ساعت دوازده که رسید ریش تراشیده لباس اونیفورم پوشیده سوار بـر اسب چهار نعل به سمت وزارتخانه حرکت کرد.*

زعمای وزارت امور خارجه آن روز را کاملاً سرحال بودند. شب پیش به کلیسا رفته به شکرانه‌ی این فتح دعا کرده بودند. و حالا همه، دسته جمعی برای مراسم آن روز در تالار بـزرگ جـمع شـده بودند. گریبایدوف با یک یک حاضرین دست داد در اطاق آخر که او با قدم‌های آهسته آن را پیموده بود همه چشم‌ها متوجه آنجا بود راهی که به اطاق نسلرود وزیر امور خارجه یهودی و قدکوته روسیه می‌رفت کاملاً باز بود. نسلرود در آخر اطاق ایستاده بود.

در حالی که رؤسای وزارت امور خارجه بدون جزئی حرکت ایستاده بودند گریبایدوف یک قدم

جلوگذاشت و مثل یک ورزشکار شانه‌ها را محکم نگاه داشت و سر راتکان داد وگفت عالیجناب افتخار دارم که احترامات خود را تقدیم بدارم. مفتخرم از طرف جناب فرمانده کل، عهدنامه ترکمنچای را تقدیم می‌دارم. دست بند سفید روی عهدنامه ترکمنچای که خیلی قطور بود و صفحات آن، با لاک قرمز مهر و لاک شده بود برق می‌زد.

نسلرود وزیر امور خارجه این کلمات را به زبان فرانسه ادا کرد: *من به شما آقای مشاور هیئت تبریک می‌گویم وهمچنین به شما آقایان برای عهدنامه صلح به این خوبی که توفیق به انعقاد آن پیدا شده است. بعد روی پاشنه پاهای خودش چرخید و درب دفتر خودش را بر روی گریبایدوف باز کرد آنجا نسلرود پشت میزکار خود قرار گرفت و صندلی مقابل را به گریبایدوف تعارف کرد. بعد گفت قبل از اینکه پیش امپراطور برویم من در این مقام می‌خواهم تشکرات عمیق خود را برای لیاقت وکاردانی که شما در این قضیه از خودنشان داده‌اید ابراز بدارم. شرایط صلحی که بدست آمده و در این قرارداد مندرج است آنقدر به نفع ماست که در وهله اول حصول آن حتی قابل تصور هم نبود.»*

نسلرود این جملات را در حالیکه چشم‌های خودش را درست روی صورت گریبایدوف دوخته بود و تبسم مطبوعی بر چهره داشت اداکرد نسلرود می‌خواست بگوید عاقبت اندیش تر است. بعد گفت این یک عهدنامه عالی است و امضاء آن برای ما موجب افتخار است...

گریبایدوف به سخن درآمد و گفت «*حضرت اشرف به نظر من رودخانه‌ی ارس مرزهای طبیعی‌کشور روسیه را تعیین می‌کنند و از این به بعد حدود دوکشور نه تنها تحت حمایت سیاست مدبرانه شما واقع می‌باشد بلکه رودخانه وکوههای بلند هم آن را حفاظت می‌نماید.*

نسلرودگفت بله...بله...آیا می‌توانیم مطمئن باشیم که این عهدنامه مشعشع نقطه به نقطه به موقع اجراگذارده خواهد شد در صورتی که این را به حساب بیاوریم که... [*دست بند خودش را در هوا حرکت داد این ژست جنگ با عثمانی معنی می‌داد...*]

گریبایدوف گفت امیدوارم جنگ با ترکیه بزودی تمام شود نسلرودگفت من هم همینطور، مثل شما آرزو دارم که جنگ طولانی نشود... پس از مدتی گفتگو روی خودش را به مشاور هیئت کرد و با تبسمی گفت: آقای گریبایدوف ما دوباره راجع به این مطالب صحبت خواهیم کرد عجالهٔ امپراطور

آثار و تبعات بعدی عهدنامه ترکمنچای / ۳۷۷

منتظر ماست...»

در کالسکه راحتی که داخل آن با اطلس، قلاب‌دوزی شده بود جای گرفتند. نسلرود گریبایدوف را پهلوی خودنشانده بود. با اینکه همه چیز قبلاً مرتب شده بود معذالک هر دوی آنها از اینکه به قلمرو قدرت مطلقه پا می‌گذاشتند که در آنجا حتی رنگ آستر لباس و شکل سلمانی سر قبلاً معین شده بود دلواپس بودند. نسلرود با اضطراب گریبایدوف را از نظر گذرانید بخاطر می‌آورد که یک فرمان امپراطوری سبیل داشتن را فقط برای نظامی‌ها تجویز کرده بود و ریش داشتن را برای یهودی‌ها. مشاور هیئت قطعاً از فرامین خبر داشت که سبیل خود را کاملاً تراشیده بود و زلف خود را مطابق معمول آراسته. آنها را در مقابل درب بزرگ توقف ندادند بلکه در مقابل درب فرعی آوردند. قراول دیده‌بان محل توقف را معین کرد و صاحب منصب گارد، ادای احترام نمود.

به محض اینکه نسلرود و در عقب او گریبایدوف از کالسکه پیاده شدند آدم تنومندی که عنوان او آجودان درباری بود و دو پر شترمرغ یکی سیاه و یکی سفید در روی کلاه خود داشت به جلو آمده آهسته آنها را به سمت پلکانها هدایت کرد. در مدخل عمارت سلطنتی آجودان توقف کرد خم شد و مجال داد که میهمان‌ها آهسته عبورکنند بعد سه بسه بترتیب آنها را به صف آورد. رنگ گریبایدوف مثل یک لیمو زرد شده بود.

در اینجا معاون تشریفات ضمیمه آجودان گردید و هر دوی آنها در مقابل دسته قشونی که برای این منظور آمده بودند حرکت می‌کردند سان که تمام شد و همچنین از هر اطاق که عبور می‌کردند یکی از صاحب منصبان درباری می‌آمد و ضمیمه مستقبلین می‌گردید. تا اینکه به مدخل تالار پذیرائی رسیدند و در آنجا رئیس کل تشریفات حسب‌القاعده عقب رفت و رئیس کل دربار و وزیر دربار به جلو آمدند.

نسلرود که عادت به این تشریفات داشت با کمال رضایت مواظب جریان بود چهره‌اش حالا گل انداخته بود چون دید که با تشریفات افتخارآمیز فوق‌العاده به حضور پذیرفته شده است و با این ترتیب به حضور امپراطور رسیدند.

قدرت مطلقه، یخه آهارداری زده بود که تمام گردن او را می‌گرفت کلاه گیسی بسر داشت که ریختگی موی قبل از موقع را می‌پوشاند شلواری از پوست سفید بپا کرده بود. رنگ چهره‌اش ارغوانی بود. دست نسلرود را گرفت و بسرعت با سر و چشمانش به سمت وزیر دربار چرخید پیرمرد تعظیمی کرد و در محل خود ثابت باقیماند. گریبایدوف پیش خود فکر می‌کرد چه اتفاق خواهد افتاد تا اینکه اولین صدای توپ را شنید مکانیزم این کار را اینطور ترتیب داده بودند که به محض اینکه از طرف امپراطور به وزیر دربار اشاره شود توپ‌های قلعه به صدا در بیایند اما توپ‌ها کمی تأخیر داشتند به این جهت نارضامندی پیش آمده بود.

نیکلای اول در حالی که نوار لباس نسلرود را گرفته بود با او حرف می‌زد بعد به سمت گریبایدوف متوجه شد سؤال کرد احوال فرمانده من چطور است (در موقعی که امپراطور ولیعهد بود زیر فرمان پاسکویچ خدمت کرده بود و از آن موقع او را فرمانده یا پدر فرمانده خطاب می‌کرد) بعد گفت خیال می‌کنم شما را سه سال قبل در نزد او دیده‌ام گریبایدوف گفت اعلیحضرت حافظه عالی دارند. توپ‌ها مثل ساعت پشت سر هم صدا می‌کنند. آقایان تبریک می‌گویم.

نسلرود که فکر افتخارات خود را می‌کرد صورتش گل انداخته بود بتدریج بزرگ می‌شد بلند می‌شد این دیگر کارل نسلرود یک لحظه پیش نبود بلکه به مقام نیابت صدر اعظم امپراطوری ارتفاء یافته بود. پاسکویچ کنت شده بود نسلرود نایب صدر اعظم، گریبایدوف علاوه بر اینکه نشان ده مناتی‌های خودش را دریافت کرده بود همان روز مدال نقره ضرب کردند که در یک سمتش نوشته شده بود «جنگ ایران» و در طرف دیگرش ۱۸۲۶ ـ ۱۸۲۸ م. خلاصه همگی به میمنت زخم‌هایی که به ایران زده بودند ارتقاء یافته بودند!

وقتی نسلرود به خودش آمد همه به سمت کلیسای کوچک قصر رو آورده بودند صدای ناقوس کلیسا حالا ضمیمه صدای توپ‌ها شده بود. در کلیسای قصر که مثل کاج نوئل آن را تزئین کرده بودند امپراطور گزارش گریبادوف را استماع کرد بعد به نوبه خودش زانو زد، دعا کرد و خندید.[۵۹۴]

آثار و تبعات بعدی عهدنامه ترکمنچای / ۳۷۹

پس از آنکه پیروزی در جنگ با ایران و وصول عهدنامه ترکمنچای را در سن‌پترزبورگ جشن گرفتند نیکلای اول، گریبایدوف را یک مرتبه دیگر به حضور پذیرفت. این مرتبه تنها و بدون هیچگونه تشریفاتی. در این ملاقات، امپراطور روسیه به گریبایدوف گفت: از قراری که به من گزارش رسیده بعد از فتح قفقاز پاسکویچ خیلی زود تحریک می‌شود و خودش را بی‌اندازه گرفته بحدی که کسی نمی‌تواند به او نزدیک شود. این گزارش تا چه اندازه صحیح است؟ گریبایدوف جواب داد اعلیحضرت می‌دانند که او طبعی سلیم دارد و با افتخاراتی که نصیب او شده و شهرتی که پیدا کرده بعید است که صفات تازه بدوران رسیده‌ها را بخود بگیرد. نیکلای اول گفت در هر حال به پاسکویچ بگو کمال اعتماد را به من داشته باشد. سلامت جسمانی او هم بعد از جنگ با ترکیه تأمین خواهد شد. راجع به خود شما هم من با نسلرود مذاکره کرده‌ام بعد گفت ما نمی‌توانیم یک قشون بیست و پنج هزار نفری را در موقعی که با دولت عثمانی مشغول جنگ هستیم در ایران عاطل بگذاریم. باید اقدام شود که بتوانیم ساخلوی خوی را به جبهه جنگ با ترکیه اعزام بداریم. اما بین خودمان باشد من از مذاکرات با ایران بیمناکم. گریبایدوف پرسید ترس از عدم موفقیت، اعلیحضرتا؟ امپراطور گفت درست برعکس آن. من می‌ترسم که ما در مورد ایران خیلی سخت‌گیری کرده باشیم و این سختی‌ها موجب عدم رضایت ملت ایران گردیده باشد، من پادشاهانی را که در ایران سلطنت می‌کنند می‌شناسم خانواده قاجاریه باید بر روی تخت بمانند. گریبایدوف گفت اعلیحضرتا، سلسله‌ی قاجاریه چندان طرف تمایل مردم ایران نیستند اما فوراً به خبط خود پی برد. نیکلای اول به اظهار او توجه نکرده از جای خود حرکت کرد و شرفیابی خاتمه یافت.

دو روز بعد نسلرود گریبایدوف را احضار کرد و در این ملاقات به او گفت ما از شما فوق‌العاده ممنون هستیم که تا روزی که ایرانی‌ها کرورها را نپرداختند امضای عهدنامه را به تعویق انداختید نسلرود گفت اعلیحضرت تزار، راجع به شما با من مذاکره کرده و ما برای شما شغلی که اهمیت سیاسی زیادی دارد در نظر گرفته‌ایم پست مهم درجه اول: شارژ دافر روسیه در ایران.

گریبایدوف گفت اعزام شارژ دافر به ایران در این موقع غیرممکن است چون انگلیسی‌ها در آنجا وزیر مختار دارند و ما نباید یک قدم از انگلیسی‌ها عقب‌تر بگذاریم. اما راجع به خودم من یک نفر نویسنده و موزیسین هستم و نمی‌دانم در ایران مصدر چه خدمتی می‌توانم واقع بشوم. نسلرود گفت تعیین سفیر با شخص اعلیحضرت است اما در صورتی که این پست را قبول بکنید ما شخصی را هم برای معاونت شما در نظر گرفته‌ایم بعد زنگ زد مالتسوف را احضار و او را به گریبایدوف معرفی کرد.

روز بعد مجدداً نسلرود گریبایدوف را احضار کرد و به او گفت شما کاملاً حق دارید که در ایران ما نباید یک قدم از انگلیسی‌ها عقب‌تر بگذاریم. من با اعلیحضرت مذاکره کرده‌ام و اعلیحضرت موافقت دارند که وزیر مختار به تهران اعزام شود به سرعت باید حرکت کنید و از طریق قفقاز به ایران بروید تا کنت پاسکویچ را در هر کجا هست ملاقات کنید.

«ما احتیاج فوری به بیست و پنج هزار قشون ساخلوی خوی داریم و برای اینکه آن قشون را از آنجا احضار کنیم سعی کنید ایرانی‌ها به تعهدات خودشان عمل کنند. من بزودی دستورالعمل شما را تهیه خواهم کرد.

گریبایدوف گفت: خواهش دارم شخصی را به سمت نیابت دویم تعیین کنید که هم زبان‌های شرقی را بداند و هم طبیب باشد. نسلرود گفت طبیب به چه جهت؟ گفت برای اینکه در مشرق زمین اطباء دسترسی به حرم دارند و به این ترتیب مورد اعتماد واقع می‌شوند. من احتیاج به شخصی دارم که بتواند در مقابل طبیب سفارت انگلیس که به جناب‌عالی معرفی شده ایستادگی کند.

نسلرود گفت بسیار خوب اگر شما همچو شخصی را پیدا کرده‌اید ما هم موافقت داریم بعد از این ملاقات، گریبایدوف منتظر وصول نامه‌ها و دستورالعمل نشده به اتفاق یک نفر مستخدم با کالسکه هشت اسبه به سمت قفقاز حرکت کرد (در کاروانسراهای وسط راه روسیه در آن تاریخ عدد اسب‌ها که به کالسکه می‌بستند بسته به مقام و رتبه مسافر بود و چون گریبایدوف سمت وزیر مختار داشت حق هشت اسب داشت. مالتسوف و دکتر ادلونگ در تفلیس به او ملحق شدند.»

قرار بود رژیمان مخصوص (هنگ مخصوص) آن روز، طلاها و کتابهای کتابخانه

اردبیل را به تفلیس بیاورد. در آن زمانِ آفتابی تمام ساکنین شهر تفلیس در ایوان‌ها و بام‌ها جمع شده دفیله سربازان و عبور غنائم را تماشا می‌کردند. در ایوان ارگ حکومتی اسقف‌ها، سرشناس‌های شهر وخان‌های محبوس را جا داده بودند محبوسین را آنجا آورده و بدون هیچ گونه محافظی رها کرده بودند در بین آنها، حسن‌خان سردار ایروان دیده می‌شد. در ایوان دیگر حاکم شهر تفلیس قرارداشت. وزیر مختار روسیه در ایران گریبایدوف، مالتسوف و دکتر آدلونگ نشسته بودند.

پیشاپیش رژیمانی (هنگ) که دفیله می‌داد عرابه‌ها حرکت می‌کرد روی عرابه‌ها را با پارچه زردوزی شده پوشانیده بودند هر عرابه را چهار اسب قوی هیکل می‌کشید اسب‌ها را تماماً در غاشیه کشیده بودند. بعد از هر یک کرور، توپها را جا داده بودند. تنها عرابه‌ایی که محتوی آن دیده می‌شد عرابه جلوئی بود که تخت طلای عباس میرزا روی آن حمل می‌شد.

منظره این قافله از روی ایوان‌ها و بالای بام‌ها به یک تشییع جنازه نظامی بی‌شباهت نبود. غنائمی که این رژیمان حامل آن بود عبارت بودند از: ۱ـ تخت طلای عباس میرزا ۲ـ هفت توپ شاهکار صنعت ایران، ۳ـ کتابخانه مقبره‌ی شیخ صفی‌الدین در اردبیل، ۴ـ دو تا تابلوی نقاشی که منظره فتوحات عباس میرزا را نشان می‌داد ۵ـ کرورهائی که از ایران به غرامت گرفته شده بود. روی یکی از عرابه‌ها افسری نشسته طلاها را مشت مشت می‌کرد و دو مرتبه از هوا بجای خودش می‌ریخت. تابلوها را از قصر اوجان برداشته بودند در آنجا چیز دیگری پیدا نکرده بودند که به غنیمت ببرند.

نوازنده‌هائی که حاضر کرده بودند ترانه‌های گرجی می‌خواندند. پشت سر این رژیمان، افرادی را که در جنگ‌ها به عنوان گروگان گرفته بودند حرکت می‌دادند. در آخر مراسم به هر نفر آنها پنج کپک و به بیوه زن‌ها ده کپک انعام دادند. یتیم‌ها از کباب‌هایی که به سیخ کشیده بودند استفاده کردند...

گریبایدوف در ۲۲ اوت با نینا در کلیسا ازدواج کرد و در ۹ سپتامبر از تفلیس عازم ایران شد و در هفتم اکتبر با اسب وارد تبریز گردید.[۵۹۵]

سفید

نمونه پنجم

فصل هجدهم

داستان درازنای پرداخت غرامت

در عهدنامه ترکمنچای چند قرارداد دیگر نیز پیش بینی شده بود که یکی از آنها قرارداد مربوط به چگونگی پرداخت غرامت و تخلیه سرحدات بود. اگرچه مبلغ غرامت سرانجام به ده کرور تقلیل پیدا کرد اما پرداخت آن سال‌های سال طول کشید به طوری که حتی به دوره ناصرالدین شاه و امیرکبیر و پس از او نیز کشیده شد. علت اصلی آن خست و لئامت شاه بود برخی منابع ذکر می‌کنند که شاه بدین خاطر از موافقت با پرداخت ده کرور تومان طفره می‌رفت که می ترسید پاسکویچ پول را بگیرد و «آن را برای دنبال کردن جنگ با ایران مایه و اسباب کار خود قرار دهد. عاقبت جان مکدنالد یکی از اجزای زیر دست خود یعنی مکنیل و نایب‌السلطنه نیز ابوالقاسم قائم‌مقام را به تهران پیش شاه فرستادند و شاه را به حقیقت قضایا آگاه کردند و در رفع وحشت او از بابت سوءظنی که به پاسکویچ داشت کوشیدند.»[۵۹۶]

اما به نظر می‌رسد که اکراه شاه از پذیرفتن معاهده ترکمنچای به خاطر عدم پرداخت غرامت بوده است فتحعلی‌شاه سرانجام پس از تلاش‌های قائم مقام فراهانی و مکنیل، عاقبت با پرداخت شش کرور تومان از خزانه خود موافقت کرد این شش کرور توسط میرزا ابوالقاسم فراهانی و منوچهرخان معتمدالدوله که در آن زمان سمت ایشیک آغاسی یعنی وزیر اندرون را داشت به طرف آذربایجان حرکت داده شد همراه این پول، فتحعلی‌شاه نامه‌ای نیز خطاب به عباس میرزا نوشته و تحویل قائم مقام داد این نامه سراسر عتاب و خشم شاه نسبت به فرزندش است به نظر

می‌رسد در این زمان که با حرکت قاطرهای حامل شش کرور اشرفی از تهران و شنیدن آواز زنگ‌ها، شاه پول دوست از خود بی‌خود شده بود در نامه‌اش هر چه توانست منت بر سر عباس میرزا گذاشت اعتمادالسلطنه در خصوص احوال فتحعلی‌شاه در زمان حمل غرامات می‌نویسد:

«روزی که قاطرهای دیوانی را آورده بودند دیوانخانه تا پول بار کنند و به طرف آذربایجان بروند فتحعلی‌شاه در سلام نشسته بود. از صدای زنگ قاطر حالت شاه طوری متغیر بود که برخود می‌لرزید وهم احتمال سکته یا فجاه بود میرزا حسین طبیب خاصه اصفهانی که به جهت خدماتی که به آقامحمدخان کرده بود پیش شاه جسور بود از جای خود جست و بازوی شاه را گرفت، حرکت داد چه می‌کنی؟ خودت را می‌کشی برای پول! فتحعلی‌شاه تنبه شد، به حال آمد. اگر نه واقعاً سکته می‌کرد»! [597]

بخشی از نامه شاه خطاب به عباس میرزا چنین بود: **«نایب‌السلطنه بداند که مقرب الخاقان قائم مقام را که به دربار دولت همایون فرستاده بود وارد و از مطالب مصحوبی او استحضار حاصل آمد، عرض‌ها کرد و عذرها خواست و چون باز ابواب رحمت کریمانه باز بود به سمع قبول اصغا شد و به عزّ اجابت مقرون گشت مقدار فضل و رافت خدیوانه را خاصه درباره آن فرزند از اینجا باید قیاس کرد که بعد از آنچه این دو سال در آن حدود حادث شد باز عطایای عطایاست که پی در پی از خزائن ری با کرورات سته در مرورات خمسه خواهد بود... کرم بین و لطف خداوندگار، خبط و خطائی چنان را که بذل و عطای وی چنین پاداش باشد، خدا داند و بس که اگر مایهٔ خدمت جزئی به نظر می‌رسید پایه نعمت‌های کل تا کجا منتهی می‌شد...»** [598]

در فصل دوم قراداد، در مورد پرداخت غرامات چنین تصریح شده بود که سه کرور از آن درمدت هشت روز پس از انعقاد قرارداد و دوکرور تومان نیز پس از پانزده روز تحویل گردد و سه کرور نیز در ۲۶رمضان ۱۱/۱۲۴۳ آوریل ۲۲/۱۸۲۸فروردین ۱۲۰۷ ش و ۲ کرور باقیمانده نیز قرار شده بود در ۱۸ رجب ۱۳/۱۲۴۵ ژانویه ۱۸۳۰م/۲۳ دی ۱۲۰۸ از سوی ایران به روسیه پرداخت گردد و تا پرداخت کل هشت کرور، تمامی ولایات آذربایجان باید تحت اختیار و تسلط روسها باشد در صورت عدم پرداخت تا پانزده اگوست ۱۸۲۸/ سوم صفر ۱۲۴۴ از سوی ایران؛ تمام

آذربایجان از ایران برای همیشه جداگشته به روسیه ملحق خواهد شد.[۵۹۹]

به عبارتی، حکومت ایران متعهد شده بود در ظرف ۵۲ روز پس از عقد قرارداد ترکمنچای یعنی تا ۲۶ رمضان ۱۲۴۲ کل هشت کرور غرامت نقدی را به روسیه بپردازد و پرداخت دو کرور باقیمانده از ده کرور غرامت نیز تاریخ هجدهم رجب ۱۳/۱۲۴۵ ژانویه ۱۸۳۰ تعیین شده بود.

همچنانکه مذکور افتاد فتحعلی‌شاه شش کرور را به همراه منوچهرخان معتمدالدوله و میرزا ابوالقاسم فراهانی فرستاد و هنوز دو کرور باقی مانده بود عباس میرزا برای تهیه دو کرور دیگر تلاش وسیعی را آغاز کرد چراکه اگر کل هشت کرور تا سوم صفر ۱۳/۱۲۴۴ ژانویه ۲۳/۱۸۳۰ دی ۱۲۰۸ وصول نمی‌شد تمام آذربایجان به گرو می‌رفت اما اوضاع آذربایجان بسیار اسف‌انگیز بود و خزانه نایب‌السلطنه در تبریز کاملاً تهی بود زیرا بر اثر جنگ‌های مداوم با روسها که هزینه اصلی جنگ بر دوش دهات و اهالی آذربایجان بود باعث تخریب دهات، مزارع و تهیدستی مردم گشته بود.

چگونگی تهیه کرور هفتم پول غرامت چندان روشن نیست از میان منابع تاریخی تنها جهانگیر میرزا در کتاب خود «تاریخ نو» ذکر می‌کند که کرور هفتم را فتحعلی‌شاه «از راه التفاوت» پرداخت کرد و ارومیه را از رهن بیرون آورد.[۶۰۰] جهانگیر میرزا می‌نویسد کرور هفتم را قائم مقام توسط محمدطاهرخان به نزد پایقراطیف (یکی از فرماندهان نظامی روسیه) فرستاد و روسها سه روزه ارومیه را خالی کردند.[۶۰۱]

بر طبق نوشته برخی منابع، کرور هشتم را هم عباس میرزا بوسیله فروش طلا و جواهرآلات و کسر نصف حقوق سالیانه فرزندان و اعضای دستگاه خود پرداخت و دویست هزار تومان هم از دولت انگستان در مقابل حذف مواد سوم و چهارم پیمان ۲۵ نوامبر ۱۸۱۴ ایران و انگلستان تهیه گرد.[۶۰۲]

البته اعتمادالسلطنه اشاره می‌کند که «فتحعلی‌شاه بواسطه دادن وجه خسارت به روس که هشت کرور یک دفعه از خزانه داد خزانه بی‌پول ماند...»[۶۰۳] که به نظر صحیح نمی‌آید.

انگلیسی‌ها از فرصت استفاده کرده به عباس میرزا پیشنهاد کردند حاضرند دویست هزار تومان در اختیار وی بگذارند بشرطی که فصول سوم و چهارم قرارداد بین ایران و انگلستان برداشته شود این قرارداد که در ۱۲ ذیحجه ۲۵/۱۲۲۹ نوامبر ۱۸۱۴ بین هنری الس و جیمز موریه (نمایندگان انگلیس) و میرزا عبدالوهاب معتمدالدوله و میرزا عیسی قائم‌مقام اول (نماینده ایران) به امضاء رسیده بود براساس فصول سوم و چهارم آن، انگلستان متعهد شده بود که در صورتی که ایران از جانب یکی از کشورهای اروپایی مورد حمله قرار گیرد به ایران کمک نظامی و مالی در حدود دویست هزار تومان در هر سال بنماید اما اگر ایران آغاز کننده جنگ باشد انگلستان موظف به کمک به ایران نمی‌شد.[۶۰۴]

حال بهترین فرصت برای انگلیسی‌ها پیش آمده بود که تنها با پرداخت ۲۰۰ هزار تومان برای همیشه فصول سوم و چهارم عهدنامه را لغو کنند.

در ماه صفر ۱۲۴۴/اگوست ۱۸۲۸ با اجازه شاه، عباس میرزا در نامه‌ای خطاب به مکدونالد ملغی بودن دو فصل مذکور را اعلام کرد و بدین ترتیب ۲۰۰ هزار تومان از او اخذ کرد. اکنون تنها ۳۰۰ هزار تومان باقی مانده بود تا روسها آذربایجان را تخلیه نمایند روسها خوی را در قبال باقیمانده کرور هشتم در دست خود نگه داشته بود عباس میرزا به هر نحوی بود تا اندکی قبل از واقعه قتل گریبایدف در تهران (سوم شعبان ۸/۱۲۴۴ فوریه ۱۸۲۹) تعهدی معادل سی و چهار هزار تومان با اقساط به عمال روسی پرداخت ولی قوای روسی خوی را همچنان در گرو ۲۱۶۰۰۰ تومان باقی مانده در تصرف خود داشتند و همواره برای وصول آن به عباس میرزا و قائم مقام فشار می‌آوردند و آخرین مهلتی که داده بودند ۲۰ رجب ۲۶/۱۲۴۴ ژانویه ۱۸۲۹ بود.[۶۰۵]

فارلر در سفرنامه خود در خصوص گرفتاری‌های عباس میرزا در تهیه کرور هشتم می‌نویسد: «***موقع پرداخت کرور هشتمی من در تبریز بودم و شاهزاده هیچ پولی نداشت، از شاه تقاضای وجه کرد، و او فقط صد هزار تومان قرض داد، آن هم به ضمانت یکی از اعضای سفارت انگلیس در ایران، این شخص بعد از چندی قبض عباس میرزا و قائم مقام را نزد شاه برد که قبض خود را پس بگیرد، شاه گفت سند یک نفر انگلیسی برای من اعتبار دارد و سند پسرم و وزیر او***

اعتباری ندارد! برای باقی این وجه عباس میرزا مقداری از جواهرات خود را نزد خود روسها گرو گذاشت، و تخت طلای مرصع و آفتابه لگن طلای جواهرنشان و یک جفت شمعدان طلا و سایر لوازم فرمانروائی خود را در قبال سی هزار تومان به آنها واگذار کرد و عاقبت هم گویا پانصد هزار تومان کامل نشد...».[۶۰۶]

قائم مقام فراهانی در نامه‌ای که به مکدونالد انگلیسی نوشته در خصوص استعانت از آنها جهت پرداخت غرامات عهدنامه ترکمنچای می‌نویسد: *«... در باب تحویل پول [نایب‌السلطنه] فرمودند ما شما را امین کرده‌ایم. شاهنشاه روحناء فدا هم شما را امین فرموده‌اند... اگر نقصی در این کار باشد چاره آن باز موقوف به سعی و اهتمام شماست. برخودتان معلوم است که هرگاه یک پول سیاه از این شش کرور کم باشد روسیه بهانه خواهند کرد و بیرون نخواهند رفت و مثل آنست که ما هیچ نداده باشیم و شما هیچ نکرده باشید، واسطه گفتگوی ما و جنرال پاسکویچ در معنی شما بوده‌اید و شما به اینجا قرار دادید که شش کرور و نیم بگیرد و این چند ولایت را خالی کند... و شما به اینجا قرار دادید که این تنخواه با مداد ما برسد. و خود در زمان حضور قبول کردید که نیم کرور را حالا بر روی این شش کرور بگذارید بدهید بیرون بروند، درین صورت باز بهتر می‌دانیم که شما را در ین کار نیز مختار کنیم، منظور ما بیرون شدن روس است از آن ولایاتی که خود شما واسطه بوده‌اید و قرار داده‌اید، کسی هم جز شما نداریم که از جانب ما وساطت گفتگو با روسی کند...»*[۶۰۷]

روسها که خوی را در گرو ۲۱۶۰۰۰ تومان در تصرف خود داشتند و وصول آن را تا ۲۰ رجب ۲۶/۱۲۴۴ ژانویه ۱۸۲۹ مهلت داده بود همواره فشار می‌آوردند قائم مقام فراهانی در نامه‌ای به برادر خود میرزا موسی که از تبریز به کرمانشاه نوشته ضمن طلب پول می‌نویسد: *«برادر مهربان عزیز تا به تبریز نرسیدیم خوی را خالی شده می‌دانستیم حتی در مراغه عالیجاه امیراصلان خان به استدعای رقم حکومت آمده بود اما روزی که وارد شدیم معلوم شد که قسط شش ماهه و هفت ماهه کلاً با هر چه در خانه نایب‌السلطنه و نوکرها از طلا و نقره و جواهر بود به ارژ تبریز و شهر خوی رفته هنوز ۲۱۶۰۰۰ تومان از کرور هشتم باقی است و وعده رسید و ۱۰۰۰۰۰ تومان شما نرسیده خوی در شرف بیع لازم است ناچار در آمدن ایلچی مختار روس [گریبایدف مورخه پنجم رجب ۱۲۴۴] تعجیل کردیم می‌گفت تا خوی یکسره نشود نمی‌آیم به هزار*

لطایف الحیل آوردیم بعد از همه سعی و حک و اصلاح ۵۰۰۰۰ تومان نقد به وعده پنج روزه خواست شما می‌دانید چه آتش بر سر ما باریده تا داده‌ایم و او بعد از گرفتن وجه تن به گفت و شنید مطلب در داده است بعد ذالک ۴۰۰۰ تومان خواست تا سلماس راخالی نمود و در این ۶۶۰۰۰ تومان معادل ۲۴۴۶ تومان تفاوت باجقلو [اشرفی] شدکه البقایا برداشتند ۶۸۶ تومان هم تا امروز بگرجی و ارمنی نفع داده‌ایم و حالا تا غره بیستم خواهد شد...هیچ مسلمانی مقروض کافر نشود هرکه در جهاد سستی کند به این سختی‌ها گرفتار می‌شود خدا روی جنگجویان ایران را سیاه کندکه جنگ براه انداختند و در این میدان نایستادند، دو سال است مرارت با ماست و باز راحت و فراغت با آنها، آه از آن قوم بی حمیت و بی دین...».[۶۰۸]

در محرم ۱۲۴۵/ ژوئیه ۱۸۲۹ یکصد هزار تومان از کرور هشتم همچنان باقی بود عباس میرزا مجبور شد مقداری جواهر به ارزش یکصد و بیست و پنج هزار تومان به عنوان وثیقه یکصد هزار تومان کسری کرور هشتم به روسها تحویل دهد تا خوی تخلیه گردد برای آزاد نمودن جواهرات از رهن روسیه، قرار بر این شد که معادل بخشی از یکصد هزار تومان باقیمانده کرور هشتم، غله به روسیه تحویل داده شود. این غله که بر طبق مواعید متناوب از سوی ایران تحویل روسیه می‌شد هر گاه ارسال غله به تأخیر می‌افتاد قائم مقام توسط سفیران و نمایندگان روس مورد مؤاخذه قرار می‌گرفت و آنها با تهدید و تحبیب خواستار وصول غله می‌شدند بطوری که سفیر روسیه در نامه‌ای به قائم مقام او را تهدید می‌کند که در صورت تأخیر در ارسال غله، دیگر بابت کسری کرور هشتم غرامت، غله قبول نمی‌کنیم همچنین نمایندگان روسها در زمان تحویل غله، کیفیت آن را در مقایسه با مبالغی که در ازای آن غله دریافت می‌شده مورد بررسی قرار داده در صورت تشخیص نامرغوب بودن آن، غله را به طرف مرز ایران مسترد می‌کردند وایرانیان را وادار به حمل مجدد آن به ایران می‌کردند.[۶۰۹]

همچنان که مذکور افتاد براساس فصل سوم قرارداد، ایران بایستی تا سوم صفر ۱۵/۱۲۴۴ اگوست ۱۸۲۸ تا آخر کرور هشتم غرامت را پرداخت می‌کرد والّا «تمام ولایات آذربایجان از ایران انفصال دائمی» می‌یافت اما مدارک دیگر نشان می‌دهد که

خوی تا حدود بیستم ماه رجب از سپاهیان روسیه تخلیه نشده یعنی عباس میرزا تا اواسط سال ۱۲۴۵ نتوانست بدهی ایران بابت بقیه کرور هشتم را بپردازد چرا که علاوه بر نامه قائم مقام فراهانی که به احتمال زیاد در اواخر جماد الثانی و یا اوایل رجب خطاب به برادرش موسی‌خان نوشته جهانگیر میرزا نیز در «تاریخ نو» می‌نویسد:

«عباس میرزا از جمع اولاد و خدمتکاران ولشکریان، خواهش کرد به مقرری شش ماهه در آن سال قناعت نموده شش ماهه دیگر را در راه استخلاص مسلمانان خوی واگذار دولت نمایند و آنچه اسباب و اوضاع از طلا و آلات درمیان اولاد و عیال ایشان بود بالتمام جمع فرموده و به تحویلداران دولت روس قیمت‌کرده داده‌اند و با وجود این احوال، دویست هزار تومان از کرور هشتم باقیماند». [۶۱۰]

به نظر می‌رسد که مقداری از وجه دویست هزار تومان تا رجب ۱۲۴۴/ژانویه ۱۸۳۰ پرداخت گردیده چرا که به ایران فرصت داده شد که در تاریخ سیزده رجب، پنجاه هزار تومان و در تاریخ بیستم رجب، صد هزار تومان پرداخت نماید تا خوی آزاد شود پنجاه هزار تومان پرداخت شد اما یکصد هزار تومان تا محرم ۱۲۴۵/جولای ۱۸۲۹ پرداخت نشد در این زمان به ناچار مقداری جواهر به ارزش یکصد وبیست و پنج هزار تومان وثیقه یکصد هزار تومان کسری کرور هشتم به روسها سپرده شد و بالاخره خوی از روسها تخلیه گشت.[۶۱۱]

مبلغ یکصد هزار تومان باقیمانده از کرور هشتم به نظر می‌رسد تا زمان قتل گریبایدوف در تهران هنوز پرداخت نشده بود. چرا که در دستورالعملی که به هنگام واقعه قتل گریبایدوف به امیر نظام که در معیت خسرو میرزا به تفلیس می‌رفته صادر شده چنین می‌خوانیم: «رابعاً در باب صد هزار وجه که از کرور رهن خود باقی است...».[۶۱۲]

در منابع دیگر از بابت یکصد هزار تومان بدهی باقیمانده از کرور هشتم به تحویل غله اشاره شده و چنین برمی‌آید که برای بیرون آوردن جواهرات از رهن، کسری کرور هشتم بطور نقدی و جنسی پرداخت شده و «آخرین سندی که در این باره

بالفعل در دست داریم مربوط به ماه ربیع الاول ۱۲۴۵/ سپتامبر ۱۸۲۹ است و آن همان نامه‌ای است که قائم مقام از جانب نایب‌السلطنه به بهرام میرزا حکمران خوی نوشته و در آن می‌گوید «در باب غله‌ی روسیه که نوشته بود تا دهم و تنخواه نقد آن را تا پانزدهم تمام و کمال خواهد رساند زائد الوصف از آن فرزند راضی شدیم».[۶۱۳]

اکنون دو کرور نهم و دهم باقیمانده بود که ایران ملزم شده بود آنها را تا هجدهم رجب ۱۳/۱۲۴۵ ژانویه ۲۳/۱۸۳۰ دی ۱۲۰۸ به روسیه بپردازد اما قبل از رسیدن این زمان، گریبایدوف وزیر مختار روسیه در ۲۴ رجب ۳۰/۱۲۴۴ ژانویه ۱۸۲۹ در تهران به قتل رسید. قتل گریبایدوف بار دیگر ایران را در دو قدمی جنگ با روسها قرار داد و می‌رفت تا دور سوم جنگ‌ها آغاز گردد چون روسها در بالکان با عثمانی‌ها در حال جنگ بودند دربار شاه در این اندیشه خام بود که بهترین فرصت برای حمله به روسیه پیش آمده است اما مکتوبی از پاسکویچ به عباس میرزا خیال خام و خوش شاه را آشفته کرد پاسکویچ در این نامه چنین نوشت:

«... شاه معظم پدر شما می‌خواهد شروع به جنگ نماید. ولایات سرحدی ما جز ساخلوی قلعه جات قشونی برای دفاع ندارد. پس شما می‌توانید در ماه ژوئن وارد مملکت بی دفاع ما بشوید و آن را غارت کنید ولی نمی‌توانید استحکامات آن را تصرف نمائید و جرأت پیش رفتن و در قفاگذاشتن این استحکامات خوف را هم نخواهید داشت... اما در ماه اکتبر وقتی که کوهها در زیر برف است من به تبریز حمله خواهم برد... آذربایجان را خواهم گرفت بدون اینکه هرگز آنرا به شما پس بدهم. دیگر امید رسیدن به تخت و تاج سلطنت از برای شما نخواهد ماند. سالی بیش نخواهد گذشت که سلسله قاجاری از سلطنت کردن محروم گردد. استقلال سیاسی شما در دست ماست...».[۶۱۴]

البته قتل و کشتار هیئت سفارت روسی در تهران خلق الساعه نبود بلکه دسیسه و نقشه‌ای از پیش طراحی شده بود انگلیسی‌ها از موفقیت‌های دیپلوماسی روسیه و رواج کالاهای روسی به تشویش افتاده بودند و پایان نفوذ خود را حس می‌کردند پس کوشش می‌کردند روابط ایران با روسیه را تیره سازند ژنرال پاسکویچ نیز در گزارش خود به نسلرود مشارکت انگلیسی‌ها را در این فتنه یاد آور می‌شود. چرا که وقتی جسد گریبایدوف از تهران به تبریز حمل می‌شد هیچ یک از افراد انگلیسی به استقبال

نیامدند. پاسکویچ به نسلرود می‌نویسد بخاطر این موضوع می‌بایست بـه او (شـاه) اعلام جنگ داده می‌شد لیکن در شرایط کـنونی کـه جـنگ بـا تـرک‌ها جـریان دارد، حصول موفقیت کامل در نبرد با ایران ممکن نیست. عبدالله‌یف می‌نویسد:

«محافل حاکمه‌ی ایران ضمن اجرای این جنایات خونین، روی این مسأله حساب می‌کردند که اگر روسیه در جنگ با عثمانی شکست خورد، با آن وارد نبرد شوند. تدارکات نظامی که در ایران دیده می‌شد و نیز عقد عهدنامه‌ی اتحاد نظامی با دولت عثمانی، گواه بر این امر است. پیش از قتل عـام تراژیک میسیون روسی، یورش‌های عهد شکنانه‌ی قشون ایران به مرز دوکشور پیش از پیش فزون‌تر شده بود. بنا به صلاحدید انگلیسی‌ها، عباس میرزا بلادرنگ پس از قتل گریبایدوف با شتاب قشون را در آذربایجان متمرکز کرد استحکامات ارس را تحکیم نمود». [۶۱۵]

آصف‌الدوله از دشمنان سـرسخت گـریبایدوف بـود و در تـحریک مـردم بـرای کشتن‌اش نقش اساسی داشت چون گریبایدوف مسئله ولیعهدی عباس مـیرزا را در قرارداد ترکمنچای تثبیت کرده بود او را برای ضربه زدن بر عباس میرزا کشتند.

برخی نویسندگان ادعا کرده‌اند که بدنبال بسته شدن ترکمنچای برخی از فرزندان شاه یعنی ظل‌السلطان حسنعلی میرزا شجاع‌السلطنه و محمدولی میرزا... بر آن شدند که رضایت خاقان را برای راه انداختن جنگ سومی جلب کنند تا هم مسئله غرامت از میان برود و هم مسئله ولیعهدی نایب‌السلطنه. برای آغاز جنگ قرار بر این گشت که با موافقت ترک‌ها، قوای ایرانی و عثمانی همزمان و از دو جبهه به مرزهای روسیه حمله کنند تا قوای روس وقت کافی برای دفاع نداشته باشد در ایران نیز گریبایدوف را بـه قتل رسانند تا موقعیت عباس میرزا در نزد دولت تزاری مـتزلزل شـود و هـم چـنین وانمود کنند که «ملت ایران» از معاهده ترکمنچای ناخرسند است نه تنها اسناد روس بلکه حلایرنامه قائم مقام، اسناد بـایگانی وزارت امـور خـارجـه انگـلیس و ایـران و نامه‌های خاقان و پاسکویچ به عباس میررا حاکی از اینست که سپاه ایران آماده جنگ سوم بود و در دربار ایران نیز آصف‌الدوله و دکتر مکنیل مسئله ولیعهدی عباس میرزا را طرح نمودند.

«اما نقشه جنگ سوم نیمه کاره عملی شد. زیرا قوای عثمانی قبل از مـوعد مـقرر

حمله را آغاز کرد و منتظر قوای ایران نشد در ایـران تـنها نـقشه قـتل گـریبایدوف را عملی کردند. برخلاف تصور درباریان، روسیه نه تنها از قتل گریبایدوف ناراضی نشد بلکه به آرزوی خود رسید». [۶۱۶]

گریبایدوف را پدر «ادبیات متعهد» در روسیه دانسته‌اند او به اتهام دکابریست بودن زندانی شده بود اما به علت فامیل بودن با پاسکویچ از زندان آزاد شده و به جبهه قفقاز تبعید شده بود پس از عهدنامه ترکمنچای، حکومت روسیه در واقع او را برای بار دوم تبعید کرده بود و او هرگز راضی به آمدن به ایران به عنوان اولین وزیر مـختار روس نبود. هنگامیکه او در آستانه عزیمت به ایران بود در تفلیس در مراسم ازدواج خـود گفته بود: «این مراسم ازدواج من نیست نماز مرده‌هاست و برای بخاک سـپردن مـن است» پوشکین نویسنده معروف روسی در این مورد می‌نویسد:

«گریبایدوف پیش از راهی شدن به ایـران سـخت گـرفته و نگـران بـود. هـر چـه کوشیدم او را آرام کنم سودی نه بخشید و جواب می‌داد: شما آنها را نمی‌شناسید! این داستان فقط با خونریزی حل خواهد شد و یا با جنگ داخلی میان فرزندان خاقان بر سر جانشینی». [۶۱۷]

پس علت نرمش روسها در قبال قتل گریبایدوف علاوه بر جنگ و کشـمکش بـا دولت عثمانی، خود شخصیت گریبایدوف و تـفکرات او نـیز بـوده است کـه دربـار روسی آرزو داشت از شرّش خلاص شود.

بنابراین اگر در اعزام هیئت خسرو میرزا به پترزبورگ برای عذر خواهـی شـتابی دیده نمی‌شد و مدام تأخیر ایجاد می‌شد بخاطر فشار انگلستان بود اما با پدیدار شدن آثار پیروزی‌های روسها بر عثمانی، دیگر نـقشه جـنگ سـوم از سـوی انگـلستان و عوامل او مانند آصف‌الدوله کنار گذاشته شد و خسرو میرزا عازم پترزبورگ شد.

متأسفانه فتحعلی شاه نه در پی عذرخواهی بود و نه در پی جبران خطا. پاسکویچ پی برد که شخص عباس میرزا در توطئه قتل کـوچکترین نـقشی نـدارد و بـرعکس پدرش به عواقب دوباره جنگ با روسیه واقف است چرا که یک جنگ تازه می تواند منجر به نابودی خودش و پایتخت‌اش تبریز گردد از طرفی وضـعیت فـعلی او نـیز

دشوار بود چرا که مخالفت با پدرش و گروهی که در تهران طرفدار جنگ بودند می‌توانست برای او دردسرساز باشد. «در این وضعیت، عباس میرزا که نمی‌دانست چکار کند بصورت پنهانی با پاسکویچ تماس گرفته و نظرات او را در این مورد خواست پاسخ پاسکویچ که بدرستی بر دغدغه‌ها و جاه‌طلبی‌های شخص او به اندازه میهن‌پرستی‌اش تاکید می‌کند به عباس میرزا پیشنهاد می‌کند که برای جلوگیری از جنگ، یکی از برادران و یا پسرانش را برای عذرخواهی به سن پترزبورگ بفرستد عباس میرزا این پیشنهاد را قبول کرده بدون اینکه منتظر موافقت شاه باشد تصمیم گرفت یکی از پسرانش را جهت آشتی به سن پترزبورگ بفرستد»[۶۱۸]

حکومت روسیه نیز خیلی تمایل داشت که هر چه زودتر از بلند پایگان حکومت ایران در خصوص این مسئله عازم روسیه گردند به همین خاطر از تأخیر در این مورد بارها گله می‌کردند. سرانجام خسرو میرزا به همراهی میرزا محمدخان زنگنه امیرنظام و محمدحسین‌خان ایشیک آقاسی و میرزا صالح و میرزا بابای حکیم که هر دو از تحصیل‌کردگان انگلستان بودند و میرزا محمدتقی امیرکبیر و مسیو سمینو فرانسوی از طریق تفلیس عازم پترزبورگ شد آنها پس از عبور از پل خدا آفرین مورد استقبال شایانی از طرف کنیاز الخازوف حکمران شیروانات و قراباغ قرار گرفتند.[۶۱۹]

آنچه مهم است اینکه هدف حکومت ایران از ارسال این هیات به روسیه، تنها عذرخواهی از قتل گریبایدوف نبود بلکه مأموریت مهم این هیأت حل دو کرور باقی مانده غرامات عهدنامه ترکمنچای بود.[۶۲۰]

امپراطور روسیه نیکولای اول نیز از دو کرور باقی مانده بدهی ایران یک کرور آن را پیشکش قدم خسرو میرزا پسر عباس میرزا کرد و قبول نمود که کرور باقیمانده را هم دولت ایران پنج سال دیگر بپردازد پنج سال بعد از این ملاقات که در ۲۲ صفر ۱۲۴۵ اتفاق افتاد با سال ۱۲۵۰/ ۱۸۳۴ م برابر می‌شد.[۶۲۱]

در اوایل ۱۲۴۹/ اواسط ۱۸۳۳ یعنی هنوز یک سال مانده به انقضای مهلت پنج ساله کرور آخر، عباس میرزا به علت گرفتاری‌های متعدد به فکر تمدید دوباره کرور آخر می‌افتد و محمدحسین‌خان زنگنه را به همراه میرزا بابا طبیب حکیم‌باشی به این

منظور به روسیه می‌فرستد.[۶۲۲] اما در همین زمان مقارن با لشکرکشی ایران به هرات، عباس میرزا در ۱۰ جمادی الثانی ۲۵/۱۲۴۹ اکتبر ۱۸۳۳ فوت می‌کند. مرگ عباس میرزا موجب شد که روسها تا روشن شدن اوضاع ولایتعهدی به دفع الوقت بگذرانند در درگیری‌هایی که بر سر انتخاب ولیعهد بین محمد میرزا پسر عباس میرزا با ظل‌السلطان در گرفته بود روسها جانب محمد میرزا پسر ولیعهد را گرفتند و دادن مهلت دو ساله را نیز منوط به ولیعهدی محمد میرزا کردند.

قائم مقام که زمینه را خود آماده کرده بود و نمایندگان روسیه و انگلیس را با ولیعهدی محمد میرزا یکدل کرده بود و از ضعف نفس فتحعلی‌شاه در برابر پول آگاه بود با استفاده از فرصت، نامه‌ای از جانب محمد میرزا به شکل زیر به شاه نوشت:

«کارداران دولت ایران این رنج نبرند و ایلچی به جانب روس گسیل نفرمایند و هرگز نام این دین بر زبان نرانند که ادای این دین بر ذمت من است».[۶۲۳]

فشار روسها و تدبیر قائم مقام فراهانی مؤثر افتاد و محمد میرزا ولیعهد گردید و پرداخت کرور دهم نیز به مدت دو سال به تعویق افتاد فتحعلی‌شاه در نوزدهم جمادی الاخر ۱۲۵۰ درگذشت و محمدمیرزا در رجب همان سال به تخت سلطنت تکیه زد طولی نکشید که قائم مقام فراهانی بدست او کشته شد و انقضای مهلت دو ساله کرور دهم غرامت، مصادف با دوران صدارت میرزا آغاسی بود. حاج میرزا آغاسی در اثر فشار کنت سیمویچ وزیر روسیه مبلغ ۲۹۰۸۴ تومان و کسری از این بابت به شرح زیر بر سر منوچهرخان معتمدالدوله حکمران فارس حواله صادر نمود!

«خدمت مقرب الخاقان معتمدالدوله عرض می‌شود که بابت قسط اول کرور آخرین از وجه عهدنامه مبارکه!! موازی ۲۳۷، ۲۴ مثقال و یک نخود طلا باقی است زحمت‌کشیده مبلغ ۲۹۸۴ تومان و چهار هزار دینار در وجه جناب جلالت و نبالت نصاب غراف سیمویچ وزیر مختار دولت بهیئه روسیه کارسازی نمائید که برات دیوان همایون به جهت سند خرج شما صادر خواهد شد تحریراً فی روز بیست و پنج شهر جمادی الاول سنه ۱۲۵۲».[۶۲۴]

حاجی میرزا آقاسی در دوره صدارت خود کلاً یکصد و هفتاد هزار تومان از بابت کرور آخر پرداخت نمود و سیصد و سی هزار تومان دیگر باقی ماند و تا زمان

پادشاهی ناصرالدین شاه و صدارت میرزا تقی خان امیرکبیر همچنان موضوع مطالبه ۳۳۰ هزار تومان در میان بود «***لیکن به علت سعی بلیغی که امیر در تهیه پول و تعدیل دخل و خرج داشت و مقاومتی که در تعویق انداختن موعد پرداخت آن ظاهر می‌ساخت دیناری از این بابت عاید روسیه نشد تا اینکه در عهد میرزا آقاخان نوری باز عمال روسیه تجدید مطلع کردند***».[۶۲۵]

میرزا آقاخان نوری به توسط میرزا محمدحسین صدر دیوانخانه وزیر مختار ایران در پترزبورگ از دولت روسیه مهلت ده ساله خواست اما مورد قبول واقع نشد و طلب غرامت تا اوایل سال ۱۲۷۱ یعنی موقعی که بین روسیه از یک طرف و بین عثمانی، فرانسه و انگلیس از طرفی دیگر، جنگ‌هایی در شبه جزیره کریمه درگرفت دوام یافت در این ایام دولت روسیه به توسط پرنس دالگوروکی وزیر مختار خود در تهران سعی داشت ناصرالدین شاه را به تجهیز سپاهیانی در آذربایجان و کرمانشاهان یعنی در سرحدات عثمانی وادار سازد و ایران را به عنوان متحد خود در جنگ بر ضد این دولت محرک شود.[۶۲۶]

درمذاکراتی که بین ایران و روسیه صورت گرفت حاصل آن معاهده‌ای سری بود که در چهار فصل بین ایران و روسیه در ۱۸ محرم ۱۲۷۱/دوم سپتامبر ۱۸۵۴ بسته شد که براساس فصل سوم این معاهده، دولت روسیه از باقی کرور نهم یعنی از ۳۳۰ هزار تومان برای همیشه صرف نظر می‌کرد.[۶۲۷]

جنگ‌های کریمه در سال ۱۲۷۲ پایان یافت و از آنجا که ایران در طول جنگ به تعهدات خود عمل کرده بود به موجب معاهده مذکور، روسیه از مطالبه بقیه کرور آخرین غرامت دست برداشت.

سفید

نمونه پنجم

فصل نوزدهم

علل و عوامل شکست‌های ایران

در بررسی عوامل شکست‌های ایران از روسیه، نویسندگان ایرانی علل متعددی برشمرده‌اند ابتدا به نقد آنها می‌پردازیم:

سیاست‌های خائنانه انگلستان همواره به عنوان یکی از دلایل اصلی شکست ایرانیان برشمرده شده است. احمد تاج‌بخش عهدشکنی‌های انگلستان را به عنوان یکی از عوامل مهم شکست ایران در دوره اول جنگ‌های ایران و روسیه دانسته او در این مورد می‌نویسد:

«همکاری انگلستان و روسیه به علت فتوحات درخشان ناپلئون باعث شدکه انگلستان در موقع لزوم به ایران کمک نکند و حتی افسران خود را از قشون ایران احضار نماید و در نتیجه باعث شکست قشون ایران گردد». [۶۲۸]

نویسنده‌ای دیگر نیز ضمن اشاره به نقش خیانت‌آمیز انگلستان می‌نویسد:

«اشغال ناگهانی شهرهای قفقاز به وسیله ارتش روسیه و بی‌اعتنایی دولت انگلستان نسبت به تقاضای کمک به ایران به خصوص شرایط فوق‌العاده سنگینی که برای اعطای کمک خود قائل شده بودند؛ باعث شدکه توجه دربار ایران به فرانسه معطوف گردد». [۶۲۹]

نویسنده دیگری نیز در همین زمینه می‌نویسد:

«یکی از علل شکست قوای عباس میرزا این بودکه همواره دولت‌های قاجار به یک دولت بیگانه اعتماد و دل می‌بستند و انتظار داشتند آن دولت‌ها از سرزمین قاجارها حفاظت و مراقبت کنند قاجارها گاهی به انگلیسی‌ها اعتماد می‌کردند و گاهی به روسها و زمانی هم به فرانسه و ناپلئون بناپارت». [۶۳۰]

عبدالحسین نوایی نیز در مورد نقش انگلستان در انعقاد عهدنامه گلستان، تلاش‌های سرگور ازولی سفیر انگلستان را عامل انعقاد قرار داد ظالمانه عهدنامه گلستان می‌داند اما بدون اینکه به این مسئله مهم توجه کند که این عهدنامه بین یک کشور شکست خورده یعنی ایران با یک کشور فاتح یعنی روسیه بسته می‌شد او علت بسته شدن این قرارداد ظالمانه را در حد تلاش‌های یک سفیر خارجی تقلیل می‌دهد و می‌نویسد:

«عهدنامه گلستان به فشار سرگور اوزلی بسته شد. مسائل بسیاری به صورت مبهم و دو پهلو بلکه قابل تغییر و کشدار عمداً در آن گنجانده شد... آقای اوزلی تا توانست دولت ایران را در این امر یعنی مذاکره با روسها و عقد قرارداد صلح تشویق نمود و حتی از تأکید این مطلب خودداری نکرد که فعلاً دولت ایران قرارداد را امضاء کند دولت انگلستان بعد از مذاکرات سیاسی دولت روسیه را وادار می‌کند گرجستان را به ایران مسترد دارد...» [۶۳۱]

نویسنده دیگری نیز در اشاره به نقش سرگور اوزلی می‌نویسد که: ***«عباس میرزا و فتحعلی‌شاه مخالف صلح و متارکه بود اما سرگور اوزلی با آنها مذاکرات مفصلی انجام داد و آن را تشویق به صلح کرد».*** [۶۳۲]

نویسنده‌ای «تاریخ ده هزار ساله ایران» پا از این فراتر نهاده و دولت انگلستان را سبب تمامی شکست‌های ایران ذکر می‌کند:

«باید دولت انگلیس را سبب تمام گرفتاری‌های ایران و از دست رفتن ولایات مزبور دانست؛ دولتی که از دوران صفویه به ایران رخنه کرده و از آن زمان تاکنون باعث تیره روزی ایران و ایرانیان شده است.» [۶۳۳]

آن‌چه در بالا ذکر شد نمونه‌ای از خروار است اما در اینجا باید پرسید که چرا حکومت ایران همیشه به یک دولت خارجی دل می‌بست تا در وقت مقتضی زیر پایش را خالی بکند؟ چرا حکومت ایران نتوانست از تقابل قدرت‌های سه گانه فرانسه، انگلستان و روسیه به بهترین نحو استفاده کند؟ و چرا سردمدارانش تلقی درستی از مناسبات بین‌المللی نداشتند و نمی‌توانستند از آداب و روش‌های دیپلماسی جدید بهره بگیرند؟ آیا جز این بود که آن سیستم عریض و طویل قاجاری

یک سیستم پوسیده و کهن بود، مرحوم علی اصغر شمیم می‌نویسد:

«بعضی از درباریان قاجارکه تازه با این قبیل مسائل خارجی روبرو شده بودند با نخوت و غروری که ناشی از فکر کوتاه ایشان بود در برابر دیپلماسی ماهرانه انگلستان و وعده‌های پوچ ناپلئون کبیر... همه وقت سیاست مثبت و روی موافق نشان دادند و بر اثر بی‌اطلاعی ایشان از سیاست خارجی دول ذینفع، نیات و مقاصد آنان، منافع کشور را از دست دادند...» [۶۳۴]

همین نویسنده در خصوص اشاره به خیانت انگلیسی‌ها می‌نویسد:

«سیاست شوم استعمار انگلستان بودکه همواره مصالح و منافع ایران را فدای مصالح خویش می‌کرد... شاه و درباریان ساده‌لوح ایران را فریب می‌داد...» [۶۳۵]

در اینجا باید اشاره کرد که آیا انتظار می‌رفت که «سیاست شوم استعماری» به جای مصالح خود، پس منافع ایران را باید در نظر می‌گرفت؟ مگر هنر دیپلماسی جز چانه زنی، مذکراه و تلاش برای منافع ملی کشور خودی است حال اگر حکومت منفعل و عقب‌مانده‌ای چون حکومت فتحعلی‌شاه که الفبای سیاست را نمی‌دانست و درک صحیح و واقعی از اقتضاعات جهانی و زمانه نداشت علتش را نه در عامل خارجی بلکه در ضعف این سیستم پوسیده باید جستجو کرد وگرنه چگونه سفیر یک کشور بیگانه (سرگور اوزلی) موفق می‌شد بر سر ولیعهد و فتحعلی‌شاه که به قول نویسنده مخالف صلح بودند کلاه گذاشته آنان را موافق صلح شرم‌آور یعنی عهدنامه گلستان گرداند؟

در اینجا باید اشاره شود که چرا سرگور اوزلی تلاش می‌کرد عباس‌میرزا و شاه را تشویق به امضای صلح گلستان بکند؟ زیرا در این هنگام، روسیه با فرانسه (رقیب انگلیسی‌ها) درگیر جنگ بود بنابران براساس منافع دیپلماسی انگلستان، روسیه شایسته هرگونه کمک و مساعدت بود دنیس رایت می‌نویسد:

«اندک زمانی پس از ورود اوزلی، بار دیگر مخاصماتی بین ایران و روسیه درگیر شد. عده‌ای از افسران و سایر افراد هیأت نظامی بریتانیا دوشادوش ایرانیان جنگیدند و این امر بریتانیا را تا حدودی در موقعیت ناراحت‌کننده‌ای قرار داد زیرا آن دولت [انگلستان] در آن هنگام با روسیه بر علیه ناپلئون متحد شده بود...» [۶۳۶]

جالب اینکه اندکی قبل از این یعنی در سال ۱۸۱۲م که زمینه آشتی بین ایران و روسیه پدید آمده بود مقامات انگلیسی با تلاش‌های اوزلی می‌کوشیدند نگذارند آشتی و صلح بین دو کشور اتفاق افتد اما یک سال پس از آن یعنی در زمان عقد قرارداد گلستان شرایط برای انگستان کاملاً فرق کرده بود زیرا جنگ سختی بین روسیه و فرانسه در گرفته بود و انگلستان می‌رفت تا از طریق همکاری با روسیه ناپلئون را در ۱۸۱۵م از پای درآورد به همین خاطر اعتمادالسلطنه به درستی در خصوص تلاش‌های سرگور اوزلی برای ایجاد صلح گلستان بین روسیه و ایران می‌نویسد:

«سرگور اوزلی...مجلس‌ها ساخت و میرزا شفیع صدراعظم را با خود هم قول و توأم کرده قرار دادند که با روسیه اتحاد نموده و معاهده در میان آرند». ۶۳۷

دلیل دوم انگلیسی‌ها برای ایجاد صلح گلستان بین ایران و روسیه این بود که انگلیسی‌ها به فراست دریافته بودند که ایران در مقابل روسیه دوام نخواهد آورد و ادامه جنگ باعث می‌شود روس‌ها هر چه بیشتر در خاک ایران نفوذ کرده و برای هندوستان خطرناک باشند. اما کسانی که به نقش خیانت بار انگلستان در عقد قرارداد گلستان تأکید می‌کنند اولاً وضعیت بحرانی و خطرناک ایران به عنوان یک کشور شکست خورده زمان عقد گلستان را فراموش می‌کنند ثانیاً به زیان‌بار بودن آن اشاره می‌کنند اما در نظر نمی‌گیرند که اگر آن قرارداد بسته نمی‌شد در اثر ادامه جنگ چه بر سر ایران می‌آمد البته تصور آن چندان مشکل نیست چون بعد از شروع دوره دوّم جنگ‌ها مشخص شد که چه بر سر ایران آمد!

قرارداد گلستان اگر چه نارضایتی ایران را در بر داشت اما به عنوان یک سند دیپلماتیک فوق‌العاده با اهمیت بود چرا که برای اولین بار حدود مرزهای مشترک دو کشور را مشخص کرد و جلوی تطاول و تعدّی روس‌های متجاوز را تا حدودی بست متأسفانه خیر یا شرّ مطلق دانستن هر پدیده‌ای در هر حوزه‌ای نه تنها آفت هر گونه قضاوت و نقد بوده است بلکه آفت بزرگ تاریخ نویسی نیز بوده است. عملکردهای انگلستان در قبال ایران ثابت و یک‌دست نبوده بلکه براساس منافع آن کشور متغیر

بود از همین رو در برخی موارد می توانست به زیان ایران تمام گردد و در برخی موارد در راستای منافع ایران بوده است. رقیب انگلستان در منطقه، روسیه بود نه ایران. و مهم‌ترین مسئله انگستان حفظ هندوستان بوده است. اما نکته‌ای که فوق‌العاده مهم بوده اینکه فتحعلی‌شاه و درباریانش اصلاً نمی توانستند روابط بین حکومت هند و دولت انگلستان را درک کنند.[۶۳۸] در حالی که تمامی عملکردها و دیپلماسی انگلستان در طول جنگ‌های ایران و روس و حتی پس از آن، همواره بازتابی از روابط آن کشور با هندوستان بوده است.

اگر دربار ایران رابطه هندوستان و انگلستان را درک می‌کرد دیگر به هند اولین سفیر خود یعنی حاجی محمدخلیل‌خان را نمی‌فرستاد زیرا این سفیر، سفیر یک کشور به نزد اولیاء یک شرکت تجارتی بود![۶۳۹]

در اینجا باید به این نکته بس مهم توجه کرد که هدف از این مطالب غسل تعمید انگلستان از دسیسه‌ها، توطئه‌ها و خیانت‌های بیش از دو قرن معاصر نیست آن دولت، خیانت‌هایش بسی افزون‌تر از آن است که با هرگونه غسلی پاک گردد اما تأکید بیش از حد بر عوامل خارجی باعث چشم پوشیدن بر اشتباهات، ساده‌لوحی‌ها، ریشه‌های عقب‌ماندگی و عوامل وطن‌فروش داخلی می‌گردد.

توجه به این نکته اساسی لازم است که تمامی دسیسه‌ها و توطئه‌های موفقیت‌آمیز انگلستان یا فرانسه نسبت به ایران در خلاء صورت نمی‌گرفت بلکه در یک زمینه مستعد و مساعدی به موفقیت می‌انجامید که آن زمینه را خود ایرانیان و آن سیستم فاسد و پوسیده مهیا ساخته بود. به همین خاطر انگلستان اگرچه ایران را به مانند هندوستان مستعمره نکرد اما در عوض با رشوه‌های عریض و طویل، دربار فاسد و علیل قاجاری را مستعمره و تسخیر کرد.

این سیستم با تمامی ابعادش اعم از دیپلماسی‌اش، شاه و درباریانش، ارتش‌اش، تاکتیک‌ها و تجهیزات جنگی‌اش همگی در انطباق کامل با هم و به تمامی معنا از زمان خود عقب مانده بود پس نمی‌توان آن را تنها در حد یک علت واحد مانند عامل خارجی و یا عیاشی‌ها و سرسره‌بازی‌ها شاهی تقلیل داد.

دربار و شخص شاه تنها به عنوان نوک و قله یخی این سیستم پوسیده به شمار

می‌آمد که از سطح اعماق جامعه سنتی ایرانی، آشکار و بیرون زده بود برای پی بردن به میزان درک فهم این قله یخی یعنی شاه از تحولات زمان خود تنها اشاره به نامه‌ای مضحکی که فتحعلی‌شاه به سفیر ایران در استامبول نوشته به اندازه کافی گویا و تأسف بار است.

محمدصادق وقایع نگار در کتاب خود در خصوص شکست‌های قوای ایرانی اشارات متعددی به نقش خیانت‌آمیز ارامنه و همکاری آنان با روسها دارد اما در اینجا باید گفت که اگر روسها به خاطر اشتراکات مذهبی و اعتقادی می‌توانستند از وجود ارامنه بهترین استفاده‌ها را ببرند چرا حکومت ایران نتوانست از وجود مسلمانان قفقاز که در آن نواحی اکثریت قاطع را داشتند چنین بهره‌هایی ببرد؟

جامعه قاجاری جامعه‌ای بود با فرماسیون‌های ابتدایی و بسیار عقب مانده. ایران در آستانه قرن نوزدهم دارای ۵ الی ۶ میلیون نفر جمعیت بود. بین نصف تا یک سوم این جمعیت صحرانشین بودند که در قالب ده‌ها ایل، طایفه، عشیره و قبایل بزرگ و کوچک در مناطق شمال، غرب و جنوب غربی ایران پراکنده بودند. بقیه جمعیت ایران نیز در شهرها و روستاها سکونت داشتند از جمعیت اسکان یافته، در حدود ۲۰ درصد شهرنشین و هشتاد درصد مابقی در ۲۰ هزار روستا پراکنده بودند.[۶۴۰]

از آمار مذکور به آسانی می‌توان استنباط نمود که از جمعیت ۶ میلیون نفری ایران در ابتدای قرن نوزدهم، یک سوم آن یعنی حداقل ۲ میلیون نفر را صحرانشین تشکیل می‌داد یعنی در ابتدایی‌ترین شرایط تمدنی به سر می‌بردند. از ۴ میلیون نفر جمعیت اسکان یافته، بیست درصد یعنی هشتصد هزار نفر در شهرها زندگی می‌کردند و هشتاد درصد مابقی، یعنی در حدود ۳ میلیون نفر باقی مانده در بیست هزار روستا پراکنده بودند. مهم‌ترین نتیجه گیری که از اقتصاد ایران در آن مقطع می‌توان گرفت این است که اساس و ستون فقرات آن متکی به کشاورزی و دامداری یا اقتصاد شبانی بود.[۶۴۱]

وضع صنعت در ایرانِ ابتدای قرن نوزدهم نیز در حد صفر بود روستاها در خود محصور بودند نه راههای ارتباطی برای انتقال مازاد تولید به بیرون مقدور بود و نه

علل و عوامل شکست‌های ایران / ۴۰۳

امکان حمل و نقل کالا وجود داشت فقدان راههای ارتباطاتی سبب شده بـود تـا در حالی که بخشی از مملکت با گرسنگی و قحطی دست به گریبان می‌بود در بـخشی دیگر، محصول به وفور یافت می‌شد.[۶۴۲]

در سطح کشوری و در ارتباط با تجارت خارجی نیز تمامی صادرات ایران مـواد اولیه و خام مانند ابریشم خام، مـنسوجات ابـریشمی، مـنسوجات نـخی و پـشمی، غلات، میوه‌جات، تنباکو، پنبه و تریاک و غیره بود.[۶۴۳] اما در مـقابل، تـقریباً تمامی واردات ایران محصولات دوران جدید و مدرن بودند مانند «چلوار، چیت، ظروف مسی، شمع، اسلحه و مهمات از انگلستان، پارچه‌های نخی، قند و شکر، نفت، چراغ، ظروف، آئینه، فلزات، کالسکه و سماور از روسیه، قند، شیشه‌آلات، ظروف چینی و پارچه ابریشمی از فرانسه، شیشه و بلور، قاشق، فلزات از آلمان و اتریش، چای، دارو، روغن و پارچه‌های حریر از هندوستان» بود.[۶۴۴]

شمار باسوادان صرفاً محدود به کمتر از ۵ درصد جمعیت شهرنشین می‌شد.[۶۴۵] خواندن و نوشتن در سطح کل جامعه به سه قشر دربار، روحانیون و تجار مـنحصر می‌گردید سواد اینها نیز تنها در محدوده علوم قدیمی بود و هیچ یک از دانش‌های جدید، فیزیک، شیمی، بیولوژی، عـلوم سـیاسی، اقتصاد و پزشکی در ایران قـرن نوزدهم شناخته شده نبود.

تحولات عظیم و دوران ساز اروپا مانند رنسانس، کشـف قـاره آمـریکا، انقلاب علمی، انقلاب صنعتی و انقلاب کبیر فرانسه که در عرض سیصد سال به وقوع پیوسته بود برای ایرانیان از اساس و بنیان ناشناس مانده بود. بی‌خبری ایرانیان از دنیایی که در آن می‌زیستند آن چـنان عـمیق و گسترده بـود کـه فـتحعلی‌شاه در زمـان دریـافت استوارنامه سر هارد فورد جونز اولین سفیر بریتانیا در ایران، ضمن سؤال از اوضـاع انگلیس و جهان پرسید: *«راستی آقای سفیر اینکه می‌گویند ینگه دنیا در زیر زمین اسـت، حقیقت دارد و آیا اگر من دستور بدهم در این قصر یک چاه دویست ذرعی بکنند، به ینگه دنیا خواهم رسید؟»* مستر جونز که هاج و واج مانده بود به شاه گفت: *«اصلاً ربطی به کندن زمین ندارد و ما با کشتی به آمریکا سفر می‌کنیم»* فتحعلی‌شاه با شنیدن این پاسخ اوقاتش تـلخ مـی‌شود و

می‌گوید: «***معلوم است حواست پرت است، سفیر عثمانی برای من قسم خورد که اگر دویست ذرع زمین را بکنیم به ینگه دنیا می‌رسیم!***» [۶۴۶]

دربار قاجار در رأس الیگارشی حاکم قرار داشت و پادشاه در چارچوبه یک نظام استبدادی حکم می‌راند. حکمش قانون، اراده‌اش لازم الاجرا و فرامینش برای لایه‌های پایین‌تر سلسله مراتب قدرت واجب‌الاطاعه بود. پشتوانه قدرت حکومت نه مشارکت اجتماعی بود و نه مشروعیت دینی. هم‌چنین حکام قاجار از «کاریزمای» خاصی برخوردار نبودند. یگانه پشتوانه آنان ضرب شمشیر الیگارشی نظام قبیلگی بود. اگر چه در طول قرن نوزدهم ساختار قبیلگی به تدریج بدل به درباری عریض و طویل گردید و به دنبال آن نوعی بورکراسی و سلسله مراتب قدرت نیز شکل گرفت، اما در محتوای حاکمیت که استبداد صرف بود کمترین تغییری پدید نیامد. [۶۴۷]

درباره میزان اطلاعات دولتمردان ایرانی آن زمان از اوضاع و احوال جهان را باید از نامه‌ای که فتحعلی‌شاه به سفیر خود در استانبول نوشته پی برد فتحعلی‌شاه از او می‌خواهد که تحقق کند و ببیند:

اول) وسعت ملک فرنگستان چه قدر است و آیا کسی به نام پادشاه فرنگ وجود دارد یا نه. در صورت وجود داشتن پایتختش کجاست.

دوم) فرنگستان عبارت از چند ایل است. آیا شهرنشینند یا چادرنشین و آیا خوانین و سرکردگان ایشان کیانند.

سوم) در باب فرانسه غوررسی خوبی بکن و ببین فرانسه هم یکی از ایلات فرنگ است و یا گروهی دیگر است و ملکی دیگر دارد. بناپارت نام کافری که خود را پادشاه فرانسه می‌داند کیست و چه کاره است.

چهارم) در باب انگلستان تحقیق جداگانه و علیحده کن و ببین ایشان که در سایه‌ی ماهوت و پهلوی قلم تراش این همه شهرت پیدا کرده‌اند از چه قماش به شمار می‌روند و از چه قبیل قومند و آیا اینکه می‌گویند در جزیره‌ای ساکنند و ییلاق و قشلاق ندارند و قوت غالبشان ماهی است راست است یا نه. اگر راست باشد چطور می‌شود در یک جزیره بنشینند و هندوستان را فتح کنند؟

...نیک بفهم که در میان انگلستان و لندن چه نسبت است آیا لندن جزوی از انگلستان است یا

انگلستان جزوی از لندن است.

پنجم) به علم‌الیقین تحقیق کن که کمپانی هند شرقی که این همه مورد بحث و گفت و گو است با انگلستان چه رابطه‌ای دارد...؟

ششم) از روی قطع و یقین غور رسی در حالت ینگی دنیا کن. در این باب سر مویی فرونگذار.

هفتم) و بلکه آخر تاریخ فرنگستان را بنویس و در مقام تفحص و تجسس بر اینکه اسلم شقوق و احسن طرق برای هدایت فرنگستان گمراه به شاهراه اسلام و بازداشتن ایشان از اکل میته و لحم خنزیر کدام است.[۶۴۸]

حال وقتی چنین جامعه عقب مانده‌ای به جنگ قدرتی چون روسیه می‌رود که ارتش ناپلئون را در هم کوبیده و تا پاریس پیش رفته غیر از شکست حتمی و تحمیل قراردادهای گلستان و ترکمنچای چه دستاوردی می توانست داشته باشد؟

ضعف نظامی، ضعف لجستیکی مدرن جهت پشتیبانی قوا، ضعف تجهیزات پیش و پا افتاده جنگی، روحیه نظامی سربازان که در اثر شکست‌های متوالی تضعیف می شد هم‌چنین فقدان نقشه عملیات جنگی، عدم برخورداری از تاکتیک‌های نظامی و ضعف‌های فرماندهی ایران یعنی شخص عباس‌میرزا در مقایسه با ژنرال‌های روسی مخصوصاً ژنرال پاسکویچ به عنوان بخشی از عوامل اصلی شکست ایران محسوب می‌شد. در واقع این ارتش جدا از آن سیستم فرسوده نبود و متناسب با آن و برآمده از آن نظام بود.

مثال‌های عدیده‌ای می توان ذکر کرد که ارتش ایران توان مقابله با روسهای مجهز به ادوات نظامی پیشرفته نداشتند و به کرات اتفاق می‌افتاد که با نفرت کثیر در مقابل نفرات قلیل روسها که دارای تفوق تجهیزات بودند شکست خورده و متواری می شدند.

اینکه در برخی از منابع ضمن اشاره به پیروزی‌های قشون روسیه می نویسند: ***«پیروزی برای روسها پیروزی نظامی نبود بلکه آنان از طریق بازی‌های سیاسی و مساعدت همه جانبه سرگور اوزلی به صلح گلستان و تصرف سرزمین‌ها دست یافتند».***[۶۴۹] متأسفانه به نظر می‌رسد چندان دقیق و مطابق با واقع نباشد.

اگر قوای هر دو کشور ایران و ترکیه را که هر دو از روسها شکست خوردند با همدیگر مقایسه کنیم در این شکی نیست که خود عباس میرزا در مقایسه با ژنرالهای ترکیه از توان و استعداد فرماندهی بالایی برخوردار بود اما وقتی سربازان دو کشور را با هم مقایسه می‌کنیم سربازان ترکیه هم از جنبه کمی و هم کیفی نسبت به سربازان ایرانی برتری داشتند.[۶۵۰]

نیازی نیست ما برای اثبات این ادعا به منابع خارجی متوسل بشویم بلکه در نامه‌ای که فتحعلی‌شاه به احتمال قریب به یقین پس از شکست ایران از روسیه و اندکی قبل از انعقاد عهدنامه ترکمنچای نوشته شده صحبت از ترس سربازان ایرانی و فرارشان از مقابل قوای روسی رفته و فتحعلی‌شاه دستور می‌دهد که آنها را شقه شقه کرده و یا گردن‌شان را بزنند تا چنین نکنند! بدیهی است که سربازی که از ترس شقه شدن بخواهد در مقابل دشمن ایستادگی کند چه روحیه‌ای خواهد داشت! بخش‌هایی از این سند بسیار مهم در اینجا آورده می‌شود:

«.. اینکه هر دم از پیش روسیه می‌گریزند و در مقابل آنها پاداری نمی‌کنند، از بیم جان و خوف هلاک است. همین‌که در صورت فرار وگریز، از شما هم همین خوف و بیم را داشته باشند، یقین است که هرگز فرار را برقرار وگریز را بر ستیز ترجیح نخواهند داد؛ و همین‌که پانصد نفر را یک جا گردن زدید، دیگر هیچ دسته‌ای از پیش دشمن نخواهند گریخت.»

فتحعلی‌شاه در خصوص اینکه قلعه داران قلعه‌ها را رها می‌کنند و می‌گریزند نیز همین راه حل را پیشنهاد می‌کند:

«در باب قلعه‌داری و سرحدداری زمستان نوشته بودید. اولاً شماکه قلعه ساخته‌اید. البته فکر قلعه‌داری را هم کرده‌اید... هرکدام راکه بهتر و خوب‌تر وکار آمدتر می‌دانید در آنجا نگاه دارید... مثلاً عبدالله خان را با دسته خودش در یک قلعه بگذارید، یا یک راهی را به او بسپاریدکه او تا جان دارد در محافظت و خودداری، کوتاهی و سهل انگاری نخواهدکرد؛ هرکدام از دستجات راکه به جایی مأمور می‌کنید یا از همان سرکرده، التزام بگیریدکه هرگاه عیبی رو دهد، گردن او را بزنید و هر گاه... قلعه را خالی کنند وبگریزند، نزد شما بیایند، گردن همه آنها را بزنید...»

به احتمال قریب به یقین عباس میرزا در نامه‌اش از حمله قوای روسی در زمستان

سخن رانده و فتحعلی‌شاه به اشتباه می‌نویسد:

«اینکه نوشته بودید که اُروس صد نفر، از هر طرفی خواهند آمد، شماکه در آنجا نشسته‌اید، چون بیکارید، این فکرها را می‌کنید؛ اینها افسانه است... اگر بعد از اینکه برف، راه‌ها را مسدود کرد بیاید، آن وقت به علّت عدم آذوقه آدم و علیق دواب و نبودن علف و سختی کوهها و راههای قزاق و قراچه داغ، حرکت روسیه متعسر بلکه متعذر است. این طرف اروس هم ییلاق است و از سرما نمی‌تواند آمد...»

متأسفانه همین اشتباه برداشت فتحعلی‌شاه موجب شکست فاحش قوای ایران و اشغال تبریز آن هم بدون کوچک‌ترین مانعی شد.

در ادامه همین نامه، فتحعلی‌شاه قسم می‌خورد که ایران به زودی پیروز خواهد شد:

«شماکه یک قسم دروغ خورده‌اید، ما هم یک قسم راست می‌خوریم؛ به همان خدایی که زمین و آسمان را آفریده قلبی ما این است که دفع و رفع روسیه در این سال خواهد شد... امیدواریم که این قسم ما دروغ نشود؛ شما همین کاغذ را در بغل خود بگذارید و نگاه دارید تا معلوم شود!... دیگر در باب سپاه ساخلوکاری می‌کنید که مثل پارسال شود. در سر هر راهی یک نفر معتمد بگمارید که هر ملازمی که فرار کند، در همان جا گرفته، شقه کند. و به میرزا بزرگ بگو، تو سیّد هستی! چرا باید بترسی و اندیشناک از این دشمن‌ها باشی؟ شجاعت از جدّ تو است!... اگر باز هم بترسی، معلوم است تهمت سیادت به خود می‌زنی؛ جدّ تو کمر تو را بزند!» [۶۵۱]

ژنرال گاردان که متخصص در امور نظامی بود در مورد لشکر پیاده و وضعیت توپخانه ایران در خلال سال‌های ۱۸۰۸م می‌نویسد:

«لشکر پیاده شصت هزار نفر ولی ارزشی نداشتند. تفنگ‌های آنهاکهنه و سنگین برای قراول رفتن می‌بایست روی آلتی نصب نمایند. می‌توان گفت که توپخانه نداشتند. اگر چه دارای ۲۵۰۰ نفر توپچی بودند. ولی توپ‌ها را گاوها می‌کشیدند و گلوله نیز همیشه در محل خروج از توپ می‌ترکید و از خود ایرانیان که نزدیک بودند بیشتر می‌کشت تا از دشمنان که دور بودند. بعضی از توپ‌ها را نیز روی شترها حمل می‌کردند ولی هرگاه حیوان بدبخت مجروح می‌شد غضبناک گردیده خود را به میان لشکر انداخته موجب بی‌نظمی کامل می‌شد و غالباً این طور بود.» [۶۵۲]

به کرات در متن کتاب هم اشاره شد که در اکثر جنگ‌ها، قشون روسی به خاطر مدرن بودن، دارا بودن انضباط نظامی، تجهیز و تسلیح به سلاح‌ها و تاکتیک‌های جنگی در بسیاری از جبهه‌ها حتی با نفرات اندک خود بر قوای کثیر ایرانی تفوق داشته و فائق می‌آمدند بنابراین پیروزهای‌شان اکثراً نظامی نیز بود حتی در بعضی مواقع، روسیه همزمان با دو کشور می‌جنگید. اما اینکه در بازی‌های سیاسی زبده بودند و می‌توانستند از اقتضائات و دقایق سیاسی بهترین استفاده را بکنند باید در این زمینه به تعمق پرداخت که چرا حکومت ایران نتوانست بهترین استفاده را از شرایط موجود ببرد.

رضاقلی‌خان هدایت در اشاره به علل شکست قوای ایرانی، ضمن برشمردن ضعف نظامی ایران می‌نویسد:

«نقشه عملیات جنگی به دقت و مخفیانه مطرح نمی‌شد بلکه در محلی که نوکران هم به آن رفت و آمد می‌کردند طرح می‌شد و در نتیجه کسی نبود که از عملیات نظامی ایران اطلاع نداشته باشد». [۶۵۳]

ملاحظه می‌گردد که عدم رعایت مسئله‌ای به این ابتدایی و در عین حال با اهمیت که حتی ریشه‌ای کهن در تاریخ جنگ‌های دنیا دارد موجبات شکست ایران را فراهم می‌کرد. به طوری که امروزه اصل غافلگیری و حمله ناگهانی و با سرعت و چالاکی را آن هم وقتی که دشمن انتظارش را ندارد به عنوان جوهره جنگ قلمداد می‌کنند امری که مختص امروز نبوده بلکه سابقه‌ای به قدمت بشری دارد.

ابن قتیبه دینوری پیش از ده قرن قبل چه خوب می‌نویسد، گویی جنگ اصلاندوز و شکست ایرانیان را به تصویر می‌کشد:

«... و هنگامی که دشمن در فکر دفاع از خود نیست و جاسوسانی نمی‌فرستد و وقتی در قسمت‌های مقدم دشمن بی‌مبالاتی و غفلت مشاهده می‌شود و دشمنان، چارپایان خود را به چراگاهها رها کرده‌اند، باید از کمین‌گاه بیرون آمده و به چند دسته تقسیم شد و در زمستان در سردترین و در تابستان در گرم‌ترین موقع... برای حمله به دشمن شتافت.» [۶۵۴]

مسئله اصلی این بوده که اصلاً قشون ایرانی در آن زمان برای چنین جنگی مناسب نبود اگر آقامحمدخان توانست با چنین قشونی در قفقاز پیشروی کند به خاطر این

بوده که او اصلاً با قشون روسی روبرو نشد و هیچ جنگی بین او و روسها با این گستردگی اتفاق نیفتاد او تنها با خان‌نشین‌های قفقاز که عِده و عُده‌شان بسیار محدود و در حد یک خان محلی بودند جنگید.

در اوایل تأسیس سلسله قاجاری سپاه ایران عبارت بود از یک صد و هشتاد هزار نفر چریک که به طور داوطلب گرفته می‌شدند و شامل دو قسمت بودند قوای پایتختی و قوای ولایتی. قوای پایتختی که در پایتخت پارکابی شاه بودند از خزانه دولت حقوق می‌گرفتند اما دسته دوم که اکثریت نیروها بودند از ولایات و توسط حکام محلی و صاحبان تیول جمع‌آوری می‌شد.[۶۵۵]

این قشون فاقد هر نوع نظم بود و توده‌های انباشته و مردم عادی بودند که در مواقع جنگ از سوی خوانین و تحت قلمرو آنان جمع شده و به هنگام جنگ در اختیار حکومت مرکزی قرار می‌دادند آنان هیچ آموزشی نداشتند و چه با پای پیاده تا رسیدن به جبهه خسته و فرسوده می‌شدند این نیروها همزمان با فرا رسیدن زمستان با بازگشت شاه از آذربایجان به تهران مرخص می‌شدند و در خلاء نیروهای نظامی،دست قوای روسی برای هر گونه تعرض نظامی باز می‌شد.

با اینکه ارتش صاحب توپخانه بود اما کیفیت توپ‌ها پایین بود گلوله‌های توپ اکثراً از گوگرد و سنگ‌ریزه مخلوط می‌شد و در هنگام استفاده یا لوله توپ را می‌ترکانید یا در حال خروج منفجر می‌شد. نقل است که روزی خواستند در حضور فتحعلی‌شاه توپ طراحی شده توسط یک توپ‌ریز ایرانی را آزمایش بکنند اما در حین شلیک، توپ به واسطه‌ی ضعف طراحی و موادش در حضور شاه منفجر شد و طراح و خدمه را کشت درباریان چاپلوس به سجده افتادند که وقتی این توپ اینجا این‌گونه عمل می‌کند پس وای به حال بترزبورگ!.

براساس سنت قدیمی، قشون ایرانی به هر منطقه که وارد می‌شد تا زمانی‌که در آن منطقه بود تمام مخارج سربازان و علوفه اسب‌ها بر عهده رعایا و مردم همان ولایت می‌بود و همین باعث می‌شد که توده مردم دار و ندار خودشان را از دست داده تهی‌دست گردند و در کنار آن، تعرضات و غارتگری‌های سربازان نیز در حق

روستائیان و اهالی ولایات خود داستان مفصلی است. بیهوده نیست که ژوبر می‌نویسد:

«شهرستان‌هایی که گذرگاه سپاهیان ایران می‌شوند خود را در چنان حالت رنجی می‌بینند که گوئی دشمن آنجا را اشغال کرده است». [۶۵۶]

براساس تصویری که کتاب «خان‌نشین ایروان» ارائه می‌کند «قوای ایرانی در قلعه نخجوان شکست خورده مجبور به ترک آنجا می‌گردند اما وقتی قوای روسی در ۲۶ ژوئن ۴/۱۸۲۷ تیر ۱۲۰۶ داخل نخجوان می‌گردند چون رفتارشان با مردم انسانی بود و متفاوت با رفتار سربازان ایرانی بود بیش از ۲۰۰۰ نفر از مردم نزد سربازان روسی آمده به اطلاع آنان می‌رسانند که می‌خواهند به تابعیت روسی در بیایند. چراکه وقتی سربازان روسی قلعه را تسخیر کردند کوچک‌ترین تعرضی به مال مردم نداشتند». [۶۵۷]

نویسنده در ادامه در خصوص تهیه آذوقه و خواربار قوای روسی می‌نویسد:

«تنها نشان دادن این فاکتور کافی است که روسها با جنگ بر قلعه نخجوان ظفر یافته بودند اما پس از تسخیر شهر به دستور روسها به تعداد ۱۰۰۰ گاو و گوسفند از اهالی خریداری کردند و پولش را نیز دادند وقتی مردم چنین دیدند دیگر بدون احتیاط به داخل قلعه می‌رفتند و در خصوص تأمین آذوقه و محصولات کشاورزی با سربازان به داد و ستد و معامله می‌پرداختند در حالی که قبل از این سربازان ایرانی بدون پرداخت پولی، تنها با هزینه افراد بومی زندگی می‌کردند.» [۶۵۸]

جان بادللی در کتاب خود، شواهد متعددی از رعایت عدالت و رفتار انسانی پاسکویچ پس از فتح شهرهای ایران و ترکیه ارائه می‌کند. [۶۵۹]

منابع تاریخی همین برخورد دوگانه با اهالی را در مورد قلعه عباس آباد نیز ذکر می‌کنند:

«خالی شدن قلعه نخجوان و عباس آباد از وجود سربازان ایرانی موجب شادی مردم بومی گشت چراکه از سوی حکومت ایران زمین‌داران بشدت استثمار می‌شدند. به همین خاطر، وقتی روسها وارد قلعه شدند تعداد ۵۰ نفر از ریش‌سفیدان و بزرگان منطقه نامه‌ای به ژنرال پاسکویچ نوشته و از او تقدیر و تشکر کردند این نامه را عباسقلی باکیخانوف به روسی برگردانده بود». [۶۶۰]

برای اثبات این مدعا نیازی نیست که تنها به منابع روسی اکتفا کنیم بلکه نامه‌های

علل و عوامل شکست‌های ایران / ۴۱۱

قائم مقام فراهانی و سفرنامه‌های اروپایی به کرات به برخوردهای خشن و تجاوزکارانه قوای ایرانی به مردم خود ایران و رعایا اشاره کرده‌اند.

جیمز بیلی فریزر که در سال ۱۸۳۳ میلادی به ایران آمده و از نزدیک، از شهرهای مختلف ایران مانند کردستان، آذربایجان، تهران، خراسان و ترکمن صحرا دیدن کرده است در سفرنامه خود راجع به اوضاع ایران در سال‌های آخر زندگی فتحعلی‌شاه و چگونگی برخورد غیر انسانی و خشن سپاهیان حکومتی با مردم خود ایران، صحنه‌های اسفناکی را به تصویر می‌کشد، صحنه‌هایی که هرگز در هیچ یک از نوشته‌های مورخین درباری آن زمان نه اشارتی رفته و نه امکان نوشتن آنها وجود داشته است.

فریزر، خرابی اوضاع ایران را محصول نظام فاسد قاجاری ذکر می‌کند و می‌نویسد که شاه ایران پسرها، دامادها و نوه‌های خود را به حکومت ایالات و ولایات می‌گمارد و این حاکمان هر یک دستگاه و درباری عریض و طویل پدید می‌آورند و در گسترش آن با هم رقابت می‌کنند. هر شاهزاده‌ای برای خودنمایی و جلوه‌فروشی وزیرها، میرزاها، مستوفی‌ها، غلام‌های محرم، سربازها دارد و با سرمشق گرفتن از پدر و یا پدربزرگ خود، حرم‌سرایی نیز تشکیل می‌دهد.[۶۶۱] ***«برآورد هزینهٔ چنین حرمسرایی به زحمت ممکن است و از آن ناممکن‌تر حساب کردن میزان شرارت‌ها و تبه‌کارهایی است که آنها تولید و تکثیر می‌کنند»*** و نه تنها درآمد ملی و ثروت کشور برای نگهداری و ادارهٔ چنین تشکیلاتی به هدر می‌رود که روستائیان را به منظور اخاذی برای حکام‌شان و نیز به قصد برآوردن آرزوهای بی‌حد و حصر، نوکران بی‌بند و بار آنان را شکنجه می‌دهند.[۶۶۲]

فریزر در خصوص چپاولگری سپاهیان می‌نویسد که سپاه ایران از هر جایی که می‌گذرند، ویرانی بر جای می‌نهند روستاهای سرسبز و کشتزارها را تباه می‌سازند. آنان در غارت و تجاوز حدی نمی‌شناسند، رمه‌های گاو و گوسفند را به جلو انداخته به اردوگاه برده. گندم را با شمشیر درو کرده و کلبه‌ها را ویران می‌سازند تا بتوانند تیر و تخته‌ها و در و پنجره‌هایشان را بسوزانند ***«شبی، سراسر دشت جنوب اردوگاه به صورت***

شعله آتش درآمد. کاشف به عمل آمد که یک ورقهٔ عالی گندم و جو را یکی از سربازان از روی بی‌عاری و بی‌بندوباری آتش زده است.» [۶۶۳]

در گزارشی که به وسیله استودارت یکی از افسران انگلیسی مأمور در ایران برای مستر الیس وزیر مختار بریتانیای کبیر در تهران در مورخه ۲۶ آوریل ۱۸۳۶ فرستاده شده است وضع ناهنجار ارتش ایران کاملاً منعکس است و از هیچ جهت نه در عِده و نه در عُدّه با ارتش روسی حتی قابل قیاس نیستند.[۶۶۴]

استودارت می‌نویسد به واسطه فقدان کاردانی افسران، سربازان از انضباط بی‌خبرند و سربازان نیز از وظایف معمولی از قبیل نگهبانی دروازه‌های شهر اطلاعی ندارند و به محموله قاطرهائی که به داخل شهر می‌آیند یا از آن خارج می‌شوند دستبرد می‌زنند.

افسران ایرانی توجهی به مسئولیت و وظایف خود ندارند تا اندازه‌ای به نفرات هنگ‌ها، اسلحه، لباس و تجهیزات داده می‌شود ولی آنها اطمینانی به دریافت مواجب و جیره روزانه خود ندارند. نفرات توپچی بیشتر آذربایجانی هستند قابلیت این نیرو مانند سایر جاها کاهش پیدا می‌کند زیرا به سربازان مزبور مرخصی‌های طولانی داده می‌شود تا نزد خانواده‌های خود بروند و زمین‌های زراعتی خانواده‌ها را که از مدت‌ها متروک مانده کشت نمایند افرادی که فاقد آب و زمین باشند در ارتش استخدام نمی‌شوند.

تفنگچیان نامنظم و سواران، سلاح مورد نیاز خود را شخصاً تهیه می‌کنند و چون با سربازان منظم مقایسه شوند زیان آنها برای ارتش بیش از فایده آنها است.

به نظر می‌رسد تا حال برای بهبود وضع نیروهای پادشاه کوشش به عمل نیامده است ذخائر پادشاه برای تجهیز سربازان کافی نیست باروت مورد نیاز از کارخانه تبریز و یک کارخانه جدید تهران که ساختمان آن در شرف پایان است تأمین می‌گردد در نزدیکی تبریز معادن سرب فراوانی وجود دارد در آنجا یک کارخانه توپ‌ریزی و عراده‌سازی مخصوص حمل توپ وجود دارد.[۶۶۵]

ژوبر می‌نویسد: ***«هیچ چیز نمی‌تواند جلوی بی‌انضباطی سربازان و درشتی سرکردگان را***

بگیرد... موضوع اصلی در یک نبرد برای آنها این نیست که در میدان جنگ مسلط بود بلکه اهمیت آن بستگی به مقدار تاراجی دارد که می‌شود چپاول کرد». [۶۶۶]

اما نویسندگان ایرانی بدون ذکر منابع می‌نویسند:

«فرماندهان روسی همین که به موفقیت‌هایی نایل می‌آمدند و یا منطقه‌ای را متصرف می‌شدند با اهالی و ساکنین با نهایت خشونت رفتار می‌کردند و آنان را به اتّهام همکاری با دشمن دسته دسته محاکمه و به وضع تأثرآوری شکنجه می‌دادند.

رفتار خشونت‌آمیز روسیه نه تنها نسبت به اهالی و افراد عادی اجرا می‌شد، بلکه نسبت به خان‌های محلی نیز اعمال می‌شد...» [۶۶۷]

نفیسی نیز بدون ذکر منبع در این رابطه می‌نویسد:

«پس از امضای عهدنامهٔ گلستان، یرملوف جدّ و جهد فراوانی در استقرار حکومت روسیه در نواحی که به موجب آن عهدنامه به روسها تعلق گرفته بود به‌کار برده و از جمله کارهای وی اخراج و تبعید حکمرانانی بوده است که از استیلای روسیه ناراضی بوده... همه گرد عبّاس میرزا را فراگرفته و پنهانی با وی نقشه جنگ دوّم را می‌کشیده‌اند». [۶۶۸]

در این نوشته مرحوم نفیسی، اندک واقعیتی نهفته است اما نفیسی در نظر نمی‌گیرد که از تغییرات به وجود آمده توسط روسها در آن مناطق، تنها خان‌ها و فئودال‌های استثمارگر که زمین‌های خود را از دست داده بودند ناراضی شده به ایران سرازیر شده بودند و یکی از عوامل اصلی که باعث شروع دور دوم جنگ از سوی فتحعلی‌شاه و عباس‌میرزا شد دسیسه‌ها و تبلیغات همین خان‌هایی بود که خود قبل از این، خون رعایا را می‌مکیدند.

اما باید اشاره کرد که روسها، بدترین برخورد با مردم را تنها پس از فتح گنجه مرتکب شدند چرا که با دسیسه‌های ارمنیان که می‌خواستند به خاطر شرکت جوادخان در فتح تفلیس توسط آقامحمدخان، انتقام تفلیس را بگیرند اما در اینجا نیز اگر بین فجایع آقامحمدخان و تجاوز گروهی قشون ایرانی نسبت به نوامیس اهالی تفلیس و به بردگی گرفتن هزاران نفر از پسران و دختران گرجی را با رفتار قوای روسی نسبت به اهالی گنجه مقایسه بکنیم اگر بخواهیم منصفانه قضاوت کنیم رفتار

آقامحمدخان به مراتب وحشیانه‌تر و بی‌پرنسیب‌تر بوده است.

آقامحمدخان جز خشونت، وحشت و ترس عرضه نکرد اما باید توجه داشت که هر نوع ترس و وحشت همزاد کینه و نفرت است و به محض اینکه ترس و بندگی زایل گردد شعله‌های کینه‌توزی و نفرت گُر می‌گیرد. البته از موارد فوق نباید چنین استنباط کرد که روس‌ها دل‌شان به حال مردم منطقه می‌سوخت بلکه در مقابل خشونت عریان قوای ایرانی اگر آنان با پنبه سر می‌بریدند تنها بدین خاطر بوده که با هوشمندی تمام می‌دانستند که رضایت نسبی مردم در زمانی که بین دو کشور در حال جنگ است در سر بزنگاه چقدر در نتیجه جنگ یعنی شکست و پیروزی آن می‌تواند نقش داشته باشد به همین خاطر سعی می‌کردند آن را به تمام و کمال رعایت کنند. ریچار تاپر نیز در همین رابطه می‌نویسد:

«در پاره‌ای نقاط از جمله در شهرهای باکو، شکی، قبا و دربند، توده‌های مردم از سپاهیان روس به گرمی استقبال نموده و حضور آنان را برای خلاص شدن از یوغ ستم خان‌ها مغتنم شمردند.» ۶۶۹

تاپر در ادامه می‌نویسد: «میر مصطفی خان حاکم تالش نیز که با سلسله قاجار دشمنی دیرینه‌ای داشت از حملات روس‌ها پشتیبانی می‌کرد». ۶۷۰

تأمین هزینه سپاه ایران خود مسئله پیچیده‌ای است که تبیین آن می‌تواند علل نوع برخورد سپاهیان ایران با سرزمین‌های مفتوح و مغلوب را روشن کند. تأمین هزینه ارتش از طریق مالیات‌های کمرشکن و سنگین و همچنین از طریق غارت میسر بود زمانی که تعدادی افراد بی‌تجربه و فاقد نظم نوین ارتشی و تخصص لازم کنار هم جمع می‌شدند در بین چنین توده‌ی درهم برهمی، دفاع از منافع ملی و وطنی در پای غارت و چپاول برای نفع شخصی به آسانی قربانی می‌شد حاصل چنین غارت‌ها و چپاول‌ها، عدم رضایت و نفرت مردم از طبقات حاکم و قشون را در پی داشت در نتیجه برای مردم راهی جزء انتخاب بین بد و بدتر وجود نداشت در واقع رفتار سپاهیان و نظامیان، خارج از الگوی رفتاری کل جامعه نبود.

به همین خاطر سراسر جنگ‌های روس و ایران مشحون از پیوستن و همکاری مردم با بیگانگان است امری که نه تنها در خان‌نشین‌های آن سوی ارس به کرات دیده

می‌شود بلکه در این سوی ارس نیز در ورود قشون روسی به خوی، مرند و تبریز دیده شد.

عملکردهای شاه و درباریان فاسد را باید یکی دیگر از عوامل اصلی شکست‌های ایران در طول جنگ‌ها دانست، رقابت‌های ابلهانه و پایان‌ناپذیر فرزندان بی‌شمار شاه، بی‌لیاقتی و خست شاه و خیانت برخی از درباریان همواره در طول جنگ‌های روسیه و ایران، ضربات شدیدی بر قوای ایرانی در میدان مبارزه وارد می‌ساخت.

در حساس‌ترین لحظات جنگ ایران و روسیه که تمام همّ و غمّ شاه و درباریان باید مصروف تهیه هزینه‌های جنگ و قشون می‌شد متأسفانه کمشکش‌ها و رقابت‌های ابلهانه برادران عباس میرزا و درباریان از یک طرف، خست و لئامت شاه و بی‌خبری‌اش از تحولات و اقتضاعات زمانه از طرف دیگر، زمینه شکست زودرس مخصوصاً در دور دوم جنگ‌ها را فراهم آورد، براساس گزارش منچیکوف در سال ۱۸۲۶م/ ۱۲۰۵ فتحعلی‌شاه ۶۸ پسر داشت.[۶۷۱]

خاوری در تذکره خود، تعداد فرزندان ذکور فتحعلی‌شاه را به هنگام مرگ ۵۵ نفر معرفی کرده، در حالی که ناسخ التواریخ آنان را ۶۰ تن برمی‌شمرد. در تذکره خاوری تعداد دختران فتحعلی‌شاه نیز ۴۸ نفر ذکر شده.[۶۷۲]

در ذکر زوجات فتحعلی‌شاه، خاوری می‌نویسد که «این حقیقت خارج از حوصله دانایان توانا است. در اکثر اوقات محرمان و خواجه سرایان در اکثر ولایات کشور ایران گردش می‌کردند و دوشیزگان ماه پیکر سیم اندام را از هر قبیله و طایفه و هر مذهب و ملت که می‌پسندیدند به حرم محترم خاقانی می‌آوردند.»

محمدتقی سپهر تعداد زنان شاه را بیش از یک هزار، گاسپار دورویل مستشار فرانسوی ۷۰۰ نفر، مادام دیولافوا ۷۰۰ نفر ذکر کرده‌اند. آنان ملغمه‌ای از نژادهای مختلف، ادیان و ملیت‌های مختلفی چون شیعه، سنی، یهودی، ارمنی، زرتشتی، گرجی، کرد، بلوچ و عرب را شامل می‌شدند، در ایالات تلاش حکمرانان شاه نه آسایش رعیت و آبادی ملک بلکه پیدا کردن دخترکان زیبا برای شاه بود تا بدین ترتیب بر تقرّب خویش بیفزایند.

اهمیت و حدود حرمسرای فتحعلی‌شاه در آن زمان چنان بوده که کتابهای مستقلی تنها به منظور ذکر اسامی اولاد فتحعلی‌شاه تألیف شده است کتابهایی مانند تذکره خاوری تألیف فضل‌الله حسینی شیرازی و یا در معرفی فرزندان فتحعلی‌شاه کتابهایی چون تاریخ عضدی از عضدالدوله سلطان احمد میرزا، گلشن محمود از محمود میرزا قاجار و بخشی از ناسخ‌التواریخ لسان‌الملک سپهر که در خصوص دستاوردهای فتحعلی‌شاه در خصوص حرمسرایش است! فرزندان بی‌شماری که پدید میآمدند در حرمسراها تحت افراد نابالغ و عجوزکان پرورش می‌یافتند و هنوز سنی از ایشان نگذشته بصورت نابالغ در مصدر کارها در ایالات و ولایات قرار می‌گرفتند و با رقابت‌ها و دسیسه‌های بی‌شمار خود شدیدترین ضربات را بر منافع ملی و کشور وارد می‌ساختند.

زنانی از نژادها و آیین‌های متعدد در حرمسرا انباشته شده و همیشه غوغا و ولوله بود دائم در فکر خودآرایی، غیبت کردن، مجادله و تهمت زدن و توطئه کردن بودند حتی خدمه‌های آنان نیز جز این راهی نداشتند یکی از بانوی خود شوهر می‌خواست چون جواب رد می‌شنید او را مسموم می‌کرد و آنگاه خود بدهان توپ می‌رفت. دیگری خانم خود را به حفظ شئونات تشجیع می‌کرد و کارش را به طلاق می‌رساند. سومی رابطه نامشروع بانوی خود را برملا و کار او را زار می‌کرد.[۶۷۳]

عجیب نیست که سر جان ملکم فرستاده کمپانی هند شرقی وقتی به حضور شاه می‌رسد اولین سئوالی که شاه از او می‌پرسد راجع به تعداد زنان پادشاه انگلستان است! او با ذهنیت عشیره‌ایی و اسطوره‌ای خود، بجای پرسش در خصوص تحولات غرب و پیشرفت‌های اقتصادی، سیاسی و نظامی از سرجان ملکم می‌پرسد:

«...گزارشی دریافت کردم که پادشاه شما تنها دارای یک همسر است ولی من نمی‌توانم باور کنم.

ایلچی در پاسخ گفت: هیچ‌کدام از پادشاهان مسیحی بیش از یک زن نمی‌توانند داشته باشند.

فتحعلی‌شاه: آه، من می‌دانم، اما ممکن است «کنیزکی» داشته باشند.

سفیر جواب داد: پادشاه رئوف و مهربان ما جرج سوم چه از نظر مذهبی و چه از لحاظ خصوصیات اخلاقی مانند دیگران است...

پادشاه ایران در حالی که می‌خندید گفت: ممکن است این عمل بسیار خوبی باشد ولی من دوست ندارم پادشاه چنین کشوری باشم...

هنگامی که ایلچی راجع به آزادی و قانون صحبت می‌کرد شاه ایران مات و متحیر بود که او در مورد چه مطلبی گفتگو می‌کند. ایلچی توضیح داد که هیچ فرد بلند پایه‌ای در انگلستان وجود ندارد که بتواند برخلاف قانون، عملی انجام دهد و در آنجا هیچ چیز برعلیه قانون دیده نمی‌شود...

شاه گفت که تمام مطالبی را که گفته‌اید فهمیدم و پس از اندکی مکث و تفکر اضافه کرد به نظر من پادشاه شما «کدخدای اول» کشور است... من اگر اراده کنم دستور می‌دهم تا سر سلیمان‌خان و عده‌ای از رجال بلندپایه را از تن جدا نمایند، آنگاه اشاره به درباریان نموده و گفت آیا این‌طور نیست؟

آنان در حالی که سر فرود می‌آوردند گفتند بله! «قبله عالم» همینطور است...»

آنگاه سر جان ملکم با خود می‌گوید:

«من تنها آرزویم این بود که چنان قدرتی می‌داشتم تا خشونت و سبعیت را از او می‌گرفتم و به جای آن همه خشم و غضب، مهربانی و ملاطفت را در دل او زنده می‌کردم.» [۶۷۴]

حکیم هیدجی در شعر زیر ضمن انتقاد از بی‌لیاقتی‌های شاهان قاجار در جنگ با روسها، آرزو می‌کند که کاش پهلوانان شاهنامه فردوسی زنده می‌شدند و سرزمینهای اشغال شده قفقاز را باز پس می‌گرفتند:

چه بد روزگار است این روزگار — که دورند مردم ز ناموس و عار
به خواری و خردی همه اندرند — ز روس و فرنگی زبونی برند
دل از زندگی سیر و جان شد ستوه — خدا بر کند ریشه این گروه
کجایند شاهان با طبل و کوس — که خواهند این کین ایران ز روس [۶۷۵]

رقابت‌های فرزندان شاه جهت کسب قدرت بیشتر، بدون در نظر گرفتن منافع ملی کشور ضربات خردکننده‌ای بر روحیه قشون، مخصوصاً شخص عباس میرزا وارد ساخت. از طرفی، برای شاه علیل‌الذهن تأمین هزینه‌های گزاف حرمسرای عریض و طویل‌اش مهمتر از تأمین هزینه جنگ خانمانسوز بود، افراط شاه در امور عیاشی در مقایسه با کل تاریخ ایران و شاهان آن، واقعاً نوبر و بی‌سابقه بود. به قول

محمدتقی لسان‌الملک سپهر «از روزی که پادشاه به حد رشد و بلوغ رسید و با زنان مضاجعت توانست کرد و فرزند آورد تا این وقت که به جهان دیگر شتافت از ۴۷ سال افزون نبود در این مدت قلیل از صلب او ۲۰۰۰ تن فرزند و فرزند زاده به عرصه شهود خرامید و بیشتر از ایشان هم در حیات او وداع زندگانی گفتند و تا این زمان که ۲۱ سال سپری شده اگر فرزند زادگان آن پادشاه را شماره کنیم عجیب نباشد که با ۱۰۰۰۰ تن راست آید» و علیقلی میرزا اعتضادالسلطنه با افتخار می نویسد:

«بدان‌که از بدو ایجاد عالم تا حال احدی از بنی نوع آدم به‌کثرت و وفور احفاد آن حضرت نیامد آن‌چه از طلب وی به عرصه ظهور آمده از ذکور و اناث مرده و زنده سقط شده...»

گاسپار دروویل مستشار فرانسوی در خصوص خست شاه می‌نویسد:

«بخل و خست فتحعلی‌شاه بی‌اندازه است. او لذتی جز روی هم انباشتن خزاین ندارد. همه ساله قریب ده تا دوازده میلیون فرانک جواهر گرانبها می‌خرد و آنها را در صندوق‌ها روی هم می‌ریزد. ضمناً طلای بی‌حساب جمع‌آوری می‌کند. شکی نیست که به زودی کشور خویش را ورشکست خواهد کرد.»

بخل و خست شاه در عدم تأمین هزینه‌های جنگی و یا عدم پرداخت غرامت ترکمانچای وقتی بیشتر معلوم می‌گردد که ژوبر فرستاده ناپلئون به دربار فتحعلی‌شاه مقدار جواهرات و طلای ذخیره شده شاه را ۵۸ میلیون فرانک[۶۷۶] و دنیس رایت آن را ۹/۲۰ میلیون لیره تخمین می‌زنند.[۶۷۷]

منوچهرخان معتمدالدوله از امرای ارامنه تفلیس و از محترمین گرجستان بود چون مقطوع النسل بود و در زمان فتحعلی‌شاه از محارم او به شمار می‌آمد شاه او را به سمت ایشیک آغاسی و خواجه‌باشی حرمسرا برگزیده بود.[۶۷۸] او بعداً به معتمدالدوله ملقب شد از آنجا که نزد شاه بسیار عزیز و گرامی بود عباس میرزا و قائم مقام برای غلبه بر مشکلات مالی و پول گرفتن از شاه خسیس، بدو متوسل می‌شدند. قائم مقام در نامه‌ای از او می‌خواهد اقداماتی انجام دهد تا بلکه شاه پول بفرستد:

«...لشکر ارس از دو سه سمت ارس رو آورد. عملهٔ شاه سوروسات و جیره می‌خواهد، قشون شاه مواجب و راتبه، گرانی ولایت را خراب کرده، مالیات از مملکت وصول نمی‌شود، از شاه پول

علل و عوامل شکست‌های ایران / ۴۱۹

نمی‌رسد، قشون بی‌پول جنگ نمی‌کند. دشمن بی‌جنگ از پیش در نمی‌رود و اگر اندک غفلت در این حالت رو دهد نزد خدا و سایه خدا در عذاب و عقاب خواهیم بود.» [۶۷۹]

عدم مساعدت و حتی خیانت‌های پشت جبهه، یکی از عوامل شکست قوای ایران بود، بجای کمک به قشون ایرانی در مقابله با روسها، همواره توطئه و کارشکنی وجود داشت. عباس میرزا در نامه‌ای به معتمدالدوله در رمضان ۱۲۴۲/ فروردین ۱۲۰۶/آوریل ۱۸۲۷ یعنی در گرماگرم جنگ، چنین می‌نویسد:

«ولله! بالله روس این قدر قاهر و قوی نیست که مردم شهرت می‌دهند. به خدا اگر کار به قاعده رویّه شود و اسباب کار به وقت برسد، چاره آنها به فضل الله صعوبت ندارد پارسال، کم مانده بود تفلیس را خالی کنند از باکو و قوبا در روند... شایسته نمی‌دانم بگویم که بعد از آن چه شد که این طور شد.» [۶۸۰]

قائم مقام در شعری، وضعیت وخیم سپاه ایران و تلویحاً خست شاه را در عدم پرداخت هزینه جنگی چنین به تصویر می‌کشد:

«کاین جنگ و جدالی که تو در خاطر داری — کاری است که بس عمده و دشوار و گران است
وین خیل و سپاهی که تو را باشد امروز — با طایفه روس کجا تاب و توان است
امسال سه سال است که این خیل و حشم را — نه جیره و نه جامه و نه مشق و نه سان است
سی روز بود روزه به هر سال و درین سال — روز و شب ما جمله چو روز رمضان است» [۶۸۱]

همچنان‌که ذکر شد علاوه بر شخصیت بسیار ضعیف فتحعلی‌شاه و قدرت و افزون‌طلبی فرزندان بی‌شمارش، فقدان افراد وجیه‌المله و خوش‌فکر نیز از عوامل دیگر شکست ایران در جنگ بود.

میرزا ابوالحسن‌خان شیرازی نمونه‌ای بارز از درباریان فاسد بود که نقش زیادی در ضربه زدن به ایران و حیثیت ایرانیان داشت. رویارویی او با دنیای غرب، مات و مبهوت گشتن‌اش در مقابل تحولات غربی و حیرت‌های بی‌پایانش در مقابل پیشرفت‌های انگلستان و سرانجام سرسپردگی کامل و مزدبگیرشدنش نمونه بارزی است از مردان سیاسی آن دوره که به وضوح میزان قلت تجربه سیاسی، درک و فهم نازل آنها از اقتضائات زمانه را بدست می‌دهد شیرازی برای اولین بار بعد از دیدن

تلگراف، حیرت خود را چنین توصیف می‌کند:

«پس از ورود کشتی به بندر، کاپیتان نشان کشتی را بالا نمود و آن علامت را «تلگراف» به اصطلاح انگریز می‌نامند و روزی که هوا صاف باشد خبر ورود کشتی از هر بندری به بندر پلیموت و از آنجا تا به دارالخلافهٔ لندن در بیست و پنج دقیقه می‌رسد، من از این سخن متحیر شده گفتم، سخن اغراق و دروغ در فرنگ کسی نشنیده است چگونه می‌تواند شد که سیصد مایل مسافت تبعیدی را که می‌گویند، در اندک زمانی خبر به دارالخلافه لندن رسید...» [۶۸۲]

او در لندن در ۱۵ ژوئن ۲۵/۱۸۱۰ خرداد ۱۱۸۹ به عضویت فراماسونری در می‌آید.[۶۸۳] انگلیسی‌ها برای او سالانه ۱۵۰۰ تومان مستمری تعیین می‌کنند و قرار می‌شود هرساله آن را از کمپانی هندوستان دریافت کند.[۶۸۴]

حاجی که کم‌کم غرق در عیاشی و خوشگذرانی می‌شود رسالت دیپلماسی خود را به کلی فراموش می‌کند در مورد زنان انگلستان و وصف آنها که چندین صفحه از کتابش را پر کرده است می‌نویسد:

«طریق شما [انگلیسی‌ها] بهتر است؛ از رهگذر اینکه زن مستوره چشم‌بسته و همچون مرغی است که در قفس حبس شود و چون رهایی یابد قوت پرواز به طرف گلشن نداده، و زن پرگشوده به مصداق اینکه: مرغان گلشن دیده‌اند سیر گلستان کرده‌اند. به هر کمالی آراسته گردند.» [۶۸۵]

در پاسخ به یکی از همراهان انگلیسی‌اش که چرا ایرانیان زنان خود را به سفر نمی‌برند می‌گوید:

«اولاً رسم ایرانی، زن به سفر بردن نیست، خصوص به انگلستان زن به همراه داشتن، از قبیل زیره به کرمان بردن است.» [۶۸۶]

میرزا عاشق دختر لرد «کاستلردی» وزیر خارجه انگلیس شده از عشق این دوشیزه انگلیسی گریه سر می‌داده و شعر حافظ می‌خوانده در حالی که در مأموریت سیاسی به سر می‌برده و می‌خواسته معضل سیاسی ایران را حل کند.[۶۸۷]

بدون شک میرزا ابوالحسن خان شیرازی درکی عمیق از مستمری که انگلیسی‌ها برای وی مقرر کرده بودند نداشته و نمی‌دانسته که در قبال آن چه خدمات گرانبهایی باید به آنها انجام دهد. به عبارتی او از ظواهر پرطمطراق مادی، صوری و

خوشگذرانی با زنان نتوانست عبور کند تا به سنتِ رشوه به شکـل جـدید و مـطامع استعماری پشت آن پی ببرد. اصولاً برای انگلستان مهمترین مسئله در آن زمان تـنها حفظ هندوستان بوده و بس. به عبارتی تمامی بـندوبست‌ها، پـیمان‌ها، دشـمنی‌ها و دوستی‌های انگلستان نه تنها با ایران بلکه با روسیه و دولت عثمانی نـیز تـنها حـفظ مستعمره هندوستان بوده است و بس.

در آن روز به دلیلِ عدمِ اطلاع از پـیچیدگی‌های دیـپلماسی، گـرفتن مسـتمری از انگلستان اصلاً قبح شمرده نمی‌شد تا نـیازی بـه کـتمان و مـخفی‌کاری بـاشد حـتی فتحعلی‌شاه وقتی از آن باخبر می‌شود نه تنها ناراحت نمی‌گردد بلکه پس از اطلاع از سرسپردگی وی، او را تشویق نیز می‌کند:

«آفرین، آفرین، ابوالحسن تو روی مرا در مملکت بیگانه سفیدکردی، من هم روی تو را سـفید خواهم‌کرد. تو از نجیب‌ترین خانواده‌های مملکت من هستی، به حول الهی، من تو را به مقام‌های بلند اجداد تو خواهم رساند.» [۶۸۸]

این وطن‌فروش و مزدبگیر انگلستان یکی از دشمنان اصلی قائم مـقام فـراهـانی بود.[۶۸۹] اما خنده‌دار است که حاجی در وصـیت‌نامه‌اش نـیز وصـیت مـی‌کند پس از مرگش، وارثین نماز وحشت خوانده، ترتیب دهند تا قرآن بر سر قبرش ختم کـنند، البته پول آنها را نیز از همین منبع وطن‌فروشی بپردازند!:

«... چون اجل موعود رسید و زبان گفتار خاموش گردید، اولاً امین تعیین کنند عالم به احکـام شرعیه تا متوجه تجهیز شود و غسل را نیز، به مرده‌شور وانگذارند بلکه عالم عادلی را به جهت آن معین کنند و در ایام عزا، اجرای فاتحه خوانی، چنانچه باید، بکـنند و نـماز وحشت بـه اشـخاص ظاهرالصلاح از قرار نمازی هزار دینار بدهند و تا هفت روز طعام بسیار کنند و هیچ مضایقه ننمایند... و به همراهی نعش، آدم امینی از خود و شش نفر قاری روانه نمایند و قهوه و غلیان و آنچه لازم است، به ایشان بدهند و تأخیر در آنها جایز نشمارند... در هر شبانه روزی، قدری معتبر از قرآن بخوانند و هر شب بر سر قبر چراغ بگذارند که تاریک نماند و این مخارجی که در اماکن مشرقه می‌شود با سـایر مخارج که خاصه اماکن مشرقه است به تفصیلی است که در نوشته جداگانه مندرج است و در ذیل آن، به خط عالیجاه شیل صاحب ایلچی دولت بهیه علیّه انگلیس [انگلیس] است کماً و کیفاً بدون

زیاده و نقصان، باید از آن قرار معمول دارند...»! [۶۹۰]

میرزا ابوالحسن‌خان شیرازی در طول ۳۵ سال اشتغال خود در مسند وزارت خارجه، خدمات گرانبهایی به انگلیسی‌ها کرد البته بذل و بخشش انگلیسی‌ها نیز هیچ‌وقت قطع نشد. ضرب‌المثل شده بود که انگلیسی‌ها به آسانی هدیه می‌دهند و پول خرج می‌کنند اما نمی‌دانستند که «گردو در خانه قاضی فراوان است اما حساب و کتاب دارد.»!

اتخاذ سیاست مناسب و صحیح در قبال رقبا وقتی امکان‌پذیر است که تحلیل عمیق و صحیح از تحولات بین‌المللی در پشت آن باشد اما از آنجاکه دولتمردان ایرانی شناخت و آگاهی عمیقی از تحولات دنیا و رقابت‌های بین‌المللی نداشتند در نتیجه هرگز سیاست صحیحی اتخاذ نکردند. انتخاب افراد بر مناصب براساس استعداد و لیاقت نبود بلکه برپایه روابط خانوادگی، قبیله‌ای و عشیره‌ای بود. دوام افراد در مناصب نیز به میل شاه بسته بود، آنان نمی‌دانستند چرا فرانسه و یا انگلستان با همدیگر رقابت می‌کنند، چرا به ایران نزدیک می‌شوند و یا تحت چه عواملی از آن دور می‌گردند.

در این‌چنین سیستم فاسد و فرسوده، افراد وجیه‌الملـه‌ای چون ابراهیم‌خان کلانتر، قائم‌مقام فراهانی یا میرزا تقی‌خان امیرکبیر که فسادناپذیر و صادق بودند و هرگز حاضر نمی‌شدند منافع ملی ایران را در پای بیگانگان مخصوصاً انگلستان فدا بکنند سرانجام با دسیسه‌های بی‌شمار داخلی و خارجی از پای در می‌آمدند. هر کدام از آنان توسط یکی از شاهان قاجاری به فجیع‌ترین وضع کشته شدند و در مرگ هر سه آنها انگلستان دخیل بود. اما پس از مرگ آنها انگلوفیل‌هایی به‌جای آنها و مسندشان تکیه زدند که دربست در اختیار انگلستان بودند و از آن کشور مستمری دریافت می‌کردند. محمدحسین‌خان صدر اصفهانی، که پس از قتل ابراهیم‌خان کلانتر صدراعظم فتحعلی‌شاه شد اصلاً سواد خواندن و نوشتن نداشت[۶۹۱] و تنها هنرش سرسپردگی، مزدبگیری از انگلستان و ثروت زیادش بود.[۶۹۲] پس از او الهیارخان آصف‌الدوله به جای وی به صدارت رسید او نیز از سرسپردگان درجه اول انگلستان بود و حتی منافع انگلستان را بر منافع ایران ترجیح می‌داد[۶۹۳] و ضمناً یکی از عوامل

شکست ایران از روسیه نیز بود.

شکست‌های پی در پی از روسیه کم‌کم نادر مردانی از ایـران را از خـواب قـرون وسطایی بیدار می‌ساخت. سؤالی بس مهم برای اولین بار در ذهن یک شاهزاده ایرانی و وزیر فهیم و ادیب‌اش می‌خلید سؤالی که در ذهن شاید هیچ ایرانی بوجود نـیامده بود. برای اولین بار عباس میرزا و قائم مقام فراهانی پی بردند کـه بـا تـمام تـلاش‌ها، شجاعت‌ها یک جای کار می‌لنگد چرا که برای اولیـن بـار در دارالسـلطنه تـبریز کـه «ولیعهد از محبس حرمسرای شاهی و آموزش و پرورش عجایز و مخنثان رهایی»[۶۹۴] می‌یافت و به ژرفای بحران آگاهی پیدا می‌کرد.

سؤالی که او از ژوبر نماینده ناپلئون پرسیده برای اولین بار و با تمام وجود از عمق جان یک ایرانی برآمده است اگر چه طنین یک روح شکست خورده و زخمی از آن به گوش می‌رسد:

«ای بیگانه به من بگو...این چه قدرتی است که این چنین شما را برما برتری داده است؟ سبب پیشرفت‌های شما و ضعف همیشگی ما چیست؟ شما با فن فرمانروایی، فن پیروزی و هنر بـه‌کـار گرفتن همهٔ توانایی‌های انسانی آشنایی دارید، در حالی‌که ما در جهلی شرمناک محکوم به زندگی گیاهی هستیم وکمتر به آینده می‌اندیشیم. آیا قابلیت سکونت، باروری و ثروت خاک مشرق‌زمین از اروپای شماکمتر است؟ آیا شعاع‌های آفتاب، که پیش از آنکه به شما برسد، نخست، بر روی کشور ما پرتو می‌افکند، خیرکمتری به ما می‌رساند تا آن‌گاه که بالای سر شما قرار دارد؟ آیا ارادهٔ آفریدگار نیکی ده، که مائده‌های گوناگونی خلق کرده است. بر این قرار گرفته است که لطفش به شما پیش از ما شامل شود؟ من که چنین گمان نمی‌کنم!»[۶۹۵]

از پی شکست در جنگ، ضرورت تغییر در ارتش و استفاده از شیوه و تجهیزات مدرن محسوس شد اما با تمام اقداماتی که در دارالسلطنه تبریز صورت گرفت، تخم آن گویی در شوره‌زاری سترون افکنده شده بود که هیچ به بار نـنشست. در حـالیکه اقدامات عباس میرزا و قائم مقام در دارالسلطنه تبریز می‌توانست به جریانی تـبدیل شود و کل ایران را درنوردد و تغییرات بنیانی در آن سیستم در تمام ابعادش ایجاد کند اما در عمل چنین نشد. شاید نگاهی گذرا بـه نـوشته‌های سـتوان فـابویه و آنـچه در

اصفهان بر او گذشت بتواند گوشه‌ایی از موانع نوسازی یا به عبارتی «سزیف» نوسازی عباس میرزا و قائم مقام را برملا کند. بدنبال انعقاد معاهده فین کن اشتاین بین ایـران وفرانسه در ۴ می ۱۳/۱۸۰۷ اردیبهشت ۱۱۸۶ هیئتی از فرانسه در دسامبر ۱۸۰۷/ آذر ۱۱۸۶ به سرپرستی ژنرال گاردان به تهران آمد.[۶۹۶] اما قبل از او هیئت فابویه به ایـران رسیده بود این هیئت پس از هشتاد روز راه پیمایی و مصائب گوناگـون بـالاخره در اواخر نوامبر ۱۷۰۷/ اوایل آذر ماه ۱۱۸۶ به دروازه‌هـای تـهران رسـیدند آنـان فکـر می‌کردند دیگر راحت شدند اما کور خوانـده بـودند! زیـرا فـتحعلی‌شاه بشـدت بـه ستاره‌شناسی و رمل عقیده داشت چون براساس تقارن ماه و خـورشید، ایـن هـیئت زودتر از ۴ دسامبر نمی‌توانستند وارد تهران شوند زیرا بدیمن و نحس بـوده حـادثه ناگوار و فاجعه‌ای جبران‌ناپذیر رخ می‌داد در نتیجه هیئت گاردان بر دروازه شهر اردو زد تا تاریخ نحس سپری گردد!

این عده با پشتکار عجیبی شروع به کار نمودند بطوریکه در اندک مدتی سـروان وردیه موفق شد چهار هزار سرباز پیاده مسلح به سبک اروپایی آماده کـند و سـتوان فابویه توانست با وجود فقدان وسائل کار بیست عراده توپ تهیه و سوار نـماید امـا مشکلاتی که فابویه در ساخت توپ‌ها بـا آن مـوجه مـی‌شود بـرای گـفتن‌اش بـقول مولوی دهانی به پهنای فلک لازم است! زیرا در ارتش ایران عملاً توپخانه‌ای وجـود نداشت. جمع کل پرسنل آن به زحمت به ۱۵۰ نفر می‌رسید. از نظر جنگ‌افزار نیز تنها چند لوله «زنبورک کوتاه» وجود داشت که بر روی شتر حمل می‌شد و در هنگام تیر اندازی شتر می‌خوابید و بیچاره حیوان نقش قنداق را بازی می‌کرد.

سروان فابویه را فتحعلی‌شاه در اوایل فوریه ۲۰/۱۸۰۸ بهمن ۱۱۸۶ با اختـیارات تام به اصفهان می‌فرستد این افسر توپخانه فرانسوی زمانی به اصـفهان مـی‌رسد کـه حاج محمدحسین‌خان امین‌الدوله اصفهانی هم وزارت مالیه و هم حکومت اصفهان را یکـجا در دست داشت کسـی کـه بـعدها صـدراعـظم فـتحعلی‌شاه شـد. پسـر او عبدالله‌خان نایب‌الحکومه و اصلان‌خان نیز رئیس توپخانه شهر اصفهان بود. سروان فابویه پس از دیدن اوضاع شهر در یادداشت‌های خود می‌نویسد:

«در اصفهان تنها سه چهار تن هستند که مال مردم را می‌ربایند و این مردم کسانی هستند که از بیچارگی به ترک شهر توفیق نیافته‌اند. من در این شهر در پیرامون خویش جز مردم مسکین چیزی نمی‌بینم و اگر مدتی در اینجا بمانم چین‌های اندوه و حسرت بر چهره‌ام نقش خواهد بست».

عبدالله‌خان نایب‌الحکومه اصفهان به دستور فتحعلی‌شاه ملزم بود کلیه مخارج لازم سروان فابویه اعم از کارگاه و مصالح توپ ریزی و مواد اولیه را فراهم نماید اما همین شخص رذل نه تنها چنین نمی‌کند بلکه اصولاً دست به خرابکاری می‌زند. سروان فابویه که از مساعدت‌های او محروم می‌گردد مجبور می‌شود از ابتدایی‌ترین ابزار برای تراش دادن و سوراخ کردن توپ‌ها استفاده کند او با دست خود یک مته و یک چرخ تراش می‌سازد و حتی برای ساختن فضا و ساختمان‌های لازم شخصاً دست به بنایی می‌زند وقتی که برای تهیه مفرغ به قلع و مس احتیاج پیدا کردند عبدالله‌خان نایب‌الحکومه اصفهان دستور داد که دیگ‌های مسی مردم را به زور و ستم بگیرند. فابویه می‌نویسد مردم فقیر لوازم مطبخ خود را با چشمان گریان تحویل کارگاه می‌دادند.

فابویه وقتی چنین می‌بیند از قبول لوازم مورد احتیاج مردم فقیر پرهیز کرده و با خشم، نایب‌الحکومه را تهدید می‌کند[۶۹۷] که فوراً به تهران بر خواهد گشت و جریان مخالفت‌ها و دسیسه‌های وی را با شاه در میان خواهد گذاشت در نتیجه این تهدید، عبدالله‌خان ترسیده چند شمش مس برای رفع نیازهای کارگاه می‌فرستد.

سروان فابویه با هزار زحمت با استفاده از بقایای کوره‌هائی که از انگلیسی‌ها به جای مانده بود کارگاه را به راه می‌اندازد اما کم‌کم با اتفاقات عجیب و غریبی مواجه می‌گردد عبدالله‌خان تعدادی از کارگران را اجیر کرده و بدانان رشوه داده بود که در کارگاه خرابکاری کنند! سرانجام خرابکاری‌ها و خیانت‌های پی‌درپی عبدالله‌خان نایب‌الحکومه و اصلان‌خان رئیس توپخانه شهر اصفهان به جایی می‌رسد که در یکی از شب‌های ماه ژوئن ۱۸۰۵/ خرداد ۱۱۸۴ کسانی مخفیانه به کارگاه رفته یکی از ابزارها را ناقص می‌کنند. از آن شب به بعد فابویه در صحن کارخانه چادری افراشته و منزل خود را بدانجا نقل مکان می‌دهد.

عبدالله‌خان از یک طرف به خرابکاری در امور کارگاه توپ ریزی می‌پرداخت و

از طرف دیگر مرتباً به فتحعلی‌شاه گزارش‌ها می‌فرستاد و در آنـها از بـی‌اطـلاعی و بی‌لیاقتی فابویه سخن‌ها می‌راند و از شاه می‌خواست او را به تهران احضار کند!

سرانجام در ماه ژوئن ۱۸۰۸/ خرداد ۱۱۸۷ تعدادی از توپ‌ها ساخته شد اما باید تا پایان سال پنجاه عدد توپ آماده می‌کرد به همین خاطر او نیاز شدیدی به پول بـرای تهیه ابزار کار و مواد اولیه داشت اما برای دریافت چوب، زغال، مس و لوازم دیگر هر چه دوندگی و اصرار کرد فایده نداشت اندکی بعد او حتی نمی‌توانست مزد کارگران را بپردازد در نتیجه، کارگران دست از کار کشیدند در این زمان حاج محمدحسین‌خان امین‌الدوله وزیر مالیه و همچنین حکمران اصفهان شخصاً به اصفهان آمد و به فابویه قول داد که به او کمک خواهد کرد و تمام وسایل لازم او را مهیا خواهد ساخت اما سه هفته گذشت از وعده‌های حکـمران اصـفهان خـبری نشـد تـا ایـنکه پس از مـدتی، سرانجام نوزده خربزه برای سروان قابویه فرستاد![۶۹۸]

با گذشت زمان اوضاع مالی کارگاه فابویه چنان روبه وخامت نهاد که فقط دو کارگر در کارخانه باقی ماندند که مزد خود را از جیب شخص فابویه دریافت می‌داشتند.

سرانجام در ۲۴ ژوئیه ۲/۱۸۰۸ مرداد ۱۱۸۷ حـاج مـحمدحسین‌خان امـین‌الدوله شخصاً به تماشای کارگاه رفت اما فابویه در آنجا او را تهدید نمود کـه بـه زودی بـه تهران برگشته و ماجرا را با فتحعلی‌شاه در میان خواهد گذاشت.

فابویه در نامه‌ای که در ۱۵ ژانویه ۲۴/۱۸۰۹ تیر ۱۱۸۸ به برادرش می‌نویسد وضع فقر مالی خود را چنین بیان می‌کند: «توپ‌های مرا آزمودند و هر چه کوشیدند آنها را بشکنند نتوانستند و سرانجام آنها را در انباری نهاده در را بستند. از نظر مالی وضع من بهتر از این نیست چون حکمران اصفهان مزد کارگران مرا نداده و مبلغ چهار هزار فرانک از جیب خود پرداخته‌ام تا بتوانم زرادخانهٔ زیبائی برای شاه ایران تأسیس کنم».[۶۹۹]

اما عمق تأسف و شوربختی بین! که اولیای امور در اصفهان زمانی دست به چنین عملکردهای ضد وطنی مـی‌زدند و زیـر پـای فـابویه را در سـاختن تـوپ‌ها خـالی می‌کردند که سربازان ایران در جبهه‌های جنگ با تجهیزات ابتدایـی خـود در مـقابل توپ‌های قوای روسی لت و پار و لینچ می‌شدند و روسها در تمام صحنه‌ها پیشروی

کرده غیر از ایروان و نخجوان تقریباً تمامی خان‌نشین‌های قفقاز را یکی پس از دیگری تسخیر کرده بودند!

مخالفت‌ها و توطئه‌های دولتمردان در اصفهان همچنانکه در بالا آمد تنها گوشه‌ای از توطئه‌ها و دسیسه‌های دولتمردان ایرانی در مقابل اصلاحات عباس میرزا و قائم مقام فراهانی بود وگرنه تمامی کسانی که نفع خود را در ارتش قدیمی و نظام سنتی می‌دیدند سرسختانه در مقابل هرگونه نوسازی واکنش و مخالفت نشان می‌دادند. از میان دولتمردان، می‌توان به نقش خیانت‌بار محمدعلی میرزا برادر بزرگ عباس میرزا اشاره کرد او خود را شایسته مقام ولیعهدی می‌دانست اما چون از آن محروم گشته بود در نتیجه از ابراز هیچگونه توطئه بر علیه عباس میرزا و اصلاحات او فروگذاری نمی‌کرد او می‌کوشید عناصر محافظه کار و متحجّر را بر علیه اقدامات عباس میرزا و قائم مقام فراهانی برانگیزد و آن اقدامات را مترادف با کفر می‌شمرد.[۷۰۰]

مکدونالد سفیر انگلیس در دربار فتحعلی‌شاه در ۲۲ فوریه ۱۸۲۵/ ۳ اسفند ۱۲۰۳ می‌نویسد: «محبت برادرانه‌ایی بین شاهزادگان وجود ندارد...شاه نیز با تحریک رقابت آنان، سعی می‌کند موازنه‌ایی میان پسرانش ایجاد کند».[۷۰۱]

کوتزوبوئه که در سال ۱۸۱۷ م عباس میرزا را از نزدیک دیده بود در خصوص دسیسه‌های برادر ارشد او محمدعلی میرزا می‌نویسد: ***«شاهزاده عباس میرزا در انظار خانواده‌هایی که اولادشان در قشون او خدمت می‌کردند بد جلوه‌گر شده بود، یعنی نه تنها تشکیل قشون منظم را مسخره تلقی می‌کردند. بلکه کفر و جنایت می‌دانستند... این شاهزادهٔ سالوس [محمدعلی میرزا فرزند اول شاه] هم وقت را غنیمت شمرده تحریک می‌کرد که روابط صمیمانه برادرش با اروپائیان دیر یا زود عقاید مردم را تغییر داده حتی لباس و مذهب آنان را عوض خواهد کرد».***[۷۰۲]

ژوبر نیز در خصوص دشمنی محمدعلی میرزا می‌نویسد: «مرحمت مخصوصی که عباس میرزا از آن بهره‌مند بود سبب رشک بی اندازه محمدعلی میرزا نسبت به او می‌شد که بر طبق اصول ارشدیت خود را جانشین احتمالی آینده شاه می‌دید... محمدعلی میرزا مدام می‌گفت: این عباس میرزا چه کرده است که آنقدر نام کریه‌اش

باید به گوش من بخورد؛ کدام لشکر را شکست داده، کدام استان را فتح نموده؟ هر بهاری که می‌شود او به سوی کرانه‌های رود کر پیش می‌رود و او می‌گوید که دشمن را تاجایگاه سرد و ظلمانیش عقب می‌راند و همهٔ پائیزها از ارس باز می‌گردد بی آنکه جنگی کرده باشد...»[۷۰۳]

کوتزبوئه در مورد مقاومت مردم در قبال نوسازی و اصلاحات عباس میرزا می‌نویسد: «کسی که از علاقه ایرانیان به حفظ آداب و رسوم قدیم خود اطلاع داشته باشد می‌فهمد که تغییرات تازه چقدر به چشم مردم ناگوار است و حضرت ولیعهد باید تحمل چه زحماتی شده باشد که تا این اندازه موقعیت حاصل نموده است».[۷۰۴]

سخن پایانی

«آهای آیندگان، شماکه از دل گردابی بیرون می‌جهیدکه ما را بلعیده است، وقتی از ضعف‌های ما حرف زنید، از زمانه‌ی سخت ما هم چیزی بگویید.»

برتولد برشت

دکتر فریدون آدمیت می‌نویسد: «ایران، به فاصلهٔ پنجاه سال، سه دفعه از روش ترقی باز ماند: دفعه اول از وفات مرحوم نایب‌السلطنه؛ دفعه دوم از قضیه مرحوم قائم مقام، دفعه سوم از قضیهٔ مرحوم میرزا تقی خان».[۷۰۵]

در این نوشته به اراده و نقش شخصیت‌ها بیش از اندازه تأکید شده و به نقش محیط و شرایط اجتماعی، سیاسی چندان اهمیتی داده نشده اما شخصیت‌ها هر چقدر هم بزرگ باشند تنها وقتی می‌توانند بر تحولات زمان خود تأثیر بگذارند که آن تحولات ریشه در خواسته‌های عمومی و یاحداقل خواست بخشی از جامعه باشد.

این مسئله مهمی است که استعدادها هم در زایش خود و هم در بالش خود محتاج اقتضائات زمانی و مکانی هستند به عبارتی اولاً در زمان مخصوصی ظهور می‌یابند و پس از ظهور ثانیاً زمانی به بار می‌نشینند که شرایط اجتماعی لازم برای نشو و نمای آنها ضروری و مساعد و زور آور باشد تنها در این چنین شرایطی است که چنین قهرمانانی می‌توانند مهر خود را بر رویدادها بزنند و گرنه بدون وجود چنان شرایط پیچیده‌ای، آنها بندرت ظهور می‌کنند و در صورت تولد نیز نمی‌توانند موفق شده و تأثیر گذار باشند.

اگر شرایط و ساخت اجتماعی مساعد بود اگر خواست نوسازی و تحول در ایرانِ

زمان قائم مقام و عباس میرزا خواستی غالب و حداقل بخشی از جامعه ایرانی بود در آنصورت مرگ تلخ و نابهنگام عباس میرزا و قائم مقام اگر چه ممکن بود ضربه‌ای بر آن خواسته و جریان نوسازی وارد کند و یا آنرا کمی کُند گرداند اما هرگز نمی توانست مرگ یک نفر آن جریان را متوقف کند و یا جلوی حرکت آن از قوه به فعلیت را بگیرد. زیرا انسان‌ها تنها با توجه به قوانین عینی حاکم بر حیات اجتماعی و اقتضاعات جدید جامعه و تحت شرایط محیط خویش قادر به ایفای نقش موفق خود می‌گردند.

به عبارتی در صورت وجود ضرورت تاریخی و شرایط مستعد، با مرگ عباس میرزا، بدون شک عباس میرزای دیگری ظهور می‌کرد و نقش او را نمایندگی می‌کرد اما در فقدان چنین شرایط مستعد و نبود احتیاج اجتماعی، هم عباس میرزا، هم قائم مقام چون درختان تک افتاده و دور از هم بودند که هرگز نمی‌توانستند به هم پیوسته جنگلی را بوجود آورند آنها به مانند شمعی ضعیف در آن ظلمات، تنها پیرامون خود را روشن کردند و با مرگ نابهنگام خود به زودی اندک روشنایی شان نیز کم‌کم محو شده و نسل‌شان منقرض گردید و عجوزه‌هایی جای آنها را گرفت تا بزودی تمامی دستاوردها و تلاش‌های آنان را به باد دهند. چه کسی بهتر و مناسبتر از میرزا آغاسی می‌توانست به جای قائم مقام تکیه زند و تمامی بافته‌های او را به آسانی و به سرعت پنبه کند و آن «بساط کهنه» را از نو به بهترین و یا به بدترین شکل به‌گسترد؟ و با خرافه پرستی و شعبده بازی خود، روحیه خرافه‌پرست محمدشاه را خرافه‌تر کند؟

خام ملک ساسانی در ذکر اقدامات حاجی میرزا آغاسی می‌نویسد: «***حاجی از سوزاندن نوشتجات و وسائل قائم مقام که فارغ شد توقیف و از عاج خویشان وکسان وبستگان قائم مقام شروع گردید خانه هایشان را غارت کردند اسناد تاریخی قطعات خط اساتید مرقع‌های نقاشی که در خانواده هزار ساله جمع شده بود به یغما رفت... عیال و اطفال قائم مقام در آستانه حضرت عبدالعظیم متحصن شدند...***» [۷۰۶]

نقل است که وقتی محمدشاه به فکر محاصره هرات افتاد «***نقصان انضباط وآذوقه و اسباب و آلات جنگ و غیره محسوس بود سربازها بی لباس وکفش بودند حاجی عوض خمپاره و تفنگ، برای شترهای حامل قورخانه پاپوش چرمی دوخته بودکه شتر در برف و باران نلغزند...***

جناب حاجی شب و روز در چادر خویش دور از اردو با میرزا زین‌العابدین شیروانی ملقب به مست علیشاه... در جلو نقشه سماوات صحبت از لاهوت و ناسوت می‌کردند...» [۷۰۷]

او با خیالبافی‌ها و خرافات خود چنان ذهن علیل محمدشاه را تسخیر کرده بود که حتی برای تغییرات جوی و آب و هوا نیز شاه به او متوسل می‌شد چنانچه نقل است در تابستان سال ۱۲۶۱ هجری در عروسی ناصرالدین میرزا با دختر احمدعلی میرزا چون هوای تهران فوق‌العاده گرم بود محمدشاه در نامه‌ای به میرزا آغاسی از او می‌خواهد که او از خدا بخواهد هوا کمی خنک شود میرزا آغاسی در جواب می‌گوید: ***«انشاء الله چنین خواهد شد آن‌گاه رو به مجلسیان کرد و گفت: گویا شاه مرا سلیمان نبی می‌پندارد و باد صبا را بفرمان من می‌داند که می‌خواهد هوای گرم را سرد کنم...»!***

و به راستی پس از کشتن امیرکبیر چه کسی بهتر و مناسبتر از میرزا آقاخان نوری می‌توانست تمامی دستاوردهای امیرکبیر را به باد دهد کسی که تنها هدفش تکمیل عیاشی‌ها و مجالس لهو و لعب شاه هوسباز بود.

بر طبق نوشته خان ملک ساسانی، هر وقت میرزا آقاخان نوری خانم جدیدی برای ناصرالدین شاه پیدا می‌کرد به منجم باشی دستور می‌داد که بهترین زمان زفاف را برای شاه تعیین کند منجم باشی می‌نویسد: ***«در باب ساعت زفاف چون رأی مبارک قرار گرفته که شب طالع وقت تعیین و به خاک پای مبارک عرض شود شب جمعه که بهترین شب‌ها است قمر در برج حوت در حدود برج شرف زهره که کوکب غرض و به جهت شادی است و بخصوص این کوکب در طالع مبارک مدخلیت زیاد دارد...»*** [۷۰۸]

در زمان امیرکبیر، ناصرالدین شاه بولهوس می‌خواست از سان دیدن سواره نظام به طفره رود اما امیرکبیر می‌خواست این شاه چموش و اهل حرمسرا را بـه راه نظم و انتظام آورد و به عتاب بدو می‌نوشت: ***«با این طفره رفتن‌ها، و امروز و فرداکردن‌ها، و ازکار گریختن، در ایرانِ به این هرزگی، حکماً نمی‌توان سلطنت کرد...»***. [۷۰۹]

اما وقتی میرزا آقاخان نوری بجای امیرکبیر نشست شاه را به تنبلی بیشتر و داخل حرمسرا سوق داد روزی که ناصرالدین شاه باید برای سان دیدن قشون به میدان مشق می‌رفت میرزا آقاخان نوری در عریضه‌ای به شاه می‌نویسد: ***«هوا سرد است ممکن است***

بوجود مبارک صدمه‌ای برسد دو تا خانم بردارید ببرید ارغونیه عیش کنید»! [۷۱۰]

گشودن دلایل و عوامل راز ناپایداری و مرگ زود هنگام یعنی قتل قائم مقام‌ها، امیرکبیرها و همچنین پایداری و عاقبت به خیری کسانی چون میرزا آغاسی‌ها و میرزا آقاخان نوری‌ها بدون شک کمک زیادی به راز ناکامی نوسازی جامعه ایرانی خواهد کرد. اینکه چرا با وجود تلاش‌های عباس میرزا و قائم مقام فراهانی جامعه ایرانی نتوانست آن بساط کهنه را در هم فرو بریزد و با مرگ آنان تلاش‌های چندین ساله ایشان نیز با خودشان به گور رفت. آیا جز این بود که نه در اعماق جامعه ایرانی و نه در دربار فاسد شاهی احساس نیازی به تحول و نوسازی وجود نداشت؟

امروزه بدون شک «تحول و نوسازی از بالا» به عنوان یکی از پارادیم‌ها و مدل‌های نوسازی پذیرفته شده است نظیر آنچه در آلمان، ژاپن و بعداً در ترکیه توسط آتاتورک اتفاق افتاد.

در کشورهائیکه طبقه بورژوازی و تجار ضعیف بودند مدل تغییرات، نوسازی و «انقلاب از بالا» از طریق یک دولت مقتدر به کرات به تحقق رسیده در این کشورها، دولت مقتدر از طریق انقلاب از بالا وظایف تغییر و نوسازی جامعه را با توسل بر قوه قهریه به پیش می‌برد دستگاه حکومت مرکزی با قدرتمندی، از یک طرف محدودیت‌ها و موانع سر راه رشد تجارت داخلی را از میان برمی دارد و از طرف دیگر به آموزش شهروندان و تغییر روحیه و تفکر آنان برای زیستن در جامعه جدید را آماده می‌سازد و خود دولت نقش مهمی در انباشت سرمایه، ایجاد صنایع مخصوصاً صنایع نظامی، حمایت گمرکی از تولیدات داخلی و به تغییر ساخت‌های اجتماعی، اقتصادی می پردازد.

اما نباید از یاد برد که عباس میرزا و قائم مقام فراهانی درمیان جهل توده‌های مردم از یک طرف و دربار فاسد از طرف دیگر قرار داشتند در اینجا هم در بدنه جامعه و هم در دربار، کوشش‌های نافرجام آنان هیچ پژواکی درخور پیدا نکرد و در نتیجه با مرگ نابهنگام دو مرد بزرگ رهبر نوسازی ایران، هرگونه شانسی نیز برای این آزمون از دست رفت. آن دو مکمل هم بودند عباس میرزا یک شخصیت پراگماتیست و

عملگرا و قائم مقام شخصیت فرهیخته، لیدر فکری و معنوی عباس میرزا بود که نبض زمان را به عمیق‌ترین وجه حس کرده بود آنها اگر در رأس قدرت قرار می‌گرفتند شاید می‌توانستند نمونه و الگویی دیگر برای مدل تغییرات و نوسازی از بالا باشند. قائم مقام که در وجود عباس میرزا و آینده ایران شاهی دادگستر و رهبر «طرح نو» می‌دید با مرگ او همه‌ی امیدهای خود را از دست رفته می‌دید این مسئله به تلخ‌ترین شکل در نامه‌ی او به همسرش به چشم می‌خورد: ***«... در این واقعه هایله، که خاک بر سر من و ایران شد، تلف خواهم گردید... دریغ و درد که آسمان نخواست ایران نظام گیرد و دولت و دین انتظام پذیرد... این غلام پیر به چه زبان بگوید و به چه بیان بنویسد؟ خدا نخواست که جهان در عهد جهانداری او زنده و نازنده شود».*** [۷۱۱]

شرح سجایای اخلاقی و بزرگواری این شاهزاده بی‌نظیر در میان خیل عظیم شاهزادگان قاجاری به کرات در سفرنامه‌های سیّاحان دیده می‌شود. ژوبر فرستاده مخصوص ناپلئون که در همه جای کتابش از عباس میرزا با احترام یاد کرده می‌نویسد: ***«هنگامی که من از آذربایجان می‌گذشتم، این شاهزاده جوان، قلب تمام مردم این سرزمین را شیفته خود کرده بود و از محاسن اخلاق و محامد صفات وی، به آتیه نیز امید بسیار داشتند...***

وی اگر روزی به تخت سلطنت جلوس کند، باید گفت که از هر حیث در ردیف بزرگترین سلاطین خواهد بود که در این کشور حکمرانی کرده‌اند... همواره بر خلاف دیگران، با کمال رأفت و مهربانی رفتار می‌کرد و هرگز سختی و شدت عمل بی مورد از او دیده نشده والبته با خلافکاران و بدان با نهایت خشونت رفتار می‌کرد». [۷۱۲]

سفیر عثمانی که در زمان جنگ‌های اول ایران و روس در ایران بسر برده راجع به عباس میرزا که در آن زمان ۱۸ سال بیشتر نداشته می‌نویسد: «... به سبب شایستگی خویش ولیعهد گردیده اینک فرمانروای تبریز است. با وجود کمی سن و سال، گویی یکی از مشایخ بزرگوار است، از پیروی خواهش نفس و برافراشتن کاخ و ایوان و پوشیدن جامه‌های زیبنده پرهیز دارد. شیفته دادپروری و دادگستری است و دوستدار کمال.» [۷۱۳]

تأکیدش بر عدالت و دفع ستمگری در آن برهوت استبداد زبانزد خاص و عام بود

در نامه‌ای خصوصی به فرزندش ضمن تأکید بر دادگستری می‌نویسد: «ملاحظه رفع ظلم از مظلوم، بسیار واجب و لازم است، خاصه از حکام بی مروت و ظالم و مأمورین، هر قسم رفع ظلم لازم است بکنید...».[۷۱۴]

لاچینی می‌نویسد همواره می‌کوشید سربازانش را از هر گونه تعدی به مال رعایا باز دارد.[۷۱۵]

موریر نیز ضمن اشاره به ساده‌زیستی‌اش می‌نویسد: ***«در لباس بسیار ساده است و لباس‌اش هیچ فرقی با لباس دیگران ندارد عشق سرشاری به مطالعه کتب و کسب اطلاعات دارد، مخصوصاً تاریخ وطن خود را خوب می‌داند و کتاب شاهنامه فردوسی را بسیار دوست دارد و همیشه آن را مطالعه می‌کند».***[۷۱۶]

عباس میرزا در نامه‌ای که نوشته عمق اندوه و رنج شاهزاده از درباریان فاسد به تلخ‌ترین شکل انعکاس دارد: ***«بعضی فقرات مذکور می‌شود که کاش می‌مُردم جانم خلاص می‌شد. والله در میان دو سنگ آرد شدم از این طرف هر چه راست بگویم، دروغ قلم می‌رود و نمی‌پذیرند تا کار از دست برود. از آن طرف گریبانم در دست همسایه مغرور و پر زوری است که هر دم یک بهانه می‌جوید و تا غافل شوی یک رخنه وا می‌شود که بستن آن به هزار خون خوردن باز مشکل است، بل غیر ممکن...»***[۷۱۷]

در نامه‌ای به علی‌نقی میرزا رکن‌الدوله در محرم و صفر ۱۲۴۵ یعنی واپسین سال‌های عمرش می‌نویسد: ***«یک بارکشتن، بهتر آن است از اینکه هر بار در مجلس‌های دارالخلافه طوری مذکور شوم که العیاذبالله اسلام را مغلوب کفر می‌خواهم و فتحنامه روس را در جنگ عثمانلو به دروغ شهرت می‌دهم تا پولی از خزانه همایون درآرم و به دشمن دولت عاید کنم... عجب دارم که با شنیدن این حرف چرا هنوز زنده‌ام یا در میان دنیا مانده‌ام؟!»***[۷۱۸]

در مورد قائم مقام فراهانی باید گفت که او از خانواده‌ای بر می‌آمد که خدمت دیوانی و فرهیخته‌گی سنت خانوادگی ایشان بود پدرش میرزا عیسی مشهور به میرزا بزرگ، مربی دانا و وزیر صادق و کارکشته عباس میرزا نایب‌السلطنه بود خشت‌های اول نظام جدید در آذربایجان، مقر حکمرانی عباس میرزا به همت و تشویق او نهاده شد و پدر و عموهایش نیز در دستگاه زندیه خدمت کرده بودند.

در تأثیر شخصیت میرزا بزرگ فراهانی بر عباس میرزا، "هنری ویلوک" شاژردافر انگلیسی می‌نویسد: «تا زمانی که میرزا بزرگ زنده بود ضعف‌های شخصیت ولیعهد عباس میرزا را می‌پوشاند. پس از مرگ اوست که شخصیت واقعی و ضعف‌های نایب‌السلطنه مشهود گشته است».[۷۱۹]

در بزرگی میرزای بزرگ پدر قائم مقام فراهانی همین بس که او فسادناپذیر بود در وقتی که درباریان فاسد و مذبذب قاجاری به کمترین وجیزه‌ایی و رشوه‌ای به آسانی توسط انگلیسی‌ها قابل خرید بودند جمیز فریزر در مورد میرزا بزرگ می‌نویسد: «***اگر دنیا جمع شوند نمی‌توانند او را به گرفتن رشوه و خیانت به وطنش وادار کنند***».[۷۲۰]

او تا واپسین سال‌های زندگی‌اش در فکر رفاه و آسایش خلق و عظمت کشور بود اما بزرگترین خدمت او به مردم ایران تربیت فرزندِ دولتمردی چون قائم مقام فراهانی بود او قبل از اینکه در ۱۲۳۷/اوت ۱۸۲۲ به مرض وبا در گذرد فرزندش میرزا ابوالقاسم را به وزارت نایب‌السلطنه پیشنهاد کرد و جای خود را بدو داد.

در سال ۱۸۳۳/۱۲۴۸ عباس میرزا به تشویق قائم مقام فراهانی مأمور به تسخیر هرات شد محاصره بطول انجامید عباس میرزا با نیروهای تازه‌ای که از آذربایجان رسیده بود و پولی که فتحعلی‌شاه به او پرداخته بود، با وجود بیماری و علیرغم توصیه پزشکان که می‌گفتند سفر خراسان و لشگرکشی به هرات موجب مرگش خواهد شد، روز ۲۳ ربیع الاول ۱۲۴۹ (دهم اوت ۱۸۲۳) راهی خراسان شد. او ابتدا به چمن خوش آب و هوای کالپوش رفت و پس از آن از راه خبوشان (قوچان) در اوایل ماه جمادی الاول ۱۲۴۹/ سپتامبر ۱۸۳۳ روانه مشهد شد.

عباس میرزا به هنگام توقف در چمن کالپوش، محمد میرزا را با یک نیروی بیست و هفت هزار نفری مأمور محاصره و تصرّف شهر هرات کرد و به میرزا ابوالقاسم قائم مقام نیز دستور داد در رأس نیروی «سوار پیاده رکابی» که تعداد آنها به هشت هزار نفر می‌رسید، در پی محمد میرزا عازم هرات شود.[۷۲۱]

در سده‌ی نوزدهم، ساکنان هرات ایرانی و افغانی بودند. حکام هرات و سپاهیان آنها بیشتر مسلمان سنی و افغانی و بیشتر از کسبه و دکانداران ایرانی و مسلمان شیعی

مذهب بودند. به این جهت ساکنان هرات برخی طرفدار افغان‌ها و پاره‌ای طرفدار ایران و عدّه‌ای هم خواهان استقلال آن ایالت بودند.

سنی مذهبان افغانی، ایرانیان شیعی را کافر و بدعت‌گذار می‌دانستند و آنان را به اسارت می‌گرفتند و در بازارهای برده فروشی خیوه و بخارا می‌فروختند. امیر بخارا در سال ۱۸۴۴م مدّعی بود که هزاران اسیر ایرانی در اختیار دارد و در دهه‌ی ۱۸۳۰م بهای دوازده تا پانزده نفر اسیر زن و مرد ایرانی برابر با یک رأس اسب خوب یعنی پنجاه پوند انگلیسی بود که با آن می‌شد بیست و یک اسیر خرید. اگر یک نفر شیعی پس از اسارت ادّعا می‌کرد که به مذهب اهل سنت گرویده است او را به اندازه‌ای شکنجه می‌دادند تا بگوید همچنان شیعه باقی مانده و بتوانند او را به فروش برسانند. گرفتن اسیر از ایرانیان توسط افغان‌ها، بهانه‌ی زمامداران ایرانی برای جنگ با هرات بود.[۷۲۲]

بیماری عباس میرزا پس از ورود به مشهد شدت گرفت و در نتیجه بستری شد و تقریباً یک ماه بعد یعنی صبح پنج شنبه دهم جمادی الاخر سال ۱۲۴۹(۲۵اکتبر ۱۸۳۳) در ۴۴ سالگی جان به جان آفرین تسلیم کرد و در آستانه‌ی مقدّسه به خاک سپرده شد.[۷۲۳]

برخی منابع می‌نویسند: ***«چون نایب‌السلطنه از غصه شکست اصلاندوز و معاهده ترکمنچای کم‌کم مرض سل در وجودش رخنه کرده بود و از دردکبد نیز ناراحت بود در این اردوکشی بیماریش شدت کرد...چون معالجه نتیجه نبخشید» و از حیات ناامید شد پسرش محمد میرزا و قائم مقام را طلبید. به قائم مقام وصیت کرد که در به سلطنت رسیدن پسرش محمد میرزا او راکمک کند اما قائم مقام، محمد میرزا را لایق و شایسته حکومت نمی‌دانست و از تقدس خشک و عرفان مآبی او بیزار بود به همین خاطر به عباس میرزا یادآور شد که بهتر است از اولاد خود کسی دیگر را به ولیعهدی انتخاب نماید. عباس میرزا نپذیرفت قائم مقام مجبور شد آنچه در دل دارد بگوید او گفت: «بر من معلوم است که محمد میرزا مرا خواهد کشت و کسی قاتل خود را نمی‌پروراند...***

نایب‌السلطنه قائم مقام را به امام هشتم صلوة الله علیه قسم داد که از این بدگمانی درباره محمد میرزا درگذرد و به محمد میرزا امر کرد به اتفاق قائم مقام به حرم مطهر حضرت رضا رفته سوگند یاد

نمایندکه محمد میرزا خون قائم مقام رانریزد و تیغ را بروی حرام کند قائم مقام هم سوگند یادکندکه به محمد میرزا خیانت نکرده در خدمت گذاری بوی کوتاهی ننماید...

سوگندها از طرف هر دو به جای آمد و عباس میرزاگفت دیگر آسوده خاطر می میرد...» [۷۲۴]

عباس میرزا در شب پنجشنبه دهم جمادی الاهر سال ۱۲۴۹ مانند هر شب بزیارت آستان مبارک حضرت ثامن الحج علیه السلام مشرف شد و بمنزل بازگشت و پس از ساعتی خواب رفت و بعد از اندک زمانی از خواب بیدار شده لگن طلبید و خون استفراغ کرده و بی حال شد. اتفاقاً آنشب کسی در خدمت وی نبود حاجی علی‌اصغر خواجه را احضار نموده و آنگاه رو بجانب قبله خوابیده زبان به کلمه توحید گشوده سه ساعت به صبح مانده برحمت آفریدگار واصل کشت و عمر وی چهل و پنج سال و شش ماه و شش روز بود.

«حاجی علی اصغر بعضی ازکسان را اخبار نموده خفیة بتغسیل وتکفین و نماز وی اقدام کرد و در زیر زمین همان اطاق بامانت سپردند تامحمد میرزا از هرات آمده به هرجاکه مصلحت داند مدفون سازند سپس چاپار به هرات و تهران فرستادندکه خبر این واقعه را به محمد میرزا و فتحعلی‌شاه برسانند.

هنگامی که محمد میرزا درفکر محاصره و تصرّف شهر هرات بود، خبر درگذشت پدرش عباس میرزا به او رسید او میرزا ابوالقاسم قائم مقام را از قضیه آگاه ساخت و چون لشکرها به چهار حکم توقف دادند...» [۷۲۵]

«شهرت دادندکه در دارالخلافه‌ی تهران امری واقع شده با نیروهای زیر فرمان خود در اواخر جمادی الاخر ۱۲۴۹ با عدم موفقیت به مشهد بازگشت.» [۷۲۶]

محمد میرزا نزدیک هشت ماه پس از مرگ عباس میرزا همراه قائم مقام وزیر خود در روز شنبه ۶ صفر ۱۳۵۰/ ۱۴ ژوئن ۱۸۳۴ از خراسان وارد تهران شد و شش روز بعد یعنی در دوازدهم صفر ۱۳۵۰ (۲۰ ژوئن ۱۸۳۴) ضمن مراسمی با شکوه و با فرمان فتحعلی‌شاه به مقام ولیعهدی ایران منصوب شد. [۷۲۷]

ولیعهد دو روز بعد (۱۴ صفر/۲۲ ژوئن) از تهران روانه‌ی تبریز مقر حکومت خود شد و روز ۱۷ ربیع الاوّل ۱۲۵۰/ ۲۴ ژوئیه ۱۸۳۴ به آن شهر رسید. امّا هنوز بیشتر

از سه ماه از ورود او به تبریز نمی‌گذشت که پدربزرگش فتحعلی‌شاه در ۱۹ جمادی الاخر ۲۳/ ۱۲۵۰ ماه اکتبر ۱۸۳۴ در اصفهان رخت از جهان بربست.

وقتی فتحعلی‌شاه درگذشت جنگی عریض و طویل برای کسب قدرت در بین فرزندان او درگرفت حوادث تلخی که همیشه در ایران پس از مرگ سلاطین به کرات رخ نموده است. هر کدام از شاهزادگان در ایالات و ولایاتی که حکومت داشتند سر بر داعیه سلطنت برداشتند از میان آنها علیشاه ظل‌السلطان که پسر دهم فتحعلی‌شاه بود و نسبت به بقیه قدرتمندتر بود در تهران خود را شاه خواند و لقب عادلشاه بر خود نهاد او به خزانه شاه مفقود دستبرد زد و صدها هزار تومان زر مسکوک به کسان خود بخشید شاید علت عادلشاه بودنش نیز همین بخشش‌های بی مورد وی بوده است.[۷۲۸]

به نوشته برخی منابع، او درمدت ۴۰ روز سلطنت خود در تهران بالغ بر هفتصد هزار تومان از خزانه بیرون آورده و برای تحکیم سلطنت خود بذل و بخشش کرد مشوق اصلی او در درجه اول انگلستان و سر سپردگان او بودند یکی میرزا ابوالحسن‌خان شیرازی وزیر دول خارجه و دیگری علی‌نقی میرزا رکن‌الدوله برادرش بودند. سایر شاهزادگان که مشوق او بودند در درجه دوم اهمیت داشتند. فرهاد میرزا معتمدالدوله در جام جم می‌نویسد: «بیشتر مایهٔ تحریص ظل‌السلطان بر این افکار، مرحوم میرزا ابوالحسن‌خان وزیر امور خارجه و نواب رکن‌الدوله بودند».[۷۲۹]

واتسن انگلیسی که در آغاز سلطنت محمدشاه به مشکلات عدیده‌ایی اشاره کرده است کوچکتری اشاره‌ای به نقش انگلستان و عواملش در ایران در خصوص حمایت از ظل‌السلطان نمی‌کند اما حملات ناجوانمردانه و غرض آلود متعددی بر میرزا ابوالقاسم فراهانی و به تعبیر او «بی تدبیری هایش» می‌کند. البته کینه و نفرت انگلیسی‌ها از شخص ابوالقاسم فراهانی و کمک به رقبای محمدشاه چندان پیچیده نیست مسئله لشکرکشی عباس میرزا و فرزندش محمد میرزا که به هدایت و تشویق قائم مقام فراهانی صورت گرفت یکی از عوامل اصلی دشمنی انگلستان با ابوالقاسم فراهانی است.

سخن پایانی / ۴۳۹

شهر هرات به منزله کلید هندوستان شمرده می‌شد و انگلستان تمام سعی خود را کرد تا آن را از ایالات شرقی ایران جدا نماید آنان از لشکرکشی بطرف خراسان سخت ناراضی بودند زیرا تصور می‌کردند روسها باعث شدند که دولت ایران به خراسان و از آنجا به افغانستان لشکرکشی بکند انگلیسی‌ها این لشکرکشی را خطری جدی برای هندوستان تلقی می‌کردند روزنامه گازت بمبئی در تاریخ ۲۵ اوت ۱۸۲۳ در این مورد می‌نویسد: «***کاغذی از ایران رسیده در جزء اخبار آن می‌نویسد، عباس میرزا حکم کرده سی هزار قشون ایران به طرف هرات وافغانستان حرکت نمایند واین مقدمه حمله به هندوستان است که با کمک دولت روس بعمل خواهد آمد***». [۷۳۰]

سر هنری هملی در «تاریخ مختصر هرات» می‌نویسد: «***هرگاه حکومت هرات زیر نفوذ هندوستان قرار گیرد هرگونه حمله و تجاوز به این کشور محال است... هرات دروازه هندوستان است و فقط از جلگه هرات می‌توان به هندوستان دست یافت. هیچ کشور مهاجمی در صورتی که انگلستان هرات را زیر سلطه خود داشته باشد نمی‌تواند از این قسمت عبور نماید...***» [۷۳۱]

بنابراین طبیعی بود که انگلستان کینه قائم مقام فراهانی و ولیعهد محمد میرزا را به دل گیرد اما مجموعه تدابیری که قائم مقام فراهانی بکار بست تمامی توطئه‌های مخالفین ولیعهد برای رسیدن به قدرت را خنثی ساخت در این زمان که ولیعهد محمد میرزا در تبریز بسر می‌برد ابتدا قائم مقام، مرگ فتحعلی‌شاه را تا آماده سازی مقدمات سلطنت محمدشاه از مردم مخفی نگهداشت اما چون رفته رفته مردم از مرگ شاه باخبر شدند قضیه را آشکار نموده و ولیعهد جامه سیاه به تن کرد. مؤلف ناسخ التواریخ در این مورد می‌نویسد: «وزیر مختار روس و انگلیس به اتفاق در حضرت او حاضر شدند و معروض داشتند که نخست مُلک را بی پادشاه گذاشتن و سلب سوگواران داشتن از بر زیارت پسندیده نباشد بعید نیست که مسامحت در این کار فتنه‌ایی حدیث کند که رحمت بسیار در دفع آن باید کرد...» [۷۳۲]

در همین زمان وصیت‌نامه مجعولی آشکار می‌گردد که آن را منسوب به عباس میرزا معرفی می‌کنند این وصیت‌نامه را امیرنظام میرزا محمدخان زنگنه به احتمال قریب به یقین به صلاحدید قائم مقام فراهانی نوشته است میرزا محمدخان زنگنه با

محمدشاه و ابوالقاسم فراهانی میانه خوبی داشته و همان کسی است که در سفر خسرو میرزا به روسیه جهت عذرخواهی به مناسبت قتل گریبایدوف هیأت نمایندگی ایران را همراهی و حتی اداره می‌کرده.[۷۳۳] البته بعضی منابع بر صحت وصیت‌نامه تأکید می‌کنند و آن را جعلی نمی‌دانند.[۷۳۴]

میرزا ملکم‌خان وصیت‌نامه جعلی عباس میرزا را از «کارهای خیر و مهم میرزا محمدخان امیرنظام دانسته است». تاریخ انشاء وصیت‌نامه، جمعه یازدهم محرم‌الحرام سال ۱۲۴۶ هجری یعنی سالی که «مرض طاعون» در تبریز شیوع داشته درج شده است اما به احتمال قریب به یقین این وصیت‌نامه جعلی پس از مرگ فتحعلی‌شاه تحریر شده و هدف از آن جلب حمایت روسیه برای کمک به محمدشاه در رسیدن بر اریکه قدرت بوده است چرا که در وصیت‌نامه تصریح شده و از زبان عباس میرزا چنین تأکید می‌کند که: «از جانب عباس میرزا نامه‌ایی به امپراطور نوشته و تعهدات او را نسبت به اولاد خود یادآوری شده است» این وعده‌ها و تعهدات همانا فصل هفتم عهدنامه ترکمانچای است که مربوط به ولیعهدی عباس میرزا و خاندان او می‌باشد. همچنانکه مذکور افتاد این وصیت‌نامه پس از مرگ فتحعلی‌شاه و مقارن با روزهایی جعل شده که محمد میرزا برای تصاحب تاج و تخت از تبریز عازم تهران بوده و ظل‌السطان و برخی دیگر از شاهزادگان به داعیه سلطنت به مخالفت با محمد میرزا برخاسته بودند.[۷۳۵]

اما حرکت ولیعهد به تهران و جلوس‌اش بر تخت سلطنت و پیروزی بر رقبایش نیازمند هزینه و مخارجی بود که تبریز پولی در بساط نداشت واتسن برای کاستن از اهمیت اقدامات قائم مقام فراهانی به دروغ می‌نویسد که پس از قرض از وزیر مختار انگلیس سر جان کمپل، شاه و قائم مقام فراهانی سرانجام عازم تهران شدند و در موقع حرکت برای ملازمت رکاب، قشون آذربایجان را از خوی به تبریز احضار نمودند اما از آنجا که شش ماه بود مواجب سربازان نرسیده بود سربازان، حاضر به حرکت نشدند سرانجام با هزار وعده و وعید، سربازان را به مساعدت پول وزیر مختار انگلیس روانه تهران کردند. آن وقت برای تخریب قائم مقام می‌نویسد:

«در این موضع و حال خطرآمیز قائم مقام صفاتی را که علامت بارز و هوشمندی و شایستگی هر سیاستمداری است از خود نشان نداد و بجای تلاش کافی به منظور تهیه مقدمات عزیمت شاه به سمت پایتخت در صدد کارشکنی بی جهت با نقشه‌هایی برآمد که نماینده انگلیسی برای تسهیل حرکت پادشاه به مقصد تهران طرح کرده بود و یکی از دلیل‌های تعویق عزیمت شاه را به تهران فراهم ساختن تدارکات نظامی قلمداد می‌کرد موقعی که نماینده انگلیس خود را برای خرید تدارکات مزبور پول فراهم کرد وزیر اظهار داشت که بوسیله تهیه اسب برای کشیدن توپخانه به تهران که بنا بود همراه شاه فرستاده شود فراهم نیست. ولی با وجود تمام اهمال، قائم مقام نتوانست از فعالیت سر جان کمپل که پولی بیشتری به حساب شاه پرداخت ممانعت کند و خود هر روز چند بار به کارخانه اسلحه سازی سرکشی می‌کرد تا کارگران به کار بیشتری ترغیب کند».[۷۳۶]

انسان واقعاً از این همه دروغ، افترا و بزرگنمایی نقش انگلیسی‌ها در حل بحران مالی محمدشاه در ابتدای سلطنت حیرت می‌کند! اولاً قائم مقام فراهانی اهمال نمی‌کرد بلکه در پی آن بود تا اختلافاتی که بین ایران و عثمانی در این زمان شدت گرفته و نزدیک بود به جنگ کشد حل کند و سرانجام نیز با تدابیر او این بحران به بهترین نحو حل شد بطوری که عثمانی‌ها بر خواستهای او گردن نهادند و محمدخان زنگنه بدین ترتیب قشون ایران را برداشته عازم تبریز شد تا در خدمت استقرار سلطنت محمد میرزا باشد. ثانیاً قائم مقام فراهانی ابتدا ولیعهد محمد میرزا را در تبریز به سلطنت نشاند سپس وقتی خواست عازم تهران گردد با فقدان هزینه و مخارج تجهیز قشون مواجه شد اما برخلاف نوشته واتسن، انگلیسی‌ها از کمک کردن امتناع کردند که بدون شک چشم به تحرکات ظل‌السلطان در تهران دوخته بودند انگلیسی‌ها به آسانی پول در اختیار شاه و قائم مقام قرار ندادندبلکه وقتی قائم مقام ***«کمپل را طلب کرد و او این سخن را پرده برگرفت. کمپل در پاسخ به لیت و لعل می‌افکند و کار به مماطله و تسویف می‌انداخت. قائم مقام برآشفت و با او گفت اگر از دادن زر و بسیج سفر تقاعد ورزی در دولت مقصر خواهی بود و کتابی از محبره خویش بیرون کرده بدو داد که میرزا بزرگ پدرش از سرگور اوزلی ایلچی انگلیسی گرفته بود بدین شرح که به ذمه کارداران انگلیسی فرض باشد که بعد از وفات فتحعلی شاه ولیعهد و نایب السلطنه او را چندان که سیم و زر به کار باشد و بسیج سفر***

لازم افتد از خویش تسلیم کنند و بعد از ورود به دارالخلافه استرداد نمایند. چون کمپل این عهدنامه را بدید جای سخن بر او نماند و معادل سی هزار تومان زر مسکوک از بازرگانان تبریز وام گرفته کارداران حضرت کرد...». [۷۳۷]

سرانجام میرزا ابوالقاسم فراهانی و ولیعهد به همراه قوایی بسوی تهران حرکت کردند ظل‌السلطان که در تهران ادعای سلطنت می‌کرد نیرویی به مقابله با آنان فرستاد اما در حوالی قزوین شکست خوردند.[۷۳۸] ظل‌السلطان چند نفراز اطرافیان خود از جمله علی‌نقی میرزا رکن‌الدوله و میرزا مولی نایب رشتی را واسطه صلح قرار داد و آنان را نزد محمد میرزا فرستاد و پیغام داد که آذربایجان تا قزوین مال تو و بقیه ایران مال من باشد، تو در آنجا پادشاه باش و من در اینجا. محمدشاه بجای مذاکره، بنابر مصلحت و صلاحدید قائم مقام، رکن‌الدوله را توقیف کرد و بعد ظل‌السلطان، میرزا مهدی ملک الکتاب و اسفندیارخان قوللر آغاسی (رئیس غلامان) را برای نصیحت و مذاکره نزد محمدشاه فرستاد محمدشاه بنابر تدابیر صائبه میرزا ابوالقاسم فراهانی و موافقت سفرای روس و انگلیس (سرجان کمپل و سیمونویچ) بزودی وارد تهران شد. پیش از ورود، به دستور قائم مقام، ظل‌السلطان با صدر اعظم‌اش در قصر خورشید زندانی شدند محمدشاه می‌خواست ظل‌السلطان را بکشد و یا کور کند اما به التماس و استدعای دختران فتحعلی‌شاه و دختران عباس میرزا نایب‌السلطنه که عروس‌های او بودند او را برداشته با خود به نزد محمدشاه برده و از او شفاعت کردند و محمدشاه برای خاطر آنان او را بخشید. سایر شاهزادگان مدعیان سلطنت به «مساعی جمیله و تدابیر صائبه قائم مقام فراهانی بتدریج در مدت چهار ماه همگی از محمدشاه اطاعت کردند... سپس تمام آنان در اردبیل و بعد در تبریز زندانی شدند ناچار زنان را شفیع نموده به همراهی فخرالدوله (دختر ششم فتحعلی‌شاه، عمه محمدشاه) در نگارستان به حضور مشرف شده و مشمول مراحم شاهنشاه گردید» و میرزا ابوالقاسم قائم مقام به عرض رسانید:

«ارحم من رأس ماله الرجاء و سالحه النساء» رحم کن بر کسی که سرمایه‌اش امیداواری و سلاحش زنان حرم است».

قائم مقام این جمله را به عنوان طنز از دعای کمیل بن زیاد تحریف نموده است که در آن چنین آمده است ***«ای آنکه نامت دعای هر درد و یادت شفای هر بیماری و بندگیت سبب بی نیازی است، رحم کن برکسی که سرمایه‌اش امیدواری و سلاحش گریه است»***.[۷۳۹]

البته ظل السلطان در قلعه اردبیل زندانی بود که در ۱۲۵۴/ ۱۸۳۸ م به اتفاق علی‌نقی میرزا رکن‌الدوله و امام ویردی میرزا از اردبیل به خارج از ایران فرار کردند و از طریق روسیه و ترکیه خود را به بغداد رساندند[۷۴۰] و علاوه بر آنها، سه نفر از فرزندان حسنعلی میرزا فرمانفرما به نام‌های رضاقلی میرزا، نجفقلی میرزا و تیمور میرزا نیز که در ابتدای سلطنت بر ضد محمد میرزا ولیعهد بودند توسط انگلیسی‌ها از شیراز فراری داده شده و به بغداد که مرکز توطئه علیه ایران بود گسیل داده شدند و در آنجا دیپلمات انگلیسی سر واتسن هنری لایارد و همسرش، میتفورد با آنان ملاقات نمودند سپس از راه شامات راهی لندن شدند.[۷۴۱] به هر حال همچنان که مذکور افتاد قائم مقام تلاش‌های جان فرسایی را برای به تخت نشاندن محمد میرزا آغاز کرد پس از به تخت نشاندن محمدشاه قائم مقام چنان غرق در امور مملکت بود که از شدت گرفتاری نمی‌دانست در خلوت محمدشاه، مرکز فساد و توطئه علیه‌اش شب و روز در کار است.

سرانجام روز بیست و چهارم ماه صفر ۱۲۵۱ هجری / ۲۱ ژوئن ۱۸۳۵ وقت غروب آفتاب، قائم مقام بوسیله پیشخدمتی از طرف شاه احضار می‌شود. قائم مقام اسبی طلبیده می‌خواهد سوار شود گویند کربلائی قربان پدر میرزا تقی خان امیرکبیر که دربان بود پیش آمده می‌گوید کجا می‌روی... خواب دیدم برای شما اتفاقی روی می‌دهد قائم مقام می‌خندد و می‌گوید پیرمرد زود برمی گردم و سوار شده روانه می‌شود.

قائم مقام پس از وارد شدن به باغ نگارستان می‌پرسد شاه کجا تشریف دارند اشخاصی که برای کشتن او مأمور بودند می‌گویند در عمارت سردر. قائم مقام بالا می‌رود و می‌بیند شاه در سر در نیست می‌پرسد پس کجا تشریف دارند می‌گویند تشریف خواهند آورد.

چون زبان و قلم او بی‌نهایت مؤثر بود و دشمنان او این پیش بینی را کرده بودند میان زبان و قلم او با شاه فاصله انداختند.[۷۴۲]

اعتماد السلطنه می‌نویسد: «***شاهنشاه غازی فرمودند که اول قلم و قرطاس را از دست او بگیرند و اگر خواهد عریضه‌ای به من بنویسد. نگذارید. که سحری در بیان و اعجازی در بیان اوست که اگر خط او را ببینم باز فریفته عبارات او شوم و او را رها کنم***».[۷۴۳]

متولی حضرت عبدالعظیم که مأمور دفن قائم مقام می‌گردد در مورد واقعه آن شب چنین گفته: «اذان صبحی بود. درب صحن را زدند. از خدام هنوز کسی حاضر نبود. من خود رفتم در را گشودم. دیدم چند نفر از غلامان کشیک خانه، نعشی را وارد کردند و گفتند: «شاه فرموده‌اند این نعش را دفن کنیم.» پرسیدم: «نعش کیست؟» گفتند: «قائم مقام». خواستم او را غسل دهم و کفن کنم. راضی نشدند و گفتند: «مجالی نیست.» و البته چنین دستور داشته‌اند؛ چون کشندگانِ او نمی‌خواسته‌اند معلوم شود بدن وی به چه صورت زیر خاک می‌رود. بالجمله حامل یک دنیا علم و فضل با لباس در تن، در صحن امامزاده حمزه، جنب مزار شیخ ابوالفتح رازی، به خاک سپرده می‌شود.»[۷۴۴]

پس از کشتن‌اش، پس مانده‌ترین عناصر وابسته ایران که همه جا بر علیه او تبلیغ می‌کردند به نزد کمپل وزیر مختار انگلستان رفته و کشته شدن فراهانی را بدو تبریک گفتند.[۷۴۵]

خود کمپل در گزارش خود به امپراطوری انگلستان ضمن خوشحالی می‌نویسد: «***دستگیری و کشتن قائم مقام که همیشه کارهایش مخالف اراده و نیات شخص شاه و مورد نفرت قاطبه مردم ایران بود به عقیده من، این کشور را از شر تسلط وزیری که بر همه تحکم می‌نمود آسوده ساخت... خوشحالم عرض کنم که اینک دشواری‌های موجود برطرف شده...***»[۷۴۶]

بدین ترتیب به قول اعتمادالسلطنه «مهر سکوت، بر آن دهانی که به پهنای فلک بود نهادند» چگونگی کشته شدن قائم‌مقام تا حدودی روشن نیست در برخی منابع چنین آمده است: قائم مقام نماز مغرب و عشا را خوانده بعد از نماز اظهار می‌کند: اگر شاه به من فرمایشی ندارند، بهتر این است بروم، چون که منزل دوستی وعده کرده‌ام؛ انتظار مرا دارد.»

مأمورین مانع شده می‌گویند: «شاه فرموده‌اند چون کار لازمی با شما دارم از اینجا خارج نشوید تا من شما را به حضور بطلبم.»

قائم مقام می‌گوید: «پس قدری استراحت می‌کنم» و شال کمر را باز می‌کند و زیر سر می‌گذارد و جبه را به روی خود می‌کشد و می‌خوابد. دو ساعت از شب گذشته بیدار می‌شود و می‌پرسد: «اگر شاه تشریف نمی‌آورند، من بروم خدمتشان ببینم چه فرمایشی دارند؟» و باز همان جواب‌ها را می‌شنود. بطور مزاح می‌گوید: «پس من اینجا محبوس هستم!» جواب می‌دهند: «شاید».

گویند در این زمان در اطاق قدم می‌زند و با ناخن خود این شعر را بر دیوار می‌نویسد:

«روزگار است آنکه، گه عزت دهد گه خوار دارد

چرخ بازیگر از این بازیچه‌ها بسیار دارد»

مدتی نامعلوم قائم مقام در عمارت سردر نگارستان محبوس می‌ماند؛ هیچ سندی و خبری وجود ندارد که در این مدت چه بر او گذشته چه شکنجه‌هایی دیده و با چه کسانی ملاقات کرده اما در این شکی نیست که برای از بین بردن قوای جسمانی‌اش از دادن غذا به او خودداری می‌کردند شاید می‌خواستند در اثر گرسنگی بمیرد اما به ضرس قاطع می‌توان گفت که محمدشاه می‌خواسته ماه صفر سپری شود تا به چنین جنایتی دست بزند چرا که معتقد بود ارتکاب چنین جنایتی در ماه صفر نحوست دارد! به هر حال ماه صفر برطرف شد و در شب آخر آن ماه در آخرین ساعات شب که سر و صداها خوابید قائم مقام را از عمارت سردر پایین آوردند و به عنوان اینکه به حضور شاه می‌برند به دهلیز حوضخانه همان عمارت زیر زمینی که زمانی عشرتکده فتحعلی‌شاه بود منتقل کردند.

«اسماعیل خان قراچه داغی، که یکی از اشقیا و سرهنگ فراشخانه و میر غضب باشی است، با چند میر غضب در آن دالان انتظارش را می‌کشیدند. قائم مقام که به آنجا می‌رسد؛ برسر او می‌ریزند و او را بر زمین می‌زنند. قائم مقام با وجود ضعف و ناتوانی که دارد برای رهائی خود مقاومت می‌کند و دست و پا می‌زند بطوری که بازوان وی مجروح می‌شود و خون جاری می‌گردد. بالاخره دستمال در

حلق او فرو می‌برند؛ او را خفه می‌سازند و نعش وی را در گلیمی می‌پیچند بلافاصله بر استری می‌بندند و به حضرت عبدالعظیم می‌فرستند». [۷۴۷]

اما رضاقلی میرزا در اثر خود نحوه مرگ قائم مقام را کمی متفاوت به تصویر می‌کشد. رضا قلی میرزا ضمن اشاره به دسیسه‌های درباریان مخصوصاً میرزا آغاسی در مکدر کردن ذهن محمدشاه نسبت به قائم مقام فراهانی می‌نویسد:

«... در یوم یکشنبه نهم شهر صفر ۱۲۵۱ هـ‌ق صبحگاهی... او را در خلوت احضار و به دستاویزی چند شاه را باوی بنای پرخاش و مؤاخذه شده، از فحوای کلام مکنون، ضمیر شاه را، قائم مقام درک نمود.

عرض کرد: می‌دانم که چه می‌خواهی کرده باشی. معلوم است که با مثل منی که بنای بی مرحمتی شده اکتفای به هتک و حرمت نمی‌شود و مرا خواهی کشت و بعد پشیمان می‌شوی و من چنان نوکری بودم که با وجود تنفر اهل مملکت آذربایجان و توهم خلق ایران و عدم دیناری در خزانه و نداشتن سرباز و توپخانه و باکثرت شاهزادگان و سلطنت ظل السلطان و سرکار فرمانفرما در مملکت فارس و کرمان، تو را آورده و بر تخت طاوس نشانیدم و چنین سلطنتی عظیم به تو ارزانی داشته. اکنون بی سبب و جهت خود را مورد ملامت مکن و خون مرا به بی گناهی مریز که باعث دوری خلق از تو خواهد شد و من روزی که از مملکت آذربایجان حرکت کردم یک دسته کاغذ سفید در بازار خریدم و ثلث آن را به مصرف رسانیده. مملکت ایران را با وجود این همه دشمنی به جهت تو مسخر کردم و خیال من چنین بود که ثلثی از آن دسته را به مصرف روم و ترکستان و ثلثی را به مصرف فرنگ و هندوستان رسانم. این قدر شاه مهلت دهد که آن خدمات را به تقدیم رسانم و حسرتی را به خاک نبرده باشم.

از آنجایی که تغیّر شاه نسبت به او بسیار بود، خود از جای جسته، دست به خنجر برده و به سوی او دویده، خنجری به شانه‌ی او زده، فرموده او راگرفتند و در سردابه حبس نمودند و جمعی را تعیین به شهر کرد که خانه‌ی او را ضبط کرده، متعلقان و پسرانش راگرفته، به سیاست رسانند. به فرموده‌ی شاه در دقیقه‌یی خانواده‌ی او را برچیدند، نه مالی و نه کاشانه‌ایی، از او باقی نماند. و خود او را در همان شب در سردابه، کرباس بسیار به حلقش کردند و به ضرب سُنبه تفنگ زدند تا نفسش قطع شد. او را در شب به تخت روانی گذاشته و در شاهزاده عبدالعظیم مدفون گردید». [۷۴۸]

وزیر کشی در تاریخ ایران بـه کـرات مسـبوق سـابقه بـوده است امـا قـتل مـیرزا ابوالقاسم فراهانی و پس از او میرزا تقی‌خان امیرکبیر با تمام وزیـرکشی‌ها مـتفاوت هستند علل و عوامل این دو عین هم هستند. اعتمادالسـلطنه در کـتاب خـود صـدر التواریخ در ذکر علل کشته شدن فراهانی جرم‌های او را برشمرده است اما اگر با تعمق و تأمل برآن جرم‌ها نظر افکنیم آنها نه تنها جرم نیستند بلکه گواهی آشکار بر فرزانگی و بزرگی آن مرد کم نظیر تاریخ ایران است. اعتماد السلطنه می‌نویسد: **«(شاهنشاه)...از سابق از او آزردگی خاطر داشتند...که اجزاو مواجب ملازمان حضرتش را بی تعطیل ادا نمی‌نمود... در مملکت خراسان یک شبه شاهزاده محمود در سرا پردهٔ محمدشاه حاضر شد، شاهنشاه غازی قائم مقام را پیغام کرد که امشب مرا میهمانی رسیده، خورش و خوردنی که لایق باشد بفرمای تا در اینجا حاضر کنند. در جواب گفت قانون شما آنست که هر شب باید در سر خوان نایب‌السلطنه، کار اکل و شرب کنید. خوان جداگانه بدست نشود هم اکنون مهمان را عذر درکنار نهید و به آنجاکوچ دهید. محمدشاه از این سخن سخت آشفته شد و حشت پدر [عباس میرزا] مانع بود که قائم مقام را کیفرکنند...».** [۷۴۹]

در واقع قائم مقام در اینجا جرمی مرتکب نشده بلکه جلوی ولخرجی شاهزاده را می‌گرفت و در حساب و کتاب مو از ماست بیرون می‌کشید. اعتمادالسلطنه در ادامه می‌نویسد: **«وقتی اتفاق افتاد که شاهنشاه غازی [غازی= جنگجو لقب محمدشاه] بیست تومان به مردی باغبان عطا فرمود قائم مقام کس فرستاد آن زر را استرداد کرد و به خدمت شاهنشاه، پیام داد که این عطا در این مورد، موقع و جهتی نداشت و گفت: «ما هر دو در خدمت دولت ایـران خـواجـه تاشانیم و بیش از صد هزار تومان از مال رعایا حق نداریم که خرج کنیم و شما در خـدمت دولت بزرگتر هستید اگر خواهید مهمانداری مملکت ایران را خود کن و هشتاد هزار تومان از این زر تـرا باشد و من با بیست هزار تومان کوچ دهم و اگر نه، مهماندار شوم و شما با بیست هزار تومان قناعت فرمائید.» الحاصل اینگونه گفتار و کردار باعث اشتعال غضب پادشاه بی مثال گردید».** [۷۵۰]

دارایی‌ها کشور کـه بـه ضـرب شـلاق بـصورت مـالیات‌های سـنگین از طـبقات فرودست جامعه بیرون کشیده می‌شد شاهزاده ولخرج به هر کسی کـه مـی‌خواست حاتم بخشی مـی‌کرد بـی آنکـه صـرف هـزینه مـملکت‌داری کـند. اعـتمادالسـلطنه

می‌نویسد: «**... و چنان می‌خواست که سلطان به دلخواه خود نتواند فلان پست را بلند کند و فلان عزیز را نژند نماید. آقایی و احترام و تاج و تخت و ضرب سکه را خاص سلطنت کرده، ولی نصب و عزل و قطع و فصل کار و اجراء امور دولت و دادن و گرفتن مواجب و منصب را می‌خواست، منحصر به تصویب خود نماید و در مجلس وزارت صورت دهد و بی خبر از اینکه آب و گل ایرانیان و عادت ایشان سرشته ارادت پادشاه است...**»[۷۵۱]

از این سخن اعتمادالسلطنه آیا جز این برمی آید که میرزا ابوالقاسم فراهانی می‌خواست قدرت مطلق شاه که همیشه فساد مطلق بدنبال داشت محدود کند و با خودکامه‌ایی مبارزه کند که در رأس قدرت به هیچ احدی پاسخگو نبود آیا به زبان امروزی، فراهانی جز این می‌خواست که «شاه باید سلطنت کند نه حکومت»؟ و آیا خواستی میمون و مبارک یعنی سلطنت مشروطه در آن برهوت خودکامگی نبوده است؟

البته این رفتارهای مترقی در ذهن مورخ درباری چون اعتمادالسلطنه که معتقد بود: «ولی نعمت خود که ظل الله است واز جنس بشر برتری و امتیاز دارد»[۷۵۲] جرم بزرگی تلقی می‌شود! اعتماد السلطنه که مقام فرشی خودکامه را به مقام عرشی برمی کشد به حال قائم مقام فراهانی دلش می‌سوزد که چرا توجه نکرد که «**سلاطین به هیچ وجه با ما مردم طرف نسبت نیستند و نباید به غرور، خدمت با آنها جسارت کرد. سلطنت به اختیار شخصی نیست که هرکس به آن قائل شود. این رتبه مخصوصاً بسته به افاضه الهی است که در میان چندین کرور نفوس یک نفر برانگیخته می‌شود. پس با چنین کسی نباید طرف شد و با او جسارت نباید کرد که ستیزه با سلطان، مثل ستیزه با قهر و غضب الهی است. در اینصورت هرکس از مقام بشریت خود تجاوز کند. به مکافات خواهد رسید**».[۷۵۳]

اعتمادالسلطنه در واکنش مردم نسبت به قتل قائم مقام فراهانی می‌نویسد: «جمعی از مردم عوام در روز قتل او به یکدیگر تهنیت می‌دادند و مبارک باد گفته مصافحه می‌نمودند».[۷۵۴]

البته در حمله مغرضانه به قائم مقام فراهانی اعتماد السلطنه تنها نبوده بلکه انگلستان و عوامل آن در صف نخستین قرار داشتند به عنوان مثال واتسن در ضدیت

سخن پایانی / ۴۴۹

با قائم مقام مغرضانه می‌نویسد: «***شکوه‌ها و گله‌های مردم سرانجام در فکر شاه تأثیر بخشید و در صدد برآمد که برای حفظ تخت و تاج خود و آسایش خلق به اقداماتی دست زند... پس از آنکه شاه با اکراه ناچار به اقدام شد بر طبق رویّه مرسوم در ایران فرمان داد صدراعظم قائم مقام را دستگیر کردند و به دنبال آن فرزندان او را نیز بدون تأخیر گرفتند. این اقدام دردسری ایجاد نکرد بر عکس مایه خشنودی عامه شد. شاه شخصاً امر دادگستری و زمام امور عمومی را بر عهده گرفت. در ظرف روزهای بلافاصله پس از سقوط قائم مقام چنانکه انتظار می‌رفت اتهامات بسیاری بر ضد آن مرد افتاده پیش کشیدند و شاه را درباره فسادی که در کار صدراعظم و عیب‌های دستگاه صدارت او بود اقناع کردند و در نتیجه فرمان صادر شد که صدراعظم را در زندان خفه کنند و این فرمان در شب ۲۶ ژوئن ۱۸۳۵ اجرا گردید***»[۷۵۵] همین نویسنده در جایی دیگر قائم مقام را به عوام فریبی و دروغگویی متهم می‌کند.[۷۵۶]

اینکه واتسن به آسانی قائم مقام فراهانی را به فساد متهّم می‌کند و کشتن او را مایه «آسایش خلق»! ذکر می‌کند چندان عجیب نیست زیرا وقتی قائم مقام در مقابل درخواست دیپلماسی انگلستان مبنی بر انعقاد یک قرارداد بازرگانی با بریتانیا مشابه آنچه در ترکمانچای با روسها بسته شد مخالفت کرد خشم انگلیسی‌ها را برانگیخت.[۷۵۷]

قائم مقام فراهانی می‌گفت چنین قرارداد بازرگانی و تجارت «وسیله نابودی تدریجی این مملکتِ فقیر ناتوان می‌شود و عاقبتش این است که بین دو شیر قوی پنجه که چنگال‌های خود را در کالبد آن فرو برده‌اند، تقسیم خواهد شد».

کمپل وزیر مختار انگلستان در خاطراتش می‌نویسد: «هیچ استدلالی نبود که برای قانع کردن محمدشاه و وزیرش در اثبات منافع قرارداد بازرگانی به کار نرفته باشد اما تمام براهین در قائم مقام بی‌اثر مانده» انگلستان به منظور از سر راه برداشتن او پانصد لیره هزینه کرد و تنها سه روز پس از کشته شدن قائم مقام، قرارداد بازرگانی ظالمانه انگلستان بر ایران تحمیل شد.

وقتی به تشویق قائم مقام، محمد میرزا در رأس قوای ایران به هرات اعزام شد.[۷۵۸] از نظر بریتانیا قائم مقام مرتکب گناه کبیره و نابخشودنی شده بود چرا که در مقابل

تحرکات تجزیه طلبانه انگلستان ایستاده و مانع تجزیه ایران گردیده بود.[۷۵۹]

پس حملات ناجوانمردانه انگلستان قبل و پس از مرگ فجیع قائم مقام چندان شگفت‌آور نیست اما تعجب در این است که برخی از مورخین دلسوز ایرانی نیز همان اتهامات ناروا را در خصوص قائم مقام تکرار کرده‌اند که مصداق حکایت تلخ کلوخ‌اندازی شبلی بر حلاج است که از کلوخ‌اندازی دیگران لبخندی به لب داشت اما از ضربت آرام سنگ شبلی نالید!

مرحوم اقبال آشتیانی بدون اینکه به واقعیت‌های موجود توجه کند در ذکر اتهامات مغرضانه و مکنونات قلبی انگلیسی‌ها بر علیه قائم مقام، همان اتهامات را تکرار می‌کند او می‌نویسد:

«... با وجود کمال زیرکی و هوشیاری و هنرمندی و سحر در انشاء و بلاغت، آن کفایت مملکتداری و پاک دامنی سیاسی را که مردم قبلاً در مربّی و پدر بزرگوار او میرزا بزرگ قائم مقام دیده بودند و چهارده سال بعد در مربّای او میرزا تقی خان امیرکبیر دیدند نداشت. چه او با این همه عالم و کمال مردی بود دسیسه‌کار، توطئه ساز، طمّاع، پول پرست و قسی القلب، اکثر عایدات آذربایجان به جیب او می‌رفت و با این حال در رساندن حق سربازان و شاهزادگان حتی خود شاه کار را به مسامحه و سخت‌گیری می‌گذراند. به همین علت میرزا ابوالقاسم قائم مقام در دورهٔ صدارت خود برای اصلاح حال مالیّه ایران کاری نکرد. سهل است وضع آن را خرابتر هم نمود و سران لشکری و کشوری و شاهزادگان و مردم که به علل دیگر از او رنجیده بودند و به دشمنی جدّی با او قیام نمودند و شاه را به توقیف و قتل او وا داشتند و پس از شیوع خبر قتل او کمتر کسی از شنیدن این واقعه تأثر پیدا کرد زیرا که همه از طرز کار و سیاست و سخت‌گیری و صلابت او ناراضی و در عذاب بودند و فنای او را به جان و دل از خدا می‌خواستند...» [۷۶۰]

متأسفانه استاد ایرج افشار که پس از مرگ عباس اقبال، این کتاب را تنظیم و به چاپ سپرده نه تنها توضیحی در این موارد نداده، بلکه در مقدمه، کتاب را مستند بر مدارک صحیح دانسته است!

«... انتشار این کتاب تحقیقات و تتبعات مفید مرحوم اقبال را که مستند بر مدارک صحیح است از دستبرد حوادث روزگار مصون می‌دارد و طبعاً مآخذی دقیق و معتبر

برای کسانی خواهد بود...»[۷۶۱]

شوربختی بین! که در وانفسا و سیاهنای دود اندود قاجاری و در میان خیل عظیم فاسدان و رشوه خواران دربار قاجاری، چهره کم نظیر و حتی بی نظیر قائم مقام چون ماه می‌درخشد و شایسته است که برای نسل‌های آینده مخصوصاً نسل جوان معرفی گردد آنوقت طعمه این همه دشمنی‌ها و دشنام‌های جاهلانه قرار می‌گیرد! بدون شک منابع و مآخذ مرحوم اقبال، کتاب‌های واتسن انگلیسی و «صدرالتواریخ» اعتمادالسلطنه و «تاریخ نو» جهانگیر میرزا بوده است که هر سه از دشمنان قائم مقام به شمار می‌آیند.[۷۶۲]

پاکروان نیز متأثر از منابع مغرض و ضد ابوالقاسم فراهانی او را «آدمی فضل فروش و حقیر» ذکر می‌کند.[۷۶۳]

روسها از مدت‌ها قبل به بزرگی و اهمیت او در دربار ایران پی برده بودند و در صدد تحبیب او بودند. در بازگشت خسرو میرزا از روسیه که برای معذرت خواهی در خصوص قتل گریبایدوف در سال ۱۸۲۹/۱۲۴۵ به روسیه رفته بود از سوی امپراطوری روسیه یک قطعه نشان «عقاب سیاه لهستان» به قائم مقام فراهانی فرستاده شد همچنین به او پیغام داده شد که پسرش را به سن پترزبورگ جهت تحصیل بفرستد. وقتی سیمونیچ وزیر مختار روسها به ایران آمد مذاکرات متعددی با قائم مقام به عمل آورد زیرا از سوی شاه قائم مقام برای مذاکره در خصوص پرداخت بدهی‌های ایران تعیین شده بود.[۷۶۴] انگلیسی‌ها از جمله جیمز فریزر او را متهم کردند که می‌خواهد پسرش را به عنوان سفیر فوق‌العاده به پترزبورگ بفرستد و هدفش از این مأموریت اینست که می‌خواهد نه تنها مقام صدر اعظمی خود را مادام‌العمر کند بلکه می‌خواهد آن را در خانواده‌اش موروثی کند. انگلیسی‌ها حتی او را متهم به نوکری و مزدوری روسها کردند.[۷۶۵]

یکی از راههای شناخت شخصیت ابوالقاسم فراهانی همانا شناخت دشمنان رذل اوست علاوه بر دشمنی انگلستان باید به دشمنان داخلی او یعنی شاهزادگان و درباریان فاسدی نظر انداخت که از هیچ گونه توطئه ناجوانمردانه و انگ زدن در حق

وی فرو گذار نکردند در میان درباریان، هیچکس به اندازه جهانگیر میرزا در کتاب «تاریخ نو» بر او نتاخته است زیرا وقتی جهانگیر میرزا در غیاب پدرش عباس میرزا چند روزی حکومت آذربایجان را بدست گرفت جنایاتی در حق مردم آذربایجان کرد که هیچ دشمن خارجی در حق آن سامان نکرده بود این جنایتکار تنها در یک مورد به خاطر گرفتن رشوه بیشتر در سلماس، سیصد نفر از اهالی یک ده را در مقابل زنان و فرزندانشان سر برید و زن‌ها را به سربازان بخشید...![۷۶۶]

نادر میرزا نیز در کتاب «تاریخ و جغرافی دارالسلطنه» به قائم مقام به عنوان عامل کور کردن جهانگیر میرزا و خسرو میرزا می‌تازد و او را خائن قلمداد می‌کند: ***«پادشاه [محمدشاه] برآشفت و به وزیر خائن بفرمود: «وزیر تویی، هر چه کار ملک را واجب بود بگذار» قائم مقام به همین یک سخن، اسمعیل قراجه داغی فراشباشی را به اردبیل فرستاد و آن دو جوان را که به هر یک جهانی توانستند به نظام داشتن، نابینا کردند».***[۷۶۷]

در خصوص شخصیت این دو که به نوشته شاهزاده نادر میرزا «هر یک جهانی توانستندی به نظام داشتن» همین بس که «درباره این دو تن از قول مادرشان نقل شده است که محال بود بتوان احتمال داد که کدامیک بدتر بودند...»[۷۶۸]

البته مرحوم عباس اقبال نیز بدون کوچکترین تأملی همان اتهامات ناروای نادر میرزا را در حق قائم مقام تکرار می‌کند «... با زحماتی که میرزا ابوالقاسم قائم مقام در رساندن محمدشاه به تخت سلطنت متحمل شد و بعضی از عملیات زشتی که برای تحکیم کار محمدشاه به دست او صادر گردید. مانند کور کردن جهانگیر میرزا و خسرو میرزا برادران این شاه و غیره...»[۷۶۹]

شاهزاده‌های قاجاری در کتابهای خود چون نتوانسته‌اند به محمدشاه به عنوان مسبب کور کردن دو نفر مذکور اشاره کنند ناچار تنها قائم مقام را عامل کور کردن آنها ذکر کرده‌اند از طرف دیگر، قائم مقام مقتول دست شاه قاجاری بوده و از قاتلان نمی‌توان انتظار داشت در مورد مقتول خود یعنی قائم مقام فراهانی غیر از این بنویسند! از همه جرم‌هایی که برای قائم مقام برشمرده‌اند این نتیجه برمی آید که او تنها یک جرم بزرگی داشته و آن این بود که او یکصد سال زودتر از زمان خود بدنیا

آمده بود نبض زمان را حس کرده بود چرا که چون خبر هولناک جهل و عقب ماندگی را در برهوت استبداد قاجاری صلا در داد و خواست طرحی نو در اندازد بـه هـمین خاطر سرنوشت و حدیث‌اش همانند داستانِ دیـوانـه نـیچه شـد: دیـوانـه‌ای کـه در روشنایی روز با فانوسِ افروخته به بازار گاه دویده و پیوسته آن خبر هولناک را فریاد می‌زد اما مردم عادی *«میانِ خود هیاهوکنان خنده سر می‌دادند. اما دیوانه به میانِ ایشان پـرید وخیره‌خیره در ایشان نگریست و بانگ برآورد که... قدسی‌ترین و تواناترین چیزی که جهان تاکنون داشت در زیرکاردهای ما غرقِ به خون است این خون را که از ما خواهد شست؟ باکدامین آب خود را پاک توانیم کرد؟... اینجا دیوانه خاموش شد و باز در شنوندگان‌اش نگریست. آنان نیز خاموش بودند و شگفت‌زده در وی می‌نگریستند. سرانجام فانوس را بر زمین زد چنان‌که خُرد و خاموش شد. آنگاه گفت: «بسی زود آمده‌ام. زمانه هنوز زمانه‌ی من نیست...!»*

آری زمانه هنوز زمانه‌ی قائم مقام فراهانی نبود!...

سفید

نمونه پنجم

پی‌نوشت بخش دوم

۱. قفقاز و سیاست امپراطوری عثمانی، جمال گوگچه، ترجمه وهاب ولی. تهران: وزارت امور خارجه. ۱۳۷۳، ص ۴۷

۲. حکومت‌های محلی قفقاز در عصر قاجار، صفر علی‌پور، ـ تهران: مؤسسه مطالعات تاریخ معاصر ایرانی، ۱۳۷۷ ص ۱۷۵.

۳. قفقاز و سیاست امپراطوری عثمانی. جمال گوگچه... ص ۱۰۰

۴. مجله گنجینه اسناد «سندی از واکنش سلطان عثمانی در قبال الحاق گرجستان به روسیه (۱۱۹۸ ق) به کوشش ـ علی‌اکبر صفی‌پور ـ مورخه پاییز ۱۳۸۵، شماره ۶۳

۵. قبله عالم: ژئوپلتیک ایران، گراهام فولد؛ ترجمه عباس فجر، تهران: نشر مرکز، ۱۳۷۵، ص ۱۶۱

۶. مجله پانزده خرداد «جاذبه‌های ژئوپولتیک ایران، رفتار روسیه تزاری» جواد اطاعت، زمستان ۱۳۷۵، شماره ۲۴.ص ۵۹

۷. به عنوان مثال بنگرید به: مجموعه مقالات همایش بین‌المللی قفقاز در بستر تاریخ؛ به اهتمام جلیل نائبیان و حسین گلی؛ [برگزارکنندگان گروه تاریخ دانشگاه تبریز، مؤسسه فرهنگی آران. ـ تهران: اندیشه‌سازان نور، ۱۳۹۰. ص ۲۶۸ و اکثر مقالات. همچنین؛ چکیده تاریخ تجزیه ایران، هوشنگ طالع. ـ تهران: سمرقند، ۱۳۸۰.]

۸ مجله‌ی زمانه «گفتگو: ایران و روسیه تهدیدها و فرصت‌ها» گفتگو با داود کیانی، مورخه شهریور ۱۳۸۷ شماره ۷۲

۹. پیغمبرسازان و دساتیر آسمانی، علی‌اصغر مصطفوی. ـ تهران: مونو، ۱۳۷۰. ص ۵۴.

۱۰. برای اطلاع بیشتر بنگرید به: فصلنامه راهبرد «اسطوره‌های روابط ایران و شوروی» نوشته‌ی موریل اتگین، ترجمه الهه کولایی، تابستان ۱۳۷۴، شماره ۷

۱۱. توهم توطئه، احمد اشرف... ترجمه محمدابراهیم فتاحی. ـ تهران: نشر نی، ۱۳۸۲. ص ۹۳.

12. Sara Aşurbəyli. Baki şəhərinin tarixi. Bakı, Avrasiya press. 2006. S. 1.

13. IBid.

14. Baddeley, John. F. The hussian... p. 60.

۱۵. اسنادی از روابط ایران با منطقه قفقاز ـ تهران: وزارت امور خارجه، دفتر مطالعات سیاسی و بین‌المللی، ۱۳۷۲. ص ۱۴

16. Akak. cild II. sənəd 1. S. 4.

17. Qarabağnamələr. 111 kitab.tarixi-cədid-Qarabağ Mirzə Rəhim fəna... S. 27.

18. Akak, cild. II, sənəd 112, S. 69.

۱۹. تاریخ گیتی‌گشا... ص ۲۱۱

۲۰. همان منبع... ص ۲۱۲

21. Qilman Gikin. Baki və Bakililar... S. 42.

22. Akak, cild. 11, sənəd 1169. S. 587-588.

23. Akak, cild 11, sənəd 1172, S. 588.

24. Akak, cild 11. sənəd 1173. S. 589-590.

25. Akak, cild 11. sənəd 1173. S. 590.

26. Akak, cild 11. sənəd 1176. S. 590.

27. Akak, cild 11. sənəd 1177. S. 590.

28. Akak, cild 11. sənəd 1178. S. 590-591.

29. Akak, cild 11. sənəd 1179. S. 591.

۳۰. مآثر سلطانیه، عبدالرزاق دنبلی... ص ۲۸۱

۳۱. تاریخ ذوالقرنین... ص ۱۸۴.

۳۲. روضة‌الصفا... ج نهم، بخش اول... ص ۷۵۲۵

۳۳. ژانیونیر، دلاوران گمنام ایران در جنگ با روسیه تزاری، ترجمه ذبیح‌الله منصوری ـ تهران: نگارستان ـ ۱۳۷۹. ص ۳۲۶

۳۴. تاریخ ذوالقرنین... ص ۱۸۴. تاریخ منتظم ناصری... ج ۳، ص ۱۴۶۸. فهرس‌التواریخ... ص ۳۴۱.

35. Qarabaĝnamə. 1. kitab. Adigozəl BəY... S. 74.

36. ... Mirzə Rəhim fənə... S. 27.

۳۷. تاریخ ذوالقرنین... ص ۱۸۶.

۳۸. آهنگ سروش: تاریخ جنگ‌های ایران و روس، نوشته‌ی میرزا محمدصادق وقایع‌نگار... ص ۸۰ همچنین: روایت ایرانی جنگ‌های ایران و روس، حسین آبادیان ـ تهران: وزارت امور خارجه، ص ۱۳۲

39. Adigozəl BəY... S. 75.

۴۰. آهنگ سروش... ص ۸۰

41. Adigozəl BəY... S. 75.

42. Akak, cild, II, sənəd, 1182, S. 592.

۴۳. آهنگ سروش... ص ۸۱ همچنین محمد حافظ‌زاده، قراباغ، قم، نویدالاسلام، ۱۳۸۱ ص ۹۲

44. Adigozəl BəY... S. 42.

۴۵. تاریخ ذوالقرنین... ص ۱۹۴.

۴۶. بنگرید به ژان یونیر، دلاوران گمنام ایران در جنگ با روسیه تزاری... ص ۴۱۳

47. Akak, cild, V, sənəd, 167, S. 119.

۴۸. تزاریسمی آذربایجان گیترنلر، فریدون اسدوف، سئویل کریموا، کؤچورن، امیرعقیقی بخشایشی ـ قم، نشر بخشایش. ص ۲۵

۴۹. آهنگ سروش... ص ۸۱

50. Qilman Qlkin. Baki və Bakililar... S. 51.

۵۱. گلستانه، مجمل‌التواریخ... ص ۱۳

.52 Adigozəl BəY... S. 77.

۵۳. مجموعه اسناد تاریخی قفقاز، ج ۲، سند شماره‌ی ۱۱۸۲، ص ۵۹۲، به نقل از: فصلنامه‌ی مطالعات آسیایی مرکزی و قفقاز «نخستین تلاش‌های نظامی ـ سیاسی روسیه تزاری برای استقرار حاکمیت خود در قفقاز» نوشته‌ی محمد سلمانی‌زاده، سال شانزدهم، دوره‌ی چهارم، شماره‌ی ۵۸، تابستان ۱۳۸۶، ص ۱۰۳

۵۴. گنجه و گنجه لی لر نوشته احمد عیسی اوف ـ باکو: آذرخش، ۱۹۹۱. ص ۸۵ به نقل از: قره‌باغ در گذرگاه تاریخ ـ صمد سرداری نیا ـ تبریز: ندای شمس، ۱۳۸۴، ص ۳۵۵

55. Irəvan xanlîŷi. f. əliyəv... S. 124.

56. Mustafazadə T.T... S. 116.

57. IBid.

58. Naxçivan xanlîŷi, F. əliyev... S. 76.

۵۹. سیاحتنامه اولیاء چلپی: آذربایجان و تبریز، به قلم حسین نخجوانی... صص ۳۸ ـ ۴۰

60. Naxçivan xanlîŷi... S. 76.

61. Akak, cild, II, sənəd, 1265, S. 631.

62. Irəvan xanlîŷi. f. əliyev... S. 126.

63. IBid. S. 127.
64. Akak, cild, I, sənəd, 340, S. 618-619.
65. IBid. S. 130.
66. Akak, cild, II, sənəd, 1216, S. 610.
67. Naxçivan xanlîyi, f. əliyev... S. 77.
۶۸. آهنگ سروش: تاریخ جنگ‌های ایران و روس... ص ۸۲
69. Naxçivan xanlîyi... S. 79.
70. Irəvan xanlîyi... S. 133.
۷۱. آهنگ سروش: تاریخ جنگ‌های... ص ۸۲
72. Irəvan xanlîyi... S. 139.
73. IBid. S. 135.
74. ŞRəVAN xanlîyi: Rusiya işĝali və ermənilərin şimdi Azərbaycan torpaglaina köçürülməsi, Bakı, Azərbaycan: 2010. S. 198.
75. Irəvan xanlîyi... S. 136.
76. Akak, cild, II, sənəd, 1232, S. 615.
77. şRvan xanlîyi... S. 193-194.
78. IBid. S. 200.
79. IBid.
80. Azərbaycan tarixi. yeddi cilddə. IV cild (xix əsr). Baki. Elm. 2007. S. 15.
81. Akak, cild, II, sənəd, 1668, S. 810.
82. IRəvan xanliĝi... S. 138.
83. şRəvan xanlîyi... S. 200.
84. Azərbaycan tarixi. yeddi cilddə. IV cild (xixəsr)... S. 15.
85. Naxçivan xanlîyi. f. əliyev... S. 81.
86. N.ç. Mustafa yeva. cənubi Azərbaycan xanliglari. Baki. 1995. S. 81-82.
87. Naxçivan xanlîyi... S. 81.
88. şRəvan xanlîyi... S. 201.
89. IRəvan xanlîyi f. əliyev... S. 141.
90. şRəvan xanlîyi... S. 201.
91. IRəvan xanlîyi... f. əliyev... S. 143.
92. Tahirzadə ə.Aĝa Məhəmməd şah Qacar. Baki. 2002. S. 144.
93. irevan xanlîyi... S. 144-145.
94. IBid. S. 145-146.
95. Naxçivan xanlîyi... S. 81.
۹۶. مآثرالسلطانیه، عبدالرزاق مفتون دنبلی... ص ۱۵۳
97. irəvan xanlîyi... S. 148.
98. IBid... S. 149.
99. şrəvan xanlîyi... S. 202.
100. umdlu V. şimali Azərbaycan çar Rusiyasi tərəfindən işĝali... (1801-1828), Baki, 2004. S. 50.
101. süleymanov M. irəvan xanlîyinin rusiyaya birləşdirilməsi tarixindən. Baki. 1997. S. 69-70.
102. Tarixi-cadidi-Qarabaĝ Mirzə Rəhimə fəna... S. 13.

۱۰۳. تاریخ سیاسی اجتماعی شاهسون‌های مغان، تألیف ریچارد تاپر، ترجمه‌ی حسن اسدی... ص ۱۷۰
104. Məhərrəm Zülfüqarli... S. 42.
۱۰۵. آهنگ سروش... ص ۸۰
106. Akak, cild. II. Sənəd 1436. S. 702-705.
107. mirzə rəhimə fəna... s. 27-28.
108. IBid. S. 29.
109. Qilman Glkin. Baki Və Bakililar... S. 52.
110. əmrahov Mais... Qarabağ xanlĭyi... S. 139.
111. Qarabağnamələr. 111. kitab. Həsənəli Qaradaŷi... S. 105.
112. Baki və Bakililar... S. 53.
113. mirzə rəhimə fəna... S. 30. Həsənəli Qaradaŷi... S. 105.
114. Həsənli Qaradŷi... S. 106.
115. Azərbaycan tarixi. yeddi cilddə. iv cild... S. 17.
116. Bayramova Nail. şamaxi xanlĭyi... S. 78.
117. Azərbaycan tarixi. yeddi cilddə. iv cild... s. 17.
118. Bayramova Nail. şamaxi xanlĭyi... S. 79.
119. Azərbaycan barixi. yeddi cilddə. iv cild... S. 17.
120. IBid. S. 18.
121. Bayramova Nail. şamaxi xanlĭyi... S. 79.
122. IBid. S. 80.
123. Naxçivan xanlĭyi... S. 82.
124. IBid. S. 83.
125. IBid.
126. IBid.
127. IBid. S. 84.
128. IBid. S. 85.
129. IBid. S. 86.
130. Mustafa tofiq. Quba xanlĭyi. Bakı. Elm. 2005. S. 216.
131. Naxçivan xanlĭyi... S. 86.
132. Akak, cild. III. Sənəd 1025, S. 599.
133. IBid. S. 88.
134. Qarabağnamələr. 111. kitab. Həsənəli Qaradaŷi... S. 107.
135. IBid. S. 107.
136. Məhərrəm zülfügarli... S. 46.
137. tarixi-cədidi-Qarabağ. Mirzə Rəhimə fəna... S. 107.
138. Qilman Glkin. Baki və Bakililan... S. 59.
139. əmrahov Mais... Qarabağ xanlĭyi... S. 140.
140. Bakixanov A. Gulustani-irən. Baki. 1951. S. 77.
141. Mirzə Rəhimə fəna... S. 59.
142. əmrahov Mais... Qarabağ xanlĭyi... S. 83.
143. tofiq köçərli. Qarabağ: yalan və Həqiqət. Baki. islam. 1998. S. 67.

۱۴۴. آهنگ سروش... و قراباغ، حافظ زاده... ص ۹۵
145. Bakixanov A. Gulustani-irəm... S. 77.
146. IBid.
147. mirzə Rəhim ə fəna... S. 107.
148. Qilman Glkin. Baki və Bakililar... S. 59.
149. şimal-Qərbi Azərbaycan, z.ə. cavadova, Baki, 1999, S. 30.
150. Bakixanov A... S. 77-78.
151. Akak. V. 111. tiflis. 1869, Səh. 271. N. 488.
152. şimal-Qərbi Azərbaycan... S. 31.
153. Akak. V. VI. tiflis, 1874. S. 739, N. 1097.
154. Kərym Âğa fateh. şəki xanlarinin müntəsər tarixi... S. 22.
155. sara Aşurbəyli. Baki şəhərinin tarixi. Baki. Press. 2006. S. 211.
156. IBid. S. 212.
157. IBid.
158. IBid. S. 213.
159. IBid.
160. Azərbaycan tarixi. yeddi cilddə. IV cild... S. 20.
161. Qilman Glkin. Baki və Bakililar... S. 52.
162. Azərbaycan tarixi. yeddi cilddə. IV cild... S. 18.
163. Hatt-iHümayun, nr. 6677-A; Belgeler. 1 C, nr 62.
164. Azərbaycan tarixi. yeddi cilddə. iv cild... S. 18.
165. Azərbaycan tarixi... S. 15.
166. IBid. S. 52... Baki şəhərinin barixi... S. 214.
167. Bakixanov A... S. 76.
168. Azərbaycan tarixi. yeddi cilddə... S. 18.
169. Baki ve Bakililar... S. 61.
170. Mirzə camal cavanşir. Qarabağ tarixi... S. 95-96.
171. Baki və Bakililar... S. 56.
172. AbbasQulu Âğa Bakixanov... S. 195.
173. IBid.
۱۷۴. جنگ با گرجستان و روس، نوشته حسین ثقفی اعزاز، مجله دانش، مهر ۱۳۲۸، شماره ۷، ص ۳۵۱
175. Aliyarli, süleyman, Azerbaycan tarixi, Bakü 1996. S. 557.
۱۷۶. تاریخ اجتماعی و سیاسی ایران، سعید نفیسی. ـ تهران: شرق، ۱۳۳۵، ج اول، ص ۲ ـ ۲۵۰
177. Baki və Bakililar... S. 53.
178. IBid. S. 56.
179. Bakixanov A... S. 196.
180. Azərbaycan tarixi yəni baxiş, Məhərrəm zülfügarli... S. 46.
181. IBid. S. 197.
۱۸۲. مجله تاریخ روابط خارجی «گذری بر اندیشه ها و آثار عباسقلی اقاقدسی» رحیم رئیس نیا، پاییز ۱۳۸۱، شماره ۱۲ ص ۱۸۸
183. f.əliyev... irəvan xanlîyi... S. 146.

184. Azərbaycan tarixi. yeddi cilddə. IV cild... S. 20.

۱۸۵. مجله بررسی‌های تاریخی «نقطه اوج نفوذ فرانسه در دربار ایران: در زمان فتحعلی‌شاه قاجار» نوشته مونیکا روشن ضمیر، مورخه فروردین و اردیبهشت ۱۳۵۵ ـ شماره ۶۲. ص ۱۲۷

۱۸۶. آلفونس تره زل. یادداشت‌های ژنرال تره زل در سفر به ایران، به اهتمام ژ. ب. دوما. ترجمه عباس اقبال، تهران: فرهنگسرا، ۱۳۶۱، ص ۲۲.

187. irəvan xanlıyi... s. 146.

188. IBid.

۱۸۹. یادداشت‌های ژنرال تره زل، آلفونس تره زل... ص ۵۰

۱۹۰. تاریخ روابط خارجی، عبدالرضا هوشنگ مهدوی. ـ تهران: امیرکبیر. ۱۳۷۱. ص ۲۱۱

۱۹۱. مجله شرق، دو مکتوب ناپلئون به فتحعلی شاه اسفند ۱۳۰۹ شماره ۳، ص ۸ ـ ۱۳۷

۱۹۲. برای متن نامه‌ها بنگرید به: ناپلئون و ایران. ایرج امینی؛ ترجمه اردشیر لطفعلیان. ـ تهران: فرزان روز، ۱۳۷۸. همچنین: مجله بررسی‌های تاریخی «روابط ایران و فرانسه دوره قاجاریه» نوشته خان بابا بیانی. مورخه بهمن و اسفند ۱۳۴۷، صص ۱۳۱ ـ ۱۲۹

۱۹۳. بنگرید به: مسافرت به ارمنستان و ایران. پ. آمده ژوبر؛ ترجمه محمود مصاحب... ص ۶۱

۱۹۴. مجله بررسی‌های تاریخی... روشن ضمیر... همان ص ۱۳۰

۱۹۵. مجله بررسی‌های تاریخی نقطه اوج نفوذ فرانسه بر دربار ایران (در زمان فتحعلیشاه قاجار) نوشته مونیکا روشن ضمیر، فروردین و اردیبهشت ۱۳۵۵ ـ شماره ۶۲ ص ۱۳۸.

۱۹۶. ناسخ التواریخ، محمد تقی سپهر... ج ۱، ص ۱۴۷

۱۹۷. روضةالصفا... ج ۹ ص ۴۲۰. تاریخ روابط ایران و روسیه در نیمه قرن نوزدهم... ص ۲۹. ناسخ التواریخ، محمد تقی سپهر... ج ۱، ص ۱۴۷

۱۹۸. مجله بررسی‌های تاریخی «اتحاد فرانسه، ایران و عثمانی.. محمد امین ریاحی، مورخه خرداد و تیرماه ۱۳۵۴، شماره ۵۷، صص ۱۹ـ۱۸

۱۹۹. روابط ایران و روسیه، احمد تاج بخش. ـ تبریز: دنیا، ۱۳۳۷، ص ۳۲ همچنین: مأموریت ژنرال گاردان در ایران... آلفرد دوگاردان، ترجمه عباس اقبال آشتیانی. ـ تهران: نگاه، [بی تا] صص ۴۰ ـ ۳۶

۲۰۰. مجله‌ی بررسی‌های تاریخی «نقطه اوج نفوذ فرانسه بر دربار ایران در زمان فتحعلی شاه قاجار» نوشته مونیکا روشن ضمیر، فروردین و اردیبهشت ۱۳۵۵ ـ شماره ۶۲. ص ۱۳۷

۲۰۱. سفرنامه بن تان، نویسنده اگوست بن تان مترجم: منصوره اتحادیه (نظام مافی). ـ تهران: بی‌نا، ۱۳۵۴. ص ۹۹

۲۰۲. سفرنامه بن تان نویسنده: اگوست بن تان مترجم: منصوره اتحادیه (نظام مافی). تهران: بی‌نا، ۱۳۵۴ ص ۹۹

۲۰۳. فارسنامه ناصری... ج اول. ص ۶۹۵

204. Akale, cild. III. sənəd. 453. S. 245.

205. irəvan xanlıyi... S. 151.

206. IBid.

207. IBid.

208. IBid. S. 153.

209. Akak, cild, III, sənəd. 946, S. 514.

۲۱۰. ناسخ التواریخ. ص ۹۴، روضة الصفا. ص ۴۳۳، مآثر سلطانیه ۱۸۶۱۹

211. irəvan xanlıyi... S. 153.

212. The Russian Conquest of The Caucasus. By John Baddeley. Newyork.1908.p.141

۲۱۳. مجله بررسی‌های تاریخی اتحاد فرانسه و ایران و عثمانی و گزارش سفیر عثمانی. نویسنده: ریاحی، محمد امین. مورخه «خرداد و تیر ۱۳۵۴ ـ شماره ۵۷. ص ۲۵

۲۱۴. تاریخ اجتماعی و سیاسی ایران در دوره‌ی معاصر، سعید نفیسی... ج ۱: ص ۱۲۳ ـ ۱۲۴

۲۱۵. روضة‌الصفا ج ۹ ص ۳ـ ۴۲۲. ناسخ التواریخ... ج اول ص ۱۷۱
۲۱۶. مجله گنجینه اسناد «اولین سفیر قاجار در پاریس» نویسنده: حسین احمدی، بهار و تابستان ۱۳۷۹، شماره ۳۷ و ۳۸. ص ۱۴
۲۱۷. مجله‌ی بررسی‌های تاریخی «نفوذ سیاسی انگلیس در دربار قاجار و رقابت با سیاست فرانسه در ایران.» نویسنده: روشن ضمیر، مونیکا، مورخه خرداد و تیر ۱۳۵۶ ـ شماره ۷۰ صص ۱۶ ـ ۱۷
۲۱۸. مجله بررسی‌های تاریخی «نقطه اوج نفوذ فرانسه بر دربار ایران در زمان فتحعلی‌شاه قاجار» نوشتهٔ مونیکاروشن ضمیر، فروردین و اردیبهشت ۱۳۵۵ ـ شماره ۶۲ ص ۱۴۰. همچنین: فارسنامه ناصری... ج اول. ص ۶۹۷
۲۱۹. مجله بررسی‌های تاریخی «نفوذ سیاسی انگلیس در دربار قاجار و رقابت با سیاست فرانسه در ایران» نویسنده: روشن ضمیر، مونیکا، مورخه خرداد و تیر ۱۳۵۶ ـ شماره ۷۰ ص ۱۹
۲۲۰. روضة الصفا... ج ۹ ص ۴۴۴/ ناسخ التواریخ... ص ۷۸
۲۲۱. به نقل از: مجله بررسی‌های تاریخی «نقطه اوج نفوذ فرانسه بر دربار ایران (در زمان فتحعلی‌شاه)» قاجار نوشته مونیکاروشن ضمیر، فروردین و اردیبهشت ۱۳۵۵ ـ شماره ۶۲ ص ۱۴۴
۲۲۲. مجله گنجینه اسناد اولین سفر قاجار در پاریس «نویسنده: حسین احمدی بهار و تابستان ۱۳۷۹ ـ شماره ۳۷ و ۳۸. ص ۱۵»
۲۲۳. به نقل از: مجله بررسی‌های تاریخی «نقطه اوج نفوذ فرانسه بر دربار ایران (در زمان فتحعلی‌شاه قاجار)» نوشته مونیکا روشن ضمیر، فروردین و اردیبهشت ۱۳۵۵ ـ شماره ۶۲ صص ۱۵۲ ـ ۱۴۹
۲۲۴. مجله گنجینه اسناد «نویسنده: حسین احمد بهار و تابستان ۱۳۷۹ ـ شماره ۳۷ و ۳۸ ص ۱۶. همچنین فراموشخانه و فراماسونری در ایران؛ اسماعیل رائین. ـ تهران: امیرکبیر؛ ۱۳۵۷. جلد اول. صص ۳۰۹ ـ ۳۱۳
۲۲۵. مجله گنجینه اسناد «اولین سفر قاجار در پاریس» نویسنده: حسین احمدی، «بهار و تابستان ۱۳۷۹ ـ شماره ۳۸ و ۳۷. ص ۱۸
۲۲۶. به نقل از: مجله بررسی‌های تاریخی «اتحاد فرانسه و ایران و عثمانی و گزارش سفیر عثمانی». نویسنده: ریاحی، محمد امین، مورخه «خرداد و تیر ۱۳۵۴ ـ شماره ۳۷ ص ۳۱.
۲۲۷. به نقل از: مجله بررسی‌های تاریخی «اتحاد فرانسه و ایران و عثمانی و گزارش سفیر عثمانی». نویسنده: ریاحی، محمد امین. مورخه «خرداد و تیر ۱۳۵۴ ـ شماره ۵۷ صص ۴۱ ـ ۴۳
۲۲۸. تره‌زل... ص ۳۰

229. mustafa tofiq. Quba xanlĩÿi. Baki. Elm. 2005. S. 225.
230. IBid. S. 221.
231. IBid. S. 223.
232. IBid. S. 225.
233. IBid. S. 226.
234. IBid. S. 227.
235. IBid. S. 229.
236. f. əliyev... Naxçivan xanlĩÿi... S. 89.
237. şrəvan xanlĩÿi... S. 205.
238. Akak, cild. III, sənəd. 496. S. ???
239. Naxçivan xanlĩÿi... S. 59.
240. IBid. S. 90.

۲۴۱. سانکت ـ پترزبورگ ۵ آوریل ۱۸۰۹، ۹۲ ص ۳۳

242. Naxçivan xanlĩÿi... S. 93.
243. Akak, cild. III. sənəd 875. S. 496.
244. Naxçivan xanlĩÿi... S. 93. Irəvan xanliyi... S. 154.
245. Naxçivan xanlĩÿi... S. 207.

246. IBid.
247. f. əliyəv... irəvan xanlîŷi... S. 156.
248. şrəvan xanlîŷi... S. 208.

۲۴۹. سیاست نظامی روسیه در ایران (۱۸۱۵-۱۷۹۰)، خانک عشق - تهران: بی‌نا، ۱۳۵۳ ص
۲۵۰. سیاست نظامی روسیه در ایران... خانک عشقی... ص ۱۵۷

251. məhərrəm zülfügarli... S. 47.
252. Naxçivan xanlîŷi... S. 94.

۲۵۳. فصل نامه تاریخ روابط خارجی «گذری بر معاهدات گلستان و ترکمانچای و پیامدهای آن» محمد حسن کاووسی عراق، مورخه تابستان ۱۳۸۱، شماره ۱۱.ص ۷۱

254. Naxçivan xanlîŷi ... s. 95.
255. IBid. S. 96.
256. Həsənəli Qaradaŷi. Qarabaĝ vilayətinin Qədim və... S. 108.

۲۵۷. فارسنامه ناصری... ج اول ص ۷۰۹
۲۵۸. تاریخ ایران، تألیف رابرت گرانت واتسن با ترجمه ع. وحید مازندرانی - تهران: کتاب‌های سیمرغ، ۱۳۴۰ ص ۱۶۰
۲۵۹. روضة‌الصفا... رضا قلی خان هدایت... ص ۷۶۳۹
۲۶۰. آهنگ سروش... ۲۰۵
۲۶۱. آهنگ سروش... صص ۶-۲۰۵
۲۶۲. تاریخ ایران... واتسن... ص ۱۶۱
۲۶۳. تاریخ ایران... واتسن... ص ۱۶۳
۲۶۴. آهنگ سروش... محمد صادق وقایع نگار... ص ۲۰۹
۲۶۵. سرگور اوزلی: طراحی عهدنامه گلستان، فریدون زند فرد - تهران: نشر آبی، ۱۳۸۶ ص ۲۰۱
۲۶۶. سرگور اوزلی: طراح عهدنامه گلستان... ص ۲۰۸
۲۶۷. معاهدات و قراردادهای تاریخی در دوره قاجاریه؛ به کوشش غلامرضا طباطبایی مجد. - تهران: بنیاد اشار، ۱۳۷۳. صص ۸۴-۷۷
۲۶۸. تاریخ روابط سیاسی ایران و انگلیس در قرن نوزدهم، محمود محمود. - تهران: اقبال، ۱۳۶۷. ج اول. صص ۱۳۱ - ۱۲۵
۲۶۹. سرگود اوزلی... صص ۷-۲۱۶
۲۷۰. تاریخ روابط سیاسی ایران و انگلیس در قرن نوزدهم، محمود محمود... ج اول. صص ۱۴۱ - ۱۴۰

271. kərim şükürov. Türkəmənçay-1828: Baki, 2006. S. 13.

۲۷۲. سرگور اوزلی... ص ۲۱۷
۲۷۳. سفرنامه میرزا ابوالحسن خان شیرازی به روسیه، محمد هادی علوی شیرازی، به اهتمام محمد گلبن، سیاسی. - مرکز اسناد فرهنگی آسیا، ۱۳۵۷. به نقل از: مجله مشکوة. «گشت گذاری در سفرنامه‌های سیاسی» نوشته محمد شهری برآبادی. مورخه بهار ۱۳۶۹، شماره ۲۶.
۲۷۴. روضة‌الصفای ناری... ج نهم صص ۲-۲۲۱
۲۷۵. مجله بررسی‌های تاریخی «مقدمات جنگ دوم ایران و روسیه» پرنس اسچرباتوف؛ مترجم محمود کی، خرداد و تیر ۱۳۵۳، شماره ۵۱، صص ۶۰-۵۵
۲۷۶. دلیل السفراء، محمد هادی علوی شیرازی... ص ۲۶۶
۲۷۷. مجله بررسی‌های تاریخی «مقدمات جنگ دوم ایران و روسیه» پرنس اسچرباتوف... ص ۶۰
۲۷۸. گوشه‌ای از تاریخ ایران، فتح‌الله عبدالله یف، ترجمه غلامحسین متین. - تهران: ستاره، ۱۳۵۶، ص ۹۹
۲۷۹. عبدالله یف... ص ۹۹. همچنین: روضة‌الصفای ناصری... ج نهم. ص ۲ - ۲۲۱
۲۸۰. دلیل السفرا: سفرنامه میرزا ابوالحسن خان شیرازی ایلچی به روسیه... ص ۱۸۱

۲۸۱. ناسخ التواریخ. کتاب قاجاریه. ج ۱ ص ۱۶۷. روضة الصفا... ج ۹ ص ۲۲۲
۲۸۲. بررسی‌های تاریخی... «مقدمات جنگ دوم ایران و روسیه»... ص ۵۰
283. The Russian Conquest of The Caucasus. By John f. Baddeley. Newyork.1908.p.99
۲۸۴. همان منبع... ص ۶۱
285. Akak, cild. VI. sənəd 1. S. 11.
286. Kərim şükürov. Türkmənçay...S. 18.
۲۸۷. ناسخ التواریخ... ج ۱ کتاب قاجاریه ص ۱۷۲. و روضة الصفا... ج ۹ ص ۲۲۶
۲۸۸. رضا قلی خان... ص ۲۲۶
289. Kərim şükürov...S. 19.
۲۹۰. مجله بررسی‌های تاریخی «سندی درباره سفارت ژنرال یرملوف به ایران.» جهانگیر قائم مقامی، بهمن و اسفند ۱۳۴۹. شماره ۳۰.
۲۹۱. روضةالصفا... ج ۹ صفحات ۲۲۲ ـ ۳
۲۹۲. منتظم ناصری... ج ۳ ص ۱۱۵
۲۹۳. مجله بررسی‌های تاریخی «سندی درباره سفارت ژنرال یرملوف به ایران.» جهانگیر قائم مقامی، بهمن و اسفند ۱۳۴۹ ـ شماره ۳۰
۲۹۴. مآثر السلطانیه... ص ۳۲۹ـ ص ۳۳۰. روضةالصفا... ص ۲۲۶ و ص ۲۲۷
295. Kərim şükürov...S. 19.
۲۹۶. ناسخ التواریخ... خ ۱، کتاب قاجاریه ص ۱۷۲
297. [John f. Baddeley... p. 102
۲۹۸. روضةالصفا... ص ۲۸۸ ص ۲۲۹ و تاریخ روابط... محمود محمود ج ۱ ص ۱۶۷
۲۹۹. روضةالصفا... ص ۲۲۹
۳۰۰. محمود محمود... ج ۱ ص ۱۶۷
۳۰۱. بررسی‌های تاریخی... مقدمات جنگ دوم ایران و روسیه... ص ۶۴
۳۰۲. بررسی‌های تاریخی، همان... ص ۶۵
۳۰۳. همان منبع... ص ۶۶
304. Kərim şükürov...S. 19.
۳۰۵. بررسی‌های تاریخی... ص ۶۵
۳۰۶. همان منبع... ص ۷۱
۳۰۷. تاریخ و جغرافی دارالسلطنه تبریز... ص ۲۴۰
308. Kərim şükürov...S. 19.
309. John f. Baddeley... p.104
310. IBid. S. 20.
311. IBid. S. 27.
312. IBid. S. 28.
۳۱۳. بررسی‌های تاریخی... ص ۷۷
۳۱۴. محمود محمود... ج اول، صص ۱۷۳ـ ۱۷۰
۳۱۵. تاریخ ایران... واتسن... صص ۱۹۸ـ۹
316. Bakixanov. A. Gulustani-irəm... S. 103.
317. Baddeley, John f... p. 145.
۳۱۸. جنگ ایران و روس، جمیل قوزانلو. ـ تهران: ۱۳۱۴. ص ۲
۳۱۹. تاریخ روابط بازرگانی و سیاسی ایران و انگلیس. ابوالقاسم طاهری. ـ تهران: انجمن ملی آثار ملی. ج ۲ ص ۲۹

۳۲۰. انفصال هرات، منصوره اتحادیه ـ تهران: کتاب سیامک، ۱۳۸۰. ص ۵۶

۳۲۱. انفصال هرات... ص ۶۰

۳۲۲. آهنگ سروش... صص ۲۳۷ ـ ۲۳۵

۳۲۳. سیاستگذاران دوره‌ی قاجار، خان ملک ساسانی. ـ تهران: طهوری، ۱۳۳۸. ج ۲، ص ۱۳

۳۲۴. تاریخ نو جهانگیر میرزا. تهران: علم، ۱۳۸۴، ص ۳۰.

۳۲۵. ایران در میان طوفان یا شرح زندگانی عباس میرزا نایب‌السلطنه...، ناصر نجمی. ـ تهران: معرف، ۱۳۳۶.صص ۲۱۲ـ ۲۰۹.

۳۲۶. احوالات و دست خط‌های عباس میرزا نایب‌السلطنه، ابوالقاسم لاچینی. ـ تهران: بنگاه مطبوعاتی افشار، ج ۲، صص ۱۰ـ ۱۵.

۳۲۷. تاریخ خوی: سیر تحولات اجتماعی و فرهنگی شهرهای ایران در طی قرون، نوشته محمد امین ریاحی. ـ تهران: طرح نو، ۱۳۷۸. ص ۳۱۸

۳۲۸. امینه پاکروان، عباس میرزا، ترجمه قاسم صنعوی. ـ تهران: نشر چشمه، ۱۳۷۶. ص ۲۴۵

۳۲۹. آهنگ سروش... صص ۲۳۷ ـ ۲۳۵

۳۳۰. تاریخ ایران دوره قاجاریه... گرانت واتسن... ترجمه وحید مازندرانی... صص ۲۰۰ ـ ۱۹۹

۳۳۱. حامد الگار، نقش روحانیت پیشرو در انقلاب مشروطیت، ترجمه ابوالقاسم سری. ـ تهران: طول، ۱۳۵۶. ص ۱۲۰

۳۳۲. حامد الگار... ص ۱۲۶ـ ۱۲۵

۳۳۳. بنگرید به: مجله زمانه «رفع یک اشتباه یا جعل تاریخی: همسویی عباس میرزا و قائم مقام با علما در جهاد با روس. نوشته علی ابوالحسنی، مورخ شهریور ۱۳۸۷، شماره ۷۲، ص ۳۹.

۳۳۴. مجله مهر «در راه ولیعهدی عباس میرزا» عبدالحسین هژیر. شماره ۹، سال اول، صص ۷۰۹ ـ ۷۰۶.

۳۳۵. مجله‌ی بررسی‌های تاریخی «مقدمات جنگ دوم ایران و روسیه» نوشته پرنس اسچر باتوف ترجمه محمود کی، مورخه خرداد و تیر ۱۳۵۳، شماره ۵۱، ص ۵۴

۳۳۶. همان منبع... ص ۵۸

۳۳۷. دو سال آخر: یادداشت‌های روزانه سرجان کمبل نماینده‌ی انگلیس در دربار ایران، ابراهیم تیموری. ـ تهران: دانشگاه تهران، ۱۳۸۴. ص ۱۵۷

۳۳۸. تاریخ نو، جهانگیر میرزا... ص ۲۰

۳۳۹. همان منبع... ص ۲۳

۳۴۰. تاریخ ذوالقرنین، خاوری شیرازی، به کوشش غلامحسین زرگری نژاد. ـ تهران: روزنامه ایران، ۱۳۸۳ صص ۳ـ ۵۲۲.

۳۴۱. تاریخ روابط خارجی «گذری بر اندیشه‌ها و آثار عباسقلی آقا قدسی...» رحیم رئیس نیا... ص ۱۸۷

342. Akak. cild. VI, sənəd 1212. S. 810.

343. Akak. cild. VI, sənəd. 1293, S. 848.

344. Həsənali Qaradŷi. Qarabağ vilayətinin Qədim və cədid... S. 108.

345. şrəvan xanlŷi... S. 15.

۳۴۶. اسنادی از روند اجرای معاهده ترکمانچای (۱۲۴۵/۱۲۴۵ هـ. ق) به کوشش فاطمه قاضی‌ها... ص ۲۵۱

۳۴۷. به نقل از:... گذری بر اندیشه‌ها و آثار عباسقلی آقاقدسی... رحیم رئیس نیا... ص ۱۸۸

۳۴۸. فارسنامه ناصری... ص ۷۲۸. روضة‌الصفای.. ج ۹ ص ۶۴۲

۳۴۹. فارسنامه ناصری... ص ۷۲۹ و ناسخ التواریخ، محمد تقی سپهر... ص ۲۱۵

۳۵۰. مآثر سلطانیه، عبدالرزاق دنبلی، به کوشش غلامحسین زرگری نژاد. ـ تهران: روزنامه ایران، ۱۳۸۳

۳۵۱. تاریخ روابط سیاسی ایران و انگلیس، محمود محمود، ج ۱، صص ۸ـ ۲۶۷

352. [Akale.VI.P.314]

۳۵۳. همدانی، حاجی ملامحمد رضا، رساله‌ی جهادیه، نسخه‌ی خطی کتابخانه ملی، شماره ۹۰۰

۳۵۴. مجله دانشکده ادبیات و علوم انسانی دانشگاه تهران «نقش علماء در پیدایش ادب جهادی جنگ‌های ایران و روس،

دوره قاجار» نویسنده عبدالرضا سیف، بهار ۱۳۸۲، شماره ۱۶۵
۳۵۵. قائم مقام فراهانی، میرزا عیسی: احکام الجهاد و اسباب الرشاد، تصحیح و مقدمه تاریخی غلامحسین زرگری نژاد. - تهران: بقعه، چاپ اول، ۱۳۸۰
۳۵۶. مآثر سلطانیه... ص ۱۴۶
۳۵۷. تاریخ نو، جهانگیر میرزا، ص ۳۰-۲۹
۳۵۸. قائم مقام فراهانی، میرزا عیسی: جهادیه. - تهران: انتشارات ایران زمین، ۱۳۵۴، ص ۱۹-۱۸
۳۵۹. محمدتقی سپهر ۱۳۳۷، ص ۹۸
۳۶۰. دین و دولت در ایران... حامد الگار، ترجمه ابوالقاسم سری. - تهران: توس، ۱۳۶۹ ص ۱۵۱
۳۶۱. تاریخ ایران... واتسن... ص ۲۰۰
۳۶۲. تاریخ ایران... واتسن... ص ۲۰۰. آهنگ سروش... ص ۲۳۶
۳۶۳. فارسنامه ناصری... ص ۷۲۹
۳۶۴. عبدالله یف... ص ۱۴۴
۳۶۵. ناسخ التواریخ... ج الو، ص ۳۵۶
۳۶۶. فارسنامه... ص ۷۲۹
۳۶۷. گوشه‌ای از تاریخ ایران، فتح الله عبدالله یف. ترجمه غلامحسین متین تهران: ستاره، ۱۳۳۶. صص ۵-۱۴۴
۳۶۸. فتح‌الله عبدالله یف... صص ۶-۱۴۵
۳۶۹. منشآت قائم مقام فراهانی، به کوشش سید بدرالدین یغمایی. - تهران: شرق، ۱۳۷۳. ص ۲۴
۳۷۰. نامه‌های پراکنده قائم مقام فراهانی، بخش یکم، به کوشش جهانگیر قائم مقامی. - تهران: بنیاد فرهنگ ایران ۱۳۵۷. ص ۱۷۴

371. Azərbaycan tarixi. yeddi cilddə. IV cild... S. 33.
372. Akak, cild. VI, bülom II, sənəd 651, S. 367.
373. Məhərrəm zülfügarli...S. 49.

۳۷۴. فصلنامه تاریخ روابط سیاسی... رحیم رئیس‌نیا... ص ۱۸۸

375. f. əliyev... irəvan xanlїyi... S. 161.

۳۷۶. آهنگ سروش...صفحات ۴۰-۲۳۹

377. John Baddeley...P.144
378. HəsənaliQaradaŷiQarabaĝ vilayətinin Qədim və cədid... S. 109.

۳۷۹. نامه‌های پراکنده قائم مقام، میرزا ابوالقاسم فراهانی، بخش یکم، به کوشش جهانگیر قائم مقامی، بنیاد فرهنگ ایران، ۱۳۵۷. ص ۶۵

380. Adigozəl BəY... S. 78.80.
381. IBid. S. 80-81.
382. Azərbaycan tarixi... IV cild... S. 39.

۳۸۳. به نقل از:... فتح‌الله عبدالله یف... ص ۱۴۷
۳۸۴. عبدالله یف ... ص ۱۴۸

385. Azərbaycan tarixi... IV cild. S. 34.
386. Həsən Ixfa əlizadə. şuşa şəhərinin tarixi... S. 109.

۳۸۷. برای اطلاع از زندگی او بنگرید به: مجله بررسی‌های تاریخی «گزارش‌نامه‌های امیرخان سردار»، نوشته محمدامین ریاحی، مورخه فروردین و اردیبهشت سال ۱۳۵۷ شماره ۷۵، ص ۵۸-۱۳

388. Akak, cild. VI, bölüm. II, sənəd 677, S. 373-374.

۳۸۹. فهرس التواریخ... ص ۴۰۰. روضه‌الصفا... ج ۹ ص ۶۵۵. حقایق‌الاخبار... محمدجعفر خورموجی، به کوشش حسین خدیوجم. - تهران: زوار، ۱۳۴۴. ص ۱۸

390. Akak, cild. VI, bölüm II, sənəd 677. S. 373.
391. Kərim şükürov. Türkmənçay... S. 34.
392. Azərbaycan tarixi... IV. S. 34.
۳۹۳. مجموعه مقالات همایش بین‌المللی «قفقاز در بستر تاریخ، به کوشش جلیل نائبیان و حسین گلی... صص ۳-۲۹۲».
394. Akak. cild VI, bölüm II, sənəd 690, S. 380.
۳۹۵. گوشه‌ای از تاریخ ایران، فتح‌الله عبدالله یف. ترجمه غلامحسین متین - تهران: ستاره، ۱۳۳۶. ص ۱۵۰
۳۹۶. عبدالله یف... ص ۱۵۵
۳۹۷. سفرنامه فرهاد میرزا، به تصحیح و تحشیه غلامرضا طباطبایی - تهران: علمی، ۱۳۶۶. صص ۴۴-۴۳
۳۹۸. اشعار دیوان، میرزا ابوالقاسم قائم مقامی - تهران: عطایی، ۱۳۶۳، ص ۱۷
399. Kərim şükürov. Türkmənçay... S. 34.
400. Məhərrəm zülfüqarli... S. 49-50.
401. Bayramova Nailə. şamaxi xanlĭyi. Baki, Təhsil, 2009. S. 81.
402. IBid.
403. IBid. S. 83.
404. Irəvan xanlĭyi... S. 161.
۴۰۵. دو قرن مبارزه مسلمانان قفقاز، تألیف مری بنیکسن براکساپ [و دیگران]؛ ترجمه غلامرضا تهامی - تهران: مرکز اسناد انقلاب اسلامی، ۱۳۷۷. ص ۷۶
406. Kərim şükürov. Türkmənçay... S. 31-32.
407. IBid. S. 34.
408. IBid.
409. IBid. S. 35.
410. IBid. S. 35.
۴۱۱. عبدالله‌یف... ص ۱۵۱ همچنین: مصیبت و با و بلای حکومت: مجموعه مقالات. نوشته هما ناطق. - تهران: نشر گستره، ۱۳۵۸. ص ۱۶۶
۴۱۲. عبدالله‌یف... ص ۱۵۳
413. John f. Baddeley...P.153
۴۱۴. تسخیر قفقاز، پ. ای. کووالفسکی... به نقل از: عبدالله یف... ص ۱۵۱
۴۱۵. عبدالله‌یف... ص ۱۵۴
416. AKAK.VI.P.527
۴۱۷. [بنگرید به پاورقی کتاب: John Baddeley...P.153]
418. [IBid.p.92]
۴۱۹. [دفترچه خاطرات یرملوف... به نقل از: John Baddeley ... P.160]
420. Akak, cild VII, S. 1.
421. Həsən ixfa əlizdə. şüşa şəhərinin... S. 110-111.
422. f. əliyev... irəvan xanlĭyi... S. 163.
423. IBid. S. 163.
424. IBid. S. 162.
425. f. əliyev... Naxçivan xanlĭyi... S. 103.
426. [Baddeley...P.164]
427. Kərim şükürov. Türkmançay... S. 36. Naxçcivan xanlĭyi... S. 106.
۴۲۸. مجله کیهان اندیشه «نخجوان در گذرگاه تاریخ» علی خادم علما، مورخه آذر و دی ۱۳۷۲، شماره ۵۱. ص ۱۴۸

429. Naxçivan xanlîyi... S. 106.

۴۳۰. واتسن... ۲۱۶

۴۳۱. آهنگ سروش... ص ۲۵۶

432. Adigozəl BəY... S. 40.

۴۳۳. آهنگ سروش... صص ۷-۲۵۶

۴۳۴. آهنگ سروش... ص ۲۵۷

۴۳۵. آهنگ سروش... ص ۲۵۷

436. f. əliyəv... Naxçivan xanlîyi... S. 107.

437. IBid.

438. IBid. S. 108.

۴۳۹. روضة‌الصفار ناصری... ۲۷۲

۴۴۰. واتسن...۲ ۲۱۶

441. Akak, cild. VII, sənəd 515. S. 552.

442. f. əliyəv... Naxçivan xanlîyi... S. 108.

443. IBid.

444. Kərim şükürov... S. 37.

۴۴۵. آهنگ سروش... ص ۲۵۹

446. [Baddeley...P.165]

۴۴۷. واتسن... ص ۲۱۸

۴۴۸. آهنگ سروش... ۲۶۱.

449. irəvan xanlîyi... S. 167. Naxçivan xanlîyi... S. 109.

450. Kərim şükürov... S. 37.

۴۵۱. بنگرید به... عبدالله‌یف... صص ۱۶۰-۱۵۹

452. Mirzə Adigozəl BəY... S. 16.

۴۵۳. مجموعه سفرنامه‌های میرزا صالح شیرازی: به کوشش غلامحسین میرزا صالح. - تهران: نشر تاریخ ایران؛ ۱۳۶۴ ص ۴۲۱.

۴۵۴. میرزا صالح... ص ۴۲۱

۴۵۵. میرزا صالح... صص ۴-۲۲۳

۴۵۶. میرزا صالح... صص ۵-۴۲۴

۴۵۷. میرزا صالح... ص ۴۲۵

۴۵۸. میرزا صالح... صص ۶-۴۲۵

459. Kərim şükürov. türkmənçay... S. 40.

460. IBid. S. 46.

۴۶۱. واتسن... ص ۲۱۹

۴۶۲. واتسن... ص ۲۱۹/آهنگ سروش... ص ۲۶۲

۴۶۳. آهنگ سروش... ص ۲۶۲

۴۶۴. [بنگرید به:165 - Baddeley... PP.164 و Akale.V.7.P.485 از گزارش پاسکویچ به دبیچ]

۴۶۵. واتسن... ص ۲۲۱

۴۶۶. فارسنامه ناصری... ۷۳۳

۴۶۷. واتسن... ص ۲۲۱

468. f. əliyəv. Naxçivan xanlîyi... S. 114.

469. آهنگ سروش... ص ۲۶۷
470. naxçivan xanlıyi... S. 112.
471. IBid.
472. Akak. cild VII, sənəd 523, S. 564.
473. عبدالله‌یف... ص ۱۶۰
474. Vaqif Arzumanli, Nazim mustafa. tarixin qara səhifələri. Dəporbasiya... Baki: Qartal, 1998. S. 10-14.
475. [Baddeley...P.172]
476. واتسن ص ۲۲۲
477. آهنگ سروش... ص ۲۶۸
478. Kərim şükürov...S. 47.
479. Akak, cild, VII, sənəd 526. S. 568.
480. محمد تقی سپهر...ج اول. قاجاریه
481. مرآت البلدان، محمدحسن خان اعتمادالسلطنه، به کوشش پرتو نوری علاء و محمدعلی سپانلو.- تهران: ۱۳۵۶ ج اول. ص ۲۷۵
482. [Baddeley...P.174]
483. تاریخ ذوالقرنین... ج سوم. ص ۶۶۰. تاریخ اجتماعی ایران، مرتضی راوند... بخش دوم، ج ۴، ص ۸۱۴
484. Akak, cild. sənəd 526, S. 568.
485. بنگرید به: تاریخ خوی: سیر تحولات اجتماعی و فرهنگی شهرهای ایران در طی قرون، نوشته محمدامین ریاحی.- تهران: طرح نو، ۱۳۷۸. ص ۳۲۷
486. Akak, cild. sənəd 1273, S. 634.
487. اشرف التواریخ، محمدتقی نوری. - تهران: میراث مکتوب، ۱۳۸۶. ص ۲۵۷. سفرنامه میرزا ابوالحسن خان شیرازی، میرزا محمدهادی علوی شیرازی... ص ۳۰.
488. تاریخ خوی... ص ۳۲۳
489. تاریخ نو، جهانگیر میرزا... ص ۱۰۳.
490. تاریخ خوی... ص ۳۲۳
491. نامه‌های پراکنده قائم مقام... ص ۱۰۴
492. تاریخ نو... ص ۱۲.
493. همان منبع... ص ۴۸.
494. تاریخ ذوالقرنین... ج سوم، ص ۶۵۹. فهرس التواریخ... ص ۴۰۸.
495. تاریخ ذوالقرنین... ج سوم، ص ۶۵۹.
496. عبدالله‌یف... ص ۱۶۱
497. به نقل از: عبدالله‌یف... ص ۱۶۲
498. به نقل از: عبدالله‌یف... ص ۱۶۲
499. عبدالله‌یف، ص ۱۶۳
500. عبدالله‌یف... صص ۵-۱۶۴
501. عبدالله‌یف... ص ۱۶۵
502. عبدالله‌یف... ص ۶-۱۶۵
503. عبدالله‌یف... ص ۶-۱۶۵
504. فارسنامه ناصری... ص ۷۳۲
505. شرح حال رجال ایران، نوشته مهدی بامداد.- تهران: زوار... ج اول، ص ۱۵۵

۵۰۶. تاریخ تبریز، نوشته و. مینورسکی با ترجمه عبدالعلی کارنگ.ـ تبریز: ۱۳۳۷ ص ۷۱
۵۰۷. فارسنامه ناصری... ص ۲۳۳
۵۰۸. مرآت‌البلدان ناصری، محمدحسن‌خان اعتماد السلطنه.ـ تهران: ۱۲۹۴ ـ ۱۲۹۷ ج. اول. ص ۴۰۵
۵۰۹. آهنگ سروش... ص ۲۷۰
۵۱۰. تاریخ خوی... ص ۳۲۷
۵۱۱. آهنگ سروش... ص ۲۷۰
۵۱۲. تاریخ و جغرافی دارالسلطنه تبریز، نادر میرزا، به کوشش غلامرضا طباطبائی مجد.ـ تبریز: ستوده، ۱۳۷۳. ص ۳۲۴
۵۱۳. فارسنامه ناصری... صص ۴ ـ ۷۳۳
۵۱۴. [بنگرید به: از گزارش پاسکویچ به تزار نیکلای اول، مورخه ۱۲۹اکتبر ۱۸۲۷. Akak.Vii.P.572]
۵۱۵. [بنگرید به: نامه نیکلای اول به پاسکویچ، مورخه ۱۲۹اکتبر ۱۸۲۷. Akak.Vii.P.574]
۵۱۶. تاریخ و جغرافی دارالسلطنه تبریز... نادر میرزا... ص ۳۱۹
۵۱۷. تاریخ نو... جهانگیر میرزا... ص ۹۲
۵۱۸. تاریخ نو... جهانگیر میرزا... ص ۹۲
۵۱۹. تاریخ اجتماعی و سیاسی ایران، نوشته سعید نفیسی... ج ۲ ص ۱۶۹
۵۲۰. دین و دولت در ایران... حامد الگار... ص ۱۵۶
521. Kərim şükürov... S. 48.
۵۲۲. تاریخ و جغرافی دارالسلطنه تبریز ص ۲۵۶
۵۲۳. سفرنامه فرهاد میرزا... ص ۲۸۹. همچنین بنگرید به: خاطرات و خطرات، مخبرالسلطنه هدایت. ـ تهران: زوار، ۱۳۸۵. ص ۲۹. تاریخ نگارستان، نوشته قاضی احمدبن محمد غفاری کاشانی، مصحح مرتضی مدرس گیلانی. ـ ته۹ران: کتابفروشی حافظ، ۱۴۱۴ ق. ص ۴۶۸.
۵۲۴. زندگی نامه شهید نیکنام ثقةالاسلام تبریزی، نصرةالله فتحی.ـ نوریانی، ۱۳۵۳ ص ۵ ـ ۶۲۴
۵۲۵. شرح زندگانی من / تاریخ اجتماعی و اداری دوره‌ی قاجار نوشته عبدالله مستوفی. تهران: زوار جلد اول. صص ۳۳ـ ۳۴.
۵۲۶. گوشه‌ای از تاریخ ایران، فتح الله عبدالله‌یف... ص ۱۶۹
۵۲۷. سفرنامه خسرومیرزا به پترزبورگ، مسعود مستوفی انصاری، به کوشش محمد گلبن.ـ تهران: مستوفی، ۱۳۴۹. ص ۶۹.
۵۲۸. تاریخ سیاسی و دیپلماسی ایران، علی‌اکبر بینا. ـ تهران: دانشگاه تهران. ۱۳۴۸. ص ۲۲۴
529. Akak, cild VII, sənəd 563.
530. Akak, cild VII, sənəd 586.
۵۳۱. احوال و دستخط‌های عباس میرزا قاجار نایب‌السلطنه، ابوالقاسم لاچینی .ـ تهران: ۱۳۲۶. صص ۱۹ ـ ۱۷
۵۳۲. تاریخ احوال عباس میرزا نایب‌السلطنه تألیف میرزا مسعود...ص ۶۶. به نقل از: مجله بررسی‌های تاریخی، مسأله غرامات جنگ دوم ایران و روسیه نوشته جهانگیر قائم مقامی، مورخه فروردین و اردیبهشت ۱۳۵۳، شماره ۵۰، ص ۲۶۸
۵۳۳. همان منبع... صص ۹ ـ ۲۶۸
534. Kərim şükürov... S. 51.
535. IBid. S. 51-52.
۵۳۶. تاریخ نو... جهانگیر میرزا... ص ۱۰۲
۵۳۷. عبدالله‌یف... ص ۱۷۲
۵۳۸. فهرست کتب وزارت معارف، عبدالعزیز جواهر کلام. ـ تهران: وزارت معارف، [بی تا] ج ۲. ص ۷۱
۵۳۹. اردبیل: بقعه شیخ صفی بناهای یادبود هنر معماری ایران، فردریش زاره ،ترجمه صدیقه خوانساری موسوی. ـ تهران: فرهنگستان هنر، ۱۳۸۵، صص ۴۵ ـ ۶.

۵۴۰. تاریخ اجتماعی و سیاسی ایران در دور، معاصر، سعید نفسی. ـ تهران: بنیاد، ۱۳۶۱. ج ۲. ص ۱۶۷
۵۴۱. فهرست کتب وزارت معارف... صص ۶ ـ ۷۵
۵۴۲. بنگرید به: فصلنامه تاریخ روابط خارجی «گذری بر اندیشه‌ها و آثار عباسعلی آقا باکیخالوف» رحیم رئیس نیا...ص ۲۰۰

543. Kərim şükürov... S. 56.

۵۴۴. اسنادی از روند اجرای معاهده ترکمنچای، فاطمه قاضیها...ص ۲۷
۵۴۵. تاریخ هیجده ساله آذربایجان احمد کسروی.ـ تهران ۱۳۵۵. ص ۱۱۴
۵۴۶. ایران وقضیه ایران، جرج کرزن...، ترجمه وحید مازندرانی. ـ تهران: علمی و فرهنگی، ۱۳۶۲، ج ۲ ص ۵۶۶
۵۴۷. سفرنامه شوش تا گلئخ، مادام دیولافوا با ترجمه فره وشی. تهران: خیام، ۱۳۶۱، ص ۲۸۳
۵۴۸. سفرنامه ارنست او رسل، با ترجمه علی اصغر سعیدی. ـ تهران: زوار. ص ۲۳۸
۵۴۹. انگلیسی‌ها در میان ایرانیان، دنیس رایت، ترجمه اسکندر دلدم و لطفعلی خنجی. ـ تهران: امیرکبیر، ۱۳۵۹ صص ۸ـ۵۷.
۵۵۰. بنگرید به نامه‌ها...قائم مقام...بخش دوم صص ۴۶ ـ ۴۴.
۵۵۱. مکتب تبریز و مبانی تجدد خواهی. جواد طباطبائی. ـ تبریز: ستوده، ۱۳۸۴ ص ۱۹۲
۵۵۲. نامه‌های پراکنده قائم مقام... نامه شماره ۶۹
۵۵۳. به نقل از: تأملی درباره ایران: مکتب تبریز و مبانی تجددخواهی، جواد طباطبایی... ص ۱۷۴
۵۵۴. بنگرید به: مجله آینده «معاهده ترکمنچای و سیاست صلح جویانه» نوشته افشار، سال دوم، مورخه آذر ۱۳۰۶، شماره ۹، ص ۶۱۹
۵۵۵. سیاست خارجی ایران در دوره صفویه، نوشته نصرالله فلسفی.ـ تهران: حبیبی، ۱۳۴۲. ص ۷ـ۲۰۶
۵۵۶. مجله آینده «مسئله کاپیتولاسیون» سال دوم، مورخه اردیبهشت ۱۳۰۶، شماره ۳
۵۵۷. لغت‌نامه دهخدا، ماده کاپیتولاسیون
۵۵۸. بایگانی وزارت امور خارجه فرانسه، مکاتبات کنسولی، تهران، ج ۱. برگ ۸۹ و برگ ۴۲۰. به نقل از: نشریه دانشکده ادبیات و علوم انسانی دانشگاه و تبریز «کاپیتولاسیون در تاریخ ایران» نوشته یوسف رحیم لو،مورخه تابستان ۱۳۵۱، شماره ۱۰۲، ص ۲۳۸.
۵۵۹. روابط بازرگانی روس و ایران (۱۸۲۸ ـ ۱۹۱۴) نگارش مروین از ال ائتز، ترجمه احمد توکلی.ـ تهران: ادبی و تاریخی. ۱۳۶۹. ص ۳۷.
۵۶۰. موانع تاریخ رشد سرمایه داری در ایران: دوره قاجاریه، احمد شرف. ـ تهران: زمینه، ۱۳۵۹. ص ۵۰
۵۶۱. گیلان در جنبش مشروطیت، نوشته ابراهیم فخرائی.ـ تهران: شرکت سهامی، ۱۳۵۴. صص ۴ ـ ۲۱۳
۵۶۲. نامه‌هایی از تبریز، ادوارد براون، ترجمه حسن جوادی.ـ تهران: خوارزمی، ۱۳۵۱ ص ۱۸۷. همچنین: گیلان در جنبش مشروطیت... ص ۲۳۸.
۵۶۳. نشریه دانشکده ادبیات و علوم انسانی تبریز «کاپیتولاسون در تاریخ ایران.» نوشته یوسف رحیم‌لو. مورخه تابستان ۱۳۵۱. شماره ۱۰۲ ص ۲۳۹
۵۶۴. تاریخ اقتصادی ایران، چارلز عیسوی، ترجمه یعقوب آژند.ـ تهران: نشر گسترده، ۱۳۶۲. ص ۷۰ ـ ۶۹
۵۶۵. تاریخ نوین ایران، م. س. ایوانف، ترجمه ح. قائم پناه. ـ تهران: بی‌نام ۱۳۵۶. ص ۱۴. برای اطلاع بیشتر در خصوص مهاجرت‌های بی رویه به قفقاز بنگرید به: نفت و خون در شرق، تألیف اسد بیک، ترجمه جهانبانی .ـ تهران: [بی‌نا]، ۱۳۳۹.
۵۶۶. تاریخ آذربایجان: پژوهش از انستیتوی تاریخ آگاهی علوم...نوشته علییف ا.ق و دیگران، ترجمه نصرالله الحقی بیات.ـ [بی جا: بی‌نا، بی تا]، ج دوم، ص ۱۱.
۵۶۷. تاریخ آذربایجان... ج دوم ص ۱۲
۵۶۸. سفرنامه فوروکاوا، نویسنده: نوبویوشی فوروکاوا، ترجمه هاشم رجب‌زاده و کینیجی ئه اورا، تهران: انجمن آثار و مفاخر فرهنگی، ۱۳۸۴. ص ۲۹۳.

۵۶۹. سفرنامه فوروکاوا، نویسنده: نوبو یوشی فوروکاوا، ترجمه هاشم رجب‌زاده و کینیجی ئه اورا،... ص ۲۹۲.
۵۷۰. سفرنامه فوروکاوا... ص ۲۸۵.
۵۷۱. سفرنامه فوروکاوا... ص ۱۱۱.
۵۷۲. سفرنامه خانلرخان اعتصام‌الملک، نویسنده: میرزا خانلرخان، تهران: منوچهر محمودی، ۱۳۵۱. صفحات ۱۱ و ۱۷.
۵۷۳. سفرنامه ایران و روسیه، نویسنده: ملکونوف و عزالدوله، مصحح محمد گلبن و فرامرز طالبی، تهران: دنیای کتاب، ۱۳۶۳، ص ۳۶.
۵۷۴. مجموعه سفرنامه‌ها (کتاب دوم). میرزا صالح شیرازی، به تصحیح غلامحسین میرزا صالح. تهران: نشر تاریخ ایران، ۱۳۶۴. ص ۵۴.
۵۷۵. سفرنامه فرهاد میرزا، نوشته فرهاد میرزا، مصحح: غلام‌رضا طباطبایی مجد. تهران: مؤسسه مطبوعاتی علمی، ۱۳۶۶، ص ۶۰.
۵۷۶. سفرنامه نوشته میرزا محمدحسین فراهانی، بکوشش مسعود گلزاری، تهران: فردوسی، ۱۳۶۲. صص ۸۰ ـ ۸۱
۵۷۷. همان منبع... ص ۶۰
۵۷۸. همان منبع... ص ۴۸
۵۷۹. همان منبع... ص ۳۸
۵۸۰. همان منبع... ص ۲۸
۵۸۱. خاطرات از اول سلطنت ناصرالدین شاه تا اول کودتا، نوشته عبدالله بهرامی. تهران علمی، ۱۳۶۳. صص ۸۶ـ۸۷
۵۸۲. همان منبع.
۵۸۳. در اندک زمانی گنج مخفی نفت را به معرض ظهور [در] آوردند. اغلب اهالی روی زمین در روشنی او تعیش می‌نمایند. اکثری از عمارات از دوازده الی بیست و پنج ذرع ارتفاع دارد. سه طبقه الی پنج آشیانه از سنگ‌تراش ساخته شده، خیابان‌های عریض جهت عبور درشکه از سنگ‌تراش مفروش است. اهالی آنجا تجار و معتبرین از اهالی روس و ارامنه، عمله و حمال و خاکروبه‌کش آنجا ایرانی می‌باشند. جهت پیدا نشدن کار یا نداشتن سرمایه برای کاسبی و یا از دست حکام ظالم بی‌انصاف غربت اختیار کرده به این ذلت زندگی می‌کنند که محل هزاران افسوس است...» سفرنامه‌های سهام‌الدولهٔ بجنوردی، نویسنده سهام‌الدوله بجنوردی، مصحح: قدرت‌الله روشنی، تهران: انتشارات علمی و فرهنگی، ۱۳۷۴. ص ۱۵۹.
۵۸۴. سفرنامه حاج سیاح به فرنگ، حاج سیاح، به کوشش علی دهباشی. تهران: بی‌نا، ۱۳۶۳. ص ۴۵
۵۸۵. همان، ص ۳۷.
۵۸۶. همان، ص ۴۲.
۵۸۷. همان، ص ۴۴.
۵۸۸. سفرنامه فوروکاوا، نوشته نوبویوشی فوروکاوا... ص ۲۸۰.
۵۸۹. سیاحتنامه ابراهیم بیک، مراغه‌ای (تهران: صدف، ۱۳۴۴). ص ۲۸.
۵۹۰. خاطرات کودتا از آخر سلطنت ناصرالدین شاه تا اول، نوشته عبدالله بهرامی، [تهران] علمی، ۱۳۶۳. صص ۸۷ـ۸۶
۵۹۱. سیاحتنامه ابراهیم بیک... ص ۲۷.
۵۹۲. محمدامین رسول‌زاده، گزارش‌هایی از انقلاب مشروطیت ایران، ترجمه رحیم رئیس‌نیا (تهران: شیرازه، ۱۳۷۷) صص ۷۸ـ۷۷.
۵۹۳. زندگی طوفانی! خاطرات سید حسن تقی زاده، به کوشش ایرج افشار ـ تهران: علمی، ۱۳۷۲. صص ۱۷ـ۱۶
۵۹۴. به نقل از: مجله یغما «یک فصل از تاریخ ایران» نویسنده: حسین نواب، آبان ۱۳۸۴، شماره ۲۵۴ از صفحه ۴۵۰ تا ۴۵۴
۵۹۵. به نقل از: مجله یغما، یک فصل از تاریخ ایران: تعیین گریبایدف به سفارت ایران نویسنده: نواب، حسین، مورخه آذر ۱۳۴۸ـ شماره ۲۵۵. از صفحه ۵۰۴ تا ۵۰۷.
۵۹۶. مجله یادگار «غرامات معاهده ترکمنچای» نویسندگان قاسم غنی و عباس اقبال، مهر ۱۳۲۳، شماره ۲، ص ۲۲
۵۹۷. روزنامه‌ی خاطرات اعتمادالسلطنه، نوشته محمدحسن اعتمادالسلطنه با مقدمه ایرج افشار ـ تهران: امیرکبیر، ۱۳۵۶. ص ۸۳

۵۹۸. منشات، میرزا فراهانی.- تهران: ارسطو، [بی تا] ص ۴۰
۵۹۹. مجله بررسی‌های تاریخی «مسأله غرامات جنگ دوم ایران و روسیه» جهانگیر قائم مقامی، مورخه فروردین و اردیبهشت ۱۳۵۳ شماره ۵۰ ص ۲۷۲.
۶۰۰. تاریخ نو، جهانگیر میرزا... صص ۴-۱۱۳
۶۰۱. همان منبع... ص ۵۱
۶۰۲. تاریخ نو... صص ۵-۱۱۴
۶۰۳. روزنامه اعتماد السلطنه... ص ۱۷۶
۶۰۴. تاریخ روابط سیاسی ایران و انگلیس، محمد محمود...ج اول، صص ۲۳۰-۱۹۸
۶۰۵. مجله یادگار «غرامات معاهده ترکمنچای» قاسم غنی و اقبال آشتیانی مهر ۱۳۲۳. شماره دوم، ص ۳۰
۶۰۶. به نقل از: مجله یغما «دو نامه تاریخی از میرزا ابوالقاسم قائم مقام» مجتبی مینوی، مورخه دی ۱۳۳۳، شماره ۷۸ ص ۷-۴۴۶
۶۰۷. مجله یغما «دو نامه تاریخی از میرزا ابوالقاسم قائم مقام» مورخه بهمن ۱۳۳۳. شماره ۷۹. صص ۴۹۰-۴۸۹
۶۰۸. نامه‌های پراکنده قائم مقام فراهانی، بخش یکم؛ به کوشش جهانگیر قائم مقامی.- تهران: بنیاد فرهنگ ایران، ۱۳۵۷، ص ۱۷۴.
۶۰۹. بنگرید به: مجله گنجینه اسناد «نگاهی بر پیامد جنگ‌های ایران و روس» نوشته فاطمه قاضیها، مورخه پاییز و زمستان ۱۳۷۹، شماره‌های ۳۹ و ۴۰. ص ۳۹
۶۱۰. تاریخ نو... صص ۸-۱۱۷
۶۱۱. به نقل از: گنجینه اسناد«از معاهده ترکمنچای تا عهدنامه مودت» فاطمه قاضیها، شماره ۶۳. ص ۵۱
۶۱۲. به نقل از: بررسی‌های تاریخی «مسأله خرامات جنگ دوم ایران و روسیه» جهانگیر قائم مقامی، مورخه فروردین و اردیبهشت ۱۳۵۳. شماره ۵۰. ص ۲۷۹
۶۱۳. به نقل از: مجله بررسی‌های تاریخی «مسأله غرامات جنگ دوم ایران و روسیه» جهانگیر قائم مقامی...همان منبع... ص ۲۸۱
۶۱۴. مجله آینده «معاهده ترکمنچای و سیاست صلح جویانه» نوشته محمود افشار، سال دوم، مورخه آذر ۱۳۰۶. شماره ۹ ص ۶۲۳»
۶۱۵. عبدالله یف... ص ۲۲۱
۶۱۶. مصیبت وبا و بلای حکومت... ص ۱۶۵
۶۱۷. به نقل از: مصیبت وبا و بلای حکومت... هما ناطق... ص ۱۶۹

618. [Baddeley...P.209]

۶۱۹. مجله یادگار. «مباحث تهمورس آدمیت، مورخه فروردین ۱۳۲۴ - شماره ۸ ص ۲۸
۶۲۰. منشات، قائم مقام... ص ۵۷
۶۲۱. ناسخ التواریخ.... ج اول ص ۲۵۷
۶۲۲. مجله بررسی‌های تاریخ «مسأله غرامات جنگ دوم ایران و روسیه(۲)» نوشته جهانگیر قائم مقامی. مورخه خرداد و تیر ۱۳۵۳. شماره ۵۱. ص ۲۱۳
۶۲۳. همان منبع... ص ۲۲۲
۶۲۴. مجله یغما «حاج میرزا آقاسی» نوشته حسین سعادت نوری، مورخه خرداد ۱۳۴۳، شماره ۱۹۱. ص ۱۲۰
۶۲۵. مجله یادگار «غرامات معاهده ترکمنچای» عباس اقبال و مجتبی مینوی... هما منبع ص ۳۴
۶۲۶. همان منبع... ص ۳۵
۶۲۷. بررسیهای تاریخی «مسئله غرامات جنگ دوم ایران و روس» جهانگیر قائم مقامی آخر سال نهم، شماره ۲، صص ۲۰۷-۲۴۷. همچنین: مجله یادگار «غرامات معاهده ترکمنچای» نوشته عباس اقبال و مجتبی مینوی...همان منبع. ص ۳۵
۶۲۸. احمد تاج‌بخش، ص ۲۳. همین نویسنده در ادامه می‌نویسد: «پس از سال‌های جنگ و مبارزه برای دفاع از خاک ایران بالاخره به عللی که اهم آن عدم اجرای تعهدات فرانسه و انگلستان و تغییر سیاست عمومی اروپا بود ایران قسمتی

از خاک خود را به روسها واگذار کرد». احمد تاج‌بخش... ص ۲۷ - ۲۵
۶۲۹. تاریخ روابط خارجی ایران: از ابتدای دوران صفویه تا پایان جنگ جهانی دوم، عبدالرضا هوشنگ مهدوی - تهران: امیرکبیر، ۱۳۷۵. ص ۲۰۸
۶۳۰. علی‌اکبر بینا نیز درمورد نقش تخریبی انگلستان می‌نویسد: «بدین ترتیب یک بار دیگر ایران به اتکاء اتحاد خود با دولت انگلستان فریب خورده و در یک هم‌چون موقع سختی خیانت افسرانش را که عهده‌دار تعلیم سربازانش بودند مشاهده می‌کرد بی‌جهت نیست که میرزابزرگ قائم مقام در یکی از نامه‌های خود سفیر انگلستان را متهم ساخته می‌گوید که انگلستان دولت سابق ایران و متحد فعلی روسیه باعث شکست ایران گردید». تاریخ سیاسی و دیپلماسی: از گلون‌آباد تا عهدنامه ترکمنچای ۱۲۴۳-۱۱۳۴. علی‌اکبر بینا - تهران: دانشگاه تهران، [بی‌تا] جلد اول. ص ۱۷۱.
۶۳۱. ایران و جهان، قاجاریه تا پایان عهد ناصری، نوشته عبدالحسین نوائی. - تهران: هما، ۱۳۶۲. ص ۲۲۴ - ۲۲۳.
۶۳۲. روابط ایران با دول خارجی در دوران قاجاریه، جلیل نائبیان - تهران: فردابه، ص ۷۲
۶۳۳. تاریخ ده هزار ساله ایران. عبدالعظیم رضایی - تهران: اقبال، ۱۳۷۸. ج چهارم. ص ۹۵
۶۳۴. ایران در دوره سلطنت قاجار، علی‌اصغر شمیم. - تهران: علمی، ۱۳۷۱. ص ۵۲
۶۳۵. شمیم... ص ۱۰۶
۶۳۶. انگلیسی‌ها در میان ایرانیان، دنیس رایت؛ ترجمه لطفعلی خنجی - تهران: امیرکبیر، ۱۳۵۹. ص ۲۷
۶۳۷. صدرالتواریخ یا تاریخ صدور قاجار: شرح حال یازده نفر از صدراعظم پادشاهان قاجار، محمدحسین‌خان، اعتمادالسلطنه، به کوشش محمد مشیری - تهران، [بی‌نا]، ۱۳۵۷. ص ۶۳
۶۳۸. تاریخ قاجاریه... واتسن... ص ۱۱۳
۶۳۹. مجله یغما «داستان نخستین سفر فتحعلی‌شاه» نوشته حسین محبوبی اردکانی. مورخه فروردین ۱۳۴۴. شماره ۲۰۱، ص ۲۸.
۶۴۰. مجله دانشکده حقوق و علوم سیاسی (دانشگاه تهران) بازنگری اقتصاد، سیاست و جامعه ایران در آستانه قرن نوزدهم. نویسنده: صادق زیباکلام، مورخه تابستان ۱۳۸۰، شماره ۵۲، صص ۱۴۵ - ۱۴۴.
۶۴۱. ایران بین دو انقلاب، نوشته یرواند آبراهامیان، ترجمه احمد گل‌محمدی و محمدابراهیم فتاحی. تهران: نشر نی، ۱۳۷۹. صص ۱۶ - ۱۷.
۶۴۲. ایران بین دو انقلاب، نوشته یراوند آبراهامیان، ترجمه احمد گل‌محمدی و محمدابراهیم فتاحی. تهران: نشر نی، ۱۳۷۹. ص ۱۹
۶۴۳. ایران دوران قاجار و برآمدن رضاخان. نوشته نیکی آر کدی، ترجمه مهدی حقیقت‌خواه. تهران: ققنوس. ص ۶۸-۶۹.
۶۴۴. محمدرضا فشاهی، تکوین سرمایه‌داری در ایران (۱۹۰۵-۱۷۹۶). - تهران: گوتنبرگ، (تهران: ۱۳۶۰، ص ۱۱۸).
۶۴۵. به نقل از: مجله دانشکده حقوق و علوم سیاسی (دانشگاه تهران (بازنگری اقتصاد، سیاست و جامعه ایران در آستانه قرن نوزدهم. نویسنده: صادق زیباکلام، تابستان ۱۳۸۰ - شماره ۵۲. ص ۱۴۶).
۶۴۶. خواندنی‌های تاریخی، جلد دوم، - تهران: انتشارات هفته، ۱۳۶۲، ص ۶۹.
۶۴۷. مجله دانشکده حقوق و علوم سیاسی (دانشگاهی تهران «بازنگری اقتصاد، سیاست و جامعه ایران در آستانه قرن نوزدهم». نویسنده: صادق زیباکلام، تابستان ۱۳۸۰-شماره ۵۲. صص ۱۴۷ - ۱۴۸.
۶۴۸. برگرفته از: باختر امروز، سال دوم، شماره ۱۷
۶۴۹. تصحیح و مقدمه احکام و الجهاد و اسباب الراشاد، میرزا عیسی قائم مقام فراهانی، به کوشش عبدالحسین زرگری‌نژاد - تهران: بقعه، ۱۳۸۰. ص ۵۴
۶۵۰. [بنگرید به: John Baddeley...P.182]
۶۵۱. گنجینه اسناد «نامه فتحعلی‌شاه قاجار به فرزندش عباس میرزا» پرویز بدیهی، زمستان ۱۳۷۳، شماره ۱۶.
۶۵۲. تاریخ ژاندارمری ایران. جهانگیر قائم مقامی - تهران، روابط عمومی ژاندارمری، ۱۳۵۵.
۶۵۳. فهرست‌التواریخ، رضاقلی‌خان هدایت... ص ۳۶۷. روضة‌الصفای ناصری... ج سوم ص ۷۶۵
۶۵۴. عیون‌الاخبار، ابن قتیبه دینوری - بیروت: دارالکتاب العربی، ج اول، ص ۱۱۴.

۶۵۵. تاریخ تحولات سیاسی نظامی ایران: از آغاز قرن یازدهم هجری تا سال ۱۳۰۱ هجری شمسی، تألیف جهانگیر قائم مقامی ـ تهران: شرکت مطبوعاتی، ۱۳۲۶. ص ۱۵

۶۵۶. مسافرت در ارمنستان و ایران، ب. امده. ژوبر... ص ۲۱۲.

657. f. əliyəv... irəvan xanlîÿi... S. 165.

658. IBid.

659. [Baddele...P.189]

660. IBid. S. 109.

۶۶۱. سفرنامه فریزر معروف به سفر زمستانی: از مرز ایران تا تهران و دیگر شهرهای ایران. جیمز بیلی فریزر، ترجمه و حواشی منوچهر امیری. ـ تهران، توس ۱۳۶۴ ص ۸۵

۶۶۲. سفرنامه فریزر معروف به سفر زمستانی: از مرز ایران تا تهران و دیگر شهرهای ایران. جیمز بیلی فریزر، ترجمه و حواشی منوچهر امیری... ص ۸۶

۶۶۳. سفرنامه فریزر معروف به سفر زمستانی: از مرز ایران تا تهران و دیگر شهرهای ایران. جیمز بیلی فریزر، ترجمه و حواشی منوچهری امیری... ص ۳۶۷

۶۶۴. تعداد سربازان ایرانی طبق صورت فرماندهی کل جمعاً ۱۰۰۷۵۰ نفر به شرح زیر هستند: نیروهای منظم و ثابت ۳۹۰۰۰ نفر پیاده نظام که شامل ۲۰۰ نفر سواره نظام، ۱۵۵۰ نفر توپخانهٔ، جمع ۴۰۷۵۰ نفر هستند. نیروهای منظم و غیرثابت که ترکیبی از ۲۰۰۰۰ تفنگچی و ۴۰۰۰۰ سوار، جمع ۶۰۰۰۰ نفر می‌باشند. مجله بررسی‌های تاریخی «گزارشی درباره ارتش ایران در زمان محمدشاه قاجار. نوشته چارلز استودارت. ترجمه احسان‌الله اشراقی، خرداد و تیر ۱۳۴۹. شماره ۲۶، ص ۱۲۸.

۶۶۵. مجله بررسی‌های تاریخی گزارشی درباره ارتش ایران در زمان محمدشاه قاجار. نوشته چارلز استودارت، ترجمه احسان‌الله اشراقی، خرداد و تیر ۱۳۴۹. شماره ۲۶. صص ۱۳۱ ـ ۱۳۰.

۶۶۶. مسافرت در ارمنستان و ایران... ژوبر... ص ۲۱۴.

۶۶۷. خانک عشقی... ص ۱۶۳

۶۶۸. سعید نفیسی... ج ۲، ص ۱۰۷

۶۶۹. تاریخ سیاسی ـ اجتماعی شاهسون‌های مغان، ریچارد تاپر؛ ترجمه حسن اسدی. ـ تهران: اختران، ۱۳۸۴. ص ۱۶۹

۶۷۰. همان منبع... ص ۱۷۰

۶۷۱. مجله بررسی‌های تاریخی «مقدمات جنگ دوم ایران و روسیه «نوشته پرنس اسچرباتوف» ترجمه محمود کی» خرداد و تیر ماه ۱۳۵۳، شماره ۵۱. ص ۵۱

۶۷۲. فضل‌الله حسینی شیرازی، تذکره خاوری، تصحیح میرهاشم محدث. ـ زنجان: زنجان، ۱۳۷۸

۶۷۳. مجله یغما «فتحعلی‌شاه و هوس‌هایش» نوشته حسین پژمان بختیاری؛ مورخه خرداد ۱۳۴۴، شماره ۲۰۳ ص ۱۵۴.

۶۷۴. ده سفرنامه یا سیری در سفرنامه‌های جهانگردان خارجی راجع به ایران؛ ترجمه مهراب امیری، ـ تهران: وحید، ۱۳۶۹، صص ۱۷۰ ـ ۱۶۵

۶۷۵. دانشنامه و دیوان محمد هیدجی. تبریز: چاپ کتاب، [بی‌تا].

۶۷۶. مسافرت در ارمنستان و ایران، ژوپر... ص ۲۰۷

۶۷۷. انگلیسی‌ها در ایران، دنیس رایت،... ص ۱۲۳

۶۷۸. روضه الصفای ناصر، ج نهم، ص ۶۲۹

۶۷۹. منشات قائم مقام، مصلح جهانگیر قائم مقامی... ص ۱۱۰

۶۸۰. نامهای پراکنده قائم مقام... به کوشش جهانگیر قائم مقامی... بخش یکم، ص ۸۰

۶۸۱. اشعار دیوان، میرزا ابوالقاسم قائم مقامی... صص ۲۴ ـ ۲۰.

۶۸۲. حیرت‌نامه، میرزا ابوالحسن‌خان ایلچی، به کوشش حسن مرسل وند، تهران: رسا، ۱۳۶۴، ص ؟؟؟

۶۸۳. میرزا ابوالحسن‌خان ایلچی، اسماعیل رائین. ـ تهران: جاویدان، ۱۳۵۷. ص ۴۱.

۶۸۴. شرح حال رجال ایران، مهدی بامداد،... ج اول، ص ۳۶۹

۶۸۵. حیرت نامه، میرزا ابوالحسن‌خان ایلچی... صص ۳ـ ۱۶۲
۶۸۶. همان منبع... ص ۱۰۶
۶۸۷. اسماعیل رائین، فراموشخانه و فراماسونری در ایران. ـ تهران. امیرکبیر، ۱۳۵۷. ج اول صص ۳۲۰ـ ۳۱۹
۶۸۸. تاریخ روابط سیاسی ایران و انگلیس، محمد محمود. ج اول، ص ۹۶
۶۸۹. نشریه وزارت خارجه «ابوالحسن شیرازی» عباس اقبال آشتیانی، سال اول. شماره ۳ـ مورخه شهریور ۱۳۲۸ ص ۳۰
۶۹۰. گنجینه اسناد «وصیت نامه میرزا ابوالحسن خان ایلچی شیرازی» نویسنده علی اکبر صفی پور، مورخه تابستان ۱۳۸۳، شماره ۵۴.
۶۹۱. خلسه، محمدحسن‌خان اعتماد السلطنه، به کوشش محمد کتیرائی... ص ؟؟؟
۶۹۲. حقوق بگیران انگلیسی در ایران، اسماعیل رائین. ـ تهران: جاویدان، ۱۳۷۳. ص ۸
۶۹۳. رجال دوره قاجار، حسین سعادت نوری. ـ تهران: وحید، ۱۳۶۴، ص ۵۷
۶۹۴. تأملی درباره ایران: مکتب تبریز، جواد طباطبایی.ـ تبریز: ستوده. ۱۳۸۴.ج دوم. ص ۱۳۶
۶۹۵. مسافرت در ارمنستان و ایران، پ، مده ژوبر؛ ترجمه علیقلی اعتماد مقدم. ـ تهران: بنیاد فرهنگ ایران، ۱۳۴۷. ص ۱۳۷.
۶۹۶. تاریخ تحولات سیاهی نظامی ایران. جهانگیر قائم مقامی. ـ تهران: ۱۳۲۶. ص ۲۲
۶۹۷. بررسی‌های تاریخی «فابویه در ایران» نوشته سایکس، ترجمه سرتیپ محمود. کی. شماره ۵، سال ششم، صص ۱۲۸ـ ۱۰۹.
۶۹۸. تاریخ اجتماعی و سیاسی ایران، سعید نفیسی... صفحات ۲۱۸ ـ ۲۱۰.
۶۹۹. بررسی‌های تاریخ «فابویه در ایران» شماره ۵ سال ششم ص ۱۲۷، نخستین رویارویی‌های اندیشه‌گران ایران با دو رویه تمدن بو ژروازی غرب، عبدالهادی حائری.ـ تهران: امیرکبیر، ۱۶۷. ص ۶ـ ۲۱۴
۷۰۰. مسافرت به ایران، موریس دوکوتز بوئه، ترجمه محمود هدایت. ـ تهران: امیرکبیر، ۱۳۴۸، ص ۱۰۵
۷۰۱. انفصال هرات... منصوره اتحادیه... ص ۶۰
۷۰۲. مسافرت به ایران به معیت سفیر کبیر روسیه در سال ۱۸۱۷، موریس دوکوتزبوئه؛ ترجمه محمود هدایت. ـ تهران: ۱۳۴۸. ص ۱۰۵
۷۰۳. مسافرت در ارمنستان و ایران، پ. امده ژوبر.. .صص ۸ـ ۱۶۷
۷۰۴. مسافرت به ایران، کوتزبوئه... ص ۱۰۴
۷۰۵. مقالات تاریخی، فریدون آدمیت...تهران: شبگیر ۱۳۵۳. ص ۸۸
۷۰۶. سیاستگران دوره قاجار، تألیف خان ملک ساسانی. ـ تهران: هدایت، [بی تا] صص ۶۲ ـ ۶۱.
۷۰۷. همان منبع... صفحات ۶۸ ـ ۶۷.
۷۰۸. همان منبع... ص ۲۰
۷۰۹. به نقل از: تأملی درباره ایران: مکتب تبریز و مقدماتی تجدد خواهی... جواد طباطبایی... ص ۱۵۳
۷۱۰. سیاست گران دورهٔ قاجار، خان ملک ساسانی... ص ۱۷
۷۱۱. منشات، قائم مقام فراهانی... ص ۲۲۲
۷۱۲. ایران د ر میان طوفان یا شرح زندگانی عباس میرزا... ناصر نجمی... ص ۳۶ـ ۳۵
۷۱۳. مجله «مجله بررسی‌های تاریخی» سال ۱۰، ش ۲، ص ۳۸
۷۱۴. عباس میرزا نایب السلطنه، ابوالقاسم لاچینی. تهران: بنگاه مطبوعاتی افشاری. ج ۲ ص ۷۷
۷۱۵. عباس میرزا نایب‌السلطنه... ص ۳۹
۷۱۶. تاریخ روابط سیاسی ایران و انگلیس... ج اول، صص ۶ـ ۱۵۵
۷۱۷. نامه‌های پراکنده قائم مقام، به کوشش جهانگیر قائم مقامی... بخش اول، ص ۷ـ ۱۴۶
۷۱۸. خوابنامه، اعتمادالسلطنه، به کوشش محمود کتیرایی،... صص ۶۷ ـ ۶۴
۷۱۹. به نقل از: مجله آینده «نامه قائم مقام به لرد کاسلری» نوشته فرشته نورانی، سال نوزدهم، مورخ فروردین تا خرداد ۱۳۱۲، شماره ۱ـ ۳ ص ۲۹.

۷۲۰. همان منبع ص ۳۰
۷۲۱. هدایت، روضة الصّفا ناصری، ج نهم؛ سپهر، ناسخ التواریخ، ج ۱، ص ۲۹۹
۷۲۲. به نقل از: اطلاعات سیاسی ـ اقتصادی گوشه‌ای از تاریخ ایران (بخش یازدهم نویسنده: تیموری، ابراهیم» مرداد و شهریور ۱۳۸۱ ـ شماره ۱۷۹ و ۱۸۰ صفحه ۹۷
۷۲۳. روضة الصّفای ناصری... ج نهم. ناسخ التواریخ... ج ۱، ص ۲۹۹
۷۲۴. سیاستگران دوره قاجار، خان ملک ساسانی... صص ۲ ـ ۴۱
۷۲۵. مجله وحید «مرگ ولیعهد سرباز» نویسنده: احمد سهیلی خوانساری، مورخه اردیبهشت ۱۳۵۱ ـ شماره ۱۰۱
۷۲۶. روضة الصّفا ناصری، ج نهم؛ ناسخ التواریخ، ج ۱، ص ۲، ۳؛ منتظم ناصری، ج ۳، ص ۱۵۷.
۷۲۷. اطلاعات سیاسی ـ اقتصادی گوشه‌ای از تاریخ ایران. نویسنده: ابراهیم تیموری. مرداد و شهریور ۱۳۸۱ـ شماره ۱۷۹ و ۱۸۰ صفحه ۹۷.
۷۲۸. ناسخ التواریخ... کتاب قاجاریه ج دوم صص ۷۲ ـ ۶۹. تاریه نو... ص ۲۵۵
۷۲۹. به نقل از: مجله بررسی‌های تاریخی «یک طغری هبه نامه از علیشاه ظل‌السلطان «عادلشاه» نوشته محمود احمدی، مورخه فروردین و اردیبهشت ۱۳۵۷، شماره ۷۵. ص ۱۷۹
۷۳۰. مجله خاطرات وحید «دیباچه‌ای بر خاطرات لایارد در ایران» نوشته مهراب امیری، مورخه مهر ۱۳۵۱، شماره ۱۲. صص ۳ ـ ۸۲
۷۳۱. به نقل از همان منبع... ص ۸۵
۷۳۲. ناسخ التواریخ... قاجاریه. ج دوم. ص ۱۴
۷۳۳. بنگرید به: تاریخ و جغرافی دارالسلطنه تبریز، نوشته نادر میرزا... صص ۶ ـ ۴۳
۷۳۴. بنگرید به: مجله وحید «وصیت‌نامه عباس میرزا: مرگ ولیعهد سرباز» تیر ماه ۱۳۵۱، شماره ۱۰۳
۷۳۵. متن کامل وصیت‌نامه در بخش پیوست‌ها آمده است. همچنین برای اطلاع بیشتر بنگرید به: مجله بررسی‌های تاریخی «وصیت‌نامه منسوب به عباس میرزا نایب‌السلطنه» نویسنده جهانگیر قائم مقامی. مورخه مهر و آبان ۱۳۵۰. شماره ۳۵، صص ۲۰۹ ـ ۲۱۳.
۷۳۶. تاریخ ایران... واتسن... صص ۴ ـ ۲۶۳.
۷۳۷. ناسخ التواریخ... تاریخ قاجاریه ج دوم، ص ۱۹۸
۷۳۸. ناسخ التواریخ... کتاب قاجاریه، ج ۲، ص ۱۴
۷۳۹. بنگرید به: مجله بررسی‌های تاریخی «یک طغری هبه نامه از علیشاه ظل‌السلطان» نوشته محمود احمد، مورخه فروردین و اردیبهشت ۱۳۵۷. شماره ۲۵. ص ۱۸۱
۷۴۰. تاریخ نو... ص ۲۵۵.
۷۴۱. به نقل از: مجله خاطرات وحید «دیباچه‌ای بر خاطرات لایارد در ایران» نوشته مهراب امیدی، مورخه مهر ۱۳۵۱. شماره ۱۲. ص ۸۶
۷۴۲. سیاستگران دوره قاجار، خان ملک ساسانی... ص ۷ ـ ۵۶
۷۴۳. صدرالتواریخ، محمد حسن اعتماد السلطنه، بکوشش محمد مشیری. ـ تهران: روز بهان، ۱۳۵۷ ص ۱۳۸.
۷۴۴. منشآت قائم مقام فراهانی، به کوشش سید بدرالدین یغمایی.ـ تهران: شرق: ۱۳۷۳. صص سی و پنج و سی و شش. مقدمه
۷۴۵. بنگرید به: مقالات تاریخی، فریدون آدمیت.ـ تهران: شبگیر، ۱۳۵۲ ص ۲۸
۷۴۶. به نقل از: قائم مقام فراهانی: چهره درخشان ادب و سیاست، تألیف پناهی سمنانی. ـ تهران: نشر ندا، ۱۳۷۶. ص ۲۶۷
۷۴۷. منشآت قائم مقام فراهانی؛ به کوشش سید بدرالدین یغمایی.ـ تهران: شرق، ۱۳۷۳. صص سی و پنج و سی و شش، مقدمه.
۷۴۸. سفرنامه، رضا قلی میرزا، نوشته رضاقلی میرزا، گردآوری حسین‌بن عبدالله سرابی. ـ تهران: اساطیر، ۱۳۷۳. صص ۳۵ ـ ۳۰
۷۴۹. صدرالتواریخ، محمد حسن اعتماد السلطنه، بکوشش محمد شیری .ـ تهران: روزبهان، ۱۳۵۷. ص ۱۳۶
۷۵۰. همان منبع... ص ۱۳۷
۷۵۱. همان منبع صص ۷ ـ ۱۳۶

پی‌نوشت بخش دوم / 477

۷۵۲. همان... ص ۱۴۱.
۷۵۳. همان صفحات ۲ـ ۱۴۱
۷۵۴. همان منبع... صص ۴۰ ـ ۱۳۹
۷۵۵. تاریخ ایران عهد قاجاریه، نوشته گرانت واتسن؛ ترجمه وحید مازندرانی ص ۲۷۰
۷۵۶. همان منبع... ص ۲۵۵
۷۵۷. مجله اطلاعات سیاسی اقتصادی «گوشه‌ای از تاریخ ایران» میرزا ابوالقاسم قائم مقام و عهدنامه بازرگانی ایران و انگلیسی (بخش پنجم). نوشته ابراهیم تیموری. خرداد و تیر ۱۳۸۰. شماره ۱۶۵ و ۱۶۶
۷۵۸. تاریخ روابط ایران و انگلیس در قرن ۱۹. محمد محمود... ج اول، ص ۳۲۸
۷۵۹. دست پنهان سیاست انگلیس در ایران، خان ملک ساسانی. تهران: هدایت، ۱۳۵۲. ص ۱۵ ـ ۱۲
۷۶۰. میرزا تقی خان امیرکبیر، نوشته عباس اقبال آشتیانی .ـ تهران: دانشگاه تهران، ۱۳۴۰. صص ۱۸۱ ـ ۱۸۰.
۷۶۱. همان منبع... مقدمه ایرج افشار... ص ۴.
۷۶۲. همچنین بنگرید به: مجله سیاسی ـ اقتصادی «قضاوتی ناعادلانه و به دور از واقعیت نسبت به میرزا ابوالقاسم قائم مقام» ضیاء الدین جامی، مورخه فروردین و اردیبهشت ۱۳۷۶. شماره ۱۱۵ و ۱۱۶
۷۶۳. عباس میرزا، امینه پاکروان، ترجمه قاسم صفوی... ص ۳۲۲
۷۶۴. مجله اطلاعات سیاسی ـ اقتصادی «گوشه‌ای از تاریخ ایران میرزا ابوالقاسم قائم مقام (بخش ششم) مورخه مرداد و شهریور ۱۳۸۰ شماره ۱۶۷. ص ۲۴۶».
۷۶۵. همان منبع ص ۲۴۷
۷۶۶. به نقل از: از ماست که بر ماست. نوشته هماناطق، تهران: آگاه. ۱۳۵۷. ص ۵۲
۷۶۷. تاریخ و جغرافی دارالسلطنه... نادر میرزا... ص ۵۴
۷۶۸. تاریخ ایران دوره قاجاریه، رابرت گرانت واتسن... ص ۲۵۴
۷۶۹. میرزا تقی خان امیرکبیر، تألیف عباس اقبال آشتیانی... ص ۱۱۹.

سفید

نمونه پنجم

پیوست اول

تاریخچه خان‌نشین‌های آذربایجان

قوبا

یکی از خانات برجسته که نسبت به بقیه قوی بود خان‌نشین قوبا بود حاکم این خان‌نشین کوچک سلطان احمدخان بود او در اوایل قرن هجدهم در درگیری‌های بین شیروان و داغستان توسط پدرزنش کشته شد و فرزند کم سن و سال او حسینعلی‌خان که وارث‌اش بود به کوهها برده شد و در آنجا تربیت یافت و بعداً از سوی نادرشاه به حکمرانی قوبا گمارده شد.

اولین مرکز این خان‌نشین قلعه خودات بود اما پس از مرگ نادرشاه اهالی قلعه کوچک خودات از ترس درگیری، از محل استقرار خود کوچ کرده و به منطقه فعلی که قوبا نامیده می‌شود رفتند و اساس قوبا در همین زمان ریخته شد. در دوره حسینقلی‌خان، قوبا مستقل شد پس از مرگش، فرزند او یعنی فتحعلی‌خان در سال ۱۷۵۸م به حاکمیت رسید به نوشته سیاحان، او شخصیتی قوی بود و در این زمان سی سال داشت[1] او قشون زیادی داشت و تعداد آنها را حتی تا ۴۰ هزار تن نوشته‌اند به خاطر همین قدرت زیادش او تلاش می‌کرد بر کل آذربایجان مسلط گردد. سالیان، اولین ناحیه‌ای بود که به حاکمیت او پیوست.آ.ث. سر بروف می‌نویسد: «پس از مرگ احمدخان حاکم سالیان، ابراهیم خلیل‌خان رودباری به قدرت رسید حسینقلی‌خان حاکم قوبا برای تصرف سالیان قشون یک هزار نفری به فرماندهی پسرش فتحعلی‌خان فرستاد ابراهیم‌خان رودباری فرار کرد و فتحعلی‌خان، کلبعلی‌خان را به عنوان نایب به جای او گماشت و بدین ترتیب در سال ۱۷۵۷م سالیان به عنوان جزیی از قوبا گردید پس از سالیان حاکم قوبا فتحعلی‌خان اراضی دربند را هم گرفت بدین ترتیب از نقطه نظر استراتژیکی و تجاری با داغستان همجوار شد پس از مرگ نادر، دربند، خود را مستقل کرده و حسینقلی‌خان بر آنجا حکم می‌راند اما اکثر زمین‌داران دربند از حاکمیت او ناراضی بودند و در پی سرنگونی او بودند و سرانجام این امر محقق گشت زیرا فتحعلی‌خان از نارضایتی مردم دربند آگاه

---

۱. بامداد شرح رجال ایرانی... ص ۱۰

بود و به دنبال بهانه‌ای برای گرفتن دربند بود به زودی این بهانه به دست وی افتاد زیرا مردم دربند از دست رفتار ناپسند طاهرخان برادر حاکم دربند به تنگ آمده بودند مردم ناراضی برای سرنگونی حاکم دربند از فتحعلی خان کمک طبیدند به همین خاطر در جنگی کوتاه، فتحعلی خان توانست ضمن شکست محمدحسین خان حاکم دربند، آن منطقه را اشغال کرده محمدحسین خان را دستگیر کرده و او را طبق درخواست خودش برای زندگی به باکو فرستاد.

فتحعلی خان خواهرش را به خان باکو شوهر داد و بدین ترتیب باکو نیز به قوبا وصل شد فتحعلی خان پس از یکپارچه ساختن شمال شرقی آذربایجان برای مطیع ساختن خان قراباغ تلاش کرد او چندین بار با ابراهیم خلیل خان مبارزه کرد اما همگی بی‌نتیجه بودند سرانجام برای ایجاد صلح بین این دو خان‌نشین قدرتمند، فتحعلی خان شوهر خواهر خود مالیک محمدخان را که خان باکو بود به قراباغ فرستاد، اما ابراهیم‌خان او را دستگیر و به مدت دو سال در حبس نگهداشت فتحعلی خان به کمک متحدین خود با قشون ۸ هزارنفری برای آزاد کردن فامیل خود (مالیک محمدخان) در ۱۷۸۱ به جنگ ابراهیم خلیل خان رفت و مالیک محمدخان را آزاد ساخت.

فتحعلی خان مرزهای حاکمیت خود را حتی از جنوب آذربایجان نیز گسترش داده مشکین و اردبیل را هر چند به صورت موقت اشغال کرد.

فتحعلی خان در ۱۷۸۹م در سن ۵۴ سالگی در اثر بیماری در باکو درگذشت و به جای او پسرش احمدخان بر حاکمیت قوبا تکیه زد. اما احمدخان دو سال بعد مرد و شیخعلی خان به حاکمیت رسید.[۱]

باکو

پس از مرگ نادرشاه، باکو یکی از خان‌نشین‌های ضعیف و کوچکی بود که میرزامحمدخان (۱۷۶۸ ـ ۱۷۴۷م) بر آن حکم می‌راند او در طول ۲۰ سال حکمرانی‌اش بر باکو به ترمیم اقتصاد و گسترش و توسعه تجارت پرداخت از آنجا که خود دریا سالار بود حمل و نقل کالا با کشتی‌ها را شخصاً رهبری می‌کرد در این زمان شهر باکو به عنوان مرکز ۳۹ روستا به شمار می‌رفت.

میرزا محمدخان او پدر عباسقلی آقا باکیخانوف، شاعر، ادیب و مورخ معروف آذربایجان بود هم‌چنان‌که قبلاً ذکر شد خان قوبا (فتحعلی خان) از طریق ازدواج خواهرش (خدیجه بیکه) با مالیک محمدخان در امور باکو دخالت می‌کرد. این خان‌نشین کوچک ۵۰۰ نفر قشون داشت. س. گ. گمیلن که در ۱۸۷۰م از این شهر دیدار کرده در خصوص آن می‌نویسد که خان‌نشین کوچک باکو تحت

1. Mustafazadə tofiq.quba xanliği. Bak, Elm, 2005.

حمایت خان‌نشین قوبا بود مالیک محمدخان حاکم باکو در بین مردم چندان نفوذی نداشت زیرا خراج بگیران او به صورت خودسرانه عمل می‌کردند و موجب نارضایتی شدید مردم می‌شدند. س. گ. گمیلن که خود شاهد تعرضات خراج‌گیرها بوده می‌نویسد: «***اهالی از دست مأموران خراج‌گیر ذله شده و شکایت می‌کردند اما خان باکو چنان خراج سنگینی از مردم می‌گرفت که مردم توانایی پرداخت آن همه را نداشتند حاکمان چنان شیفته پول بودند که هرگز به عدالت فکر نمی‌کردند. در نتیجه مردم از دست او گروه‌گروه به فتحعلی‌خان شکایت می‌بردند آنها از او می‌خواستند که فتحعلی‌خان خود اداره شهر و رتق وفتق آن را به عهده بگیرد.***»

در نتیجه، فتحعلی‌خان از نارضایتی خلق استفاده کرده روز به روز از طریق خواهرش حاکمیت مالیک محمد را محدود می‌کرد. پس از مرگ مالیک محمدخان در سال ۱۷۸۴م پسر کم سن و سالش، میرزامحمدخان به جای وی نشست اما در حقیقت مادر وی (خدیجه بیکه) امور را در دست داشته و خان‌نشین را اداره می‌کرد.

چیزی نگذشت که پسرعموی مالیک محمدخان یعنی حسینقلی‌خان برای به دست گرفتن قدرت، مبارزه و تلاش خود را آغاز کرد اما در نتیجه دخالت‌های خان قوبا (شیخعلی‌خان) حاکمیت دوگانه‌ای در باکو به وجود آمد و بین میرزامحمد و حسینقلی‌خان تقسیم گردید که البته طبق نوشته سیاحان در این زمان، حسینقلی‌خان نسبت به طرف دیگر دست بالایی داشت.[۱]

در ۱۷۹۵م آقامحمدخان باکو را گرفت. اما بزودی آنجا را ترک کرد.

شاماخی

یکی از خان‌نشین‌ها که پس از مرگ نادرشاه در نیمه دوم قرن هجدهم به صورت مستقل به وجود آمد شاماخی بود در ابتدا در شاماخی حاکمیت دوگانه‌ای وجود داشت در ۱۷۴۸م حاجی محمدعلی‌خان در رأس دسته‌ای امور شاماخی را به دست گرفت قبل از این، پدر او صفی نبی زرنوایی در زمان نادرشاه مسئول امور مربوط به خزانه نادرشاه و هم‌چنین مسئول تأمین ارزاق قشون نادر بود پس از مرگ نادر شخصیت مهمی که در شاماخی به چشمی می‌خورد محمدسعیدخان از طایفه معروف خان چوپان بود پدر او علی‌وردی‌خان در زمان نادر از ریش سفیدان متنفذ و دارای زمین‌های وسیعی بود که در همان زمان وفات نموده بود و اینک همه آن ثروت و مکنت به فرزندش محمدسعیدخان رسیده بود.[۲]

ظهور خان‌نشین شاماخی پس از مرگ نادر به دست محمدسعیدخان صورت گرفت پس از

---

۱. بامداد، شرح حال رجال ایرانی... ص ۱۰۶

2. Ilchin Qarayev Azerbaycan rus və Qərbi Avropa syayyahlarinin... Baki... S. 106.

ویران شدن شاماخی کهنه او به اتفاق پیروان خود به شهر وارد شده و در قسمت بالای شهر که حدود پانزده خانه سالم مانده بود مسکن می‌گزینند و شروع به آبادکردن شهر می‌کند کم‌کم از نواحی مختلف آذربایجان مهاجرین وارد شاماخی شده و تعداد نفوس رو به ازدیاد نهاد و خانه‌های جدیدی که بناکردند شهر به مانند اول خود بازگشت. هم‌چنان که قبل از این ذکر شد در جنگی که برای کسب قدرت بین محمدعلی خان و محمدسعیدخان در سال ۱۷۶۱م صورت گرفت از آنجا که مردم به خاطر عیاشی و فساد محمدعلی خان از او دل چرکین بودند جانب محمدسعیدخان را گرفتند در نتیجه این درگیری با پیروزی او به پایان رسید و محمدعلی خان دستگیر و محبوس گشت و سرانجام در سن هشتاد سالگی در زندان مرد. بدین ترتیب کل شاماخی در سال ۱۷۶۳م به صورت یکپارچه شده و به دست محمدسعیدخان افتاد. خان‌نشین شاماخی از شمال به دربند، از شرق به دریای خزر و خان‌نشین باکو، از جنوب غربی به رودخانه کُر و از شمال غربی به خان‌نشین شکی محدود می‌شد این خان‌نشین به خاطر منابع طبیعی خود از خان‌نشین‌های ثروتمند به شمار می‌رفت اما از نقطه‌نظر نظامی و سیاسی ضعیف بود قوای نظامی آن حدود ۲ هزار نفر بود و در مواقع لازم از بهره‌گیری از قوای مزدبگیر نیز محدودیت داشت به همین خاطر طولی نمی‌کشد که در سال ۱۷۶۷م مورد تعرض فتحعلی خان حاکم قوبا که در پی یکپارچه ساختن آذربایجان بود واقع می‌شود.[۱]

برخی از سیاحان در خصوص بهانه فتحعلی خان برای هجوم به شاماخی می‌نویسند که حاکم قوبا فتحعلی خان مدعی بود که به خاطر جلوگیری از هجوم تاتارها و لزگی‌ها به شاماخی، حاکم شاماخی باید خراج و مالیات به او بپردازد اما محمدسعیدخان از پرداخت آن امتناع می‌کرد و درنتیجه همین امر بهانه حمله فتحعلی خان به شاماخی می‌گردد و جنگ‌های خونین بین طرفین از سال ۱۷۶۶م آغاز می‌شود اما از آنجا که حسینقلی خان حاکم شکی به حاکم شاماخی مساعدت و کمک می‌رساند فتحعلی خان حاکم قوبا نتوانست کاری از پیش برد. س.گ. گملین می‌نویسد که اتحاد نظامی و همکاری حسینقلی خان و محمدسعیدخان چنان بود که فتحعلی خان حاکم قوبا نتوانست موفقیتی حاصل کند اما وقتی باگذشت زمان، اتحاد حسینقلی خان و محمدسعیدخان جای خود را به تفرقه و دشمنی داد حسینقلی خان به فتحعلی خان اطلاع داد که الآن فرصت حمله به شاماخی فرا رسیده است حتی اعلام می‌کند که در این حمله به فتحعلی خان کمک خواهد کرد.

در ۱۷۶۸م دو خان قوبا (فتحعلی خان) و شکی (حسینقلی خان) به صورت متحد به شاماخی حمله کرده و از دو طرف شهر شاماخی را محاصره می‌کنند و در عرض سه روز محاصره چنان شدت می‌گیرد که باعث می‌شود محمدسعیدخان حاکم شاماخی خود را تسلیم فتحعلی خان کند.

1. IBid. S. 107.

فتحعلی خان او را زندانی کرده و اندکی بعد به دربند می‌فرستاد.

پس از این شکست، خان‌نشین شاماخی بین فاتحین تقسیم شد بخش کوچک آن (شاماخی کهنه) جزو شکی شد و بخش اعظم آن یعنی شاماخی جدید جزو قلمرو قوبا گردید فتحعلی خان حاکم قوبا برادرش عبدالله خان را برای اداره شاماخی نو فرستاد اما سوءاستفاده عبدالله خان باعث نارضایتی و طغیان اهالی شاماخی شد ستم‌ها و تجاوزهای مکرر عبدالله خان به اهالی شاماخی باعث شد فتحعلی خان او را برکنار و اداره شاماخی را به حاکم باکو که تحت حاکمیتش بود واگذار نماید اما نارضایتی و طغیان‌های مردم شاماخی هم چنان ادامه داشت تا اینکه سرانجام فتحعلی خان مجبور شد خان سابق شاماخی را که به دربند فرستاده بود دوباره به شاماخی آورده و به عنوان حاکم آنجا تعیین کند اما بزودی او نشان داده که در دل هم چنان از فتحعلی خان اطاعت نمی‌کند در نتیجه فتحعلی خان او را از حاکمیت شاماخی محروم کرده و این بار به سالیان گسیل داشت و سرانجام در آنجا کشته شد.

اداره شاماخی به مدت چند سال از طرف حاکمینی که از سوی فتحعلی خان گمارده می‌شد اداره می‌شد اما پس از مرگ فتحعلی خان حاکم قوبا، قاسم خان برادر زاده محمدسعیدخان حاکمیت را در شاماخی به دست گرفت اما او به زودی از سوی برادرش مصطفی خان کنار گذاشته شد.[1]

شکی

پروسه تشکیل خان‌نشین شکی زودتر از بقیه خان‌نشین‌ها آغاز گردید از سال ۱۷۴۲م مردم شکی بر علیه حاکمیت نادرشاه شروع به مبارزه کرده بودند اهالی شکی به رهبری حاجی چلبی به مدت سه سال با نادرشاه مخالفت کردند. وقتی قشون نادرشاه از شکی عقب نشستند حاجی چلبی حاکم مستقل شکی شد حاکمیت او در واقع رل مهمی در حیات سیالی آذربایجان بازی کرد.

خان‌نشین شکی از شمال به خاک گازیکومیک، از غرب به گنجه، از جنوب به رودخانه کور و از شرق به شاماخی محدود می‌گردد نوخا مرکز خان‌نشین بود.

حاجی چلبی در ۱۷۵۵م وفات یافت پس از مرگش در ۱۷۵۵م پسرش آغاکیشی خان به جای وی نشست و خان‌نشین خیلی ضعیف شد در ۱۷۸۰م س.د. بورناشو در خصوص ضعف این خان‌نشین می‌نویسد: «صاحب این خان‌نشین کوچک محمد حسین خان است اما خیلی ضعیف است. در میدان جنگ بیش از ۲ هزار نفر نمی‌تواند جمع کند از آنجا که درآمدش کم هست نمی‌تواند به اندازه لازم از لزگی‌ها (داغستان‌ها) سرباز مزدور جمع کند خان‌نشین شکی پس از مرگ نادر به مدت نیم قرن درکشمکش و جنگ وکشتار بین فرزندان و نوه‌های

---

1. Elchin Qarayev. Azərbaycan rus avropa səyyahlarinin təsvirində. Baki. 2005. S. 109.

حاج چلبی جهت کسب قدرت بود» [1]

حاجی چلبی پس از ۱۲ سال حاکمیت در ۱۱۶۸ هـ می‌میرد و پسرش آغاکیشی به جای وی می‌نشیند و با دختر محمدخان ازدواج کرده بر شکی حکم می‌راند.

آقاکیشی در ۱۱۷۲ هـ پس از پنج سال حکومت بر شکی توسط پدرزنش محمدخان کشته می‌شود در این زمان حسین‌خان پسر حسن آقا (فرزند بزرگ حاجی چلبی) با جمعی از اعیان شکی به ولایت شیروان فرار می‌کند محمدخان وارد شکی شده تمام ثروت و خزاین چلبی را ضبط کرده چهل روز با ستم فراوان بر مردم شکی حکومت می‌کند با حمایت اهالی شکی حسین‌خان نوه حاجی چلبی از شیروان بازگشته محمدخان را فراری داده خود حاکم شکی می‌گردد.

حاجی چلبی چهار فرزند داشته به ترتیب سنی عبارت از حسن آقا، آغاکیشی، جعفرآقا و حاجی عبدالقادرخان بودند پس از مدتی که از حکومت حسین‌خان، نوه حاجی چلبی می‌گذرد برخی از افراد در شکی، جعفر آقا فرزند سوم حاجی چلبی را تحریک می‌کنند که با وجود شما که فرزند حاجی هستی چرا باید نوه او حسین‌خان حکومت شکی را در دست داشته باشد در اثر نمّامی مردم جنگی بین‌شان در می‌گیرد و سرانجام حسین‌خان، عمویش جعفرآقا را می‌کشد. حاجی عبدالقادرخان آخرین فرزند حاجی چلبی به خاطر کشتن برادرش درصدد انتقام از حسین‌خان بر می‌آید در حالی‌که ابراهیم خلیل حاکم قراباغ نیز از او حمایت می‌کرد افرادی را به دور خود جمع می‌کند و درصدد جنگ با برادر زاده بر می‌آید. [2]

گنجه

پس از مرگ نادرشاه در نیمه دوم قرن هیجدهجم شاهوردی‌خان زیاد اوغلو (۱۷۵۶ ـ ۱۷۴۰م) حاکم گنجه شد شهر گنجه مرکز این خان‌نشین بود و هم از نقطه‌نظر سیاسی نظامی هم از منظر اقتصادی در بین خانات از اهمیت استراتژیکی برخوردار بود چراکه شهر گنجه یک مرکز تجاری به شمار می‌رفت.

گنجه به خاطر همین اهمیت سیاسی و اقتصادی‌اش همیشه از سوی خانات قراباغ، قوبا و کارتلی ـ کاختیا ایراکلی دوم مورد هجوم و کشمکش واقع می‌شد به خاطر همین کشمکش و جنگ‌ها، خان‌نشین گنجه ضعیف گشته و بعضی از اراضی‌اش از آن جدا شده بود به همین خاطر نواحی چون قزاخ، شمشدیل و شمکیر به دست گرجی‌ها افتاده بود. حتی به نوشته برخی منابع کم‌کم

---

1. Kərim Aga fatəh. şəki xanlarinin müxtəsər tarixi... S. 110.
2. IBid. S. 12-13.

گنجه به ایراکلی دوم وابسته شده بود. خان قراباغ و ایراکلی دوم با هم متحد شده پی‌درپی به گنجه هجوم می‌آوردند. اما اهالی گنجه مبارزات پردامنه‌ای را بر علیه اشغالگران آغاز کرده بودند به طوری که س.د.بورناشو می‌نویسد: **«ابراهیم خلیل خان حمله کرده محمدخان حاکم گنجه را دستگیر کرده و شهر گنجه را به همراه ایراکلی دوم اداره می‌کردند اما در ۱۷۸۴م حاجی خان که از نسل اعیان گنجه به شمار می‌رفت اهالی شهر را به شورش دعوت کرده و آنها حاکم دست نشانده ابراهیم خلیل خان و ایراکلی دوم را از شهر گنجه فراری دادند.»**

در ۱۷۸۶ م جوادخان حاکم گنجه شد.

قراباغ

یکی از خانات جدیدی که پس از مرگ نادرشاه به وجود آمد قراباغ بود که از خانات قوی و مستقل به شمار می‌رفت. بانی اصل این خان‌نشین، پناه‌علی خان (۱۷۶۳ ـ ۱۷۴۸م) از طایفه جوانشیر بود او پسر صاحب روستای چای بود که پس از مرگ نادر گروهی را به دور خود جمع کرده و در ۱۷۴۸م قراباغ صاحب قدرت و خان شد.

قراباغ از شمال به گنجه و شکی و از جنوب شرقی به دشت مغان، از جنوب به قراداغ و از غرب به خان‌نشین نخجوان محدود می‌شد.[1]

پناه‌خان (۱۷۶۳ ـ ۱۷۴۸م) پس از تحکیم موقعیت خود در قراباغ ملیک ناحیه خمسه را تابع خود کرد و در سال ۱۷۵۱م قلعه بایات را به عنوان اقامتگاه خود برگزید اما به خاطر تعرضات خارجی‌ها، پناه‌خان مرکز حکومت خود را در ۱۷۴۸م به قلعه شاه بولاغ انتقال داد.

مؤلف «تاریخ شهر شوشی» در خصوص علت انتقال پناه‌خان از قلعه بایات به قلعه شاه بولاغ می‌نویسد: **«چون قلعه بایات به خاطر اینکه برای امر تجارت مناسب نبود اوّلاً وقتی در فصل بهار و تابستان ایلات به ییلاق می‌رفت در نتیجه در اطراف قلعه جمعیت چندانی باقی نمی‌ماند به همین منظور مجبور شدند قلعه را در جایی احداث کنند که اولاً هم باکوه و هم با آران مرتبط باشد پس از مشورت‌های زیادی قلعه شاه بولاغ که در ۵ الی ۶ کیلومتری آغدام بود و مناسب تجارت بود انتخاب شد.»**[2]

اما از آنجا که این قلعه در مقابل تعرضات دشمن آسیب‌پذیر بود در نتیجه مرکزیت خان‌نشین به قلعه معروف شوشی منتقل شد در ۱۷۵۷م این قلعه قبلاً از هجوم مغول‌ها ویران شده بود و در این تاریخ توسط پناه‌علی خان مرمت شد. برخی منابع ذکر می‌کنند که پناه‌خان برای مقابله با خوانین قدرتمند اطراف با مشورت ملیک شاه نظر ارمنی اقدام به ساخت قلعه شوشی کرد. شوشی قبل از این

1. Qarabaŷnamələr.1 kitab. Mirzə camal cavanşir... S. 111.

2. Qarabaŷnamələr.111 kitab. Həsən ixfa əlizadə. şuşa şəhərinin tarixi... S. 81.

چراگاه دامهای اهالی قریه شوش بوده و آثاری از آبادانی در آن وجود نداشت.[۱] قلعه شوشی از آنجا که بر بالای کوههای مرتفع بنا شده بود آسیب‌ناپذیر بود تدریجاً قلعه شوشی به مـرکز سـیاسی و اقتصادی قراباغ بدل شد. پس از بنای شهر شوشی، باز هم این خـان‌نشین قـوی‌تر شـده و اراضـی همسایه را به اشغال خود درآورد. به همین خاطر، هم فـتحعلی‌خان افشـار حـاکـم ارومـیه و هـم محمدحسن‌خان قاجار به قراباغ هجوم برده بودند اما تنها فتحعلی‌خان افشار توانسته بود آن را به اطاعت خود درآورد ولی وقتی کریم‌خان زند با فتحعلی‌خان افشار وارد جنگ شد این باعث قطع وابستگی قراباغ و استقلال دوباره آن شد زیرا کریم‌خان پس از شکست فتحعلی‌خان افشار و گرفتن ارومیه، قراباغ را به ابراهیم خلیل پسر پناه‌خان سپرد. طبق نوشته برخی منابع، کریم‌خان، پناه‌خان را به شیراز برد. س.د.بورناشو در این زمینه می‌نویسد: ***«ابراهیم خلیل‌خان پسر پناه‌خان با دختر ملک شاه‌نظر ازدواج کرد و شهر شوشی را در ۱۷۵۰م بنیان گذاشت به زودی حصاری به دور قلعه‌کشیده شد درون قلعه بنای مسجد و دیوانخانه گذاشته شد و به آن پناه‌آباد می‌گفتند. او از نخجوان و قراباغ روستاهای زیادی گرفت و سرانجام خان‌نشین شوشی را به وجود آورد.»*** ابراهیم خلیل پس از مرگ پدر با برادر کوچک‌تر خود مهترخان بر سر کسب قدرت مبارزه کرد و بر او پیروز شد.

پس از مرگ پدر، در دوره ابراهیم خلیل‌خان باز هم خان‌نشین قراباغ توسعه پیدا کرد و صاحب اراضی وسیعی شد به طوری که در خصوص میزان قدرت ابراهیم خلیل‌خان بعضی منابع نوشته‌اند قشون ۷۰۰۰ (هفت هزار) نفری داشت. ارتفاع دیوارهای قلعه شوشی حدود شش متر و عرض آن سه متر می‌باشد. دیوارها و قلعه‌های عظیم ساخته شده در طرف شمای پایین شهر شوش و شمال شرقی آن قرار دارد و از سه طرف جنوب، شرق و مغرب به دلیل سنگ‌های صـخره‌ایـی، دره‌هـای عظیم، امکان نفوذ پیاده‌نظام در حال حاضر وجود ندارد چه رسد به زمان قاجاریه.[۲] خان‌نشین قراباغ با بعضی از خان‌نشین‌های همسایه دشمن و با بعضی از آنها رابطه نـزدیک و دوسـتانه داشت و بـا بعضی دیگر در حال رقابت بود. دشمنانش عبارت از فتحعلی‌خان (حاکم قوبا) احمدخان (حاکم خوی) رحیم‌خان (حاکم گنجه) بودند اما با خان آوار دوست و حتی فامیل بود عباسقلی‌خان حاکم نخجوان نیز وابسته‌اش شده و ایراکلی دوم حاکم گرجستان نیز به مدت ۲۶ سال با ابراهیم خلیل‌خان دوست بود.[۳]

---

۱. فصلنامه مطالعات آسیای مرکزی و قفقاز «شوش شهری با هویت ایرانی، یادداشتهای سفر قـرابـاغ» نـوشته حسـین احمدی، سال شانزدهم، دوره چهارم، شماره ۶۰، زمستان ۱۳۸۶.

۲. فصلنامه مطالعات آسیای مرکزی و قفقاز «شوش شهری با هویت ایرانی... حسین احمدی... همان منبع»

3. Qarabaŷnamələr.1 kitab. mirzə camal cavanşir... S. 112.

نخجوان

یکی از خان‌نشین‌های دیگر که در نیمه دوم قرن هیجده در شمال آذربایجان به وجود آمد خان‌نشین نخجوان بود. آغا حسنی از طرف حکومت نادر به عنوان حاکم نخجوان نصب شده بود پس از مرگ نادر ۱۷۴۷م حیدرقلی خان ۱۷۶۳ـ۱۷۴۷ یکی از زمین‌داران بزرگ از طایفه کنگرلی گماشته نادر را کنار زده خود را مستقل از ایران اعلام کرد پس از مرگ او، حاجی خان کنگرلی به قدرت رسید پس از او به ترتیب رحیم‌خان، جعفر قلی‌خان، کلبعلی‌خان و عباسقلی‌خان کنگرلی اداره امور را به دست گرفتند.

نخجوان هم از لحاظ وسعت اراضی و هم از لحاظ نیروی نظامی از خان‌نشین‌های ضعیف به شمار می‌رفت به همین خاطر خود را زیر حمایت خان‌نشین قراباغ قرار داده بود این خان‌نشین از شمال به ایروان، از شرق به قراباغ، از جنوب شرقی به خوی و از غرب به ماکو و از جنوب و جنوب شرقی با قراداغ همسایه بود. کل نیروی نظامی آن به یک هزار نفر محدود می‌شد.

لنکران (طالش)

لنکران یکی دیگر از خان‌نشین‌هایی بود که هم از لحاظ وسعت زمین و هم از لحاظ نظامی ضعیف به شمار می‌آمد. ابتدا مرکز این خان‌نشین روستای قیزیل آغاج بعد آستارا سپس شهر لنکران بود حاکم آن جمال‌الدین میرزاجان (با لقب قاراخان) بود ب.برزین می‌نویسد: «***این خان‌نشین دارای چهار هزار خانه است و بین گیلان و قراداغ واقع شده حاکم آن قاراخان است و در جای مستحکمی زندگی می‌کند قاقد شهر است و مستقل زندگی می‌کند اما ضعیف و فقیر است. میزان قشونش دو هزار نفر می‌باشد. خان‌نشین لنکران متفق گیلان، قوبا و خان‌نشین قراباغ می‌باشد و با هیچ گروهی و همسایه‌ای درگیری و دشمنی ندارد.*** قاراخان به روسیه تمایل داشت همین مسئله حاکمان ایرانی به خصوص حاکم گیلان هدایت‌خان را ناراحت می‌کرد هدایت‌خان در ۱۷۶۸ با قشون ۱۲ هزار نفری وارد لنکران شد قاراخان به قلعه شیندان پناه برده مقاومت کرد حاکم گیلان خراج زیادی گرفت قاراخان برای مصون ماندن از تجاوزات او به فتحعلی‌خان حاکم قوبا پناه برد و در سال ۱۷۸۵ لنکران به خان‌نشین قوبا پیوست اما پس از مرگ فتحعلی‌خان قوبا در ۱۷۸۶ دوباره خان‌نشین لنکران مستقل شد در ۱۷۸۶ قاراخان مرد و پسرش مصطفی‌خان به جای وی نشست (۱۸۱۴ـ۱۷۸۶). وقتی قاجارها هجوم آوردند مصطفی‌خان بر آن حکومت می‌کرد.»

ایروان

این خان‌نشین با نخجوان، خان‌نشین ماکو و امپراطوری عثمانی، کارت کارتلی، بورچالی، قازاخ

و قراباغ هم مرز بود. اساس شهر ایروان را یکی از سرداران صفوی به نام روان قلی گذاشته بود و چندین بار این شهر مورد هجوم گرجی‌ها واقع شده بود. پس از مرگ نادر اساس این خان‌نشین را در ۱۷۴۷م میرمهدی خان گذاشت این خان‌نشین به ۱۵ محال تقسیم می‌شد و کل اهالی آن را ترک‌های آذربایجان تشکیل می‌داد مرکز خان‌نشین ایروان بود. پس از میرمهدی خان، حسینقلی خان حاکم آن شد وقتی در ۱۷۹۵م آقامحمدخان بدان‌جا حمله کرد حاکم آنجا محمدخان بود که توسط آقامحمدخان برکنار شد. اما پس از مرگ آقامحمدخان در ۱۷۹۷م او دوباره حاکم ایروان شد. پس از امضای قرارداد ترکمنچای در ۱۸۲۸م بین ایران و روسیه در ترکیب روسیه درآمد.

سلطان‌نشین‌ها

سلطان‌نشین قازاخ و شمشادیل: در دوره صفوی‌ها از سوی طایفه شمشادیل اداره می‌شد و جزو قاربان به حساب می‌آمد.

سلطان‌نشین ارش: در دوره صفوی این سلطان نشین تشکیل شده و ابتدا از شیروان پیروی می‌کرد و در ۱۷۹۵م در ترکیب خان‌نشین شکی درآمد.

سلطان‌نشین ایلی‌سو: در دوره صفوی به وجود آمده بود و بعدها مستقل شده بود.

در نیمه دوم قرن هجدهم همزمان با به وجود آمدن خان‌نشین‌های مستقل در آن به سوی ارس، در آذربایجان جنوبی نیز شاهد به وجود آمدن خان‌نشین‌های مستقل هستیم اما خان‌نشین این سوی ارس چندان ثابت و پایدار نبودند بلکه بیشتر منبعث از کشمکش‌های قدرت مرکزی ایران بودند.

تبریز

یکی از خان‌نشین‌های مستقل در آذربایجان جنوبی خان‌نشین تبریز بود به لحاظ اراضی گسترده و کثرت اهالی یکی از خان‌نشین بزرگ به شمار می‌رفت هم‌چنین به عنوان شهری ثروتمند و بزرگ شرق به شمار می‌رفت.

خان‌نشین تبریز از شمال به خان‌نشین قراداغ از جنوب به مراغه از غرب و شمال غرب به خوی و ارومیه از شرق به اردبیل و سراب منتهی می‌شد.[1]

در حوالی سال‌های ۱۷۸۰م خان‌نشین تبریز را خداداد‌خان اداره می‌کرد در ۱۷۸۵م احمدخان،

۱. زرگری‌نژاد، روزشمار تحولات در عصر قاجاریه... ص ۱۱۳

حاکم خوی برای تسلط بر تبریز خدادادخان را اسیر کرد اما خدادادخان پس از مرگ احمدخان از اسارت آزاد شده دوباره حاکم تبریز شد حاکم تبریز قدرتمند بود و حدود ۱۰ هزار نفر قشون داشت.

ارومیه

در میان خان‌نشین‌ها، ارومیه نیز جایگاه مخصوصی داشت که اساس آن را فتحعلی خان افشار رئیس ایل افشار بنا گذاشت.

او پسرعموی نادرشاه بود این سردار بزرگ از مدت‌ها پیش برای یکپارچه ساختن خاک آذربایجان تلاش خود را آغاز کرده بود.[1] آرزوی شاهی در سر می‌پروراند بـه همین خـاطر او در ۱۷۵۴م بخش‌های جنوبی و مرکزی ایران و در ۱۷۵۹ قراباغ را به دست می‌گیرد و قوی‌تر می‌گردد بعدها او ارومیه، تبریز، خوی، قراداغ، مراغه و سراب را نیز به دست می‌گیرد و به غیر از اردبیل و ماکو، جنوب آذربایجان را یکپارچه می‌کند. در حوال سال‌های ۱۷۸۰م محمدقلی خان حاکم ارومیه شده و سیاست مستقلی را پی‌گیری می‌کرد و نسبتاً قدرتمند بود که تعداد قشون او را بین ۵ـ۴ هزار نفر نوشته‌اند. این خان‌نشین از شمال به خوی از شرق به مراغه از غرب به ترکیه عثمانی محدود می‌شد و با خان‌نشین خوی و مراغه رابطه دوستانه داشت اما با خان‌نشین تبریز در تخاصم و دشمنی بود.

خوی

یکی از خان‌نشین‌های جنوب آذربایجان، خان‌نشین خوی بود که اساس آن را یکی از رؤسای طایفه دنبلی یعنی احمدخان (۱۷۸۶ـ۱۷۶۳م) گذاشته بود.[2]

این خان‌نشین از شمال به نخجوان و ایروان از جنوب به دریاچه ارومیه از شرق به تبریز و از غرب به امپراطوری ترکیه عثمانی منتهی بود در حوالی سال‌های ۱۷۸۰م احمدخان حاکم خوی یکی از خان‌های ثروتمند و قدرتمند به حساب می‌آمد او حدود چهار هزار نفر قشون داشت و در وقت ضرورت از اکراد نیز به عنوان سرباز مزدور می‌گرفت.[3] و در این زمان او حتی ایروان، نخجوان و قراداغ را نیز تابع خود کرده بود کریم‌خان‌زند از قدرتمندی خان خوی می‌ترسید و سعی کرده بود برادر زاده‌هایش را بر علیه او بشوراند که سرانجام به دست آنها کشته شد اما با وجود آن برادرزاده‌ها

---

1. Dəlili H.ə. Azərbaycanin cənub xunliqlari (XVIII asrin 11 yarisi) baki. 1979. S. 108.
2. IBid. S. 36-39.
3. Dlili H.ə. Azərbaycanin cənub xanliqlari... S. 114.

نتوانستند حکومت را به دست بگیرند زیرا جعفرقلی خان آنان را تنبیه کرده و برادر خود حسینقلی خان (۱۸۱۳ ـ ۱۷۸۶) را به حکومت رساند.

مراغه

خان‌نشین مراغه در نیمه دوم قرن هجدهم به وجود آمد پس از مرگ نادرشاه علی‌قلی خان خود را حاکم مراغه کرد.[۱]

در حوالی سال‌های ۱۷۸۰م اداره امور به دست احمدخان افتاده بود خان‌نشین مراغه در مقایسه با خان‌نشین‌های دیگر نسبتاً قدرتمند و با نفوذ به شمار می‌آمد و میزان افراد قشون آن به ۳ هزار نفر می‌رسید البته امکان به کار گرفتن از کردها نیز به عنوان سربازان مزدور وجود داشت. خان مراغه با خان‌نشین ارومیه و خوی رابط دوستانه داشت[۲] و از جنوب به سقز از شرق به میانه، از شمال به تبریز و از غرب به دریاچه ارومیه و سولدوز محدود می‌شد در زمان شاه عباس اول، از سوی او ایل جوانشیر از قراباغ به آنجا کوچانده شد و طایفه مقدم بر آن حکم می‌راند این شهر وقتی به اشغال قوای عثمانی درآمد توسط وکیل حسنعلی خان به کمک نادرشاه آن را از دست قوای عثمانی آزاد ساخت و عبدالرزاق حاکم آنجا شد اما او از ترس ناسازگاری با نادرشاه به بغداد فرار کرد و در نتیجه وکیل حسنعلی خان حاکم شد پس از او پسرش علیقلی خان حاکم شد پس از مرگ نادرشاه مستقل شد.

اردبیل

بانی خان‌نشین اردبیل رئیس ایل شاهسون نظرعلی خان بود. پس از او در سال ۱۷۹۲م پسرش نظیرعلی خان به جای وی نشسته بود این خان‌نشین، چندان قدرتمند نبود و تعداد قوای نظامی آن را دو هزار نفر نوشته‌اند[۳] در دوره قاجاریه وابسته به آقامحمدخان شد.

قراداغ

خان‌نشین قراداغ نیز در نیمه دوم قرن هیجده با مرکزیت اهر به وجود آمد بنیان آن را شخصی به نام کاظم خان که رئیس طایفه قارامان بود گذاشته بود (۱۷۵۲ ـ ۱۷۴۷م) او در زمان نادرشاه به خاطر سرپیچی از اطاعت نادرشاه از سوی نادر چشمانش را از دست داد اما پس از مرگ نادرشاه در رأس

---

1. IBid. S. 22.
2. IBid. S. 22.
3. IBid. S. 114.

این خان‌نشین قرار گرفت. در ۱۷۸۰م مصطفی‌خان به عنوان حاکم قراداغ شد و در شهر اهر اقامت گزید او بارها به ابراهیم خلیل‌خان و احمدخان حاکم خوی وابسته شد حتی یک بار در جنگ با ابراهیم خلیل‌خان اسیر وی شد و اداره اراضی او، بین ابراهیم خلیل و احمدخان تقسیم و توسط آنها اداره گردید اما بعدها با موافقت هر دوی آنها دوباره مصطفی‌خان در رأس این خان‌نشین قرار گرفت او ۲ هزار نیروی نظامی داشت.[۱]

1. Dəlili H.ə. Azərbaycanin cənub xanliqlari... S. 115.

سفید

نمونه پنجم

پیوست دوم

۱۰ شعبان ۱۲۱۰

۳۰ بهمن ۱۱۷۴

۱۹ فوریه ۱۷۹۶

دستورالعمل‌های کاترین کبیر به ژنرال والریان زوبف: تمام مردان توپ‌خانه، بایستی برای حرکت به داخل ایران آماده باشند و سرزمین‌های گرفته شده به وسیله آقامحمدخان را اشغال کنند.

۱- به محض رسیدن به خط قفقاز، شما فرماندهی را تحویل خواهید گرفت و از ژنرال گودویچ تمام اطلاعات راجع به تعداد و اوضاع نیروهای ما در منطقه کسب خواهید کرد.

۲- سرلشکرها سرگئی بوگلاکوف، ایوان ساوالاف، الکساندر ریمسکی نیسکن، گابریل راخمانوف، شاهزاده پل سی‌سیانف، بارون فن بنیکسن و سرتیپ فئودور اپراکسین بایستی به لشکر خزر تحت فرماندهی سرلشکر پلاتوف ملحق شوند.

۳- تمام مردان و توپ‌خانه، بایستی برای حرکت به داخل ایران آماده باشند و سرزمین‌های گرفته شده به وسیله آقامحمدخان را اشغال کنند. این کار باید در ابتدای بهار و قبل از شروع فصل گرما محقق شود.

۴- دو گردان مستقر در گرجستان باید تقویت شوند. باید حکومت شاه ایراکلی در تفلیس و دیگر ولایات گرجستان احیا شده و با کمک نیروهای روسیه برتری او بر خان ایروان و سایر خوانین آذربایجان در مرز عثمانی باید مجدداً برقرار شود.

۵- لشکر قفقاز باید از تفلیس به سوی رودخانه کر حرکت کرده و گنجه را اشغال کند. هم‌چنین حکومت مسیحیان در قراباغ باید دوباره برقرار شده و ابراهیم خلیل‌خان شوشی نیز نجات داده شود.

۶- پس از انجام این کارها، لشکر قفقاز باید با ژنرال زوبف و لشکر خزر متحد شده و بلافاصله بعد از استقرار کامل ابراهیم خلیل‌خان در شوشی، ارتش ما باید از ارس عبور کند تا خان‌های آذربایجان را برای اتحاد علیه دشمن مشترک متقاعد سازد.

۷ـ دریاسالار فئودوروف باید کشتی‌هایی به باکو و طالش اعزام نماید. در تمام مناطق باید نیرو، مهمات و تدارکات کافی برای دفاع و بدون نیاز همسایگان‌شان وجود داشته باشد.

۸ـ دریاسالار باید آماده باشد تا در ماه اوت یا سپتامبر به همراهی مرتضی‌قلی‌خان که حاکم ایرانی گیلان خواهد بود، در این منطقه پیاده شود. هم‌چنین زوبف باید مهمات کافی در باکو جمع‌آوری کند و با فرماندهی روسیه در گیلان ارتباط منظم داشته باشد.

۹ـ می‌بایست اعلامیه‌هایی به فارسی، گرجی و ارمنی به همه شهرها و دهکده‌های منطقه مزبور فرستاده شود. از طریق این اعلامیه‌ها باید به مردم اطمینان داد که نیروهای روسیه تنها برای آزادسازی آنان از شکنجه‌ها و اجحافات آقامحمدخان در این مناطق استقرار یافته‌اند. آنان باید مطمئن شوند که نیروهای روسیه آسیبی به آنان نخواهند زد و باورهای اعتقادی آنان را مورد احترام قرار می‌دهند. انضباط نظامی باید به سخت رعایت شود و بهای تمام تدارکاتی که از ساکنین محلی گرفته می‌شود به آنان پرداخت گردد.

۱۰ـ شاه ایراکلی و ملیک‌های قراباغ، ابراهیم خلیل‌خان جوانشیر، حاکمان داغستان و شیروان باید آگاه باشند که نیروهای روسیه برای آزاد کردن آنان از چنگ آقامحمدخان اعزام شده‌اند. هم‌چنین نامه‌های مشابهی نیز باید از طرف مرتضی‌قلی‌خان برای خان‌های دربند، باکو، طالش و شوشی فرستاده شود.

۱۱ـ برای جلب اطمینان شماخال تارکو و رؤسای کاراکایتاک، کازی‌کوموک و آوار از هیچ کاری فروگذار نباید کرد. پول و هدایا باید در میان آنان توزیع شود و معدودی از پسران یا بستگان آنان را نیز باید تشویق کرد تا به ارتش ما ملحق شوند. به‌این ترتیب آنان احساس اتحاد با ما خواهند کرد و خود را در پیروزی ما شریک خواهند دانست.

۱۲ـ خان جوان دربند باید مانند پدرش فواید دوستی با روسیه را درک کند. برای این کار باید مشاورانی که خواستار تأمین منافع ما می‌باشند، او را احاطه کنند.

۱۳ـ باید تمام کوشش خود را به کار بگیریم تا اهالی محلی را در برابر لزگی‌ها و سایر قبایل کوهستانی داغستان حمایت کنیم. نیروهای ما باید از هر گونه درگیری با آنها جداً خودداری کنند. هم‌چنین دوستی خان اواریا می‌تواند برای حفظ صلح در آن منطقه بسیار مهم باشد.

۱۴ـ به منظور اطمینان از وفاداری شاه ایراکلی، پیشنهاد می‌کنم که شما باید گروگان‌هایی از شاهزادگان گرجی و دیگر نجبای بلند مرتبه، در حدود ۱۰۰۰ نفر در قفقاز در اختیار خود داشته باشید و عاقلانه خواهد بود اگر دیوید پسر گریگوری جانشین ایراکلی در اختیار شما باشد.

۱۵ـ لشکر قفقاز و خزر باید در گنجه با یکدیگر متحد شوند. لشکرهای مزبور نباید داخل ایروان و

پیوست دوم / ۴۹۵

یا مناطق دیگر در نزدیکی امپراتوری عثمانی حرکت کنند. نیروهای شاه ایراکلی و خان‌هایی که مطیع او هستند می‌توانند منطقه شمال ارس را حتی با زور از آقامحمدخان بگیرند. به این ترتیب نیروهای ما پراکنده نخواهند شد و عثمانی‌ها نیز نخواهند توانست علیه حضور نیروهای خارجی در امتداد مرزهایشان اعتراض کنند.

۱۶ ـ اتحاد میان شاه ایمرتی و شاه ایراکلی باید بدون برانگیختن سوءظن عثمانی‌ها که با ایمرتی‌ها دارای معاهده صلح هستند، انجام شود.

۱۷ ـ چنان چه عثمانی‌ها به دلیل حفظ امنیت خودشان به ایروان وارد شدند، شما بایستی علیاحضرت را در جریان گذاشته و پیشروی ارتش روسیه را متوقف کنید. شما باید تمام نیروی خود را برای حمایت از گرجستان و سایر مناطقی که قانوناً تحت حاکمیت ایراکلی قرار دارد، اعزام کنید.

۱۸ ـ اسرای مسیحی که توسط آقامحمدخان به شهرهای مختلف ایرانی برده شده‌اند، بایستی آزاد شده و به خانه‌ها و نزد خانواده‌هایشان بازگردند.

۱۹ ـ با تمامی خان‌هایی که قبلاً به ما وفادار نبودند، اما اکنون تمایل به تسلیم دارند، باید به خوبی رفتار شده و نمایندگان آنان نیز باید به خوبی پذیرفته شوند.

۲۰ ـ تمام خان‌هایی که به ما تسلیم می‌شوند، باید بدانند که دیگر نمی‌توانند به یکدیگر حمله کنند.

۲۱ ـ خان‌های وفادار به ما نیز بایستی در حکومت شهرهای خود آزاد باشند و به همه آنان نشان‌هایی داده شود.

۲۲ ـ در تمام شهرهایی که همکاری با ما را نپذیرفته‌اند باید مالیات نظامی وضع شود.

۲۳ ـ به محض اینکه مرتضی‌قلی خان در گیلان مستقر شد، او باید موقعیت خود را در مازندران هم مستحکم کند و به ناوگان ما در حرکت به داخل استراباد و انزلی کمک و یاری برساند.

۲۴ ـ بکوشید تا ترکمن‌ها را علیه آقامحمدخان تحریک کنید.

۲۵ ـ شما باید هر روز گزارشی از فعالیت‌های نظامی خود ارسال کنید.

به نقل از: روزشمار تحولات ایران در عصر قاجاریه، غلامحسین زرگر نژاد ـ تهران: مؤسسه مطالعات تاریخ معاصر ایران ۱۳۸۵: ج اول. ص ۳ـ۸۱۲.

سفید

نمونه پنجم

پیوست سوم

سند شماره ۱

نامه ابراهیم‌خلیل‌خان به سلطان عثمانی

موضوع: خروج آقامحمدخان

تاریخ: ۱۲۰۹

عرضه داشت بندهٔ مخلص قدیمی ابراهیم خلیل

شوکتلو افندیمزینک خلدالله ملک پایهٔ خلافت مصیرینده. توقّف ایدن ارباب عبود یتنک تراب مقدم لرینه عرض حال ایدرکه

دولت علیه عالیه ضل الله فی الارض و ملاذ کل الانام و ملجأ و عوام الدوقی چون بن بندهٔ مختص و چاکر مخلص اطیعوالله و اطیعوالرسول و اولی الامر منکم الآیة ارشادی ایله حَبل المتین انـقیاده مقیدالوب شول بارگاه عالم پناهنک جادهٔ اطاعتنده ماد سلوک عبودیت یوز گوستروب، ایکرمی سنه و بلکه زیاده درکه اهالی دیار روم جریده سنده شرف انتظام بولوب مرحوم مغفور رضـوان مکـان سلطان حمیدینک ایّام حیاتنده همیشه بندن دولته عریضه واتدن بنکا فرمان و بندن انکار اطـاعت واندن بنکا اعانت ظهور ایدردی واتدن صکره که شوکتلو افندیمز سریر سلطنتده طلعت تاج جهان افروز خورشید عالم‌آرا گبی ضیا بخش بین السماء و الارض اولدی قاعدهٔ سـابقه اوزره عـرایـض اخلاص ترجمه لریمز آستان ملاریک آشیانه مرسول اولوب، مصدر عدلتدن فرمانلر صدور ایدوب شرف زیارتی ایله کمال فخر و مباهات حاصل ایدوب تا روز قیامت امر و نهینه اولماقمز حضرت عالم الغیب و الشهاد ته ظاهر درکه امتثالنده ده مقداری تخلفمز اولمیه، خلاصة الکلام دولت عـلیه عالیه ننک خدمت‌گذار بنده‌لری یوز. خاصةً و حال فرض عین و عین قرض درکه بوجا نبلرده واقع اولان حادثه لری عرض ایده لوم کیفیت احوال بو منوال اوزره درکه قزل باشدن آقامحمدخان خروج ایدوب ایران ملکنده واقع اولان عراق مملکتین و فارس بلدلرین تحت تصرفه کـتوروب شـمدی ارده‌سی بودکه آذربایجان دیارلرنیه عازم اولوب رودخانهٔ ارسدن عبور ایدوب، اولاً، بنم اوزه ریمده و ثانیاً ایروان خانی محمدخان اوزره و ثالثاً گرجستان اوزره و علی هذا الترتیب مقصود و منظورین

قوّه‌دن فعله کتوره شمدن کری امر شوکتلو افندیمزینک در. رجامز بو درکه، بزه حفظ و حراستلری و عون و عنایتلری مرعی اوله که ان‌شاالله تعالی دولت علیّهٔ عالیه ننک قوت اقبال لری ایله و ارباب عناد نیک و اصحاب سفک و فسادینک ماده‌سین منفجر ایتمک علی طریق السرعت سهل آساندر. و دخی عرض ثانی بو درکه آیا آیران خلقی نه جرم و نه گناه ایتمیش که شاهنشاه اعظم مالک و رقاب الامم، سلطان البرین و البحرین، حافظ محرومین الشریفین، قایم مقام رسول الثقلین اولان، شوکتلو اقندیمز الطاف و اشفاقین ارزان قیلمایوب سایه سعادت پیرایه‌سین ایران تیراغننک اوزه‌ریندن زایل ایدو پدر که دورانک هر برگردشنده‌دهابیله بر سفاک و فساد خروج ایدوب فخر کاینات افندیمزنیک اُمتّلرین قتل و غارت ایدوب ضایع و مضحمل ایتمکده باک ایلمز واجب ایدی عرض اولوندی و بوعریضه نی خاکپان توتیا آسای متوّقفان پایهٔ سریر خلافت مصیره ایصال ایتمک ایچون عالیشان نجابت و سعادت ارکان عبدالله چلبی مرسول اولوندی. جمیع احوال و اخبار شول حریفنک ظرف ضمیرینه تسلیم اولونمیش که هرگاه استنبا اولونسه عرض ایدر. باقی امره مطاع.

ترجمهٔ نامه

عرضه داشت بندهٔ مخلص قدیمی ابراهیم خلیل.

به موقف عرض ایستادگان پایهٔ سریر خلافت مصیر ـ خلدالله ملکه ـ می‌رساند که

چون دولت علیه عالیه ضل‌الله فی الارض و ملاذ کل الانام و ملجأ خواص و عام است من بندهٔ مخلص به حکم «اطیعواالله و اطیعواالرسول و اولی‌الامر منکم، مقید به حبل‌المتین بارگاه عالم پناه بوده و در حادهٔ اطاعت طوق عبودیت برگردن نهاده، بیست سال و بل افزون در جرگهٔ اهالی دیار روم شرف اندوز بوده و از ایام مرحوم مغفور رضوان مکان سلطان حمیدخان همیشه از این طرف عریضه و از آن طرف فرمان و از من اطاعت و از او عنایت بوده است؛ و بعد از آنکه آن اعلی حضرت با شوکت بر سریر سلطنت، چون خورشید عالم‌آرا، ضیابخش بین‌السماء و الارض گردید بر قاعدهٔ سابق عرایض اخلاص ترجمان به آستان ملایک آشیان ارسال، و از مصدر معدلت آیین فرامین صادر که به زیارت آن کمال فخر و مباهات حاصل شد و به شهادت حضرت عالم‌الغیب در اجرای اوامر تا روز قیامت منتظر بوده و ذره‌ای تخلّف نخواهد شد.

خلاصه کلام، در جرگهٔ بندگان و خدمت‌گزاران دولت علیه عالیه هستیم. خاصّه که فرض عین و عین فرض است که وقایع این طرف را به عرض رسانیم و کیفیت احوال بدین منوال است که از قزل‌باش آقامحمدخان خروج کرده، عراق و فارس را تحت تصرف درآورده است. و اکنون ارادهٔ آن دارد که به آذربایجان آمده، از رودخانهٔ ارس گذشته، اولاً به سوی بنده، و ثانیاً به طرف محمدخان

حاکم ایروان و، ثالثاً به گرجستان حمله‌ور شود. اکنون رجاء واثق این است که در حفظ و حراست ما لوازم عون و عنایت را به منصّهٔ ظهور رسانیده که ان‌شاءالله به قوّت اقبال دولت علیه رفع اصحاب سفک و مادهٔ فساد سهل و آسان گردد. و عرض ثانی اینکه، آیا خلق ایران چه جُرم و گناهی کرده‌اند که شاهنشاه اعظم مالک رقاب الامم، سلطان‌البرین و البحرین، حافظ الحرمین الشریفین، قائم مقام رسول الثقلین، عنایات و نوازش‌های خود را ارزانی نداشته و سایهٔ سعادت پیرای خود را بر خاک ایران نگسترانیده‌اند. در هر گردش دوران سفاکی خروج و اُمّت سلطان عظیم‌الشأن را قتل و غارت و در ضایع و مضمحل کردن آن باکی به خود راه نداده است. واجب بود عرض شد.

برای ارسال این عریضه به خاکپای توتیا آسای متوفقان پایهٔ سریر خلافت مصیر، عالیشان نجابت و سعادت ارکان، عبیدالله چلبی مرسول گردید. جمیع احوال و اخبار به ضمیر او سپرده شد. هر گاه نیاز باشد عرض خواهد کرد. باقی امره‌مطاع

سند شماره ۲

نامه ابراهیم‌خلیل‌خان به سلطان سلیم سوّم

موضوع: اتّحاد خانات آذربایجان با ایراکلی‌وس حاکم گرجستان

تاریخ: ۱۲۰۹

عرضه داشت کم‌ترین بندگان به موقف باز یافت‌گان پایهٔ سریر عرش نظیر خلافت مصیر، اشرف قدس ارفع همایون اعلی می‌رساند که چون من بندهٔ اخلاص شعار چند سال است که دست اختصاص به دامن علیّه عالیه زده‌ام و اطاعت می‌کنم، در آن تاریخ خوانین آذربایجان و داغستان را به مرحمت بی‌پایان و احساس فراوان دولت علیّه عالیه حریص و امیدوار ساخته، همگی را متّفق خود نموده در طریقهٔ خدمت‌گزاری قائم شده و با ایرکلی خان تفلیس عداوت نموده لوازم غزاوت را به تقدیم رسانیده بودیم. نهایت از جمله خوانین آذربایجان سه نفر خان یکی فتحعلی خان قوبا، و یکی محمدحسن‌خان شکی‌لو، و یکی محمدخان ایروانی، با ایراکلی خان متّفق بوده و کفرهٔ مسقو اطاعت می‌کردند. این بندهٔ اخلاص شعار در جادهٔ جهاد ثابت گشته از عنایت باری و از اقبال بی‌زوال دولت علیّه عالیه سه سال است که ایرکلی خان را به مقام زوال و ضمحلال آورده و ایلات قزاق مسلمان که در تحت تصرّف او بود از دست او گرفتم. و پریرسال بیست و پنج هزار نفر قشون لزگی را با عالیجاه عمّ‌خان به جهت تخریب ولایت گرجستان آوردم و هشت ماه در ولایت خود نگاه داشتم بسیار خسارت کشیدم و منتظر گردیدم که عساکر نصرت مآثر «آلم غلبت الروم» از بارگاه عالم‌پناه دولت علیّه عالیه مأمور شود و من بنده نیز از این طرف قشون آذربایجان و لزگی را برداشته برویم از توفیق

حضرت باری عزّ اسمه اثر کفار را از روی زمین لامکان سازیم. چون عساکر متوافر از بارگاه عالم‌پناه مأمور نشد و قشون لزگی که به الطاف و احسان امیدوار بودند همگی مأیوس گشتند و پراکنده و عازم اوطان خودشان شدند از این معنی کفرهٔ فجره از حالت ممات به صورت حیات برآمده بعد از آن روز به روز ترقّی نمود و دو بار قشون روسیه را برداشته به اتّفاق فتحعلی خان و محمدحسن خان بر سر بندهٔ اخلاص کیش آمد. از الطاف پادشاه لایزال و از اقبال دولت علیّه عالیه بی‌نیل مقصود مراجعت نمود. و پارسال نیز علی سلطان خان حنکه تایی را با ده هزار نفر لزگی آوردم و عریضهٔ اخلاص را بر درگاه عالم‌پناه ارسال نمودم، باز عساکر نصرت مآثر مأمور نگردید و لزگی هم از عواطف خسروانه محروم و مأیوس مانده به اوطان خودشان رفتند. و حالا سایر خوانین آذربایجان نیز مأیوس مانده‌اند و فتحعلی‌خان در حالت ضلالت به دارالبوار رفت و پسر او هم در طریق پدر کفرهٔ فجره متّفق است و از علامات و قرائن چنین مفهوم می‌شود که اگر این‌گونه می‌رود کافر بسیار ترقّی می‌نماید و بندهٔ اخلاص شعار سه سال است که در راه اخلاص ثابت‌قدم هستم و در راه غزاوات نشستم، امّا چه سود که این ولایت که تعلّق به دولت علیّه دارد تا حال خراب شده است و بعد از این هم خواهد شد. استدعا آن است که یا عساکر نصرت مآثر تعیین فرمایند و به جهت قشون لزگی ابواب حفظ ولایت به طریق الصلح خیر سالک بوده باشم. زیراکه به سبب عدم الطاف و اشفاق شاهنشاهی و متأخر شدن خروج عساکر نصرت مآثر پادشاهی خوانین بواقی آذربایجان از اتّفاق بندهٔ اخلاص شعار مفارقت خواهند نمود و کارهای کفرهٔ قجره بسیار مترقّی می‌گردد. ازمّة الاختیار فی ایدی الطافک، چون واجب بود به خاکپای توتیا آسای خسروانه عرض نمود. باقی امره الاعلی الاشرف الاقدس الارفع.[۱]

سند شماره ۳

نامهٔ محمدخان حاکم ایروان به سلطان سلیم سوم

موضوع: لشکرکشی اغامحمدخان به گرجستان

تاریخ: ۱۲۰۹

عرضه داشت کم‌ترین بندگان اخلاص و عقیدت نشان چاکر قدیمی محمّد ایروانی.

به موقف عرض ایستادگان پایهٔ سریر عرش نظیر خلافت مصیر بندگان سکندر شأن سلیمان مکان صاحبی امیدگاهی خدایگانی، اشرف اقدس اعالی روحی فداه می‌رساند که

بر ضمیر منیر امناء دولت ابدمقرون شاهی ظهور و بر رأی عموم اهالی روم و ایران نظر به قرب

۱. بایگانی نخست وزیری استانبول خط همایون، ش: ۶۹.

عهد این معنی سمت حضور می‌دارد که، قبل بر این خاقان فردوس و رضوان مکان، در ایّام حیات، در عهد سلطنت خود الکاء ایروان را از معمورهٔ ایران افراز و منضم ممالک محروسهٔ روم و کمترین را بر وفق عرض و استدعا منظور نظر قاآنی، و داخل جرگهٔ چاکران عقیدت موسوم ساخته، فرق فخر و مباهات را به منسور منیع پایهٔ بیگلربیگی و برات همایون قرین گردندهٔ گردون زیر دوش اخلاص و فدویت را به اعطای شریفات آفتاب اشراق خاقانی پیرایه‌پذیر عنایات و نوازش‌های گوناگون فرموده، فرامین مطاعه به وزراء عظیم‌الشأن سرحدات و توقیعات شریفه به پاشایان و جلیل العنان مملکت فسیح‌الارجای آناطولی، قرین عزّ اصدار و عنایات و مقرّر داشته بودند که ایشان نیز الکاء ایروان را از جمله ولایات روم انگاشته در حین ضرورت و تهاجم اعادی بر سر الکاء مزبور با عساکر نصرت مآثر به رسم امداد اتّفاق و به معاونت همدیگر در دفع نکایت اعدا لوازم اعانت و اشفاق به منصهٔ ظهور و رفاق رسانیده کشتزار عرضهٔ این دیار را به مدار متوالیه شمشیر آبدار از شرارهٔ شر اشرار حافظ و نگهدار کردند. در این عصر و اوان شخصی از اکابر اهل ایران مستظهر وفور عدّت توابع و لشکریان و سالک طریق تغلب و طغیان، و به عداوت اینکه این غلام عقیدت نشان و عالیجاهان والی ولایت گرجستان و ابراهیم خلیل خان منصوریان بوده خاطر خطیر خاقان گیتی‌ستان و منسوبان و خدمت و فدویت درگاه آسمان بنیان‌اند عازم تعرض و تخریب ولایات قراباغ و ایروان و گرجستان که مدتی است که شرف اندوز انضمام ممالک بندگان سکندر شأن می‌باشند گشته، ارادهٔ اذیّت و ایذاء بی‌نهایات و قصد مزاحمت اهالی این ولایات دارد. چون چاکران قدیمی را بی‌اعانت و امداد بندگان اقدس اعلی تاب مقاومت و قوّت دفع اذیّت و نکایت آن نمی‌باشد، و به مقتضادی اینکه مبادا گلشن نزهت آیین عرصهٔ این ولایات چی سپر گل چینان اعادی بی‌مبالات گشته ممالک چنین، چون چین زلف بتان از دست و دل بستگان دولت قاهره، بیرون وطرهٔ احوال ساکنان این سه ولایت از هیوب صرصر آسیب سوانح روزگار پریشان و دگرگون گردد، پیش از وقوع حوادث سپهر کج‌رفتار عالی‌شأن معلی مکان کهف‌الحاج و المعتمرین، الحاج زینل بیک دام‌عزّه را که از حقیقت شناسان هوای کار، و از کاراگاهان معتمد این دیار می‌باشد انعاث صوب دربار خوانین مدار و به تحریر عریضهٔ عقیدت و اخلاص ابتدار و به موقف عرض مراتب نیازمندی و اظهار درآمد که، چون بندگان اقدس والا خورشید جهان آرای سپهر ظل‌اللهی، و خلیفهٔ دین‌پرور ارض عنایت، و عالم‌پناهی بوده درگاه عرش انتباه خاقانی مرجع ارباب حوایج و ملجأ بیداری دیدگان حوادث آسمانی می‌باشد، لازم لطف و بنده‌پروری را مقتضا اینکه بندگان اقدس اعلی رویهٔ سلاطین سلف و سنّت سینهٔ خاقان مغفور را در بلاب حمایت امیدواران الطاف خسروانی معمول و شیوهٔ ستوده شاهنشاهی و مملکت‌داری را دربارهٔ صیانت حومهٔ این ولایات از قرار سابق نهمت والای خاقانی مبذول داشته،

نمونه پنجم

فرامین فرآیین شاهی به عهدهٔ هر یک از وزراء سرحد و قرب جوار و پاشایان با شأن خطّهٔ خطرهٔ آناطولی عنایات و اصدار فرمایند که هرگاه از جانب متغلبان دست تطاول و اضرار به جانب تعرض و مزاحمت این دیار دراز و ابواب انواع آشوب و فتور بر وجنات احوال اهالی این ولا بازگردد به مجرد و اشعار بی‌شائبه توقف و اهمال با عساکر نصرت‌قرین رأیت‌افزار اعانت و امداد این غلام فدویت مآل گشته بالاتفاق به تفضلات جناب معین علی‌الاطباق و به میامن اقبال بی‌زوال آن فرمانروای اقالیم آفاق، به رفع اعادی و ارباب شقاق پرداخته شود. و اگر چنان‌چه صدر فرامین اسعاف این مأمول آرایش اندوز طغراء غرّا التاف خاطر و حصول قبول نگردد ارقام مرحمت عنوان به عهدهٔ ایشان از مصدر احسان اصدار گردد که هر گاه ایلات و احشام این ولا به جهت حفظ حال و استخلاص عرض و اموال در حین تهاجم اعدا به سمت ولایت قارص و چلدر و بایزید وان و ارض‌روم و سایر ولایت و محل دور از دست آن مرزبوم التجا و عبور نماید چند وقتی در آن حوالی جای سکنی و محل قرار داده از اموال و مواشی ایشان متوجه و سرحساب به دست دشمن و اعادی خسران به آن ندهند. چون عرض و اظهار مراتب معروضه از چندین جهات لازم بل واجب بود معروض، و عرایض دیگر در مقام جسارت به عالی‌شأن سابق‌العرض و مراتب معروضه از چندین جهات لازم بل واجب بود معروض، و عرایض دیگر در مقام جسارت به عالی‌شأن سابق‌العرض القاگردیده در حین ادراک شرف عتبه‌بوسی مشروحاً معروض خاک‌پای امناء و دولت ابد پیوند شاهنشاهی خواهد نمود. رجای واثق امیدواران الطاف از حدّ افزون ظل‌اللهی آن است که در قبول و انجاح آن نیز مسرت‌بخش فدویان عقیدت نشان باشند. باقی امر الاقدس الارفع الاعلی.[۱]

سند شماره ۴

نامهٔ‌محمدخان حاکم ایروان به‌محمدپاشا صدراعظم دولت عثمانی

موضوع: لشکرکشی اغامحمدخان به گرجستان

تاریخ: ۱۲۰۹

مخلص دولتخواه بعد از انتظام مهام محمدت و ثناکاری‌ها که عمده مآرب هواخواهان بی‌ریب و ریا می‌باشد، بر لوحهٔ عرض و اظهار مدها می‌نگارد که

چون قبل بر این چنان‌که معلوم رأی رزین آن نظام جهان عزّ و تمکین است، خاقان علیّتین آشیان در ایّام حیات و عهد فرمانروایی الکاء ایروان را از معمورهٔ ایران افراز و منضم ممالک روم و این مخلص صداقت‌اندیش را بر طبق تمنّا و وفق خواهش منخرط سلک چاکران عقیدت موسوم ساخته

۱.بایگانی نخست‌وزیری استانبول، خط همایون، ش:D/۸ ۶۷٤

به اعطای مناشیر منیعه پایه بیگلربیگی و مراتب همایون شاهنشاهی سربلند، انواع نوازش و درّه‌پروری‌های ضل‌اللهی و قامت استقامت طراز عقیدت کیشان را به اشفاق تشریفات گوناگون پیرایه‌اندوز اقسام مفاخرت و مباهی فرموده، فرامیین مطاعه به وزراء عظیم‌الشأن سرحدات و توقیعات رفیعه به پاشایان جلیل المعان ممالک وسیع الاکناف آناطولی قرین عزّ اصدار و عنایات و اوامر والا به خطاب هر یک از ایشان شرف صدور و انفاذ یافته بود که آنها نیز الکاء ایروان را از ولایات محروسهٔ روم و داخل ساحت فتح‌القصای آن مرزبوم انگاتشه در وقت ضرورت و تهاجم اعدا بر سر الکاء مزبور با عساکر و جمعیت مرفور به رسم امداد اتفاق رو به معاونت یکدیگر در دفع نکایت و رفع غائله ادعای لوازم اعانت و حمیّت به منّصهٔ ظهور و وفاق رسانیده دست تعدّی و تطاول دشمنان را از ذنب تسلط کواتاه و پای تصرف و زیاده‌روی را از تطرق قلمرو شاهنشاهی منحرف و گمراه سازند. و در این عصر و اوان شخصی از اکابر اهالی ایران مغرور عدّت توابع و لشکریان مستظهر وفور استعداد سالک طریق تغلب و طغیان و به عداوت اینکه این مخلص عقیدت بنیان و عالیجاهان رفیع و منیع جایگاهان ایرکلی خان، والی ولایت گرجستان و ابراهیم خلیل خان، حاکم الکاء و قراباغ مقارن منصوربان بوده، خاطر خطیر خاقان گیتی‌ستان و منسوبان خدمت و فدویت درگاه آسمان‌بنیان اند عازم تعرض و تخریب ولایت قراباغ و ایروان و گرجستان که مدتی است که شرف‌اندوز انضمام ممالک بندگان سکندرشأن می‌باشند گشته ارادهٔ اذیت و ایذاء بی‌نهایت و قصد مزاحمت اهالی این سه ولایت دارد. چون این مخلصان بی‌اعانت و امداد بندگان اقدس خاقان گیتی‌ستان تاب مقاومت و قوت دفع ادیت و نکایت آن نمی‌باشد و به جهت اینکه مبادا گلرزا بهجت آیین عرصهٔ این ولایات لگدکوب گل چینان ادعای بی‌مبالات گشته ممالک [ ] که داخل ملک سلاطین عدالت آیین باشد به سهل و مسامحه کاری، از دست تصرف ساکنان دیار عبودیت و خدمت‌گزاری بیرون و از صدمات اساس افکن حوادث ویران و دگرگون گردد. عالی‌شأن معلی مکان حاج‌الحرمین الشریفین الحاج زینل بیک ـ دام عزه ـ را انعاث صوب حضور عظمت دستور آن نظام‌العالم و به تحریر صحیفة‌الاخلاص مذکور خاصر خطیر عطوفت توأم گشته به مقام عرض و مساعی بوده و اهتمام تمام نموده از دربار معدلت‌مدار بندگان سکندرشأن خاقانی فرامین قضا جریان به عهدهٔ هر یک از احکام سرحد و پاشایان خطهٔ آناطولی عنایت و اصدار سازند که هرگاه از جانب متغلبان دست تطاول و اضرار به جانب تعرض و مزاحمت این دیار دراز گردد به مجرد اشعار بلاتوقف و اهمال با عساکر نصرت مآب سالک طریق اعانت و امداد این صداقت کیشان عقیدت منوال گشته که بالاتفاق به دفع ادعای و رفع نکات اهل شقاق پرداخته شود. و اگر چنان چه این معنی مقبول طبع عالی نگردد ارقام مرحمت فرجام به عهدهٔ پاشایان مزبور از مصدر احسان اصدار گردد

که، هرگاه ایلات و احشام این ولا به جهت حفظ حال و استخلاص اموال به سمت ولایت قارص و چلدر و بایزید و وان و ارض‌روم و سایر ولایات آن مرزبوم التجا و عبور نمایند چند وقتی در آن حوالی جای سکنی و قرار داده از اموال و مواشی ایشان متوجه و سرحساب به دست دشمن ندهند و مطالب دیگر که در مقام امیدواری‌ها نهایت لزوم می‌داشت به عالی‌شأن معزّی‌الیه القاکه در حین درک شرف خدمت مشروحاً معروض داشته حالی و خاطرنشان بندگان عالی سازد. رجامند است که به درجهٔ اسعاف رسانیده صداقت‌کیشان را به ارجاع خدمت همایون سرفراز فرمایند. باقی امرالعالی مطاع و لایزال باد.[1]

سند شماره ۵

نامهٔ حاکم دربند به صدراعظم دولت عثمانی

موضوع: خروج اغامحمدخان

تاریخ: ۱۲۱۱

عالیجاه معلی جایگاه، دستور مکرم و آصف مفخم حضرتلری

هرگاه او روسیه عسکرنیک کیفیت ورودلری استفسار بیورلورایسه آقامحمدخان مملکتمزنک تخریب و بوقدر نقصان و خسارت یتورپلری البته ایوجه معلوم رای آصفانه لری اولمیشدر. برداخی پادشاه جمجاه روسیه، بوگونه وقوع نقصانمزی عرض و حاتلی ایتدوکده پادشاه عالم پناه داخی آقامحمدخان‌دن اخذ انتقام و تلافی ایتملری یابنده عالیجاه رفیع جایگاه ظبویرانالی وافر عسکرلریله دربند طرفندن تعیین و مقرر و مازندران و استرآباد داخی دریادن گمیلریله عساکربی حد تعیین و روانه بیور میشلر. عالیجاه ظبویرانال گلوب قلعه باب‌الابواب دربندی مفتوح، قوبا و شابران اول نواحیلری حیطه تصرفه کتوروب کهنه شماخیه وارد اولوب، شیمدی مکان مذکوره دن منزل و ساکن اولدوقده، مصطفی‌خان شیروان حاکمی داخی یرانال معظم الیه خدمتنه وارمیش، برقاچ گون گرما سببنه مذکور مکانده عساکر مذگوره متوقف اولوب هوا بر اعتدال تاپاندن صنکره مذبور آقامحمدخان‌نک تلافی و عوض ایتمک ایچون حرکت و اونک اوزرینه عزیمت ایده جقلر معلوم رای آصفانه لری اولاً که اوتلرنک قصد و غرضلری همان آقامحمدخان‌نک تلافی یتورمک اولوب بر امر غیرجنابلرنده یوخدر. حالا عالم مودت و اتّحاد مستدیمیه یه بناءً جنلاب آصفانه لرینه بو اخبارنک اظهاری لازمه هم قرب جواری بیلوب اشبورقعه ننک تجدیدینه ابتدار اولندی و نظر بونه که فی ما بین دولتین علیّتین آراسنده عهد مودت و التیام مستحکم و بردوام دُر، بزلر داخلی به

۱.بایگانی نخست‌وزیری استانبول، خط همایون، ش:F/۸ ۶۷٤

طریق سلف و هم قرب و جوارمز ایه دوستلن و همسایه ایدوب فی ما بینمزده مقایر رویّه اتّحاد و قونشلق اولان طریقه، رضا ورمیوب دلتین عیتّینه کمال اخلاص علیتّین آراسنده طریقه صلح و آشتی به غایت مشید و استوار در بوطر فلردن خلاف و مغایر اصلاح دولتین اولان امر هیچ [ ] بقدر دانه خردل ظهور اتمیه جکدر[1]

ترجمهٔ نامه

حضور عالیجاه معّلیٰ جایگاه، دستور مکرّم و آصف مُفخّم

هر گاه از کیفیت ورود عصاکر روسیه استفسار نمایند، البته تخریب مملکت و ورود نقصان و خسارت به نحو کامل معلوم رای آصفانه است. به محض گزارش حالات به پادشاه جمجاه روسیه، پادشاه عالم پناه برای گرفتن انتقام، عالیجاه رفیع جایگاه، ژنرال زوبف را با سپاهی گران مأمور دربند کرد و از جانب دریا نیز به ناحیهٔ مازندران و استرآباد به وسیله کشتی سپاه بی‌حد و حصر تعیین و روانه نمود. عالیجاه ژنرال زوبف قلعه دربند را مفتوم، قوبا و شابران و سایر نواحی را در حیطه تصرف خود درآورده و به شماخی وارد شده است. اکنون در مکان مذکور منزل کرده و مصطفی خان حاکم شیروان به خدمت ژنرال درآمده است. به علت گرمی هوا چند روز در این مکان توقّف و پس از اعتدال هوا به سوی آقامحمدخان حرکت خواهد کرد. هدف و مقصود آنان سرکوبی آقامحمدخان است و نیّت دیگری ندارند. به جهت عالم مودّت و اتّحاد، گزارش این‌گونه اخبار را لازمهٔ قرب همجواری دانسته، ما نیز به طریق سلف، با همجواران خود رفتار دوستانه داشته و به حرکاتی که مغایر با اتّحاد و طریقهٔ همسایگی باشد رضا نداده و با دولتین علیتّین صلح و صفا به غایت مشیّد و استوار است، لذا از این طرف نیز حرکتی که خلاف و مغایر با صلاح دولتین باشد به قدر دانهٔ خردل ظهور نخواهد کرد.

اسناد مذکور از منبع (اسناد و مکاتبات تاریخی ایران (قاجار) محمدرضا نصیری ـ تهران: کیهان. ۱۳۶۶. ج اول) نقل شده است.

۱. بایگانی نخست‌وزیری استانبول، خط همایون، ش: B/۵۳ ۳۷۲

سفید

نمونه پنجم

پیوست چهارم

این سندها نامه ایست که عباس میرزا پسر فتحعلی‌شاه برای ایلچی ایران در پاریس یعنی عسکرخان نوشته است تا دولت فرانسه را از جنگی که بین لشکر روس و لشکر ایران در نواحی شهر ایروان روی داده و در آن ایرانیان ظفر یافته‌اند مطلع سازد:

هوم

حکم والا شد آنکه عالیجاه رفیع جایگاه عزّت و سعادت پناه ارادت و صداقت آگاه مجدت و نجدت انتباه شهامت و بسالت اکتناه سفیر فرزانه آگاه عمده خوانین کبار عسکرخان سالار عساکر افشار بعوارف سلطانی مستظهر و بعواطف خاطر مرحمت مبانی مستبشر بوده بداند که درین سال فرخنده فال بعد از آنکه بنا بر اظهار عالیجاه مجدت و نجدت انتباه زبدة الامراء المسیحیّه جنرال غاردان خان ۲ بنای کار بر این شد که تا معاودت آن عالیجاه یا رسیدن خبری از دولت علیه فرانسه طریق متارکه مسلوک بوده از عساکر دولت علیه و سپاه روس آسیبی و تعرّضی به یکدیگر نرسد و عالیجاه جنرال مشار الیه تعهّدنامه مشعر بر ترک مجادله روسیه با عساکر دولت قاهره بکارگزاران ما سپرده حجتی هم از آنها باز یافت نمود که از طرف نوّاب والا جنگ و جدالی رو ندهد و به همین خصوص یکی از کسان خود را روانه نزد گودوویچ سردار روسیه نمود با این اطمینان نوّاب والا نیز عساکر پادشاهی را از سلطانیّه بر کابظفر نگار احضار نفرموده خاطر جمعی کامل داشتیم که روسیه حفظ دوستی دولت علیه فرانسه و قرار داد عالیجاه جنرال مشارالیه و اتحاد شوکتین فرانسه و ایران را مرعی داشته خلاف قرار داد نخواهد نمود گودوویچ اولا به سخن عالیجاه جنرال نوشته و فرستاده او التفاتی ننموده بناگاه خود را در اول سردی هوا با گروهی بی شمار قاصد ایروان گردید واز طرف نخجوانی نیز جمعیتی انبوه به ولایت مزبور فرستاد ما نیز چون سپاهی مستعدّ از عساکر منصوره در رکاب مستطاب نداشتیم امر قلعه ایروان را حسب الواقع مضبوط کرده ایلات و رعایای آنجا را در محل‌های محکمه جا داده حکم بکوچیدن ایل و رعیت نخجوان فرمودیم و برای اینکه روسیه نخجوان را گوشمالی دهیم که تا جمع آمدن سپاه مظفر پناه مصدر امری نتوانند شد با جمعیّت حاضر

رکاب عزم مجادل روسیه مأموره به نخجوان را وجهه همّت بلند ساخته میانه... و نخجوان آنـها را ملاقات و صدمه و ضربی کلّی به آنها زده قتل و اسری کامل از آنها فرمودیم و چون اطمینان کامل از کار ایروان حاصل فرموده و سپاه منصور نیز هنوز برکاب والا نرسیده بودند و یقین داشتیم که روسیه نخجوان تا مدتی مدید تدارک شکستگی خود را نخواهند نمود بنای توقف را در این طرف آب ارس گذاشته همّت والا نهمت را به جمع آوردن سپاه و تهیه کار جنگ مصرف فرمودیم و چون حقیقت این اخبار به دربار دولت گردون مدار رسیده و عالیجاه جنرال مشارالیه نیز مستحضر گردیده بـود عالیجاه صداقت آگاه موسی لازار خان را روانه نزد غراف گودوویچ سردار روسیه نمود کـه شـاید مشارالیه بی آنکه میانه دو سپاه کار به جنگ و جدال کلّی کشد دست از مـحاصره قـلعه کشـیده تـا رسیدن خبر از دربار دولت علیّه فرانسه به متارکه راضی گردد گودوویچ از به سخن عالیجاه موسی لازار نیز التفات و اعتنا ننموده دست از مجادله باز نداشت و چون می‌دانست که مجرد آنکـه سـپاه نصرت پناه در معسکر والا مجتمع گردند او را مجال و امان نداده متفرّق و پریشان خواهیم ساخت وقت را غنیمت دانسته شب نهم شوال دو ساعت به صبح مانده با همه سپاه خود از هر طرف بجانب قلعه حمله ور گردید مستحفظین قلعه نیز که با دل‌های قوی مشـغول حـفظ و حـراست بـودند از یورش ایشان اندیشناک نشده چندان تأمل نمودند که تمامی سپاه روسیه از خندق عبور و بپای دیوار رسیده نردبان‌ها را به بدنه برج و حصار گذاشته تفگیان آتشبار قـلعه از هـر طـرف مـانند ابـرهای برق‌انگیز شروع به شراره‌ریزی کرده بخواست خدا و باقبال بی‌زوال اعلیحضرت قدر قدرت خسرو ملک گشا قتلی چنان از ایشان تقدیم کردند که درون و بیرون خندق و پای برج و دیوار از هر طرف پر از تنهای کشتگان روس شده در هر جانب از کشته پشته بلند عیان گردید و خون ایشان مانند جوی روان گشت و تمامی تفنگ و سلاح و نشان صاحب نشان‌های ایشان بدست محافظین قلعه افـتاده تدارکی تازه برای قلعه از اسلحه آنها مقدور و میسر گردید و بغیر معدودی از ایشان که با مشقت و تلاش بسیار جانی به سلامت برده لشکر خود رسیدند بقیه ایشان عرض فنا ودمار شده سه هزار کس مقتول و دو هزار نفر آنها مجروح گردید و چون مقارن آن حل دلاوران جنگجو نیز از اطراف و اکناف فوج فوج به رکاب مستطاب منصور می‌رسیدند و نوّاب والا گروهی انـبوه از ایشـان را در مـقدّمه موکب ظفر کوکب والا چون آتش و باد از آب ارس به آنطرف گذرانیده مأمور به مجادله و محاربه روسیه ایروان و نخجوان فرمودیم و عقاب رایت ظفر نگار را نـیز بـجناح حـرکت آورده مـتعاقب پیشروان سپاه ظفر پناه قاصد و عازم دفع و رفع روسیه بودیم و خبر عزیمت سـپاه و اراده حـرکت موکب فیروزی همراه نیز به سدار روسیه رسیده یقین داشت که مجرّد آنکه موکب فیروزی کوکب والا بار دیگر بعزم خصم‌افکنی و دشمن شکاری حرکت نـماید او و سـپاه او را پـای ثـبات و قـرار

نخواهد بود لابد و ناچار هنوز عالیجاه رفیع جایگاه زبدة المراء الکرام علی خان قاجار به ظاهر شهر نخجوان وارد نگردیده بودند که سردار روسیه چاره کار خود را در معاودت و فرار دیده خود و روسیه ایروان نیم شبی از خارج ایروان به حدود گرجستان قرار و رویه نخجوان نیز بجانب قراباغ فراری گردیده از یک طرف موکب والا نیز که تحریک لواء عزیمت نموده بود در آنطرف نخجوان روسیه را ملاقات و از طرف دیگر سپاه ظفر پناه منصور که به ایروان مأمور گردیده بودند در چهار فرسخی ایروان روسیه آنجا را دریافته چهار منزل آنها را تعاقب نمودیم و در هر منزل جمعی کثیر و جمّی غفیر از آنها کشته و مجروح و گرفتار و اسیر گردید و چنان صدمه و شکستی به آنها رسید که همه اراده و بیشتر قورخانه و اسلحه خود را سوخته و رخته کوه به کوه از بیم جان فرار و پی سپر طریق خذلان گردیدند و بحمدالله و المنة دشمنی که به نیروی خود مغرور بود چنان مقهور و مسکور و ابواب بلا بر روی او مفتوح گردید که بیخ و بن هر سنگ و خاری را محل سلامت خود می‌ساخت و از تفضّلات بالغه الهی ضرب و صدمه و شکستی به آنها رسید که امروز از نخجوان و ایروان تا چند منزل همه تنهای کشتگان آنها ریخته و خاک و صحرا با خون آنها آمیخته است بالجمله چون درین اوقات که روسیه به حدود ایروان و نخجوان آمده بودند انواع بی‌اعتنائی از ایشان نسبت به عالیجاه موسی لازار خان و فرستاده اول که نوشته عالیجاه جنرال را برده بودند ظاهر گردید و از قرار شرحی نیز که گودوویچ سردار روسیه بنوّاب والا و کارگزاران سرکار قلمی داشته بود کمال بی اعتنائی او نسبت به دولت علیه دائمةالقرار فرانسه استنباط می‌شد نوّاب والا با احتیاط اینکه مبادا خدا نخواسته ضعف و فتوری از طرفی به عساکر ظفر مأثر فرانسه رسیده باشد... علی العجل تعیین و شرحی به عالیجاه موسی... مرقوم داشتیم که اوضاع دولت علیّه فرانسه را خود بزودی قلمی و حکم محکم را نیز به آن عالیجاه ابلاغ نماید به آن عالیجاه نیز مقرّر می‌شود که در رسیدن حکم والا حقایق اوضاع آن حدود و مژده استقرار کار اعلیحضرت قدر قدرت قضا شعار امپراطور اعظم عمّ اکرم را علی التفصیل قلمی و عرض نماید که خاطر عطوفت ذخایر والا ازین رهگذر قرین استظهار و اطمینان بی منتهی گردد و همه وقایع این حدود را نیز که به آن عالیجاه مرقوم داشته‌ایم حالی و خاطر نشان کار فرمایان دولت علیّه فرانسه نموده ایشان را از مراتب بی اعتنائی‌های روسیه به دولت علیّه فرانسه و به سخن و قرارداد عالجاه جنرال مشارالیه مستحضر سازد و عنایات خاطر والا را درباره خود کامل داند و در عهده شناسد.[۱]

۱. تاریخها فی شهر ذی قعده ۱۲۲۳. برگرفته از: مجله دانشکده ادبیات و علوم انسانی تبریز «چند سند تاریخی راجع به روابط ایران و فرانسه در زمان فتحعلی شاه قاجار» نوشته ژیلبر لازار، تابستان ۱۳۴۱ ـ شماره ۶۱. از صفحه ۲۰۴ الی ۲۱۴.

سفید

نمونه پنجم

پیوست پنجم

متن وصیت نامه مجعول عباس میرزا

بسمه تبارک و تعالی امروز جمعه‌ی یازدهم بنظرم رسید که نظر به انقلاب و سوء قضا چیزی که بخاطر می‌رسد چند کلمه نوشته بجهت سبکی کار بهتر است.

اولا بفضل جناب احدیت امیدوارم که تا اسراء شیعه‌ی خراسان و استراباد را از قدیم و جدید از دست از بک و ترکمن خلاص نکرده قهرا قسرا مسترد نکنم، اجل موعود نرسد و این آرزو برای من در دلم نماند. بعون الله تعالی. اگر اجل برسد راضی به حرکت نعش خود نیستم. مرا آورده در سمت شرقی منبر مصلی صفه‌ی صفا دفن کنند و یا در زیر منبر اول که احتمال می‌رود یک وقتی آدم خدائی پای خود را بر سر قبر من بگذارد و از آن رهگذر تخفیفی در گناهان من بهم رسد و در روزهای مصلی البته حاضران فاتحه و رحمتی خواهند فرستاد همیشه از زبان مردم و رحمت دور نخواهم بود بلکه تخفیفی در گناهان بهم برسد مخارج برداشتن و تنقیح منبر صفه‌ی صفا و استحکام قبر که باندک چیزی خراب نشود از بعضی هدایا که حلال است و برای من از پادشاهان فرنگ فرستاده شده و جزئی مانده است بشود نه پول دیگر که راضی نیستم نشان پادشاه روس مرصع باقیمانده، اجناس ستیک خان، دوربین و تفنگ و کالسکه که مانده، دو هزار تفنگ ارک و سایر اسباب از این قبیل، مادیان‌های بسکویچ، سایر چیزهای دیگر از قبیل هزار بیشه و سماوار و جزئیات دیگر فروخته شود و به مصرف برسد حتی حج و صوم و صلوة و رد مظالم خود را به کسی مدیون نمی‌دانم مگر به حساب دفتر، جواب آن هم با اهل دفتر است چرا که خرج ولایت و دولت است. باز باید دولت جواب بدهد، از قبیل قرض روس و غیره. وقتی شخص مازندرانی توسط امام علی سلطان خوئی پولی از او گرفتم گفتند این شخص شریک آن کسانی بوده که در ساری پول شاه مرحوم را آورده بودند. العلم عندالله تعالی. بعد پسر او را به صدو پنجاه تومان بیشتر یا کمتر راضی کردم اما صحت و سقم آن به من معلوم نیست شاه بهتر می‌داند. اگر همچو چیزی بوده که حق بوده است، اگر صحت نداشته باشد او را یا ورثه‌ی (اورا باید راضی کرد جواهرات و اسباب شاه موافق سیاهه‌ی حاجی

حیدر علی‌خان و آقا محمد ـ حسن باید به شاه برسد مگر طلا آلات او را که از راه اضطرار بکرور خوی دادم و قوطی انفیه‌ی او را هم خسرو میرزا به نسلرود بخشید. اختیار با شاه است. باقی موجود است بی عیب و نقص پولی که دارم از این قرار است زیاده هر کس بگوید تهمت است عبث کسی را آزار نکنند نزد حاجی آقالر صراف ـ باشی دو هزار تومان نزد آقا حسین مراغه [ای] دو هزار تومان پیش میرزا یوسف ـ ناظر، هزار تومان پیش حاجی شعبان، پانصد تومان قیمت گچ و آجر و آهک پیش سیف‌الملوک میرزا پانصد تومان نزد آقا علی‌اصغر خوئی، هزار تومان پیش مادر بهرام میرزا، اشرفی کهنه و ریال کهنه روی هم تخمین یکصدو پنجاه تومان. حساب سایر الوجوه آقا محمد حسن، هر چه باقی باشد.

جواهرات جعبه پیش آقا محمدحسن هر چه میانش [است] زنار و پیش خفتان و خنجر مرصع، بازوبند، جفت تکمه‌ی مروارید، جواهرات هم همین است عبث مردم را آزار نکنند. وصی و وکیل من شاه است، نه اینکه این قدر اهمال کرد که اولاد محمدعلی میرزا تمام شدند و اولاد ابراهیم‌خان عمو و خانه او به باد فنا رفتند. عوض خدمات و زحمات من، البته نظر لطف به اولاد من خواهند داشت آنچه من دارم زیادش اسبابی است که به جهت کار سر حدات و اسباب سرحد فراهم شده. اگر اندک اهمالی کنند سال‌ها کس دیگر این را فراهم نخواهد آورد کو آن آدم که پول را خرج این نوع کارها کند. خلاصه اهمال و تغافل برنمی‌دارد میرزا ابوالقاسم را پاک بجا آورده‌ام اگر او زنده باشد [کار را به] او و امیر نظام و حاجی آقا محول کنند اما خوب و بد را از میرزا ابوالقاسم بخواهند که از او درست‌تر حالا درمیان مردم نیست و حساب آنچه هست و نیست را او باشد و خدای خودش، منقح کند. آنچه چیزی است که به مصرف دولت نمی‌آید مال اولاد من است باذن شاه به آنها می‌رسد. آنچه مال دولت است و به مصرف ثغور اسلام، باز مال مسلمانان است و باید به مصرف ثغور مسلمانان بیاید. املاک چیزی که دارم ده چهرقان خریده‌ام ده هزار باجاقلی، باغ شمال و آسیاب‌ها و قنات آنست که احیا کرده‌ام، باغ صفاست که اصل باغ و قنات و آسیاب که هبه شده به جهانگیر میرزا است ولا کن طرف شمال باغ، بیرون عمارت و همچنین طرف سرداب از هبه خارج است. عمارت اندرون و باغ اندرون و خانه‌ی سلطان و منوچهر میرزا و خانه‌ی بسیار در شهر و بیرون شهر خریده‌ام و اذن نشیمن بر مردم داده‌ام، همه ملک من است.

آنچه کتاب دارم به فریدون میرزا بخشیده‌ام باید به تصرف او داد آنچه در پیش زن‌ها است خواه عقدی خواه متعه، همه را به خودشان بخشیده‌ام و به تصرف خودشان است راضی نیستم که احدی به آنها حرف بزند، مال خودشان است از شاه توقع دارم که در امر اولاد من دقت کند و سر خودشان نگذارد و به در خانه‌ها محتاج نشوند. همه باید مطیع امر و نهی محمد میرزا باشند بطور نوکر هر

کسی از اطاعت او خارج شود از فرزندی من هم خارج است نوکرها هم هر کس به غیر از این بکند نمک به حرام است. در تهران املاک دارم، خانه‌ی اندرونی ظل‌السلطان که خریده‌ام و ده دولت‌آباد را که سه دانگ را شاه مرحوم از میرزا شفیع ابتیاع کرده به من بخشیدند به صیغه‌ی شرعیه که ملاحسین ملاباشی و شیخ محمد بحرینی صیغه خواندند و نصف دیگر را مهدی‌قلی خان قاجار اولا هبه‌ی معوضه کرد در ثانی به جهت احتیاط در وقت رفتن به مکه، در تبریز خریدم ملک من است. در باب کیا کلای مازندران استحضار شاه بیشتر است که آیا به من تفویض کردند یا نه. ده کازر ـ سنگ و حاجی‌آباد و صفر خواجه هر سه ابتیاعی است. از حاجی عبدالحمید تاجر قزوینی خریدم و پول نقد به او تسلیم کردم. در باب شهنام و به که و سهلین و تنکمان درست خاطرم نیست که هبه است یا خریده‌ام. اهل دفتر، سیما قائم مقام و میرزا تقی بهتر می‌دانند. شهادت آنها معتبر است. اسب سر خنگ پیشکشی علی‌خان را با دویست تومان از مال خودم به نقی‌خان بزچلو بخشید مالبته به او برسانند. اسب صوفی را با یکدست رخت ترمه از مال من با دویست تومان بخشیدم، به او برسانند و اهمال نکنند. خودم محو کردم [؟] نوشته از جانب من به پادشاه روس نوشته شود آنچه در زندگی من وعده‌ها به من و اولاد من می‌داد در سر عهدش و وعده‌اش عمل کند. لایق او نیست که خلاف قول خودش بکند و عمل نکند. قدری پول از بابت سرحدات چهریق به توسط آقا محمدحسن تاجر و زین‌العابدین خان در ذمه‌ی سر عسگر است، باید برسد. البته مطالبه کنند و به اولاد من برسانند. موافق شرع شریف دو هزار تومان از مال مادری و پدری ارثی مادر محمد میرزا در ذمه من است که گرفته بکرور سیم دادم، باید به او برسد مگر خودش ببخشد. محمد میرزا باید به نوکرهای نزدیک من همه مراعات کند و متوجه بشود مگر غلطی از آنها ببیند. غیر از این بکند از او راضی نخواهم بود.

باید بسیار مراعات این فرمایش [را] بکند. از بابت هدیه‌ی پادشاه انگلیس، ده هزار تفنگ طلب دارم. از او توقع دارم که تسلیم ما کند یا پولش را به اولاد من برساند که از دولت انگلیس خوشحال بشوند. و همچنین از هدیه فرمانفرمای هند به موجب تفصیل بایست مکدانل به من بدهد. او مُرد، کامبل تسلیم کرد. چهل چراغ بلور اعلا سه عدد و دوربین دو نظاره ماهوت اعلا قدری...»[۱]

---

۱. به نقل از: مجله بررسی‌های تاریخی وصیت نامه منسوب به عباس میرزا نایب‌السلطنه» نوشته: قائم مقامی، جهانگیر «مهر و آبان ۱۳۵۰ ـ شماره ۳۵ صص ۲۰۹ الی ۲۱۳

سفید

نمونه پنجم

پیوست ششم

متن کامل عهدنامه ترکمنچای

هوالله

دیباچه عهدنامه ایران و روس

الحمدالله الوافی و الکافی بعد از انعقاد عهدنامه مبارکه گلستان ومبادلات و معاملات دوستانه دولتین علیتین و ظهور آداب کمال مهربانی و یک جهتی حضرتین بهیتین به مقتضای حرکات آسمانی برخی تجاوزات ناگهانی از جانب سر حد داران طرفین به ظهور رسیده که موجب سنوح غوایل عظیمه شد و از آنجاکه مرآت ضمایر پادشاهانه جانبین از غبار این گونه مخاطرات پاک بود اولیای دولتین علیتین تجدید عهد مسالمت را اهتمامات صادقانه و کوشش های منصفانه در دفع و رفع غایله اتفاقیه به ظهور رسانیده عهدنامه مبارکه جدید به مبانی و اصولی که در طی فصول مرقومه مذکور است مرقوم و مختوم آمد به مهر وکلای دولتین علیتین و در ماه شوال در سال هزار و دویست و چهل و نه هجری به امضای همایون شرف استقرار و استحکام پذیرفت. بر اولیای دولتین لازم است که از این پس در تحصیل موجبات مزید دوستی و موافقت اهتمامات صدقانه مبذول دارند و اسباب استحکام و استقرار معاهده مبارکه را به مراودات دوستانه متزاید خواهند و اگر در معدات تکمیل امور دوستی قصوری ببینند به امضای خواهش های منصفانه تدارک آن را لازم بشمارند و دقیقه از دقایق دوستی رامهمل و متروک نگذارند.

بسم الله الرحمن الرحیم

چون اعلیحضرت قضا قدرت، پادشاه اعظم والا جاه، اسپراطور اکرم شوکت دستگاه، مالک بالاستحقاق کل ممالک روسیه و اعلیحضرت کیوان رفعت خورشید رایت، خسرو و نامدار پادشاه اعظم با اقتدار ممالک ایران، چون هر دو علی السویه اراده و تمنای صادقانه دارند که به نوایب ومکاره جنگی که بالکلیه منافی رأی والای ایشان است نهایتی بگذارند و سنت‌های قدیم حسن مجاورت و مودت را ما بین این دو دولت بواسطه صلحی که متضمن دوام باشد و بواعث خلاف و

نفاق آتیه را دور کنند در بنای مستحکم استقرار دهند، لهذا برای تقدیم این کار خجسته آثار اعلیحضرت امپراطور کل ممالک روسیه جناب ژنرال پاسکویچ، جنرال آنفاندری، سردار عسکر جداگانه قفقاز، ناظم امورات ملیکه گرجستان و ولایات قفقاز و حاجی ترخان، مدیر سفاین حربیه بحر خزر، صاحب حمایلات اکسندر نویسکی مقدس مرصع به الماس، به آن مقدس مرتبه اول مرصع به الماس، ولادیمیر مقدس مرتبه اول و گیورگی مقدس مرتبه دویم و صاحب دو شمشیر افتخار یکی طلا موسوم «برای شجاعت» و دیگری مرصع به الماس و مصاحب حمایلات دول خارجه مرتبه اولین عقاب سرخ پیکر پروسیه، هلال دولت عثمانی و نشان‌های دیگر و جناب «الکسندر ابروسکوف» صاحب حمایلات مقدسه ثالث ولادیمیر، مرتبه ثانی سن استانیسلاس لهستان، مرتبه دوم سن ژان بیت، و از طرف اعلیحضرت قوی شوکت پادشاه ممالک ایران نواب مستطاب والا شاهزاده نامدار عباس میرزا را وکلای مختار خود تعیین کردند و ایشان بعد از آنکه در ترکمنچای مجتمع شدند و اختیار نامه خود را مبادله کرده و موافق قاعده و شایسته دیدند، فصول آتیه را تعیین و قرارداد کردند:

فصل اول ـ بعد الیوم ما بین اعلیحضرت امپراطور کل ممالک روسیه و اعلیحضرت پادشاه ممالک ایران و ولیعهدان و اخلاف و ممالک و رعایای ایشان مصالحه و مودت و وفاق کاملی الی یوم الابد واقع خواهد بود.

فصل دوم ـ چون جدال و نزاعی که فیما بین عهد کنندگان رفیع الارکان واقع شد و امروز به سعادت منقطع گردید، عهود و شروطی را که بموجب عهدنامه گلستان، بر ذمت ایشان لازم بود موقوف و متروک می‌دارد، لهذا اعلیضرت کل ممالک روسیه و اعلیحضرت پادشاه ممالک ایران چنین لایق دیدند که به جای عهدنامه مزبوره گلستان، عهدنامه دیگر به این شروط و عهود و قیود قرار دهند که ما بین دودولت روس و ایران بیشتر از پیشتر موجب استقرار و انتظام روابط آتیه صلح و مودت گردد.

فصل سوم ـ اعلیحضرت پادشاه ممالک ایران از جانب خود و از جانب ولیعهدان و جانشینان به دولت روسیه واگذار می‌کند تمامی الکای نخجوان و ایروان را ـ خواه این طرف روس باشد یا آن طرف. و نظر به تفویض، اعلیحضرت ممالک ایران تعهد می‌کند که بعد از امضاء این عهدنامه، در مدت شش ماه، همه دفتر و دستور العمل متعلق به اداره این دو دولت مذکور باشد به تصرف امرای روسیه بدهند.

فصل چهارم ـ دولتین علیتین معاهدتین عهد و پیمان می‌کنند که برای سر حد فیما بین دو مملکت بدین موجب سر حد وضع نمایند:

از نقطه سر حد ممالک عثمانی که از خط مستقیم به قله کوه آغری کوچک اقرب است. ابتدا کرده، این خط تا به قله آن کوه کشیده می‌شود و از آنجا به سرچشمه رودخانه مشهور به قرا سوی پایین که از سراشیب جنوبی آغری کوچک جاریست فرود آمده، به متابعت مجرای این رودخانه تا به التقای آن رودخانه ارس در مقابل شرور ممتد می‌شود. چون این خط به آنجا رسید به متابعت مجرای ارس تا به قلعه عباس آباد می‌آید و در تعمیرات و ابنیه خارجه آنکه در کنار راست ارس واقع است نصف قطری بقدر نیم آغاج که عبارت از سه ورس و نیم روسی است رسم می‌شود و این نصف قطر در همه اطراف امتداد می‌یابد. همه اراضی و عرصه که در این نصف قطر محاط و محدود می‌شود بالانفراد متعلق به روسیه خواهد داشت و از تاریخ امروز در مدت دو ماه با صحت و درستی کامل معین و مشخص خواهد شد و بعد از آن از جایی که طرف شرقی این نصف قطر متصل به ارس می‌شود خط سر حد شروع و متابعت مجرای ارس می‌کند تا به مسیر یدی بلوک و از آنجا از خاک ایران به طول مجرای ارس امتداد می‌یابد با فاصله و مسافت سه آغاج که عبارتست از بیست و یک ورس روسی.

بعد از وصول به این نقطه خط سر حد به استقامت از صحرای مغان می‌گذرد تا به مجرای رودخانه موسومه بالهارود به محلی که در سه فرسخی واقع است که عبارتست از بیست و یک ورس روسی پایین‌تر از ملتقای دو رودخانه کوچک موسوم به آدینه بازار و ساری قمیش و از آنجا به خط به کنار چپ بالهارود تا به ملتقای رودخانه‌های مذکور آدینه بازار و ساری قمیش صعود کرده به طول کنار راست رودخانه آدینه بازار شرقی تا به منع رودخانه و از آنجا تا به اوج بلندی‌های جگیر امتداد می‌یابد، به نوعی که جمله آب‌هایی که جاری به بحر خزر می‌شوند متعلق به روسیه خواهد بود و همه آب‌هایی که سراشیب و مجرای آنها به جانب ایران است تعلق به ایران خواهد داشت.

و چون سرحد دو مملکت این جا بواسطه قلل جبال تعیین می‌یابد، لهذا قرار داده شد که پشته‌هایی که از این کوهها به سمت بحر خزر است به روسیه و طرف دیگر آنها به ایران متعلق باشد. از قله‌های بلندی‌های جگیر خط سرحد تا به قله کمر قویی به متابعت کوههایی می‌رود که طالش را از محال ارشق منفصل می‌کند. چون قلل جبال از جانبین مجرای میاه را می‌دهند، لهذا در این جا نیز خط سرحد را همان قسم تعیین می‌کند که در فوق در باب مسافت واقعه بین منبع و آدینه بازار و قلل جگیر گفته شد و بعد از آن خط سرحد از قله کمر قویی به بلندی‌های کوههایی که محال زوند را از محال ارشق فرق می‌دهد متابعت می‌کند تا به سرحد محال ولکیج همواره بر طبق همان ضابطه که در باب مجرای مایه معین شد، محال زوند بغیر از آن حصه که در سمت مخالف قلل جبال مذکوره واقع است از این قرار حصه روسیه خواهد بود. از ابتدای سر حد محال ولکیج خط سر حد ما بین دو

دولت به قلل جبال کلوتوپی و سلسله کوههای عظیم که از ولیج می‌گذرد متابعت می‌کند تا به منبع شمالی رودخانه موسوم به آستارا پیوسته به ملاحظه همان ضابطه در باب مجرای میاه و از آنجا خط سرحد متابعت مجرای این رودخان خواهد کرد تا به ملتقای دهنه آن به بحر خزر و خط سر حد را که بعد از این متصرفات روسیه و ایران را از هم فرق خواهد داد تکمیل خواهد نمود.

فصل پنجم ـ اعلیحضرت پادشاه ممالک ایران برای اثبات دوستی خالصانه که نسبت به اعلیحضرت امپراطور کل ممالک روسیه دارد به این فصل از خود و از عوض اخلاف و ولیعهدان سریر سلطنت ایران تمامی الکا و اراضی و جزایری را که در میانه خط حدود معینه در فصل مذکوره فوق و قلل برف دار کوه قفقاز و دریای خزر است و کذا جمیع قایل را چه خیمه نشین چه خانه دار، که از اهالی و ولایات مذکوره هستند واضحاً و علنا الی الابد مخصوص و متعلق به دولت روسیه می‌داند.

فصل ششم ـ اعلیحضرت پادشاه ممالک ایران به تلافی مصارف کثیره که دولت روسیه را برای جنگ واقعه بین الدولتین اتفاق افتاده و همچنین به تلافی ضررها و خسارت‌هایی که به همان جهت به رعایای دولت روسیه رسیده تعهد می‌کند که بواسطه دادن مبلغی وجه نقد آنها را اصلاح نماید و مبلغ این وجه بین الدولتین به ده کرور تومان رایج قرار گرفت که عبارت است از بیست میلیون مناط سفید روسی، و چگونگی در موعد و رهاین فصول این وجه در قرارداد علاحده که همان قدر قوت و اعتبار خواهد داشت که گویا لفظاً به لفظ در این عهدنامه مصالحه حالیه مندرج است، معین خواهد شد.

فصل هفتم ـ چون اعلیحضرت پادشاه ممالک ایران شایسته و لایق دانسته همان فرزند خود عباس میرزا را ولیعهد و وارث تخت فیروزی بخت خود تعیین نموده است، اعلیحضرت امپراطور کل ممالک روسیه برای اینکه از میل‌های دوستانه و تمنای صادقانه خود که در مزید استحکام این ولیعهدی دارد به اعلیحضرت پادشاهی شاهنشاه ممالک ایران برهانی واضح و شاهدی لایح بدهد، تعهد می‌کند که از این روز به بعد شخص وجود نواب مستطاب والا شاهزاده عباس میرزا را ولیعهد و وارث برگزیده تاج و تخت ایران شناخته، از تاریخ جلوس به تخت شاهی، پادشاه بالاستحقاق این مملکت می‌داند.

فصل هشتم ـ سفاین تجارتی روس مانند سابق استحقاق خواهند داشت که به آزادی بر دریای خزر به طول سواحل آن سیر کرده به کناره‌های آن فرود آیند و در حالت شکست کشتی در ایران اعانت و امداد خواهند یافت و همچنین کشتی‌های تجارتی ایران را استحقاق خواهد بود که به قرار سابق در بحر خزر سیر کرده، به سواحل روس آمد و شد نمایند و در آن سواحل در حال شکست

کشتی به همان نسبت استعانت و امداد خواهند یافت. در باب سفاین حربیه که علم‌های عسکریه روسیه دارند چون از قدیم بالانفراد استحقاق داشتند که در بحر خزر سیر نمایند، لهذا همین حق مخصوص کما فی السابق امروز به اطمینان به ایشان وارد می‌شود، به نحوی که غیر از دولت روسیه هیچ دولت دیگر نمی‌تواند در بحر خزر کشتی جنگی داشته باشد.

فصل نهم ـ چون مکنون خاطر اعلیحضرت امپراطور کل ممالک روسیه و اعلیحضرت پادشاه ممالک ایران است که من کل الوجوه عهودی را که به این سعادت و میمنت ما بین ایشان مقرر گشته مستحکم نمایند، لهذا قرارداد نمودند که سفراء و وکلا و کارگزارانی که از جانبین به دولتین علیتین تعیین می‌شود ـ خواه برای انجام خدمت‌های اتفاقی یا برای اقامت دایمی ـ به فراخور مرتبه و موافق شأن دولتین علیتین و به ملاحظه مودتی که باعث اتحاد ایشان گشته به عادت ولایت مورد اعزاز و احترام شوند و در این باب دستور العملی مخصوص و تشریفاتی قرار خواهند کرد که از طرفین مرعی و ملحوظ گردد.

فصل دهم ـ چون اعلیحضرت امپراطور کل روسیه و اعلیحضرت پادشاه ممالک ایران استقرار و افزایش روابط تجارت را ما بین دو دولت مانند یکی از نخستین فواید ملاحظه کردند که می‌بایست از تجدید مصالحه حاصل شود، لهذا قرار داد نمودند که تمامی اوضاع و احوال متعلقه به حمایت تجارت و امنیت تبعه دو دولت را به نوعی که متضمن مرابطه کامله باشد معین و منتظم و در معاهده جداگانه‌ای که به این عهدنامه ملحق و ما بین وکلای مختار جانبین مقرر و مانند جزو متمم او مرعی و ملحوظ می‌شود مضبوط و محفوظ دارند.

اعلیحضرت پادشاه ممالک ایران برای دولت روس کما فی السابق این اختیار را مرعی می‌دارد که در هر جا که مصلحت دولت اقتضا کند کونسول‌ها و حامیان تجارت تعیین نمایند و تعهد می‌کند که این کنسول‌ها و حامیان تجارت را که هر یک زیاده از ده نفر اتباع نخواهد داشت فراخور رتبه ایشان مشمول حمایت و احترامات و امتیازات سازد و اعلیحضرت امپراطور کل ممالک روسیه از جانب خود وعده می‌کند که درباره کونسول‌ها و حامیان تجارت اعلیحضرت پادشاه ممالک ایران به همین وجه مساوات کامله مرعی دارد.

در حالتی که از جانب دولت ایران نسبت به یکی از کنسول‌ها و حامیان تجارت روسیه شکایتی محققه باشد، وکیل و یا کارگزار دولت روس که در دربار اعلیحضرت پادشاه ممالک ایران متوقف خواهد بود و این حامیان و کونسول‌ها بالواسطه در تحت حکم او خواهد شد، او را از شغل خود بی‌دخل داشته به هر که لایق داند اداره امور مزبور را بر سبیل عادیه رجوع خواهد کرد.

فصل یازدهم ـ همه امور و ادعاهای تبعه طرفین که به سبب جنگ به تأخیر افتاده بعد از انعقاد

مصالحه موافق عدالت به اتمام خواهد رسید و مطالباتی که رعایای دولتین جانبین از یکدیگر یا از خزانه داشته باشند به تعجیل و تکمیل وصول‌پذیر خواهد شد.

فصل دوازدهم ـ دولتین معاهدتین بالاشتراک در منفعت تبعه جانبین قرارداد می‌کنند که برای آنهایی که مابین خود به سابق واحد در دو جانب رود ارس املاک دارند موعدی سه ساله مقرر نمایند تا به آزادی در بیع یا معاوضه آنها قدرت داشته باشند، لکن اعلیحضرت امپراطور کل روسیه از منفعت این قرارداد در همه آن مقداری که به او تعلق و واگذار می‌شود، سردار سابق ایروان حسین‌خان و برادر او حسن‌خان و حاکم سابق نخجوان کریم‌خان را مستثنی می‌دارد.

فصل سیزدهم ـ همه اسیرهای جنگی دولتین خواه در مدت جنگ آخر باشد یا قبل از آن و همچنین تبعه طرفین که به اسیری افتاده باشند از هر ملت که باشد همگی بغایت چهار ماه به آزادی مسترد و بعد از آنکه جیره و سایر تدارکات لازمه به آنها داده شد به عباس آباد فرستاده می‌شوند تا اینکه به دست مباشرین جانبین که در آنجا مأمور گرفتن و تدارکات فرستادن ایشان به ولایت خواهد بود تسلیم شوند.

دولتین علیتین در باب همه اسیرهای جنگ و تبعه روس و ایران که به اسیری افتاده و به علت دوری مکان‌هایی که در آنجا بوده‌اند یا به علت اوضاع و اسباب دیگر بعینه مسترد نشده باشند، همان قرارداد را می‌کنند و هر دو دولت ایّ وقت کان اختیار بی حد و نهایت خواهند داشت که آنها را مطالبه کنند و تعهد می‌کنند که هر وقت اسیر خود به دولت عرض نماید یا ایشان را مطالبه کنند از جانبین مسترد سازند.

فصل چهاردهم ـ دولتین علیتین معاهدتین جلای وطن کنندگان و فراریان را که قبل از جنگ یا در مدت آن به تحت اختیار جانبین گذاشته باشند مطالبه نمی‌کنند ولیکن برای منع نتایج مضره جانبین که از مکاتبات و علاقه خفیه بعضی از این فراریان با هم ولایتیان یا اتباع قدیم ایشان حاصل می تواند شد، دولت ایران تعهد می‌کند که حضور و توقف اشخاصی را که الحال یا بعد از این باسمه به او مشخص خواهد شد از متصرفات خود که مابین ارس و خط رودخانه مرسوم به جهریق و دریا و حد ارومی و رودخانه مشهور به جیقتو و قزل اوزن تاالتقای آن به دریا واقع است رخصت می‌دهد.

اعلیحضرت امپراطور کل ممالک روسیه از جانب خود همچنین وعده می‌کند که فراریان ایران را در ولایت قراباغ و نخجوان و کذالک در آن حصه ولایت ایروان که در کنار راست رود ارس واقع است اذن توطن و سکنی ندهد، لیکن معلوم است که این شرط مجری و معمول نبوده و نخواهد بود، مگر در باب اشخاصی که صاحب مناصب ملیکه یامرتبه و شأن دیگر باشد، مانند خوانین و بیک‌ها و ملاهای بزرگ که صورت رفتارها و اغواها و مخابرات و مکاتبات خفیه ایشان درباره هم‌ولایتیان و

اتباع و زیردستان قدیم خود موجب یک نوع رسوخ و تأثیر به افساد و اخلال تواند شد.

در خصوص رعایای عامه مملکتین مابین دولتین قرار داده شده که رعایای جانبین که از مملکتی به مملکت دیگر گذشته باشند، یا بعد از این بگذرند مأذون و مرخص خواهند بود که در هر جایی که آن دولت که این رعایا به تحت حکومت و اختیار او گذاشته باشند مناسب داند سکنی و اقامت کنند.

فصل پانزدهم ـ اعلیحضرت پادشاه ممالک ایران به این حسن اراده که آرام و آسایش را به ممالک خود باز آورد و موجبات مکاره را که اکنون به سبب این جنگ و خصومت بر اهالی مملکت روی آورده و به جهت انعقاد این عهدنامه که به فیروزی تمام سمت انجام می‌پذیرد از ایشان دور کرده، همه رعایا و ارباب مناصب آذربایجان عفو کامل و شامل مرحمت می‌فرمایند و هیچ یک از ایشان بدون استثنای مراتب و طبقات به جرم عرضه‌ها و عمل‌ها و رفتارهای ایشان که در مدت جنگ یا در اوقات تصرف چند وقت قشون روسیه از ایشان ناشی شده نباید معاقب شوند و آزار ببینند و نیز از امروز یکساله مهلت به ایشان مرحمت می‌شود که به آزادی با عیال خود از مملکت ایران به مملکت روس انتقال نمایند و اموال و اشیاء خود را نقل یا بیع کنند، بدون اینکه از جانب دولت یا حکام ولایت اندک ممانعت کنند یا از اموال و اشیاء منقوله یا مبیعه ایشان حقی و مزدی اخذ نمایند.

و در باب املاک ایشان پنج سال موعد مقرر می‌شود که در آن مدت بیع به حسب خواهش خود بناگذاری در باب آنها نمایند، و از این عفو و بخشش مستثنی می‌شوند کسانی که در این مدت یکساله به سبب بعضی تقصیرها و گناه‌هایی که مسلتزم سیاست دیوانخانه باشد مستوجب عقوبت می‌گردد.

فصل شانزدهم ـ بعد از امضای این عهدنامه مصالحه، فی الفور وکلای مختار جانبین اهتمام خواهند داشت که به همه جا دستور العمل و حک‌های لازمه بفرستند تا بلاتأخیر خصومت را ترک نمایند.

این عهدنامه مصالحه که در دو نسخه به یک مضمون ترتیب یافته است و به دستخط وکلای مختار جانبین رسیده به مهر ایشان ممهور و مابین ایشان مبادله شده است. از جانب اعلیحضرت امپراطور کل ممالک روسیه و اعلیحضرت پادشاه ممالک ایران مصدق و ممضی و تصدیق نامه‌های متداوله که به دستخط مخصوص ایشان مزین خواهد بود و در مدت چهارماه یا زودتر اگر ممکن باشد مابین وکلای مختار ایشان مبادله خواهد شد.

تحریراً در قربه ترکمان چای، به تاریخ دهم شهر فیورال روسی سنه یک هزار و هشتصد و بیست و هشت (۱۸۲۸ م.) مسیحیه که عبارت است از پنجم شهر شعبان المعظم سنه یک هزار و دویست و چهل و سه (۱۲۴۳ ق.) هجری به ملاحظه و تصدیق نواب نایب‌السلطنه رسید و به امضای وزیر دول خارجه عالیجاه میرزا ابوالحسن خان رسید.

ضمیمه‌ی ۱ عهدنامه‌ی کرورات ترکمنچای

بسم الله الرحمن الرحیم

فصل اول نظر به ماحصل فصل چهارم عهدنامه‌ی عمده‌ی امروز اعلیحضرت پادشاه ممالک ایران تعهد می‌کند که از تاریخ اختتام عهدنامه‌ی مزبوره در مدت دو ماه همه‌ی حصه‌ی طالش را که به استحقاق متعلق به دولت روسیه است و سر حد آن به صحت و درستی به موجب فصل چهارم عهدنامه‌ی عمده معین شده است و به علت افعال خصمانه‌ی صادره‌ی قبل از جنگ که این عهده‌نامه به سعادت بی‌انتها می‌رساند به تصرف عسگر ایران درآمده است از قشون خود تخلیه کرده به مأمورین روس که به همین جهت به آن مکان‌ها فرستاده خواهد شد تسلیم نمایند تا زمان تفویض ولایت مذکوره به وکلای روسیه، دولت ایران به دقت متوجه خواهد شد که به هیچ‌گونه ظلمی و تعدی به اهالی آن ولایت و اموال ایشان معمول نباشد و حکام ولایت از هر گونه خلاف ضابطه و نظام که درین مدت اتفاق بیفتد از طرف دولت مؤاخذ خواهد بود.

فصل دویم به ماحصل فصل ششم عهدنامه‌ی عمده‌ی امروزه که به موجب آن اعلیحضرت پادشاه ممالک ایران به صراحه متعهد شده است که به اعلیحضرت امپراطور کل ممالک روسیه به عوض خسارت ده کرور تومان رایج که عبارت است از بیست میلیون مناط سفید روسی بدهد. مابین دولتین علیتن معاهدتین مقرر گشته است که سه کرور تومان از آن در مدت هشت روز که بلافاصله بعد از اختتام این عهدنامه‌ی مذکوره انقضا می‌یابد به وکلای مختار روسیه یا به گماشتگان ایشان داده شود و دو کرور تومان نیز پانزده روز دیرتر وصول یابد و سه کرور هم در غره‌ی شهر ابریل سنه ۱۸۲۸ مسیحی که عبارت است از بیست و ششم شهر رمضان سنه ۱۲۴۳ هجری ایصال گردد و دو کرور باقی هم که تتمه‌ی ده کرور تومان است که دولت ایران به دولت روسیه متعهد ایصال گشته، در غره‌ی شهر ینواز ۲ سنه ۱۸۳۰ مسیحیه که عبارتست از بیست و دویم جدی سنه ۱۲۴۵.

فصل سیم. به نیت آنکه اعلیحضرت امپراطور کل ممالک روسیه جهت ایصال صحیح و کامل وجه خسارت مذکوره رهنی بدهند مابین دولتین علیتن معاهدتین قرار داده شده است که تا ایصال کل هشت‌کرور تومان، تمامی ولایات آذربایجان در تصرف بی‌واسطه‌ی عساکر روسیه مانده اداره و انتظام آن بالانحصار برای منافع روسیه باشد به نوعی که حکومت مستعاری که الحال در تبریز وضع شده است در اجرای تسلط و رفتار خود که به رعایت و حفظ ضابطه و آسایش درونی متعلق و به امضای وسایل مخصومه جهت تدارک ضروریات عساکری که باید علی سبیل العاریه در ولایت مذکوره مقیم باشد مربوط است امتداد یابد. اگر خدا نکرده مبلغ مزبور فوق که هشت کرور تومان است تا روز پانزدهم ماه آغوت سنه ۱۸۲۸ که عبارتست از پانزدهم شهر صفر المظفر سنه ۱۲۴۴

هجری به تمامه تسلیم نشود، معلوم بوده و خواهد بود که تمام ولایت آذربایجان از ایران انفصال دائمی خواهد یافت اعلیحضرت امپراطور که کل ممالک روسیه مطلقا استحقاق خواهد داشت که آن را یا ضمیمه‌ی مملکت خود سازد یا در زیر حمایت بی‌واسطه و بالانفراد خود، جانشین‌های خودسر که انتقال آنها به ارث باشد در آن معین کنند و در باب مبلغ‌هایی که بر وفق این قرارداد در آنوقت به دولت روس وصول یافته باشد ایضا معلوم است که همه بی مطالبه و استرداد برای نفع اولی ماند. اما درین صورت دولت ایران نزد دولت روس بالمره از تعهدات نقدیه بری الذمه خواهد بود لیکن مقررات که همین که اعلیحضرت پادشاه ممالک ایران دوکرور از این سه کرور که بعد از پنج کرور تومان وجه خسارت مشروطه می‌بایست داده شود تسلیم کرده شود، همه‌ی آذربایجان انتهای مرتبه در مدت یک کاه از عساکر روسیه تخلیه خواهد شد و به اختیار ایرانیان واگذار خواهد گردید اما قلعه و ولایت خوی مانند رهن ایصال کرور سیم از کرورات مذکوره که باید بالتمام در پانزدهم ماه آغوت سنه ۱۸۲۸ مسیحیه برسد در اختیار عساکر روسیه خواهد ماند. جنرالی که لشکر روسیه در اختیار او خواهد بود در باب تخلیه ورد همه یا جزء آذربایجان موافق آنکه اعلیحضرت پادشاه ممالک ایران به دولت امپراطوریه‌ی روسیه در موعد معهود همه‌ی هشت کرور یا همین هفت کرور تومان را داده باشد پیش از وقت دستورالعمل لازمه در دست خواهد داشت و حکومت مستعار تبریز در آنوقت اختیاری را داده باشد پیش از وقت دستور العمل لازمه در دست خواهد داشت و حکومت مستعار تبریز در آن وقت اختیاری را که دارد از خود سلب کرده وکلای ایران که برای این کار از طرف اعلیحضرت پادشاه ممالک ایران مأمور خواهند بود، فوراً به تصرف آن خواهند پرداخت. لیکن بدون اینکه ضابطه و آسایش خلق مشوش تواند شد و در شرایط و تعهداتی که در عهدنامه‌ی مصالحه‌ی عمده‌ی الحال و درین فصول زایده مقرر گشته است تغییری حاصل تواند کرد.

فصل چهارم. عساکر روسیه که بنابر فصل سابق چند وقته آذربایجان را در تصرف خواهند داشت، چون اختیار تمام و تمام [دارند] که موافق صواب دید فرمانفرمای عساکر روسیه در هر جای این مملکت اقامت نمایند، لهذا قرار داده شد که عساکر ایران که هنوز در بعضی اماکن آذربایجان منتشر بلافاصله بیرون روند و خود را به ولایات داخله ایران بکشند.

فصل پنجم برای رفع اموری که بموجب اختلال ضابطه و نظام عسکریه می‌شود و حفظ آن ما بین عساکر جانبین در مدت تصرف چند دقیقه‌ی ولایات که در فصل سابق قراردادش به غایت لازم است، مقرر شد که درین مدت اقامت همه‌ی فراری لشکر روس که به جانب ایرانیان بگریزد باید که به واسطه‌ی رؤسای ایران گرفته شده فی الفور به نزدیکترین رؤسای عساکر روس تسلیم شود و همچنین همه‌ی فراری لشکر ایران که به جانب روسیه بگذرد بلافاصله گرفته شده به نزدیکترین

۵۲۴ / سال‌های زخمی

حاکم ایران تسلیم می‌شود.

فصل ششم. همان ساعت بعد از مبادله‌ی تصدیق نام‌ها از جانبین به مباشر برای تشخیص خط سرحدی که به واسطه‌ی فصل چهارم عهدنامه‌ی عمده‌ی امروزه شرط شده نامزد خواهد شد و کذالک برای ترتیب نقشه‌ی صحیح از آنکه یک نسخه به مهر مباشرین رسیده به تصحیح نواب مستطاب نایب‌السلطنه عباس میرزا عوض خواهد شد و بعد از آن نقشه مبادله شده‌ی مستوثق و در مستقبل، دست‌آویز و سند خواهد بود.

این فصول جداگانه که برای تکمیل عهدنامه‌ی عمده‌ی امروزه تشخیص یافته و مشتمل بر دو نسخه است، همان قدر قوه اعتبار خواهد داشت که گویا لفظ به لفظ در آنجا مندرج است. در هر حال وکلای مختار اعلیحضرت امپراطور کل ممالک روسیه و اعلیحضرت پادشاه ممالک ایران آنها را دستخط گذاشته مهر کردیم. تحریراً فی قریه ترکمنچای به تاریخ دهم شهر فیورال سنه ۱۸۲۷ مسیحیه که عبارتست از پنجم شهر شعبان سنه ۱۲۴۳ هجری به ملاحظه و تصدیق نواب نایب‌السلطنه رسید. به امضای وزیر دول خارجه علیجاه میرزا ابوالحسن‌خان رسید. خاتمه

متن کامل عهدنامه گلستان

اعلیحضرت قضا قدرت، خورشید رایت، پادشاه جم جاه و امپراطوری عالی دستگاه ممالک بالاستقلال کل ممالک ایمپریه روسیه و اعلیحضرت قدر قدرت کیوان رفعت پادشاه اعظم سلیمان جاه ممالک بالاستحقاق ممالک شاهانه ایران به ملاحظه کمال مهربانی و اشفاق علیتین که در ماده اهالی و رعایای متعلقین دارند رفع و دفع عداوت و دشمنی که بر عکس رأی شوکت آرای ایشان است طالب و به استقرار مراتب مصالحه میمونه و دوستی جواریت سابقه مؤکده را در بین الطرفین راغب می‌باشند به احسن الوجه رأی علیتین قرار گرفته و در انجام این امور نیک و مصوبه از طرف اعلیحضرت قدر قدرت پادشاه اعظم ممالک روسیه به عالیجاه معلی جایگاه جنرال لیوتنان سپهسالار روسیه و مدیر عساکر ساکنین جوانب قفقازیه و گرجستان و ناظم امور و مصالح شهریه ولایات غروزیا و گرجستان و قفقازیه و حاجی ترخان و کارهای تمامی ثغور و سرحدات این حدودات و سامان، امر فرمای عساکر سفاین بحر خزر صاحب حمایل الکساندر نویسکی و حمایل مرتبه اولین آنای مرتبه دار رابع عسکریه مقتدره حضرت گیورکی صاحب نشان و شمشیر طلا المرقوم به جهت رشادت و بهادری نیکولای ریتشچوف اختیار کلی اعطا شده و اعلیحضرت قدر قدرت والا رتبت پادشاه اعظم مالک کل ممالک ایران هم عالیجاه، معلی جایگاه ایلچی بزرگ دولت ایران که مأمور دولتین روس و انگلیس بوده‌اند عمده‌الامراء والاعیان مقرب درگاه ذیشان و محرم

اسرار نهان و مشیر اکثر امور دولت علیه ایران و از خانواده دودمان وزارت و از امرای واقفان حضور در مرتبه دوم آن، صاحب شوکت عطایای خاص پادشاهی خود از خنجر و شمشیر و کارد مرصع و استعمال ملبوس ترمه و اسب مرصع یراق میرزا ابوالحسن خان را در این کار مختار بالکل نموده‌اند حال در معسکر روسیه رودخانه زیوه من محال گلستان متعلقه ولایت قراباغ، ملاقات و جمعیت نموده‌اند، بعد از ابراز و مبادله مستمسک مأموریت و اختیار کلی خود به یکدیگر و ملاحظه و تحقیق امور متعلق به مصالح مبارکه به نام نامی پادشاهان عظام قرار و به موجب اختیار نامجات طرفین قیود فصول و شورط مرقومه را الی‌الابد مقبول و منصوب و استمرار می‌داریم.

فصل اول ـ بعد از این امور جنگ و عداوت و دشمنی که تا حال در دولتین روسیه و ایران بود به موجب این عهدنامه الی‌الابد مقطوع و متروک و مراتب مصالحه اکیده و دوستی و وفاق شدید فیمابین اعلیحضرت قضا قدرت پادشاه اعظم امپراطور روسیه و اعلیحضرت خوشید رایت، پادشاه دارا شوکت ممالک ایران و وارث و ولیعهدان عظام، میانه دولتین ایشان پایدار و سلوک خواهد بود.

فصل دوم ـ چون پیش تر به موجب اظهار و گفتگوی طرفین قبول و رضا در میان دولتین شده است که مراتب مصالحه در بنای اسطاطسکو او پرزندیم باشد یعنی طرفین در هر موضوع حالی که الی قرارداد مصالحه بوده است از آن قرار باقی و تمامی اولکای ولایات خوانین نشین که تا حال در تحت تصرف و ضبط هر یک از دولتین بوده، کماکان در ضبط اختیار ایشان بماند، لهذا در بین دولتین علیتین روسیه و ایران به موجب خط مرقومه ذیل ثغور و سرحدات مستقر و تعیین گردیده است از ابتدای اراضی آدینه بازار به خط مستقیم از راه صحرای مغان تا به معبر یدی بلوک رود ارس و از بالای کنار رود ارس تا اتصال و الحاق رودخانه کپنک چای به پشت کوه مقری و از آنجا خط خود سامان و ولایات قراباغ و نخجوان و ایروان و نیز رسدی از سنور گنجه جمع و متصل گردیده بعد از آن حدود مزبور که ولایات ایروان و گنجه و هم حدود قزاق و شمس الدین لورا تا مکان ایشک میدان مشخص و منفصل می‌سازد و از ایشک میدان تا بالای سر کوههای طرف راست و رود خانه‌های حمزه چمن و از سر کوههای پنبک الی گوشه محال شوره گل از بالای کوه برفدار آلداگوز گذشته از سر حد محال شوره گل و میانه حدود قریه سدره به رودخانه آرپه چای ملحق و متصل شده معلوم و مشخص می‌گردد و چون ولایت خوانین نشین طالش در هنگام عداوت و دشمنی دست به دست افتاده به جهت زیاده صدق و راستی حدود ولایات طالش مزبور را از جانب انزلی و اردبیل بعد از تصدیق این صلح نامه از پادشاهان عظام معتمدان و مهندسان مأموره که به موجب قبول و وفاق یکدیگر و معرفت سرداران جانبین جبال و رودخانه‌ها و دریاچه و امکنه، و مزارع طرفین تفصیلا تحریر و تمیز و تشخیص می‌سازند آن را نیز معلوم و تعیین ساخته آن چه در حال تحریر این صلح

نامه در دست و در تحت تصرف جانبین باشد معلوم نموده آن وقت خط حدود ولایت طالش نیز در بنای اسطاطسکو او پر زندیم مستقر و معین ساخته هر یک از طرفین آن چه در تصرف دارد بر سرآن باقی خواهد ماند و هم چنین در سرحدات مزبوره فوق اگر چیزی از خط طرفین بیرون رفته باشد معتمدان و مهندسان مأموره طرفین هریک طرف موافق اسطاطسکو او پر ندیدیم رضا خواهند داد.

فصل سوم ـ اعلیحضرت قدر قدرت، پادشاه اعظم کل ممالک ایران به جهت ثبوت دوستی و وفاقی که به اعلیضرت خورشید مرتبت امپراطور کل ممالک روسیه دارند به این صلح‌نامه به عوض خود و ولیعهدان عظام تخت شاهانه ایران و ولایات قراباغ گنجه که الآن موسوم به یلی سابط پول است و اولکای خوانین نشین شکی و شیروان و قوبا و دربند و بادکوبه هر جا از ولایات طالش را باخاکی که الآن در تصرف دولت روسیه است و تمامی داغستان و گرجستان و محال شوره گل و آچوق باشی و گروزیه و منگریل و آبخاز و تمامی اولکا و اراضی که در میانه قفقاز و سرحدات معینه الحالیه بود و نیز آنچه از اراضی واهالی قفقاز الی کنار دریای خزر متصل است مخصوص و متعلق به ممالک ایمپریه روسیه می‌دانند.

فصل چهارم ـ اعلیحضرت خورشید رایت امپراطور والاشوکت ممالک روسیه برای اظهار دوستی و اتحاد خود نسبت به اعلیحضرت قدر قدرت پادشاه اعظم ممالک ایران و به جهت اثبات این معنی بنابر همجواریت طالب و راغب است که در ممالک شاهانه ایران رایت استقلال و اختیار پادشاهی را در بنای اکیده مشاهده وملاحظه نمایند، لهذا از خود و از عوض ولیعهدان عظام اقرار می‌نمایند که هر یک از فرزندان عظام ایشان که به ولیعهدی دولت ایران تعیین می‌گردد هرگاه محتاج به اعانت یا امدادی از دولت علیه روسیه باشند مضایقت ننمایند تا از خارج کسی نتواند دخل و تصرف در مملکت ایران نماید و به اعانت و امداد دولت روس نماید دولت علیه روس را در آن میانه کاری نیست تا پادشاه وقت خواهش نماید.

فصل پنجم ـ کشتی‌های دولت روسیه که برای معاملات بر روی دریای خزر تردد می‌نمایند به دستور سابق ماذون خواهند بود که به سواحل و بنادر جانب ایران عازم و نزدیک شوند و زمان طوفان و شکست کشتی از طرف ایران اعانت و یاری دوستانه نسبت به آنها بشود و کشتی‌های جانب ایران هم به دستورالعمل سابق ماذون خواهند بود که برای معامله روانه ساحل روسیه شوند به همین نحو در هنگام شکست و طوفان از جانب روسیه اعانت و یاری دوستانه درباره ایشان معمول گردد و در خصوص کشتی‌های عسکریه جنگی روسیه به طریقی که در زمان دوستی و یا در هر وقت کشتی‌های جنگی دولت روسیه با علم و بیرق در بحر خزر بوده‌اند حال نیز محض دوستی اجازه داده می‌شود که به دستور سابق معمول گردد و احدی از دولت‌های دیگر سوای دولت روس کشتی‌های جنگی در دریای خزر نداشته باشند.

فصل ششم ـ تمام اسرائی که در جنگ‌ها گرفته شده‌اند یا اینکه از اهالی طرفین اسیر شده از

کریستیان و یا هر مذهب دیگر باشند الی وعده سه ماهه هلالی بعد از تصدیق و خط گذاردن در این عهدنامه از طرفین مرخص و ردگردیده و هر یک از جانبین خرج و مایحتاج به اسرای مزبور داده و به قراکلیسا رسانند و وکلای سرحدات طرفین به موجب نشر اعلامی که در خصوص فرستادن آنها به جای معین به یکدیگر می‌نمایند، اسرای جانبین را باز یافت خواهند کرد واذن به کسانی که به رضا و رغبت خود اراده آمدن داشته باشند و آنان که سبب تقصیر و یاخواهش خود از مملکتین فرار نموده‌اند داده شود که به وطن اصلی خود مراجعت نمایند و هر کس از هر قومی چه اسیر و چه فراری که نخواسته باشد بیاید کسی را با او کاری نیست و عفو تقصیرات از طرفین نسبت به فراریان عطا خواهد شد.

فصل هفتم ـ علاوه از اقرار و اظهار مزبوره بالا رأی اعلیحضرت کیوان رفعت امپراطور اعظم روسیه و اعلیحضرت قدر قدرت پادشاه اعظم ممالک ایران قرار یافته که ایلچیان معتمد طرفین که هنگام لزوم مأمور دارالسلطنه جانبین می‌شوند بر وفق لیاقت رتبه و امور کلیه مرجوعه ایشان را حاصل و پرداخت و سجل نمایند و به دستور سابق وکلائی که از دولتین به خصوص حمایت ارباب معاملات در بلاد مناسبه طرفین تعیین و تمکین گردیده زیاده از ده نفر عمله نخواهد داشت و ایشان با اعزار شایسته مورد مراعات گردیده به احوال ایشان هیچ‌گونه زحمت نرسیده بل زحمتی که به رعایای طرفین عاید گردد به موجب عرض و اظهار وکلای رعایای مزبور رضای ستمدیدگان جانبین داده شود.

فصل هشتم ـ در باب آمد و شد قوافل و ارباب معاملات در میان ممالک دولتین علیتین اذن داده می‌شود که هر کس از اهالی، تجار به خصوص به ثبوت اینکه دوست رعایا و ارباب معاملات متعلق به دولت علیه روسیه یا تجار متعلق به دولت بهیّه ایران می‌باشند و از دولت خود یا از سر حد داران تذکره و یا کاغذ راه در دست داشته باشند از طریق بحر و بر به جانب ممالک این دو دولت بدون تشویش آیند و هر کس هر قدر خواهد ساکن و متوقف گشته به امور معامله و تجارت اشتغال نمایند و زمان مراجعه آنها به اوطان خود از دولتین مانع ایشان نشوند آنچه مال و تنخواه از امکنه ممالک روسیه به ولایات ایران و نیز از طرف ایران به ممالک روسیه برند و به معرض بیع رسانند و یا معاوضه با مال و اشیاء دیگری نمایند اگر در میان ارباب معاملات به خصوص طلب و غیره شکوه و ادعائی باشد به موجب عادت مألوفه به نزد وکلای طرفین یا اگر وکیل نباشد به نزد حاکم آنجا رفته امور خود را عرض و اظهار سازند تا ایشان از روی صداقت مراتب ادعای ایشان را مشخص و معلوم کرده خود یا به معرفت دیگران قطع و فصل کار را ساخته و نگذارند تعرض و زحمتی به ارباب معاملات عاید شود و ارباب تجار طرف ممالک روسیه که وارد به ممالک ایران می‌شوند مأذون خواهند بود که اگر با تنخواه و اموال خودشان به جانب ممالک پادشاهانه دیگر همچنین از طرف دولت علیه روسیه نیز درباره اهالی تجار دولت ایران که از خاک ممالک روسیه به جانب سایر ممالک

پادشاهان که دوست روسیه باشند می‌روند معمول خواهد شد و وقتی که یکی از رعایای دولت روسیه در زمان توقف و تجارت در مملکت ایران فوت شد و اموال او در ایران بماند چون ما یعرف او از مال رعایای متعلقه به دولت است لهذا می‌باید اموال مفوت به موجب قبض الواصل شرعی رد و تسلیم ورثه مفوت گردد و دیگر اذن خواهند داد که املاک مفوت را اقوام او بفروشند چنان که این معنی در میان ممالک روسیه و نیز در ممالک پادشاهان دیگر دستور و عادت بوده متعلق به هر که باشد مضایقه نمی‌نمایند.

فصل نهم ـ باج و گمرک اموال تجار طرف دولت بهیه روسیه که به بنادر و بلاد ایران می‌آورند از یک تومان مبلغ پانصد دینار در یک بلده گرفته از آنجا به اموال مذکور به هر ولایت ایران که بروند چیزی مطالبه نگردد و همچنین از اموالی که از ممالک ایران بیرون بیاورند آن قدر زیاده به عنوان خرج و توجیه و اختراعات چیزی از تجار روسیه با شر و شلتاق مطالبه نشود. به همین نحو در یک بلده باج و گمرک تجار ایران که به بنادر بلاد ممالک روسیه می‌برند و یا بیرون بیاورند به دستور گرفته اختلافی به هیچ وجه نداشته باشد.

فصل دهم ـ بعد از نقل اموال تجار به بنادر کنار دریا و یا آوردن از راه خشکی به بلاد سرحدات طرفین اذن و اختیار به تجار و ارباب معاملات طرفین داده شده که اموال و تنخواه خودشان را فروخته و اموال دیگر خریده و یا معاوضه کرده دیگر از اعضای گمرک از مستأجرین طرفین اذن و دستوری نخواسته باشند زیرا که بر ذمه اعضای گمرک و مستأجرین لازم است که ملاحظه نمایند که تا معطلی و تأخیر در کار تجارت ارباب معاملات وقوع نیابد باج خزانه را از بایع یا از مبیع یا از مشتری هر نوع با هم سازش می‌نمایند حاصل و بازیافت دارند.

فصل یازدهم ـ بعد از تصدیق و خط گذاردن در این شرط نامچه به وکلای مختار دولتین علیتین بالاتأخیر به اطراف جانبین اعلام و اخبار و امر اکید به خصوص بالمره ترک قطع امور عداوت و دشمنی به هر جا ارسال خواهد کرد این شروط نامه الحاله به خصوص استدامت مصالحه دائمی طرفین مستقر و دو قطعه مشروحه با ترجمان خط فارسی مرقوم و محرر و از وکلای مختار مأمورین دولتین مزبوره تصدیق و با خط و مهر مختوم گردید و مبادله با یکدیگر شده است می‌بایست از طرف اعلیحضرت خورشید رتبت پادشاه اعظم امپراطور اکرم مالک روسیه و از جانب اعلیحضرت قدر قدرت پادشاه والاجاه ممالک ایران به امضای خط شریف ایشان تصدیق گردد و چون این صلحنامه مشروحه مصدوقه می‌باید از هر دو دولت پایدار به وکلای مختار برسد لهذا از دولتین در مدت سه ماه هلالی وصول گردد. تحریراً فی معسکر روسیه رودخانه زیوه من محال گلستان متعلقه به ولایت قره‌باغ به تاریخ بیست و نهم ماه شوال ۱۲۲۸ هجریه و تاریخ دوازدهم ماه اوکد مبر سنه ۱۸۱۳ (۲ آبان ۱۱۹۲ خورشیدی برابر با ۲۴ اکتبر ۱۸۱۳ میلادی).

پیوست هفتم

فرمان سلطان عبدالحمید به حاکمین خان‌نشین‌های قفقاز

در قبال الحاق گرجستان به روسیه

عنوان سند

فرمان عبدالحمید سلطان عثمانی، به خداداد خان دنبلی حاکم تبریز، و دعوت از او و دیگر حکام آذربایجان، برای مقابله با آراکلی خان حاکم تفلیس و معاهدهٔ او با روسها و تبعات ناشی از آن بر مسلمانان و سرزمین‌های اسلامی (۱۱۹۸ ق.) [متن طغرای سلطان عثمانی:]

سلطان عبدالحمید خان بن احمد

[ترجمهٔ متن]

جناب امارت مآب حکومت نصاب دولت انتساب سعادت اکتساب، ذوالقدر الاتّم والفخر الاشم، علم افراز خطّهٔ شهامت، یکه تاز عرصهٔ جلادت، از مسند آرایان خوانین آذربایجان، بالفعل حاکم تبریز، خداداد خان ـ دامت معالیه بوصول توقیع رفیع همایون ـ بداند که:

کافهٔ سکنهٔ ایران و عموم قطان ممالک آذربایجان، به واسطهٔ اتحاد دین و جهت جامعهٔ اسلامیه از ازمنهٔ سابقه، هم ملت و همجوار خاندان مخلدارکان سلطنت سنیه‌ام بوده و به تخصیص در ایام عدالت قوام شهریارانه‌ام، فزونی توجهات مکارم عنایات داورانه‌ام، در حق اهالی مذکوره، بالنسبه از زمان اجداد عظامم ـ انارالله براهینهم ـ بدیهی و به حسب غیرت دینیه و حمیّت ملیّه، صیانت و حراست آن نواحی از مکاید اعدای خیانت نشان ـ که ملزوم همّت خسروانه‌ام بوده ـ ظاهر و هویداست. سابقاً نظر به استخباری که از معاهدهٔ حاکم تفلیس، آراکلی خان در ضمن شرایط معلومه با روسها به عمل آمده و از مقصود او که معاذالله تعالی، تحویل آرای خوانین آذربایجان و تقریب و بسط تمهیدات محیلانه از وفاق دولت اسلامیه و تضییع دنیا و آخرت آنها در اجبار به متابعت دولت روس بود ـ اطلاع حاصل شده، از جانب صدراعظم مجرد، در ضمن ایقاظ خوانین آذربایجان، تحریرات مخصوصه به جناب مشیرافخم سلیمان پاشا والی چلدر و امیرالامرای عظام اسحق پاشا،

متصرف بایزید قلمی و صورت معاهدهٔ آراکلی خان مرقوم هم با روسها ضمناً ارسال شده بود که با عموم خوانین آذربایجان حسب الاقتضا مخابره و نوشتجاتی را هم که با آنها نوشته شده بوده است، ابلاغ دارد. فی هذه الحاله مراسلات شما و سایر خوانین در جواب تحریرات جناب مشارالیه، به وساطت سلیمان نام فرستادهٔ او به دولت علیه‌ام واصل گردیده مفهوم آنها و تقریرات شفاهیه سلیمان مرقوم بر طبق وصایای آن جناب، کماینبغی قرین علم شاهانه‌ام شده موجبات اظهار ثبات و متانت شما در اتحاد دولت علیه و غیرت اندیشی شما به مقتضای صلابت دینیه، مایه انبساط داورانه‌ام گردید.

نظر به مسلم بودن کمال دیانت و صداقت و مزید درایت و استقامت شما از میان خوانین آذربایجان، که همواره مقتضای لمعان، آثار صلابت و غیرت در جبین مبین و ترصین مایهٔ دیانت و متانت در ضمیر فتوت سمیر خود از جان و دل، به صرف تاب و توان در راه دین مبین و دولت علیهٔ ابد قرین متصف بوده‌اید، پیوسته بر سبیل محافظهٔ شئون دین اسلام به مراسم مخابره با جناب والی مشارالیه و متصرف مومی الیه مشغول و نظر احتیاط را به هر جانب انداخته و آنی غافل نبوده و به حرکات منبقظانه [؟] اقدام داشته‌اید. به تصور اینکه از جانب آراکلی مسفور به حدود ممالک ایران و علی الخصوص بر حسب استماع به طرف ایروان و یا به ممالک محروسیه نوعی دست درازی و سوء قصد ظاهر گردد، عموم وزرای عظام و امرا و حکام و سایر خدام سلطنت سنیه و طوایف عسکریه که در قرب و جوانب آن سرحدّات متوقفند مأمور می‌باشند که از هر جهت چنانکه مذکور طبع همایون است، در معاونت و تقویت شما فرو نگذارند، و در صورتی که آثار تعرض و تداخلی از طرف خان مرقوم و اتابع او به حدود و اراضی دولت علیه مشهود دارند همگی، ظاهراً و باطناً، متفقاً و متحداً، غیرت دین را پیشنهاد نموده، دلیرانه به مدافعهٔ خصم پردازند و تخطّی و تجاوز اعدا را، به ممالک آذربایجان و حدود اراضی سلطنت سنیه، مانع آیند.

ارادهٔ شاهانه‌ام به صدور این مثال لازم امتثال تعلّق پذیرفت و مصحوب [جای خالی در متن اصلی و بدون ذکر نام] ارسال گردید. اکنون که کافهٔ مؤمنین و موحدین، مکلّف به حمایت بیضهٔ اسلام می‌باشند، زمام همم و توجهات خسروانه، هم به تفقد حالت اهالی ایران عموماً، وخوانین آذربایجان خصوصاً، معطوف و نقدیه اقدام و اهتمام پادشاهانه، به وقایع ممالک اسلامیه، مصروف افتاده و در این باب از جانب سنی الجوانب دورانه‌ام، قطعاً احتمال تجویز قصوری نخواهد رفت. اگر چه هیچ وقت ازکفار خاکسار، معاندین دین و ملت، امنیت و اتحادی مأمول نبوده، ولی اگر به طریقی هم اظهار ملایمت و دوستی در نظر گیرند. معاذالله تعای ـ بنابر مصلحتی است که متضمن اندراس دول اسلامیه می‌باشد. در این صورت، چنانکه نباید فریفتهٔ دنیای فانی سریع الزوال بوده، در

روز جزا از حضرت صاحب شفاعت علیه واعلی ازکی التحیه، خجل و شرمسار شد. لازم است هر مؤمن و موحد، اعتلای کلمت الله را به ذمهٔ خود واجب و منحتم دانسته، از بذل مساعی مرغوبه، به طوری که مأمول ضمیر الهام سمیر شاهانه است. مضایقه و کف ید ننمایند، و به ملاحظهٔ اینکه جناب امارتمآب احمدخان حاکم خوی ـ دامت معالیه ـ اسن و اقدم جملهٔ خوانین آذربایجان و رابطهٔ درون و علقهٔ قلبی آنها هم نسبت به جناب مشارالیه در حدّکمال و به مثابهٔ سرکرده و سپهسالار در میان آنها می‌باشد، بدین طرز، فرمان همایون به افتخار او صادر و همچنین به سایر خوانین هم جداجدا، امثلهٔ مبارکه شرف سنوح [؟] پذیرفته، محض اطلاع خاطر صداقت مأثر شما از این معنی، اشاره می‌رود که انشاالله تعالی، بر منوال محرر با همدیگر متفق الهمّه و متحد الکلمه بوده و علی الدوام رشتهٔ مخابره و مراسله را با جناب والی چلدر و متصرف بایزید و سایر آنانی که اقتضا می‌نماید، از دست نداده، به چگونگی و کیفیت حرکات و حالات آراکلی خان و اتباع او اطلاع حاصل نموده، بنای رفتار خود را به نیفظ و تبصر بگذارید و اگر از طرف خصم، علایم نوعی سوء قصد به حدود ممالک ایران ظاهر گردد، از وزرا و سایر مأمورینی که در سر روس می‌باشند، استعانه نماید که به اتفاق شما در دفع شرّ خصم و دقت در محافظت ممالک، قصوری نخواهند ورزید که در صورت ظهور حرکتی از طرف اعدا و تجاوز و تخطّی آنها به داخل آذربایجان یا حدود اراضی دولت علیه به هر حال با یکدیگر متظاهر و متفق شده و دلیرانه و مردانه به دفع صولت حصم، اقدام و مقابله نموده و اسباب و منع آنها را تحصیل نمایند.

توفیق انجام این خدمت از همه و بالخاصه از شما که به صفت دیانت و درایت موصوف و اظهار مایهٔ ردیّت و صداقت معروف هستید مأمول و منتظر شهریارانه‌ام می‌باشد که به شرط ایفای تعهد خود و تحصیل رضای خسروانه از صرف کل مکنت و ایثار نقدینه، معذرت [و] کوتاهی ننمایند؛ مقرر آنکه به وصول فرمان واجب الاذعانم، امتثال به مضمون اصابت مقرون آن را بروجه مشروح و جهت همت و علامت شریفه را محل اعتماد بدانید. تحریراً فی اواخر شهر جمادی الاخر سنهٔ ثمان و تسعین و ماه بعد الالف ۱۱۹۸.

[برگرفته از: مجله گنجینه اسناد «سندی از واکنش سلطان عثمانی در قبال الحاق گرجستان به روسیه (۱۱۹۸ ق)» علی اکبر صفی پور، مورخه پایین ۱۳۸۵، شماره ۶۳]

صورت عهدنامه‌ی که در ۲۳ شعبان سنه‌ی ۱۱۹۷ هجری مابین پادشاه گرجستان ایراکلی‌وس و اعلیحضرت ملکه‌ی روسیه کاترین دوّم بسته شد

ماده‌ی اول ـ در آتیه ایراکلی‌وس عنوان «والی گرجستان» را رها کرده و تابع ایران نخواهد بود. اما

به سبب مسیحیّت و متّحد دولت روسیه بودن ملقب به «تسار» (یعنی شاه) گرجستان خواهد بود. القاب و اختیارات مزبور را دولت روسیه در آتیه نیز درحق جانشینان او الی الابد تا آخر قرون و ادوار برقرار می‌دارد.

ماده دوّم ـ تمام نواحی و ولایاتی که در قدیم متعلق به گرجستان و حالا در دست ایرانی‌ها و ترک‌ها و لزگیهاست مثل ساتاباگو، رانی، مورواکانی، آخالزیخه، جواختی، لیوانا، آچارا، نوخا یا شکی و شیروان و جاهای دیگر در موقع پس گرفته خواهد شد و همه‌ی آنها قطعات متممّه‌ی گرجستان خواهند بود.

ماده سوّم ـ در وفات تسار حقّ منصوب نمودن جانشین آن بروسیّه تعلق دارد که او هم پسر ارشد او را تعیین می‌کند.

ماده چهارم ـ اگر بدربار تفلیس از جانب ایران و عثمانی مراسلاتی یا نماینده‌ی سرّی یا علنی برسد تسار مجبور است که دولت روسیه را مستحضر بدارد و قبل از رأی او جوابی نمی‌تواند بدهد.

ماده پنجم ـ نماینده‌ی تسار ایراکلی‌وس در دربار روسیه یک نفر نماینده‌ی دائمی است در پترسبوگ وجود یک نماینده‌ی روسی در گرجستان ملاحظه شد که لازم نیست.

ماده ششم ـ تمام مالیات و عایدات گرجستان نقدی و جنسی (پول و نان و شراب و غیره) مثل معمول به تسار گرجستان متعلق است بدون اینکه دولت روسیه به هیچ وجه حق مداخله و اشتراک داشته باشد.

ماده هفتم ـ هر وقت که تسار به مناصب عالی مملکتی مأموری تعیین کند مثل مقام سرداری (رئیس قشون) یا غیر آن باید انتخاب خود را به دولت روس اعلام نماید و بدون اینکه دولت روسیه حق تغییر داشته باشد. این فقط برای ملاحظه‌ی رسوم است.

ماده هشتم ـ خلیفه یا «کاتولیکوس» گرجستان رتبه‌ی هشتم میان اساقفه‌ی روسیه خواهد داشت و به سایر القاب او اضافه می‌شود لقب خلیفه‌ی توبولسک (شهری از شهرهای سیبری است). کلیسای عالی اورتودوکس روسیه به هیچ قسم مداخله در امور کلیسای گرک گرجستان نخواهد نمود.

ماده نهم ـ تاوادی‌ها (رؤسای قوم و شاهزاده‌ها) و آزناووری‌ها (آزاد و نجبا) با اشخاصی که در روسیه همان القاب و منصب و رتبه‌ی شاهزادگی و نجابت دارند همقدم و مساوی خواهند بود.

ماده دهم ـ آن هائیکه از تبعه‌ی گرجستان مایل به سکونت در روسیه باشند آزادانه می‌توانند و همچنین برعکس روسها می‌توانند در گرجستان سکنی کنند. و ایضا آنهائیکه راضی نیستند و می‌خواهند به وطن خود مراجعت کنند بدون عایقی می‌توانند. هر یک از تبعه یا نظامیان دو دولت

مزبور که فرار کرده باشند مسترد خواهند شد. حتی در موقع جنگ یا عثمانی‌ها گرجی‌هائی که در صف دشمن هستند و در صف قتال اسیر شوند و به تسار گرجستان مسترد خواهند شد.

ماده یازدهم- تجار روس که به گرجستان می‌رسند از همان حقوق بهره‌مند خواهند شد که در روسیه دارند و همچنین بر عکس. هر گونه دعاوی طرفین از روی قوانین جاریه محاکمه خواهد شد.

ماده دوازدهم - نکات فوق الذکر را می‌توان تغییر داد هرگاه از هر دو طرف متعاهدین لزوم آن ملاحظه بشود.

ماده سیزدهم - بعد از ۶ ماه امتحان از طرفین مواد فوق بامضا خواهد رسید. به تاریخ ۲۴ ژولیه ۱۷۸۳ میلادی.

امضا

از طرف امپراتریس: پول پوتمکین.

از طرف تسار گرجستان: ژان باگراتیون.

گارسوان چاوچاوادزه.

صورت عهدنامه ایست که در تفلیس در ۲۵ جمادی الاهر سنه‌ی ۱۲۱۴ مابین اعلیحضرت امپراطور روسیه پول اول و تسار گرجستان ژورژ دوازدهم پسر ایراکلیوس بسته شد

ماده اول - اعلیحضرت امپراطور تمام روسیه لقب «تسار گرجستان» را خواهد داشت و همچنین اعقاب او.

ماده دوم - داود پسر ارشد تسار گرجستان که فعلاً سلطنت می‌کند نایب‌السلطنه‌ی گرجستان می‌شود و این رتبه و منصب منتقل خواهد شد به عقاب او و از ارشد به ارشد.

ماده سوم - اهالی گرجستان تا دوازده سال هیچ مالیاتی ادا نخواهند کرد تا اینکه جای خرابی این همه جنگ‌ها را اصلاح کنند و نایب‌السلطنه درمدت این دوازده سال برای خود و خانواده‌ی سلطنتی مبلغ بیست هزار تومان گرجی (که تخمیناً هشتصد و بیست هزار فرانک است) از دولت روسیه دریافت خواهد کرد.

ماده چهارم - معادن طلا و نقره‌ی «آقتالا» و معادن مس «میسقانا» را روسها بکار خواهند انداخت و عایدات آن مصروف خواهد شد به ادای وجهی که در ماده قبل ذکر شد.

ماده پنجم - یک عده قشون مرکب از شش هزار سرباز روس حاضر و آماده همیشه در گرجستان ساخلو خواهد کرد. دسته‌ی سواره‌ی این عده از گرجی‌ها تشکیل خواهد شد.

ماده ششم ـ بقدر لزوم دستجاتی دیگر جمع کرده خواهد شد برای حفظ سرحدّات.

ماده هفتم ـ روسیه عده‌ی از مهندسین نامزد خواهد کرد برای آنکه قلاع نظامی در هر جا که لازم است مرمّت یا بنا کنند.

ماده هشتم ـ سکه‌ی که من بعد در تفلیس زده خواهد شد در طرفی نشان روسیه و در طرف دیگر نشان گرجستان را خواهد داشت.

ماده نهم ـ آذوقه‌ی که دستجات نظامی روسی در گرجستان لازم دارند به همان قیمتی که با اهالی آنجا فروخته می‌شود به آنها نیز محسوب باید بشود.

ماده دهم ـ وقتی که فرمان یک احصائیّه‌ی صادر بشود بطریق خانه شماری اجرا خواهد شد نه سرشماری.

امضا

از جانی روسیه: کونت روستوپچین.

از جانب گرجستان: آوالوف.

پالاواندوف.

پیوست هشتم

نامه فتحعلی‌شاه به امپراطور روسیه در قضیهٔ قتل سفیر روس

به تاریخ ربیع الاول ۱۲۴۵ ق

اول دفـتر بـنام ایـزد دانـا صانع پروردگار وحی توانا

وجودی بی‌مثل و مانند مبرا از چون و چند که عادل و عالم است و قاهر هر ظلم، پاداش هر نیک و بد را اندازه و حد نهاده به حکمت بالغهٔ خود بدکاران را جزا و عذاب کند و نیکوکاران را اجر و ثـواب بخشد و درود نامعدود بر روان پیغمبران راست کار پیشوایان نیکو کردار باد و بعد بر رأی حـقایق نمای پادشاه ذیجاه انصاف کیش عدالت اندیش تاجدار با زیب و فر شهریار بحر و بر برادر والاگهر خجسته اختر امپراطور ممالک روسیه و مضافات که دولتش با جاه و خطر است و رایتش با فتح و ظفر مخفی و مستور مماناد که ایلچی آن دولت را در پایتخت این دولت به اقتضای حوادث دهر و غوغای کسان او با جهال شهر آسیبی رسید که تدبیر و تدارک آن بر ذمهٔ کارگذاران این دوست واقعی واجب و لازم افتاد لهذا اولا برای تمهید مقدمات عذر خواهی و پـاس شـوکت و احـترام آن بـرادر گرامی فرزند ارجمند خود خسرو میرزا را به پایتخت دولت روسیه فرستاد و حقیقت ناگاهی ایـن حادثه و ناآگاهی امنای این دولت را در تلو نامهٔ صادقانه مرقوم و معلوم داشتیم و ثانیاً نظر به کمال یگانگی و اتفاق که ما بین این دو حضرت آسـمان رفـعت هست انـتقام ایـلچی مـزبور را در ذمت سلطنت خود ثابت دانسته هرکرا از اهالی و سکان دارالخلافه گمان می‌رفت که در این کار زشت و کردار ناسزا اندک مدخلیتی توان داشت به اندازه و استحقاق مورد سیاست و حد و اخراج بلد نمودیم حتی داروغه شهر و کدخدای محله را نیز به همین جرم که چرا دیر خبردار شده و قبل از وقوع این حادثه ضابطهٔ شهر و محله را محکم نداشته‌اند عزل و تنبیه و ترجمان کـردیم بـالاتر از ایـنها هـمه پاداش و سزائی بود که نسبت به عالیجناب میرزا مسیح وارد آمد با مرتبهٔ اجتهاد در دین اسلام و اقتفا و اقتدائی که زمرهٔ خواص و عوام با او داشتند بواسطهٔ اجتماعی که مردم شهر هنگام حدوث غایلهٔ ایلچی در دایرهٔ او کرده بودند گذشت و اغماض را نشر باتحاد دولتین شایسته ندیدیم و شفاعت هیچ

شفیع و توسط هیچ واسطهٔ در حق او مقبول نیفتاد پس چون اعلام این گذارش به آن برادر نیکو سیر لازم بود به تحریر این نامهٔ دوستی علامه پرداخته اعلام تفاصیل اوضاع را به فرزند مؤید موفق نایب‌السلطنه عباس میرزا محول داشتیم امید از درگاه پروردگار داریم که دمبدم مراتب وداد این دو دولت ابدیت بنیاد در ترقی و ازدیاد باشد و روابط دوستی و یگانگی حضرتین پیوسته به آمد و شد رسل و رسایل متأکد و متضاعف گردد و العاقبة بالعافیه تحریراً فی شهر ربیع الاول سنهٔ ۱۲۴۵

مراسلهٔ عباس میرزا به امپراطور روسیه

خداوندی را ستایش کنیم ونیایش نمائیم که عفوش خطاپوش است و لطفش معذرت نیوش و مهرش از قهرش بیش و فضلش از عدل بیش و از آن پس مخصوصاً جناب قرب و محرمان حرم قدس او را که وجود ذیجودشان موجد صلاح اهم است و موجب اصلاح عالم و بعد بر پیشگاه حضور التفات ظهور پادشاه والا جاه قوی شوکت قویم قدرت قدیم دولت عم اکرم امجد افخم امپراطور خجسته معظم معروض و مکشوف می‌دارد که فرزند گرامی ما خسرو میرزا بحکم محکم اعلیحضرت شاهنشاه والا جاه ممالک پناه روحنا فداه برای تقدیم معذرت خواهی به حضرت بلند و بارگاه ارجمند آن دولت مأمور است و سبب انتخاب او برای این خدمت همین است که شمول الطاف و مراحم امپراطوری دربارهٔ ما بر پیشگاه خاطر مبارک شاهنشاهی مخفی و مستور نیست مدتی بود که ما خود تمنای دریافت حضور آن پادشاه ذیجاه را در خاطر اخلاص ذخایر داشتیم و اکنون که خود به این تمنا نرسیدیم خرسندی که داریم از همین است که این نعمت و شرف بفرزند نیکبخت ما خواهد رسید پس به هیچ وجه لازم نمی‌دانیم که از فرزند خود شفارش عرض کنیم یا از مکارم امپراطور اعظم اکرم درخواست نمائیم که در مقاصد او نوعی بذل و توجه فرمایند که موجب سرافکندگی ما در آستان شاهنشاهی نشود بل باعث سرافرازی ما در این دولت و مملکت گردد چرا که در اوقات ضرورت و جاجت مکرر آزمودیم که اشفاق باطنی آن اعلیحضرت بانجاح مقاصد قلبی ما متوجه شده و بی آنکه عرض حاجتی نمائیم توجهات ملوکانه در حق ما مبذول آمده است معهذا شایسته آنست که بعد از فضل خدا بالمره تفویض اختیار بامنای آن دربار کنیم و مطلقاً در هیچ مطلب عرض و اظهار نکنیم حتی افزونی افسردگی و انبوهی اندوه خود را در حدوث سانحهٔ ایلچی مختار آن دولت بمضامین ذریعه مصحوبی عالیجاه میرزا مسعود محول داشته تحمیل زحمتی بماکفان حضرت از تجدید عذر خجلت نکردیم چرا که صفای قلب و خلوص ارادت ما امری نیست که تا حال بر رأی حقایق آگاه آن پادشاه والاجاه در پرده اشتباه مانده باشد و شک نیست که چندان که بر اتحاد و اتفاق عم و پدر بخواست خداوند دادگر افزاید برای ما عین مأمول و دلخواه است و خلاف

آن العیاذبالله مایهٔ کدورت و اکراه دیگر امیرکبیر عساکر نظام این مملکت محمدخان از معتمدین دربار این دولت و محرمان خاص خود ما می‌باشد توقع داریم که در مهام دایرهٔ بین‌الدولتین بنوعی که از این طرف مأذون است از آن جانب سنی الجوانب نیز رخصت عرض یابد و هر گونه فرمایش که نسبت با این دولت باشد بی ملاحظهٔ مغایرت به او مقرر دارند ایام سلطنت فرجام بکام باد و السلام.[۱]

۱. به نقل از: مجله سیاسی و ادبی آینده، دوره سال اول، مورخه ۱۹۲۸، شماره ۱۱ و ۱۲. نمره مسلسل ۲۳ و ۲۴.

سفید

نمونه پنجم

منابع فارسی

- آبادیان، حسین، *روایت ایرانی جنگ‌های ایران و روس* ـ تهران: مرکز اسناد و تاریخ دیپلماسی وزارت امور خارجه، ۱۳۸۰.
- آبراهامیان، یرواند، *ایران بین دو انقلاب*، ترجمه احمد گل‌محمدی و محمدابراهیم فتاحی. ـ تهران: نشر نی، ۱۳۷۹.
- آدمیت، فریدون، *مقالات تاریخی*. ـ تهران: شبگیر، ۱۳۵۲.
- آراز اوغلو، *تاریخ مختصر آذربایجان*؛ عیسی یگانه ـ تهران: [بی‌نا، ۱۳۸۲].
- آرکدی، نیکی، *ایران دوران قاجار و برآمدن رضاخان*، ترجمه مهدی حقیقت‌خواه. ـ تهران: ققنوس.
- ابراهیم بیک مراغه‌ای، *سیاحتنامه ابراهیم بیک*، مراغه‌ای. تهران: صدف، ۱۳۴۴.
- *مجموعه سفرنامه‌ها (کتاب دوم)*. میرزا وصال شیرازی، به تصحیح غلامحسین میرزا صالح. تهران: نشر تاریخ ایران، ۱۳۶۴.
- اتحادیه، منصوره، *انفصال هرات*. ـ تهران: کتاب سیامک، ۱۳۸۰.
- اتکین، موریل، *روابط ایران و روس (۱۸۲۸-۱۷۸۰)*، ترجمه محسن خادم ـ تهران: مرکز نشر دانشگاهی، ۱۳۸۲.
- ادیب الشعرا، میرزا رشید، *تاریخ افشار*، به کوشش محمد رامیان، پرویز شهریار افشار ـ تبریز: شورای مرکزی...، ۱۳۴۶.
- اسدبیک، *نفت و خون در شرق*، ترجمه جهانبانی. ـ تهران: [بی‌نا]، ۱۳۳۹.
- اسدوف، فریدون، *تزاریسمی آذربایجاناگتیرنلر*، سئویل کریمووا، کوچورن امیرعقیقی بخشایشی. ـ قم: نشر بخشایش.
- اشرف، احمد، *موانع تاریخ رشد سرمایه‌داری در ایران: دوره قاجاریه*. ـ تهران: زمینه، ۱۳۵۹.
- *توهم توطئه*، احمد اشرف و دیگران. ترجمه ابراهیم فتاحی. تهران، نشر نی، ۱۳۸۲.
- اعتضادالسلطنه، علیقلی میرزا، *اکسیرالتواریخ*؛ به کوشش جمشید کیانفر ـ تهران: ویسمن.
- اعتمادالسلطنه، محمدحسن، *روزنامه‌ی خاطرات اعتمادالسلطنه*، با مقدمه ایرج افشار. ـ تهران: امیرکبیر، ۱۳۵۶.
- اعتمادالسلطنه، محمدحسن خان، *خلسه*، به کوشش حسن مرسل‌وند. ـ تهران: رسا، ۱۳۶۴.
- اعتمادالسلطنه، محمدحسن خان، *مرآةالبلدان*، به کوشش عبدالحسین نوایی ـ تهران: دانشگاه تهران، ۱۳۶۷.

ج اول.
-اعتمادالسلطنه، محمدحسن‌خان، **تاریخ منتظم ناصری**، به کوشش محمداسماعیل رضوانی ـ تهران: دنیای کتاب، ۱۳۶۷. ج دوم، سوم.
-اعتمادالسلطنه، محمدحسین‌خان، **صدرالتواریخ یا تاریخ صدور قاجار**، به کوشش محمد مشیری. ـ تهران: [بی‌نا]، ۱۳۵۷.
-الگار، حامد، **دین و دولت در ایران**، ترحم ابوالقاسم سری. ـ تهران: طوس، ۱۳۶۹.
-امینی، ایرج، **ناپلئون و ایران**، ترجمه اردشیر لطفعلیان. ـ تهران: فرزان روز، ۱۳۷۸.
-انتز، ماروین ال. **روابط بازرگانی روس و ایران (۱۸۲۸ـ۱۹۱۴)** ترجمه احمد توکلی. ـ تهران: ادبی و تاریخی، ۱۳۶۹.
-اورسل، ارنست، **سفرنامه ارنست اورسل**: ۱۸۸۲ میلادی، ترجمه علی‌اصغر سعیدی. ـ تهران: زوار.
-ایوانف، م. س. **تاریخ نوین ایران**، ترجمه ح. قائم پناه. ـ تهران: بی‌نام، ۱۳۵۶.
-باکیخانوف، عباسقلی آقا، **گلستان ارم**، به کوشش عبدالکریم علی‌زاده و دیگران...ـ باکو: علم، ۱۹۷۰.
-بامداد، مهدی، **شرح حال رجال ایرانی** ـ تهران؛ زوار، ۱۳۷۱. ج اول، پنجم، دوم.
-بجنوردی، سهام‌الدوله، **سفرنامه‌های سهام‌الدولهٔ بجنوردی**، مصحح: قدرت‌الله روشنی، تهران: انتشارات علمی و فرهنگی، ۱۳۷۴.
-حاج سیاح، **سفرنامه حاج سیاح به فرنگ**، به کوشش علی دهباشی. تهران: بی‌نا، ۱۳۶۳.
-براکس آپ، ماری، **دو قرن مبارزه مسلمانان قفقاز**؛ ترجمه غلامرضا تهامی. ـ تهران: مرکز اسناد انقلاب اسلامی، ۱۳۷۷.
-براون، ادوارد، **نامه‌هایی از تبریز**، ترجمه حسن جوادی. ـ تهران: خوارزمی، ۱۳۵۱.
-بن‌تان، آگوست، **سفرنامه بن‌تان**، ترجمه منصوره اتحادیه (نظام مافی). ـ تهران: [بی‌نا]، ۱۳۵۴.
بنیاد فرهنگ ایران، ۱۳۵۷.
-بهرامی، عبدالله، **خاطرات از اول سلطنت ناصرالدین شاه تا اول کودتا**. تهران: علمی، ۱۳۶۳.
-بیلی فریزر، جیمز، **سفرنامه فریزر معروف به سفر زمستانی: از مرز ایران تا تهران و دیگر شهرهای ایران**، ترجمه و حواشی منوچهر امیری. ـ تهران: توس، ۱۳۶۴.
-بینا، علی‌اکبر، **تاریخ سیاسی و دیپلماسی ایران**. ـ تهران: دانشگاه تهران، ۱۳۴۸.
-پاتینجر، هنری، **سفرنامه پاتینجر**؛ ترجمه شاپور گودرزی ـ تهران: کتاب‌فروشی دهخدا، ۱۳۴۸.
-پاکروان، امینه، **آقامحمدخان قاجار**؛ ترجمه جهانگیر افکاری ـ تهران: کتابفروشی لوح، ۱۳۵۶.
-پاکروان، امینه، **عباس میرزا**، ترجمه قاسم صنعوی. ـ تهران: نشر چشمه، ۱۳۷۶.
-پری، جان. ار. **کریم‌خان‌زند**، ترجمه علی محمد ساکن ـ تهران: نشر نو، ۱۳۶۸.
-تاپر، ریچارد، **تاریخ سیاسی اجتماعی شاهسون‌های مغان**، ترجمه حسن اسدی. ـ تهران: نشر اختران، ۱۳۸۴.
-تاج‌بخش، **روابط ایران و روسیه**. ـ تبریز: دنیا، ۱۳۳۷.

- ده سفرنامه یا سیری در سفرنامه‌های جهانگردان خارجی راجع به ایران، ترجمه مهراب امیری. ـ تهران: وحید، ۱۳۶۹.
- تره‌زل، آلفونس، یادداشت‌های ژنرال تره‌زل در سفر به ایران، به اهتمام ژ. ب. دوما. ترجمه عباس اقبال. ـ تهران: فرهنگسرا، ۱۳۶۱.
- تقی زاده، حسن، زندگی طوفانی: خاطرات سیدحسن تقی‌زاده، به کوشش ایرج افشار. ـ تهران: علمی، ۱۳۷۲.
- اسنادی از روابط ایران با منطقه قفقاز. ـ تهران: وزارت امور خارجه، دفتر مطالعات سیاسی و بین‌المللی، ۱۳۷۲.
- خواندنی‌های تاریخی. ـ تهران: هفته، ۱۳۶۲.
- تیموری، ابراهیم، دو سال آخر: یادداشت‌های روزانه سر جان کمپل نماینده‌ی انگلیس در دربار ایران. ـ تهران: دانشگاه تهران، ۱۳۸۴.
- جواهرکلام، عبدالعزیز، فهرست کتب وزارت معارف. ـ تهران: وزارت معارف، [بی تا].
- جهانگیر میرزا، تاریخ نو. ـ تهران: علم، ۱۳۸۴.
- حافظ زاده، محمد، قراباغ. ـ قم: نویدالاسلام، ۱۳۸۱.
- حسین فسایی، میرزاحسن، فارسنامه ناصری، به کوشش منصور رستگار فسایی ـ تهران: امیرکبیر، ۱۳۶۷. ج. اول.
- خاوری، میرزا فضل‌الله شیرازی، تاریخ ذوالقرنین، مصحح: ناصر افشارفر. تهران: سازمان چاپ و انتشارات وزارت فرهنگ و ارشاد اسلامی، ۱۳۸۰.
- خورموجی، محمدجعفر، حقایق‌الاخبار ناصری، به کوشش حسین خدیوجم. ـ تهران: زوار، ۱۳۴۴.
- دانش. سیاوش. حاج ابراهیم‌خان کلانتر ـ تهران: آناهیتا، ۱۳۷۱.
- دنبلی، عبدالرزاق، مآثرالسلطانیه، مقدمه غلامحسین صدری افشار ـ تهران: ابن سینا، ۱۳۵۱.
- رائین، اسماعیل، فراموشخانه و فراماسونری در ایران. ـ تهران: امیرکبیر، ۱۳۵۷.
- رائین، اسماعیل، حقوق‌بگیران انگلیس در ایران. ـ تهران: جاویدان، ۱۳۷۳.
- رافی، ملوک خمسه: قراباغ و پنج ملیک ارمنی آن...؛ آرا در استپانیان ـ تهران: پردیس دانش، ۱۳۸۴.
- رایت، دنیس، انگلیسی‌ها در میان ایرانیان، ترجمه اسکندر دلدم و لطفعلی خنجی. ـ تهران: امیرکبیر، ۱۳۵۹.
- رستم الحکماء، محمدهاشم، رستم‌التواریخ، به کوشش محمد مشیری ـ تهران: امیرکبیر، ۱۳۴۸.
- رضاقلی میرزا، سفرنامه رضاقلی میرزا، گردآورنده حسین‌بن عبدالله سرابی. ـ تهران: اساطیر، ۱۳۷۳.
- رضایی، عبدالعظیم، تاریخ ده هزار ساله ایران. ـ تهران: اقبال، ۱۳۷۸.
- ریاحی، محمدامین، تاریخ خوی: سیر تحولات اجتماعی و فرهنگی شهرهای ایران در طی قرون. ـ تهران: طرح نو، ۱۳۷۸.
- زرگری‌نژاد، غلامحسین، روزشمار تحولات در عصر قاجاریه ـ تهران: مؤسسه مطالعات تاریخ ماصر ایران، ۱۳۸۵.
- زنوفرد، فریدون، سرگور اوزلی: طراحی عهدنامه گلستان. ـ تهران: نشر آبی، ۱۳۸۶.

- ژوبر، ب. آمده، *مسافرت به ارمنستان و ایران*، ترجمه محمود مصاحب. ـ تبریز، ۱۳۴۷.
- ساروی، محمد فتح‌الله بن محمد تقی، *احسن التواریخ*؛ به کوشش غلامرضا طباطبائی مجد ـ تهران: امیرکبیر، ۱۳۷۱.
- ساسانی، خان ملک، *سیاستگذاران دوره‌ی قاجار*. ـ تهران: طهوری، ۱۳۳۸.
- سایکس، سرپرسی، *تاریخ ایران*؛ ترجمه فخرداعی ـ تهران: دنیای کتاب، ۱۳۶۶.
- سپهر، میرزا محمد تقی (لسان الملک)، *ناسخ التواریخ*، سلاطین قاجاریه ـ تهران: اسلامیه، ۱۳۵۳. جزء اول. ج اول.
- سرداری‌نیا، صمد، *قره‌باغ در گذرگاه تاریخ*. ـ تبریز: ندای شمس، ۱۳۸۴.
- سعادت نوری، حسین، *رجال دوره قاجار*. ـ تهران: وحید، ۱۳۶۴.
- شقاقی، حسینقلی خان، *خاطرات ممتحن الدوله*، مصحح حسین قلی خان شقاقی، تهران: امیرکبیر، ۱۳۵۳.
- شمیم، علی اصغر، *ایران در دوره سلطنت قاجار*. ـ تهران: علمی، ۱۳۷۱.
- شهری، جعفر، *طهران قدیم* ـ تهران: معین، ۱۳۷۱. ج اول.
- شیرازی، ابن‌عبدالکریم علی‌رضا، *تاریخ زندیه*، به کوشش ارنست بئیر؛ ترجمه غلامرضا ورهرام ـ تهران؛ نشر گستره، ۱۳۶۵.
- شیرازی، فضل‌الله حسینی، *تذکره خاوری*، به تصحیح میرهاشم محدث. ـ زنجان: زنجان، ۱۳۷۸.
- طالع، هوشنگ. *چکیده تاریخ تجزیه ایران*. تهران: سمرقند، ۱۳۸۰.
- طاهری، ابوالقاسم، *تاریخ روابط بازرگانی و سیاسی ایران و انگلیس*. ـ تهران: انجمن آثار ملی، ج ۲.
- طباطبایی، جواد، *مکتب تبریز و مبانی تجددخواهی*. ـ تبریز: ستوده، ۱۳۸۴.
- طباطبایی مجد، غلامرضا، *معاهدات و قراردادهای تاریخی در دوره قاجاریه*. ـ تهران: بنیاد افشار، ۱۳۷۳.
- عبدالرزاق بن نجفقلی دنبلی، *تذکره نگارستان دارا*. ـ تبریز: تذکره ۴، ۱۳۴۲. ص ۹۲.
- عبدالله یف، فتح‌الله. *گوشه‌ای از تاریخ ایران*؛ ترجمه غلامحسین متین ـ تهران: ستاره، ۱۳۵۶.
- عشقی، خانک. *سیاست نظامی روسیه در ایران* ـ تهران: ۱۳۵۳.
- عضدالدوله، *تاریخ عضدی*: شرح حال زنان و دختران و پسران، به کوشش حسین کوهی کرمانی ـ تهران: [بی‌نا، بی‌تا].
- علوی شیرازی، محمداهدی، *دلیل السفرا: سفرنامه میرزا ابوالحسن خان شیرازی به روسیه*، به اهتمام محمد گلبن. ـ تهران: مرکز اسناد فرهنگی آسیا، ۱۳۵۷.
- علی‌پور، صفر، *حکومت‌های محلی قفقاز در عصر قاجار*. ـ تهران: مؤسسه مطالعات تاریخ معاصر ایرانی، ۱۳۷۷.
- علییف، ا. ق، *تاریخ آذربایجان: پژوهش از انستیتوی تاریخ آگاهی علوم*، ترجمه نصرالله الحقی بیات. ـ [بی‌جا: بی‌نا، بی‌تا].
- عیسوی، چارلز، *تاریخ اقتصادی*، ترجمه یعقوب آژند. ـ تهران: نشر گستره، ۱۳۶۲.
- غفاری کاشانی، ابوالحسن، *گلشن مراد*، به کوشش غلامرضا محمد طباطبایی ـ تهران: زرین، ۱۳۶۹.

- فتحی، نصرةالله، **زندگینامه شهیر نیکنام ثقةالاسلام تبریزی**. ـ [بی جا]: نوریانی، ۱۳۵۳.
- فخرایی، ابراهیم. **گیلان در جنبش مشروطیت**. ـ تهران: شرکت سهامی، ۱۳۵۴.
- فراهانی، میرزا محمدحسین، **سفرنامه**، بکوشش مسعود گلزاری، تهران: فردوسی، ۱۳۶۲.
- فرهاد میرزا، **سفرنامه فرهاد میرزا**، به کوشش غلامرضا طباطبایی. ـ تهران: علمی، ۱۳۶۶.
- فرهاد میرزا، **سفرنامه فرهاد میرزا**، مصحح غلامرضا طباطبایی مجد. تهران: مؤسسه مطبوعاتی علمی، ۱۳۶۶.
- فشاهی، محمدرضا، **تکوین سرمایه‌داری در ایران (۱۹۰۵ ـ ۱۷۹۶)**. ـ تهران: گوتنبرگ، ۱۳۶۰.
- فلسفی، نصرالله، **سیاست خارجی ایران در دوره صفویه**. ـ تهران: جیبی، ۱۳۴۲.
- فوروکاوا، نوبویوشی. **سفرنامه فوروکاوا**، ترجمه هاشم رجب‌زاده و کینیجی ئه اورا، تهران: انجمن آثار و مفاخر فرهنگی، ۱۳۸۴.
- فولد، گراهام، **قبله عالم: ژئوپلتیک ایران**، ترجمه عباس فجر. ـ تهران: نشر مرکز، ۱۳۷۵.
- قائم مقام فراهانی، **نامه‌های پراکنده قائم مقام فراهانی**، بخش یکم، به کوشش جهانگیر قائم مقامی. ـ تهران:
- قائم مقام فراهانی، **منشآت**، به کوشش سیدبدرالدین یغمایی. ـ تهران: شرق، ۱۳۷۳.
- قائم مقام فراهانی، **دیوان اشعار**. ـ تهران: عطایی، ۱۳۶۳.
- قائم مقام فراهانی، میرزا عیسی، **احکام الجهاد و اسباب الرشاد**، تصحیح و مقدمه غلامحسین زرگری‌نژاد. ـ تهران: بقعه، ۱۳۸۰.
- قائم مقام فراهانی، میرزا عیسی، **جهادیه**. ـ تهران: ایران زمین، ۱۳۵۴.
- قائم مقامی، جهانگر، **تاریخ تحولات سیاسی نظامی ایران: از آغاز قرن یازدهم هجری تا سال ۱۳۰۱ هـ ش**. ـ تهران: شرکت مطبوعاتی، ۱۳۲۶.
- قائم مقامی، جهانگیر. **تاریخ تحولات سیاسی نظامی ایران**. ـ تهران: [بی نا]، ۱۳۳۶.
- قائم مقامی، جهانگیر، **تاریخ ژاندارمری**. ـ تهران: روابط عمومی ژاندارمری، ۱۳۵۵.
- قاضی‌ها، فاطمه، **اسنادی از روند اجرای معاهده ترکمانچای (۱۲۵۰ ـ ۱۲۴۵ هـ ق.)**. ـ تهران: سازمان اسناد ملی ایران، پژوهشکده اسناد، ۱۳۷۴.
- قوزانلو، جمیل، **جنگل ایران و روس**. ـ تهران: ۱۳۱۴.
- کرزن، ج. ن، **ایران و قضیه ایران**، ترجمه وحید مازندرانی. ـ تهران: علمی و فرهنگی، ۱۳۶۲. ۲ جلدی.
- کسروی، احمد، **تاریخ هیجده ساله آذربایجان**. ـ تهران: ۱۳۵۵.
- کوتز بوئه، موریسس، **مسافرت به ایران**، ترجمه محمود هدایت. ـ تهران: امیرکبیر، ۱۳۴۸.
- گاردان، آلفرد دو، **مأموریت ژنرال گاردان در ایران**، ترجمه عباس اقبال آشتیانی. ـ تهران: نگاه، [بی تا].
- گراندواتسن، رابرت، **تاریخ ایران: دوره قاجاریه**، ترجمه وحید مازندرانی ـ تهران: کتاب‌های سیمرغ، ۱۳۴۸.
- گلستانه، **مجمل التواریخ**، به کوشش محدث ارموی ـ تهران: دانشگاه تهران، ۱۳۶۱.
- گور، ژان، **خواجه تاجدار**؛ ترجمه ذبیح‌الله منصوری ـ تهران: امیرکبیر، ۱۳۶۷. ج اول و دوم.

- گوگچه، جمال، *قفقاز و سیاست امپراتوری عثمانی*، ترجمه وهاب ولی. ـ تهران: وزارت امور خارجه، ۱۳۷۳.
- لاچینی، ابوالقاسم، *احوات و دست‌خط‌های عباس میرزا نایب‌السلطنه*. ـ تهران: بنگاه مطبوعاتی افشار، ج ۲.
- محمود محمود، *تاریخ روابط سیاسی ایران و انگلیس*. ـ تهران: اقبال، ۱۳۶۷. شش جلد.
- مروی وزیری، محمدکاظم، *عالم‌آرای نادری*؛ به کوشش محمدامین ریاحی ـ تهران: علمی، ۱۳۷۳. ج سوم.
- مستوفی انصاری، مسعود، *سفرنامه خسرو میرزا به پترزبورگ*، به کوشش محمد گلبن. ـ تهران: مستوفی، ۱۳۴۹.
- مستوفی، عبدالله، *شرح زندگانی من...* ـ تهران: زوار، ۱۳۴۱، ج اول.
- مصطفوی، علی‌اصغر. *پیغمبرسازان و دساتیر آسمانی*. تهران: مؤلف، ۱۳۷۰.
- معتمدالدوله، حاجی فرهاد میرزا، *جام جم*. ـ تهران: چاپ سنگی، ۱۲۷۲ ق.
- ملکم، سرجان، *تاریخ کامل ایران*، ترجمه: میرزا اسماعیل حیرت، تهران: افسون، ۱۳۸۰.
- ملکم، سر جان، *تاریخ ایران*؛ ترجمه میرزا حیرت ـ تهران: دنیای کتاب، ۱۳۶۲. ج دوم.
- ملکونوف، *سفرنامه ایران و روسیه*، نویسنده ملکونوف و عزالدوله، مصحح محمد گلبن و فرامرز طالبی، تهران: دنیای کتاب، ۱۳۶۳.
- موسوی نامی اصفهانی، میرزامحمد صادق، *تاریخ گیتی‌گشا*؛ با مقدمه سعید نفیسی ـ تهران: اقبال، ۱۳۶۸.
- مهدی، عبدالرضا هوشنگ، **تاریخ روابط خارجی ایران: از ابتدای دوران صفویه تا پایان جنگ جهانی دوم**. ـ تهران: امیرکبیر، ۱۳۷۵.
- مخبرالسلطنه، مهدیقلی هدایت، *خاطرات و خطرات*. تهران: زوار، ۱۳۸۵.
- قاضی احمدبن محمد غفاری کاشانی، *تاریخ نگارستان*، مصحح مرتضی مدرس گیلانی تهران، کتابفروشی حافظ، ۱۴۱۴ ق.
- میرزا ابوالحسن خان ایلچی، *حیرت‌نامه*، به کوشش حسن مرسل‌وند. ـ تهران: رسا، ۱۳۶۴.
- میرزا خانلرخان، *سفرنامه خانلرخان اعتصام‌الملک*، تهران: منوچهر محمودی، ۱۳۵۱.
- میرزا صالح. *مجموعه سفرنامه‌های میرزا صالح شیرازی*، به کوشش غلامحسین میرزا صالح. ـ تهران: نشر تاریخ ایران، ۱۳۶۴.
- میرزا فضل الله شیرازی. *تاریخ ذالقرنین* ـ تهران: وزارت فرهنگ و ارشاد اسلامی، ۱۳۸۰.
- میرزا محمدصادق وقایع‌نگار، *تاریخ جنگ‌های ایران و روس*، یادداشت‌های میرزا محمدصادق وقایع‌نگار، گردآورنده حسین آذر، به تصحیح امیر هوشنگ آذر. ـ تهران: مصحح، ۱۳۶۹.
- مینورسکی، ازو، *تاریخ تبریز*، ترجمه عبدالعلی کارنگ. ـ تبریز: کتابفروشی تهران، ۱۳۳۷.
- مجموعه مقالات همایش بین‌المللی قفقاز در بستر تاریخ، به اهتمام جلیل نائبیان و حسین گلی (برگزارکنندگان گروه تاریخ دانشگاه تبریز)». مؤسسه فرهنگی آران. تهران: اندیشه‌سازان نور، ۱۳۹۰.
- نائبیان، جلیل، *روابط ایران با دول خارجی در دوران قاجاریه*. ـ تهران: فردابه، ۱۳۷۳.
- نادر میرزا، *تاریخ و جغرافیای دارالسلطنه تبریز*؛ به کوشش غلامرضا طباطبائی مجد ـ تبریز: ستوده، ۱۳۷۳.

ـ ناطق، هما «**از ماست که بر ماست**». ـ تهران: آگاه، ۱۳۵۷.
ـ ناطق، هما، **مصیبت وبا و بلای حکومت: مجموعه مقالات**. ـ تهران: نشر گستره، ۱۳۵۸.
ـ نجمی، ناصر، **ایران در میان طوفان یا شرح زندگانی عباس میرزا نایب‌السلطنه**. ـ تهران: ؟؟؟؟؟
ـ نخجوانی، حسین، **سیاحتنامه اولیا چلبی: قسمت آذربایجان و تبریز**. ـ تبریز، ۱۳۳۸.
ـ نصیری، محمدرضا، **اسناد و مکاتبات تاریخی ایران (قاجاریه)** ـ تهران: مؤسسه کیهان، ۱۳۶۶. ج اول.
ـ نفیسی، سعید، **تاریخ اجتماعی و سیاسی ایران در دوره معاصر** ـ تهران: بنیاد، ۱۳۷۲.
ـ نوائی، عبدالحسین، **ایران و جهان، قاجاریه تا پایان عهد ناصری**. ـ تهران: هما: ۱۳۶۲.
ـ هدایت، رضاقلی، **تاریخ روضة‌الصفای ناصری** ـ تهران: خیام، ۱۳۳۹. ج نهم، بخش اول.
ـ هدایت، رضا قلی میرزا، **فهرس التواریخ**؛ به کوشش عبدالحسین نوایی، میرهاشم محدث ـ تهران: پژوهشگاه علوم انسانی، ۱۲۷۳.
ـ همدانی، حاجی ملامحمدرضا، **رساله جهادیه**، نسخه‌ی خطی کتابخانه ملی، شماره ۹۰۰.
ـ یونیر، ژان، **دلاوران گمنام ایران در جنگ با روسیه تزاری**، ترجمه ذبیح‌الله منصوری. ـ تهران: نگارستان، ۱۳۷۹.

مجلات و نشریات ادواری

ـ آینده «مسئله کاپیتولاسیون» سال دوم، مورخه اردیبهشت ۱۳۰۶، شماره ۳.
ـ آینده «معاهده ترکمنچای و سیاست صلح جویانه» سال دوم، مورخه آذر ۱۳۰۶، شماره ۹.
ـ اطلاعات سیاسی ـ اقتصادی «قضاوتی ناعادلانه و به دور از واقعیت نسبت به میرزا ابوالقاسم قائم مقام» نوشته ضیاءالدین جامی، مورخه فروردین و اردیبهشت، شماره ۱۵۵ و ۱۱۶.
ـ اطلاعات سیاسی ـ اقتصادی «گوشه‌ای از تاریخ ایران» بخش یازدهم، نوشته ابراهیم تیموری، مورخه مرداد و شهریور ۱۳۸۱. شماره ۱۷۹ و ۱۸۰.
ـ اطلاعات سیاسی ـ اقتصادی «گوشه‌ای از تاریخ ایران: میرزا ابوالقاسم قائم مقام و عهدنامه بازرگانی ایران و انگلیس» نوشته ابرایم تیموری، مورخه خرداد و تیر ۱۳۸۰، شماره ۱۶۵ و ۱۶۶.
ـ بررسی‌های تاریخی «اتحاد فرانسه، ایران و عثمانی» محمدامین ریاحی، مورخه خرداد و تیر ماه ۱۳۴۵، شماره ۵۷.
ـ بررسی‌های تاریخی «روابط ایران و فرانسه دوره قاجاریه» نوشته خان‌بابا بیانی، مورخه بهمن و اسفند، ۱۳۴۷.
ـ بررسی‌های تاریخی «سندی درباره سفارت ژنرال یرملوف به ایران» جهانگیر قائم مقامی، مورخه بهمن و اسفند ۱۳۴۹، شماره ۳۰.
ـ بررسی‌های تاریخی «فابویه در ایران» نوشته سایکس، ترجمه محمود محمودکی، شماره ۵، سال ششم.
ـ بررسی‌های تاریخی «گزارش درباره ارتش ایران در زمان محمد شاه قاجار» نوشته چارلز استودارت،

ترجمه احسان‌الله اشراقی، خرداد و تیر ۱۳۴۹. شماره ۴۶.

ـ بررسی‌های تاریخی «گزارش‌نامه‌های امیرخان» نوشته محمدامین ریاحی، مورخه سال ۱۳، شماره اول.

ـ بررسی‌های تاریخی «مسأله غرامات جنگ دوم ایران و روسیه» نوشته جهانگیر قائم مقامی. مورخه فروردین و اردیبهشت، ۱۳۵۳۲، شماره ۵۰.

ـ بررسی‌های تاریخی «مقدمات جنگ دوم ایران و روسیه» پرنس اسچر باتوف، ترجمه محمود کی، خرداد و تیر ۱۳۵۳، شماره ۵۱.

ـ بررسی‌های تاریخی «نفوذ سیاسی انگلیس در دربار قاجار و رقابت با سیاست فرانسه در ایران» نوشته مونیکا روشن‌ضمیر، موره خرداد و تیر ۱۳۵۶.

ـ بررسی‌های تاریخی «نقطه اوج نفوذ فرانسه در دربار ایران: در زمان فتحعلی‌شاه قاجار» نوشته مونیکا روشن‌ضمیر، مورخه فروردین و اردیبهشت ۱۳۵۵. شماره ۶۲.

ـ بررسی‌های تاریخی «وصیت‌نامه منسوب به عباس میرزا نایب‌السلطنه» نوشته جهانگیر قائم مقامی، مورخه مهر و آبان ۱۳۵۰، شماره ۳۵.

ـ بررسی‌های تاریخی «یک طغری هبه نامه از علیشاه ظل‌السلطان عادلشاه» نوشته محمود احمدی، مورخه فروردین و اردیبهشت ۱۳۵۷، شماره ۷۵.

ـ پانزده خرداد «جاذبه‌های ژئوپولتیک ایران، رفتار روسیه تزاری...»، جواد اطاعت، زمستان ۱۳۷۵، شماره ۲۴.

ـ تاریخ روابط خارجی «گذری بر اندیشه‌ها و آثار عباسقلی آقاقدسی» نوشته رحیم رئیس‌نیا، پاییز ۱۳۸۱، شماره ۱۲.

ـ خاطرات وحید «دیباچه‌ای بر خاطرات لایارد در ایران» نوشته مهراب امیری، مورخه مهر ۱۳۵۱، شماره ۱۲.

ـ دانش «جنگ با گرجستان و روس» نوشته حسین ثقفی اعزاز، مهر ۱۳۲۸، شماره ۷.

ـ زمانه «رفع یک اشتباه یا جعل تاریخی: همسویی عباس میرزا و قائم مقام با علما در جهاد با روس» نوشته علی ابوالحسنی، مورخه شهریور ۱۳۸۷، شماره ۷۲.

ـ زمانه «گفتگو: ایران و روسیه تهدیدها و فرصت‌ها» گفتگو با داود کیانی، مورخه شهریور ۱۳۸۷، شماره ۷۲.

ـ شرق «دو مکتوب ناپلئون به فتحعلی‌شاه» اسفند ۱۳۰۹، شماره ۳.

ـ فصلنامه تاریخ روابط خارجی «گذری بر معاهدات گلستان و ترکمانچای و پیامدهای آن» محمدحسن کاووسی عراق، مورخه تابستان ۱۳۸۱، شماره ۱۱.

ـ فصلنامه راهبرد «اسطوره‌های روابط ایران و شوروی» نوشته موریل اتگین، ترجمه الهه کولایی، تابستان ۱۳۷۴، شماره ۷.

ـ فصلنامه مطالعات آسیای مرکزی و قفقاز «شوشی شهری با هویت ایرانی؛ یادداشتهای سفر قراباغ» حسین احمدی، سال شانزدهم، دوره چهارم، شماره ۶۰، مورخه زمستان ۱۳۸۶.

منابع فارسی / ۵۴۷

ـ فصلنامه مطالعات آسیایی مرکزی و قفقاز «نخستین تلاش‌های نظامی ـ سیاسی روسیه تزاری برای استقرار حاکمیت خود در قفقاز» نوشته محمد سلمانی‌زاده، سال شانزدهم، دوره‌ی چهارم، شماره ۵۸، تابستان ۱۳۸۶.

ـ کیهان اندیشه «نخجوان در گذرگاه تاریخ» نوشته علی خادم علما، مورخه آذر و دی ۱۳۷۲، شماره ۵۱.

ـ گنجینه اسناد «از معاهده ترکمنچای تا عهدنامه مودت» نوشته فاطمه قاضیها، شماره ۶۳.

ـ گنجینه اسناد «اولین سفیر قاجار در پاریس» نوشته حسین احمدی، بهار و تابستان ۱۳۷۹، شماره ۳۷ و ۳۸.

ـ گنجینه اسناد «سندی از واکنش سلطان عثمانی در قبال الحاق گرجستان به روسیه (۰۱۱۹۸)، به کوشش علی‌اکبر صفی‌پور، مورخه پاییز ۱۳۸۵. شماره ۶۳.

ـ گنجینه اسناد «نامه فتحعلی‌شاه قاجار به فرزندش عباس میرزا» نوشته پرویز بدیهی، زمستان ۱۳۷۳، شماره ۱۶.

ـ گنجینه اسناد «وصیت‌نامه میرزا ابوالحسن خان ایلچی شیرازی» نویسنده علی‌اکبر صفی‌پور، مورخه تابستان ۱۳۸۳، شماره ۵۴.

ـ مجله دانشکده ادبیات و علوم انسانی تبریز «چند سند تاریخی راجع به روابط ایران و فرانسه در زمان فتحعلی شاه قاجار» نوشته ژیلبر لازار، تابستان ۱۳۴۱، شماره ۶۱.

ـ مجله دانشکده ادبیات و علوم انسانی دانشگاه تبریز «کاپیتولاسیون در تاریخ ایران» نوشته یوسف رحیم‌لو، مورخه تابستان ۱۳۵۱، شماره ۱۰۲.

ـ مجله دانشکده ادبیات و علوم انسانی دانشگاه تهران «نقش علماء در پیدایش ادب جهادی جنگ‌های ایران و روس، دوره قاجاریه» نوشته عبدالرضا سیف، مورخه بهار ۱۳۸۲، شماره ۱۶۵.

ـ مجله دانشکده حقوق و علوم سیاسی دانشگاه تهران «بازنگری اقتصاد، سیاست و جامعه ایران در آستانه قرن نوزدهم»، نوشته صادق زیباکلام، مورخه تابستان ۱۳۸۰. شماره ۵۲.

ـ مشکوة «گشت و گذاری در سفرنامه‌های سیاسی» نوشته محمد شهری بر آبادی، مورخه بهار ۱۳۶۹، شماره ۲۶.

ـ مهر «در راه ولیعهدی عباس میرزا» نوشته عبدالحسین هژیر، شماره ۹، سال اول.

ـ نشریه وزارت خارجه «ابوالحسن شیرازی» عباس اقبال آشتیانی، سال اول، شماره ۳، مورخه شهریور ۱۳۲۸.

ـ وحید «اصل و منشأ ایل قاجار» نوشته رضا ناروند، مورخه آبان ۱۳۵۶، شماره ۲۱۹ و ۲۲۰.

ـ وحید «مرگ ولیعهد سرباز» نوشته احمد سهیلی خوانساری، مورخه اردیبهشت ۱۳۵۱. شماره ۱۰۱.

ـ وحید «وصیت‌نامه عباس میرزا: مرگ ولیعهد سرباز» تیر ماه ۱۳۵۱، شماره ۱۰۳.

ـ یادگار «غرامات معاهده ترکمنچای» نوشته قاسم غنی و عباس اقبال، مورخه مهر ۱۳۲۳، شماره ۲.

ـ یغما «حاج میرزا آقاسی» نوشته حسین سعادت نوری، مورخه خرداد ۱۳۴۳، شماره ۱۹۱.

ـ یغما «داستان نخستین سفر فتحعلی‌شاه» نوشته حسین محبوبی اردکانی، مورخه فروردین ۱۳۴۴، شماره ۲۰۱.

ـ یغما «دو نامه تاریخی از میرزا ابوالقاسم قائم مقام» نوشته مجتبی مینوی، مورخه دی ۱۳۳۳، شماره ۷۸.

ـ یغما «فتحعلی شاه و هوس‌هایش» نوشته حسین پژمان بختیاری؛ مورخه خرداد ۱۳۴۴، شماره ۲۰۳.

ـ یغما «یک فصل از تاریخ ایران» نوشته حسین نواب، مورخه آبان ۱۳۸۴، شماره ۲۵۴.

سفید

نمونه پنجم

منابع لاتین

- Ağamalı Y.F. Qarabağ xanlığının qonşu xanlıqlar və dövlətlərlə münasibətləri. Namizədlik dissertasiyası. Bakı, 2002.

- Aliyarlı, Süleyman, Azərbaycan Tarihi, Bakü 1996.

- Azərbaycan tarixi (VII cilddə), III cild. Bakı-1999, s.431; Azərbaycan tarixi (Uzaq keçmişlərdən 1870-ci ilə qədər), Bakı, 1996.

- Azərbaycan tarixi. Yeddi cilddə. IV cild (XIX əsr). Bakı. -Elm II. 2007.

- Baddeley, John F. The Russian Conquest of the caucasus. London, New York, 1908. Reprinted Mansfield centre. 2006.

- Bakıxanov A. Gulustani-irəm. Bakı, 1951.

- Bayramova Nailə. Şamaxı xanlığı. Bakı, "Təhsil", 2009.

- Bournoutian, George A. Armenians and Russia (12626-1796): Costa Mesa: Mazda Publishers, 2001 = 1380.

- Cemal Gokçe, "1787-1806 yılları arasında Kafkasyada cereyan eden siyasi olaylar. Edebiyyat fakültesi Tarih dergisi", Sayı XXVI, istanbul-1972.

- Cəfərov ə.R. Azərbaycanın Şervan xanlığının Rusiya ilə birləşməsi və Şamaxı şəhərinin bərpası. Namizədlik dissertasiyası. Bakı, 1954.

- Dəlili H.ə. Azərbaycanın cənub Xanlıqları (XVII əsrin II yarısı) Bakı, 1979.

- Elchin Qarayev. 259-Azerbaycan 18 inci yuzlulede Rus Ve Bati Arrupa sayyahlarin tesvirinde. Baki-2005.

- Elçin Qarayevin "Azərbaycan XVIII əsr rus və Qərbi Avropa səyyahlarının təsvirində" Bakü 2005.

- F.əliyev, M.əliyev. Naxçıvan xanlığı. Bakı "Şərq-Qərb", 2007.

- "Garabagh yesterday, today and tomorrow." Second volume. Baku, 2009.

- Gök çe C Kafkasya ve Osmanlı imperatorluğunun Kafkasiya siyaseti. Istanbul, 1979.

- Hatt-ı Hümayun, nr. 6677-A; Belgeler, 1 c, nr 62.

- Hatt-ı Hümayun, nr. 6748-E; Belgeler, II c., nr. 38, s. 98, 338.
- IRəVAN XANLIĞI: Rusiya işğali və ermənilərin Şimali Azərbaycan torpaqlarına Köçürülm əsi., Bakı, Azərbaycan: 2010.
- KəRiM AĞA FATEH. "Şəki xanlarının müxt əsər tarixi" "Azərbaycan Ensiklopediyası" NPB. B. 1993.
- "Kafkas Araştırmaları i" Acar yayınları istanbul-1988. i, ves. 11.
- Kərim Şükürov. Türkm ənçcay - 1828: Tarixi xronika (ixtisarla). Bakı: 2006.
- M.ə. Çakmak, Hanlıklar devrinde Azerbaycan-Türkiye münasibetleri (1723-1829). Ankara-1997.
- Mirzə Camal Cavanşir. Qarabağ tarixi. Azərbaycan SSR Elmlər Adademiyası Nəşriyaatı Bakı - 1959.
- Mirzə Yusif Qarabaği. Tarixi-Safi Qarabağnamələr. II kitab. Bakı, "Şərq-Qərb", 2006.
- Mustafa Tofiq. Quba xanlığı. Bakı, Elm, 2005.
- Mustafzadə T.T., XVIII yüzillik - XIX yüzilliyin əvvəllərində Osmanli-Azərbaycan münmasib ətləri: monoqrafiay. - Bakı; Elm; 2002.
- N.Ç. Mustafayeva. Cənubi Azərbaycan xanlıqları. Bakı, 1995.
- Nəcəfli G. Azərbaycan xanlıqlarının Osmanlı dövl əti ilə siyasi əlaqələri (XVIII əsrin II yarısı). Bakı, Nurlan, 2002.
- QARABAĞNAMə. I kitab. ADIGÖZəL BəY. Bakı, "Şərq-Qərb".
- Qafqaz Arxeoqrafiya komissiyasinin Aktlari (AKAK). Tiflis. Vols 1-12, 1866-1904.
- Qarabağ tarixi Bakı, "Şərq-Qərb", 2006.
- Qarabağnamələr. III kitab. "TARiXi-CəDiDi-QÄRABAĞ. MiRZə RəHiM FəNA. BAkı, "Şərq-Qərb" 2006.
- Qarabağnamələr. III kitab. ABBASQULU AĞA BAKIXANOV GÜLÜSTANi-iRəM... Bakı, "Şərq-Qərb" 2006.
- Qarabağnamələr. II kitab. Bakı, "Şərq-Qərb", 2006.
- Qarabağnamələr. III kitab. Həsən iXFA əLiZADə. ŞUŞA ŞəHəRiNiN TARiXi. Bakı, "Şərq-Qərb" 2006.
- Qarabağnamələr. II kitab. MiRZə YUSiF QARABAĞi. TARiXi-ŞəRiF. Bakı, "Şərq-Qərb", 2006.
- Qarabağnamələr. III kitab. HəSəNəLi QARADAĞi QARABAĞ ViLAYəTiNiN QəDiM Və

ÜVZALARI... Bakı, "Şərq-Qərb" 2006.

- Qılman Glkin. BAKI Və BAKILILAR (Üçüncü nəGri). Bakı, "NURLAR" NəGriyyat-Poliqrafiya Mərkəzi, 2006.
- RXSA. Rusiyanın Iranla əlagəsi fondu, siyahı 77/6, sənəd 6, vər. 339-348.
- Sadıqov H. Rusiya-Türkiyə münasib ətlərində Cənubi Qafqaz (1787 1829-cu illər). Nam.diss. Gəncə, 1992.
- Sara AŞurbəyli. Bakı Şəhərinin tarixi. Bakı, "Avrasiya press", 2006.
- Süleymanov M. irəvan xanlığının Rusiyaya birləşdirilməsi tarixindən. Bakı, 1997.
- Tahirzadə ə. Ağa Məhəmməd şah Qacar. Bakı, 2002.
- Tofiq Köçərli. Qarabağ: Yalan və Həqiqət. Bakı. islam araşdırmaları mərkəzi. 1998.
- Umudlu V. Şimali Azərbaycanın çar Rusiyası tərəfindən işğalı və müst əmləkəçilik əleyhinə mübariz ə (1801-1828), Bakı, 2004.
- V.Arzumanlı "Ağa Məhəmməd şah Qacara işğlçı kimi baxmamalıyıq" məqaləsi, 14 fevral 1992-ci il
- Vaqif Arzumanli, Nazim mustafa. tarixin qara səhifələri. Dəporlasiya... Baki: Qartal, 1998.
- XIX əsrin əvvəllərində Azərbaycanın Rusiya- iran dövl ətləri arasında bölü şdürülm əsinin birinci mərhələsi. Qədirov Cavid Şixəli oğlunun. sumqayit. 2010.
- "Xəzər Xəbər" jurnalı, Bakı, 15 dekabr 1999, N76.
- Yaqub Mikayıl oğlu Mahmudov, Kərim Kərəm oğlu Şükürov Naxçıvan: tarixi və abidələri. Bakı, "Təhsil", 2007.
- Yaqub Mikayıl oğlu Mahmudov, Kərim Kərəm oğlu Şükürov Naxçıvan: tarixi və abidələri. Bakı "Təhsil", 2007.
- Ziyəddin Məhərrəmov. irəvanda məktəbdarlıq və maarifçilik (1800-1920-ci illərdə ədəbi-mədəni mühit), Bakı, "Nurlan", 2010.

551- şimal-Qərbi Azərbaycan, z.ə. cavadova. Balei, 1999.

- iradə Aytel; Cavad xan "Xural" qəzeti, il: 9, sayı: 020 (428), 22 may-04 iyun 2011-ci il.
- məhərrəm zülfüqarli Azərbaycan tarixinə yəni baxiş. Baki, 2007.
- Şəmistan Nəzirli; ARXiVLəRiN SiRRi AÇILIR. BAKI; "Elm" nəşriyyatı. 1999.
- əmrahov Mais, Cingizoğlu ənvər, Həsənov Habil. Qarabağ xanlıgı. Dərs vəsaiti. Bakı, MUtərcim, 2008.
- və F. əlivev (əliyev F., Həsənov Ü. irəvan xanlığı. Băı, Azərnəşr 1997.

سفید

نمونه پنجم

نمایه

آ

آبرزکوف، ۳۴۳

آزادخان افغان، ۱۵

آزادخان افغانی، ۱۶

آصف‌الدوله، الهیارخان، ۲۸۰، ۳۰۳، ۳۰۴، ۳۱۵، ۳۳۶، ۳۳۷، ۳۴۰، ۳۸۵، ۳۸۶، ۴۱۶

آغاکیشی‌خان، ۴۷۵

آغورلوخان، ۲۵۲

آقاخان نوری، ۳۸۸، ۴۲۵، ۴۲۶

آقامحمدخان، ۹، ۱۴، ۱۶، ۲۱، ۲۲، ۲۳، ۲۴، ۲۵، ۲۶، ۲۷، ۲۸، ۲۹، ۳۰، ۳۱، ۳۲، ۳۳، ۳۴، ۳۷، ۳۹، ۴۰، ۴۱، ۴۲، ۴۳، ۴۴، ۴۵، ۴۸، ۴۹، ۵۱، ۵۲، ۵۳، ۵۵، ۵۶، ۵۷، ۶۲، ۶۴، ۶۵، ۶۷، ۶۸، ۶۹، ۷۰، ۷۱، ۷۲، ۷۳، ۷۴، ۷۵، ۷۶، ۷۷، ۷۸، ۷۹، ۸۱، ۸۲، ۸۳، ۸۴، ۸۵، ۸۶، ۸۷، ۸۸، ۸۹، ۹۰، ۹۱، ۹۲، ۹۳، ۹۴، ۹۵، ۹۶، ۹۷، ۹۸، ۹۹، ۱۰۰، ۱۰۱، ۱۰۳، ۱۰۴، ۱۰۵، ۱۰۶، ۱۰۷، ۱۰۸، ۱۰۹، ۱۱۰، ۱۱۱، ۱۲۰، ۱۲۱، ۱۲۳، ۱۲۴، ۱۲۵، ۱۲۷، ۱۲۹، ۱۳۰، ۱۳۱، ۱۳۲، ۱۳۳، ۱۳۴، ۱۳۵، ۱۳۶، ۱۳۷، ۱۳۸، ۱۳۹، ۱۴۰، ۱۴۱، ۱۴۲، ۱۴۳، ۱۴۴، ۱۶۲، ۱۶۳، ۱۶۵، ۱۶۶، ۱۸۱، ۱۸۲، ۱۸۵، ۱۹۹، ۲۰۶، ۲۰۷، ۲۲۷، ۲۷۰، ۳۷۸، ۴۰۲، ۴۰۷، ۴۷۳، ۴۸۰، ۴۸۲، ۴۸۵، ۴۸۶، ۴۸۷، ۴۸۹، ۴۹۰، ۴۹۶، ۴۹۷

آمبرگر، ۳۴۳

ا

ابراهیم خلیل‌خان، ۱۸، ۲۰، ۲۱، ۳۷، ۴۱، ۴۳، ۴۴، ۴۵، ۵۲، ۵۷، ۶۰، ۶۷، ۶۸، ۶۹، ۷۲، ۷۳، ۷۴، ۷۶، ۷۹، ۸۱، ۸۲، ۸۳، ۸۴، ۸۵، ۸۶، ۸۸، ۹۰، ۹۶، ۱۰۷، ۱۱۷، ۱۲۳، ۱۲۵، ۱۲۶، ۱۳۰، ۱۳۲، ۱۳۵، ۱۳۶، ۱۳۷، ۱۳۸، ۱۳۹، ۱۴۰، ۱۴۲، ۱۴۳، ۱۴۴، ۱۹۹، ۲۰۰، ۲۰۱، ۲۰۲، ۲۰۳، ۲۰۵، ۲۰۹، ۲۱۰، ۲۱۱، ۲۱۲، ۲۱۳، ۲۵۲، ۴۷۱، ۴۷۲، ۴۷۷، ۴۷۸، ۴۸۳، ۴۸۵، ۴۸۶، ۴۸۹، ۴۹۱، ۴۹۳، ۴۹۵

ابراهیم کلانتر، ۳۰، ۳۱، ۳۲، ۳۳، ۳۴، ۶۷، ۱۴۳

ابن طفیل، ۲۶

ابوالفتح‌خان، ۱۱۷، ۱۴۴، ۲۰۱، ۲۱۰، ۲۱۱، ۲۱۲

اتکین، ۸۳

احمدخان کاشانی، ۲۵۹

احمدخان مقدم، ۴۲

احمد راسم، ۲۴۰

احمدعلی میرزا، ۴۲۵

اخوان ثالث، ۵

ادلونگ، ۳۷۵

ارگیوتینسکی، ۱۱۰

اریستوف، ۲۱۹، ۲۲۰، ۳۲۵، ۳۲۹، ۳۳۰، ۳۳۷، ۳۳۹

استودارت، ۴۰۵

اسکندرخان قوانلو، ۲۳

اسکوبلف، ۱۶۰

اسماعیل‌خان قراچه‌داغی، ۴۳۹
اعتضادالسلطنه، ۴۱۲
اعتمادالسلطنه، محمدحسن‌خان، ۳۳۰، ۳۷۸، ۳۷۹، ۳۹۴، ۴۳۸، ۴۴۱، ۴۴۲، ۴۴۵
اقبال آشتیانی، عباس، ۴۴۴
الخازوف، ۳۸۷
الکساندر اول، ۱۲۵، ۱۶۶، ۱۷۸، ۱۸۲، ۱۸۴، ۱۸۵، ۲۱۵، ۲۱۶، ۲۳۲، ۲۳۷، ۲۴۸، ۲۷۶، ۳۲۲
الگار، حامد، ۲۸۳
امه‌خان، ۵۵، ۵۶، ۷۴، ۱۲۱
امیرحسین‌خان زنگویی، ۳۲
امیرخان، ۳، ۳۰۱
امیرکبیر، تقی‌خان، ۳۷۷، ۳۸۷، ۳۸۸، ۴۱۶، ۴۲۵، ۴۲۶، ۴۳۷، ۴۴۱، ۴۴۴
امیرنظام، ۳۸۷، ۴۳۳، ۴۳۴
امینی ریاضی، ۲۸۱
اولیاء چلبی، ۷۶
ایراکلی، ۳۷، ۴۵، ۵۱، ۵۲، ۵۳، ۵۴، ۵۵، ۶۸، ۶۹، ۷۱، ۷۵، ۷۶، ۷۸، ۸۲، ۸۳، ۸۴، ۸۷، ۸۸، ۸۹، ۹۰، ۹۱، ۹۲، ۹۴، ۱۰۰، ۱۰۷، ۱۱۰، ۱۲۱، ۱۲۳، ۱۲۵، ۱۲۶، ۱۲۹، ۱۳۰، ۱۳۱، ۱۳۳، ۱۵۹، ۱۶۰، ۱۶۳، ۱۶۵، ۱۸۱، ۴۷۶، ۴۷۷، ۴۷۸، ۴۸۵، ۴۸۶، ۴۸۷، ۴۹۱، ۵۲۵، ۵۲۶
ایوانف، ۲۳۲

ب
باباخان، ۲۵، ۲۹، ۳۲، ۱۲۹، ۱۴۲، ۱۶۲، ۲۰۶، ۲۱۵
بارتولومی، ۲۷۷
بارون ورده، ۲۳۴، ۲۳۵
بازاران، ۱۱۳
باکونینا، ۶۵، ۱۱۴

باکیخانوف، عباسقلی، ۸، ۱۱۶، ۲۲۲، ۳۴۳، ۴۰۴، ۴۷۲
بالکونیک کریوتسوف، ۱۱۳
بریوزین، ۵۷
بن‌تان، ۲۳۰، ۲۳۱
بوتکف، ۴۹
بوتکوف، ۶۹، ۱۱۳، ۱۳۲
بولگاکوف، ۱۱۱، ۱۱۴
بهرام میرزا، ۳۸۴، ۵۰۴
بیبرشتین، ۵۹، ۶۲، ۹۹
بیکه‌آغا، ۱۳۶
بیگم آغا، ۱۴۴

پ
پارنائوز، ۱۳۱
پاسکویچ، ۲۹۹، ۳۰۲، ۳۰۶، ۳۰۸، ۳۰۹، ۳۱۰، ۳۱۱، ۳۱۳، ۳۱۴، ۳۱۶، ۳۱۷، ۳۱۸، ۳۱۹، ۳۲۰، ۳۲۱، ۳۲۲، ۳۲۳، ۳۲۴، ۳۲۵، ۳۲۷، ۳۲۸، ۳۲۹، ۳۳۰، ۳۳۳، ۳۳۴، ۳۳۵، ۳۳۸، ۳۳۹، ۳۴۰، ۳۴۳، ۳۴۴، ۳۴۵، ۳۴۶، ۳۴۷، ۳۴۸، ۳۷۲، ۳۷۳، ۳۷۴، ۳۷۷، ۳۸۱، ۳۸۴، ۳۸۵، ۳۸۶، ۳۹۹، ۴۰۴، ۵۰۸
پاول اول، ۱۲۵، ۱۲۷
پایقراطیف، ۳۷۹
پطر کبیر، ۱۶۱، ۱۶۲
پناه‌خان، ۱۵، ۱۷، ۱۸، ۱۹، ۲۰، ۲۱، ۳۶، ۳۷، ۷۰، ۷۹، ۸۰، ۸۳، ۴۷۷، ۴۷۸
پوپکف، ۱۱۳
پوشکین، آلکساندر، ۳۱۷، ۳۸۶
پیرقلی‌خان، ۱۸۲، ۱۸۴، ۱۸۵

نمایه / ۵۵۵

ت

تاج‌بخش، احمد، ۳۹۱
تقی‌زاده، سیدحسن، ۳۶۹
توچکف، ۱۸۹، ۱۹۲
تورماسوف، ۲۰۵، ۲۴۳، ۲۴۴، ۲۴۵، ۲۵۱، ۲۵۲
تیچاوت چاوادزه، ۸۴
تیمور میرزا، ۴۳۷

ج

جان مکنیل، ۳۴۷
جعفرقلی آقا، ۲۱۲
جعفرقلی‌خان، ۵۷، ۸۸، ۱۲۴، ۱۳۴، ۱۸۱، ۱۸۲، ۱۹۱، ۱۹۳، ۱۹۶، ۲۰۱، ۲۰۷، ۲۱۳، ۲۴۷، ۲۵۲، ۲۵۶، ۳۲۸، ۳۳۱، ۴۸۲
جمال‌الدین میرزاجان، ۴۷۹
جوادخان، گنجه‌ایی، ۳، ۴۴، ۵۵، ۷۶، ۷۹، ۸۲، ۸۳، ۸۷، ۸۸، ۱۱۷، ۱۲۰، ۱۲۵، ۱۲۶، ۱۶۶، ۱۶۷، ۱۶۹، ۱۷۰، ۱۷۱، ۱۷۲، ۱۷۳، ۱۷۴، ۱۷۵، ۱۷۶، ۱۷۷، ۱۷۸، ۱۷۹، ۱۹۹، ۲۰۷، ۲۱۱، ۲۵۲، ۲۸۷، ۲۹۵، ۴۰۷، ۴۷۷
جهانسوز شاه، ۲۵
جهانگیر میرزا، ۳، ۵، ۲۸۱، ۲۸۵، ۳۷۹، ۳۸۳، ۴۴۵، ۴۴۶، ۵۰۴
جیران خانم، ۲۳، ۲۴
جیمز فریزر، ۴، ۴۴۵

چ

چنگیزخان، ۱۱

ح

حاجی‌بیگ، ۱۱۱

حاجی چلبی، ۹۶، ۴۷۵، ۴۷۶
حاجی محمدخلیل‌خان، ۳۹۵
حاجی ملارضا همدانی، ۲۸۳
حاجی یوسف پاشا، ۲۲۹
حسن‌بیگ زردابی، ۳۶۱
حسن‌خان، ۲۴۹، ۲۵۰، ۲۹۶، ۳۱۳، ۵۱۲
حسن‌خان قراگوزلو، ۱۴۴
حسنعلی میرزا، ۱۲۹، ۳۴۵، ۳۴۶، ۳۴۷، ۳۵۰، ۳۸۵، ۴۳۷
حسین‌خان، ۹۶، ۲۵۰، ۲۷۰، ۲۸۷، ۲۹۵، ۲۹۶، ۳۳۵، ۴۷۶، ۵۱۲
حسین‌خان دنبلی، ۴۲
حسینعلی‌خان، ۵۴، ۷۶، ۱۲۹، ۲۸۷، ۴۷۱
حسینقلی‌خان، ۲۴، ۲۵، ۴۰، ۴۹، ۵۰، ۵۱، ۵۳، ۱۱۶، ۱۱۹، ۱۳۴، ۱۳۵، ۱۴۳، ۱۷۳، ۱۷۵، ۱۹۷، ۲۰۹، ۲۱۵، ۲۱۸، ۲۱۹، ۲۲۰، ۲۲۲، ۲۴۹، ۲۵۰، ۲۵۲، ۲۹۵، ۲۹۹، ۳۰۵، ۳۰۶، ۴۷۱، ۴۷۳، ۴۷۴، ۴۸۰

خ

خامبوتای‌خان، ۱۱۰
خان بوتای، ۱۲۲، ۲۰۴، ۲۴۳
خان ملک ساسانی، ۲۸۱، ۴۲۵
خاوری، ۳۶، ۲۳۲، ۴۰۹
خدادادخان دنبلی، ۱۶۰، ۵۲۳
خسروخان، ۲۹
خسرو میرزا (شاهزاده)، ۳۸۳، ۳۸۶، ۳۸۷، ۴۳۴، ۴۴۵، ۴۴۶، ۵۰۴، ۵۲۹
خضربیک، ۱۱۱، ۱۱۲، ۱۱۳

د

دالکوروکی، ۳۸۸

داوید اربلیان، ۷۷
دبیچ، ۳۰۸، ۳۰۹، ۳۲۰، ۳۲۱، ۳۴۷، ۳۴۸
درامستتر، ۳۵۷
دنیس رایت، ۳۵۵، ۳۹۳، ۴۱۲
دونروین، ۱۲۰
دینوری، ۴۰۲

ر

راخمانوف، ۱۱۹، ۴۸۵
رتیشچف، ۲۶۲، ۲۶۳، ۲۶۴، ۲۶۹
رحیم‌خان چلبیانلو، ۳۵۱
رضاخان تبریزی، ۷۱
رضاقلی‌خان هدایت، ۵، ۲۳۸
رضاقلی میرزا، ۴۳۷، ۴۴۰
روانقلی‌خان، ۷۶
رومیو، ۲۲۸
ریچار تاپر، ۴۰۸

ز

زاوالیش، ۲۱۷، ۲۱۸، ۲۱۹، ۲۲۰
زکی‌خان زند، ۲۴
زوبف، ۶۹، ۱۰۰، ۱۰۳، ۱۰۷، ۱۰۸، ۱۱۰، ۱۱۱، ۱۱۲، ۱۱۳، ۱۱۴، ۱۱۵، ۱۱۶، ۱۱۷، ۱۱۸، ۱۱۹، ۱۲۰، ۱۲۱، ۱۲۴، ۱۲۵، ۱۲۷، ۱۳۲، ۱۳۳، ۱۴۱، ۲۶۹، ۴۸۵، ۴۸۶، ۴۹۷

ژ

ژان گور، ۲۴، ۲۵
ژوبر، ۲۲۶، ۲۲۸، ۲۲۹، ۲۳۰، ۲۳۹، ۴۰۳، ۴۱۲، ۴۱۷، ۴۲۷

س

ساولوف، ۱۱۰
ساولیوین، ۵۳، ۱۱۰، ۱۱۱، ۱۱۵، ۱۲۱
سباستین، ۲۲۶
سر بروف، ۴۷۱
سرجان کمپل، ۴۳۶
سرجان ملکم، ۳۳، ۹۲، ۹۳، ۴۱۰
سرخای خان، ۱۲۲
سرگور اوزلی، ۱۶۱، ۲۶۱، ۲۶۴، ۲۶۷، ۲۶۸، ۲۷۸، ۳۹۲، ۳۹۳، ۳۹۴، ۴۰۰، ۴۳۵
سر هارد فورد جونز، ۳۹۷
سلطان حسین، ۱۲، ۱۳۰
سلطان سلیم، ۱۲۴، ۲۲۶
سلطان سلیم سوم، ۵۳، ۶۸، ۷۱، ۷۲، ۱۲۱، ۱۲۲، ۴۹۱، ۴۹۲
سلطان عبدالحمید، ۱۶۰، ۵۲۳
سلیمان‌خان قاجار، ۴۳، ۴۴، ۷۵، ۸۳
سلیمان صفوی، ۱۲
سلیمان علیارلی، ۲۸۶
سلیم‌خان، ۹۶، ۹۷، ۱۱۷، ۱۲۲، ۱۲۹، ۱۳۴، ۲۰۰، ۲۰۳، ۲۱۲، ۲۱۳، ۲۵۲، ۲۸۷، ۲۹۵
سو روف، ۱۰۷
سولومون، ۹۱، ۱۵۹
سیدمجاهد، ۲۸۸
سید محمد اصفهانی، ۲۹۰
سی‌سیانف، ۱۶۳، ۱۶۵، ۱۶۷، ۱۶۹، ۱۷۰، ۱۷۱، ۱۷۲، ۱۷۳، ۱۷۴، ۱۷۵، ۱۷۷، ۱۷۸، ۱۷۹، ۱۸۵، ۱۸۶، ۱۸۷، ۱۸۸، ۱۸۹، ۱۹۰، ۱۹۱، ۱۹۲، ۱۹۳، ۱۹۴، ۱۹۵، ۱۹۷، ۱۹۹، ۲۰۰، ۲۰۱، ۲۰۲، ۲۰۳، ۲۰۴، ۲۰۵، ۲۰۶، ۲۰۷، ۲۱۱، ۲۱۶، ۲۱۷، ۲۱۹، ۲۲۰، ۲۲۱، ۲۲۲، ۲۲۳، ۲۳۱، ۴۸۵

نمایه / ۵۵۷

سیسیانوف، ۱۲۵
سیمونیچ، ۴۴۵

ش

شاه اسماعیل، ۱۱، ۷۶، ۱۸۲
شاهرخ میرزا، ۱۴، ۱۰۳
شاه سلیمان ثانی، ۱۴
شاه طهماسب، ۱۳
شاه عباس، ۱۲، ۱۳۲، ۲۲۰، ۴۸۲
شاهقلی‌خان، ۱۲
شاهوردی‌خان، ۱۱، ۱۶۶، ۴۷۶
شریف پاشا، ۹۰، ۹۴، ۱۸۳
شمس‌الدینلو، ۱۷۴
شمیم، ۳۹۳
شیخ صفی‌الدین، ۳۴۸، ۳۷۵
شیخعلی‌خان، ۵۱، ۶۵، ۱۰۱، ۱۱۰، ۱۱۱، ۱۱۲، ۱۱۳، ۱۱۴، ۱۱۵، ۱۱۶، ۱۲۲، ۱۲۳، ۱۲۴، ۱۳۵، ۲۰۸، ۲۰۹، ۲۱۹، ۲۲۲، ۲۴۳، ۲۴۴، ۲۴۵، ۲۴۶، ۲۴۷، ۲۴۸، ۲۵۲، ۳۱۸، ۴۷۲، ۴۷۳

ص

صادق‌خان شقاقی، ۴۱، ۴۲، ۴۳، ۱۳۰، ۱۳۷، ۱۳۹، ۱۴۰، ۱۴۱
صفرعلی بیگ، ۱۳۵، ۱۳۸، ۱۳۹، ۱۴۰
صفی نبی زرنوایی، ۴۷۳

ظ

ظل‌السلطان، ۳۵۶، ۳۸۵، ۳۸۷، ۴۳۲، ۴۳۵، ۴۳۶، ۴۳۷، ۴۴۰، ۵۰۵

ع

عادلشاه، ۱۴، ۲۴، ۴۳۲

عباس بیگ، ۱۳۸، ۱۳۹، ۱۴۰
عباسقلی‌خان، ۱۳۳، ۲۰۰، ۲۰۵، ۲۰۶، ۲۰۷، ۲۴۷، ۲۵۵، ۴۷۸، ۴۷۹
عباس میرزا (ولیعهد)، ۲، ۳، ۵، ۱۶، ۱۲۹، ۱۷۷، ۱۸۱، ۱۸۲، ۱۸۸، ۲۰۱، ۲۰۲، ۲۰۶، ۲۰۸، ۲۰۹، ۲۱۰، ۲۱۱، ۲۱۲، ۲۱۳، ۲۱۸، ۲۲۱، ۲۲۹، ۲۳۰، ۲۳۳، ۲۳۵، ۲۳۶، ۲۳۸، ۲۳۹، ۲۴۷، ۲۵۱، ۲۵۲، ۲۵۳، ۲۵۴، ۲۵۵، ۲۵۶، ۲۵۷، ۲۵۸، ۲۶۴، ۲۶۵، ۲۷۰، ۲۷۱، ۲۷۲، ۲۷۳، ۲۷۴، ۲۷۵، ۲۷۶، ۲۷۷، ۲۷۸، ۲۷۹، ۲۸۱، ۲۸۲، ۲۸۳، ۲۸۴، ۲۸۵، ۲۸۷، ۲۸۸، ۲۸۹، ۲۹۰، ۲۹۱، ۲۹۲، ۲۹۵، ۲۹۶، ۲۹۷، ۲۹۸، ۲۹۹، ۳۰۱، ۳۰۲، ۳۰۳، ۳۰۴، ۳۰۶، ۳۰۷، ۳۰۸، ۳۰۹، ۳۱۰، ۳۱۵، ۳۱۶، ۳۱۹، ۳۲۰، ۳۲۱، ۳۲۲، ۳۲۳، ۳۲۴، ۳۲۵، ۳۲۷، ۳۲۸، ۳۲۹، ۳۳۱، ۳۳۲، ۳۳۳، ۳۳۶، ۳۳۷، ۳۳۸، ۳۴۰، ۳۴۱، ۳۴۳، ۳۴۵، ۳۴۶، ۳۴۷، ۳۴۹، ۳۵۰، ۳۵۶، ۳۶۴، ۳۷۵، ۳۷۷، ۳۷۸، ۳۷۹، ۳۸۰، ۳۸۱، ۳۸۲، ۳۸۳، ۳۸۴، ۳۸۵، ۳۸۷، ۳۹۲، ۴۰۰، ۴۰۹، ۴۱۱، ۴۱۲، ۴۱۷، ۴۲۱، ۴۲۲، ۴۲۴، ۴۲۶، ۴۲۷، ۴۲۸، ۴۲۹، ۴۳۰، ۴۳۱، ۴۳۲، ۴۳۳، ۴۳۴، ۴۳۶، ۴۴۱، ۴۴۶، ۴۹۹، ۵۰۳، ۵۰۵، ۵۰۸، ۵۱۰، ۵۱۶
عبدالرحیم آقا، ۲۲۰
عبدالرزاق دنبلی، ۸۴، ۱۷۳، ۲۸۹
عبدالرزاق مفتون دنبلی، ۵
عبدالصمد بیک، ۴۴، ۸۵
عبدالله جلبی، ۵۵، ۷۴
عبدالله‌خان، ۹۸، ۴۱۹
عبدالله‌خان اوصانلو، ۴۳
عبدالوهاب افندی، ۲۵۳
عبداله‌یف، ۹۴
عسکرخان افشار، ۴۳، ۲۷۰

عسگرخان، ۱۹، ۲۱۸، ۲۳۰، ۲۳۱، ۲۳۵، ۲۳۹
علیقلی خان افشار، ۱۴
علی مرادخان، ۳۱
علی مرادخان افشار، ۱۷
علی نقی میرزا، ۴۲۸، ۴۳۲، ۴۳۶، ۴۳۷
علی همت خان کولیایی، ۴۳

ف

فابویه، ۲۳۱، ۴۱۷، ۴۱۸، ۴۱۹، ۴۲۰
فارلر، ۳۸۰
فتحعلی آخوندزاده (میرزا)، ۳۶۱
فتحعلی خان افشار، ۱۷
فتحعلی خان قاجار (جد قاجاریه)، ۱۲، ۱۳، ۳۴، ۴۰، ۶۷
فتحعلی‌شاه، ۶، ۱۵۷، ۱۶۲، ۱۷۳، ۱۷۴، ۱۷۷، ۱۸۱، ۱۸۲، ۱۸۵، ۱۸۶، ۱۹۱، ۱۹۶، ۱۹۷، ۱۹۹، ۲۰۰، ۲۰۱، ۲۰۵، ۲۰۷، ۲۰۸، ۲۰۹، ۲۱۵، ۲۲۰، ۲۲۱، ۲۲۷، ۲۲۸، ۲۲۹، ۲۳۰، ۲۳۲، ۲۳۴، ۲۳۶، ۲۴۳، ۲۵۵، ۲۶۱، ۲۶۴، ۲۶۵، ۲۷۰، ۲۷۱، ۲۷۳، ۲۷۴، ۲۷۵، ۲۷۷، ۲۷۸، ۲۷۹، ۲۸۲، ۲۸۳، ۲۸۴، ۲۸۵، ۲۹۱، ۲۹۷، ۳۲۷، ۳۳۰، ۳۳۱، ۳۳۶، ۳۴۱، ۳۴۴، ۳۴۵، ۳۴۶، ۳۵۰، ۳۵۶، ۳۶۶، ۳۷۷، ۳۷۸، ۳۷۹، ۳۸۷، ۳۸۸، ۳۹۲، ۳۹۳، ۳۹۵، ۳۹۶، ۳۹۷، ۳۹۸، ۴۰۰، ۴۰۱، ۴۰۳، ۴۰۴، ۴۰۷، ۴۰۹، ۴۱۰، ۴۱۲، ۴۱۳، ۴۱۵، ۴۱۶، ۴۱۸، ۴۱۹، ۴۲۰، ۴۲۱، ۴۲۹، ۴۳۱، ۴۳۲، ۴۳۳، ۴۳۴، ۴۳۶، ۴۳۹، ۴۹۹، ۵۲۹
فخرایی، ابراهیم، ۳۵۹
فیضی بیگ، ۲۰۱

ق

قائم مقام فراهانی، میرزا ابوالقاسم، ۲۹۲، ۳۴۳،
۳۵۶، ۳۷۷، ۳۸۱، ۳۸۳، ۳۸۸، ۴۰۴، ۴۱۵، ۴۱۷،
۴۲۱، ۴۲۶، ۴۲۸، ۴۲۹، ۴۳۲، ۴۳۳، ۴۳۴، ۴۳۵،
۴۳۶، ۴۴۰، ۴۴۲، ۴۴۳، ۴۴۵، ۴۴۶، ۴۴۷
قاسم خان مراغه‌ای، ۱۶
قوزانلو، جمیل، ۲۸۰
قهار قلی میرزا، ۱۰۴

ک

کاترین کبیر، ۶۸، ۷۵، ۷۶، ۱۰۲، ۱۰۶، ۱۲۱، ۱۲۷،
۴۸۵
کاریاقین، ۲۰۲
کاستلردی، ۴۱۴
کاشف الغطاء، ۲۹۰
کتکارت، ۲۶۷
کتلیاروسکی، ۲۵۱
کریم خان زند، ۱۵، ۱۹، ۲۰، ۲۳، ۲۵، ۲۷، ۳۱، ۴۱،
۴۸۱
کلبعلی خان، ۴۲، ۴۳، ۱۳۲، ۱۳۳، ۱۸۲، ۱۸۳، ۱۸۴،
۱۸۵، ۱۸۶، ۱۸۷، ۱۸۹، ۲۰۵، ۲۰۶، ۲۰۷، ۲۰۸،
۲۰۹، ۲۴۷، ۲۴۸، ۲۵۵، ۲۷۰، ۳۱۳، ۳۱۴، ۳۱۶،
۴۷۱، ۴۷۹
کمپل، ۴۳۴، ۴۳۵، ۴۳۶، ۴۳۸
کنورینگ، ۱۶۳، ۱۸۲، ۱۸۳، ۱۸۴، ۱۸۵، ۲۱۵،
۲۱۶
کوتزوبوئه، ۴۲۱
کورساکوف، ۱۲۰

گ

گئورکی خان، ۱۳۱
گاردان (ژنرال)، ۲۲۶، ۲۳۰، ۲۳۱، ۲۳۲، ۲۳۴،
۲۳۵، ۲۳۶، ۲۳۷، ۲۳۸، ۲۳۹، ۲۵۲، ۴۰۱، ۴۱۷، ۴۱۸

نمایه / ۵۵۹

گارسوان تیچاوت، ۸۸	محمد اخباری، ۲۲۱
گاسپار دورویل، ۴۰۹	محمدامین وحید، ۲۲۹، ۲۴۰
گراف اینویچ، ۵۴	محمد پاشا، ۷۱
گرگین‌خان، ۱۶۳، ۱۸۱	محمدپاشا، ۴۹۴
گریبایدوف، ۳۰۷، ۳۰۸، ۳۲۰، ۳۲۳، ۳۲۴، ۳۲۵،	محمدتقی سپهر، ۵، ۳۳۰
۳۳۳، ۳۳۴، ۳۳۷، ۳۴۳، ۳۴۴، ۳۴۵، ۳۴۸، ۳۶۹،	محمدحسن آقا، ۱۳۵، ۲۰۰، ۲۰۱
۳۷۰، ۳۷۱، ۳۷۲، ۳۷۳، ۳۷۴، ۳۷۵، ۳۸۳، ۳۸۴،	محمدحسن‌خان قاجار، ۱۳، ۱۴، ۱۵، ۱۶، ۱۷، ۲۱،
۳۸۵، ۳۸۶، ۳۸۷، ۴۳۴، ۴۴۵	۲۲، ۲۳، ۲۴، ۲۵، ۴۰، ۸۱، ۹۹، ۴۷۸
گریستی، ۲۵۸	محمدحسین‌خان، ۴۰، ۷۴، ۲۲۰، ۳۸۷، ۴۱۶،
گریگوری، ۱۸۴، ۴۸۶	۴۲۰، ۴۷۲، ۴۷۵
گریگوری پوتمکین، ۵۲	محمد حسین‌خان اصفهانی امین‌الدوله، ۲۴۰
گودویچ، ۴۹، ۵۰، ۵۳، ۶۵، ۶۸، ۷۰، ۷۵، ۷۶، ۲۰۸،	محمدحسین‌خان امین‌الدوله اصفهانی، ۴۱۸
۲۱۳، ۲۲۲، ۲۳۱، ۲۳۲، ۲۳۳، ۲۳۹، ۲۴۳، ۲۴۶،	محمدحسین‌خان قوانلو، ۳۲، ۷۴
۲۴۷، ۲۴۸، ۲۴۹، ۲۵۰، ۲۵۱، ۴۸۵	محمدحسین صدر، ۳۸۸
گوگجه، ۴۸	محمدخان، ۳۲، ۴۲، ۵۳، ۷۰، ۷۱، ۷۲، ۷۷، ۷۸، ۷۹،
	۹۶، ۱۳۳، ۱۳۴، ۱۸۱، ۱۸۲، ۱۸۳، ۱۸۴، ۱۸۵،
ل	۱۸۶، ۱۸۷، ۱۸۸، ۱۸۹، ۱۹۰، ۱۹۲، ۱۹۳، ۱۹۵،
لابلانش، ۲۲۶، ۲۳۰	۲۰۷، ۲۹۶، ۴۷۲، ۴۷۳، ۴۷۶، ۴۷۷، ۴۸۰، ۴۹۰،
لاچینی، ۲۸۱	۴۹۲، ۴۹۴
لازاریف، ۱۸۸، ۱۸۹	محمدخان دولو، ۲۳، ۴۲
لسان‌الملک سپهر، ۴۰۹، ۴۱۱	محمدخان زنگنه، ۳۸۶، ۴۳۳، ۴۳۵
لطفعلی‌خان زند، ۲۹، ۳۲، ۱۰۴	محمدخان سوادکوهی، ۲۳
لویتسکین، ۱۹۵	محمدرضاخان بیگلربیگی، ۲۲۶
لیسانویچ، ۱۷۵، ۱۹۹، ۲۰۹، ۲۱۰، ۲۱۱، ۲۱۲، ۲۴۵	محمد رفیع، ۲۴۰
لیندسی، ۲۵۸	محمد رفیعی بیگ، ۱۳۶، ۱۴۲
	محمدسعیدخان، ۵۴، ۹۸، ۴۷۳، ۴۷۴، ۴۷۵
م	محمدشاه، ۱۰۴، ۱۰۵، ۳۶۵، ۴۲۴، ۴۲۵، ۴۳۲،
مادام دیولافوا، ۴۰۹	۴۳۳، ۴۳۴، ۴۳۵، ۴۳۶، ۴۳۷، ۴۳۹، ۴۴۰، ۴۴۱،
مارکز پاولویچ، ۲۲۱، ۲۴۵	۴۴۳، ۴۴۶
مارکوا، ۱۰۹	محمدصادق وقایع‌نگار، ۲۵۶، ۲۵۹، ۲۸۲، ۳۱۴،
مالتسوف، ۳۷۴، ۳۷۵	۳۱۵، ۳۱۹، ۳۲۰

۵۶۰ / سال‌های زخمی

محمدطاهرخان، ۳۷۹
محمدعلی خان، ۲۲، ۳۳، ۹۸، ۴۷۳، ۴۷۴
محمدعلی شاه، ۳۵۱، ۳۵۲، ۳۵۳
محمدعلی میرزا، ۲۲۶، ۲۷۴، ۲۷۵، ۴۲۱، ۵۰۴
محمدقلی خان، ۴۲، ۴۳، ۴۸۱
محمدقلی میرزا، ۱۲۹
محمد میرزا، ۳، ۲۹۷، ۳۰۱، ۳۰۲، ۳۰۳، ۳۸۷، ۳۸۸، ۴۲۹، ۴۳۰، ۴۳۱، ۴۳۲، ۴۳۳، ۴۳۴، ۴۳۵، ۴۳۶، ۴۳۷، ۴۴۴، ۵۰۴، ۵۰۵
محمدولی خان، ۳۳، ۱۰۵
محمدهادی علوی شیرازی، ۲۶۵
محمدهاشم رستم الحکماء، ۶
محمود میرزا قاجار، ۴۰۹
مرتضی قلی خان، ۲۸، ۲۹، ۴۲، ۴۸۶، ۴۸۷
مستوفی، ۱۳۶، ۴۰۵
مصطفی خان شیروانی، ۷۴، ۹۵، ۳۰۳
مصطفی خان قاجار، ۷۰، ۷۴، ۹۵، ۹۷، ۹۸، ۹۹، ۱۰۰
معتمدالدوله، ۲۸۰، ۲۸۲، ۲۹۱، ۳۷۷، ۳۷۹، ۳۸۰، ۳۸۸، ۴۱۲، ۴۳۲
مکدانلد، ۳۲۱
مکدونالد، ۳۳۵، ۳۴۵، ۳۴۸، ۳۸۰، ۳۸۱
ملااحمد نراقی، ۲۸۷، ۲۸۹
ملاپناه واقفی، ۱۳۹، ۱۴۲
ملامحمد مامقانی، ۲۸۹
ملکه داریجان، ۷۵
ملیک آبو بیگلریان، ۸۲
ملیک آتام، ۱۸، ۱۹
ملیک جمشید، ۸۲
ملیک شاه نظر، ۱۸، ۲۱، ۷۹، ۴۷۷
ملیک مجلوم، ۷۰، ۸۲، ۸۷، ۹۲، ۹۵، ۱۲۵، ۱۲۶

ملیک یوسف، ۱۸، ۱۹
منچیکوف، ۴۰۹
منشیکوف، ۲۷۷
منوچهرخان گرجی، ۲۸۰
مورگان شوستر، ۳۵۳
مهدیقلی آقا، ۲۰۰، ۲۰۱
میرزا آدی گوزل بیک، ۸، ۱۱۷، ۳۱۵
میرزا آغاسی، ۳۸۸، ۴۲۴، ۴۲۵، ۴۲۶، ۴۴۰
میرزا بزرگ، ۲۳۸، ۲۵۲، ۲۸۸، ۲۸۹، ۴۰۱، ۴۲۸، ۴۲۹، ۴۳۵، ۴۴۴
میرزا پاشاوکیل، ۳۳۸
میرزا تقی مستوفی آشتیانی، ۳
میرزا حسن خان شیرازی، ۲۶۵، ۲۶۶، ۲۶۸
میرزا حسن فسایی، ۵
میرزاحسن منجم باشی، ۱۴۲
میرزا حسین طبیب، ۳۷۸
میرزا رحیم فنا، ۱۷۴
میرزا رضاخان منشی الممالک، ۲۵۳
میرزا زین العابدین شیروانی، ۴۲۵
میرزاشفیع، ۱۲۹
میرزا شفیع، ۲۳۵، ۲۳۹، ۲۴۰، ۳۹۴، ۵۰۵
میرزا صالح، ۳۲۰، ۳۲۱، ۳۲۳، ۳۲۴، ۳۸۷
میرزا عیسی قائم‌مقام، ۳۸۰
میرزا فتح‌اله اردلانی خان، ۳۱
میرزا محمد ثانی، ۲۲۲
میرزا محمدخان، ۳۱، ۴۹، ۳۸۶، ۴۳۳، ۴۳۴
میرزا محمدخان قاجار، ۳۳، ۴۰
میرزا مسعود، ۳۴۳، ۳۴۵
میرزا موسی، ۲۱۷، ۲۱۸، ۲۹۳، ۳۸۱
میرزا مهدی مجتهد، ۱۰۴
میرزا مهدی ملک الکتاب، ۴۳۶

نمایه / ۵۶۱

میرزا ولی بهارلی، ۴۴، ۴۵، ۸۵
میرزا یوسف قراباغی، ۱۳۸
میرفتاح، ۳۳۷، ۳۳۸، ۳۳۹، ۳۴۰، ۳۴۱
میرمهدی‌خان، ۷۶، ۴۸۰
مینورسکی، ۳۳۷

ن

ناپلئون، بناپارت، ۲، ۲۷، ۱۶۵، ۱۹۶، ۲۲۵، ۲۲۶، ۲۲۷، ۲۲۸، ۲۲۹، ۲۳۰، ۲۳۲، ۲۳۳، ۲۳۴، ۲۳۵، ۲۳۶، ۲۳۷، ۲۳۸، ۲۴۱، ۲۵۵، ۲۶۱، ۲۶۲، ۲۶۵، ۲۸۰، ۲۸۱، ۳۰۶، ۳۹۱، ۳۹۳، ۳۹۴، ۳۹۹، ۴۱۲، ۴۱۷، ۴۲۷
نادرقلی، ۱۳، ۱۰۵
نادر میرزا، ۱۱، ۱۰۳، ۱۰۵، ۴۴۶
ناصرالدین شاه، ۳۷۷، ۳۸۸، ۴۲۵
نجفقلی‌خان، ۱۶، ۳۲
نرسیس (اسقف)، ۳۲۹، ۳۴۴
نسلرود، ۲۶۴، ۲۶۵، ۲۶۶، ۲۶۷، ۲۶۸، ۲۷۳، ۲۷۵، ۲۷۶، ۲۷۷، ۳۳۳، ۳۷۰، ۳۷۱، ۳۷۲، ۳۷۳، ۳۷۴، ۳۷۵، ۳۸۴، ۳۸۵، ۵۰۴
نظامی گنجوی، ۱۶۵
نظرعلی‌خان، ۳۰۲، ۳۲۹، ۳۳۰، ۳۳۲، ۳۳۹، ۳۴۶، ۴۸۲
نوایی، عبدالحسین، ۳۹۲
نیکلای اول، ۲۹۶، ۳۰۸، ۳۷۳، ۳۷۴

و

واتسن، ۲۵۶، ۲۵۷، ۲۵۸، ۲۸۳، ۳۱۷، ۳۳۵، ۴۳۴، ۴۳۵، ۴۳۷، ۴۴۳، ۴۴۵
وردیه، ۲۳۱، ۴۱۸
ویلاک، ۲۸۰

ه

هاکوپ ملیک هاکوپیان، ۱۸
هراکلی، ۹۱
هنری لایارد، ۴۳۷
هنری هملی، ۴۳۳
هوسپ ملیک‌ها، ۱۱۸
هولاکوخان، ۱۱

ی

یرملوف (ژنرال)، ۲۶۸، ۲۶۹، ۲۷۰، ۲۷۱، ۲۷۲، ۲۷۳، ۲۷۴، ۲۷۵، ۲۷۶، ۲۷۷، ۲۷۸، ۲۷۹، ۲۸۳، ۲۸۴، ۲۸۶، ۲۹۶، ۲۹۸، ۳۰۱، ۳۰۲، ۳۰۶، ۳۰۷، ۳۰۸، ۳۰۹، ۳۱۳، ۳۱۷، ۳۱۸، ۳۲۱، ۴۰۷
یوزباشی گابریل، ۷۷
یوستن شل، ۳۳۷
یوسف ضیاء، ۷۱، ۹۵
یولون، ۱۳۱

ژنرال ایوان پاسکویچ

نامهٔ جواد خان بگلیاس سیسیانف

در ین وقت کاغذیکه فرستاده بودی رسید و نوشته بودی که در ایام
طومار دوده قال گنجه تابع گرجستان بود این سخن را هیچکس نشنیده است اما
پدران ما که عباسقلیخان و سایرین باشد در گرجستان حاکم بوده اند هر گاه
قبول نمایید از مردان پیر اهل گرجستان تحقیق نمایید که عباسقلیخان در
گرجستان حاکم و والی بوده است یا نه و بالفعل مسجد و دکان او در گرجستان
هست و خلعت و تعلیقه او هم در خانه اهل گرجستان هست و از ایام پدر
ارکلیخان و پدر ما سرحد گنجه و گرجستان معلوم بوده که از کجا تا بکجاست و
ما این سخنها را بزبان نمی آوریم و هر گاه بگوییم هم که پدران ما در گرجستان
والی بوده است کسی قبول نمیکند و باین سخن گرجستان را کسی بما نمیدهد و دیگر
آنکه نوشته بودی که شش سال پیش ازین قلعه گنجه را بپادشاه روسیه داده
بودی درست است در آنوقت پادشاه شما بتمامی ولایت ایران رقم نوشته
بود و بما هم نوشته بود رقم پادشاه را قبول کرده قلعه را دادیم هر گاه باز پادشاه

نمونه پنجم

درخصوص گنجه بما فرمان نوشته باشند فرمان پادشاه را معلوم و آشکار نمایند
ما هم رقم پادشاه را دیده از آن قرار عمل نمائیم و دیگر آنکه نوشته بودی که پیش
ازین گرجستان تابع بودی معلوم شما باشد که الحال رقم پادشاه شما در دست ما
است هرچند که در آن رقم ما را اینکه یکی گنجه بود و تابع گرجستان از بعضی معلوم است
که سخن شما خلاف قول شماست و دیگر آنکه در آنوقت که ما تابع پادشاه
روسیه شده بودیم پادشاه ایران بخراسان رفته بود و دنیا بادمیرسید
بجهت آنکه پادشاه روسیه هم پادشاه عظیم الشان بود اطاعت او را قبول
کردیم و الحال پادشاه ایران الحمدلله والمنه در نزدیک و حالا هم غلام سردارش
باینجا آمده است و قشون هم آمده و باز میاید و دیگر آنکه نوشته بودی که
گرجستان بپادشاه تعلق دارد و از آنجا را هم مال گرفته اید درست است
اما روز اول که شما وارد گرجستان شدید بر شما نوشتیم و آدم فرستاده
معلوم کردیم که تعجب که رعیت ما است و از ما روگردان شده اموال آنجا را ما را
گرفته است و خیال کردیم که شما نوکر پادشاه هستید البته با دیوان حق گزده

نمونه پنجم

مال آدم ما را گرفته میدهید بنصیب و سایر شمس‌الدینلو ما را که از ما روگردان
شده‌اند گرفته بما خواهید داد دیدیم که هیچکدام را بعمل نیاوردید و ما هم آنچه
گرفته‌ایم از دیگران نپرسید و ببینید که از رعیت گنجه که شمکوری باشد گرفته‌ایم
یا از اهل گرجستان گرفته‌ایم و الا هرگاه بنای دعوا دارد ما هم آماده جنگ
هستیم و اگر از توپ و توپخانه خود لاف میزنی از شفقت خدا توپ ما از شما کمتر
نیست هرگاه توپ شما یک گز است توپ ما سه گز و چهار گز است و نصرت
هم با خداست و از کجا معلوم میشود که شما از قزلباش رشیدتر هستید شما دعوای
خود را دیده‌اید و دعوای قزلباش را ندیده‌اید و نوشته بودی که آماده
جنگ باشد از آن وقت که شما شمس‌الدینلو آمدید و رعیت ما را تابع خود کردید
از آن روز تا بحال در تدارک هستیم و حاضر و آماده بوده‌ایم هرگاه دعوا میکنی
دعوا خواهیم کرد و آنکه نوشته بودی که هرگاه این سخنها را قبول نمیکنی بدبختی ترا
گرفته است ما هم چنین میدانیم که شما هم بخیال افتاده آمده‌اید شما را بدبختی کشیده
از نظر بزرگ قضا باینجا آورده است انشاالله تعالی بدبختی شما معلوم خواهد شد والسلام

نمونه پنجم

صحنه‌ای از جنگ ایران و روسیه

صحنه‌ای از جنگ ایران و روسیه

صحنه‌ای از جنگ ایران و روسیه

سال‌های زخمی / ۵۶۹

نمونه‌ای از صحنه جنگ ایران و روسیه

نمونه پنجم

ورود قوای ژنرال پاسکویچ به تبریز

سال‌های زخمی / ۵۷۱

قلعه سابق ایروان

نمونه پنجم

۵۷۲ / سال‌های زخمی

رژه نظامی در حضور فتحعلی شاه و عباس میرزا

نمونه پنجم

قلعه سردارآباد

۵۷۴ / سال‌های زخمی

قلعه عسگران که توسط پناه‌خان درست شد

سال‌های زخمی / ۵۷۵

کریم خان زند

نمونه پنجم

۵۷۶ / سال‌های زخمی

کاترین دوم

نمونه پنجم

سال‌های زخمی / ۵۷۷

مذاکرات ترکمنچای

نمونه پنجم

۵۷۸ / سال‌های زخمی

مذاکرات عهدنامه ترکمانچای

نمونه پنجم

سال‌های زخمی / ۵۷۹

الکساندر گریبایدوف

۵۸۰ / سال‌های زخمی

ایوان دبیج

نمونه پنجم

سال‌های زخمی / ۵۸۱

پل اول

نمونه پنجم

توپ روسی هدیه شده به عباس میرزا بعد از معاهده صلح

سال‌های زخمی / ۵۸۳

حسین قلی‌خان سردار قاجار (۱۷۴۰ ـ ۱۸۳۰)، حاکم ایروان

۵۸۴ / سال‌های زخمی

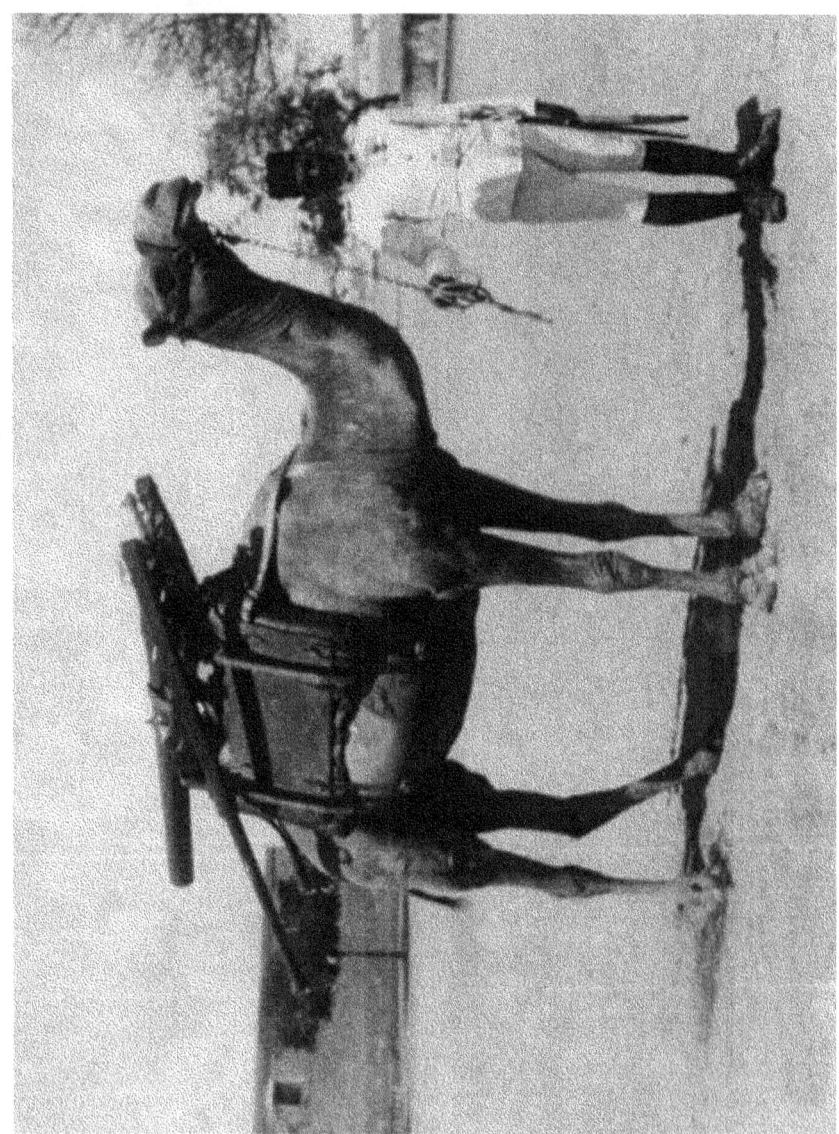

زنبورک

صحنه‌ای از جنگ ایران و روسیه

عباسقلی باکیخانوف

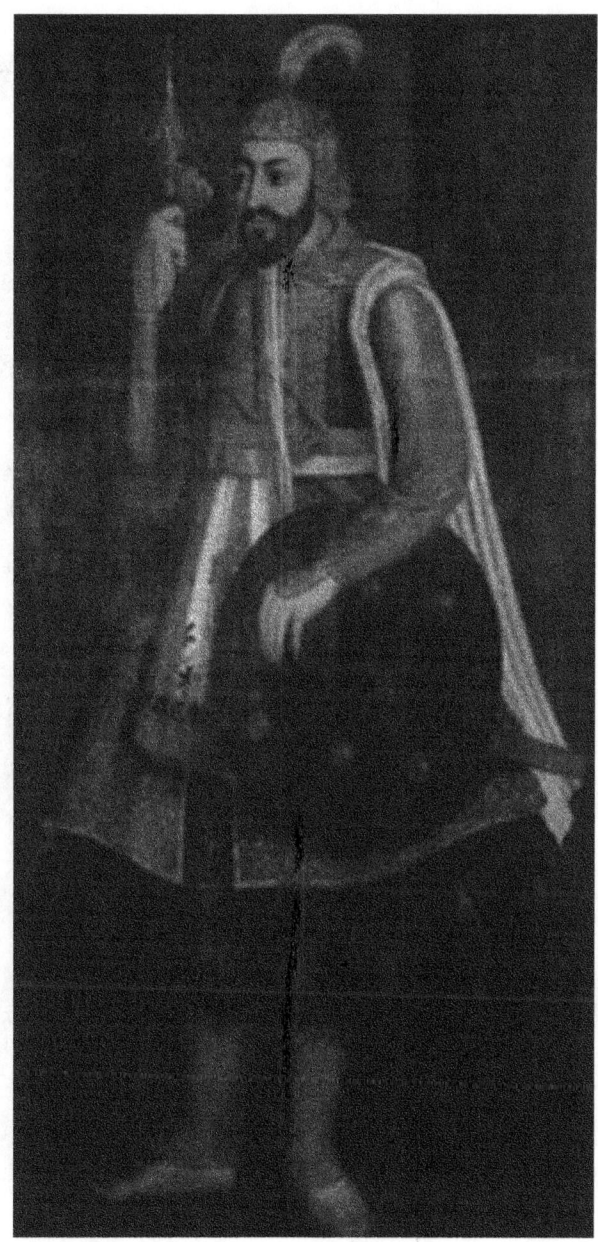

فتعلی خان افشار

۵۸۸ / سال‌های زخمی

قلعه عسگرانه توسط پناه‌خان درست شد

نمونه پنجم

قلعه شوشا

Title: Wounded Years: The Russo-Iran Wars (Persian Edition)
Author: Ali Moradi Maragheie
ISBN: 978-1939123411
Publisher: Supreme Century, Los Angeles

Prepare for Publishing: Asan Nashr
www.ASANASHR.com

Ali Moradi Maragheie © 2015
All Rights Reserved

All rights reserved. No part of this book may be reproduced or transmitted in any form or by any means, electronic or mechanical, including photocopying and recording, or by any information storage and retrieval system, without permission in writing from the author.